In de reeks Kleine Prisma's zijn de volgende delen verschenen:

Nederlands
Nederlands-Engels
Engels-Nederlands
Nederlands-Frans
Frans-Nederlands
Nederlands-Duits
Duits-Nederlands
Nederlands-Italiaans
Italiaans-Nederlands
Nederlands-Spaans
Spaans-Nederlands

# Engels Nederlands

PRISMA

De kleine Prisma's worden in de handel gebracht door:
Uitgeverij Het Spectrum B.V.
Postbus 2073
3500 GB Utrecht

Samenstelling: Spectrum Lexicografie m.m.v. Penta Taal
Zetwerk: Spectrum Database Publishing
Druk: Koninklijke Wöhrmann B.V., Zutphen

Eerste druk 1993
Tweede druk 1994



ISBN 90 274 3393 3

CIP-GEGEVENS KONINKLIJKE BIBLIOTHEEK, DEN HAAG

## lijst van afkortingen

| | |
|---|---|
| aanw vnw | aanwijzend voornaamwoord |
| AE | Amerikaans Engels |
| anat. | anatomie |
| archit. | architectuur |
| betr vnw | betrekkelijk voornaamwoord |
| bez vnw | bezittelijk voornaamwoord |
| bijv. | bijvoorbeeld |
| bijw | bijwoord |
| bio. | biologie |
| bnw | bijvoeglijk naamwoord |
| chem. | scheikunde |
| comp. | informatica |
| econ. | economie |
| ev | enkelvoud |
| fig. | figuurlijk |
| form. | formeel |
| foto. | fotografie |
| geb. wijs | gebiedende wijs |
| geo. | geografie |
| gesch. | geschiedenis |
| hand. | handel |
| hww | hulpwerkwoord |
| inf. | informeel |
| iron. | ironisch |
| jur. | juridisch |
| kind. | kindertaal |
| kww | koppelwerkwoord |
| lit. | literatuur |
| luchtv. | luchtvaart |
| lw | lidwoord |
| m.b.t. | met betrekking tot |
| med. | medisch |
| mil. | militair |
| muz. | muziek |
| mv | meervoud |
| neol. | neologisme |
| on ww | onovergankelijk werkwoord |
| onb vnw | onbepaald voornaamwoord |
| onp ww | onpersoonlijk werkwoord |
| onv ww | onvervoegbaar werkwoord |
| overtr. trap | overtreffende trap |
| ov ww | overgankelijk werkwoord |
| p. | persoon/person |
| pej. | pejoratief |
| pers vnw | persoonlijk voornaamwoord |
| plantk. | plantkunde |
| pol. | politiek |
| rel. | godsdienst |
| scherts | schertsend |
| s.th. | something |
| sl. | slang |
| s.o. | someone |
| taalk. | taalkunde |
| techn. | techniek |
| telecom. | telecommunicatie |
| telw | telwoord |
| tw | tussenwerpsel |
| typ. | typografie |
| uitr vnw | uitroepend voornaamwoord |
| vergr. trap | vergrotende trap |
| verl. tijd | verleden tijd |
| vero. | verouderd |
| volt. deelw. | voltooid deelwoord |
| voorv | voorvoegsel |
| vr vnw | vragend voornaamwoord |
| vulg. | vulgair |
| vw | voegwoord |
| vz | voorzetsel |
| wisk. | wiskunde |
| wkd vnw | wederkerend voornaamwoord |
| wkg vnw | wederkerig voornaamwoord |
| ww | werkwoord |

## Bijzondere tekens

Trefwoorden zijn vetgedrukt. Alle informatie die niet cursief is gezet, heeft betrekking op het Engels, alle cursieve informatie heeft betrekking op het Nederlands.

| | |
|---|---|
| • | De vertalingen van een trefwoord zijn per betekenis georganiseerd. Elk van deze betekenissen wordt aangegeven door middel van een bolletje. Ook voorzetsels in de vreemde taal die in combinatie met een trefwoord tot een verschil in betekenis leiden, staan achter een bolletje (en tussen haakjes). |
| <....> | Elke specificering van een vertaling staat tussen punthaakjes, evenals vakgebied- en stijlaanduidingen. |
| [...] | Grammaticale categorieën staan tussen rechte haken. |
| /.../ | Grammaticale informatie staat tussen schuine strepen. |
| ★ | Voorbeeldzinnen worden voorafgegaan door een sterretje. |
| **I,II** enz. | Aanduidingen van grammaticale categorieën (zelfstandig naamwoord, bijvoeglijk naamwoord, soorten werkwoorden enz.) worden voorafgegaan door romeinse cijfers. |
| ~ | Een tilde vervangt het trefwoord. |
| / | Een schuine streep scheidt woorden die onderling verwisselbaar zijn. |
| ↑ | Dit teken geeft aan dat de vertaling formeler is dan het vertaalde woord of voorbeeld. |
| ↓ | Dit teken geeft aan dat de vertaling informeler is dan het vertaalde woord of voorbeeld. |
| ≈ | Dit teken geeft aan dat de vertaling een benadering is van het vertaalde woord of voorbeeld; een exacte vertaling kan in dat geval niet worden gegeven. |

# A

**a** [lw] *een*
**abandon** [ov ww] *opgeven, verlaten*
**abandoned** [bnw] • *losbandig* • *verlaten*
**abase** [ov ww] *verlagen, vernederen*
**abate** [ov ww] *verlagen* ‹v. prijs›, *doen afnemen*
**abbess** [znw] *abdis*
**abbey** [znw] *abdij*
**abbot** [znw] *abt*
**abbreviate** [ov ww] *af-/be-/verkorten*
**abbreviation** [znw] *afkorting*
**abdicate** [ov ww] *aftreden, afstand doen van troon*
**abdomen** [znw] *(onder)buik*
**abdominal** [bnw] *in/van de onderbuik*
**abduct** [ov ww] *ontvoeren, afvoeren*
**aberrant** [bnw] *abnormaal, afwijkend, afdwalend*
**aberration** [znw] • *afwijking* • *misstap*
**abet** [ov ww] *ophitsen, aanstoken*
**abhor** [ov ww] *verfoeien*
**abhorrence** [znw] *afschuw*
**abide I** [ov ww] • *verdragen* • *af-/verwachten* **II** [on ww] • *overblijven, vertoeven* • *verblijven, wonen* • (~ **by**) *trouw blijven aan, z. schikken naar, z. houden aan*
**ability** [znw] *bekwaamheid, bevoegdheid*
**abject** [bnw] • *rampzalig* • *verachtelijk*
**abjure** [ov ww] *afzweren*
**ablaze** [bijw] *in vlammen, gloeiend*
**able** [bnw] *in staat, bekwaam, bevoegd*
**ably** [bijw] *in staat, bekwaam, bevoegd*
**abnormal** [bnw] • *onregelmatig* • *abnormaal, afwijkend*
**abnormality** [znw] • *onregelmatigheid* • *afwijking*
**aboard** [bijw + vz] • *aan boord (v.)* • *langszij*
**abode I** [ww] verl.tijd + volt.deelw. → **abide II** [znw] *verblijf, woonplaats*
**abolish** [ov ww] *afschaffen*
**abominable** [bnw] *verfoeilijk*
**abominate** [ov ww] *verfoeien*
**abomination** [znw] *gruwel*
**abort** [ov ww] • *ontijdig bevallen* • *(vroegtijdig) afbreken* • *verschrompelen* • *doen mislukken*
**abortion** [znw] • *miskraam* • *abortus provocatus*
**abortive** [bnw] • *ontijdig* • *mislukt*
**abound** [on ww] • *overvloedig zijn* • *wemelen* • (~ **in/with**) *rijk zijn aan, wemelen van*
**about** [bijw + vz] • *om(trent), over* • *in de buurt (v.)* • *in het rond* • *ongeveer*
**above I** [znw] *bovengenoemde/-staande* **II** [bnw] *bovengenoemd* **III** [vz] *boven, over*
**abrasion** [znw] • *schaafwond* • *afschuring*
**abrasive** [bnw] • *schurend, krassend* • *ruw, scherp*
**abreast** [bijw] *naast elkaar*
**abridge** [ov ww] *be-/verkorten*
**abrogate** [ov ww] *afschaffen, intrekken*
**absence** [znw] *afwezigheid*
**absent I** [wkd ww] *afwezig zijn* **II** [bnw] *afwezig*
**absentee** [znw] *afwezige*
**absolute** [bnw] *onvoorwaardelijk, absoluut*
**absolution** [znw] *absolutie, vergiffenis*
**absolve** [ov ww] *vergeven* • (~ **from/of**) *vrijspreken van*
**absorb** [ov ww] • *absorberen* • *geheel in beslag nemen* • *in z. opnemen*
**absorbent** [bnw] *absorberend*
**abstain** [on ww] • (~ **from**) *z. onthouden v.*
**abstemious** [bnw] *matig*
**abstention, abstinence** [znw] *onthouding*
**abstract I** [znw] *overzicht, uittreksel* **II** [bnw] • *abstract* • *theoretisch*

**abstracted** [bnw] *verstrooid, in gedachten verzonken*

**abstraction** [znw] • *abstractie* • *afleiding* • *ontvreemding*

**abundance** [znw] *overvloed*

**abundant** [bnw] *overvloedig*

**abuse** I [ov ww] • *misbruiken* • *uitschelden* II [znw] • *misbruik* • *scheldwoorden*

**abyss** [znw] • *afgrond* • *hel, bodemloze put*

**academic** I [znw] *academicus* II [bnw] • *academisch* • *theoretisch* • *nuchter*

**academy** [znw] • *academie, onderwijsinrichting* • *instituut voor speciaal vak* • *genootschap*

**accelerate** [ov + on ww] *versnellen*

**accelerator** [znw] *gaspedaal*

**accent** I [ov ww] *nadruk leggen op* II [znw] • *klemtoon* • *stembuiging, uitspraak*

**accentuate** [ov ww] • *accentueren* • *verergeren*

**accept** [ov + on ww] *aannemen/-vaarden*

**acceptable** [bnw] • *acceptabel* • *welkom*

**acceptance** [znw] • *gunstige ontvangst* • *accept*

**access** I [ov ww] *z. toegang verschaffen tot* II [znw] *vlaag*

**accessible** [bnw] *toegankelijk*

**accession** [znw] • *troonsbestijging* • *toegang* • *toename*

**accident** [znw] • *toeval* • *ongeluk*

**accidental** [bnw] *toevallig*

**acclimatize** [ov + on ww] *acclimatiseren, wennen aan*

**accommodating** [bnw] *inschikkelijk, coulant*

**accommodation** [znw] *accomodatie*

**accompaniment** [znw] *begeleiding*

**accompany** [ov ww] *vergezellen, begeleiden* • (~ **with**) *vergezeld doen gaan v.*

**accomplice** [znw] *medeplichtige*

**accomplish** [ov ww] *volbrengen*

**accomplished** [bnw] • *volleerd* • *voldongen* • *volkomen* • *begaafd, (veelzijdig) getalenteerd*

**accomplishment** [znw] • *prestatie* • *talent* • *vaardigheid*

**accord** [ov ww] • *overeenstemmen* • *verlenen*

**accordingly** [bijw] *dienovereenkomstig, derhalve*

**account** I [ov ww] • *rekenen* • *beschouwen als* • (~ **for**) *verantwoorden, verklaren* II [znw] • *rekenschap* • *rekening* • *belang* • *verslag* • *kostenraming* • *(vaste) klant, opdrachtgever*

**accountable** [bnw] • *verantwoordelijk* • *verklaarbaar* • *aansprakelijk*

**accredit** [ov ww] *officieel erkennen* • (~ **to**) *geloof hechten aan, toeschrijven aan*

**accrue** I [ov ww] *doen aangroeien, kweken* II [on ww] *aangroeien*

**accumulate** [ov + on ww] *(z.) ophopen, verzamelen*

**accumulation** [znw] • *verzameling* • *op(een)hoping*

**accumulative** [bnw] *(z.) opstapelend*

**accuracy** [znw] *nauwkeurigheid*

**accurate** [bnw] *nauwkeurig*

**accusal, accusation** [znw] • *beschuldiging* • *aanklacht*

**accuse** [ov ww] *beschuldigen, aanklagen*

**accustom** [ov ww] *wennen* • (~ **to**) *wennen aan*

**ace** [znw] • *aas* <v. kaarten> • *uitblinker* <in competitie> • *ace* <tennis>

**acerbity** [znw] *wrangheid, bitterheid*

**ache** I [on ww] • *pijn lijden, pijn doen* • *hunkeren* II [znw] *(voortdurende) pijn*

**achieve** [ov ww] *volbrengen, bereiken*

**achievement** [znw] *succes, prestatie*

**acid** I [znw] • *zuur* • <sl.> LSD II [bnw] • *scherp* • *zuur*

**acknowledge** [ov + on ww] • *erkennen,*

*bevestigen* • *beantwoorden* <v. groet>
**acme** [znw] *toppunt*
**acorn** [znw] *eikel*
**acoustic(al)** [bnw] *gehoor/geluid betreffend, akoestisch*
**acquaintance** [znw] • *kennis* <persoon> • *bekendheid* • *kennismaking*
**acquiesce** [on ww] *berusten* • (~ **in**) *instemmen met*
**acquire** [ov ww] • *verwerven* • *aanleren*
**acquisitive** [bnw] *hebzuchtig*
**acquit** [ov ww] *vrijspreken*
**acquittal** [znw] • *vrijspraak* • *vervulling*
**acre** [znw] *4000 m2*
**acreage** [znw] *oppervlakte*
**acrid** [bnw] • *bijtend* • *bitter*
**acrimonious** [bnw] *bits, boos*
**acrimony** [znw] • *bitsheid* • *boosheid*
**acrobat** [znw] *acrobaat*
**acrobatics** [mv] *acrobatiek*
**across** [bijw] • *kruiselings* • *aan/naar de overzijde* • *dwars (over)*
**act** I [on ww] • *optreden* • *handelen* • *werken* • *acteren* • (~ **(up)on**) *handelen volgens* • (~ **up**) <inf.> *z. aanstellen, slecht functioneren* • (~ **up to**) *handelen volgens* II [znw] • *handeling, daad* • *wet* • *bedrijf* <toneel> • *nummer* <variété>
**acting** I [znw] *het acteren* II [bnw] *waarnemend*
**action** [znw] • *handeling, werking* • *mechaniek* • *gevecht* • <jur.> *proces*
**activate** [ov ww] *aanzetten, activeren*
**active** [bnw] • *actief* • *werkzaam* • *werkend* • *levendig*
**activity** [znw] *werk(zaamheid), bedrijvigheid*
**actor** [znw] *acteur*
**actress** [znw] *actrice*
**actual** [bnw] *(daad)werkelijk, feitelijk*
**actuality** [znw] *werkelijkheid*
**actually** [bijw] • *zowaar* • *eigenlijk*
**acute** [bnw] • *acuut* • *scherpzinnig* • *dringend* • *scherp* <hoek>
**adage** [znw] *gezegde*
**adamant, adamantine** [bnw] *onvermurwbaar*
**adapt** [ov + on ww] • (~ **from...to**) *bewerken van(uit)...naar* • (~ **to**) *aanpassen aan*
**adaptable** [bnw] *aanpasbaar*
**addict** [znw] *verslaafde*
**addiction** [znw] *verslaving*
**addictive** [bnw] *verslavend*
**addition** [znw] • *vermeerdering* • *toevoeging*
**additional** [bnw] *aanvullend*
**additive** I [znw] *toevoeging* II [bnw] *toevoegend*
**address** I [ov ww] • *toespreken, aanspreken* • *adresseren* II [znw] • *adres* • *toespraak* • *behendigheid*
**addressee** [znw] *geadresseerde*
**adept** I [znw] *deskundige* II [bnw] *ingewijd*
**adequacy** [znw] *geschiktheid*
**adequate** [bnw] • *voldoende* • *geschikt*
**adhere** [on ww] *(aan)kleven* • (~ **to**) *trouw blijven aan, vastplakken aan*
**adherent** I [znw] *aanhanger* II [bnw] *aanklevend*
**adhesive** [znw] *kleefmiddel*
**adjective** [znw] *bijvoeglijk naamwoord*
**adjoin** I [ov ww] *bijvoegen* II [on ww] *grenzen aan*
**adjourn** I [ov ww] *verdagen* II [on ww] *op reces gaan*
**adjournment** [znw] • *verdaging* • *onderbreking*
**adjunct** I [znw] • *toevoegsel* • *onderdeel* • <taalk.> *bepaling* II [bnw] *toegevoegd*
**adjust** [ov + on ww] *schikken, regelen, afstellen* <v. apparatuur> • (~ **to**) *aanpassen aan*
**adjustable** [bnw] *verstelbaar*
**adjustment** [znw] *regeling, instelling, aanpassing*
**administer** [ov ww] • *beheren* • *toedienen* <v. medicijnen> • *uitvoeren*

<v. wet>
**administration** [znw] • *administratie* • *regering* • *ministerie* • *uitvoering*
**administrative** [bnw] • *administratief* • *ministerieel*
**administrator** [znw] • *administrateur* • *executeur, curator*
**admirable** [bnw] *bewonderenswaardig*
**admiral** [znw] *admiraal*
**admire** [ov ww] *bewonderen*
**admirer** [znw] *bewonderaar, aanbidder*
**admissible** [bnw] *geoorloofd*
**admission** [znw] • *erkenning* • *toegang, toelating*
**admit** [ov ww] • *binnenlaten* • *toestaan* • *erkennen* • (~ **to**) *toelaten*
**admittance** [znw] *toegang*
**admittedly** [bijw] *toegegeven*
**admonish** [ov ww] *aanmanen, vermanen*
**ado** [znw] *drukte*
**adolescence** [znw] *puberteit*
**adolescent** I [znw] *puber* II [bnw] *opgroeiend*
**adopt** [ov ww] *aan-/op-/overnemen*
**adorable** [bnw] *aanbiddelijk, schattig*
**adoration** [znw] *aanbidding*
**adore** [ov ww] *aanbidden*
**adorn** [ov ww] *versieren*
**adroit** [bnw] *handig*
**adult** I [znw] *volwassene* II [bnw] *volwassen*
**adulterate** [ov ww] *vervalsen*
**adulterer** [znw] *overspelige man*
**adulteress** [znw] *overspelige vrouw*
**adultery** [znw] *overspel*
**advance** [ov + on ww] • *vooruitbrengen* • *vervroegen* • *voorschieten* • *verhogen* • *vorderen* • *naderen* • *opdrukken* • *stijgen*
**advanced** [bnw] *geavanceerd, gevorderd*
**advancement** [znw] • *bevordering* • *vervroeging* • *vooruitgang* • *voorschot*
**advantage** [znw] *voordeel*
**advantageous** [bnw] *voordelig*
**adventure** [znw] • *avontuur* • *risico* • *speculatie*
**adventurer** [znw] • *avonturier* • *speculant*
**adversary** [znw] *tegenstander*
**adverse** [bnw] • *ongunstig* • *vijandig*
**adversity** [znw] *tegenspoed*
**advert** [znw] *advertentie*
**advertise** I [ov ww] • *adverteren* • *aankondigen* II [on ww] *reclame maken*
**advertisement** [znw] • *advertentie* • *aankondiging*
**advertiser** [znw] • *advertentieblad* • *adverteerder*
**advertising** [znw] *reclame*
**advice** [znw] • *raad* • *bericht*
**advisable** [bnw] *raadzaam*
**advise** [ov + on ww] *raad geven*
**adviser** [znw] *adviseur, raadgever*
**advisory** [bnw] *adviserend*
**advocacy** [znw] *voorspraak, verdediging*
**advocate** I [ov ww] *voorstaan, aanbevelen* II [znw] • *verdediger* • *voorstander*
**aerial** I [znw] *antenne* II [bnw] *lucht-, luchtig*
**aerobatics** [znw] *stuntvliegen, luchtacrobatiek*
**aeroplane** [znw] *vliegtuig*
**afar** [bijw] *in de verte*
**affable** [bnw] *minzaam*
**affair** [znw] • *zaak, kwestie* • *ding* • *buitenechtelijke verhouding*
**affect** [ov ww] • *voorwenden* • *aantasten* • *beïnvloeden* • *(ont)roeren*
**affectation** [znw] *aanstellerij*
**affected** [bnw] • *aanstellerig* • *betrokken* • *getroffen*
**affecting** [bnw] *aandoenlijk*
**affection** [znw] • *genegenheid, tederheid* • *aandoening* <ziekte>
**affectionate** [bnw] • *aanhankelijk* • *hartelijk*
**affinity** [znw] *verwantschap*
**affirmative** I [znw] *bevestiging* II [bnw] *bevestigend*

**affix** I [ov ww] • (~ **on/to**) *aanhechten, toevoegen* II [znw] *achter-/in-/voorvoegsel*
**afflict** [ov ww] *teisteren, kwellen*
**affluence** [znw] *rijkdom*
**affluent** I [znw] *zijrivier* II [bnw] *overvloedig*
**afford** [ov ww] • *verschaffen* • *z. veroorloven*
**affront** I [ov ww] • *beledigen* • *tarten* II [znw] *belediging*
**afloat** [bijw] • *drijvend* • *in volle gang*
**afraid** [bnw] *bang*
**afresh** [bijw] • *opnieuw* • *v. voren af aan*
**African** I [znw] *Afrikaan(se)* II [bnw] *Afrikaans*
**after** I [bijw] • *nadat* • *daarna, later* II [vz] • *na, achter, achterna* • *naar* ‹volgens›
**afternoon** [znw] *namiddag*
**afterwards** [bijw] *naderhand, daarna*
**again** [bijw] • *weer* • *daarentegen*
**against** [vz] *tegen(over)*
**agape** [bijw] *met open mond* ‹v. verbazing›
**age** I [on ww] *ouder worden, verouderen* II [znw] • *ouderdom* • *tijdperk* • *eeuw*
**aged** [bnw] *bejaard*
**agency** [znw] • *bureau, agentschap* • *bemiddeling*
**agenda** [znw] • *agenda* ‹v. vergadering› • *werkprogram*
**agent** [znw] *vertegenwoordiger, tussenpersoon*
**aggravate** [ov ww] *(ver)ergeren*
**aggregate** I [ov ww] • *z. verenigen* • *bedragen* II [znw] • *aggregaat* • *totaal* • *verzameling* III [bnw] *gezamenlijk*
**aggression** [znw] • *aanval* • *agressie* • *strijdlust*
**aggressive** [bnw] • *strijdlustig* • *ondernemend, actief, dynamisch*
**aghast** [bnw + bijw] *onthutst, ontzet*
**agile** [bnw] *vlug en lenig*
**agitate** [ov ww] • *beroeren, opwinden* • *opruien*
**agitator** [znw] *opruier*
**ago** I [znw] *verleden* II [bijw] *geleden*
**agonize** [on ww] • *kwellen* • *gekweld worden* • (~ **over**) *z. suf piekeren over*
**agonized** [bnw] *doodsbenauwd*
**agonizing** [bnw] *kwellend, hartverscheurend*
**agony** [znw] • *foltering* • *(doods)angst*
**agrarian** I [znw] *agrariër* II [bnw] *m.b.t. grondbezit/landbouw, agrarisch*
**agree** [on ww] *afspreken* • (~ **on**) *het eens zijn over* • (~ **to**) *toestemmen in, goedkeuren* • (~ **with**) *overeenstemmen met*
**agreeable** [bnw] *aangenaam*
**agreement** [znw] • *overeenstemming* • *contract, afspraak*
**agricultural** [bnw] *v. landbouw*
**agriculture** [znw] *landbouw*
**ahead** [bijw] • *in het vooruitzicht* • *vooruit* • *vóór*
**aid** I [ov ww] *helpen* II [znw] *hulp, helper*
**ailment** [znw] *kwaal*
**ain't** ‹vulg.› [samentr] /am/are/ has/have/is not/ → **be, have**
**air** I [ov ww] *uitlaten, luchten* II [znw] • *lucht* • *melodie* • *houding*
**airing** [znw] • *uiting, bekendmaking* • *het luchten, het drogen* • *wandeling, ritje*
**airmail** [znw] *luchtpost*
**airy** [bnw] • *vluchtig* • *luchtig*
**aisle** [znw] • *zijbeuk* • *gangpad*
**ajar** [bijw] • *op een kier* • *knorrig*
**alacrity** [znw] • *levendigheid* • *bereidwilligheid*
**alarm** I [ov ww] • *alarmeren* • *verontrusten* II [znw] • *alarm* • *schrik, ontsteltenis* • *wekker*
**alarming** [bnw] *verontrustend, alarmerend*
**Albanian** I [znw] *het Albanees* II [bnw] *Albanees*

**albeit** [bijw] *zij het, al is het dan, ofschoon*
**album** [znw] • *album* • *langspeelplaat, cd*
**alchemy** [znw] *alchemie*
**alcoholic** I [znw] *alcoholist* II [bnw] *alcoholhoudend, alcoholisch*
**alcoholism** [znw] *alcoholisme, drankzucht*
**ale** [znw] *bier*
**alert** I [znw] *luchtalarm* II [bnw] *waakzaam, kwiek*
**Algerian** I [znw] *Algerijn* II [bnw] *Algerijns*
**alien** I [znw] • *niet genaturaliseerde vreemdeling* • *buitenaards wezen* II [bnw] • *buitenlands* • *weerzinwekkend*
**alienate** [ov ww] *vervreemden*
**alight** I [on ww] • *afstijgen* • *uitstappen* • *landen* II [bijw] • *verlicht* • *brandend*
**align** [on ww] (z.) *richten, verbinden*
**alignment** [znw] • *richting* • *opstelling*
**alike** [bijw] • *hetzelfde* • *gelijk, gelijkend op*
**alimentary** [bnw] *voedings-*
**alimony** [znw] *alimentatie, onderhoud*
**alive** [bijw] *in leven*
**all** I [bnw] • *al(le)* • *geheel* II [onb vnw] • *alle(n)* • *alles* • *het enige* III [bijw] *helemaal*
**allay** [ov ww] • *verminderen* • *tot bedaren brengen*
**allegation** [znw] *bewering, aantijging*
**allege** [ov ww] *beweren*
**allegiance** [znw] *(eed v.) trouw*
**allergic** [bnw] • *allergisch* • *afkerig*
**allergy** [znw] • *allergie* • *afkeer*
**alleviate** [ov ww] *verzachten, verlichten*
**alley** [znw] • *steeg* • *kegelbaan* • *pad*
**alliance** [znw] • *verbond* • *huwelijk* • *verwantschap*
**allied** [bnw] • *geallieerd* • *verbonden*
**allocate** [ov ww] *toewijzen*
**allocation** [znw] *toewijzing*
**allotment** [znw] • *aandeel* • *volkstuintje*
**allow** [ov ww] • *erkennen* • *toelaten, toestaan* • (~ **for**) *rekening houden met*
**allowance** [znw] • *compensatie, toegeving* • *toelage* • *vergoeding, tegemoetkoming* <kosten>
**alloy** [ov ww] *legéren*
**allure** [ov ww] *aanlokken*
**alluring** [bnw] *aanlokkelijk*
**allusion** [znw] *toespeling*
**ally** [ov ww] • *verbinden* • *bondgenoot*
**almanac** [znw] *almanak*
**almighty** [bnw] *almachtig*
**almond** [znw] *amandel*
**almost** [bijw] *bijna*
**alms** [mv] *aalmoes, aalmoezen*
**aloft** [bijw] *(om)hoog*
**along** [vz] *langs*
**alongside** [vz] *langszij*
**aloof** [bnw + bijw] *op een afstand, gereserveerd*
**aloud** [bijw] *hardop*
**alphabet** [znw] *alfabet*
**alpine** [bnw] *alpen-, berg-*
**already** [bijw] *reeds, al(weer)*
**Alsatian** [znw] • *Elzasser* • *Duitse herder*
**also** [bijw] *ook, bovendien*
**altar** [znw] *altaar*
**alteration** [znw] *wijziging, verandering*
**altercation** [znw] *woordenwisseling*
**alternate** I [on ww] *afwisselen* II [bnw] *afwisselend, verwisselend*
**alternative** [znw] *alternatief*
**although** [bijw] *ofschoon*
**altitude** [znw] *hoogte*
**alto** [znw] *alt(viool), altstem*
**altogether** [bijw] *helemaal, in alle opzichten*
**always** [bijw] *altijd*
**am** [ww] → **be**
**amalgamate** [ov ww] • *samenstellen* • *verenigen*
**amass** [ov ww] *vergaren*

**amaze** [ov ww] *verbazen*
**amazement** [znw] *verbazing*
**amazing** [bnw] *verbazingwekkend*
**ambassador** [znw] *ambassadeur, afgezant*
**amber** I [znw] *barnsteen* II [bnw] • *vaalgeel* • *oranje* <verkeerslicht>
**ambiguous** [bnw] *dubbelzinnig*
**ambition** [znw] • *eerzucht* • *streven, ideaal*
**ambitious** [bnw] • *eerzuchtig* • *groots, grootscheeps*
**ambush** I [ov ww] *in hinderlaag laten lopen/vallen* II [on ww] *in hinderlaag liggen* III [znw] *hinderlaag*
**amenable** [bnw] *handelbaar*
**amend** [ov ww] • *wijzigen* • *z. (ver)beteren*
**amendment** [znw] *amendement*
**American** I [znw] *Amerikaan* II [bnw] *Amerikaans*
**amiable** [bnw] *beminnelijk*
**amicable** [bnw] *vriendschappelijk*
**amiss** [bnw + bijw] *verkeerd, te onpas*
**ammunition, ammo** [znw] *(am)munitie*
**amnesia** [znw] *geheugenverlies*
**amnesty** [znw] *amnestie*
**amorous** [bnw] • *verliefdheid* • *liefdes-*
**amount** I [on ww] • (~ **to**) *bedragen, gelijk staan met* II [znw] • *bedrag* • *grootte, hoeveelheid, mate* • *omvang*
**amphibian** I [znw] • *amfibie, tweeslachtig dier* • *amfibievliegtuig/-voertuig* II [bnw] *tweeslachtig, amfibieachtig*
**amphibious** [bnw] *tweeslachtig, amfibisch*
**ample** [bnw] • *ruim* • *uitvoerig* • *overvloedig*
**ampler** [znw] *merklap*
**amplifier** [znw] *versterker*
**amplify** [ov + on ww] *versterken*
**amputate** [ov + on ww] *amputeren, afzetten*
**amuse** [ov ww] *vermaken, aangenaam bezig houden*
**amusement** [znw] *plezier*
**amusing** [bnw] *amusant, vermakelijk*
**an** [lw] • *een* • *één*
**anaemia** [znw] • *bloedarmoede* • *lusteloosheid*
**anaemic** [bnw] • *bloedarm* • *lusteloos*
**anaesthesia** [znw] *narcose, verdoving*
**anaesthetic** I [znw] *verdovingsmiddel* II [bnw] *verdovend*
**anal** [bnw] *aars-, anaal*
**analyse** [ov ww] *ontbinden, ontleden*
**analysis** [znw] • *analyse* • *(psycho)analyse*
**analyst** [znw] • *analist* • *(psycho)analyticus*
**anarchy** [znw] *anarchie*
**anathema** [znw] *banvloek*
**anatomical** [bnw] *anatomisch*
**anatomy** [znw] • *anatomie* • *ontleding*
**ancestral** [bnw] • *voorouderlijk* • *prototypisch*
**ancestry** [znw] • *voorouders* • *afkomst*
**anchor** I [ov + on ww] *(ver)ankeren* II [znw] • *anker* • *steun*
**anchorage** [znw] • *ligplaats* • *verankering* • *steun* <fig.>
**anchoret, anchorite** [znw] kluizenaar
**anchovy** [znw] *ansjovis*
**ancient** I [znw] *grijsaard* II [bnw] *(zeer) oud*
**ancillary** I [znw] *assistent* II [bnw] • *ondergeschikt* • *hulp-*
**and** [vw] *en*
**anemone** [znw] *anemoon*
**anew** [bijw] *opnieuw*
**angel** [znw] • *engel* • *schat*
**anger** I [ov + on ww] *boos maken* II [znw] *toorn*
**angle** I [ov ww] *hengelen* • (~ **for**) *iets proberen te bereiken* II [znw] • *hoek* • *gezichtspunt*
**angler** [znw] *hengelaar*
**angry** [bnw] • *boos* • *dreigend* • *pijnlijk ontstoken*
**anguish** [znw] • *zielesmart* • *angst*

• *pijn*
**anguished** [bnw] *gekweld, vol angst, vol smart*
**angular** [bnw] • *hoekig* • *nukkig*
**animal** I [znw] *dier* II [bnw] *dierlijk*
**animate** I [ov ww] *bezielen* II [bnw] *levend*
**animation** [znw] *levendigheid*
**animosity** [znw] *vijandigheid*
**aniseed** [znw] *anijszaad(je)*
**ankle** [znw] *enkel*
**annals** [mv] *annalen*
**annex** I [ov ww] *aanhechten, annexeren* II [znw] annexe • *aanhangsel* • *bijgebouw*
**annihilate** [ov ww] *vernietigen*
**anniversary** [znw] *verjaardag, (jaarlijkse) gedenkdag*
**annotate** [ov + on ww] *aantekeningen maken van*
**announce** [ov ww] *aankondigen, omroepen*
**announcement** [znw] *aankondiging*
**announcer** [znw] *aankondiger, omroeper*
**annoy** [ov + on ww] • *ergeren* • *lastig vallen*
**annoyance** [znw] *ergernis*
**annoying** [bnw] *hinderlijk, vervelend*
**annual** I [znw] • *éénjarige plant* • *jaargetijde* • *jaarboekje* II [bnw] *jaarlijks*
**annul** [ov ww] *tenietdoen*
**anoint** [ov ww] *zalven, inwrijven*
**anonymity** [znw] *anonimiteit, naamloosheid*
**anonymous** [bnw] *anoniem, naamloos*
**another** [onb vnw] • *een ander* • *een tweede* • *nog een*
**answer** I [ov + on ww] • *(be)antwoorden (aan)* • *z. verantwoorden voor* • (~ **back**) *een brutaal antwoord geven* • (~ **for**) *instaan voor, boeten voor* • (~ **to**) *antwoorden op* II [znw] *antwoord*
**ant** [znw] *mier*
**antecedent** [bnw] *voorafgaand*
**antelope** [znw] *antilope(leer)*
**antenna** [znw] • *antenne* • *voelspriet*
**anthem** [znw] *beurtzang*
**anthology** [znw] *bloemlezing*
**anthropology** [znw] *antropologie, leer v.d. mens*
**anticipate** [ov ww] • *vóór zijn, vooruitlopen op* • *verwachten* • *voorzien*
**antipathetic** [bnw] *antipathiek*
**antipathy** [znw] *antipathie, afkeer*
**antiquarian** I [znw] • *oudheidkundige* • *antiquaar* II [bnw] *oudheidkundig*
**antiquated** [bnw] *verouderd*
**antique** [znw] *antiek voorwerp*
**antiquity** [znw] • *de oudheid* • *antiquiteit*
**antithesis** [znw] *tegenstelling*
**antler** [znw] *tak van gewei*
**anvil** [znw] *aambeeld*
**anxiety** [znw] • *bezorgdheid* • *verlangen* • *angst*
**anxious** [bnw] • *bezorgd* • *verontrust* • *verlangend*
**any** [onb vnw] • *enig* • *ieder* • *soms ook*
**anyhow** [bijw] *hoe dan ook, in ieder geval*
**anyone** [onb vnw] • *iemand* • *wie dan ook, iedereen*
**anything** [onb vnw] • *iets* • *wat dan ook, alles*
**anyway** [bijw] *in ieder geval, toch*
**apart** [bnw + bijw] • *apart* • *uit elkaar* • *terzijde*
**apartment** [znw] • *vertrek* • <AE> *appartement*
**apathetic** [bnw] *lusteloos*
**apathy** [znw] *apathie, lusteloosheid*
**ape** I [ov ww] *naäpen* II [znw] *staartloze aap*
**apiece** [bijw] *per stuk*
**aplomb** [znw] *zelfverzekerheid*
**apologetic** [bnw] *verontschuldigend*
**apologize** [on ww] *z. verontschuldigen*
**apology** [znw] *verontschuldiging*
**apoplexy** [znw] *beroerte*

**apostle** [znw] *apostel*
**apostolic** [bnw] *apostolisch*
**apostrophe** [znw] <taalk.> *apostrof*
**appal, appall** [ov ww] *ontzetten*
**apparatus** [znw] • *hulpmiddelen* • *apparaat*
**apparent** [bnw] • *ogenschijnlijk* • *duidelijk* • *blijkbaar*
**apparition** [znw] *spook(verschijning)*
**appeal** I [on ww] • *in beroep gaan* • *spreken tot* <fig.> • (~ **to**) *beroep doen op, z. beroepen op, aantrekkingskracht uitoefenen* II [znw] • *aantrekkingskracht* • *beroep*
**appealing** [bnw] • *smekend* • *aantrekkelijk*
**appease** [ov ww] • *verzoenen* • *sussen*
**append** [ov ww] *bijvoegen*
**appendage** [znw] *bijvoegsel*
**appendicitis** [znw] *blindedarmontsteking*
**appendix** [znw] • *aanhangsel* • <med.> *appendix*
**appetite** [znw] *eetlust*
**appetizer** [znw] • *aperitief* • *voorgerecht*
**appetizing** [bnw] • *smakelijk* • *de eetlust opwekkend*
**applaud** I [ov ww] *toejuichen* II [on ww] *applaudisseren*
**applause** [znw] *applaus*
**apple** [znw] *appel*
**applicable** [bnw] • *toepasselijk* • *doelmatig*
**applicant** [znw] *sollicitant*
**application** [znw] • *toepassing* • *sollicitatie* • *aanvraag* • *toewijding*
**applied** [bnw] *toegepast*
**apply** [on ww] *doen/leggen op* • (~ **for**) *solliciteren naar, aanvragen* • (~ **to**) *van toepassing zijn op, toepassen op, z. wenden tot*
**appoint** [ov ww] • *vaststellen* • *aanstellen*
**apposite** [bnw] • *passend* • *ad rem*
**appraise** [ov ww] • *schatten* • *waarderen*
**appreciable** [bnw] • *schatbaar* • *merkbaar*
**appreciate** [ov ww] • *waarderen* • *inzien* • *beoordelen* • *verhogen in koers/prijs*
**appreciation** [znw] • *waardering* • *beoordeling*
**appreciative** [bnw] • *goedkeurend* • *erkentelijk*
**apprehend** [ov ww] *aanhouden*
**apprehensive** [bnw] • *ongerust* • *intelligent*
**apprentice** I [ov ww] *in de leer doen/nemen* • (~ **to**) *in de leer doen bij* II [znw] *leerjongen*
**apprenticeship** [znw] • *leerlingschap* • *leerjaren*
**approach** I [ov ww] • *aanpakken* • *(be)naderen* II [znw] • *(be)nadering* • *aanpak* • *opzet*
**approbation** [znw] *goedkeuring*
**appropriate** I [ov ww] *z. toeëigenen* II [bnw] • *geschikt* • *passend*
**approval** [znw] *goedkeuring*
**approve** [on ww] *akkoord gaan* • (~ **of**) *goedkeuren*
**approximate** I [ov ww] *(be)naderen* II [bnw] *bij benadering (aangegeven)*
**apricot** [znw] *abrikoos(kleurig)*
**apt** [bnw] • *geneigd* • *gevat* • *bekwaam*
**aquatic** [bnw] *water-*
**Arab** I [znw] *Arabier* II [bnw] *Arabisch*
**Arabic** [bnw] *Arabisch*
**arable** [bnw] *bebouwbaar*
**arbiter** [znw] *scheidsrechter*
**arbitrate** I [ov ww] *beslissen* II [on ww] *als scheidsrechter optreden*
**arbitration** [znw] *arbitrage*
**arbitrator** [znw] *scheidsrechter*
**arbour** [znw] *beschutte tuin*
**arc** [znw] *(cirkel)boog*
**arcade** [znw] • *galerij* • *speelautomatenhal*
**arch** I [on ww] *(zich) welven* II [znw] • *boog* • *gewelf* III [bnw] *schalks*

**archaeology** [znw] *archeologie, oudheidkunde*
**archer** [znw] *boogschutter*
**archery** [znw] • *boogschieten* • *pijl en boog*
**archipelago** [znw] *archipel*
**architectural** [bnw] *bouwkundig*
**architecture** [znw] *architectuur, bouwkunde*
**ardent** [bnw] • *vurig* • *ijverig*
**ardour** [znw] • *gloed* • *vuur*
**arduous** [bnw] • *steil* • *inspannend*
**are** [ww] → **be**
**area** [znw] • *oppervlakte* • *gebied* • *souterrain*
**argue** [on ww] • *betogen* • *debatteren* • *ruzie maken* • *bewijzen*
**argument** [znw] • *betoog* • *woordentwist* • *argument*
**arid** [bnw] *dor, droog*
**arise** [on ww] • *z. voordoen* • *opstaan, verrijzen* • (~ **from**) *voortkomen uit, ontstaan uit*
**aristocracy** [znw] *aristocratie, adel*
**arithmetic** [znw] *rekenkunde*
**arm** I [ov ww] *bewapenen* II [on ww] *z. wapenen* III [znw] • *tak* • *arm*
**armadillo** [znw] *gordeldier*
**armed** [bnw] • *gewapend* • *uit-/toegerust*
**armistice** [znw] *wapenstilstand*
**armour** I [ov ww] • *pantseren* • *wapenen* II [znw] • *bepantsering* • *tanks* • *wapenrusting* • *harnas* • *duikerpak*
**armourer** [znw] • *wapensmid* • *wapenmeester*
**armoury** [znw] *wapenzaal*
**army** [znw] • *leger* • *menigte*
**aromatic** [bnw] *geurig*
**arose** [ww] verl. tijd → **arise**
**around** I [bijw] • *rondom* • *in de buurt* II [vz] • *rond(om)* • *om...heen*
**arouse** [ov ww] *(op)wekken*
**arrangement** [znw] • *regeling* • *afspraak* • <muz.> *arrangement*
**array** I [ov ww] • *opstellen* • *uitdossen* II [znw] • *kledertooi* • *mars-/slagorde* • *stoet, rij*
**arrest** I [ov ww] • *arresteren* • *tegenhouden, stuiten* II [znw] • *stilstand* • *arrest(atie)*
**arrival** [znw] • *aankomst* • *aangekomene*
**arrive** [on ww] *aankomen, arriveren*
**arrogance** [znw] *arrogantie, aanmatiging*
**arrow** [znw] *pijl*
**arse** <vulg.> [znw] • *achterste, gat* • *klootzak*
**arsenal** [znw] *kruithuis*
**arsenic** [znw] *arsenicum*
**arson** [znw] *brandstichting*
**art** I [ww] → **be** II [znw] • *kunst* • *list* • *vaardigheid*
**artefact** [znw] *kunstprodukt*
**arterial** [bnw] *v.d. slagader*
**artery** [znw] • *slagader* • *verkeersader*
**artful** [bnw] • *listig* • *gekunsteld* • *kundig*
**arthritis** [znw] *artritis, jicht, gewrichtsontsteking*
**artichoke** [znw] *artisjok*
**article** I [ov ww] • *in de leer doen* • *aanklacht indienen* • (~ **to**) *in de leer doen bij* II [znw] • *artikel* • *statuut* • <taalk.> *lidwoord*
**artifact** [znw] → **artefact**
**artifice** [znw] *list, kunstgreep*
**artificial** [bnw] • *kunstmatig* • *gekunsteld*
**artillery** [znw] *artillerie, geschut*
**artisan** [znw] *handwerksman*
**artist** [znw] • *artiest* • *kunstenaar*
**artistic** [bnw] *artistiek*
**artistry** [znw] *kunstenaarschap, kunstenaarstalent, kunstzinnigheid*
**artless** [bnw] • *ongekunsteld* • *naïef* • *onhandig*
**arty** [bnw] • *te mooi* • *pseudo-/quasi-artistiek*
**as** I [bijw] *zo* II [vw] • *(zo)als*

• *aangezien* • *naarmate* • *terwijl*
**asbestos** [znw] *asbest*
**ascend** [ov ww] • *(be)stijgen* • *teruggaan* <in de geschiedenis>
**ascendancy, ascendency** [znw] *overwicht*
**ascendant, ascendent** I [znw] • *overwicht, ascendant* • *voorouder* II [bnw] • *stijgend* • *dominant*
**ascent** [znw] • *be-/opstijging* • *helling* • *opkomst*
**ascertain** [ov ww] • *vaststellen* • *te weten komen*
**ash** [znw] • *as* • *es* <boom>
**ashamed** [bnw] *beschaamd*
**ashen** [bnw] • *asgrauw* • *doodsbleek*
**ashore** [bijw] *aan land*
**Asian, Asiatic** I [znw] *Aziaat* II [bnw] *Aziatisch*
**aside** I [znw] • *terzijde* <toneel> • *terloops gemaakte opmerking* II [bijw] *terzijde*
**ask** [ov + on ww] *vragen* • (~ **after**) *vragen naar* • (~ **for**) *vragen om, uitlokken* • (~ **out**) *uitnodigen*
**askance** [bijw] • *achterdochtig* • *van terzijde*
**askew** [bijw] *scheef*
**asleep** [bnw + bijw] *in slaap*
**aspect** [znw] • *gezichtspunt* • *aanblik* • *ligging*
**aspen** [znw] • *esp* • *ratelpopulier*
**asperity** <form.> [znw] • *ongeduldige strengheid* • *ruwheid* • *guurheid* • *scherpheid*
**aspirant** I [znw] *kandidaat* II [bnw] *strevend, eerzuchtig*
**aspiration** [znw] *streven*
**aspire** [on ww] • *streven* • *(ver)rijzen*
**aspirin** [znw] *aspirine*
**ass** [znw] • *ezel* • <AE vulg.> → **arse**
**assail** [ov ww] *bestormen, aanvallen*
**assailant** [znw] *aanvaller*
**assassin** [znw] *sluipmoordenaar*
**assassinate** [ov ww] *vermoorden*
**assault** I [ov ww] • *aanvallen* • *bestormen* II [znw] • *aanval* • *bestorming* • *aanranding*
**assemble** I [ov ww] • *monteren* • *verzamelen* II [on ww] *bijeenkomen, z. verzamelen*
**assembly** [znw] • *montage* • *vergadering* • *verzameling*
**assent** I [on ww] *instemmen* • (~ **to**) *instemmen met* II [znw] *instemming*
**assert** [ov ww] • *beweren* • *laten gelden*
**assertive** [bnw] • *aanmatigend* • *zelfbewust* • *bevestigend*
**assess** [ov ww] • *vaststellen* • *belasten* • *waarderen, beoordelen* • *schatten*
**assessment** [znw] • *schatting* • *beoordeling* <v. (school)werk>, *waardering* • *aanslag*
**assessor** [znw] *taxateur*
**asset** [znw] • *aanwinst* • *voordeel, pluspunt* • *geschiktheid* • <econ.> *creditpost*
**assiduous** [bnw] *vlijtig*
**assign** [ov ww] • *overdragen* • *toewijzen* • *opgeven*
**assignation** [znw] • *afspraak* • *toewijzing*
**assignment** [znw] • *opdracht* • *opgave* • <AE> *benoeming*
**assimilate** I [ov ww] • *gelijk maken* • *opnemen* II [on ww] • *opgenomen worden* • *gelijk worden*
**assist** [ov ww] • *bijstaan* • *hulp verlenen* • (~ **at**) *(iets) bijwonen*
**assistance** [znw] *hulp, steun*
**assistant** I [znw] • *assistent* • *bediende* II [in samenst] *adjunct-*
**associate** I [on ww] *(z.) verenigen* • (~ **with**) *omgaan met* II [znw] • *compagnon, deelgenoot* • *metgezel, collega* III [bnw] • *verbonden* • *begeleidend* • *mede-*
**association** [znw] • *vereniging* • *samenwerking*
**assorted** [bnw] • *bij elkaar passend* • *gemengd*
**assortment** [znw] • *assortiment*

• *sortering*
**assume** [ov ww] • *aannemen* • *veronderstellen* • *op zich nemen* • *z. aanmatigen*
**assumption** [znw] • *veronderstelling* • *vermoeden* • *aanneming* <v.ambt> • *overname* <v. macht>
**assurance** [znw] • *zekerheid* • *verzekering* • *zelfvertrouwen*
**astonish** [ov ww] *verbazen*
**astonishing** [bnw] *verbazingwekkend*
**astonishment** [znw] *(stomme) verbazing*
**astound** [ov ww] • *zeer verbazen* • *ontstellen*
**astray** [bnw] *op een dwaalspoor, op het slechte/verkeerde pad*
**astride** [bijw] *schrijlings*
**astrologer** [znw] *astroloog, sterrenwichelaar*
**astrology** [znw] *astrologie, sterrenwichelarij*
**astronomer** [znw] *astronoom, sterrenkundige*
**astronomy** [znw] *astronomie, sterrenkunde*
**asylum** [znw] *asiel* <ook politiek>, *gesticht*
**at** [vz] • *met* • *aan* • *bij* • *om* • *in* • *tegen*
**ate** [ww] verl. tijd → **eat**
**atheism** [znw] *atheïsme*
**athlete** [znw] *atleet*
**athletic** [bnw] *atletisch*
**atmosphere** [znw] • *atmosfeer* • *sfeer*
**atom** [znw] • *atoom* • *greintje*
**atomic** [bnw] *atoom-*
**atonement** [znw] *verzoening*
**atrocious** [bnw] • *gruwelijk* • *slecht*
**atrocity** [znw] *wreedheid*
**attach** [on ww] • *verbinden, aansluiten* • *(aan zich) hechten* • (~ **to**) *vastmaken aan*
**attaché** [znw] *diplomatenkoffertje*
**attachment** [znw] • *verbinding* • *aanhangsel* • *gehechtheid*
**attack** I [ov ww] *aanvallen* II [znw] *aanval*
**attain** [ov + on ww] • *bereiken* • *verwerven*
**attainable** [bnw] • *verkrijgbaar* • *bereikbaar*
**attainment** [znw] • *verworvenheid* • *prestatie* • *talent*
**attempt** I [ov ww] *pogen* II [znw] *poging*
**attend** [ov ww] • *bijwonen* • *begeleiden* • *aanwezig zijn* • (~ **to**) *zorgen voor, verzorgen, opletten*
**attendant** I [znw] • *begeleider* • *bediende* II [bnw] • *aanwezig* • *begeleidend* • *bedienend*
**attention** [znw] *aandacht, attentie*
**attentive** [bnw] *aandachtig*
**attenuate** [ov ww] • *verzachten* • *afzwakken* • *verdunnen*
**attest** [ov ww] • *instaan voor* • *beëdigen* • *getuigen*
**attic** [znw] *zolder(kamer)*
**attitude** [znw] *houding*
**attorney** [znw] *gevolmachtigde, procureur*
**attract** [ov ww] *aantrekken, boeien*
**attraction** [znw] • *aantrekkingskracht* • *attractie*
**attractive** [bnw] *aantrekkelijk*
**attributable** [bnw] *toe te schrijven*
**attribute** I [ov ww] • (~ **to**) *toeschrijven aan* II [znw] *kenmerk*
**auburn** [bnw] *kastanjebruin* <vnl. haar>
**auction** I [ov ww] *veilen, openbaar bij opbod verkopen* • (~ **off**) *bij opbod uit-/verkopen* II [znw] *veiling*
**auctioneer** I [ov ww] *veilen* II [znw] *veilingmeester*
**audacious** [bnw] • *dapper* • *onbeschaamd*
**audacity** [znw] • *dapperheid* • *onbeschaamdheid*
**audible** [bnw] *hoorbaar*
**audience** [znw] • *toehoorders* • *publiek* • *audiëntie*

**audition** [znw] • *gehoor* • *auditie*
**auditor** [znw] • *toehoorder* • *accountant*
**auditorium** [znw] *gehoorzaal, aula*
**augment** I [ov ww] *doen toenemen* II [on ww] *toenemen*
**August** [znw] *augustus*
**aunt** [znw] *tante*
**aura** [znw] • *(atmo)sfeer* • *uitstraling*
**aural** [bnw] *van/via het gehoor, oor-*
**auspicious** [bnw] *gunstig*
**austere** [znw] • *sober* • *grimmig, streng*
**austerity** [znw] • *soberheid* • *strengheid*
**Australian** I [znw] *Australiër* II [bnw] *Australisch*
**Austrian** I [znw] *Oostenrijker* II [bnw] *Oostenrijks*
**authentic** [znw] • *origineel* • *oprecht* <gevoelens> • *rechtsgeldig* • *betrouwbaar* • *echt*
**authenticity** [znw] • *echtheid* • *betrouwbaarheid*
**author** [znw] • *schrijver* • *schepper* • <jur.> *dader*
**authoritarian** [bnw] *autoritair, eigenmachtig*
**authoritative** [bnw] *gezaghebbend*
**authority** [znw] • *gezag, autoriteit* • *expert*
**authorization** [znw] • *machtiging, volmacht* • *goedkeuring*
**authorize** [ov ww] *machtigen*
**autocrat** [znw] *alleenheerser*
**automatic** I [znw] • *automatisch wapen* • *automaat* <auto/apparaat> II [bnw] • *automatisch* • *werktuiglijk, zonder nadenken* • *noodzakelijk* • *on-/onderbewust*
**automaton** [znw] *automaat, robot*
**autonomous** [bnw] *autonoom, met zelfbestuur*
**autonomy** [znw] *zelfbestuur, autonomie*
**autopsy** [znw] *lijkschouwing*
**autumn** [znw] *herfst*
**autumnal** [bnw] *herfstachtig*
**auxiliary** I [znw] • *hulpstuk* • *helper* • <taalk.> *hulpwerkwoord* II [bnw] • *hulp-* • *aanvullend*
**avail** I [on ww] *baten* II [znw] *baat, nut*
**available** [bnw] • *beschikbaar* • *geldig*
**avalanche** [znw] *lawine*
**avarice** [znw] • *hebzucht* • *gierigheid*
**avenge** [ov ww] *wreken*
**avenue** [znw] • *laan* • *toegang* • *weg* • <AE> *brede straat*
**average** I [ov ww] • *gemiddeld halen* • *schatten* • (~ **out**) *gemiddeld op hetzelfde neerkomen* II [znw] *gemiddelde* III [bnw] *gemiddeld*
**averse** [bnw] *afkerig*
**aversion** [znw] *afkeer*
**avert** [ov ww] *afwenden*
**aviary** [znw] *volière*
**aviation** [znw] • *vliegsport* • *vliegkunst*
**avid** [bnw] • *begerig* • *vurig* • *fervent*
**avoid** [ov ww] *vermijden*
**avoidable** [bnw] *vermijdbaar*
**avoidance** [znw] • *vermijding* • *ontwijking*
**avow** [ov ww] • *bekennen* • *erkennen*
**avowal** [znw] *(openlijke) bekentenis*
**await** [ov ww] *(af)wachten*
**awake** [bnw] *wakker*
**awakening** [znw] *het ontwaken*
**award** I [ov ww] • *toekennen* • *belonen* • (~ **to**) *toekennen aan* II [znw] • *bekroning, prijs* • *toelage* • <jur.> *vonnis, uitspraak*
**aware** [bnw] • *bewust* • *gewaar*
**away** I [bnw] II [bijw] *weg*
**awe** I [ov ww] *ontzag inboezemen* II [znw] *ontzag*
**awful** [bnw] • *afschuwelijk* • *indrukwekkend*
**awkward** [bnw] • *pijnlijk* • *onhandig* • *lastig*
**awoke** [ww] verl. tijd + volt. deelw. → **awake**
**awry** [bnw + bijw] • *scheef* • *verkeerd*
**axis** [znw] *as, middellijn*
**azure** [bnw] *hemelsblauw*

# B

**babble** I [on ww] • *leuteren, babbelen* • *kabbelen* • *verklappen* II [znw] *geleuter*
**babe** [znw] • *baby* • <sl.> *meisje, liefje*
**baboon** [znw] *baviaan*
**baby** I [ov ww] *als (een) kind behandelen* II [znw] • *baby, kind* • *schat* • *de jongste*
**babyish** [bnw] *kinderachtig, kinderlijk*
**bachelor** [znw] • *vrijgezel* • ≈ *kandidaat* <universitair>
**back** I [ov ww] • *steunen* • *wedden op* • (~ **up**) *steunen* II [on ww] *achteruitrijden* • (~ **away**) *terugdeinzen* • (~ **down**) *zich terugtrekken, toegeven, terugkrabbelen* • (~ **off**) *terugtrekken, terugdeinzen* • (~ **out**) *terugkrabbelen* III [znw] • *rug, achterkant* • <sport> *achterspeler* IV [bijw] • *achter* • *terug*
**backing** [znw] *steun*
**backward** [bnw] *achterlijk*
**backwards** [bnw + bijw] *achteruit*
**bacon** [znw] *spek*
**bacterial** [bnw] *bacterie-*
**bacteriology** [znw] *bacteriologie*
**bacterium** [znw] *bacterie*
**bad** [bnw] • *slecht, ondeugdelijk* • *kwaad* • *bedorven*
**bade** [ww] verl. tijd → **bid**
**badge** [znw] *onderscheidingsteken, insigne, embleem*
**badger** I [ov ww] • *tergen* • *lastig vallen, zeuren om iets* II [znw] *das* <dier>
**badly** [bnw + bijw]
**baffle** I [ov ww] • *verijdelen* • *verbijsteren* II [znw] *schot, scherm*
**bag** I [ov ww] *vangen, schieten, bemachtigen* II [on ww] *(op)zwellen* III [znw] • *zak, tas* • *vangst* • *wal* <onder oog>
**baggy** [bnw] *uitgezakt*
**bail** I [ov ww] *hozen* • (~ **out**) *uit de puree helpen, door borgtocht vrij krijgen* II [znw] • *(muur v.) voorhof* • *borgtocht*
**bait** I [ov ww] • *van aas of voer voorzien* • *sarren* II [znw] *(lok)aas*
**bake** [ov + on ww] *bakken*
**baker** [znw] *bakker*
**bakery** [znw] *bakkerij*
**balance** I [ov ww] • *wegen* • *wikken* • *in evenwicht houden/brengen* II [znw] • *weegschaal, balans* • *evenwicht* • *saldo, rest*
**balcony** [znw] *balkon*
**bald** [bnw] • *kaal* • *nuchter*
**bale** I [ov ww] *hozen* II [on ww] • (~ **out**) *met parachute uit vliegtuig springen, uitstappen*
**baleful** [bnw] • *kwaadaardig* • *verderfelijk*
**balk** I [ov ww] • *voorbijgaan, overslaan* • *z. onttrekken aan* • *verijdelen* • *weigeren* II [znw] • *balk* • *struikelblok*
**ball** I [ov + on ww] *(zich) ballen* II [znw] *bal, bol, kogel*
**ballad** [znw] *ballade*
**ballast** I [ov ww] *bezwaren* II [znw] *ballast*
**ballistic** [bnw] *ballistisch*
**balloon** I [on ww] • *bol staan* • *opzwellen* II [znw] *bol, ballon*
**ballot** I [on ww] • *stemmen* • *balloteren* • *loten* II [znw] • *stembriefje* • *stemming* • *loting*
**balm** [znw] *balsem*
**balmy** [bnw] • *mild,* • *stapelgek*
**bamboo** [znw] *bamboe*
**banal** [bnw] *banaal*
**banana** [znw] *banaan*
**band** I [ov ww] *strepen* II [znw] • *bende* • *orkest* <v. blaasinstrumenten> • *band, lint, strook* • *drijfriem*
**bandage** I [ov ww] *verbinden* • (~ **up**) *verbinden* II [znw] *verband*

**bandit** [znw] (struik)rover
**bandy** [ov ww] uitwisselen • (~ **about**) heen en weer werpen of slaan
**bandy-legged** [bnw] met o-benen
**bane** [znw] • vloek, pest • vergif
**bang** I [ov + on ww] • hard slaan • smakken, dichtslaan • knallen • (~ **about**) ruw behandelen • (~ **away**) blijven bonzen of hameren II [ov ww] recht afknippen <v. pony> III [znw] • klap, smak, knal • pony <haar> IV [tw] pats!, bom!
**banger** [znw] • worstje • vuurwerk • wrak <auto>
**bangle** [znw] armring, armband
**banish** [ov ww] verbannen
**bank** I [ov + on ww] • indammen • hellend rijden of vliegen <bij bank> II [znw] • oever • zandbank • berm • bank
**banker** [znw] bankier
**banking** [znw] bankwezen
**bankrupt** [bnw] failliet
**bankruptcy** [znw] faillissement
**banner** [znw] • banier • spandoek
**banquet** I [on ww] feesten, smullen II [znw] feestmaal
**baptism** [znw] doop
**baptize** [ov ww] dopen
**bar** I [ov ww] • versperren, beletten • grendelen II [znw] • balk • staaf, tralie, stang • slagboom • reep <chocolade>, stuk <zeep> • zandbank <voor haven- of riviermonding> • buffet, bar • belemmering, bezwaar • maat(streep)
**barb** [znw] • baarddraad <v. vis> • weerhaak
**barbarian** I [znw] barbaar II [bnw] barbaars
**barbaric, barbarous** [bnw] barbaars
**barbarity** [znw] barbaarsheid, wreedheid
**barbecue** I [ov ww] barbecuen II [znw] • feest, barbecue • groot braadrooster
**barbed** [bnw] ★ ~ **wire** prikkeldraad
**barber** [znw] • barbier • kapper
**bare** I [ov ww] blootleggen, ontbloten II [bnw] naakt, kaal
**bargain** I [on ww] • overeenkomen • marchanderen II [znw] • afspraak • koop(je)
**barge** I [on ww] • (~ **into**) ergens tegenaanlopen II [znw] • woonschip • aak, praam • officierssloep, staatsiesloep
**bark** I [ov ww] • afschillen • schaven <v. huid> II [on ww] blaffen III [znw] • geblaf • schors, bast • bark
**barley** [znw] gerst
**barn** [znw] schuur
**barnacle** [znw] eendemossel
**baroness** [znw] barones
**baroque** [bnw] barok
**barrack(s)** I [ov ww] • kazerneren • uitjouwen <cricket> II [znw] kazerne
**barrage** [znw] • versperring • spervuur • stuwdam
**barrel** [znw] • vat • cilinder • loop <v. geweer>
**barren** [znw] onvruchtbaar, dor
**barricade** I [ov ww] barricaderen II [znw] barricade
**barrier** [znw] • hinderpaal, slagboom • dranghek
**barring** [vz] behoudens
**barrister** [znw] advocaat, pleiter
**barrow** [znw] • kruiwagen • berrie • handkar • grafheuvel
**barter** I [ov + on ww] ruilhandel drijven II [znw] ruilhandel
**base** I [ov ww] baseren II [znw] • grondgetal • voetstuk, basis • <sport> honk • <chem.> base III [bnw] laag, gemeen
**baseless** [bnw] ongegrond
**basement** [znw] souterrain
**bash** I [ov ww] • (in elkaar) rammen • inslaan, kapot slaan • (~ **up**) in elkaar slaan II [znw] slag
**bashful** [bnw] verlegen, bedeesd
**basin** [znw] • bekken • bassin • kom

• *dok* • *stroomgebied*
**basis** [znw] *basis, grondslag*
**bask** [on ww] *z. koesteren*
**basket** [znw] *mand, korf*
**bass** I [znw] • *(zee)baars* • *soort bier* II [bnw] • *lage frequenties, lage tonen* • *bas*
**bassoon** [znw] *fagot*
**bastard** I [znw] • *schoft* • *bastaard* II [bnw] *onecht*
**bat** I [ov + on ww] *batten* II [znw] • *vleermuis* • *slaghout, bat*
**batch** [znw] • *partij, groep, stel* • *baksel*
**bath** I [ov ww] *een bad geven* II [znw] • *bad* • *badkuip*
**bathe** [ov + on ww] • *baden* • *natmaken*
**bather** [znw] *bader, zwemmer*
**bathroom** [znw] • *badkamer* • <AE> *W.C.*
**baton** [znw] • *dirigeerstok* • *gummistok* • *staf*
**battalion** [znw] *bataljon*
**batten** [znw] *(vloer)plank*
**batter** I [ov + on ww] • *beuken* • *rammen* • *deuken, havenen* II [znw] • *beslag* • *slagman*
**battery** [znw] • *(leg)batterij* • *accu* • *aanranding*
**battle** I [ov + on ww] *strijden* II [znw] *strijd, veldslag*
**bauble** [znw] *snuisterij, prul*
**baulk** [ov ww] → **balk**
**bawdy** [bnw] *liederlijk*
**bawl** [ov + on ww] *brullen, schreeuwen* • (~ **out**) <inf.> *de mantel uitvegen*
**be** I [on ww] • (~ **for**) *zijn voor, voorstander zijn van* • (~ **in**) *aanwezig/binnen/er zijn, aan slag zijn, aan het bewind zijn, erbij/in de mode/opgenomen zijn* • (~ **off**) *afgesloten zijn* <elektra/gas/water>, *niet in orde zijn, verwijderd zijn, niet doorgaan, afgelast zijn, weg zijn, starten, ervandoor gaan/zijn* • (~ **on**) *tipsy zijn, aan/op zijn* <v. kledingstuk>, *doorgaan, bezig zijn, aan de gang/beurt zijn, meedoen* • (~ **out**) *gepubliceerd zijn, (er)buiten/eruit zijn, om/weg zijn, in staking zijn, werkloos zijn, onmogelijk zijn* • (~ **over**) *over/uit/voorbij zijn, op bezoek zijn, overschieten* • (~ **through**) *het niet meer zien zitten, klaar zijn, er doorheen zijn* • (~ **up**) *hoger/gestegen zijn, op/wakker zijn, op/over/voorbij zijn, aan de gang/hand zijn, ter discussie staan* II [kww] • *zijn* • *bestaan* • *worden* • *liggen, staan*
**beach** [znw] *strand*
**beacon** [znw] *(vuur)baken, vuurtoren*
**bead** I [ov ww] *van kralen voorzien, rijgen* II [znw] • *vizierkorrel* • *kraal* • *parel* <v. zweet>
**beady** [bnw] • *kraalvormig* • *parelend*
**beagle** [znw] *speurder*
**beak** [znw] • *scherpe snavel* • <sl.> *neus*
**beaker** [znw] *beker(glas)*
**beam** I [ov + on ww] • *stralen* • *uitzenden* <op TV> • *glunderen* II [znw] • *balk* • *drijfstang* • *straal* • *stralenbundel* • *radiosignaal*
**bean** [znw] *boon*
**bear** I [ov ww] • *(ver)dragen* • *dulden* • *uitstaan* • *opbrengen* • *baren* • (~ **(up)on**) *betrekking hebben op* • (~ **down (up)on**) *afkomen op* • (~ **out**) *bevestigen* • (~ **up against**) *het hoofd bieden aan* • (~ **with**) *geduld hebben met* II [znw] *beer*
**bearable** [bnw] *te (ver)dragen*
**beard** I [ov ww] *tarten* II [znw] *baard*
**bearded** [bnw] *met een baard*
**bearer** [znw] • *toonder* • *brenger* • *stut* • *drager* • *houder*
**bearing** [znw] • *gedrag, houding* • *verband* • *invloed*
**beast** [znw] • *viervoeter* • *beest*
**beaten** [bnw] • *verslagen* • *gedreven* <v. goud>
**beater** [znw] *drijver* <bij jacht>
**beating** [znw] *pak slaag*

**beautician** [znw] *schoonheidsspecialist*
**beautiful** [bnw] *mooi*
**beautify** [ov ww] *verfraaien*
**beauty** [znw] *schoonheid*
**beaver** [znw] • *hoed v. bevervilt* • *bever*
**became** [ww] verl. tijd → **become**
**beck** [znw] • *wenk, knik* • *beek*
**beckon** [ov ww] *wenken*
**become** I [ov ww] *goed staan* II [kww] *worden*
**becoming** [bnw] • *betamelijk* • *flatterend*
**bed** I [ov ww] • (~ **down**) *een slaapplaats geven, naar bed brengen* II [on ww] • (~ **down**) *naar bed gaan, gaan slapen* III [znw] • *bed* • *leger* <v. dier> • *bedding* • *(onder)laag*
**bedding** [znw] • *beddegoed* • *onderlaag*
**bedeck** [ov ww] *(op)tooien, versieren*
**bedevil** [ov ww] • *bederven* • *in de war brengen*
**bedlam** [znw] *gekkenhuis*
**bedroom** [znw] *slaapkamer*
**bee** [znw] *bij*
**beech** [znw] *beuk*
**beef** I [ov ww] • (~ **up**) <sl.> *versterken, opvoeren, opkalefateren* II [on ww] *klagen* III [znw] • *rundvlees* • *spierkracht*
**beefy** [bnw] *stevig, gespierd*
**beer** [znw] *bier*
**beet** [znw] *biet, kroot*
**beetle** I [on ww] • (~ **off**) <sl.> *zich uit de voeten maken* II [znw] • *tor* • *stamper* • *heiblok*
**befit** [ov ww] *betamen*
**befitting** [bnw] *passend*
**before** [vz] • *voor* • *tevoren* • *voordat*
**beforehand** [bijw] *vantevoren*
**befriend** [ov ww] *een vriend zijn voor*
**beg** [ov + on ww] *bedelen, smeken* • (~ **for**) *verzoeken om* • (~ **off**) (z.) *verontschuldigen voor het niet nakomen van plicht of afspraak*
**beget** [ov ww] • *verwekken, voortbrengen* • *veroorzaken*
**beggar** [znw] • *bedelaar* • *schooier(tje)*
**beggarly** [bnw] *armoedig, armzalig*
**begin** [ov + on ww] *beginnen*
**beginner** [znw] *beginneling*
**beginning** [znw] *oorsprong, begin*
**begot** [ww] verl. tijd → **beget**
**begrudge** [ov ww] *misgunnen*
**beguile** [ov ww] • *bekoren* • *bedriegen*
**begun** [ww] volt. deelw. → **begin**
**behalf** [znw] ⋆ on your ~ *namens u*
**behaviour** [znw] • *werking* • *gedrag*
**behead** [ov ww] *onthoofden*
**beheld** [ww] verl. tijd + volt. deelw. → **behold**
**behind** I [znw] *achterste* II [vz] • *achter* • *na*
**behindhand** [bnw + bijw] • *te traag, te laat* • *achter(op)*
**behold** [ov ww] *waarnemen, zien*
**being** I [ww] tegenw. deelw. → **be** II [znw] *bestaan, wezen*
**belabour** [ov ww] • *ervan langs geven* • *te uitvoerig behandelen*
**belated** [bnw] *te laat, erg laat*
**belfry** [znw] klokketoren
**Belgian** I [znw] Belg II [bnw] Belgisch
**belie** [ov ww] *verloochenen*
**belief** [znw] *geloof*
**believable** [bnw] *geloofwaardig*
**believe** [ov + on ww] *geloven*
**belittle** [ov ww] • *verkleinen* • *kleineren*
**bell** I [ov ww] *de bel aanbinden* II [znw] • *bel* • *klok*
**bellicose** [bnw] • *agressief* • *oorlogszuchtig*
**belligerent** I [znw] *oorlogvoerende partij* II [bnw] • *oorlogvoerend* • *agressief*
**bellow** I [ov + on ww] *loeien, brullen* II [znw] *gebrul*
**belly** [znw] • *schoot* • *buik*
**belong** [on ww] *horen bij iets* • (~ **to**) *behoren aan/tot*
**belongings** [mv] • *eigendom* • *bagage*
**beloved** I [znw] *geliefde* II [bnw] *geliefd*
**below** [vz] *onder, (naar) beneden*

**belt** I [ov ww] • *aangorden* • *afranselen* II [on ww] *racen* • (~ **up**) *zijn veiligheidsriem omdoen* III [znw] • *gordel, riem* • *zone* • *opdonder*
**bench** [znw] • *bank* • *rechtbank* • *werkbank*
**bend** I [ov + on ww] *(zich) buigen* II [znw] *bocht, buiging*
**beneath** [vz] *onder, beneden*
**benediction** [znw] • *zegen* • *lof* <R.K.>
**benefactor** [znw] *weldoener*
**benefactress** [znw] *weldoenster*
**beneficent** [bnw] *liefdadig*
**beneficial** [bnw] *heilzaam*
**beneficiary** I [znw] • *vazal* • *predikant* • *begunstigde* II [bnw] *leenroerig*
**benefit** I [ov + on ww] *baten* • (~ **by**) *voordeel trekken uit* II [znw] • *voordeel, baat* • *toelage* • *uitkering*
**benevolence** [znw] • *gift* • *welwillendheid* • *vriendelijkheid* • *weldadigheid*
**benevolent** [bnw] • *welwillend* • *weldadig*
**benign** [bnw] • *vriendelijk* • *heilzaam* • *goedaardig* <v. ziekte>
**bent** I [ww] verl.tijd + volt.deelw. → **bend** II [znw] • *neiging* • *voorliefde*
**bequeath** [ov ww] *nalaten, vermaken*
**bequest** [znw] *legaat*
**bereavement** [znw] • *verlies* • *sterfgeval*
**beret** [znw] *alpinomuts*
**berry** [znw] *bes*
**berserk** [bnw] *gek van woede*
**berth** I [ov ww] *meren* II [znw] • *kooi* • *couchette* • *ankerplaats* • *betrekking*
**beseech** [ov ww] *(af)smeken*
**beset** [ov ww] • *omringen* • *blokkeren* <v. weg> • *aanvallen*
**beside** [vz] *naast*
**besides** [vz] *benevens, bovendien*
**besiege** [ov ww] • *belegeren* • *overstelpen*
**best** I [ov ww] *overtreffen* II [bnw + bijw] *best(e)*
**bestial** [bnw] *beestachtig*
**bestow** [ov ww] • (~ **upon**) *schenken aan*
**bet** I [ov + on ww] *(ver)wedden* II [znw] • *inzet* • *weddenschap*
**betray** [ov ww] • *verraden* • *bedriegen*
**betrayal** [znw] *verraad*
**betrothal** [znw] *verloving*
**better** I [ov ww] *verbeteren* II [bnw] *beter*
**between** [vz] *tussen*
**beverage** [znw] *drank*
**bevy** [znw] • *troep* • *vlucht* <v. vogels>
**beware** [ov + on ww]
**bewilder** [ov ww] *verbijsteren*
**bewildering** [bnw] *verbijsterend*
**bewilderment** [znw] *verbijstering*
**bewitch** [ov ww] *betoveren, beheksen*
**beyond** I [znw] *hiernamaals* II [vz] • *verder dan* • *aan de andere kant (van)* • *boven* • *behalve*
**bias** I [ov ww] *richting of neiging geven aan* II [znw] • *neiging* • *vooroordeel*
**bibliography** [znw] *bibliografie*
**bicker** [on ww] • *kibbelen* • *kletteren* <v. regen> • *kabbelen* • *flikkeren*
**bicycle** [znw] *rijwiel*
**bid** I [ov + on ww] • *bieden* • *pogen* • *bevelen* • *verzoeken* • *wensen* II [znw] • *bod* • *poging* • <AE> *uitnodiging*
**bidder** [znw] *bieder*
**biennial** [bnw] *tweejarig*
**bier** [znw] *lijkbaar*
**big** [bnw + bijw] • *groot* • *belangrijk*
**bigamy** [znw] *bigamie*
**bigot** [znw] • *dweper* • *kwezel*
**bigotry** [znw] • *dweepzucht* • *kwezelarij*
**bike** I [on ww] *fietsen* II [znw] *fiets*
**bilge** [znw] • *buik v. schip of vat* • *onzin*
**bilious** [bnw] • *galachtig* • *gemelijk*
**bill** I [ov ww] • *volplakken met biljetten* • *aankondigen* II [znw] • *rekening* • *wetsontwerp* • *document* • *lijst* • *snavel* • *aanplakbiljet* • <AE>

bankbiljet
**billet** I [ov ww] • (~ **on**) *inkwartieren bij* II [znw] • *kwartier* • *bestemming* • <inf.> *baantje*
**billion** [znw] • *biljoen* • <AE> *miljard*
**billow** I [on ww] *golven* II [znw] *golf*
**bin** [znw] • *bak, kist* • *mand* • *wijnrek*
**bind** [ov ww] • *binden* <ook v. saus, beslag>, *inbinden, vastbinden, verbinden* • *verplichten* • *bekrachtigen*
**binder** [znw] • *(boek)binder* • *omslag, band* • *bindmiddel* • *bint* • *verbindingssteen*
**binding** [znw] • *(boek)band* • *boordsel*
**binge** [znw] *braspartij, drinkgelag, fuif*
**biography** [znw] *levensbeschrijving*
**biological** [bnw] *biologisch*
**biology** [znw] *biologie*
**birch** [znw] • *roede* • *berk*
**bird** [znw] • *vogel* • *meisje* • *vent*
**birth** [znw] • *geboorte* • *ontstaan* • *afkomst*
**birthday** [znw] *verjaardag*
**biscuit** I [znw] • *beschuit, biscuit, koekje* • *ongeglazuurd porselein* II [bnw] *lichtbruin*
**bisect** [ov ww] *in tweeën delen*
**bisexual** [bnw] *biseksueel*
**bishop** [znw] • *bisschop* • *bisschopwijn* • *loper* <v. schaakspel>
**bishopric** [znw] • *bisdom* • *ambt v. bisschop*
**bit** I [ww] verl. tijd → **bite** II [znw] • *kleinigheid, beetje, stukje* • *bit* <v. hoofdstel> • <comp.> *bit*
**bitch** I [ov + on ww] • *zaniken* • *afkraken* • *kankeren* II [znw] • *teef* • *wijf, griet, del*
**bitchy** [bnw] *hatelijk, boosaardig, kattig*
**bite** I [ov + on ww] • *bedriegen* • *(uit)bijten* • *happen* • *steken* • (~ **back**) *inslikken* <v. woorden, opmerking> II [znw] • *hap, beet* • *greep* • *scherpte*
**biting** [bnw] *bijtend, scherp*
**bitten** [ww] volt. deelw. → **bite**
**bitter** I [znw] • *bitter bier* • *maagbitter* II [bnw] *bitter, scherp*
**bivouac** I [on ww] *bivakkeren* II [znw] *bivak*
**bizarre** [bnw] *bizar, grillig*
**blab** I [ov ww] *eruit flappen, verklappen* II [znw] *flapuit*
**blacken** [ov + on ww] *zwart maken/worden*
**bladder** [znw] • *blaas* • *blaaskaak*
**blade** [znw] • *halm* • *spriet* • *lemmet* • *scheermesje* • *platte scherpe kant v. allerlei werktuigen*
**blame** I [ov ww] *berispen* • (~ **for**) *de schuld geven van* II [znw] *schuld*
**blameless** [bnw] *onberispelijk*
**blameworthy** [bnw] *afkeurenswaardig*
**blanch** [ov + on ww] *bleken, (doen) verbleken*
**bland** [bnw] • *flauw* • *saai* • *minzaam* • *poeslief*
**blank** I [znw] • *streepje* <i.p.v. lelijk woord> • *niet* <in loterij> • *open ruimte* <op formulier> • *leegte* II [bnw] • *leeg, blanco* • *bot* • *vruchteloos* • *wezenloos, verbijsterd, stom* <v. verbazing>
**blanket** I [ov ww] • *met een deken bedekken* • *sussen* • *jonassen* • *monopoliseren* II [znw] *wollen deken* III [bnw] *allesomvattend, insluitend*
**blare** I [ov + on ww] *schallen, brullen* II [znw] *gebrul*
**blarney** [znw] *vleierij*
**blaspheme** [ov + on ww] *godslasterlijk spreken (over), spotten (met)*
**blasphemous** [bnw] *(gods)lasterlijk*
**blasphemy** [znw] *godslastering*
**blast** I [ov ww] • *bezoedelen* • *vernietigen* • *laten springen* • *verdorren* II [on ww] • (~ **off**) *lanceren* <v. ruimteschip> III [znw] • *sterke luchtstroom, windstoot* • *(luchtdruk bij) explosie* • *springlading* • *stoot* <op koperinstrument> • *plaag* • *vloek*

• *meeldauw*
**blasted** [bnw] *vervloekt*
**blatant** [bnw] • *schaamteloos* • *opvallend*
**blaze** I [ov ww] *rondbazuinen* • (~ **away**) *afvuren* II [on ww] • *vlammen* • *schitteren* • *uitbarsten* • (~ **away**) *losbarsten, oplaaien* <v. vuur> • (~ **up**) *opvliegen* III [znw] • *merk* <op boom> • *vlam* • *gloed* • *uitbarsting* • *bles*
**blazing** [bnw] • *(fel) brandend, verblindend* • <inf.> *overduidelijk*
**blazon** I [ov ww] • *blazoeneren* • *verkondigen* II [znw] *blazoen*
**bleach** I [ov + on ww] *bleken* II [znw] *bleekmiddel*
**bleak** [bnw] • *kaal* • *guur* • *somber, troosteloos*
**bleat** I [ov + on ww] *blaten* II [znw] *geblaat*
**bleed** [ov + on ww] *aderlaten, (laten) bloeden*
**bleeding** <sl.> [bnw] *verdomd*
**bleep** I [on ww] *oproepen* II [znw] • *(elektronische) fluittoon* • *oproepsignaal* • *(tijd)sein*
**bleeper** [znw] *pieper* <om iem. op te roepen>
**blemish** I [ov ww] *bevlekken, bekladden* II [znw] *smet, klad*
**blench** [on ww] • *verbleken* • *terugdeinzen*
**blend** I [ov + on ww] *(zich) vermengen* II [znw] *mélange, mengsel*
**blender** [znw] *mixer, mengbeker*
**blessed** [bnw] • *zalig, gezegend* • *vervloekt*
**blessing** [znw] *zegen*
**blew** [ww] verl. tijd → **blow**
**blight** I [ov ww] • *doen verdorren* • *vernietigen* II [znw] • *meeldauw* • *brand* • *bladluis* • *verderfelijke invloed*
**blighter** [znw] • *ellendeling* • *kerel*
**blind** I [ov ww] • *verblinden, blind maken* • *blinderen* II [znw] • *rolgordijn* • *oogklep* • *camouflage* • *blinde granaat* III [bnw] • *blind* • *doodlopend* • *onzichtbaar*
**blindfold** I [ov ww] *blinddoeken* II [bnw + bijw] *geblinddoekt*
**blink** I [ov + on ww] *knipperen* <v. ogen of licht> II [znw] *glimp*
**blissful** [bnw] *zalig*
**blister** I [ov + on ww] • *blaren (doen) krijgen* • *bladderen* <v. verf> II [znw] • *blaar* • *trekpleister*
**blithe** [bnw] *blij, vrolijk*
**blithering** <pej.> [bnw] *stom, aarts-, ongelooflijk*
**blitz** [znw] • *Blitz(krieg), bliksemoorlog* • *(overrompelende) actie*
**blizzard** [znw] *hevige sneeuwstorm*
**bloated** [bnw] *opgeblazen, pafferig*
**bloater** [znw] *bokking*
**blob** [znw] *klodder, druppel*
**bloc** [znw] *blok, coalitie*
**block** I [ov ww] *versperren, blokkeren, afsluiten* • (~ **in**) *insluiten* <v. geparkeerde auto>, *invullen* • (~ **in/out**) *in ruwe trekken schetsen/opzetten* • (~ **out**) *buitensluiten, in de doofpot stoppen* II [znw] • *blok* • *huizenblok* • *obstructie* • *onaandoenlijk mens*
**blockade** I [ov ww] • *blokkeren* • *afzetten* II [znw] *blokkade*
**blockage** [znw] • *verstopping* • *stagnatie*
**bloke** <inf.> [znw] *kerel, vent*
**blood** [znw] • *bloed* • *sap* • *temperament*
**bloodless** [bnw] • *bloedeloos* • *bleek* • *saai* • *harteloos*
**bloody** [bnw] • *bloederig* • *bloeddorstig* • *verdomd*
**bloom** I [on ww] • *prijken* • *bloeien* II [znw] • *bloei* • *blos* • *waas* • *bloem*
**blooming** [bnw] *vervloekt*
**blossom** I [on ww] *tot bloei komen* II [znw] *bloesem, bloei*

**blot** I [ov + on ww] • bevlekken • vloeien • (~ **out**) vernietigen, overstemmen, uitwissen • (~ **up**) absorberen II [znw] vlek, smet

**blotchy** [bnw] met vlekken

**blotter** [znw] vloeiblok

**blow** I [ov + on ww] • waaien • blazen • doorslaan • doorbranden • verklikken • verkwisten • (~ **in**) binnen komen waaien • (~ **over**) voorbijgaan • (~ **up**) vergroten <v. foto>, tekeer gaan II [znw] klap, slag

**blower** [znw] • blazer • orgeltrapper • ventilatieklep • (gas)uitlaat • <sl.> telefoon

**blubber** [ov + on ww] grienen

**bludgeon** I [ov ww] ranselen II [znw] knuppel

**blue** I [ov ww] • blauwmaken • erdoor jagen <v. geld> II [znw] • blauw • lucht • zee III [bnw] • blauw • neerslachtig, somber • schunnig

**bluff** I [ov + on ww] (over)bluffen II [znw] • steile oever, rots of kaap • bluf III [bnw] • steil • stomp • openhartig • joviaal

**blunder** I [on ww] een flater begaan • (~ **into**) onbeholpen ergens tegenaan lopen • (~ **upon**) toevallig ontdekken II [znw] stommiteit

**blunt** I [ov ww] bot maken II [bnw] • bot • dom

**blur** I [ov ww] • uitwissen • bekladden II [on ww] vervagen III [znw] • veeg • waas

**blush** I [on ww] blozen II [znw] • blik • blos • schaamrood, rode kleur, rose gloed

**bluster** I [on ww] • te keer gaan, razen • snoeven II [znw] • geraas • snoeverij

**boar** [znw] • wild zwijn • beer <varken>

**board** I [ov ww] • met planken betimmeren • aan boord gaan • aanklampen • stappen in • (~ **out**) uitbesteden • (~ **with**) in de kost doen bij II [on ww] laveren • (~ **out**) buitenshuis eten • (~ **with**) in de kost zijn bij III [znw] • plank • bord • karton • kost • bestuur, commissie • boord

**boarder** [znw] • leerling v. kostschool • kostganger

**boarding** [znw] • betimmering, schutting • het inschepen, het aan boord gaan

**boast** I [ov ww] (kunnen) bogen op II [on ww] pochen • (~ **about/of**) opscheppen over III [znw] • grootspraak, bluf • trots

**boastful** [bnw] pocherig

**boat** [znw] • boot • sauskom

**boatswain** [znw] bootsman

**bob** I [ov ww] • couperen <staart> • kort knippen II [on ww] • dobberen • korte buiging maken III [znw] • op en neer gaande beweging • shilling • gecoupeerde staart • korte buiging

**bobbin** [znw] klos, spoel

**bode** [znw] voorspellen

**bodice** [znw] • keurslijf • onderlijfje

**bodily** [bijw] • lichamelijk • in zijn geheel

**body** I [ov ww] II [znw] • lichaam • lijk • persoon • romp • carrosserie • voornaamste deel • groep • corporatie • volume • volheid <v. wijn>

**bog** I [ww] II [znw] moeras, veen

**bogey** [znw] • boeman • duivel

**boggle** I [ov ww] verprutsen II [on ww] • aarzelen • morrelen III [znw] warboel

**boggy** [bnw] moerasachtig

**bogus** [bnw] • gefingeerd • pseudo • vals

**boil** I [ov ww] aan de kook brengen • (~ **down**) inkoken II [znw] • kook(punt) • steenpuist

**bold** [bnw] • (stout)moedig, vrij • onbeschaamd • fors

**Bolivian** [bnw] Boliviaans

**bollard** [znw] • meerpaal • verkeerszuiltje

**bolster** I [ov ww] • (~ **up**) steunen, in

stand houden II [znw] kussen <techniek>

**bolt** I [ov ww] • onderzoeken • schrokken • grendelen II [on ww] er vandoor gaan III [znw] • bout • pin • grendel • bliksemschicht • rol <stof>

**bomb** I [ov ww] bombarderen II [on ww] totaal mislukken III [znw] bom

**bombard** [ov ww] bombarderen

**bombardment** [znw] bombardement

**bombastic** [bnw] bombastisch, hoogdravend

**bomber** [znw] bommenwerper

**bonanza** I [znw] • voorspoed • grote produktie <v. mijn> II [bnw] voorspoedig

**bond** [znw] • band • contract • obligatie • entrepot

**bondage** [znw] slavernij

**bone** I [ww] uitbenen II [znw] been, bot, kluif III [bnw] van been

**bonkers** [bnw] * raving/stark ~ stapelgek

**bonnet** [znw] • Schotse baret • dameshoed • motorkap

**bonus** [znw] • bonus • premie, extra dividend • tantième • bijslag

**bony** [bnw] mager, benig

**boo** I [ov ww] uitjouwen II [znw] boe-geroep

**boob** [znw] • tiet • <sl.> domoor, ezel

**book** I [ov ww] • boeken • bespreken • noteren • een kaartje geven II [znw] boek

**bookable** [bnw] bespreekbaar, te reserveren

**bookie** [znw] bookmaker

**booking** [znw] bespreking, reservering

**bookish** [bnw] • geleerd • pedant

**booklet** [znw] boekje

**boom** I [on ww] • dreunen • grote vlucht nemen • plotseling stijgen <v. prijzen> II [znw] • hausse • (ge)dreun • versperring

**boon** [znw] • zegen • geschenk • verzoek

**boor** [znw] boerenkinkel

**boorish** [bnw] lomp

**boost** I [ov ww] • duwen • verhogen • opjagen II [znw] • duw • verhoging

**booster** [znw] • opduwraket • aanjager • stroomversterker

**boot** I [ov ww] trappen II [znw] • laars • hoge schoen • laadbak, bagageruimte <v. auto>

**booth** [znw] • tent, kraam • telefooncel, hokje

**booty** [znw] buit

**booze** <inf.> I [on ww] zuipen II [znw] • drank • zuippartij

**border** I [ov + on ww] • grenzen • omzomen • (~ **on**) grenzen aan II [znw] • grens(streek) • rand, zoom

**bore** I [ww] verl. tijd → **bear** II [ov ww] • boren • vervelen III [znw] • boorgat • vervelende persoon/zaak • vloedgolf

**boredom** [znw] verveling

**boring** [bnw] vervelend

**born** I [ww] volt. deelw. → **bear** II [bnw] geboren

**borne** [ww] volt. deelw. → **bear**

**borough** [znw] • stad • gemeente • kiesdistrict

**borrow** [ov + on ww] • lenen • ontlenen

**bosh** [znw] onzin

**bosom** [znw] • boezem, borst • schoot

**boss** I [ov ww] • de baas spelen • leiden • commanderen II [znw] • baas • kopstuk • uitsteeksel • knop

**bossy** [bnw] • bazig • eigenzinnig

**botany** [znw] plantkunde

**botch** <inf.> I [ov + on ww] • verknoeien • slordig verstellen • (~ **up**) <inf.> verknallen II [znw] slordige reparatie

**both** [bnw + bijw] beide

**bother** I [ov ww] lastig vallen, kwellen II [on ww] • (~ **about**) z. druk maken over III [znw] • drukte • gezeur, last

**bothersome** [bnw] ergerlijk, vervelend

**bottle** I [ov ww] bottelen • (~ **up**) oppotten, insluiten II [on ww]

• (~ **out**) *ergens op het laatste moment van afzien* **III** [znw] *fles*
**bottom** **I** [ov ww] • *v. bodem voorzien* • *peilen* • *doorgronden* **II** [on ww] • (~ **out**) *het laagste punt bereiken* **III** [znw] • *bodem* • *zitvlak* • *benedeneinde* • *laagste score, nul* **IV** [bnw] • *onderste* • *laatste* • *fundamenteel*
**bough** [znw] *grote dikke tak*
**bought** [ww] verl. tijd + volt. deelw. → **buy**
**boulder** [znw] • *grote steen* • *kei*
**bounce** **I** [ov + on ww] • *snoeven* • *opveren* • *naar binnen/buiten stuiven* • (~ **along**) *z. levendig gedragen* • (~ **back**) *z. herstellen* • (~ **off**) *terugkaatsen* **II** [znw] • *sprong* • *opvering* • *snoeverij*
**bouncer** [znw] *uitsmijter* <in bar of disco>
**bouncing** [bnw] • *flink, stevig* • *luidruchtig*
**bound** **I** [ww] verl.tijd + volt.deelw. → **bind** **II** [ov ww] *beperken, begrenzen* **III** [on ww] • *springen* • *stuiteren* **IV** [znw] • *grens* • *veerkrachtige sprong* • *stuitering*
**boundary** [znw] *grens*
**boundless** [bnw] *onbegrensd*
**bounty** [znw] • *geschenk* • *premie* • *gulheid*
**bouquet** [znw] • *ruiker, boeket* • *geur* <v. wijn>
**bourgeois** [bnw] *burgerlijk*
**bout** [znw] • *beurt* • *tijdje* • *aanval*
**bow** **I** [ov + on ww] *buigen* **II** [znw] • *strijkstok* • *strik* • *beugel, hengsel* • *buiging* • *boeg* • *boog*
**bowels** [mv] • *ingewanden* • *medelijden*
**bowl** **I** [ov + on ww] • *voortrollen* • *werpen* <bij cricket> • (~ **out**) *uitgooien* **II** [znw] • *kom, schaal* • *bal* <bij bowling>
**bowler** [znw] *werper* <bij cricket>
**boxer** [znw] *bokser*
**boxing** [znw] *het boksen*
**boy** [znw] • *jongen* • *bediende*
**boycott** **I** [ov ww] *boycotten* **II** [znw] *boycot*
**bra** [znw] *beha*
**brace** **I** [ov ww] • *steunen, versterken* • *opwekken* **II** [znw] • *muuranker* • *beugel* • *paar, koppel*
**bracelet** [znw] • *armband* • *handboei*
**bracing** [bnw] *verkwikkend*
**bracken** [znw] *(adelaars)varen(s)*
**bracket** **I** [ov ww] • *tussen haakjes zetten* • *in één naam noemen* • *samenkoppelen* **II** [znw] • *plank aan de muur* • *console* • *klamp* • *haakje* • *groep, klasse, categorie* • <archit.> *karbeel*
**brackish** [bnw] *brak*
**brag** **I** [ov + on ww] *snoeven* **II** [znw] *soort kaartspel*
**braggart** **I** [znw] *snoever* **II** [bnw] *snoeverig*
**braid** **I** [ov ww] • *vlechten* • *omboorden* **II** [znw] • *vlecht* • *tres*
**brain** **I** [ov ww] *de hersens inslaan* **II** [znw] *hersenen, verstand, brein*
**brainy** <inf.> [bnw] *knap*
**braise** [ov ww] *smoren* <v. vlees>
**brake** **I** [ov + on ww] *remmen* **II** [znw] • *rem* • *kreupelhout* • *egge* • *varen*
**bramble** [znw] *braamstruik*
**bran** [znw] *zemelen*
**branch** **I** [on ww] *z. vertakken* • (~ **off**) *afslaan* • (~ **out**) *z. uitbreiden* <v. zaken> **II** [znw] • *(zij)tak* • *branche* • *filiaal*
**brand** **I** [ov ww] *brandmerken* **II** [znw] • *brandmerk* • *soort, merk* • *fakkel*
**brandish** [ov ww] *zwaaien met*
**brandy** [znw] • *cognac* • *brandewijn*
**brash** **I** [znw] • *steenslag* • *oprisping van (maag)zuur* **II** [bnw] *onverschrokken, brutaal*
**brass** **I** [znw] • *geelkoper, brons* • *centen* • *brutaliteit* • *bronzen grafplaat* • <muz.> *koperen instrumenten*

II [bnw] koperen, bronzen
**brassy** [bnw] • koperachtig • brutaal
**brat** [znw] blaag, jochie
**bravado** [znw] vertoon van moed/lef
**brave** I [ov ww] tarten, trotseren II [znw] Indianenkrijger III [bnw] dapper, flink
**brawl** I [on ww] ruziën II [znw] ruzie
**brawny** [bnw] gespierd
**bray** I [on ww] balken II [znw] gebalk
**brazen** I [ov ww] II [bnw] • koperen • schel • brutaal
**breach** I [ov ww] bres maken II [on ww] springen <v. walvis> III [znw] • bres • breuk • stortzee • sprong <v. walvis>
**bread** [znw] • brood • voedsel • <sl.> poen
**breadth** [znw] • breedte, breedheid • baan
**break** I [ov + on ww] • (ver)breken • aanbreken, afbreken, losbreken • (laten) springen <v. bank> • temmen • overtreden • veranderen • (~ **away**) zich losrukken, onafhankelijk worden, wegrennen <v. land> • (~ **down**) tekortschieten, in tranen uitbarsten, afbreken, bezwijken, vast komen te zitten • (~ **in**) interrumperen • (~ **into**) aanbreken, aanspreken <v. geld>, inbreken in • (~ **off**) pauzeren, onderbreken, beëindigen • (~ **through**) doordringen, ontdekt worden • (~ **with**) (band) verbreken met II [znw] • kans • breuk • verandering • pauze • <hand.> plotselinge prijsdaling
**breakable** [bnw] breekbaar
**breakage** [znw] • breuk • gebroken waar
**breakdown** [znw] • instorting • defect, storing • specificatie
**breaker** [znw] • vaatje • hoge golf
**breakfast** I [on ww] ontbijten II [znw] ontbijt
**breast** I [ov ww] • worstelen tegen • trotseren • doorklieven II [znw] • borst, boezem • voorkant
**breath** [znw] adem, zuchtje
**breathe** [ov + on ww] • ademen • ruisen • blazen • fluisteren
**breather** [znw] korte rust
**breathing** [znw] ademhaling
**breathless** [bnw] • ademloos, buiten adem • bladstil
**bred** [ww] verl. tijd + volt. deelw. → **breed**
**breed** I [ov + on ww] • voortbrengen • kweken, fokken • opvoeden II [znw] soort, ras
**breeder** [znw] fokker
**breeding** [znw] opvoeding, manieren
**breezy** [bnw] • joviaal • winderig, fris
**brethren** [mv] → **brother**
**brevity** [znw] kortheid, bondigheid
**brew** I [ov + on ww] • brouwen • broeien • uitbroeden II [znw] brouwsel
**brewer** [znw] brouwer
**briar** [znw] → **brier**
**bribe** I [ov ww] omkopen II [znw] steekpenning
**bribery** [znw] omkoperij
**brick** I [ov ww] • (~ **in/up**) dichtmetselen • (~ **off**) ommuren II [znw] • blok <v. bouwdoos> • baksteen III [bnw] van bakstenen
**bridal** I [znw] bruiloft II [bnw] bruids-
**bride** [znw] bruid
**bridge** I [ov ww] overbruggen II [znw] • brug • rug <v. neus> • kam <v. viool> • bridge
**bridle** I [ov ww] beteugelen II [on ww] het hoofd in de nek werpen III [znw] hoofdstel en bit
**brief** I [ov ww] instrueren II [znw] • dossier • instructie III [bnw] kort, bondig
**briefing** [znw] • voorlichting • instructie(s)
**brier** [znw] • wilde roos • heidesoort • doornstruik
**bright** [bnw] • helder, schitterend • pienter • levendig

**brilliance** [znw] *schittering, glans*
**brilliant** I [znw] *briljant* II [bnw] *briljant, schitterend*
**brim** I [on ww] • (~ **over**) *overlopen* II [znw] • *boord* • *rand*
**brimful(l)** [bnw] *boordevol*
**brine** I [ov ww] *pekelen* II [znw] • *het zilte nat* • *pekel*
**bring** [ov ww] • *(mee)brengen, aanvoeren* • *indienen* • (~ **about**) *veroorzaken* • (~ **along**) *meebrengen, aanmoedigen* • (~ **back**) *(in de herinnering) terugbrengen* • (~ **down**) *neerhalen, verslaan, doen vallen* • (~ **forth**) *opleveren, baren, veroorzaken* • (~ **forward**) *vervroegen, naar voren brengen* • (~ **in**) *binnenhalen* <v. oogst>, *inbrengen* • (~ **on**) *veroorzaken* • (~ **out**) *doen uitkomen, in de handel brengen* • (~ **over**) *laten overkomen* • (~ **round**) *overtuigen, bijbrengen* <v. bewusteloos iem.> • (~ **through**) *er bovenop helpen* • (~ **to**) *bijbrengen* • (~ **together**) *samenbrengen* • (~ **under**) *bedwingen, onderdrukken* • (~ **up**) *naar voren brengen, opvoeden*
**brink** [znw] *rand*
**brisk** [bnw] • *levendig, kwiek* • *opwekkend*
**bristle** I [ov + on ww] • *overeind gaan staan* • *nijdig worden* • (~ **with**) *vol zitten met, wemelen van* II [znw] • *borstel(haar)* • *stoppel*
**bristly** [bnw] *borstelig, stekelig*
**Britannic, British** [bnw] *Brits*
**brittle** [bnw] *bros, broos*
**broach** I [ov ww] • *aanbreken* • *aansnijden* <v. onderwerp> II [znw] • *braadspit* • *torenspits*
**broad** I [znw] <AE> *meisje, vrouw* II [bnw] • *breed, wijd* • *plat* <v. taalgebruik> • *algemeen* • *uitgestrekt*
**broadcast** I [ov + on ww] *omroepen, uitzenden* II [znw] *uitzending* III [bnw] *uitgezonden*
**brocade** [znw] *brokaat*
**brogue** [znw] • *zware schoen* • *(Iers/Schots) accent*
**broil** I [ov + on ww] • *heet zijn* <v. weer> • <AE> *op rooster braden* II [znw] • *trammelant* • <AE> *geroosterd vlees*
**broiler** [znw] • *herrieschopper* • *braadrooster* • *braadkip*
**broke** I [ww] verl. tijd → **break** II [znw] III [bnw] *geruïneerd, op zwart zaad*
**broken** I [ww] volt. deelw. → **break** II [bnw] *gebroken*
**broker** [znw] • *uitdrager* • *makelaar*
**bronze** I [ov + on ww] *bruin worden* II [znw] • *kunstwerk in brons* • *bronskleur* III [bnw] • *bronzen* • *bronskleurig*
**brooch** [znw] *broche*
**brood** I [on ww] *broeden* • (~ **on/over**) *tobben over* II [znw] *broedsel, gebroed*
**broody** [bnw] *broeds*
**brook** I [ov ww] *dulden* II [znw] *beek*
**broom** [znw] • *bezem* • *brem*
**broth** [znw] *bouillon*
**brothel** [znw] *bordeel*
**brother** [znw] • *broer* • *collega*
**brotherly** [bnw + bijw] *broederlijk*
**brought** [ww] verl. tijd + volt. deelw. → **bring**
**brow** [znw] • *voorhoofd* • *wenkbrauw* • *top* <v. heuvel> • *uitstekende rand*
**brown** [bnw] *bruin*
**brownie** [znw] • *camera* • *goedaardige kabouter* • *kabouter* <padvinder> • *gebak met noten*
**browse** I [ov + on ww] • *rondneuzen* • *grazen* • *knabbelen* • *grasduinen* II [znw] *twijgen, scheuten* <als veevoer>
**bruise** I [ov ww] • *fijnstampen* • *kneuzen* • *kwetsen* II [znw] *blauwe plek*
**brunt** [znw] • *geweld* • *schok*
**brush** I [ov + on ww] • *vegen* • *borstelen* • (~ **aside**) *opzij schuiven, negeren*

• (~ **by**) *langssnellen* • (~ **down**) *afborstelen* • (~ **off**) *schoonvegen, afwijzen* • (~ **up**) ‹inf.› *opfrissen* ‹v. kennis› **II** [ov ww] • (~ **off**) *afborstelen, afschepen* **III** [znw] • *borstel* • *kwast, penseel*
**brusque** [bnw] *bruusk, kortaf*
**brutal** [bnw] • *wreed, beestachtig* • *grof*
**brutality** [znw] • *wreedheid* • *beestachtigheid*
**brutalize** [ov ww] *onmenselijk behandelen*
**brute** **I** [znw] • *bruut* • *beest* **II** [bnw] • *redeloos* • *wreed*
**brutish** [bnw] *dierlijk*
**bubble** **I** [on ww] *borrelen* • (~ **over with**) *overlopen van* **II** [znw] *(lucht)bel*
**buck** **I** [ov + on ww] *bokken* • (~ **up**) ‹inf.› *moed houden/inspreken* **II** [znw] • *(ree)bok* • *fat* • ‹AE› *dollar*
**bucket** [znw] *emmer*
**buckle** **I** [ov + on ww] • *vastgespen* • *kromtrekken, verbuigen* • *in elkaar zakken* • (~ **down to**) ‹inf.› *z. er toe zetten* **II** [znw] *gesp*
**bud** **I** [ov + on ww] • *uitbotten* • *ontluiken* • *z. ontwikkelen* • *enten* **II** [znw] • *knop* • *kiem*
**Buddhism** [znw] *boeddhisme*
**buddy** ‹AE inf.› [znw] *broer, maat, vriend*
**budget** **I** [ov + on ww] **II** [znw] *budget, begroting*
**budgetary** [bnw] *budgettair*
**buff** **I** [ov ww] *polijsten* **II** [znw] • *bruingeel leer* • *enthousiasteling, fan* • *dreun, stoot* **III** [bnw] *bruingeel*
**buffalo** [znw] • *bizon, buffel* • *amfibietank*
**buffet** **I** [ov ww] • *worstelen* • *slaan, stompen* **II** [znw] • *buffet* ‹v. station› • *restauratie(wagon)* • *koude maaltijd* • *klap* ‹met de hand› • *buffet(kast)*
**buffoon** ‹vero.› **I** [on ww] *de pias spelen* **II** [znw] *clown, pias*
**bug** **I** [ov ww] • *afluisteren* • *hinderen, dwars zitten* **II** [znw] • *wandluis* • *insekt* • *ziektekiem, bacil, virus* • *verborgen microfoon* • *storing*
**bugger** ‹pej.› **I** [ov ww] • (~ **about/around**) *pesten, sollen met* • (~ **up**) *verknallen* **II** [on ww] • (~ **about**) *donderjagen, rondklooien* **III** [znw] • *sodomiet* • *viezerik*
**bugle** **I** [ov + on ww] *signaal blazen* **II** [znw] *signaalhoorn*
**build** **I** [ov ww] *bouwen* **II** [on ww] • (~ **on**) *vertrouwen op*
**builder** [znw] • *bouwer* • *aannemer*
**built** [ww] verl. tijd + volt. deelw. → **build**
**bulb** **I** [on ww] *bolvormig opzwellen* **II** [znw] • *(bloem)bol, knol* • *gloeilamp*
**bulbous** [bnw] • *bolvormig* • *uitpuilend* ‹v. ogen›
**Bulgarian** **I** [znw] *Bulgaar* **II** [bnw] *Bulgaars*
**bulge** **I** [ov + on ww] *(doen) uitpuilen* **II** [znw] *bobbel, uitzetting*
**bulk** [znw] • *partij* • *het grootste deel* • *lading* • *massa, omvang*
**bulky** [bnw] *omvangrijk*
**bull** **I** [ov + on ww] *à la hausse speculeren* **II** [znw] • *stier* • ‹AE› *smeris*
**bullet** [znw] • *geweerkogel* • *loodkogeltje*
**bullock** [znw] *os*
**bully** **I** [ov ww] • *kwellen* • *tiranniseren* • *pesten* **II** [znw] • *laffe kwelgeest* • *het kruisen v.d. sticks* ‹bij hockey› • *tiran* **III** [bnw] *reuze*
**bulwark** [znw] • *verschansing* • *bolwerk*
**bum** ‹sl.› **I** [ov ww] *bedelen, bietsen* **II** [on ww] *rondzwerven* • (~ **around**) *nutteloos rondhangen* **III** [znw] • *achterste* • ‹AE› *landloper* **IV** [bnw] *van slechte kwaliteit*
**bumf, bumph** ‹inf.› [znw] • *saai (verplicht) reclame-/studiemateriaal* • ‹vero.› *closetpapier* • ‹pej.› *paperassen*
**bump** **I** [ov + on ww] • *botsen* • *stoten* • (~ **into**) ‹inf.› *bij toeval ontmoeten,*

*botsen tegen* • (~ **off**) <inf.> *vermoorden* • (~ **up**) <inf.> *verhogen* <v. prijs> **II** [ov ww] • (~ **up**) *opkrikken, opvijzelen* **III** [znw] • *botsing* • *bult*
**bumper** [znw] • *bumper* • *buffer* <v. spoorwagen> • *vol glas*
**bumpy** [bnw] *bultig, hobbelig*
**bun** [znw] • *broodje* • *haarwrong*
**bunch I** [ov + on ww] *een bos vormen* **II** [znw] • *troep* • *bos* • *tros*
**bundle I** [ov + on ww] • *oprollen* • *inpakken* • (~ **off**) *wegwerken* <v. persoon> • (~ **up**) *samenvoegen, z. warm kleden* **II** [znw] *bundel, bos, pak*
**bung I** [ov ww] *dichtstoppen* • (~ **up**) <inf.> *verstoppen* **II** [znw] *stop*
**bungle I** [ov + on ww] *(ver)prutsen* **II** [znw] *prutswerk*
**bungler** [znw] *prutser*
**bunion** [znw] *eeltknobbel onder grote teen*
**bunk** [znw] • *kooi, couchette* • *onzin*
**bunker** [znw] • *kolenruim* • *betonnen schuilplaats*
**bunny** [znw] *konijntje*
**buoy I** [ov ww] • (~ **up**) *aanmoedigen, drijvende houden, kracht geven* **II** [znw] *ton, boei*
**buoyancy** [znw] • *opgewektheid* • *levendigheid* • *drijfvermogen* • *veerkracht*
**buoyant** [bnw] • *drijvend* • *opgewekt*
**burden I** [ov ww] • *belasten* • *drukken* **II** [znw] • *vracht* • *last* • *tonnage* • *refrein* • *hoofdthema*
**bureau** [znw] • *schrijfbureau* • *kantoor*
**bureaucracy** [znw] *bureaucratie*
**burgeon** [on ww] *snel groeien, uitbotten*
**burglar** [znw] *inbreker*
**burglary** [znw] *inbraak*
**burgle** [ov + on ww] *inbreken bij/in*
**burial** [znw] *begrafenis*
**burly** [bnw] *zwaar, stevig*
**burn** [ov + on ww] • (~ **out**) *uitbranden, opbranden*
**burner** [znw] *pit* <v. fornuis>, *brander*
**burning** [bnw] • *gloeiend* • *vurig*
**burnish** [ov ww] • *glanzen* • *polijsten* • *bruineren*
**burnt** [ww] verl. tijd + volt. deelw. → **burn**
**burp** <inf.> [ov + on ww] *een boer(tje) laten*
**burrow I** [ov + on ww] • *een hol maken* • *wroeten* **II** [znw] *hol*
**bursary** [znw] • *kantoor v.d. penningmeester* • *studiebeurs*
**burst I** [ov + on ww] • *(open)barsten* • *(open)breken* • (~ **with**) *overlopen van* **II** [znw] • *barst, scheur* • *vlaag* • *opwelling*
**bury** [ov ww] • *begraven* • *verbergen* • (~ **away**) *naar een afgelegen oord verplaatsen*
**bus I** [on ww] *met de bus gaan* **II** [znw] *bus*
**bush** [znw] • *oerwoud* • *haarbos* • *struik* • *rimboe*
**bushel** [znw] *schepel*
**bushy** [bnw] • *ruig* • *begroeid*
**business** [znw] • *taak* • *zaken* • *zaak* • *beroep* • *bedrijf* • *kwestie* • *agenda*
**businesslike** [bnw] *zakelijk*
**bust I** [ov ww] *kapot maken* • (~ **up**) *in de war sturen, verknallen* **II** [on ww] *kapot gaan* • (~ **out**) <inf.> *met geweld ontsnappen* • (~ **up**) *trammelant hebben, uit elkaar gaan* **III** [znw] *buste*
**bustle I** [ov ww] *opjagen* **II** [on ww] • (~ **about**) *druk in de weer zijn* **III** [znw] • *queue* • *drukte*
**busy I** [znw] *detective* **II** [bnw] • *druk bezig* • *rusteloos* • *bemoeiziek*
**but** [vw] • *behalve* • *slechts* • *maar*
**butane** [znw] *butaan(gas)*
**butcher I** [ov ww] • *slachten* • *vermoorden* **II** [znw] • *moordenaar* • *slager*
**butt I** [ov + on ww] *stoten* • (~ **in**) *in de rede vallen, z. ergens mee bemoeien* • (~ **up against**) *botsen tegen* **II** [znw]

• vat • achtereind • peukje • stronk • doel, mikpunt
**butter** I [ov ww] smeren • (~ **up**) vleien II [znw] • boter • vleierij
**butterfly** [znw] vlinder
**buttery** I [znw] provisiekamer II [bnw] als boter
**button** I [ov + on ww] • (~ **up**) dichtknopen, afronden II [znw] • knoop • knop
**buttress** I [ov ww] II [znw] steunbeer, stut
**buxom** [bnw] • knap • mollig
**buy** I [ov ww] • (in)kopen • omkopen • slikken, geloven, pikken • (~ **in**) inkopen • (~ **into**) z. inkopen • (~ **off**) ‹inf.› afkopen, uitkopen • (~ **out**) uitkopen • (~ **over**) omkopen • (~ **up**) opkopen II [znw] aankoop
**buyer** [znw] • (in)koper • klant
**buzz** I [ov + on ww] gonzen • (~ **about**) rondfluisteren, ronddraven II [znw] • telefoontje • soort kever • gezoem
**buzzard** [znw] buizerd
**buzzer** [znw] • zoemer • stoomfluit • insekt
**by** [vz] • door • bij • volgens • langs • van • per • via • ten opzichte van • ten ‹v. kompas›
**bye** [tw] tot ziens
**bygone** [bnw] vroeger

# C

**cab** [znw] • taxi • cabine • kap
**cabbage** [znw] kool
**cabin** [znw] hut
**cabinet** [znw] kabinet, ministerraad
**cable** I [ov + on ww] telegraferen II [znw] • kabel, (anker)ketting • kabellengte ‹185,31 meter› • (kabel)telegram
**cache** I [ov ww] verbergen II [znw] verborgen (voedsel)voorraad
**cackle** I [ov + on ww] • snoeven • zwammen II [znw] gekakel, gesnater
**cadaver** [znw] lijk
**cadaverous** [bnw] lijkkleurig, lijkachtig
**caddie** I [on ww] als caddie optreden II [znw] caddie
**cadence** [znw] cadans, ritme
**cadre** [znw] kader(lid)
**cafeteria** [znw] cafetaria
**cage** I [ov ww] in een kooi opsluiten II [znw] • kooi • gevangenis
**cairn** [znw] • steenhoop ‹als grens- of grafteken› • cairn terriër
**cajole** [ov ww] door vleien ompraten
**cake** I [ov + on ww] samenkoeken II [znw] • veekoek • gebak(je) • ‹Schots› haverbrood
**calamitous** [bnw] rampzalig
**calamity** [znw] ramp(spoed), ellende
**calculate** [ov ww] berekenen, uitrekenen
**calculating** [bnw] weloverwogen, berekend
**calculation** [znw] berekening
**calculator** [znw] • (be)rekenaar • rekenmachine • berekeningstafel
**calendar** I [ov ww] registreren II [znw] • kalender • register • ‹jur.› rol
**calf** [znw] • kalf • jong • kalfsleer • kuit ‹v. been›
**calibrate** [ov ww] • het kaliber bepalen

van • van schaalverdeling voorzien, kalibreren

**call** I [ov + on ww] • (~ **back**) terugbellen II [ov ww] (aan/af/op/toe)roepen, noemen, opbellen • (~ **down on**) uitkafferen, afsmeken • (~ **forth**) te voorschijn roepen • (~ **in**) binnenroepen, inroepen, opvragen • (~ **off**) wegroepen, afgelasten, uitmaken <v. verloving> • (~ **over**) afroepen, appel houden • (~ **up**) doen denken aan, in (zijn) herinnering roepen, opbellen, oproepen, wekken III [on ww] (aan)komen • (~ **(up)on**) beroep doen op, bezoeken, aanmanen • (~ **for**) vereisen, roepen, vragen om IV [znw] • kreet • premie te leveren • (op)roep, (oproep tot) telefoongesprek • bod <kaartspel> • aanmaning • aanleiding, noodzaak • vraag • kort bezoek

**caller** [znw] • bezoeker • beller

**calligraphy** [znw] • schoonschrift • kalligrafie

**calling** [znw] • roeping • beroep

**callous** [bnw] ongevoelig

**callow** [bnw] • kaal • groen <fig.>, onervaren

**callus** [znw] eelt(plek)

**calm** I [ov ww] kalmeren, bedaren II [on ww] • (~ **down**) kalmeren III [znw] windstilte, kalmte IV [bnw] kalm

**calumny** [znw] laster

**calve** [ov + on ww] (af)kalven

**calves** [mv] → **calf**

**cambric** I [znw] batist II [bnw] batisten

**came** [ww] verl. tijd → **come**

**camel** [znw] kameel

**cameo** [znw] • camee • <lit.> karakterschets

**camp** I [on ww] • (z.) legeren • kamperen II [znw] • kamp • <inf.> nichterig gedrag III [bnw] • homosexueel

**campaign** I [on ww] een campagne/veldtocht voeren II [znw] • campagne • <mil.> veldtocht

**camper** [znw] • kampeerder • kampeerwagen

**campus** [znw] • universiteitsterrein • de academische wereld

**can** I [ov ww] inblikken II [hww] kunnen III [znw] • kan • inmaakblik • <AE inf.> bajes • <AE inf.> W.C..

**Canadian** I [znw] Canadees II [bnw] Canadees

**canal** [znw] • kanaal • vaart, gracht

**canalize** [ov ww] kanaliseren

**canary** I [znw] kanarie II [bnw] kanariegeel

**cancel** I [ov ww] • afgelasten, annuleren • schrappen, doorhalen • afstempelen • opheffen, intrekken II [on ww] • (~ **out**) tegen elkaar wegvallen <v. factoren> III [znw] • annulering • doorhaling, het doorgehaalde, vervanging

**cancer** [znw] kanker

**cancerous** [bnw] kankerachtig

**candidacy, candidature** [znw] kandidatuur

**candidate** [znw] kandidaat

**candle** [znw] kaars

**candour** [znw] oprechtheid, openheid

**candy** I [ov ww] confijten, glaceren II [znw] • chocola • kandij • <AE> snoepgoed

**cane** I [ov ww] ranselen II [znw] • riet, suikerriet • wandelstok • stengel • scheut

**canine** [bnw] honds-

**canister** [znw] trommeltje

**canker** I [ov ww] aantasten met kanker, wegvreten II [znw] • bladrups • slechte invloed • mondkanker • voetzeer

**cannery** [znw] inleggerij, conservenfabriek

**cannibal** [znw] kannibaal

**cannibalism** [znw] kannibalisme

**cannon** I [ov + on ww] caramboleren • (~ **into**) opbotsen tegen II [on ww]

*kanon(nen) afschieten* III [znw] • *kanon(nen)* • *carambole*
**cannonade** [znw] *beschieting*
**cannot** [samentr] /can not/ → **can**
**canny** [bnw] • *slim, handig, verstandig* • *zuinig*
**canoe** I [on ww] *kanoën* II [znw] *kano*
**canon** [znw] • *canon* • *kanunnik*
**canonize** [ov ww] *heilig verklaren*
**canopy** [znw] • *baldakijn, (troon)hemel* • *bedekking*
**cant** I [ov ww] *op zijn kant zetten, kantelen* II [on ww] • *kwezelen* • *huichelachtige of boeventaal spreken* III [znw] • *schuine kant, helling* • *stoot* • *kanteling* • *jargon, boeventaal* • *sentimenteel of huichelachtig gepraat*
**can't** [samentr] /can not/ → **can**
**canteen** [znw] • *kantine* • *eetketeltje* • *veldfles* • *cassette* <v. bestek> • *set kookgerei*
**canter** I [ov ww] *in handgalop laten gaan* II [on ww] *in handgalop gaan* III [znw] • *kwezelaar, huichelaar* • *handgalop*
**canvas** [znw] • *zeildoek, tentdoek* • *linnen* <schildersdoek> • *schilderij*
**canvass** I [ov + on ww] • *colporteren, werven, bewerken* • *onderzoeken, uitpluizen* • *bespreken* II [znw] • *opinieonderzoek* • *werving*
**canyon, cañon** [znw] *diep ravijn*
**cap** I [ov ww] • *een muts opzetten* • *promotiegraad verlenen* • *beslaan* • *(be)dekken* • *voorzien v.e. dop* • *overtreffen* II [znw] • *muts, pet* • *hoed* <v. paddestoel> • *kap(je), dop(je)* • *wieldop* • *klappertje* • *speler in 1e elftal* • <inf.> *pessarium*
**capability** [znw] *bekwaamheid*
**capable** [bnw] • *bekwaam* • *begaafd* • *vatbaar*
**capacious** [bnw] *ruim*
**capacity** [znw] • *inhoud, vermogen* • *(berg)ruimte* • *capaciteit* • *volume* • *hoedanigheid* • *bevoegdheid*
**cape** [znw] • *kaap* • *pelerine, cape, kap*
**caper** I [on ww] *bokkesprongen maken* II [znw] • *bokkesprong, gril* • *(kwajongens)streek*
**capital** I [znw] • *hoofdletter* • *kapiteel* • *kapitaal* • *hoofdstad* II [bnw] • *voornaamste, hoofd-, zeer belangrijk* • *prachtig, magnifiek* III [tw] *prima!*
**capitalism** [znw] *kapitalisme*
**capitalize** [ov + on ww] • *kapitaliseren* • *munt slaan uit*
**caprice** [znw] *gril(ligheid)*
**capricious** [bnw] *grillig*
**capsize** I [ov ww] *omwerpen* II [on ww] *omslaan* III [znw] *het omslaan, het omwerpen*
**captain** [znw] • *aanvoerder, leider* • *eerste piloot* • *ploegbaas* • <scheepv.> *kapitein* • <luchtv.> *gezagvoerder*
**caption** [znw] • *inleiding* <v. document> • *opschrift, onderschrift*
**captive** I [znw] *gevangene* II [bnw] *gevangen*
**captivity** [znw] *gevangenschap*
**capture** I [ov ww] • *innemen, veroveren* • *gevangen nemen* II [znw] *buit, prijs*
**car** [znw] • *auto* • *wagen, kar(retje)* • *schuitje, gondel* • <AE> *liftkooi* • <AE> *spoorwagen, tram*
**carafe** [znw] *karaf*
**caramel** I [znw] *karamel* II [bnw] *karamelkleurig*
**carat** [znw] *karaat*
**carbon** [znw] • *carbonpapier* • *koolspits* • <chem.> *kool(stof)*
**carbuncle** [znw] • *karbonkel* • *(steen)puist*
**carburettor** [znw] *carburator*
**carcase, carcass** [znw] • *lijk* • *geraamte* • *geslacht dier*
**card** [znw] • *kaart(je)* • <inf.> *vent, snoeshaan*
**cardiac** [bnw] *hart-*
**cardigan** [znw] *wollen vest*
**cardinal** I [znw] • *kardinaal* • *kardinaalvogel* • *(schouder)manteltje*

**II** [bnw] • *voornaamst, essentieel, belangrijk(st)* • *donkerrood*
**care** **I** [on ww] • *geven om* • *(wel) willen, (graag) willen* • (~ **about**) *z. bekommeren om* • (~ **about/for**) *houden van, geven om* • (~ **for**) *zorgen voor* **II** [znw] *zorg, bezorgdheid*
**careful** [bnw] • *voorzichtig* • *zorgvuldig* • *nauwkeurig*
**careless** [bnw] • *onvoorzichtig* • *nonchalant, zorgeloos* • *onnauwkeurig*
**caress** **I** [ov ww] *liefkozen, strelen* **II** [znw] *liefkozing*
**cargo** [znw] • *vracht* • *scheepslading*
**caricature** **I** [ov ww] *tot een karikatuur maken* **II** [znw] *karikatuur*
**caries** [znw] *cariës, tandbederf*
**carnage** [znw] *slachting, bloedbad*
**carnal** [bnw] *vleselijk, zinnelijk*
**carnation** **I** [znw] *anjer* **II** [bnw] *felrose*
**carnival** [znw] • *carnaval* • *kermis* • *zwelgpartij*
**carnivore** [znw] *vleeseter*
**carnivorous** [bnw] *vleesetend*
**carouse** [on ww] *zwelgen, brassen*
**carousel** <AE> [znw] • *draaimolen* • <luchtv.> *draaiende bagageband*
**carp** **I** [on ww] • *zeuren* • *vitten* **II** [znw] *karper*
**carpenter** [znw] *timmerman*
**carpet** **I** [ov ww] • *met tapijt bedekken* • *een uitbrander geven* **II** [znw] *tapijt, loper*
**carriage** [znw] • *rijtuig* • *vervoer, vracht(prijs)* • *houding* • *wagon, wagen* • <techn.> *slede*
**carrier** [znw] • *vliegdekschip* • *postduif* • *vrachtrijder, expediteur, bode* • *vrachtvaarder* • *drager v.e. ziekte* • *patroonhouder* • *bagagedrager*
**carrion** **I** [znw] *kadaver* **II** [bnw] *rottend, weerzinwekkend*
**carrot** [znw] *wortel(tje)*
**carroty** [bnw] *met rood haar*
**carry** **I** [ov ww] • *(ver)voeren, mee-/wegvoeren, (mee/over)brengen, bij z. hebben/dragen, dragen* • *verdragen, houden* • *(be)halen, erdoor halen doorzetten, uitoefenen, (actie) voeren* • (~ **about**) *ronddragen, met z. meedragen* • (~ **along**) *meedragen, meeslepen* • (~ **away**) *wegvoeren, wegdragen, meeslepen, verliezen, verspelen* • (~ **back**) *terugvoeren* • (~ **off**) *wegdragen, af/wegvoeren, (prijs) behalen, het eraf brengen* • (~ **out**) *uitvoeren, volbrengen, vervullen* • (~ **over**) *overhalen, transporteren, laten liggen* • (~ **through**) *volhouden, volvoeren, tot een goed einde brengen* **II** [on ww] • *dragen, reiken* • (~ **on**) *z. aanstellen, doorgaan* **III** [znw] *draagwijdte*
**cart** **I** [ov ww] *per kar vervoeren* **II** [znw] • *kar* • *winkelwagentje*
**cartel** [znw] <hand.> *kartel*
**carton** [znw] *karton(nen doos)*
**cartoon** [znw] • *modelblad* • *spotprent* • *tekenfilm*
**cartoonist** [znw] *spotprenttekenaar*
**cartridge** [znw] • *patroon* • *cassette*
**carve** **I** [ov + on ww] *(voor)snijden* • (~ **up**) *verdelen* **II** [ov ww] • *kerven, splijten* • *beeldhouwen, beeldsnijden* • *graveren*
**carving** [znw] *beeldhouwwerk, snijwerk*
**cascade** **I** [on ww] *bruisend/golvend neerstorten* **II** [znw] *(kleine) waterval*
**case** **I** [ov ww] • *in een huls of andere verpakking doen* • *overtrekken* **II** [znw] • *overtrek, tas(je), etui, kist, koffer, kast, bus, koker* • *geval* • *staat, toestand* • *zaak* • *(rechts)zaak, proces, geding* • *naamval* • *patiënt*
**cash** **I** [ov ww] *incasseren* • (~ **in**) *verzilveren, te gelde maken, wisselen* • (~ **up**) *opdokken* **II** [on ww] • (~ **in**) *sterven* • (~ **in on**) *munt slaan uit* **III** [znw] • *kassa, kas* • *(gereed) geld* • *contant(en)*
**cashew** [znw] *cashewnoot*

**cashier** [znw] caissière, kassier
**cashmere** [znw] • cachemir • sjaal
**cask** [znw] vat, fust
**casket** [znw] kistje, cassette
**cassock** [znw] soutane
**cast** I [ov + on ww] rekenen, optellen • (~ **off**) losgooien • (~ **on**) opzetten <v. breiwerk> II [ov ww] • (~ **aside**) aan de kant zetten, afdanken, wegwerpen • (~ **away**) verwerpen, verkwisten • (~ **down**) neerslaan <v. ogen>, terneerdrukken • (~ **off**) verstoten, (van z.) afwerpen • (~ **out**) verjagen, verdrijven • (~ **up**) (iem.) opnemen, aan land werpen, optellen, berekenen III [on ww] • indelen, toewijzen <v. rollen> • werpen • af-/neer-/wegwerpen • verwerpen, afwijzen, wegsturen • veroordelen • opwerpen <v. twijfels> • <techn.> gieten • (~ **about**) wenden • (~ **about for**) omzien naar • (~ **back**) teruggaan IV [znw] • worp • rolbezetting • afgietsel, vorm • aard, type, soort • tint(je), zweem(pje) • berekening, optelling
**caste** [znw] kaste
**castellated** [bnw] • kasteelachtig • gekanteeld
**caster** [znw] • werper • gieter • rekenaar • rolverdeler
**castigate** [ov ww] • kastijden • corrigeren
**castle** [znw] kasteel
**castrate** [ov ww] castreren
**cat** [znw] • kat • karwats • <inf.> knul, jongen, vent
**cataclysm** [znw] • overstroming • aardbeving • geweldige beroering, omwenteling
**catalogue** I [ov ww] catalogiseren II [znw] • catalogus • lijst • reeks
**catalyst** [znw] katalysator
**catapult** I [ov ww] met een katapult af-/beschieten II [on ww] afgeschoten worden III [znw] katapult
**cataract** [znw] • waterval • <med.> grauwe staar
**catarrh** [znw] ontsteking v.h. slijmvlies, neusloop
**catastrophe** [znw] • ramp • ontknoping <v. tragedie>
**catastrophic** [bnw] rampzalig
**catch** I [ov + on ww] • (~ **up**) op-/overnemen, in de rede vallen, gelijk komen met, inhalen II [ov ww] • (op)vangen • (aan-/vast)grijpen • treffen <v. gelijkenis> • aansteken <ziekte> • 'door hebben', begrijpen • boeien, treffen • halen <trein> • vatten, betrappen • aantreffen • (weg)grissen III [on ww] • haken <aan een spijker> • pakken, sluiten <v. grendel> • om z. heen grijpen • aanstekelijk zijn • populair worden • (~ **at**) grijpen naar, aangrijpen, betrappen op • (~ **on**) aanslaan, snappen IV [znw] • vangst • vangbal • strikvraag, valstrik • haak • aanwinst • goede partij • lokmiddel • het stokken <v.d stem>
**catching** [bnw] • besmettelijk • pakkend, aanlokkelijk
**catchy** [bnw] • pakkend, aantrekkelijk • goed in het gehoor liggend • misleidend, bedrieglijk • onregelmatig bewegend
**catechism** [znw] catechismus
**categorize** [ov ww] categoriseren
**category** [znw] categorie
**cater** [on ww] provianderen, voedsel verschaffen/leveren • (~ **for**) zorgen voor, leveren aan
**caterer** [znw] • leverancier <v. maaltijden> • cuisinier • proviandmeester
**caterpillar** [znw] • rups • rupsband
**caterwaul** I [on ww] krollen II [znw] kattegejank
**cathedral** [znw] kathedraal
**cathode** [znw] kathode
**Catholicism** [znw] katholicisme

**cattle** [znw] *(rund)vee*
**caucus** [znw] • *kiescomité* • kliek
**caught** [ww] verl. tijd + volt. deelw. → **catch**
**cauldron** [znw] • *grote ketel* • *heksenketel*
**cauliflower** [znw] bloemkool
**causal** [bnw] *causaal, oorzakelijk*
**causality** [znw] *causaliteit*
**cause** I [ov ww] • *veroorzaken, teweegbrengen* • *zorgen dat* II [znw] • *motief* • *reden* • *oorzaak*
**caustic** I [znw] *bijtmiddel* II [bnw] • *brandend* • *bijtend* • *sarcastisch*
**caution** I [ov ww] *waarschuwen* II [znw] • *omzichtigheid, voorzichtigheid* • *waarschuwing(scommando)* • *berisping*
**cautionary** [bnw] *waarschuwend*
**cautious** [bnw] *voorzichtig, omzichtig*
**cavalier** I [znw] • *(galante) ridder* • *royalist* <in de 17e eeuw> II [bnw] • *nonchalant* • *aanmatigend, uit de hoogte* • *koningsgezind* • *zwierig*
**cavalry** [znw] *cavalerie*
**cave** I [on ww] • (~ **in**) *instorten, bezwijken* II [znw] • *hol, grot* • *deuk*
**cavern** [znw] *hol, spelonk*
**cavernous** [bnw] *vol holen, spelonkachtig*
**cavil** [on ww] *vitten*
**cavity** [znw] *holte*
**caw** [on ww] *krassen* <v. raaf, kraai>
**cease** I [ov + on ww] *ophouden* • (~ **from**) *ophouden met* II [znw] *het ophouden*
**ceaseless** [bnw] *onafgebroken, aanhoudend*
**cede** [ov ww] *afstaan*
**ceiling** [znw] • *plafond* • *maximale hoogte* • *prijslimiet, loonlimiet*
**celebrate** [ov + on ww] • *vieren* • *verheerlijken* • *loven* • *de mis opdragen*
**celebrated** [bnw] *gevierd, beroemd*
**celebration** [znw] • *viering* • *feestelijke herdenking* • *huldiging* • *het opdragen v.d. mis*
**celebrity** [znw] *roem, beroemdheid* <persoon>
**celery** [znw] *selderie*
**celestial** [bnw] *hemels*
**cell** [znw] • *kluis* • *cel*
**cellar** [znw] *kelder*
**cellular** [bnw] *celvormig, met cellen*
**Celt** [znw] Kelt
**Celtic** [bnw] Keltisch
**cement** I [ov ww] • *bevestigen* • *één worden* • *met cement verbinden* II [znw] • *cement* • *bindmiddel* • *iets dat verbindt* <fig.>
**censor** I [ov ww] *censuur uitoefenen over, censureren* II [znw] *censor*
**censorious** [bnw] • *bedillerig* • *vol kritiek*
**censure** I [ov ww] • *berispen* • *afkeuren* • *kritiseren* II [znw] • *berisping* • *afkeuring*
**census** [znw] *volkstelling*
**centenarian** I [znw] *100-jarige* II [bnw] *100-jarig*
**centenary, centennial** I [znw] *eeuw(feest)* II [bnw] *100-jarig*
**centigrade** [bnw] *met/op schaal v. 100 graden Celsius*
**centimetre** [znw] *centimeter*
**centipede** [znw] *duizendpoot*
**central** I [znw] • *centraal geheugen* <v. computer> • <AE> *centrale* II [bnw] • *centraal, midden-* • *voornaamste, hoofd-*
**centralize** [ov + on ww] *centraliseren*
**centre** I [ov ww] • *in het midden plaatsen* • *het midden zoeken/bepalen van* • <sport> *voorzetten, naar het midden spelen* II [on ww] *z. concentreren* III [znw] • *voorzet* • *plaats v. samenkomst* • *basis* • *hoofdkwartier* • *centrum* • *kern, bron*
**centrifugal** [bnw] *middelpuntvliedend*
**century** [znw] • *eeuw* • *100 runs* <bij

cricket> • Romeinse legereenheid v. 100 man • 100 pond
**ceramic** [bnw] pottenbakkers-
**cereal** I [znw] graan II [bnw] graan-
**cerebral** [bnw] hersen-
**ceremonial** I [znw] ceremonieel, ritueel II [bnw] plechtig, ceremonieel
**ceremonious** [bnw] • plechtstatig • vormelijk
**ceremony** [znw] • ceremonie, plechtigheid • vormelijkheid • formaliteit(en)
**certifiable** [bnw] • certificeerbaar • krankzinnig
**certificate** [znw] • verklaring, attest, akte, bewijs • diploma
**certify** [ov ww] • verzekeren, verklaren • getuigen • waarmerken, attesteren • krankzinnig verklaren
**certitude** [znw] zekerheid
**cessation** [znw] • het ophouden • stilstand
**cesspit, cesspool** [znw] beerput
**chafe** I [ov + on ww] • sarren • z. dood ergeren • koken <v. woede> • (warm)wrijven • schuren • (stuk)schaven II [znw] • schaafwond • ergernis
**chaff** I [ov + on ww] • voor de gek houden, plagen • gekheid maken II [znw] • kaf • haksel • waardeloos spul • scherts • plagerij
**chagrin** I [ov ww] • verdriet doen • ergeren • kwellen II [znw] • teleurstelling • verdriet
**chain** I [ov ww] • (aaneen)ketenen, aan de ketting leggen • schakelen II [znw] • ketting • reeks, keten
**chair** I [ov ww] • in triomf ronddragen • vóórzitten, presideren II [znw] • zetel, stoel • voorzittersstoel, voorzitterschap • leerstoel • professoraat • burgemeesterschap • <AE> de elektrische stoel
**chalice** [znw] kelk
**chalk** I [ov ww] • met krijt inwrijven • tekenen, merken • (be)schrijven • (~ **out**) schetsen, aangeven • (~ **up**) opschrijven II [znw] krijt
**chalky** [bnw] • krijtachtig • krijtwit • vol krijt
**challenge** I [ov ww] • eisen, vragen • uitdagen • betwisten • ontkennen II [znw] • uitdaging • opwekking • aanroeping • <jur.> wraking
**challenging** [bnw] een uitdaging vormend
**chamber** [znw] • kamer • <pol.> kamer
**chamois** [znw] • gemzeleer, zeemleer • gems
**champ** I [ov + on ww] • (hoorbaar) kauwen • knagen • bijten II [znw] • gekauw • <inf.> kampioen
**champion** I [ov ww] verdedigen, krachtig opkomen voor II [znw] • kampioen • voorvechter
**championship** [znw] • kampioenschap • verdediging, krachtige steun
**chance** I [ov ww] wagen, riskeren II [on ww] gebeuren • (~ **across/upon**) toevallig tegenkomen III [znw] • toeval • geluk • gelegenheid, kans, mogelijkheid IV [bnw] toevallig
**chancel** [znw] (priester)koor
**chancellor** [znw] • kanselier • titulair hoofd v.e. universiteit
**chancy** [bnw] gewaagd, riskant
**chandelier** [znw] kroonluchter
**change** I [ov + on ww] • veranderen • (ver)wisselen, (om)ruilen • omschakelen • overstappen • z. verkleden • (~ **down**) terugschakelen • (~ **into**) overgaan in, z. verkleden • (~ **over**) omschakelen, omzwaaien • (~ **up**) naar hogere versnelling schakelen II [znw] • verandering • verwisseling, (ver)ruiling • variatie • overgang • overstap • kleingeld
**changeable, changeful** [bnw] veranderlijk

**channel** I [ov ww] • *groef maken, uithollen* • *kanaliseren* II [znw] • *kanaal* • *waterloop* • *stroombed* • *vaargeul*
**chant** I [ov + on ww] *reciteren, zingen* II [znw] • *lied, melodie* • *koraal, psalm* • *zangerige toon*
**chaotic** [bnw] *chaotisch*
**chap** I [ov + on ww] *splijten, scheuren* II [znw] • *kloof, spleet* • *kaak, kinnebak* • *kerel, vent*
**chapel** [znw] • *kapel* • *kerk* • *kerkdienst*
**chaplain** [znw] • *veldprediker, aalmoezenier* • *huiskapelaan*
**chapter** [znw] • *hoofdstuk* • *kapittel*
**char** I [ov + on ww] *(doen) verkolen, branden, schroeien* II [znw] • *bergforel* • *werkster* • *klusje*
**character** [znw] • *reputatie, goede naam* • *getuigschrift* • *hoedanigheid, rol* • *karakter* • *kenmerk* • *merkteken* • *aard* • *type* • *persoon* • *teken, letter* • *(hand)schrift*
**characteristic** I [znw] • *kenmerk* • <wisk.> *index v. logaritme* II [bnw] *kenmerkend*
**characterless** [bnw] *karakterloos*
**charade** [znw] • *woordspelletje* • *schertsvertoning*
**charcoal** [znw] *houtskool*
**charge** I [ov + on ww] • *in rekening brengen* • *gelasten, opdragen* • *losstormen op, aanvallen* • *laden* • *vullen* • *verzadigen* • (~ **with**) *bezwaren met, beschuldigen, ten laste leggen* II [znw] • *uitgave(n), (on)kosten* • *prijs* • *belasting* • *taak, plicht, hoede, zorg* • *pleegkind, pupil* • *instructie* • *parochie* • *vermaning* • *last, lading* • *aanval* • <jur.> *beschuldiging*
**chargeable** [bnw] • *schuldig* • *in rekening te brengen*
**chariot** [znw] *zegekar*
**charitable** [bnw] • *liefdadig* • *welwillend* • *mild*
**charity** [znw] • *liefdadigheid* • *aalmoes* • *(naasten)liefde* • *liefdadigheidsinstelling* • *mildheid*
**charlatan** [znw] • *kwakzalver* • *beunhaas*
**charm** I [ov ww] *betoveren, bekoren* • (~ **away**) *wegtoveren* II [znw] • *betovering, bekoring, charme* • *tovermiddel, toverspreuk* • *amulet*
**charmer** [znw] • *tovenaar* • *charmeur* • *verlokker*
**charming** [bnw] *betoverend, charmant, allerliefst*
**chart** I [ov ww] • *in kaart brengen* • *grafisch voorstellen/nagaan* II [znw] • *zeekaart* • *grafiek* • *tabel*
**charter** I [ov ww] • *octrooi/privilege/recht verlenen aan* • *charteren, huren* II [znw] • *contract* • *octrooi* • *voorrecht* • *oorkonde, handvest*
**charwoman** [znw] *werkster*
**chase** I [ov ww] • *jagen* • *achtervolgen, vervolgen* II [znw] • *jacht* • *jachtterrein* • *vervolging, achtervolging*
**chaste** [bnw] *kuis*
**chasten** [ov ww] *kuisen*
**chastise** [ov ww] *kastijden, tuchtigen*
**chastity** [znw] *kuisheid*
**chat** I [ov + on ww] *babbelen* II [znw] • *gekeuvel, geklets* • *roddel*
**chatter** I [on ww] • *kakelen, snateren* • *klapperen* • *rammelen* II [znw] • *geklets* • *geklapper*
**chatty** [bnw] *babbelziek*
**cheap** [bnw + bijw] • *goedkoop* • *waardeloos*
**cheapen** [ov + on ww] • *in prijs verminderen* • *kleineren* • *afdingen, pingelen*
**cheat** I [ov + on ww] • *afzetten* • *vals spelen* • *spieken* • *bedriegen* • (~ **(out) of**) *beroven van, door de neus boren* II [znw] • *bedrog, zwendel* • *bedrieger* • *valsspeler*
**check** I [ov + on ww] • *intomen* • *belemmeren* • *stopzetten* • *inhouden,*

*tegenhouden, ophouden* • *het spoor bijster raken en blijven staan* • *schaak zetten* • *controleren* • <AE> *afgeven/ophalen tegen reçu* • (~ **in**) *aankomen, z. melden* • (~ **out**) *vertrekken* • (~ **up**) *controleren* **II** [znw] • *beteugeling, belemmering* • *fiche* • *cheque* • *(plotselinge) stilstand* • *remmende factor* • *terechtwijzing* • *controle(merk)* • *reçu* • <AE> *rekening*
**checked** [bnw] *geruit*
**checker** [znw] *controleur*
**cheek** [znw] • *wang* • *brutaliteit*
**cheeky** [bnw] *brutaal*
**cheer I** [ov + on ww] • *opvrolijken* • *aanmoedigen* • *(toe)juichen* • (~ **up**) *moed scheppen* **II** [znw] • *hoera(atje)* • *stemming* • *vrolijkheid* • *onthaal* • *aanmoediging, bijval*
**cheerful** [bnw] *vrolijk, opgeruimd*
**cheerio(h)** [tw] • *dag, tot ziens!* • *succes!* • *prosit!*
**cheerless** [bnw] *triest, somber*
**cheery** [bnw] *vrolijk, opgewekt*
**cheese I** [ov ww] **II** [znw] *kaas*
**chef** [znw] *chef-kok*
**chemical I** [znw] *scheikundige stof* **II** [bnw] *scheikundig*
**chemistry** [znw] *scheikunde*
**cherish** [ov ww] • *koesteren* • *liefhebben*
**cherry I** [znw] • *kerseboom, kersehout* • *kers* **II** [bnw] *kerskleurig*
**cherub** [znw] • *cherub(ijn)* • *engel*
**chess** [znw] *schaakspel*
**chest** [znw] • *koffer, kist* • *kas* • *borstkas*
**chestnut I** [znw] • *kastanje* • *vos* <paard> **II** [bnw] *kastanjebruin*
**chic I** [znw] *stijl, elegance* **II** [bnw] *chic*
**chick** [znw] • *kuiken(tje), jong vogeltje* • <inf.> *grietje*
**chicken I** [on ww] **II** [znw] • *kuiken* • *kip* • <inf.> *lafaard*
**chicory** [znw] • *cichorei* • *brussels lof*
**chide** [ov + on ww] • *berispen* • *tekeergaan*
**chief I** [znw] *leider, hoofd, chef* **II** [bnw] *voornaamste, leidend(e)*
**chiefly** [bijw] *voornamelijk*
**chieftain** [znw] *aanvoerder, opperhoofd*
**child** [znw] *kind*
**childish** [bnw] *kinderachtig*
**children** [mv] → **child**
**chilly** [bnw] • *kil* • *huiverig*
**chime I** [ov + on ww] • *luiden* • *samenklinken, harmoniëren* • (~ **in with**) *overeenstemmen met* **II** [znw] • *klokkenspel* • *samenklank, harmonie*
**chimney** [znw] • *schoorsteen* • *lampeglas*
**chimp, chimpansee** [znw] *chimpansee*
**chin** [znw] *kin*
**china** [znw] • *Chinese thee* • *porselein*
**Chinese** [bnw] *Chinees*
**chink I** [ov + on ww] *rinkelen* **II** [znw] • *spleet* • *gerinkel*
**chip I** [ov ww] • *inkerven* • *(af)bikken, (af)hakken* • *stukjes breken uit* **II** [on ww] *schilferen* • (~ **in**) *in de rede vallen, meebetalen* **III** [znw] • *spaan(der), schilfer, splintertje* • *plakje, schijfje* • *fiche* • <comp.> *chip*
**chiropodist** [znw] *pedicure*
**chirp I** [ov + on ww] • *tjilpen, kwelen* • *opgewekt praten* **II** [znw] *getjilp*
**chirrup I** [on ww] • *tjilpen* • *aanmoedigen door met de tong te klakken* **II** [znw] *getjilp*
**chisel I** [ov ww] • *beitelen, beeldhouwen* • *bedriegen, beetnemen* **II** [znw] *beitel*
**chit** [znw] • *hummel* • *getuigschrift, briefje, bonnetje* • *kattebelletje*
**chivalric, chivalrous** [bnw] *ridderlijk, hoofs*
**chivalry** [znw] • *ridderschap* • *ridderlijkheid*
**chlorine** [znw] *chloor*
**chocolate I** [znw] • *bonbon* • *chocolaatje, chocolade* **II** [bnw] *chocoladebruin*
**choice I** [znw] • *keuze* • *voorkeur* • *het*

*puikje, het beste* II [bnw] • *uitgelezen* • *kieskeurig*

**choir** [znw] *koor*

**choke** I [ov ww] • *smoren, verstikken* • *verstoppen, afsluiten* • *onderdrukken* • *vernauwen* • (~ **down**) *onderdrukken, inslikken, met moeite verwerken* • (~ **off**) *(iem.) dwingen iets op te geven, (iem.) de mond snoeren* • (~ **up**) *verstoppen* II [on ww] • *verstopt raken* • *zich verslikken* III [znw] • *verstikking(sgevoel)* • *snik* • *verstopping* • *vernauwing*

**choker** [znw] • *wurger* • *dooddoener* • *hoge stijve boord* • *(strop)das*

**choleric** [bnw] *opvliegend*

**choose** [ov + on ww] *kiezen, uitverkiezen*

**chop** I [ov + on ww] *(fijn)hakken, kappen* • (~ **up**) *fijnhakken* II [znw] • *slag, houw* • *kotelet*

**chopper** [znw] • *hakmes* • *helikopter* • *hakker*

**choppy** [bnw] *vol kloven of barsten*

**choral** [bnw] * ~ society *zangvereniging*

**chord** [znw] • *snaar* • *streng* • <muz.> *akkoord*

**chore** [znw] *karweitje*

**choreography** [znw] *choreografie*

**chorister** [znw] *koorzanger, koorknaap*

**chortle** [on ww] • *schateren* • *grinniken*

**chorus** [znw] • *koor, rei* • *refrein*

**chose** [ww] verl. tijd → **choose**

**chosen** [ww] volt. deelw. → **choose**

**chow** [znw] • *chow-chow* • <sl.> *eten*

**chowder** [znw] *stoofpot met vis*

**christen** [ov ww] *dopen*

**Christendom** [znw] *de christenheid*

**christening** [znw] *doop, het dopen*

**Christianity** [znw] • *christelijkheid* • *het christendom*

**Christmas** [znw] Kerstmis

**chrome** [znw] *chroom*

**chromium** [znw] *chroom*

**chronic** [bnw] • *chronisch* • <sl.> *verschrikkelijk*

**chronicle** I [ov ww] *te boek stellen* II [znw] *kroniek, geschiedenis*

**chronologic(al)** [bnw] *chronologisch*

**chronology** [znw] *chronologie*

**chubby** [bnw] *mollig*

**chuck** I [ov ww] • *onder de kin strijken/aaien* • *gooien, smijten* • *de bons geven* • klikken <met tong> • (~ **away**) *weggooien* • (~ **out**) *eruit smijten* • (~ **up**) *er de brui aan geven* II [znw] • *aai, streek* <onder kin> • *gooi, het van z. afsmijten, worp* • *geklik* <met tong>

**chuckle** I [on ww] • *gniffelen, grinniken* • *z. verkneuteren* II [znw] *lachje*

**chug** I [on ww] *ronken* II [znw] *geronk*

**chum** I [on ww] • *bij elkaar op kamer(s) wonen* • *dikke vrienden zijn* II [znw] *goede vriend, gabber*

**chummy** [bnw] *intiem*

**chump** [znw] • *blok hout* • *dik einde* <v. lendestuk> • *kop* • *stomkop*

**chunk** [znw] *homp, blok, stuk*

**chunky** [bnw] • *bonkig* • *gezet*

**church** [znw] *kerk*

**churlish** [bnw] *lomp*

**churn** I [ov ww] • *omwoelen* • *doen schuimen* II [znw] • *karn* • *melkbus* • *het schuimen*

**chute** [znw] • *stroomversnelling* • *glijbaan* • *helling* • *parachute*

**cigar** [znw] *sigaar*

**cigarette** [znw] *sigaret*

**cinch** I [ov ww] • *singelen* <v. paard> • *te pakken krijgen* II [znw] • *iets dat zeker is* • *makkie*

**cinema** [znw] *bioscoop*

**cinnamon** I [znw] *kaneel(boom)* II [bnw] *geelbruin*

**cipher** I [ov + on ww] • *cijferen* • *coderen* II [znw] • *nul* • *cijfer* • *monogram* • *geheimschrift, code*

**circle** I [ov ww] *omcirkelen* II [on ww] *rondgaan, ronddraaien, rondzwaaien*

III [znw] • cirkel, (k)ring • (omme)zwaai
**circuit** [znw] • omtrek, omsloten gebied • tournee, rondgang, rondreis • kringloop • omweg • ronde baan • schakeling • <techn.> stroombaan
**circuitous** [bnw] omslachtig
**circular** I [znw] • circulaire • rondweg II [bnw] cirkelvormig, rond(gaand)
**circulation** [znw] • (bloeds)omloop • circulatie • oplage • omzet • betaalmiddel
**circumcise** [ov ww] besnijden
**circumference** [znw] omtrek v. cirkel
**circumlocution** [znw] omhaal v. woorden
**circumscribe** [ov ww] • omschrijven • begrenzen
**circumspect** [bnw] omzichtig
**circumspection** [znw] omzichtigheid
**circumstance** [znw] • praal, drukte • omstandigheid • bijzonderheid
**circumstantial** [bnw] uitvoerig
**circumvent** [ov ww] • omsingelen • ontwijken
**cissy** [znw] melkmuil, mietje
**cistern** [znw] • waterreservoir • stortbak
**citadel** [znw] fort, bolwerk
**citation** [znw] • dagvaarding • eervolle vermelding
**cite** [ov ww] • dagvaarden • aanhalen
**citizen** [znw] • burger • stedeling
**citizenship** [znw] burgerschap
**city** [znw] (grote) stad
**civic** [bnw] stads-, burger-
**civics** [znw] burgerlijk recht, staatsbestel
**civil** [bnw] • privaatrechtelijk • beleefd, beschaafd • burgerlijk, burger-
**civilian** I [znw] burger II [bnw] burger-
**civility** [bnw] beleefdheid
**civilization** [znw] • beschaving • beschaafde wereld
**civilize** [ov ww] beschaven
**clack** [on ww] ratelen, kletteren
**clad** [ww] volt. deelw. → **clothe**
**claim** I [ov ww] • vorderen • beweren • aanspraak maken op, (op)eisen II [znw] • aanspraak, recht, eis, vordering • claim • concessie <in mijnbouw>
**claimant** [znw] • eiser • pretendent
**clairvoyance** [znw] helderziendheid
**clam** [znw] ≈ mossel
**clamorous** [bnw] luidruchtig, schreeuwerig
**clamour** I [on ww] • schreeuwen • protesteren • eisen II [znw] • geschreeuw, misbaar • luid protest • eis
**clamp** I [ov ww] • vastzetten, krammen • ophopen • inkuilen II [on ww] onderdrukken, de kop indrukken III [znw] • (muur)anker • klem, kram
**clan** [znw] • stam <in Schotse Hooglanden> • familie • kliek
**clandestine** [bnw] clandestien
**clang** I [ov + on ww] • (laten) klinken • bellen, rinkelen II [znw] • metalige klank • klokgelui, belgerinkel
**clank** I [ov + on ww] rammelen, kletteren II [znw] metaalgerinkel
**clap** I [ww] • klappen, klapperen <met vleugels> • applaudisseren, toejuichen II [znw] • donderslag • klap, slag • applaus • <vulg.> druiper
**clapper** [znw] • klepel • ratel
**claret** I [znw] • rode bordeaux(wijn) • bloed II [bnw] wijnrood
**clarify** I [ov ww] • ophelderen, verhelderen • helder/zuiver maken II [on ww] helder/zuiver worden
**clarity** [znw] zuiverheid, klaarheid
**clash** I [ov + on ww] botsen, kletteren • (~ **with**) in botsing komen met II [znw] • botsing, conflict • tegenstrijdigheid
**clasp** I [ov + on ww] • sluiten • (aan)haken, pakken • omhelzen II [znw] • gesp, broche • slot • beugel • omhelzing • handdruk
**class** I [znw] • klas(se) • stand • stijl • klassestelsel • les(uur), cursus II [bnw]

superieur

**classic** I [znw] • klassiek werk, klassieke schrijver • classicus II [bnw] klassiek

**classical** [bnw] klassiek

**classification** [znw] classificatie

**classified** [bnw] • geclassificeerd • <AE> geheim

**classify** [ov ww] rangschikken, classificeren

**classy** [bnw] superieur

**clatter** I [ov + on ww] kletteren, ratelen II [znw] gekletter, geratel

**claustrophobia** [znw] claustrofobie

**claw** I [ov + on ww] • krabben • grissen, grijpen II [znw] • klauw, poot • (klem)haak

**clay** I [znw] klei, leem II [bnw] van klei

**clean** I [ov + on ww] schoonmaken, reinigen • (~ **out**) schoonmaken, leegmaken, opmaken • (~ **up**) schoonmaken, opruimen, winst maken II [bnw] • schoon, zuiver, rein • zindelijk • welgevormd • handig • glad • van de drugs/drank af III [bijw] totaal

**cleaner** [znw] • schoonmaker • stofzuiger • wasserij

**cleanly** [bnw] zindelijk

**cleanse** [ov ww] zuiveren, reinigen

**clear** I [ov + on ww] • ledigen • verdwijnen • nemen <v. hindernis> • ophelderen, verhelderen, opklaren, verduidelijken • wegnemen • vrijspreken, zuiveren • opruimen, afruimen <v. tafel> • (~ **away**) opruimen, afruimen, optrekken <v. mist> • (~ **off**) afdoen, wegtrekken, verdwijnen • (~ **out**) er tussenuit knijpen, wegdoen, opruimen, uitmesten • (~ **up**) opklaren, ophelderen, opruimen II [bnw + bijw] • klaar, helder, duidelijk • zuiver, onbezwaard • vrij • veilig • netto • totaal, helemaal III [bijw] totaal, helemaal

**clearing** [znw] • open plek in bos • ontginning

**cleavage** [znw] kloof, kloving

**cleave** I [ov + on ww] kloven, splijten II [on ww] trouw blijven, (aan)kleven

**cleaver** [znw] hakmes

**clef** [znw] sleutel

**cleft** I [ww] verl.tijd + volt.deelw. → **cleave** II [znw] spleet, barst III [bnw] gekloven

**clench** [ov ww] • opeenklemmen <v. tanden> • ballen <v. vuist> • vastpakken

**clergy** [znw] geestelijkheid, geestelijken

**clerical** [bnw] • administratief • geestelijk • van dominee

**clerk** I [on ww] als klerk/secretaris optreden II [znw] • kantoorbediende • secretaris, griffier • koster en voorlezer • <AE> winkelbediende

**clever** [bnw] • knap, goed bij • handig

**click** I [ov + on ww] • verliefd worden • het samen goed kunnen vinden • klikken, klakken II [znw] klik, tik

**client** [znw] cliënt

**cliff** [znw] steile rots(wand) aan zee, klif

**climate** [znw] klimaat

**climatic** [bnw] klimaat-

**climax** I [ov ww] • klaarkomen • een hoogtepunt bereiken II [znw] • toppunt • orgasme

**climb** I [ov + on ww] stijgen, (be)klimmen • (~ **down**) een toontje lager zingen II [znw] • klim • helling • stijgvermogen

**climber** [znw] • klimplant • streber • (bergbe)klimmer

**clinch** I [ov ww] • klinken • beklinken II [on ww] elkaar vastgrijpen III [znw] • het vastgrijpen • klinknagel

**cling** [on ww] • (aan)kleven • nauw aansluiten • (blijven) aanhangen • (~ **to**) z. vastklampen aan

**clinic** [znw] verpleeginrichting, kliniek

**clinical** [bnw] • geneeskundig, klinisch • aan het ziekbed

**clink** I [ov ww] doen klinken II [on ww] klinken III [znw] • het klinken

• gevangenis, nor

**clip** I [ov ww] • afknippen, kortknippen, uitknippen, knippen • half uitspreken <v. woorden> • klemmen II [znw] • hoeveelheid geschoren wol • klem • knip • patroonhouder

**clipper** [znw] • knipper • schaar

**clipping** [znw] (krante)knipsel

**clique** [znw] kliek

**cloak** I [ov ww] omhullen II [znw] mantel

**clock** [znw] klok

**clod** [znw] • kluit, klont • boerenpummel

**clog** I [ov + on ww] • verstoppen, verstopt raken • klonteren, vastkoeken II [ov ww] • aan het blok leggen • belemmeren III [znw] • klompschoen, klomp • blok <aan been>

**cloister** [znw] klooster(gang)

**close** I [ov + on ww] • (~ **down**) sluiten, eindigen II [ov ww] • besluiten, (af)sluiten • langszij komen • (~ **up**) verstoppen, afsluiten III [on ww] het slot vormen van • (~ **(up)on**) omsluiten, sluiten achter, het eens worden • (~ **in**) insluiten, naderen • (~ **up**) dichtgaan • (~ **with**) naderen, handgemeen worden, akkoord gaan met IV [znw] • binnenplaats • speelveld • erf • terrein • hofje • besluit, einde V [bnw] • dichtbij • bondig • benauwd • geheim, verborgen • gierig • samenhangend • nauwkeurig • innig, intiem • gesloten, dicht • nauw • nauwsluitend

**closet** [znw] • (privé)kamertje, kabinet • kast

**closure** [znw] • slot • sluiting

**clot** I [ov + on ww] klonteren II [znw] klont

**cloth** [znw] • laken, stof • tafellaken • doek, dweil

**clothe** [ov ww] (be)kleden

**clothes** [mv] • kleding • (was)goed

**clothing** [znw] kleding

**cloud** I [ov + on ww] bewolken, verduisteren, een schaduw werpen over • (~ **over**) somber worden, betrekken II [znw] wolk

**cloudless** [bnw] onbewolkt

**clout** I [ov ww] een klap geven, slaan II [znw] • lap, doek • kleren • invloed • slag, mep

**clove** I [ww] verl. tijd → **cleave** II [znw] • kruidnagel • anjer

**cloven** [ww] volt. deelw. → **cleave**

**clover** [znw] klaver

**clown** I [on ww] de clown spelen II [znw] clown

**club** I [ov ww] • met knuppel slaan • zijn steentje bijdragen II [on ww] (z.) verenigen III [znw] • klaverkaart • knuppel • golfstick • club, sociëteit

**clue** I [ov ww] een tip geven II [znw] • (lei)draad • aanwijzing • sleutel tot oplossing

**clump** I [ov ww] bij elkaar doen/planten II [on ww] klossen III [znw] groep <v. bomen>

**clumsy** [bnw] lomp, onhandig

**clung** [ww] verl. tijd + volt. deelw. → **cling**

**cluster** I [ov ww] groeperen II [on ww] • z. groeperen • in trossen/bosjes groeien III [znw] • groep • bos, tros • zwerm, troep

**clutch** I [ov ww] pakken, grijpen II [on ww] • (~ **at**) grijpen naar III [znw] • broedsel • greep • koppeling

**clutter** I [ov ww] • (~ **up**) rommelig maken II [znw] • bende, rommel • verwarring

**coach** I [ov ww] coachen II [znw] • repetitor • koets, rijtuig • autobus • coach

**coal** [znw] (steen)kool, kolen

**coalesce** [on ww] samensmelten, samenvallen

**coalition** [znw] verbond, coalitie

**coarse** [bnw] grof, ruw

**coarsen** I [ov ww] ruw maken

II [on ww] *ruw worden*
**coast** I [on ww] • *langs de kust varen* • *glijden* • *freewheelen* II [znw] • *kust* • *het freewheelen* • <AE> *bobsleebaan* • <AE> *het glijden*
**coastal** [bnw] kust-
**coaster** [znw] • *kustvaartuig* • *bierviltje*
**coat** I [ov ww] • *(be)dekken* • *bekleden* • *vernissen* • *van een laag(je) voorzien* II [znw] • *jas, mantel* • *bedekking, huid, pels* • *laag(je)*
**coating** [znw] • *bekleding, overtrek* • *laag(je)*
**coax** [ov + on ww] *vleien* • (~ **(in)to**) *vleiend overhalen om/tot*
**cobalt** [znw] *kobalt(blauw)*
**cobweb** I [znw] *spinneweb, rag* II [bnw] *ragfijn*
**cocaine** [znw] *cocaïne*
**cock** I [ov ww] • *scheef zetten/houden* • *(op)steken* • *(op)zetten* II [znw] • *mannetje* • *leider* • *belhamel* • *opwaartse buiging* • *haan* • <vulg.> *pik*
**cockatoo** [znw] *kakatoe*
**cockerel** [znw] *jonge haan*
**cockney** I [znw] • *geboren Londenaar* • *Londens dialect* II [bnw] *cockney*
**cocky** [bnw] *verwaand, eigenwijs*
**coco** [znw] *kokospalm*
**cocoa** [znw] *cacao*
**coconut** [znw] *kokosnoot*
**cocoon** I [ov ww] *inspinnen* II [on ww] *z. inspinnen* III [znw] *cocon*
**cod** I [ov + on ww] *bedotten* II [znw] *kabeljauw*
**code** I [ov ww] • *coderen* • *als wet of regel stellen* II [znw] • *wet(boek)* • *reglement, gedragslijn* • *code*
**codify** [ov ww] *codificeren*
**coefficient** [znw] *coëfficiënt*
**coerce** [ov ww] *(af)dwingen*
**coercion** [znw] *dwang*
**coexist** [on ww] *naast elkaar bestaan*
**coexistence** [znw] *coëxistentie*
**coffee** [znw] *koffie*
**coffer** [znw] *(geld)kist*
**coffin** [znw] *doodskist*
**cog** [znw] *tand* <v. wiel>
**cogency** [znw] *overtuigingskracht*
**cogent** [bnw] *overtuigend*
**cogitate** [ov + on ww] *overdenken*
**cognate** [znw] *(bloed)verwant*
**cognizance** [znw] • *kennis* • *competentie* • *onderscheidingsteken*
**cohabit** [on ww] *samenwonen*
**cohere** [on ww] *samenhangen*
**coherent, cohesive** [bnw] *samenhangend*
**coil** I [ov ww] *oprollen* II [on ww] *(z.) kronkelen* III [znw] • *spiraal(veer)* • *tros* • *kronkel* • *rol*
**coin** I [ov ww] • *munten* • *verzinnen* II [znw] • *munt* • *geld*
**coinage** [znw] • *munt(stelsel)* • *het munten*
**coincide** [on ww] • *samenvallen* • *overeenstemmen*
**coincidence** [znw] *toeval*
**coke** [znw] • *cokes* • *cola* • <inf.> *cocaïne*
**cold** I [znw] • *kou(de)* • *verkoudheid* II [bnw] *koud, koel*
**colic** [znw] *(darm)koliek*
**collaborate** [on ww] • *collaboreren* • *samenwerken*
**collaborator** [znw] • *collaborateur* • *medewerker*
**collapse** I [on ww] • *invallen, in(elkaar)zakken* • *mislukken* II [znw] • *ineenstorting* • *mislukking*
**collapsible** [bnw] *opvouwbaar*
**collar** I [ov ww] • *een halsband aandoen* • *bij de kraag pakken* • *tot rollade maken* • *inpikken* II [znw] • *kraag, boord* • *(hals)keten, (hals)band* • *zwaar werk* • *rollade*
**collateral** I [znw] *bloedverwant in zijlinie* II [bnw] • *zij aan zij* • *zijdelings*
**colleague** [znw] *collega*
**collect** I [ov ww] • *verzamelen* • *innen, ophalen* • *inpikken* II [on ww] *z. verzamelen*

**collection** [znw] • zelfbeheersing • buslichting • verzameling
**collective** [bnw] • samengesteld • verzamelend • gemeenschappelijk
**collectivize** [ov ww] tot collectief bezit maken
**college** [znw] • college • zelfstandig universiteitsinstituut • grote kostschool
**collide** [on ww] botsen
**colliery** [znw] kolenmijn
**collision** [znw] botsing
**colloquial** [bnw] tot de spreektaal behorend
**colloquialism** [znw] alledaagse uitdrukking
**collusion** [znw] geheime verstandhouding
**collywobbles** [mv] buikpijn <v. zenuwen/angst>
**colon** [znw] • dikke darm • dubbele punt
**colonel** [znw] • kolonel • overste
**colonial** [bnw] koloniaal
**colonize** [ov + on ww] koloniseren
**colonnade** [znw] zuilengalerij
**colony** [znw] kolonie
**colossal** [bnw] kolossaal
**colour** I [ov ww] • verkeerd voorstellen • kleuren, verven II [znw] • kleur • verf • blos
**colourful** [bnw] kleurrijk
**colouring** [znw] • kleur(sel) • schijn
**colourless** [bnw] • kleurloos • oninteressant
**column** [znw] • kolom, zuil • colonne • column
**comatose** [bnw] • diep bewusteloos • slaperig
**comb** I [ov ww] kammen • (~ **out**) uitkammen, zuiveren II [znw] • kam • honingraat
**combat** [znw] gevecht
**combatant** [znw] strijder
**combination** [znw] combinatie
**combine** I [ov ww] • verenigen • combineren II [on ww] • z. verenigen • samenwerken, samenspelen III [znw] syndicaat
**combustible** I [znw] brandbare stof II [bnw] brandbaar
**combustion** [znw] verbranding
**come** [on ww] • (aan/neer/op)komen, erbij komen, terechtkomen • naderen • worden • meegaan • afleggen <v. afstand> • <vulg.> klaarkomen • (~ **about**) gebeuren, tot stand komen, overstag gaan, richting veranderen • (~ **across**) tegenkomen, aantreffen • (~ **after**) komen na, achterna komen • (~ **along**) voortmaken, eraan komen • (~ **apart**) losgaan, uit elkaar vallen • (~ **around**) <AE> langs komen, bijkomen <na flauwte>, bijtrekken <na ruzie> • (~ **at**) aanvallen, verkrijgen • (~ **away**) losgaan • (~ **back**) weer voor de geest komen, terugkomen, iets terugzeggen • (~ **between**) tussenbeide komen • (~ **by**) voorbijkomen, (ver)krijgen, komen aan • (~ **down**) naar beneden komen, kalmeren, rustig worden • (~ **down on**) neerkomen op, straffen, uitvaren tegen • (~ **down to**) z. uitstrekken tot • (~ **down with**) krijgen <v. ziekte>, dokken • (~ **for**) komen om, afhalen, (dreigend) afkomen op • (~ **forth**) te voorschijn komen • (~ **forward**) z. aanmelden, naar voren komen • (~ **from**) komen van/uit, het resultaat zijn van • (~ **home to**) duidelijk worden • (~ **in**) thuiskomen, erin komen, aankomen <v. post>, beginnen, eraan te pas komen, aan de macht komen, binnenkomen • (~ **in for**) (als aandeel) krijgen • (~ **off**) eraf gaan/komen, afgeven, uitkomen, uit de strijd komen, lukken • (~ **on**) opkomen, naderen, vorderen, op gang komen • (~ **out**) (er) uitkomen, te voorschijn komen, blijken, in staking gaan, debuteren • (~ **over**) komen

over, overkómen, óverkomen, oversteken • (~ **round**) aankomen, vóórkomen, bijkomen, weer goed worden • (~ **through**) doorkomen, overleven, over de brug komen • (~ **to**) bijkomen, bijdraaien • (~ **under**) vallen onder • (~ **up**) opkomen, bovenkomen, ter sprake komen • (~ **up to**) erop af komen, de hoogte bereiken van, voldoen aan • (~ **up with**) inhalen, gelijk komen met • (~ **upon**) overvallen, tegen 't lijf lopen, te binnen schieten, ten laste komen van, opkomen bij

**comedian** [znw] • blijspelspeler • blijspelschrijver

**comedy** [znw] blijspel

**comely** [bnw] knap, keurig

**comer** [znw] • aangekomene, bezoeker • <AE inf.> veelbelovend iem.

**comet** [znw] komeet

**comfort** I [ov ww] troosten II [znw] • troost, bemoediging • gemak, gerief, comfort • welstand

**comfortable** [bnw] geriefelijk, gemakkelijk

**comforter** [znw] • trooster • fopspeen • wollen sjaal

**comic** I [znw] komiek II [bnw] komisch

**coming** I [znw] komst II [bnw] • veelbelovend • komend, aanstaand

**command** I [ov ww] • bevelen, commanderen • het commando voeren over • beheersen • beschikken over II [znw] • beheersing • beschikking • bevel, order • commando

**commandeer** [ov ww] vorderen

**commander** [znw] • commandant • gezagvoerder

**commanding** [bnw] • indrukwekkend • met goed uitzicht

**commandment** [znw] gebod

**commemorate** [ov ww] herdenken

**commence** [ov ww] • beginnen • promoveren

**commend** [ov ww] prijzen, aanbevelen

**commendable** [bnw] prijzenswaardig, aanbevelenswaardig

**commensurate** [bnw] • evenredig • samenvallend

**comment** I [on ww] • van commentaar voorzien • aan- of opmerkingen maken II [znw] commentaar, kritiek

**commentary** [znw] • uiteenzetting, commentaar • reportage

**commentator** [znw] • commentator • verslaggever <v. radio/tv>

**commerce** [znw] handel, verkeer

**commercial** I [znw] reclameboodschap <op radio>, reclamefilm/-spot <op tv> II [bnw] handels-, commercieel

**commission** I [ov ww] • opdragen • machtigen • bestellen • aanstellen II [znw] • opdracht, taak, ambt • commissie • provisie

**commit** [ov ww] • toevertrouwen • plegen, bedrijven • (z.) compromitteren • verwijzen <naar commissie> • binden • (~ **to**) prijsgeven aan

**committal** [znw] gevangenzetting

**committee** [znw] • commissie, comité • bestuur

**commodious** [bnw] ruim en geriefelijk

**commodity** [znw] handelsartikel

**common** I [znw] • onbebouwd (stuk) land • gemeenschappelijke wei II [bnw] • gemeenschappelijk • algemeen • openbaar • gewoon • vulgair, ordinair

**commoner** [znw] • (gewoon) burger • lid v. House of Commons • niet-beursstudent

**commotion** [znw] opschudding

**communal** [bnw] gemeente-, gemeenschaps-

**commune** I [on ww] <AE> de communie ontvangen • (~ **with**) z. onderhouden met II [znw] • gemeente • kommune

**communicate** I [ov ww] • (~ **to**) mededelen aan II [on ww] • communiceren • het Avondmaal ontvangen • (~ **with**) een goede relatie aanknopen/hebben met, in verbinding

*staan met*
**communication** [znw] • *mededeling, het mededelen* • *verbinding(sweg)*
**communicative** [bnw] *mededeelzaam*
**communion** [znw] • *gemeenschap* • *verbinding* • *omgang* • *kerkgenootschap*
**communism** [znw] *communisme*
**communist** I [znw] *communist* II [bnw] *communistisch*
**community** [znw] *genootschap, gemeenschap*
**commute** I [ov ww] • *afkopen en omzetten* ‹v. schuld of verplichting› • *verzachten* ‹v. straf› II [on ww] *forenzen*
**commuter** [znw] *pendelaar, forens*
**companion** [znw] • *makker, metgezel, deelgenoot* • *gezelschapsdame* • *bijbehorende deel*
**companionable** [bnw] *gezellig*
**company** I [on ww] II [znw] • *gezelschap* • *vennootschap, maatschappij* • *bedrijf* • *genootschap* • *compagnie*
**comparable** [bnw] *vergelijkbaar*
**comparative** I [znw] ‹taalk.› *vergrotende trap* II [bnw] *vergelijkend*
**compare** I [ov ww] *vergelijken* II [on ww] *vergeleken worden*
**comparison** [znw] *vergelijking*
**compartment** [znw] • *afdeling* • *coupé*
**compartmentalize** [ov ww] *in vakken verdelen, onderverdelen*
**compass** I [ov ww] • *beramen* • *omvatten, insluiten* • *begrijpen* • *volvoeren* • *gaan om* II [znw] • *kompas* • *gebied, terrein* • *omvang, draagwijdte* ‹v. stem› • *omweg* • *omtrek*
**compassion** [znw] *medelijden*
**compassionate** [bnw] *meelevend, medelijdend*
**compatriot** [znw] *landgenoot*
**compel** [ov ww] *(af)dwingen, verplichten*
**compelling** [bnw] *onweerstaanbaar, boeiend, fascinerend*
**compensate** [ov ww] *goedmaken, vergoeden*
**compete** [on ww] • *concurreren* • *mededingen*
**competence** [znw] • *bevoegdheid* • *competentie*
**competent** [bnw] • *geoorloofd* • *bekwaam, bevoegd*
**competition** [znw] • *concurrentie* • *competitie*
**competitive** [bnw] • *m.b.t. competitie* • *prestatiegericht*
**competitor** [znw] *concurrent, mededinger*
**compilation** [znw] *samenstelling, verzameling*
**compile** [ov ww] *compileren, bijeenbrengen*
**complacent** [bnw] *(zelf)voldaan, kalm*
**complain** [on ww] *klagen*
**complaint** [znw] *kwaal, (aan)klacht*
**complaisant** [bnw] *minzaam, inschikkelijk*
**complement** I [ov ww] *aanvullen* II [znw] *aanvulling, complement, vereist aantal*
**complementary** [bnw] *aanvullend*
**complete** I [ov ww] *maken, afmaken, invullen* II [bnw] *compleet, volkomen, voltallig*
**completion** [znw] *voltooiing*
**complex** I [znw] *complex, samenstel, geheel* II [bnw] *samengesteld, ingewikkeld*
**complexion** [znw] • *gelaatskleur* • *voorkomen*
**complexity** [znw] *complexiteit*
**compliance** [znw] *toestemming, nakoming, inwilliging*
**compliant** [bnw] *meegaand, soepel*
**complicate** [ov ww] *ingewikkeld maken*
**complicated** [bnw] *ingewikkeld*
**complication** [znw] *complicatie*

**complicity** [znw] *medeplichtigheid*
**compliment** **I** [ov ww] *complimenteren* **II** [znw] *compliment*
**complimentary** [bnw] *gratis*
**comply** [on ww] • (~ **with**) *handelen overeenkomstig, inwilligen, toestaan*
**component** **I** [znw] *bestanddeel* **II** [bnw] *samenstellend*
**compose** [ov + on ww] • *samenstellen* • *zetten* <drukwerk> • *schikken* • *kalmeren* • *componeren*
**composed** [bnw] *beheerst, bedaard*
**composer** [znw] *componist*
**composite** [bnw] *gezamenlijk, samengesteld*
**composition** [znw] • *samenstelling* • *compositie* • *mengsel* • *opstel* • *aard*
**compositor** [znw] *(letter)zetter*
**compound** **I** [ov ww] • *afkopen* • *samenstellen, (ver)mengen* **II** [on ww] *schikken, tot een akkoord komen* **III** [znw] • *kamp* • *samenstelling, mengsel* **IV** [bnw] *samengesteld, gecompliceerd*
**comprehend** [ov ww] • *insluiten* • *begrijpen*
**comprehension** [znw] • *omvang* • *begrip*
**comprehensive** **I** [znw] *middenschool, scholengemeenschap* **II** [bnw] *veelomvattend*
**compress** **I** [ov ww] *samendrukken* **II** [znw] *compres*
**compressor** [znw] • *drukverband* • *compressor*
**comprise** [ov ww] *be-/om-/samenvatten*
**compromise** **I** [ov ww] *compromitteren* **II** [on ww] *tot een akkoord komen* **III** [znw] *compromis, overeenkomst, middenweg*
**compulsion** [znw] • *dwangneurose* • *dwang*
**compulsive** [bnw] *dwingend*
**compulsory** [bnw] *verplicht*
**compunction** [znw] *wroeging, spijt*
**computation** [znw] *berekening*
**compute** [ov + on ww] *(be)rekenen, calculeren*
**computer** [znw] *computer, elektronisch brein*
**computerize** **I** [ov + on ww] *op de computer overgaan, computeriseren* **II** [ov ww] *met computer verwerken, in computer opslaan*
**comrade** [znw] *kameraad*
**con** [znw] • *zwendel* • *oplichter*
**concave** **I** [znw] *(hemel)gewelf* **II** [bnw] *hol*
**conceal** [ov ww] *verbergen, geheim houden*
**concealment** [znw] *het verborgen houden*
**concede** **I** [ov ww] *toegeven, toestaan* **II** [on ww] *z. gewonnen geven*
**conceit** [znw] *eigendunk, verwaandheid*
**conceited** [bnw] *verwaand*
**conceivable** [bnw] *denkbaar*
**conceive** **I** [ov + on ww] *z. indenken* **II** [on ww] *zwanger worden*
**concentrate** **I** [on ww] • *samenkomen* • *(z.) concentreren* **II** [znw] *geconcentreerde stof*
**concentration** [znw] *concentratie*
**concept** [znw] *begrip*
**conception** [znw] • *bevruchting* • *voorstelling* <mentaal>
**conceptual** [bnw] *conceptueel, begrips-*
**concern** **I** [ov ww] *aangaan, betrekking hebben op* **II** [znw] • *zaak, firma* • *bezorgdheid* • *deelneming* • *betrekking* • *(aan)deel*
**concerning** [bijw] *betreffende*
**concert** [znw] • *concert* • *overeenstemming*
**concerto** [znw] *concert*
**concession** [znw] *concessie, toestemming, inwilliging*
**conch** [znw] *schelp(dier)*
**conciliatory** [bnw] *verzoeningsgezind*
**concise** [bnw] *beknopt*
**conclave** [znw] *conclaaf*

**conclude** I [ov ww] *concluderen, beëindigen, (be)sluiten* • (~ **from**) *opmaken uit* II [on ww] *ten einde komen, aflopen*
**conclusion** [znw] *besluit, conclusie*
**conclusive** [bnw] *beslissend, overtuigend*
**concoct** [ov ww] • *verzinnen* • *bereiden, brouwen*
**concord** [znw] • *verdrag* • *eendracht, overeenstemming*
**concrete** I [znw] • *beton* • *concreet ding/woord* II [bnw] • *concreet* • *vast* • *v. beton* • *hard*
**concubine** [znw] *bijzit*
**concur** [on ww] • *samenvallen* • *mee-/samenwerken* • *'t eens zijn*
**concurrent** [bnw] *samenwerkend, in samenwerking*
**concussion** [znw] • *botsing* • *schol* • *hersenschudding*
**condemn** [ov ww] • *afkeuren* • *veroordelen* • *onbruikbaar verklaren, onbewoonbaar verklaren*
**condemnation** [znw] • *veroordelingsgrond* • *veroordeling*
**condense** [ov + on ww] *condenseren, concentreren, bekorten*
**condescend** [on ww] *afdalen, z. verwaardigen*
**condescension** [znw] *neerbuigendheid, minzaamheid*
**condiment** [znw] *kruiderij, bijspijs*
**condition** I [ov ww] • *in goede staat brengen* • *als voorwaarde stellen, vereist zijn voor* • *bepalen* II [znw] • *staat, toestand* • *bepaling* • *voorwaarde* • *conditie* • *rang, stand*
**conditional** [bnw] *voorwaardelijk*
**condone** [ov ww] • *goedmaken* • *vergeven* • *gedogen, door de vingers zien*
**conducive** [bnw] *bevorderlijk*
**conduct** I [ov + on ww] *geleiden* <v. elektriciteit> II [ov ww] • *(aan)voeren, leiden* • *dirigeren* III [wkd ww] *z. gedragen* IV [znw] • *optreden, gedrag* • *leiding* • *behandeling*
**conduction** [znw] *geleiding*
**conductor** [znw] • *dirigent* • *conducteur* • *gids, leider* • *bliksemafleider* • *geleider*
**conductress** [znw] *conductrice*
**conduit** [znw] • *leiding* • *kanaal*
**confection** I [ov ww] *bereiden* II [znw] • *jurk* • *suikergoed, snoepgoed* • *bereiding* • *mantel* • *(dames)confectie*
**confectioner** [znw] *suikerbakker, snoepgoedfabrikant*
**confectionery** [znw] *suikergoed, snoepgoed, banket, suikerbakkerij*
**confederacy** [znw] • *komplot* • *(ver)bond, statenbond, federatie*
**confederate** I [on ww] *(z.) verbinden, samenspannen* II [znw] • *bondgenoot* • *medeplichtige* III [bnw] *in een federatie verenigd*
**confederation** [znw] *(con)federatie*
**confer** I [ov ww] *verlenen* II [on ww] *beraadslagen*
**conference** [znw] *conferentie*
**confess** I [ov + on ww] • *bekennen* • *erkennen* • (~ **to**) *bekennen* II [on ww] *biechten*
**confession** [znw] • *(geloofs)belijdenis* • *biecht, bekentenis*
**confessional** I [znw] *biechtstoel* II [bnw] *confessioneel, biecht-*
**confessor** [znw] *biechtvader*
**confidant** [znw] • *vertrouweling* • *deelgenoot* <v.e. geheim>
**confide** [ov ww] *vertrouwen* • (~ **in**) *vertrouwen op* • (~ **to**) *toevertrouwen aan*
**confidence** [znw] • *(zelf)vertrouwen, vrijmoedigheid* • *vertrouwelijke mededeling*
**confident** [bnw] *vol zelfvertrouwen, vertrouwend, vrijmoedig*
**confidential** [bnw] *vertrouwelijk*
**confiding** [bnw] *vertrouwend, vol vertrouwen*

**confine** I [ov ww] • opsluiten • begrenzen, beperken II [znw] grens
**confined** [bnw] nauw * be ~ bevallen
**confinement** [znw] • opsluiting • beperking • kraambed, bevalling
**confirm** [ov ww] bevestigen, bekrachtigen
**confirmation** [znw] bevestiging
**confirmed** [bnw] overtuigd
**confiscate** [ov ww] • afnemen • in beslag nemen, verbeurd verklaren
**conflagration** [znw] grote brand
**conflict** I [on ww] botsen • (~ **with**) in tegenspraak zijn met II [znw] ruzie, strijd, conflict
**confluence** [znw] • toeloop • samenvloeiing
**conform** I [ov ww] aanpassen • (~ **to**) in overeenstemming brengen met II [on ww] inschikkelijk zijn • (~ **to**) z. voegen naar, z. richten naar
**conformity** [znw] • overeenstemming • gelijkvormigheid
**confound** [ov ww] • verwarren • beschamen • verijdelen
**confront** [ov ww] • het hoofd bieden • confronteren • tegenover elkaar staan/stellen
**confrontation** [znw] confrontatie
**confuse** [ov ww] verwarren
**confused** [bnw] • verward, beduusd • rommelig
**congenial** [bnw] • gezellig • sympathiek, geschikt
**congestion** [znw] • verstopping <v. wegen> • ophoping • verkeersopstopping
**conglomerate** I [ov + on ww] conglomereren II [znw] conglomeraat III [bnw] opeengepakt
**conglomeration** [znw] conglomeraat
**congratulate** [ov ww] feliciteren • (~ **on**) gelukwensen met
**congratulatory** [bnw] feliciterend
**congregate** [ov + on ww] (z.) verzamelen
**congress** [znw] congres
**congressional** [bnw] v.h. congres
**congruent** [bnw] congruent, passend, overeenstemmend
**conifer** [znw] conifeer
**conjecture** I [on ww] gissen, vermoeden II [znw] gissing, vermoeden
**conjugal** [bnw] echtelijk
**conjunction** [znw] • samenloop • <taalk.> voegwoord
**conjure** [ov + on ww] • aanroepen <v. geest> • toveren, goochelen • (~ **up**) voor de geest roepen
**conjurer, conjuror** [znw] goochelaar
**conk** I [ov ww] een opdonder geven II [znw] • kokkerd, harses • stomp, dreun
**connect** I [ov ww] in verband brengen, aansluiten II [on ww] in verband staan, (z.) verbinden
**connection, connexion** [znw] • verbinding, aansluiting • koppeling • omgang • (familie)relatie, familielid • klandizie
**connivance** [znw] samenspanning
**connive** [on ww] samenspannen
**connoisseur** [znw] kenner, fijnproever
**connotation** [znw] bijbetekenis
**connote** [ov ww] • insluiten • (ook nog) betekenen
**conquer** [ov + on ww] • veroveren • overwinnen
**conqueror** [znw] veroveraar, overwinnaar
**conquest** [znw] verovering
**conscious** [bnw] • bij kennis • (z.) bewust
**conscript** I [ov ww] aanwijzen voor militaire dienst II [znw] dienstplichtige III [bnw] dienstplichtig
**conscription** [znw] dienstplicht
**consecrate** [ov ww] heiligen, wijden
**consecutive** [bnw] (opeen)volgend
**consent** I [on ww] • (~ **to**) toestemmen in II [znw] toestemming

**consequence** [znw] (logisch) gevolg
**consequent** I [znw] gevolg II [bnw] • consequent • daaruit volgend/voortvloeiend
**consequential** [bnw] consequent
**conservation** [znw] natuurbehoud, milieubescherming
**conservatism** [znw] conservatisme
**conservative** I [znw] lid v.e. conservatieve partij, conservatief II [bnw] conservatief
**conservatory** I [znw] • broeikas • conservatorium II [bnw] conserverend
**conserve** [ov ww] in stand houden, bewaren, behouden, goed houden <v. voedsel>
**consider** I [ov ww] • overwegen • bedenken • in aanmerking nemen • v. mening zijn • beschouwen (als) II [on ww] nadenken
**considerable** [bnw] • belangrijk • aanzienlijk
**considerate** [bnw] attent
**consideration** [znw] • inachtneming • overweging • consideratie • beloning, compensatie • welwillendheid • achting
**considering** [bijw] in aanmerking genomen/nemend
**consign** [ov ww] • overleveren, overdragen • consigneren • zenden • deponeren, storten <v. geld> • (~ **to**) toevertrouwen aan
**consist** [on ww] • (of) bestaan uit
**consistence, consistency** [znw] • consequentie • vaste lijn • dichtheid, vastheid
**consistent** [bnw] • consequent • samengaand
**console** I [ov ww] troosten II [znw] • speeltafel van orgel • console, bedieningspaneel
**consolidate** I [ov ww] • bevestigen, consolideren • hecht maken II [on ww] hechter worden
**consonant** [znw] medeklinker
**consort** I [on ww] • (~ **with**) optrekken met, overeenstemmen II [znw] gemalin, gemaal
**consortium** [znw] consortium, syndicaat
**conspicuous** [bnw] in het oog springend, opvallend
**conspiracy** [znw] samenzwering
**conspirator** [znw] samenzweerder
**conspire** [on ww] • samenwerken • samenzweren, beramen
**constancy** [znw] standvastigheid
**constant** [bnw] • voortdurend • standvastig, trouw
**constellation** [znw] • sterrenbeeld • constellatie
**consternation** [znw] consternatie, ontsteltenis
**constituency** [znw] • de cliëntèle • <pol.> kiesdistrict, de kiezers
**constituent** I [znw] • lastgever • bestanddeel • <pol.> kiezer II [bnw] • constituerend • afvaardigend • samenstellend
**constitute** [ov ww] • stichten • samenstellen, vormen, uitmaken • instellen • aanstellen (tot)
**constitution** [znw] • gestel • staatsbestel, grondwet, reglement
**constitutional** [bnw] m.b.t. de grondwet
**constrain** [ov ww] • gevangen zetten • af-/bedwingen • noodzaken
**constraint** [znw] • (zelf)beheersing • dwang • verlegenheid • beperking
**constrict** [ov ww] samentrekken
**constriction** [znw] samentrekking
**construct** [ov ww] construeren, (op)bouwen, aanleggen
**construction** [znw] constructie, opbouw, aanleg
**constructive** [bnw] • opbouwend <vnl. v. kritiek> • af te leiden, niet rechtstreeks
**construe** [ov ww] • construeren • af-/uitleiden
**consular** [bnw] consulair

**consulate** [znw] consulaat

**consult** I [ov ww] • raadplegen • rekening houden met II [on ww] beraadslagen, overleggen

**consultant** [znw] • consulterend geneesheer • raadpleger, adviseur

**consultation** [znw] • consult ‹bij arts› • beraadslaging

**consume** I [ov ww] verbruiken, nuttigen II [on ww] ver-/wegteren

**consumer** [znw] verbruiker, consument

**consummate** I [ov ww] voltooien II [bnw] volkomen, volmaakt

**consumption** [znw] • verbruik, consumptie • tuberculose, tering

**contact** I [ov ww] • z. in verbinding stellen met, in contact komen met • aanklampen II [znw] • contact, aanraking, raakpunt • bacillendrager

**contagion** [znw] • verderf • besmetting

**contagious** [bnw] besmettelijk ‹m.b.t. ziekte›

**contain** [ov ww] • bevatten • z. beheersen, bedwingen • vasthouden • binden ‹vijand›

**container** [znw] • doos • reservoir • vat • (diepvries)kast • voorwerp dat iets be-/omvat • laadkist • bus • (plastic) fles

**contaminate** [ov ww] bevuilen, besmetten

**contemplate** I [ov ww] beschouwen, overpeinzen, overwegen II [on ww] bespiegelen, peinzen

**contemplative** [bnw] beschouwend, bespiegelend

**contemporaneous** [bnw] gelijktijdig

**contemptible** [bnw] verachtelijk

**contemptuous** [bnw] minachtend

**contend** I [ov ww] beweren II [on ww] strijden, twisten, wedijveren

**contender** [znw] mededinger

**content** I [ov ww] tevredenstellen II [znw] • inhoud • tevredenheid III [bnw] tevreden

**contented** [bnw] tevreden

**contention** [znw] geschil

**contentious** [bnw] • betwistbaar • twistziek

**contentment** [znw] tevredenheid

**contest** I [ov ww] • dingen naar • betwisten, debatteren • (~ **for**) wedijveren om, strijden om II [znw] • wedstrijd • (woorden)twist, geschil

**contestant** [znw] deelnemer ‹aan wedstrijd›

**contiguous** [bnw] naburig, aangrenzend

**continence** [znw] • (seksuele) onthouding • continentie • zelfbeheersing

**continent** I [znw] • werelddeel • Europese vasteland II [bnw] • kuis • z. beheersend

**continental** I [znw] bewoner v.h. Eur. vasteland II [bnw] continentaal

**contingency** [znw] • samenloop • onvoorziene uitgave • toevallige omstandigheid

**contingent** I [znw] • bijkomendheid • eventualiteit • aandeel, bijdrage II [bnw] • bijkomend • onzeker, toevallig

**continual** [bnw] • herhaaldelijk • voortdurend

**continuance** [znw] verblijf

**continuation** [znw] vervolg, voortzetting

**continue** I [ov ww] door (laten) gaan met, voortzetten II [on ww] blijven (bestaan)

**continuity** [znw] continuïteit, doorlopend verband

**continuous** [bnw] onafgebroken

**contort** [ov ww] (ver)draaien

**contortion** [znw] (ver)draaiing

**contortionist** [znw] slangenmens

**contra** [znw] tegendeel

**contraband** I [znw] smokkelhandel/-waar II [bnw] smokkel-

**contraception** [znw] anticonceptie

**contraceptive** I [znw] *voorbehoedmiddel* II [bnw] *anticonceptioneel*
**contract** I [ov ww] • *contracteren, aannemen* • *oplopen* <v. ziekte> • (~ **for**) *z. verbinden tot, aannemen, overeenkomen* II [on ww] *inkrimpen, z. samentrekken* III [znw] • *contract, verdrag, overeenkomst* • *verloving*
**contraction** [znw] *samentrekking*
**contractor** [znw] • <hand.> *leverancier* • <archit.> *aannemer* • <anat.> *sluitspier*
**contractual** [bnw] *contractueel, mbt. contract*
**contradict** [ov ww] *ontkennen, tegenspreken*
**contradiction** [znw] • *tegenstrijdigheid* • *tegenspraak*
**contradictory** [bnw] *tegenstrijdig*
**contralto** [znw] *alt*
**contrary** I [znw] *tegengestelde* II [bnw] • *ongunstig* • *tegen(gesteld)* • *tegendraads*
**contribute** [ov + on ww] *bijdragen* • (~ **to**) *bevorderen*
**contribution** [znw] *bijdrage*
**contributor** [znw] *medewerker*
**contributory** I [znw] *medewerker* II [bnw] *secundair*
**contrivance** [znw] • *overleg* • *middel, toestel* • *vindingrijkheid, vernuft, list*
**contrive** [ov ww] *het klaarspelen, uitdenken*
**contrived** [bnw] *onnatuurlijk, gekunsteld*
**control** I [ov ww] • *controleren* • *beheersen* • *beheren, leiden, besturen* II [znw] • *toezicht, beheer* • *bediening* <v. apparaat>, *besturing* <v. voertuig> • *bedwang* • *macht* • *controle* • *regelorgaan, stuurorgaan*
**controller** [znw] *controleur, regulateur*
**controversial** [bnw] *controversieel*
**controversy** [znw] • *polemiek* • *dispuut* • *geschil, twistpunt*
**conundrum** [znw] *woordraadsel*
**conurbation** [znw] *agglomeratie*
**convalesce** [on ww] *herstellende zijn*
**convalescence** [znw] *herstel(periode)*
**convalescent** I [znw] *herstellende zieke* II [bnw] *herstellend* <v. ziekte>
**convene** [ov ww] *oproepen, bijeenroepen*
**convenience** I [ov ww] *gerieven* II [znw] *gerief*
**convent** [znw] *klooster*
**convention** [znw] • *afspraak* • *akkoord* • *conventie, gebruik* • *bijeenroeping, vergadering*
**conventional** [bnw] • *vormelijk* • *(stilzwijgend) overeengekomen, gebruikelijk*
**converge** I [ov ww] *in één punt laten samenkomen* II [on ww] *in één punt samenkomen*
**conversant** [bnw] *bedreven*
**conversation** [znw] *het praten, gesprek*
**conversational** [bnw] *gespreks-*
**converse** I [on ww] *converseren* II [znw] *het omgekeerde* III [bnw] *omgekeerd*
**conversion** [znw] • *conversie* • *bekering*
**convert** I [ov ww] • *bekeren* • *omzetten, converteren* II [on ww] *veranderen* III [znw] *bekeerling*
**convertible** I [znw] *cabriolet* II [bnw] *omkeerbaar, in-/verwisselbaar*
**convex** [bnw] *bol*
**convey** [ov ww] • *mededelen, uitdrukken* • *vervoeren*
**convict** I [ov ww] • *overtuigen* <v. dwaling> • *schuldig bevinden, veroordelen* II [znw] • *dwangarbeider* • *gevangene* III [bnw] *straf-*
**convince** [ov ww] *overtuigen*
**convocation** [znw] *senaat, synode*
**convoy** I [ov ww] *begeleiden* II [znw] *konvooi*
**convulsion** [znw] *stuiptrekking*
**coo** [on ww] *kirren*
**cook** I [ov + on ww] *koken, bereiden* • (~ **up**) *verwarmen* II [znw] *kok, keukenmeid*

**cooker** [znw] • kookfornuis/-pan/-toestel • stoofpeer

**cookery** [znw] kookkunst

**cooking** [znw] het koken, kookkunst

**cool** I [ov + on ww] bekoelen • (~ **down/off**) afkoelen II [znw] koelte III [bnw] • koel, kalm • brutaal • ongeïnteresseerd

**cooler** [znw] koeler

**coop** I [ov ww] opsluiten • (~ **in/up**) opsluiten II [znw] • fuik • kippenhok/-mand

**cop** I [ov ww] pakken, inrekenen II [znw] smeris

**cope** I [ov ww] bedekken II [on ww] 't aankunnen • (~ **with**) het hoofd bieden aan

**co-pilot** [znw] tweede piloot

**copious** [bnw] overvloedig, (woorden)rijk

**copper** I [znw] • koperen ketel • smeris • (rood) koper II [bnw] koperen

**coppice, copse** [znw] kreupelbosje

**copulate** [on ww] • paren • z. koppelen

**copy** I [ov ww] • nabootsen • overschrijven, kopiëren • (~ **out**) letterlijk overschrijven II [znw] • exemplaar • kopie, afschrift • reclame-inhoud, kopij • model

**coral** I [znw] koraal II [bnw] • koraalrood • koralen

**cord** [znw] streng, koord

**cordial** I [znw] • likeur • hartversterkend middel II [bnw] hartelijk, hartversterkend

**cordon** I [ov ww] • (~ **off**) met een kordon afzetten II [znw] • kordon • ordelint, sierkoord

**core** [znw] • klokhuis • binnenste, kern

**cork** I [ov ww] kurken • (~ **up**) (dicht)kurken II [znw] kurk(eik) III [bnw] kurken-

**cormorant** [znw] • veelvraat • aalscholver

**corn** I [ov ww] zouten II [znw] • korrel • likdoorn • koren, graan • <AE> maïs • <AE> whisky

**cornea** [znw] hoornvlies

**corner** I [ov ww] • in de hoek drijven/zetten • opkopen om prijzen op te drijven • v. hoek voorzien II [on ww] de hoek nemen/omslaan III [znw] • hoek • hoekschop

**cornice** [znw] (kroon)lijst, lijstwerk

**Cornish** I [znw] taal v. Cornwall II [bnw] m.b.t. Cornwall

**corny** [bnw] • sentimenteel • flauw <fig.>

**coronary** I [znw] <inf.> hartinfarct II [bnw] kroonvormig

**coronation** [znw] kroning

**coroner** [znw] • ≈ rechter v. instructie • lijkschouwer

**corporal** I [znw] korporaal, corporale II [bnw] lichamelijk

**corporate** [bnw] gemeenschappelijk, gezamenlijk

**corporation** [znw] • rechtspersoon(lijk lichaam) • onderneming, maatschappij • <AE> bedrijf

**corporeal** [bnw] lichamelijk, stoffelijk

**corpse** [znw] lijk

**corpulent** [bnw] zwaarlijvig

**corral** [znw] • wagenkamp • omheining • kraal

**correct** I [ov ww] • verbeteren • terechtwijzen, afstraffen • verhelpen, reguleren II [bnw] • goed, juist • korrekt, netjes

**correction** [znw] verbetering

**corrective** I [znw] verbeterend middel II [bnw] verbeterend

**correlate** I [ov + on ww] in onderling verband brengen/staan II [znw] wisselbegrip

**correspond** [on ww] corresponderen • (~ **to**) beantwoorden aan

**correspondent** I [znw] • correspondent • zakenrelatie II [bnw] overeenkomend

**corresponding** [bnw] corresponderend, overeenkomstig

**corridor** [znw] *gang*
**corroborate** [ov ww] *bekrachtigen, bevestigen*
**corroborative** [bnw] *bevestigend*
**corrode** I [ov ww] *aan-/wegvreten* II [on ww] *wegteren, (ver)roesten, oxyderen*
**corrosion** [znw] *roest*
**corrupt** I [ov ww] • *omkopen* • *be-/verderven* II [on ww] *ontaarden* III [bnw] • *omkoopbaar, corrupt, be-/verdorven* • *verknoeid, vervalst*
**corruption** [znw] *corruptie, omkoping*
**cosine** [znw] *cosinus*
**cosmetic** I [znw] *schoonheidsmiddel* II [bnw] *schoonheids-*
**cosmic(al)** [bnw] *kosmisch*
**cosmonaut** [znw] *ruimtevaarder*
**cosmopolitan** I [znw] *wereldburger* II [bnw] *cosmopolitisch*
**cosmos** [znw] *heelal*
**cosset** [ov ww] *verwennen*
**cost** I [ov ww] *kosten* II [znw] *prijs, kosten*
**co-star** [znw] *tegenspeler/-speelster* <in film/toneelstuk>
**costly** [bnw] *duur, kostbaar*
**costume** I [ov ww] *kleden* II [znw] *kostuum, klederdracht*
**cosy** I [ov ww] *sussen* • (~ **up to**) *z. nestelen bij* II [znw] *theemuts* III [bnw] *gezellig, knus*
**cot** [znw] *ledikant(je), krib*
**cottage** [znw] *huisje, villaatje, hut*
**cotton** I [on ww] • (~ **on**) *het snappen* • (~ **up to**) *z. bemind maken bij* II [znw] *katoen, garen* III [bnw] *katoenen*
**couch** I [ov ww] • *verwoorden, formuleren* • *neerleggen* II [on ww] *gaan liggen, klaar liggen voor de sprong* III [znw] • *sofa* • *(rust)bed, divan*
**could** [ww] verl. tijd → **can**
**council** [znw] • *(raad)svergadering* • *concilie*
**counsel** I [ov + on ww] *adviseren* II [znw] • *advocaten, advocaat* • *adviseur* • *plan* • *beraadslaging, overleg, raad(geving)*
**counsellor** [znw] • *raadgever* • *welzijnswerker*
**count** I [ov ww] *(mee-/op)tellen, rekenen* • (~ **down**) *aftellen* • (~ **in**) *meerekenen* • (~ **out**) *uittellen, aftellen* II [on ww] *meetellen, gelden* • (~ **for**) *meetellen als* • (~ **on**) *rekenen op* III [znw] • *graaf* • *tel(ling), aantal*
**countenance** I [ov ww] • *goedvinden* • *steunen, aanmoedigen* II [znw] • *gelaat(suitdrukking)* • *steun, aanmoediging*
**counterfeit** I [ov ww] *vervalsen* II [on ww] *huichelen* III [znw] *namaak* IV [bnw] *nagemaakt, vals*
**countermand** I [ov ww] • *afbestellen, annuleren* • *een tegenbevel geven* II [znw] *tegenbevel*
**countess** [znw] *gravin*
**countless** [bnw] *talloos*
**country** [znw] • *land* • *streek* • *platteland, de provincie*
**county** [znw] • *graafschap* • <AE> *provincie*
**coup** [znw] • *coup* • *goede slag/zet*
**coupé** [znw] • *tweedeursauto* • *coupé* • *tweepersoonsrijtuig*
**couple** I [ov ww] *koppelen* • (~ **with**) *paren aan* II [on ww] • *paren* • *paren vormen* III [znw] *paar(tje), tweetal*
**couplet** [znw] *twee rijmende versregels*
**courage** [znw] *moed*
**courageous** [bnw] *moedig*
**courier** [znw] *koerier*
**course** I [ov ww] *jagen op, najagen* II [on ww] *snellen, stromen* III [znw] • *loop, (be-/ver)loop* • *kuur* • *reeks* • *cursus* • *gang* <v. maaltijd> • *weg, (ren)baan* • *gedragslijn, koers*
**court** I [ov ww] • *streven naar* • *uitlokken* • *het hof maken* II [on ww] *verkering hebben, vrijen* III [znw] • *hof*

• rechtzitting, rechtbank, gerechtshof • hofhouding • vergadering, college
**courtesy** [znw] hoffelijkheid
**courtier** [znw] hoveling
**courtly** [bnw] hoofs, vleierig
**cousin** [znw] neef ‹zoon v. oom en tante›, nicht ‹dochter v. oom en tante›
**cove** [znw] inham
**covenant** I [ov + on ww] overeenkomen II [znw] verbond, verdrag
**cover** I [ov ww] • beschermen • insluiten • verbergen • v. toepassing zijn op • overstelpen met • z. uitstrekken over • be-/overdekken • (z.) dekken • (~ **over**) geheel bedekken • (~ **up**) verbergen, toedekken, in de doofpot stoppen II [on ww] • (~ **for**) invallen voor III [znw] • bedekking, deksel • buitenband • couvert • dekmantel • boekomslag • bescherming, schuilplaats
**coverage** [znw] (pers)verslag
**covering** [znw] dekking
**covert** I [znw] schuilplaats, struikgewas II [bnw] • impliciet • heimelijk
**covet** [ov ww] begeren
**covetous** [bnw] begerig, hebzuchtig
**cow** [znw] • koe • wijfje ‹bij zoogdieren›
**coward** [znw] lafaard
**cowardice** [znw] lafheid
**cowardly** [bnw + bijw] lafhartig
**cower** [on ww] (neer)hurken, ineenkrimpen
**coy** [bnw] • afgezonderd • bedeesd, zedig
**crab** I [on ww] mopperen II [znw] • krab • laagste worp ‹bij dobbelspel› • lier • platluis
**crabbed** [bnw] • kriebelig ‹handschrift› • kribbig, nors
**crack** I [ov ww] • doen barsten • laten knallen • kraken ‹v. codes›, ontcijferen II [on ww] • knallen • breken/overslaan ‹v. stem› • geestelijk instorten ‹onder druk› • snoeven • scheuren, barsten, kraken III [znw] • inbraak • gekraak, (ge)knal, klap • kier, spleet, barst • eersteklas paard/schutter/speler, enz. • inbreker IV [bnw] prima, eerste klas
**cracked** [bnw] getikt
**cracker** [znw] • spetter ‹persoon› • giller • cracker, dun biscuitje • voetzoeker, knaller • leugen
**cracking** ‹sl.› [bnw] • uitstekend, geweldig • snel
**crackle** I [on ww] knetteren, knappen II [znw] • geknetter • craquelé III [bnw] craquelé
**crackling** [znw] • gebraden zwoerd • geknetter
**cradle** [znw] wieg
**crafty** [bnw] listig
**crag** [znw] • steile rots • schelpzand
**craggy** [bnw] • rotsig • woest • verweerd ‹fig.›
**cram** I [ov ww] volproppen, inpompen ‹kennis› II [on ww] (z.) volstoppen III [znw] gedrang
**cramp** I [ov ww] • verankeren • belemmeren, vastklemmen • kramp veroorzaken (in) • (~ **up**) in nauwe ruimte opsluiten II [znw] • kramp • muuranker, klemhaak
**cramped** [bnw] • bekrompen • met kramp • kriebelig, gewrongen
**cranberry** [znw] veenbes
**cranium** [znw] schedel
**crank** I [znw] • zonderling • slinger • kruk(stang) II [bnw] zwak, wankel • (~ **up**) aanslingeren ‹v. auto›
**cranky** [bnw] • excentriek • humeurig • wankel • kronkelend
**cranny** [znw] scheur, spleet
**crap** ‹vulg.› [znw] • gelul • rotzooi, troep
**crash** I [ov ww] verbrijzelen II [on ww] • te pletter vallen • failliet gaan • daveren • galmen • (~ **against/into**) aanbotsen tegen III [znw] • botsing • klap • ‹econ.› krach
**crashing** ‹inf.› [bnw] verpletterend,

ongelooflijk
**crass** [bnw] grof, lomp
**crate** [znw] • krat • tenen mand
**crater** [znw] • krater • bomtrechter
**crave** I [ov ww] smeken, verzoeken II [on ww] hunkeren • (~ **for**) vurig verlangen naar
**craving** [znw] verzoek, smeekbede
**crawl** I [on ww] • crawlen • (de) hielen likken • kruipen • langzaam bewegen/voortgaan • (~ **with**) krioelen van II [znw] crawl
**crayon** [znw] • koolspits • kleurpotlood, tekenkrijt • pastel(tekening)
**craze** I [ov ww] • krankzinnig maken • craqueleren II [on ww] gecraqueleerd zijn III [znw] manie, rage
**crazy** [bnw] • gek, krankzinnig • bouwvallig • grillig, met onregelmatig patroon
**creak** I [on ww] piepen, knarsen II [znw] geknars
**creaky** [bnw] knarsend
**cream** I [ov ww] • tot room maken • afromen • room doen bij II [on ww] room/schuim vormen III [znw] • room • crème • crème de la crème, het puikje
**creamy** [bnw] • smeuïig • zacht, vol
**crease** I [ov + on ww] vouwen, kreukelen II [znw] • streep <bij cricket> • vouw, kreukel
**create** [ov ww] • scheppen, teweegbrengen • verheffen tot • benoemen
**creator** [znw] schepper
**creature** [znw] • voortbrengsel • schepsel, dier
**credence** [znw] • geloof • credens(tafel)
**credentials** [mv] geloofsbrieven
**credible** [bnw] geloofwaardig
**credit** I [ov ww] • geloven • crediteren II [znw] • verdienste, eer, merite • invloed • goede naam • krediet • credit(zijde) • vertrouwen, geloof
**creditable** [bnw] eervol, achtenswaardig
**creditor** [znw] schuldeiser, crediteur
**credulity** [znw] lichtgelovigheid
**creed** [znw] geloof(sbelijdenis)
**creek** [znw] • kreek • inham • <AE> riviertje
**creep** I [on ww] sluipen, kruipen II [znw] griezel
**creeper** [znw] • kruiper • kruipdier/-plant
**creepy** [bnw] griezelig
**cremate** [ov ww] cremeren
**crept** [ww] verl. tijd + volt. deelw. → **creep**
**crescent** I [znw] • maansikkel, halve maan • rij huizen in halve cirkel • halve cirkel II [bnw] • wassend <v. maan> • halvemaanvormig
**cress** [znw] tuinkers, waterkers
**crest** [znw] • hoogtepunt, top • (schuim)kop op golf • pluim • kuif, kam
**cretin** [znw] • idioot • gedrochtje
**crevice** [znw] spleet, scheur
**crew** [znw] • bemanning, personeel • zootje, troep
**crib** I [ov ww] • gappen • opsluiten II [on ww] • spieken • plagiaat plegen III [znw] • hut • krib • plagiaat, gespiekte vertaling, spiekbriefje
**crick** [znw] kramp
**cricket** [znw] • krekel • cricket(spel)
**cricketer** [znw] cricketspeler
**crier** [znw] • huiler • omroeper, schreeuwer
**crikey** [tw] allemachtig!
**crime** [znw] misdaad
**crimp** [ov ww] krullen <v. haar>, plooien
**crimson** I [ov ww] rood kleuren II [on ww] rood worden III [znw] karm(oz)ijnrood IV [bnw] karm(oz)ijnrood
**cringe** I [on ww] ineenkrimpen • (~ **to**) kruipen voor II [znw] slaafse buiging
**crinkle** I [ov + on ww] rimpelen, (ver)frommelen II [znw] kreuk, rimpel
**crinkly** [bnw] verkreukt, rimpelig

**cripple** I [ov ww] • verminken • verlammen, belemmeren II [znw] kreupele

**crisp** I [znw] chip II [bnw] • netjes en verzorgd • levendig • kroes-, gekruld • kort en bondig • pittig, krachtig • fris • bros, krokant

**criterion** [znw] criterium, maatstaf

**critic** [znw] • vitter • criticus, beoordelaar

**critical** [bnw] • hachelijk, kritiek • vitterig • kritisch

**criticism** [znw] • kritiek • kritische bespreking

**criticize** [ov ww] • bespreken • beoordelen • aanmerkingen maken op

**croak** I [ov ww] <sl.> mollen II [on ww] • krassen, kwaken • ongeluk voorspellen • <vulg.> kreperen

**crochet** I [ov + on ww] haken <met wol of garen> II [znw] haakwerk

**crock** [znw] pot(scherf)

**crockery** [znw] aardewerk, serviesgoed

**crocodile** [znw] krokodil

**croft** [znw] perceeltje bouwland, kleine pachtboerderij

**crofter** [znw] keuterboer, pachtboertje

**crone** [znw] oud wijf

**crony** [znw] boezemvriend(in)

**crook** I [on ww] buigen, z. krommen II [znw] • kromstaf • oplichter, boef • kromte, bocht, haak III [bnw] → **crooked**

**crooked** [bnw] • oneerlijk, onoprecht • met krom handvat • krom, gebogen

**croon** I [ov + on ww] • croonen • neuriën II [znw] • liedje • zacht stemgeluid

**crop** I [ov ww] • bebouwen, oogsten, • afknippen, afsnijden • bijsnijden II [on ww] opbrengen • (~ **out/up**) vóórkomen, (plotseling) opduiken III [znw] • gewas, oogst, krop • rijzweepje • zeer kort geknipt haar

**cross** I [ov + on ww] oversteken, dwars gaan door II [ov ww] • strepen <v. cheque> • dwarsbomen • dwars over elkaar leggen • (~ **out**) doorhalen III [on ww] (elkaar) kruisen IV [znw] • kruis(ing), kruisteken • bedrog, zwendel V [bnw] • oneerlijk • gekruist • tegengesteld, dwars • uit zijn humeur

**crotch** [znw] • kruis <v. menselijk lichaam> • vertakking

**crotchet** [znw] • haakje • gril • <muz.> kwartnoot

**crotchety** [bnw] grillig, nukkig

**crouch** [on ww] • neerhurken, z. bukken • kruipen

**crow** I [on ww] kraaien • (~ **over**) victorie kraaien II [znw] • koevoet • kraai, gekraai

**crowd** I [ov ww] samenpakken in, volproppen • (~ **into/out**) naar binnen/buiten dringen II [on ww] (z. ver)dringen III [znw] menigte, gedrang, troep, gezelschap, hoop

**crowded** [bnw] druk, gedrongen, vol

**crown** I [ov ww] kroon zetten op, (be)kronen, alles overtreffen II [znw] • kroon • kruin, hoogste punt • bol <v. hoed>

**crucial** [bnw] cruciaal, beslissend, kritiek

**crucible** [znw] • vuurproef <fig.> • smeltkroes

**crucifix** [znw] kruisbeeld

**crucify** [ov ww] • kruisigen • kastijden

**crude** [bnw] onrijp, ruw, onafgewerkt, grof, rauw

**cruel** [bnw] wreed

**cruelty** [znw] wreedheid

**cruet** [znw] • ampul • azijn-/olieflesje

**cruise** I [ov ww] bevaren II [on ww] • kruisen • varen • patrouilleren III [znw] • cruise • tocht

**crumpet** [znw] • bol • kop • plaatkoek

**crumple** I [ov ww] kreuk(el)en, (op)frommelen II [on ww] in elkaar schrompelen, zakken

**crunch** I [ov ww] • doen knerpen • kapotkauwen II [on ww] knarsen,

*knerpen* **III** [znw] *geknars*
**crusade I** [on ww] *een kruistocht voeren* **II** [znw] *kruistocht*
**crusader** [znw] *kruisvaarder*
**crush I** [ov + on ww] *dringen, verfomfaaien* • (~ **into**) (z.) *dringen in* **II** [ov ww] *verpletteren, in elkaar persen, de kop indrukken* • (~ **out**) *uitroeien* **III** [znw] *drukte*
**crust I** [ov ww] *met een korst bedekken* **II** [on ww] *aankoeken, een koek vormen* **III** [znw] *korst*
**crustacean I** [znw] *schaaldier* **II** [bnw] *m.b.t. schaaldieren*
**crutch I** [ov ww] *steunen* **II** [znw] *kruk, steun*
**crux** [znw] *moeilijkheid, probleem*
**cry I** [ov + on ww] • *schreeuwen, (uit)roepen* • *huilen* • *omroepen* • (~ **for**) *schreeuwen om/van* • (~ **off**) *er van afzien* • (~ **out**) *het uitschreeuwen, luid protesteren* **II** [znw] • *kreet, roep* • *huilbui* • *(ge)schreeuw, gehuil, geblaf, geluid* <v. dier> • *gerucht* • *publieke opinie*
**crying** [bnw] *dringend, ten hemel schreiend*
**crypt** [znw] *crypte*
**crystal I** [znw] *kristal* **II** [bnw] *kristal-*
**crystalline** [bnw] *kristallijn*
**cub I** [on ww] *jongen werpen* **II** [znw] *welp, jong* <v. beer, vos, grote kat>
**Cuban I** [znw] *Cubaan* **II** [bnw] *Cubaans*
**cube** [znw] • *blok(je)* • *dobbelsteen* • *kubus*
**cubic(al)** [bnw] • *kubiek* • *kubusvormig*
**cubicle** [znw] *hokje, stemhokje, slaaphokje*
**cubism** [znw] *kubisme*
**cucumber** [znw] *komkommer*
**cuddle I** [ov ww] *knuffelen* **II** [on ww] *z. nestelen, knus tegen elkaar gaan liggen* **III** [znw] *knuffel*
**cuddly** [bnw] *van knuffelen houdend, aanhalig*
**cue** [znw] • *biljart-/pool-/snookerkeu* • *stemming* • *aanwijzing, wenk*
**cuff I** [ov ww] *klap/stomp geven* **II** [znw] • *manchet* • *stomp, klap*
**culinary** [znw] *keuken-, kook-*
**cull I** [ov ww] *plukken, selecteren* **II** [znw] *sukkel*
**culminate** [on ww] *op 't toppunt zijn, culmineren*
**culpable** [bnw] *schuldig*
**cult** [znw] • *rage* • *eredienst* • *cultus*
**cultivate** [ov ww] • *beoefenen* • *verzorgen, koesteren* • *veredelen, beschaven* • *kweken, bebouwen*
**cultivated** [bnw] *beschaafd, ontwikkeld*
**cultural** [bnw] *cultureel*
**culture I** [ov ww] → **cultivate** **II** [znw] • *kweek* • *cultuur*
**cultured** [bnw] *ontwikkeld, beschaafd*
**cumbersome, cumbrous** [bnw] *moeilijk hanteerbaar, omslachtig*
**cumulative** [bnw] *aangroeiend*
**cumulus** [znw] *stapel(wolk)*
**cunning I** [znw] *listigheid* **II** [bnw] *listig, sluw*
**cup I** [ov ww] *tot een kom vormen* **II** [znw] • *kelk* • *kom* • *beker, kop(je)* • *holte*
**curable** [bnw] *geneeslijk, te genezen*
**curate** [znw] *hulppredikant, kapelaan*
**curator** [znw] • *directeur* • *curator, conservator*
**curd I** [ov + on ww] → **curdle II** [znw]
**curdle I** [ov ww] *doen stremmen* **II** [on ww] *stollen, stremmen* **III** [znw] *gestremde melk*
**cure I** [ov + on ww] *genezen, verhelpen* **II** [znw] • *genezing* • *kuur* • *vulcanisatie* • *geneesmiddel*
**curfew** [znw] *avondklok*
**curio** [znw] *rariteit*
**curiosity** [znw] • *rariteit* • *nieuwsgierigheid*
**curious** [bnw] • *nauwgezet* • *merkwaardig, eigenaardig* • *weetgierig, nieuwsgierig*

**curlew** [znw] *wulp*
**currant** [znw] • *krent* • *aalbes*
**currency** [znw] • *(om)loop(tijd), circulatie* • *valuta, koers, deviezen* • *algemene geldigheid*
**current** I [znw] • *strekking* • *stroom, richting, loop* II [bnw] • *actueel, lopend* • *(algemeen) gangbaar* • *geldig, geldend*
**curriculum** [znw] *leerplan, cursus*
**curry** I [ov ww] • *roskammen* • *met kerrie kruiden* II [znw] *kerrie(schotel)*
**curse** I [ov + on ww] *(uit)vloeken* • (~ **with**) *bezoeken met* II [znw] *(ver)vloek(ing)*
**cursed** [bnw] *vervloekt*
**cursory** [bnw] *vluchtig*
**curt** [bnw] *kort(af), beknopt*
**curtail** [ov ww] *korten, beperken* • (~ **of**) *beroven van*
**curtain** [znw] *gordijn*
**curvaceous** [bnw] *met goed gevormde rondingen* <v. (vrouwelijk) lichaam>
**curvature** [znw] *kromming*
**curve** I [on ww] *(z.) buigen* II [znw] *curve, gebogen lijn*
**cushion** I [ov ww] *van kussen voorzien, met kussen steunen* II [znw] • *kussen* • *(biljart)band*
**cushy** [bnw] • *fijn, lekker* • <sl.> *gemakkelijk*
**custodian** [znw] *bewaarder, voogd*
**custody** [znw] • *bewaring, hechtenis* • *hoede*
**custom** [znw] *gewoonte(recht), gebruik*
**customary** [bnw] *gewoonlijk*
**customer** [znw] *klant*
**cut** I [ov + on ww] • (~ **back**) *snoeien, inkrimpen* II [ov ww] • (~ **down**) *omhakken, beperken, bezuinigen* • (~ **off**) *afsnijden, stopzetten, uitsluiten van, afsluiten van* • (~ **out**) *ophouden (met), uitsnijden, uitknippen, verwijderen, uitschakelen, verdringen* • (~ **up**) *kapot snijden, uitroeien, afkraken, erg aangrijpen, opsnijden, vernielen* III [on ww] • *kapot hakken* • *verdelen* • *modelleren* • *(bij)slijpen* • *bijknippen* • *monteren* <film> • *verlagen* • *negeren* • *snijden* • *versnijden* • *(af)knippen* • (~ **across**) *dwars doorsteken, ingaan tegen, doorbreken* • (~ **at**) *uithalen naar, inhakken op* • (~ **into**) *aansnijden, onderbreken, een aanslag doen op* • (~ **out**) *weigeren* IV [znw] • *geul* • *snit, coupe, stijl* • *snede* • *knip* • *het snijden* • *het (haar) knippen* • *slag, houw, jaap* • *houtsnede* • *verlaging, vermindering*
**cute** [bnw] • *bijdehand* • *schattig* • <AE> *leuk*
**cutlet** [znw] *cotelet*
**cutter** [znw] • *sloep, kotter* • *montagetechnicus* <film> • *soort baksteen* • *snijder, snijmachine*
**cutting** I [znw] • *stek* <v. plant> • *af-/uitgeknipt stuk* II [bnw] *afgesneden, uitgesneden*
**cybernetics** [mv] *cybernetica*
**cycle** I [on ww] *fietsen* II [znw] • *hertz* • *periode* • *(motor)fiets* • *kringloop* • *cyclus*
**cyclist** [znw] *fietser*
**cyclone** [znw] *cycloon*
**cylinder** [znw] *cilinder, rol*
**cymbal** [znw] *bekken*
**cynic** I [znw] *cynicus* II [bnw] *cynisch*
**cynical** [bnw] *cynisch*
**cypher** [znw] → **cipher**
**cypress** [znw] *cypres*
**Cypriot** I [znw] *Cyprioot* II [bnw] *Cyprisch*
**cyst** [znw] • *cyste* • *vruchtvlies* • *blaas* • *abces*
**czar** [znw] *tsaar*
**czarina** [znw] *keizerin* <v. Rusland>
**Czech** I [znw] *Tsjech* II [bnw] *Tsjechisch*
**Czechoslovak** I [znw] *Tsjechoslowaak* II [bnw] *Tsjechoslowaaks*

# D

**dab** I [ov + on ww] *betten* II [znw] • *veeg(je), likje* <verf> • *schar*
**dabbler** [znw] • *dilettant* • *beunhaas*
**dachshund** [znw] *taks(hond)*
**dado** [znw] • *voetstuk* • *lambrizering*
**daffodil** [znw] *gele narcis*
**daft** <vulg.> [bnw] *dwaas, dol*
**dagger** [znw] • *dolk* • *(het teken) +*
**dago** [znw] • *Spanjool* • *Portugees* • *Italiaan*
**daily** [bnw + bijw] *dagelijks*
**dainty** I [znw] *lekkernij* II [bnw] • *fijn, tenger* • *kieskeurig*
**dairy** [znw] • *zuivelfabriek* • *melkwinkel*
**dais** [znw] *podium*
**daisy** [znw] *madeliefje*
**dally** [on ww] • *dartelen* • *talmen* • (~ **with**) *flirten/spelen met*
**dam** I [ov ww] • (~ **up**) *afdammen, indijken* II [znw] • *opgestuwd water* • *moer* <v. dier> • *dam, dijk*
**damage** I [ov ww] *beschadigen* II [znw] *schade*
**damask** I [ov ww] *damasceren* II [znw] *damast* III [bnw] *damasten*
**dame** [znw] • *moedertje* • *vrouwe* • <AE> *griet*
**damn** I [ov ww] • *verdoemen* • *vervloeken* II [bnw + bijw] *vervloekt*
**damnable** [bnw] *vervloekt*
**damnation** [znw] • *vervloeking* • *verdoemenis*
**damned** [bnw] • *uiterst, totaal* • *verdomd*
**damp** I [ov ww] *bevochtigen* II [bnw] *vochtig, klam*
**damper** [znw] • *domper* <fig.> • *bevochtiger* • *demper* • *regelklep* <v. kachel>, *sleutel* <v. kachel>
**dance** I [on ww] • *dansen* • *wiegen* II [znw] *bal*
**dancer** [znw] *danser*
**dandelion** [znw] *paardebloem*
**dandruff** [znw] *hoofdroos*
**dandy** I [znw] *fat* II [bnw] • *fatterig* • *chic*
**Dane** [znw] • Deen • Noorman • Deense dog
**danger** [znw] *gevaar*
**Danish** [bnw] Deens
**dank** [bnw] *vochtig*
**dapper** [bnw] *parmantig, kwiek*
**dare** [ov + on ww] *durven*
**daring** I [znw] *vermetelheid* II [bnw] • *vermetel* • *gewaagd*
**dark** I [znw] *het donker* II [bnw] *donker*
**darken** [ov ww] *donker maken, verduisteren*
**darling** I [znw] *lieveling* II [bnw] *geliefd*
**darn** I [on ww] *stoppen* <v. sokken> II [znw] *stop*
**dart** I [ov ww] *(af)schieten, werpen* • (~ **out**) *razendsnel uitsteken* II [on ww] • (~ **away**) *wegstuiven* III [znw] • *schijf* <bij darts> • *pijl(tje), werpspies* • *angel* • *plotselinge sprong vooruit* • *worp*
**dash** I [ov + on ww] *slaan, smijten, smakken, kletsen* • (~ **against**) *(ergens) tegenaan smijten* II [ov ww] • (~ **in**) *inslaan/smijten, binnenstuiven* • (~ **off**) *wegsnellen* III [znw] • *gedachtenstreepje* • *streep* • *pennestreek* • *zwier* • *scheutje, tintje, tikje*
**dashboard** [znw] • *spatscherm* • *dashboard*
**dashing** [bnw] • *onstuimig* • *kranig, kloek* • *chic, zwierig*
**data** [mv] • *informatie* • *gegevens, data*
**date** I [ov ww] • *dateren* • *ouderdom vaststellen van* • *afspraakjes hebben met* • *dagtekenen* II [znw] • *dadel(palm)* • *datum, jaartal* • <AE> *afspraak(je)*
**dated** [bnw] *gedateerd, ouderwets*

**daub** I [ov ww] • *bepleisteren* • *bekladden* II [znw] *pleisterkalk*
**daughter** [znw] *dochter*
**daunt** [ov ww] *ontmoedigen, bang maken*
**dauntless** [bnw] *onvervaard*
**dawdle** [on ww] • *beuzelen, lummelen* • *talmen*
**dawn** I [on ww] • *dagen, licht worden* • *aanbreken* • *ontluiken* <fig.> II [znw] *dageraad*
**day** [znw] *dag*
**daze** I [ov ww] • *verbijsteren, doen duizelen* • *verblinden* II [znw] *verbijstering*
**dazzle** I [ov ww] • *verbijsteren* • *verblinden* II [znw] *schittering, pracht*
**deacon** [znw] • *diaken* • *ouderling*
**dead** I [znw] II [bnw] • *dood* • *uitgedoofd* • *totaal, volstrekt* III [bijw] • *dodelijk* • *uiterst* • *volkomen*
**deaden** I [ov ww] • *geestelijk doden* • *krachteloos maken* II [on ww] • *glans verliezen* • *krachteloos worden*
**deaf** [bnw] *doof*
**deafen** [ov ww] *doof maken*
**deal** I [ov ww] • *handelen* • *uitdelen* • (~ **with**) *behandelen, handelen over, klant zijn bij* II [znw] • *(vuil) zaakje* • *transactie*
**dealer** [znw] • *dealer* • *handelaar*
**dean** [znw] • *deken* • *decaan*
**dear** I [znw] *liefste* II [bnw] • *duur, kostbaar* • *lief, dierbaar*
**dearie, deary** [znw] *lieveling*
**dearly** [bijw] • *duur* • *zeer, dolgraag*
**deathly** [bnw] • *dodelijk* • *doods*
**debar** [ov ww] • *uitsluiten* • *verhinderen*
**debase** [ov ww] • *vernederen* • *vervalsen*
**debatable** [bnw] *betwistbaar*
**debate** I [ov ww] • *betwisten* • *overpeinzen* II [on ww] *debatteren* III [znw] *debat*
**debauch** [ov ww] *op 't slechte pad brengen*
**debauchery** [znw] *losbandigheid*
**debilitate** [ov ww] *verzwakken*
**debility** [znw] *zwakte, zwakheid*
**debit** I [ov ww] • (~ **against**) *debiteren* • (~ **with**) *debiteren voor* II [znw] *debetpost, debetzijde*
**debonair** [bnw] *vriendelijk, goedig*
**debrief** [ov ww] *verslag laten uitbrengen*
**debris** [znw] • *puin* • *resten*
**debtor** [znw] *schuldenaar, debiteur*
**debug** [ov ww] • *fouten opsporen en verwijderen* <in computerprogramma> • *afluisterapparatuur weghalen*
**debunk** [ov ww] *ontmaskeren, van zijn voetstuk stoten*
**decad(e)** [znw] • *10-tal* • *decennium*
**decadence** [znw] *decadentie*
**decadent** I [znw] *decadent* II [bnw] • *decadent* • *in verval*
**decamp** [on ww] *opbreken, ervandoor gaan*
**decant** [ov ww] *voorzichtig uitschenken* <v. wijn>
**decanter** [znw] *wijnkaraf*
**decapitate** [ov ww] *onthoofden*
**decay** I [on ww] *vervallen, bederven, rotten* II [znw] • *bederf* • *verval*
**deceased** [bnw] *overleden, pas gestorven*
**deceit** [znw] • *misleiding* • *bedrieglijkheid*
**deceitful** [bnw] *bedrieglijk*
**deceive** [ov ww] *bedriegen*
**decelerate** [on ww] *vaart minderen*
**decency** [znw] *fatsoen*
**decentralize** [ov + on ww] *decentraliseren*
**deception** [znw] *bedrog, misleiding*
**deceptive** [bnw] *bedrieglijk*
**decide** [ov + on ww] *beslissen*
**decided** [bnw] • *beslist* • *uitgesproken*
**deciduous** [bnw] *loof* <v. boom>
**decimal** I [znw] • *decimaal* • <wisk.> *tiendelige breuk* II [bnw] • *tientallig* • *decimaal* • <wisk.> *tiendelig* <v. breuk>

**decimalize** [ov ww] *tiendelig maken*
**decimate** [ov ww] *decimeren*
**decipher** [ov ww] *ontcijferen*
**decision** [znw] • *vastberadenheid* • *beslissing*
**decisive** [bnw] • *beslissend* • *beslist*
**deck** I [ov ww] • (~ **out**) *versieren* II [znw] • *dek* • *spel kaarten*
**declaim** [ov + on ww] *declameren*
**declaration** [znw] *verklaring*
**declare** [ov ww] • *verklaren* • *vaststellen* • *aangeven* <bij douane>
**decode** [ov ww] *decoderen*
**decompose** [on ww] *rotten*
**decomposition** [znw] *ontbinding*
**decontaminate** [ov ww] *ontsmetten*
**decorate** [ov ww] • *versieren* • *decoreren* • *schilderen, behangen*
**decoration** [znw] *decoratie*
**decorative** [bnw] *decoratief*
**decorator** [znw] *huisschilder, behanger*
**decorous** [bnw] *waardig, fatsoenlijk*
**decorum** [znw] *waardigheid, fatsoen*
**decoy** I [ov ww] *(in de val) lokken* II [znw] *lokeend, lokvogel, lokmiddel*
**decrease** I [ov ww] *verminderen* II [on ww] *afnemen, dalen* III [znw] *afname*
**decrepit** [bnw] *vervallen, afgeleefd*
**dedicate** [ov ww] • (~ **to**) *opdragen aan, toewijden aan*
**dedication** [znw] *toewijding*
**deduce** [ov ww] *nagaan* • (~ **from**) *afleiden uit*
**deduct** [ov ww] *aftrekken*
**deduction** [znw] • *aftrek, korting* • *deductie*
**deductive** [bnw] *deductief*
**deed** [znw] • *daad* • *akte*
**deem** I [ov ww] *achten* II [on ww] *oordelen*
**deep** I [znw] *diepte, zee* II [bnw] • *diepzinnig, verdiept* • *diep, hoog* <sneeuw>, *diepliggend*
**deepen** I [ov ww] *dieper maken* II [on ww] *dieper worden*
**deer** [znw] *hert(en)*
**deface** [ov ww] *schenden, ontsieren*
**defamation** [znw] *smaad*
**defamatory** [bnw] *lasterlijk*
**defame** [ov ww] *belasteren*
**default** I [on ww] *in gebreke blijven, nalatig zijn* II [znw] • *gebrek* • *nalatigheid* • *verzuim* • *wanbetaling* • *wanprestatie*
**defeat** I [ov ww] • *verslaan* • *verijdelen* • *nietig verklaren* • *verwerpen* II [znw] *nederlaag*
**defeatism** [znw] *defaitisme*
**defence, defense** [znw] • *verdediging* • *afweermiddel* • *verweer*
**defend** [ov ww] *verdedigen, beschermen*
**defendant** [znw] *gedaagde*
**defender** [znw] *verdediger*
**defensible** [bnw] *verdedigbaar, houdbaar* <fig.>
**defensive** [bnw] *verdedigend, defensief*
**defer** I [ov ww] *uitstellen* II [on ww] • (~ **to**) *z. onderwerpen aan*
**deference** [znw] • *eerbied* • *eerbiediging*
**deferential** [bnw] *eerbiedig, onderdanig*
**defiance** [znw] • *verzet* • *trotsering, uitdaging*
**defiant** [bnw] • *uitdagend, tartend* • *trotserend*
**deficiency** [znw] *tekort*
**deficient** [bnw] • *onvoldoende, gebrekkig* • *zwakzinnig*
**deficit** [znw] • *tekort* • *achterstand*
**defile** I [on ww] • *bevuilen* • *ontwijden, onteren* II [znw] *(berg)pas*
**definable** [bnw] *definieerbaar*
**define** I [ov ww] • *afbakenen, bepalen* • *beschrijven, omschrijven* II [on ww] *definiëren*
**definite** [bnw] • *bepaald* • *precies*
**definition** [znw] • *(beeld)scherpte* • *definitie*
**definitive** [bnw] *beslissend, definitief*
**deflate** [ov ww] *laten ontsnappen* <v.

*gas›, leeg laten lopen*
**deflect** **I** [ov ww] *doen afwijken, opzij buigen* • (~ **from**) *afketsen/schampen van* **II** [on ww] *afwijken*
**deflection** [znw] *afbuiging*
**deflower** [ov ww] *ontmaagden*
**defoliant** [znw] *ontbladeringsmiddel*
**defoliate** [ov + on ww] *ontbladeren*
**deforest** [ov ww] *ontbossen*
**deform** [ov ww] • *ontsieren* • *misvormen*
**deformation** [znw] • *verbastering* • *misvorming*
**deformity** [znw] • *mismaaktheid* • *perversiteit* • *wangedrocht*
**defray** [ov ww] *bekostigen*
**deft** [bnw] • *handig, behendig* • *vlug*
**defunct** [bnw] *niet meer bestaand*
**defuse** [ov ww] *demonteren* ‹v. explosieven›
**defy** [ov ww] *trotseren, uitdagen (tot)*
**degenerate** **I** [on ww] *degenereren* **II** [znw] *gedegenereerde, ontaarde* **III** [bnw] *gedegenereerd, ontaard*
**degradation** [znw] • *degradatie* • *ontaarding*
**degrade** [ov ww] • *z. verlagen, ontaarden* • *degraderen*
**degree** [znw] • *mate* • *graad* ‹ook academisch›
**dehumanize** [ov ww] *ontmenselijken*
**dehydrate** [ov ww] *(uit)drogen*
**deify** [ov ww] *vergoddelijken*
**deign** [ov + on ww] *z. verwaardigen*
**deity** [znw] *godheid*
**dejected** [bnw] ↓ *down, ontmoedigd, neerslachtig*
**dejection** [znw] *neerslachtigheid*
**delay** **I** [ov ww] *uitstellen* **II** [znw] *vertraging*
**delectable** [bnw] *verrukkelijk*
**delectation** [znw] *genot*
**delegate** **I** [ov ww] *overdragen* **II** [znw] • *afgevaardigde* • *gemachtigde*
**delegation** [znw] • *delegatie* • *machtiging*
**delete** [ov ww] *wissen, schrappen*
**deliberate** **I** [on ww] *overwegen, overleggen* **II** [bnw] • *opzettelijk* • *weloverwogen* • *bedachtzaam*
**deliberation** [znw] • *behoedzaamheid* • *bedachtzaamheid* • *overleg, afweging, overweging*
**deliberative** [bnw] *beraadslagend*
**delicacy** [znw] • *fijngevoeligheid* • *delicatesse* • *teerheid*
**delicate** [bnw] • *kies, fijn(gevoelig)* • *zwak, teer* • *netelig, moeilijk* • *lekker*
**delicatessen** [mv] • *delicatessenzaak* • *delicatessen, comestibles*
**delicious** [bnw] *lekker, heerlijk*
**delight** **I** [on ww] *verheugen* **II** [znw] *genot, vreugde, genoegen*
**delightful** [bnw] *verrukkelijk*
**delineate** [ov ww] • *omlijnen* • *schetsen, tekenen*
**delinquency** [znw] • *vergrijp* • *misdadig gedrag*
**delinquent** **I** [znw] *delinquent* **II** [bnw] • *misdadig* • *schuldig* ‹aan vergrijp›
**delirious** [bnw] • *ijlend* • *uitzinnig*
**deliver** **I** [ov ww] • *overhandigen, (af)leveren* • *verlossen* **II** [on ww] *bevallen*
**deliverance** [znw] *bevrijding*
**delivery** [znw] • *bestelling* • *het afleveren* • *verlossing* • *(het houden v.e.) toespraak*
**delude** [ov ww] *misleiden*
**deluge** **I** [ov ww] *overstelpen, overstromen* **II** [znw] • *(woorden)stroom* • *wolkbreuk*
**delusion** [znw] • *bedrog* • *zinsbegoocheling*
**delusive** [bnw] *misleidend, bedrieglijk*
**delve** [on ww] *grondig doorvorsen*
**demagogue** [znw] *volksmenner*
**demand** **I** [ov ww] *eisen, verlangen* **II** [znw] • *eis* • ‹econ.› *vraag*
**demarcate** [ov ww] • *demarqueren* • *afbakenen*

**demented** [bnw] • krankzinnig • dement
**demerit** [znw] • gebrek • minpunt
**demilitarize** [ov ww] demilitariseren
**demise** [znw] • het vermaken, overdraging • overlijden
**demist** [ov ww] ontwasemen
**demobilize, demob** [ov + on ww] <mil.> afzwaaien, demobiliseren
**democracy** [znw] democratie
**democrat** [znw] democraat
**democratize** [ov + on ww] democratiseren
**demolish** [ov ww] slopen
**demolition** [znw] • vernietiging • het slopen
**demonstrable** [bnw] aantoonbaar
**demonstrate** I [ov ww] • demonstreren, bewijzen • aan de dag leggen II [on ww] demonstreren, betoging houden
**demonstration** [znw] • demonstratie • aktie • protestmars • vertoon • betoging
**demonstrative** I [znw] aanwijzend voornaamwoord II [bnw] • aanwijzend, bewijzend • z. uitend • demonstratief
**demonstrator** [znw] • demonstrator • betoger
**demoralize** [ov ww] demoraliseren
**demur** I [on ww] bezwaar maken II [znw] • bedenking • aarzeling
**den** [znw] • hol • hok • (werk)kamer
**denationalize** [ov ww] privatiseren
**denial** [znw] • ontkenning • zelfverloochening
**denigrate** [ov ww] • denigreren • belasteren
**denomination** [znw] • coupure, (munt)eenheid • benaming • gezindte, kerkgenootschap
**denominator** [znw] <wisk.> noemer <in breuk>
**denote** [ov ww] • aanduiden • wijzen op
**denounce** [ov ww] aanklagen
**dense** [bnw] • dicht • dom
**dent** I [ov ww] deuken II [znw] deuk
**dental** I [znw] <taalk.> dentaal II [bnw] tand-
**dentist** [znw] tandarts
**dentistry** [znw] tandheelkunde
**denude** [ov ww] blootleggen
**denunciation** [znw] → **denounce**
**deny** [ov ww] • ontkennen • (ver)loochenen • ontzeggen, weigeren
**depart** [on ww] • vertrekken • heengaan, doodgaan
**department** [znw] • sectie, vakgroep • afdeling • departement
**departmental** [bnw] • afdelings- • <AE> ministerieel
**departure** [znw] vertrek
**depend** [on ww] (er op) aankunnen, vertrouwen • (~ **(up)on**) afhangen van
**dependence** [znw] afhankelijkheid
**depict** [ov ww] • uitbeelden, afbeelden • afschilderen
**depilatory** I [znw] ontharingsmiddel II [bnw] ontharend
**deplorable** [bnw] betreurenswaardig
**deplore** [on ww] betreuren
**depopulate** [ov ww] ontvolken
**deport** [ov ww] • verbannen • deporteren
**deportment** [znw] • houding • gedrag
**depose** [ov ww] afzetten
**deposit** I [ov ww] • deponeren, in bewaring geven • als waarborg storten • (neer)leggen • afzetten II [znw] • deposito • waarborgsom • storting • afzetting, aanslibbing, geologische laag
**deposition** [znw] • het deponeren • afzetting • (aflegging v.) verklaring
**deprave** [ov ww] slecht maken, bederven
**depravity** [znw] verdorvenheid
**deprecate** [ov ww] afkeuren
**depreciate** [ov + on ww] in waarde (doen) verminderen
**depress** [ov ww] • neerslachtig maken

• *(neer)drukken* • *verlagen*
**depression** [znw] • *het neerdrukken* • *slapte, malaise, depressie* • *neerslachtigheid* • *gebied van lage luchtdruk*
**deprivation** [znw] • *ontbering* • *verlies*
**deprive** [ov ww] *beroven*
**depth** [znw] *diepte*
**deputation** [znw] *afvaardiging*
**depute** [ov ww] • *machtigen* • *afvaardigen*
**deputize** I [ov ww] *aanstellen als waarnemer* II [on ww] *waarnemen*
**deputy** I [znw] • *plaatsvervanger* • <AE> *hulpsheriff* II [bnw] • *waarnemend, plaatsvervangend* • *gevolmachtigd* • *afgevaardigd*
**derail** [ov ww] *doen ontsporen*
**derelict** [bnw] • *verlaten* • *vervallen*
**dereliction** [znw] *het onbeheerd laten*
**deride** [ov ww] *uitlachen*
**derision** [znw] *spot*
**derisive** [bnw] *spottend*
**derivation** [znw] • *afleiding* • *afkomst*
**derivative** I [znw] • *derivaat* • *afgeleid woord* II [bnw] *afgeleid, niet oorspronkelijk*
**derive** I [ov ww] • (~ **from**) *afleiden van, ontlenen aan* II [on ww] • (~ **from**) *voortkomen uit, afstammen van*
**derogatory** [bnw] *geringschattend*
**derrick** [znw] • *kraan, bok* • *boortoren*
**descale** [ov ww] *ontkalken*
**descendant** [znw] *afstammeling*
**descent** [znw] • *afdaling* • *afkomst, geslacht*
**describe** [ov ww] *beschrijven*
**description** [znw] *beschrijving*
**descriptive** [bnw] *beschrijvend*
**desecrate** [ov ww] *ontwijden, profaneren*
**desert** I [ov ww] *in de steek laten, verlaten* II [on ww] <mil.> *deserteren* III [znw] *woestijn*
**deserter** [znw] *deserteur*
**deserve** [ov ww] *verdienen*
**deserving** [bnw] *waardig*
**design** I [ov + on ww] *ontwerpen* II [znw] • *schets, ontwerp(tekening)* • *vormgeving* • *aanzien* • *plan, opzet*
**designate** [ov ww] • *(be)noemen, aanduiden* • *bestemmen*
**designation** [znw] • *benoeming* • *bestemming*
**designer** [znw] • *intrigant* • *ontwerper*
**designing** [bnw] *intrigerend, sluw*
**desire** I [ov ww] • *wensen* • *begeren* II [znw] • *verlangen, wens* • *begeerte*
**desist** [on ww] *stoppen* • (~ **from**) *afzien van, ophouden met*
**desk** [znw] • *schrijftafel, lessenaar* • *afdeling* • *balie* • <AE> *preekstoel*
**desolate** I [ov ww] • *verwoesten* • *ontvolken* II [bnw] • *eenzaam* • *verwaarloosd* • *troosteloos*
**desolation** [znw] • *eenzaamheid, verlatenheid* • *verwoesting*
**despair** I [on ww] *wanhopen* II [znw] *wanhoop*
**despairing** [bnw] *wanhopig*
**desperate** [bnw] • *wanhopig* • *hopeloos*
**desperation** [znw] *wanhoop, vertwijfeling*
**despicable** [bnw] *verachtelijk*
**despise** [ov ww] *verachten*
**despite** [vz] *ondanks, in weerwil van*
**despondent** [bnw] • *wanhopig, vertwijfeld* • *zwaarmoedig*
**despot** [znw] *despoot*
**despotic** [bnw] *despotisch*
**despotism** [znw] *despotisme, tirannie*
**destination** [znw] *bestemming*
**destitute** I [znw] *noodlijdende* II [bnw] *noodlijdend, behoeftig*
**destitution** [znw] *gebrek, armoede*
**destroy** [ov ww] • *afmaken* <v. dier> • *vernietigen, vernielen*
**destroyer** [znw] • *vernietiger* • *torpedojager*
**destruction** [znw] *vernietiging*
**destructive** [bnw] *destructief*

**desultory** [bnw] • zonder vaste lijn • onsamenhangend • vluchtig
**detach** [ov ww] • detacheren • eraf halen, losmaken • los raken
**detachable** [bnw] afneembaar
**detached** [bnw] • objectief • los • emotieloos, afstandelijk • vrijstaand <v. huis>
**detachment** [znw] • detachement • gereserveerdheid
**detail** [znw] • bijzonderheid, detail • bijzaak • <mil.> kleine afdeling
**detain** [ov ww] • vasthouden • ophouden
**detect** [ov ww] • betrappen • bespeuren
**detection** [znw] • waarneming • speurwerk
**detective** I [znw] • detective • rechercheur II [bnw] recherche-
**detention** [znw] • nablijven <op school> • het vasthouden
**deter** [ov ww] afschrikken
**detergent** [znw] (af)wasmiddel
**deteriorate** [on ww] slechter worden
**determinant** [znw] beslissende factor
**determination** [znw] • bepaling, besluit • vastberadenheid • richting
**determine** I [ov ww] vaststellen, bepalen II [on ww] besluiten
**determined** [bnw] vastberaden
**deterrent** I [znw] afschrikwekkend middel II [bnw] afschrikwekkend
**detest** [ov ww] verafschuwen, haten
**detestable** [bnw] afschuwelijk
**detonate** I [ov ww] doen ontploffen II [on ww] ontploffen
**detour** [znw] • omweg • omleiding
**detract** [on ww] • (~ **from**) afbreuk doen aan
**detriment** [znw] nadeel
**detrimental** [bnw] schadelijk
**deuce** [znw] • twee <op dobbelstenen, speelkaarten> • 40 gelijk <tennis> • du(i)vel, de donder
**devalue** [ov + on ww] in waarde (doen) dalen
**devastate** [ov ww] verwoesten
**devastating** [bnw] • ontzettend • verwoestend
**develop** I [ov ww] • ontginnen • ontwikkelen II [on ww] • z. ontwikkelen • aan de dag leggen
**developer** [znw] • uitwerker • <foto.> ontwikkelaar
**development** [znw] ontwikkeling
**deviant** [bnw] afwijkend, abnormaal
**deviate** [on ww] • afwijken • afdwalen
**deviation** [znw] afwijking
**device** [znw] • middel • opzet, plan • list • apparaat, uitvinding, toestel • ontwerp • devies, motto
**devil** [znw] duivel
**devious** [bnw] • slinks • kronkelend
**devise** [ov ww] bedenken, beramen
**devoid** [bnw] verstoken
**devolution** [znw] • delegatie • decentralisatie v. bestuur, overdracht van bestuur(sbevoegdheden)
**devolve** I [ov ww] overdragen, afwentelen II [on ww] te beurt vallen
**devote** [ov ww] besteden <v. tijd, aandacht>, (toe)wijden, geheel geven
**devoted** [bnw] toegewijd
**devotee** [znw] • dweper • enthousiast liefhebber
**devotion** [znw] • toewijding • godsvrucht
**devotional** [bnw] • godsdienstig • devoot
**devour** [ov ww] verslinden
**devout** [bnw] • vroom • toegewijd
**dew** [znw] dauw
**dewy** [bnw] • vochtig • dauwachtig
**dexterity** [znw] • handigheid • rechtshandigheid
**dext(e)rous** [bnw] handig
**dextrose** [znw] druivesuiker
**diabetes** [znw] suikerziekte, diabetes
**diabetic** I [znw] iem. die aan suikerziekte lijdt, diabeticus/-ca II [bnw] m.b.t. suikerziekte
**diadem** [znw] diadeem

**diagnose** [ov ww] • *constateren* • *de diagnose opmaken van*
**diagnosis** [znw] *diagnose*
**diagonal** I [znw] *diagonaal* II [bnw] *diagonaal*
**diagram** [znw] • *diagram* • *figuur* • *grafiek*
**diagrammatic** [bnw] *schematisch*
**dialogue** [znw] *dialoog*
**diameter** [znw] *middellijn*
**diamond** I [znw] • *diamant* • *ruit* II [bnw] *diamanten*
**diaper** [znw] *luier*
**diaphanous** [bnw] *doorschijnend*
**diaphragm** [znw] • *pessarium* • *middenrif* • <foto.> *diafragma*
**diarist** [znw] *dagboekschrijver*
**diarrh(o)ea** [znw] *diarree*
**diary** [znw] • *dagboek* • *agenda*
**diatribe** [znw] *felle aanval* <met woorden>
**dice** I [on ww] • *dobbelen* • *in blokjes snijden* II [znw] [mv] *dobbelspel, dobbelstenen*
**dicey** <inf.> [bnw] • *riskant* • *link*
**dictate** [ov + on ww] • *dicteren* • *voorschrijven*
**dictation** [znw] • *het dicteren* • *dictee, dictaat* • *voorschrift, wet*
**dictator** [znw] • *dictator* • *dictee-lezer*
**dictatorial** [bnw] *dictatoriaal*
**dictatorship** [znw] *dictatuur*
**diction** [znw] • *zegging, voordracht* • *manier v. uitdrukken*
**dictionary** [znw] *woordenboek*
**dictum** [znw] • *gezegde* • *uitspraak*
**did** [ww] verl. tijd → **do**
**didactic** [bnw] *didactisch*
**diddle** <inf.> [ov ww] • *inpikken* • *bedotten*
**die** I [on ww] • *sterven, omkomen* • *kwijnen* • <vulg.> *z. doodlachen* • (~ **away/down**) *bedaren, wegsterven* • (~ **for**) *hevig verlangen naar* • (~ **off/out**) *uitsterven, wegsterven* • (~ **to**) *ongevoelig worden voor* II [znw] *dobbelsteen*
**diet** I [on ww] *op dieet leven* II [znw] • *voedsel, kost* • *menu* • *dieet*
**dietary** [bnw] *dieet-*
**dietician** [znw] • *diëtist(e)* • *voedingsexpert*
**differ** [on ww] *verschillen*
**difference** [znw] *punt v. verschil*
**different** [bnw] *ander(e)*
**differential** I [znw] • *differentiaal* • *loonklasseverschil* II [bnw] • *kenmerkend* • *differentieel*
**difficult** [bnw] *moeilijk*
**diffidence** [znw] *gebrek aan zelfvertrouwen*
**diffident** [bnw] *bedeesd*
**diffuse** I [ov ww] *verspreiden, uitstralen* II [on ww] *z. verspreiden* III [bnw] • *diffuus* • *verspreid, verstrooid* • *omslachtig*
**dig** I [ov + on ww] *graven* II [ov ww] • *uitgraven, opgraven* • *duwen, porren* • <AE sl.> *iets snappen, iets/iem. zien zitten* III [on ww] *ploeteren, blokken* • (~ **in**) *zich ingraven, aanvallen* <opeten> IV [znw] • *por, stoot* • *steek onder water*
**digest** I [ov ww] • *verteren, slikken, verwerken* • *in z. opnemen* II [on ww] • *voedsel opnemen* • *verteren* III [znw] • *overzicht* • *compendium*
**digestible** [bnw] • *verteerbaar* • *aanvaardbaar*
**digestion** [znw] • *spijsvertering* → **digest**
**digestive** I [znw] *spijsvertering bevorderend middel* II [bnw] *de spijsvertering bevorderend*
**digger** [znw] ↑ *excavateur*
**digit** [znw] • *vinger* • *teen* • *cijfer, geheel getal onder de tien* • *vingerbreedte*
**digital** [bnw] *digitaal*
**dignify** [ov ww] • *waardigheid toekennen* • *opluisteren*
**dignitary** [znw] *kerkelijk*

waardigheidsbekleder
**digress** [on ww] *afdwalen*
**dike** **I** [ov ww] *indijken, omwallen* **II** [znw] • *dijk* • <vulg.> *lesbienne*
**dilate** **I** [ov ww] *wijder maken* **II** [on ww] • *wijder worden* • (z.) *uitzetten*
**dill** [znw] *dille*
**dilute** **I** [ov ww] *met water verdunnen* **II** [bnw] *waterig*
**dim** **I** [ov ww] • *donker/mat/schemerig maken* • *ontluisteren, doen beslaan* **II** [on ww] *beslaan* **III** [bnw] • *mat* • *donker, schemerig* • *flauw, vaag*
**dimension** [znw] • *dimensie* • *afmeting* • *omvang*
**diminish** [ov + on ww] *verminderen*
**diminutive** **I** [znw] *verkleinwoord* **II** [bnw] • *verkleinend* • *miniatuur*
**dimmer** [znw] *dimschakelaar, dimmer*
**dimple** [znw] *kuiltje*
**din** [znw] • *lawaai* • *gekletter*
**dine** [on ww] *dineren* • (~ **in**) *thuis dineren* • (~ **off/on**) *zijn (middag)maal doen met* • (~ **out**) *buitenshuis dineren*
**diner** [znw] • *restauratiewagen* • *eter* • <AE> *klein (weg)restaurant*
**dingy** [bnw] *vuil, smerig*
**dinner** [znw] *diner, middagmaal*
**dinosaur** [znw] *dinosaurus*
**dip** **I** [ov ww] • *(onder)dompelen* • *dimmen* <v. koplampen> **II** [on ww] *(even) duiken* **III** [znw] • *het (onder)dompelen* • *bad* • *(dip)saus*
**diphtheria** [znw] *difterie*
**diplomacy** [znw] *diplomatie*
**diplomat, diplomatist** [znw] *diplomaat*
**diplomatic** [bnw] *diplomatisch*
**dipper** [znw] *pollepel*
**dire** [bnw] *gruwelijk*
**direct** **I** [ov ww] • *regisseren* • *richten, adresseren* <v. post> • *aanwijzingen geven* **II** [bnw] • *rechtstreeks* • *zonder omwegen* • *oprecht*
**direction** [znw] • *richting* • *bestuur* • *regie*
**directional** [bnw] *richtings-*
**directive** **I** [znw] *richtlijn* **II** [bnw] *leidend*
**directly** [bijw] • *rechtstreeks* • *meteen, dadelijk*
**director** [znw] • *regisseur* • *commissaris* <v. N.V.> • *bestuurder* • *adviseur* • *directeur, hoofd* <v. afdeling>
**directorate** [znw] *raad v. commissarissen*
**directorship** [znw] *directeurschap*
**directory** **I** [znw] *gids, adresboek* **II** [bnw] *adviserend*
**dirge** [znw] *klaagzang*
**dirt** [znw] • *vuil* • *drek* • *modder, drab* • *grond, aarde*
**dirty** **I** [ov ww] *bevuilen* **II** [bnw] *vuil*
**disable** [ov ww] • *onbekwaam maken* • *buiten gevecht stellen*
**disadvantage** **I** [ov ww] *benadelen* **II** [znw] *nadeel*
**disadvantageous** [bnw] *nadelig*
**disaffection** [znw] • *afvalligheid* • *ontrouw*
**disagree** [on ww] • *het oneens zijn* • *niet passen bij*
**disagreeable** [bnw] *onaangenaam*
**disagreement** [znw] • *meningsverschil* • *verschil*
**disappoint** [ov ww] *teleurstellen*
**disappointing** [bnw] *teleurstellend, tegenvallend*
**disappointment** [znw] *teleurstelling*
**disapprove** [ov + on ww] • (~ **of**) *afkeuren*
**disarm** **I** [ov + on ww] *ontwapenen* **II** [ov ww] *ontmantelen*
**disarrange** [ov ww] *in de war brengen*
**disarray** [znw] *wanorde*
**disaster** [znw] • *narigheid* • *ramp*
**disavow** [ov ww] • *ontkennen, loochenen* • *verwerpen*
**disband** **I** [ov ww] *ontbinden*

II [on ww] • z. *ontbinden* • *ontbonden worden*
**disbelief** [znw] *ongeloof*
**disc** [znw] • *grammofoonplaat* • *parkeerschijf* • *rond bord* • *discus* • *schijf* • *schotelantenne*
**discard** [ov ww] • *verwerpen* • *afdanken*
**discern** [ov ww] • *bespeuren, waarnemen* • *onderscheiden*
**discernible** [bnw] *waarneembaar*
**discerning** [bnw] *scherpzinnig*
**discernment** [znw] • *vermogen om te onderscheiden* • *inzicht*
**discharge** I [ov ww] • *afschieten* • *ontlasten* • *lossen* • *betalen* • *ontheffen, ontslaan* • *lozen* II [znw] • *schot* • *ontslag*
**disciple** [znw] *leerling, volgeling*
**disciplinarian** [znw] *tuchtmeester*
**disciplinary** [bnw] *disciplinair*
**disclaim** [ov ww] *niet erkennen, afwijzen*
**disclaimer** [znw] *ontkenning, afwijzing*
**disclose** [ov ww] *onthullen*
**discolour** I [ov ww] *doen verkleuren* II [on ww] *verkleuren, verschieten*
**discomfit** [ov ww] *in verlegenheid brengen*
**discomfiture** [znw] *verwarring*
**discomfort** [znw] • *onbehaaglijkheid* • *ongemak*
**disconcert** [ov ww] • *verwarren* • *ontstellen*
**disconnect** [ov ww] • *verbinding verbreken* • *verband verbreken* • *uitschakelen*
**disconsolate** [bnw] • *troosteloos* • *ontroostbaar*
**discontent** [znw] *ontevredenheid*
**discontinue** I [ov ww] • *opzeggen* • *opheffen* II [on ww] • *niet voortzetten* • *ophouden*
**discontinuity** [znw] • *onderbreking* • *discontinuïteit*
**discontinuous** [bnw] *onderbroken, niet doorgaand*
**discord, discordance** [znw] • *tweedracht* • *wanklank*
**discordant** [bnw] • *strijdig* • *wanklanken producerend*
**discount** I [ov ww] • *korten* • *buiten beschouwing laten* • *weinig geloof/belang hechten aan* II [znw] *korting*
**discourage** [ov ww] • *ontmoedigen* • *afschrikken*
**discouragement** [znw] *moedeloosheid*
**discourse** I [on ww] *converseren* II [znw] • *verhandeling* • *rede* • *preek*
**discover** [ov ww] *ontdekken*
**discoverer** [znw] *ontdekker, uitvinder*
**discovery** [znw] *ontdekking*
**discredit** I [ov ww] • *niet geloven* • *in diskrediet brengen* II [znw] • *schande, diskrediet* • *opspraak*
**discreditable** [bnw] *schandelijk*
**discreet** [bnw] • *discreet* • *stemmig*
**discrepancy** [znw] *discrepantie*
**discrete** [bnw] • *afzonderlijk* • *zonder samenhang*
**discretion** [znw] • *discretie* • *geheimhouding* • *wijsheid, beleid, tact, voorzichtigheid*
**discriminate** I [ov ww] *onderscheiden, herkennen* II [on ww] *onderscheid in acht nemen* • (~ **against**) *onderscheid maken (ten nadele van)*
**discriminating** [bnw] *scherpzinnig*
**discrimination** [znw] • *discriminatie* • *onderscheidingsvermogen* • *inzicht, doorzicht*
**discursive** [bnw] • *logisch* • *uitweidend*
**discuss** [ov ww] *bespreken*
**discussion** [znw] *discussie*
**disdain** I [ov ww] *verachten* II [znw] *minachting*
**disdainful** [bnw] *minachtend, hooghartig*
**disease** [znw] • *ziekte* • *kwaal*
**disembark** [ov + on ww] (z.) *ontschepen*

**disembowel** [ov ww] • *ontweien* • *openrijten*
**disengage** [ov + on ww] (z.) *vrijmaken*
**disentangle** [ov + on ww] (z.) *ontwarren*
**disgorge** I [ov ww] *uitbraken, uitstorten* II [on ww] *z. uitstorten*
**disgrace** I [ov ww] • *in ongenade doen vallen* • *degraderen* • *te schande maken* • *ontsieren* II [znw] • *ongenade* • *schande*
**disguise** I [ov ww] *vermommen, onherkenbaar maken* II [znw] *vermomming*
**disgust** I [ov ww] *doen walgen* II [znw] *afschuw*
**dish** I [ov ww] *opdienen* II [znw] • *schotel, schaal* • *schotelantenne* • *gerecht*
**dishonest** [bnw] *oneerlijk*
**dishonesty** [znw] *oneerlijkheid*
**dishonourable** [bnw] *schandelijk*
**disillusion** I [ov ww] *ontgoochelen* II [znw] *ontgoocheling*
**disinclination** [znw] *tegenzin*
**disinfect** [ov ww] *ontsmetten*
**disinfectant** I [znw] *ontsmettend middel* II [bnw] *ontsmettend*
**disingenuous** [bnw] *onoprecht*
**disinherit** [ov ww] *onterven*
**disinterested** [bnw] • *belangeloos* • *onbevooroordeeld* • *ongeïnteresseerd*
**disjointed** [bnw] *onsamenhangend*
**dislike** I [ov ww] *een hekel hebben aan, niet mogen* II [znw] *afkeer*
**dislocate** [ov ww] • *ontwrichten* • *verplaatsen*
**dislocation** [znw] • *dislocatie* • *ontwrichting*
**dislodge** I [ov ww] *loswrikken* II [on ww] *z. losmaken*
**disloyal** [bnw] *trouweloos*
**disloyalty** [znw] *trouwelooshei*d
**dismal** [mv] [bnw] *akelig, naar, triest*
**dismay** I [ov ww] *totaal ontmoedigen, ontstellen* II [znw] *ontzetting, verslagenheid*
**dismember** [ov ww] *aan stukken hakken*
**dismiss** [ov ww] • *wegzenden* • *ontslaan* • *van z. afzetten*
**dismissal** [znw] • *wegzending* • *verwerping* • *ontslag*
**dismount** [on ww] *afstijgen, afstappen*
**disobedience** [znw] *ongehoorzaamheid*
**disobedient** [bnw] *ongehoorzaam*
**disobey** [ov + on ww] *ongehoorzaam zijn*
**disorder** [znw] • *oproer* • *wanorde* • *ongesteldheid, kwaal* • *ontregeling*
**disorderly** [bnw] • *wanordelijk* • *oproerig*
**disorganize** [ov ww] • *ontwrichten* • *ontredderen*
**disown** [ov ww] • *(ver)loochenen* • *verwerpen* • *ontkennen*
**disparage** [ov ww] • *kleineren* • *afgeven op*
**disparaging** [bnw] *geringschattend, kleinerend*
**disparate** [bnw] *wezenlijk verschillend*
**disparity** [znw] *(essentieel) verschil*
**dispassionate** [bnw] • *onpartijdig* • *bedaard, koel*
**dispatch** I [ov ww] • *uit de weg ruimen* • *goed en snel afdoen* • *vlug opeten* • *(met spoed) verzenden* II [znw] • *depêche* • *nota* • *spoed* • *sterfgeval*
**dispel** [ov ww] *verdrijven*
**dispensable** [bnw] *niet noodzakelijk*
**dispensary** [znw] *(fonds-/huis)apotheek*
**dispensation** [znw] *dispensatie*
**dispense** [on ww] • *uitdelen* • *toedienen* • (~ **from**) *vrijstellen van* • (~ **with**) *het (kunnen) stellen zonder*
**dispenser** [znw] • *apotheker* • *automaat* • *doseerbuisje, houder*
**disperse** I [ov ww] • *verspreiden* • *verjagen* II [on ww] • *z. verspreiden* • *uiteen gaan*

**displace** [ov ww] • *verplaatsen* • *verdringen*
**displacement** [znw] *verplaatsing*
**display** I [ov ww] • *(ver)tonen* • *ontplooien* • *aan de dag leggen* II [znw] • *beeldscherm* • *uitstalling* • *visueel hulpmiddel*
**displease** [ov ww] *mishagen*
**disposable** I [znw] *wegwerpartikel* II [bnw] • *beschikbaar* • *wegwerp-*
**disposal** [znw] *regeling, stemming*
**dispose** [on ww] • (~ **of**) *verkopen, beschikken over, afdoen (met), teniet doen*
**disposition** [znw] *neiging, aard, gezindheid*
**dispossess** [ov ww] • *onterven* • *onteigenen*
**disproportion** [znw] *onevenredigheid*
**disproportionate** [bnw] *onevenredig*
**disprove** [ov ww] *weerleggen*
**disputation** [znw] *dispuut, discussie*
**dispute** I [ov ww] *betwisten* II [on ww] *redetwisten* III [znw] *geschil*
**disqualification** [znw] *diskwalificatie*
**disqualify** [ov ww] *diskwalificeren*
**disquiet** I [ov ww] *onrustig maken* II [znw] • *ongerustheid* • *onrust* III [bnw] *onrustig*
**disregard** I [ov ww] *negéren, z. niets aantrekken van* II [znw] *veronachtzaming*
**disrepair** [znw] *vervallen staat*
**disreputable** [bnw] • *berucht, schandelijk* • *onfatsoenlijk*
**disrepute** [znw] *diskrediet*
**disrespect** [znw] *gebrek aan eerbied*
**disrespectful** [bnw] *oneerbiedig, onbeschaamd*
**disrupt** [ov ww] *ontwrichten*
**disruption** [znw] *ontwrichting*
**disruptive** [bnw] *ontwrichtend*
**dissatisfaction** [znw] *ontevredenheid*
**dissect** [ov ww] *ontleden*
**dissemble** I [ov ww] • *verhullen* • *veinzen* • *verbergen* II [on ww] *huichelen*
**disseminate** [ov ww] *verspreiden*
**dissension** [znw] *onenigheid*
**dissent** I [on ww] *verschillen v. mening* II [znw] *verschil v. inzicht*
**dissenter** [znw] *andersdenkende*
**dissertation** [znw] *verhandeling*
**disservice** [znw] *slechte dienst*
**dissident** I [znw] *andersdenkende* II [bnw] *andersdenkend*
**dissimilar** [bnw] *ongelijk*
**dissimilarity, dissimilitude** [znw] • *verschil* • *ongelijkheid*
**dissimulate** [ov + on ww] • *huichelen* • *verbergen*
**dissipate** I [ov ww] • *verdrijven* • *doen verdwijnen* • *verspillen, verkwisten* II [on ww] *verdwijnen*
**dissipated** [bnw] *liederlijk*
**dissipation** [znw] *losbandigheid*
**dissociate** [ov ww] • (~ **from**) *los maken/zien van*
**dissolute** [bnw] *losbandig*
**dissolution** [znw] • *ontbinding* • *dood*
**dissolve** I [ov ww] • *oplossen* • *ontbinden, opheffen* II [on ww] • *z. oplossen* • *z. ontbinden*
**dissonance** [znw] • *wanklank* • *onenigheid*
**dissuade** [ov ww] *afraden*
**distance** [znw] • *verte* • *afstand*
**distant** [bnw] • *ver (weg)* • *hautain*
**distaste** [znw] • *afkeer* • *tegenzin*
**distasteful** [bnw] • *onaangenaam* • *onsmakelijk*
**distemper** [znw] • *dierenziekte* • *tempera* • *muurverf*
**distend** [ov + on ww] *(doen) opzwellen*
**distension** [znw] *zwelling*
**distil** [ov ww] • *distilleren* • *zuiveren*
**distillery** [znw] *distilleerderij, stokerij*
**distinct** [bnw] • *duidelijk* • *apart* • *onderscheiden*
**distinction** [znw] • *onderscheid(ing)* • *voornaamheid, aanzien* • *apartheid*
**distinctive** [bnw] • *onderscheidend*

• *kenmerkend*
**distinguish** I [ov ww] *onderscheiden* II [on ww] • (~ **among/between**) *onderscheid maken tussen*
**distinguishable** [bnw] • *(goed) te onderscheiden* • *duidelijk waarneembaar*
**distortion** [znw] *vervorming*
**distract** [ov ww] • *afleiden* • *verwarren, verbijsteren*
**distraction** [znw] • *afleiding* • *ontspanning* • *waanzin* • *verwarring*
**distress** I [ov ww] • *benauwen* • *smart veroorzaken aan* II [znw] • *pijn* • *angst* • *nood, ellende* • *uitputting*
**distressing** [bnw] • *pijn/angst veroorzakend* • *verontrustend*
**distribution** [znw] *distributie, verspreiding*
**distributor** [znw] • *groothandelaar* • *verdeler*
**district** [znw] • *district, streek, gebied* • *wijk*
**distrust** I [ov ww] *wantrouwen* II [znw] *wantrouwen*
**distrustful** [bnw] *wantrouwig*
**disturb** [ov ww] • *(ver)storen* • *in beroering brengen*
**disturbance** [znw] *verstoring*
**disuse** [znw] *onbruik*
**ditch** I [ov ww] *achterlaten, in de steek laten* II [znw] *sloot, greppel*
**dither** I [on ww] *treuzelen* II [znw] *opgewonden toestand*
**ditto** [znw] *dezelfde, hetzelfde*
**ditty** [znw] *deuntje, wijsje*
**diurnal** [bnw] • *overdag* • *gedurende de dag*
**divan** [znw] *divan*
**dive** I [on ww] *duiken* II [znw] *duik*
**divergent** [bnw] • *divergent* • *afwijkend*
**diverse** [bnw] *verschillend*
**diversify** [ov ww] • *variëren, afwisselen* • *wijzigen*
**diversion** [znw] • *afleidingsmanoeuvre* • *omlegging* • *verstrooiing*
**diversity** [znw] • *variatie* • *verscheidenheid*
**divert** [ov ww] • *een andere richting of wending geven* • *afleiden* • *vermaken*
**divide** I [ov ww] • *verdelen, (in)delen* • *scheiden* II [on ww] *z. verdelen*
**divination** [znw] • *voorspelling* • *waarzeggerij*
**divinity** [znw] • *goddelijkheid* • *god(heid)* • *godgeleerdheid*
**division** [znw] • *stemming* <voor of tegen> • *afdeling* • *branche* • *groep* • *divisie* • *district, wijk*
**divorce** I [ov ww] *scheiden van* II [znw] *echtscheiding*
**divulge** [ov ww] *openbaar (bekend) maken*
**dizzy** I [ov ww] *duizelig maken* II [bnw] *duizelig*
**do** I [ov ww] • *doen* • *maken* • *(gaar) koken, bereiden* • *spelen (voor)* • *uitputten, moe maken* • *ertussen nemen* • (~ **for**) <sl.> *ruïneren/doden* • (~ **in**) <inf.> *van kant maken* • (~ **up**) *opknappen, vastmaken* II [on ww] • *doen* • *deugen, genoeg zijn, (ermee door) gaan* • (~ **away with**) *afschaffen, van kant maken* • (~ **by/to**) *behandelen* • (~ **for**) *dienen als* • (~ **without**) *ontberen, niet nodig hebben* III [znw] • *fuif* • <muz.> do
**doc** <sl.> [znw] → **doctor**
**docile** [bnw] • *gedwee* • *volgzaam*
**dock** I [ov ww] • *korten* • *dokken, binnengaan* II [on ww] *meren, dokken* III [znw] • *dok* • *haven* • *beklaagdenbank* • *zuring* • *staartwortel*
**docker** [znw] *dokwerker, havenarbeider*
**docket** I [ov ww] *labelen* II [znw] *korte inhoudsaanduiding* <op document>
**doctor** I [ov ww] • *de graad van doctor verlenen* • *behandelen* • *dokteren (aan)* II [znw] • *dokter* • *doctor, geleerde*

**doctrinal** [bnw] leerstellig
**document** I [ov ww] documenteren II [znw] document, bewijsstuk
**documentary** [znw] documentair(e)
**documentation** [znw] documentatie
**dodder** I [on ww] • beven • (voort)sukkelen II [znw] warkruid
**dodge** I [ov ww] • ontwijken • handig ontduiken II [on ww] uitwijken III [znw] • ontwijkende beweging • smoesje • truc, foefje
**dodger** [znw] • slimme vos • <AE> strooibiljet
**dodgy** [bnw] gehaaid, slinks
**does** [ww] → **do**
**dog** I [ov ww] achtervolgen II [znw] • hond • mannetjeswolf, mannetjesvos • kerel
**dogged** [bnw] • hardnekkig, koppig • nors
**doggerel** [znw] kreupel vers, rijmelarij
**dogmatic** [bnw] • dogmatisch • autoritair
**dogmatism** [znw] dogmatisme, dogmatiek
**do-gooder** <iron.> [znw] wereldverbeteraar
**do-it-yourself** [bnw] doe-het-zelf
**dole** I [ov ww] • (~ **out**) (karig) uitdelen II [znw] • steun • aalmoes
**doleful** [bnw] • somber, akelig • smartelijk
**doll** I [wkd ww] • (~ **up**) z. opdirken II [znw] pop
**dollop** [znw] • kwak • scheut
**dolphin** [znw] • dolfijn • dukdalf
**dolt** [znw] dommerd, stommeling
**domain** [znw] gebied, domein
**dome** [znw] • koepel • gewelf
**domed** [bnw] koepelvormig
**domesticity** [znw] het huiselijke leven
**domicile** [znw] woonplaats, domicilie
**dominance** [znw] dominantie
**dominant** [bnw] dominant
**dominate** I [ov ww] overheersen II [on ww] • heersen, domineren • de overhand hebben
**domineering** [bnw] bazig
**dominion** [znw] • heerschappij • eigendomsrecht
**domino** [znw] domino(steen)
**don** I [ov ww] aantrekken <v. kleren> II [znw] docent aan een Universiteit
**donate** [ov ww] • begiftigen • schenken
**donation** [znw] schenking, gift
**done** [ww] volt. deelw. → **do**
**donkey** [znw] ezel
**donor** [znw] • donor • donateur, schenker
**don't** [samentr] /do not/ → **do**
**doodle** I [on ww] poppetjes tekenen II [znw] krabbel
**doom** I [ov ww] doemen, veroordelen II [znw] ondergang
**door** [znw] deur
**dope** I [ov ww] toedienen • (~ **out**) ontdekken • (~ **up**) behandelen met dope II [znw] • sufferd • tip, inlichting • doping • <sl.> dope, heroïne
**dopey** [bnw] • (ver)suf(t) • dom
**dormant** [bnw] • latent • slapend, ongebruikt
**dormitory** [znw] • slaapzaal • woonwijk
**dormouse** [znw] relmuis
**dorsal** [bnw] van/aan de rug, rug-
**dosage** [znw] • dosering • dosis
**dose** I [ov ww] • doseren • een dosis geven II [znw] dosis
**dot** I [ov ww] • punten plaatsen op • stippelen II [znw] stip, punt
**double** I [ov ww] • verdubbelen • dubbelslaan, dubbelvouwen • doubleren • een dubbelrol spelen II [on ww] • (~ **back**) omdraaien en terugkomen • (~ **up**) ineenkrimpen <v. pijn>, een kamer delen III [znw] • 't dubbele • dubbelganger, duplicaat, doublure • dubbelspel • looppas IV [bnw + bijw] • dubbel • niet oprecht
**doubly** [bijw] dubbel, extra
**doubt** I [ov + on ww] twijfelen II [znw]

• *twijfel* • *onzekerheid*
**doubtful** [bnw] • *weifelend* • *bedenkelijk, precair*
**doubtless** [bijw] *ongetwijfeld*
**dough** [znw] • *deeg* • *poen*
**dour** [bnw] *streng, hard, koel, ongenaakbaar*
**douse** [ov ww] → **dowse**
**dove** [znw] *duif(je)*
**dovetail** **I** [ov + on ww] • *met zwaluwstaarten verbinden* • *in elkaar sluiten* **II** [znw] *zwaluwstaart* <in timmervak>
**dowager** [znw] *douairière*
**dowdy** [bnw] *smakeloos gekleed*
**dowel** [znw] *deuvel*
**down** **I** [znw] • *dons* • *tegenslag* • *hooggelegen land* **II** [bnw] *benedenwaarts* **III** [bijw] • *neer, onder, (naar) beneden, af* • *stroomafwaarts* **IV** [vz] *langs, (naar beneden) in, van ... af*
**downy** [bnw] *donzig*
**dowry** [znw] • *bruidsschat* • *talent, gave*
**dowse** **I** [ov ww] • *uitdoen* <v. licht> • *natgooien* **II** [on ww] *met de wichelroede lopen*
**doyen** [znw] *nestor, oudste*
**doze** **I** [on ww] *dutten, soezen* • (~ **off**) *indutten* **II** [znw] *sluimering*
**dozen** [znw] *dozijn*
**dozy** <inf.> [bnw] *soezerig, loom, slaperig*
**drab** [bnw] • *vaalbruin* • *saai, eentonig*
**draft** **I** [ov ww] • *ontwerpen, opstellen, schetsen* • *detacheren* • *inlijven* **II** [znw] • *trekking* <v. wissel> • *detachement* • *schets, ontwerp, concept, klad* • *het trekken* <v. wissel> • *wissel, chèque* • *tocht* <luchtstroom> • <AE> *dienstplicht*
**drag** **I** [ov ww] • *trekken* • *dreggen* • (~ **down**) *omlaaghalen* <ook fig.>, *deprimeren* • (~ **out**) *rekken, eruit trekken, ophalen met dreg* **II** [on ww] • *niet opschieten* • *slepen* • *dreggen* • (~ **on**) (z.) *voortslepen* **III** [znw] • *dreg* • *sleepnet*
**dragon** [znw] *draak*
**dragoon** [znw] *dragonder, huzaar*
**drain** **I** [ov ww] • *afwateren, droogleggen, draineren, rioleren* • *leegmaken, opmaken* • *uitputten* • *aftappen, afgieten* **II** [on ww] • *leeglopen* • *wegtrekken* • *afwateren* **III** [znw] *afvoerbuis, afvoerpijp, riool*
**drainage** [znw] *afgevoerd water, rioolwater*
**drake** [znw] *woerd*
**drama** [znw] • *toneel* • *toneelstuk* • *drama*
**dramatist** [znw] *toneelschrijver*
**dramatize** **I** [ov ww] • *dramatiseren* • *voor toneel bewerken* **II** [on ww] *z. aanstellen*
**drank** [ww] verl. tijd → **drink**
**drape** [ov ww] • *bekleden* • *draperen* • *omfloersen*
**draper** [znw] *manufacturier*
**drapery** [znw] *manufacturen(zaak)*
**drastic** [bnw] • *drastisch, doortastend* • *ingrijpend*
**draught** [znw] • *teug, slok* • *tocht, zucht*
**draughtsman** [znw] • *tekenaar* • *damschijf*
**draughty** [bnw] *tochtig*
**draw** **I** [ov + on ww] • *tekenen, schetsen* • *trekken* • *(op)halen, binnenhalen, uithalen* • *lot trekken, winnen* • (~ **(up)on**) *gebruik maken van* • (~ **out**) *(uit)rekken* • (~ **up**) *vóórrijden, optrekken, opstellen, tot staan brengen/komen* **II** [ov ww] • *klanten trekken* • *aftappen* • *uithoren* • (~ **forth**) *tevoorschijn halen* **III** [on ww] *pistool/zwaard trekken* • (~ **apart**) *uiteendrijven* • (~ **away**) *terugwijken* • (~ **back**) *terugdeinzen, terugwijken* • (~ **near**) *naderen* **IV** [znw] • *gelijkspel* • *opmerking om iem. uit te horen* • *het trekken* • *vangst*

• successtuk, succesnummer, succesartikel • loterijtrekking

**drawer** [znw] lade

**drawing** [znw] tekening

**drawl** I [on ww] lijzig spreken II [znw] lijzige manier van praten

**drawn** I [ww] volt. deelw. → **draw** II [bnw] ⋆ ~ face lang gezicht

**dreadful** [bnw] vreselijk

**dream** I [ov + on ww] dromen II [znw] droom

**dreamer** [znw] dromer

**drear(y)** [bnw] akelig, somber

**dredge** I [ov + on ww] • dreggen • baggeren II [znw] • sleepnet • dreg • baggermachine

**dredger** [znw] baggermachine

**dregs** [mv] bezinksel

**drench** [ov ww] doorweken

**dress** I [ov ww] • kleden • kostumeren • optuigen • aanmaken <v. etenswaren> • bereiden • verbinden <v. wond> • (~ **down**) een aframmeling/schrobbering geven • (~ **up**) opsmukken II [on ww] • toilet maken • z. (aan)kleden • <mil.> z. richten • (~ **down**) z. zeer eenvoudig kleden • (~ **out**) z. uitdossen • (~ **up**) z. verkleden, z. opdirken III [znw] • kleding • avondkleding, rok • japon, jurk

**dresser** [znw] • soort kast • <AE> toilettafel

**dressing** [znw] • (sla)saus • verband(stoffen)

**dressy** [bnw] • chic • pronkziek

**drew** [ww] verl. tijd → **draw**

**dribble** I [ov + on ww] • druppelen • <sport> dribbelen (met) II [on ww] kwijlen III [znw] • stroompje • dribbel <bij voetbal>

**drier** I [znw] droger II [bnw] vergr. trap → **dry**

**drift** I [on ww] • afdrijven • afwijken • z. laten meeslepen • (z.) ophopen • doelloos rondzwalken • (~ **apart**) van elkaar vervreemden II [znw] • stroom, koers • strekking • neiging, hang • afwijking • opeenhoping, drijvende massa

**drifter** [znw] iem. die doelloos rondzwalkt

**drill** I [ov ww] • drillen, africhten • doorboren • (~ **in(to)**) erin stampen II [on ww] • boren • stampen <v. leerstof> • oefenen III [znw] • drilboor • exercitie, het africhten • oefening • dril <stof> • drilaap

**drink** I [ov ww] (op)drinken • (~ **in**) gretig in z. opnemen • (~ **up**) opdrinken II [on ww] drinken • (~ **to**) drinken op • (~ **up**) leegdrinken III [znw] • dronk • borrel • drank

**drinker** [znw] • drinker • alcoholist

**drip** I [ov ww] laten druppelen II [on ww] druppelen • (~ **with**) druipen van III [znw] • druppel • infusie

**dripping** [znw] braadvet

**drive** I [ov ww] • slaan <v. bal, paal> • drijven, aandrijven, voortdrijven, (aan)jagen • (be)sturen, mennen • (~ **in(to)**) aanzetten tot/om te II [on ww] rijden • (~ **at**) bedoelen • (~ **up**) vóórrijden, oprijden III [znw] • rit, tocht • drijfjacht • slag • energie • rijweg, oprijlaan

**drivel** [on ww] • kwijlen • kletspraat verkopen

**driven** [ww] volt. deelw. → **drive**

**driver** [znw] • koetsier, voerman, chauffeur, bestuurder • machinist

**dromedary** [znw] dromedaris

**drool** <AE> [on ww] kwijlen

**droop** [on ww] • (neer)hangen, kwijnen • de moed verliezen

**drop** I [ov ww] • laten vallen • droppen • vergieten • niet doorzetten, laten verlopen • verliezen • afzetten • afgeven II [on ww] vallen • (~ **away**) afvallen, één voor één weggaan • (~ **behind**) achter(op) raken • (~ **by**) even langskomen, binnenwippen • (~ **in**) eens komen aanlopen • (~ **off**) in slaap komen, insluimeren • (~ **out**) uitvallen, wegraken **III** [znw] • druppel • zuurtje • borreltje, slokje • helling naar beneden, daling, achteruitgang, (ver)val • scherm <v. toneel>

**droppings** [mv] uitwerpselen

**dross** [znw] • metaalslak(ken) • verontreiniging(en)

**drought** [znw] droogte

**drove I** [ww] verl. tijd → **drive II** [znw] samengedreven kudde, menigte

**drown I** [ov ww] • verdrinken • overstromen • overstemmen • (~ **out**) overstemmen, met water verdrijven/uitdrijven, overschreeuwen **II** [on ww] • verdrinken • overstromen

**drowse** [on ww] dutten, soezen

**drowsy** [bnw] • slaperig • slaapverwekkend

**drudge I** [on ww] zwoegen **II** [znw] werkezel, zwoeger

**drudgery** [znw] • 't zwoegen • saai werk

**drug I** [ov ww] • bedwelmende middelen toedienen • een drug mengen in **II** [znw] • medicijn, drankje • bedwelmend middel, drug

**drum I** [ov + on ww] trommelen **II** [znw] • trom • tamboer • cilinder • grote bus • draadklos • (metalen) vat • olievat

**drummer** [znw] tromslager, tamboer

**drunk I** [ww] volt. deelw. → **drink II** [znw] dronkeman **III** [bnw] dronken

**drunkard** [znw] dronkaard

**drunken** [bnw] dronken

**dry I** [ov ww] • (~ **out**) door en door droog laten worden, laten afkicken, uitdrogen **II** [on ww] door en door droog worden, afkicken • (~ **up**) verdrinken, verdorren, vastzitten <v. toneelspeler> **III** [bnw] • droog • sec, niet zoet • nuchter • saai

**dryer** [znw] droger, (haar)droogkap

**dubious** [bnw] twijfelachtig

**duchess** [znw] hertogin

**duchy** [znw] hertogdom

**duck I** [ov ww] onderdompelen **II** [on ww] • onderduiken • z. bukken • (~ **out**) er onderuit komen, ontkomen (aan) **III** [znw] • eend(en) • schat • duik

**duckling** [znw] jonge eend

**duct** [znw] (afvoer)kanaal, afvoerbuis

**dud** <sl.> [znw] • blindganger • vogelverschrikker • prul, fiasco • valse cheque, vals bankbiljet

**dudgeon** [znw] • kwaadheid • wrok

**due I** [znw] wat iem. toekomt **II** [bnw] • (ver)schuldig(d) • behoorlijk, gepast

**duel I** [on ww] duelleren **II** [znw] duel

**duet** [znw] • duet • paar

**duffer** [znw] sufferd, stomkop

**dug I** [ww] verl.tijd + volt.deelw. → **dig II** [znw] uier <v. zoogdier>

**duke** [znw] • hertog • <sl.> vuist

**dukedom** [znw] hertogdom

**dull I** [ov ww] somber maken **II** [on ww] somber worden **III** [bnw] • saai • dom • stompzinnig, idioot • bot, stomp • lusteloos • somber • dof

**duly** [bijw] → **due**

**dumb** [bnw] • dom • stom, sprakeloos • zwijgzaam

**dummy I** [znw] • lege verpakking • fopspeen • pop <op schietbaan> • pop, modepop, kostuumpop • blinde <bij kaartspel> • figurant, stroman • stommerd • exercitiepatroon **II** [bnw] namaak-

**dump I** [ov ww] • neergooien • storten <v. vuil> **II** [znw] • opslagplaats • vuilnisbelt • <sl.> huis, kamer

**dumpling** [znw] • (appel)bol • dikkerdje

**dumpy** [bnw] • kort, gezet • dwars • verdrietig

**dun** [bnw] grijsbruin, vaal

**dunce** [znw] domkop, uilskuiken, stommeling

**dune** [znw] duin

**dung** I [ov ww] *bemesten* II [znw] *mest*
**dunk** [ov ww] *dopen, soppen*
**duo** [znw] • *duo, paar* • *duet*
**duodenum** [znw] *twaalfvingerige darm*
**dupe** I [ov ww] *beetnemen* II [znw] • *dupe, gedupeerde* • *onnozele hals*
**duplex** [bnw] *tweevoudig, dubbel*
**duplicate** I [ov ww] *kopiëren, dupliceren* II [znw] *duplicaat, kopie* III [bnw] *dubbel*
**duplicator** [znw] *kopieermachine*
**duplicity** [znw] *onbetrouwbaarheid*
**durable** [bnw] *duurzaam*
**duress(e)** [znw] • *vrijheidsberoving* • *dwang*
**during** [vz] *gedurende*
**dusk** [znw] *schemering*
**dusky** [bnw] *duister, donker* <v. kleur>, *schemerig*
**dust** I [ov ww] • *afstoffen, afkloppen* • *bestuiven, stoffig maken* • (~ **down/off**) *afkloppen, afstoffen* • (~ **off**) *afstoffen, afranselen* II [znw] • *stof* • *stuifmeel* • *pegels, geld*
**duster** [znw] • *stofjas* • *stofdoek*
**dusty** [bnw] • *stoffig* • *dor*
**Dutch** [bnw] *Nederlands*
**duty** [znw] • *plicht* • *functie, dienst*
**dwarf** I [ov ww] *nietig doen lijken* II [znw] *dwerg*
**dwell** [on ww] • *wonen* • *verblijven*
**dwelling** [znw] *woning*
**dwindle** [on ww] *afnemen, kwijnen, achteruitgaan*
**dying** [bnw] *stervend, sterf-*
**dyke** [znw] → **dike**
**dynamic** I [znw] *stuwkracht* II [bnw] *dynamisch, energiek*
**dynamism** [znw] • *dynamisme* • *dynamiek*
**dynamite** I [ov ww] *met dynamiet vernielen* II [znw] *dynamiet*
**dynasty** [znw] *dynastie*
**dysentery** [znw] *dysenterie*

# E

**each** [onb vnw] *elk*
**ear** [znw] • *oor* • *gehoor* • *aar*
**earl** [znw] *graaf*
**early** [bnw + bijw] *vroeg*
**earn** [ov ww] • *verdienen* • *behalen*
**earnest** I [znw] *ernst* II [bnw] *ijverig, ernstig*
**earth** I [ov ww] <techn.> *aarden* II [znw] • *aarde, grond* • *hol* <v. dieren>
**earthen** [bnw] *van aarde(werk)*
**earthly** [bnw] *aards*
**earthy** [bnw] *laag-bij-de-gronds, platvloers*
**ease** I [ov ww] • *op zijn gemak stellen, vergemakkelijken* • *verlichten* • *losser maken* • *vieren* II [on ww] • (~ **off**) *gemakkelijker worden, afnemen* <in ernst> III [znw] *gemak*
**easily** [bijw] → **easy**
**east** I [znw] *het oosten* II [bnw] *oost*
**easterly** [bnw + bijw] *oostelijk*
**easy** [bnw + bijw] • *gemakkelijk* • *meegaand* • *ongedwongen*
**eat** I [ov + on ww] • *(op)eten* • *verteren* • (~ **up**) *helemaal opeten, verslinden* <ook fig.> II [on ww] • (~ **away**) *wegteren, verteren* • (~ **into**) *wegvreten, invreten, uitbijten* • (~ **out**) *buitenshuis eten*
**eatable** [bnw] *eetbaar*
**eater** [znw] • *eter* • *handappel/-peer*
**eaves** [mv] *onderste dakrand*
**ebb** I [on ww] *teruglopen, afnemen* II [znw] • *eb* • *verval, het afnemen*
**ebullient** [bnw] *kokend, (op)bruisend*
**eccentric** I [znw] *zonderling, excentriekeling* II [bnw] • *excentrisch* • *onregelmatig* • *zonderling*
**eccentricity** [znw] *excentriciteit*
**ecclesiastic** [znw] *geestelijke*
**ecclesiastical** [bnw] *kerkelijk*

**eclipse** I [ov ww] • *verduisteren* • *overschaduwen* II [znw] • *verduistering* • *verdwijning*
**ecological** [bnw] *ecologisch*
**ecology** [znw] *ecologie*
**economics** [mv] *economie*
**economist** [znw] *econoom*
**economize** [ov ww] • *spaarzaam beheren* • *bezuinigen (op)*
**economy** [znw] • *economie, huishoudkunde* • *spaarzaamheid* • *besparing*
**ecstasy** [znw] *extase, geestvervoering*
**ecstatic** [bnw] *in vervoering*
**ecumenical** [bnw] *oecumenisch*
**eczema** [znw] *eczeem, huiduitslag*
**eddy** I [ov + on ww] *dwarrelen* II [znw] • *draaikolk* • *dwarreling*
**edge** I [ov ww] *begrenzen* II [on ww] • *zich in (schuine) richting bewegen* • *langzaam vorderen* • (~ **away**) <scheepv.> *afhouden* • (~ **on**) *langzaam vooruitkomen, aanzetten* III [znw] • *scherpe kant* • *rand* • *sne(d)e*
**edging** [znw] *rand, franje*
**edgy** [bnw] • *scherp* • *met scherpe contouren* • *zenuwachtig* • *ongedurig*
**edible** I [znw] II [bnw] *eetbaar*
**edict** [znw] *edict, bevelschrift*
**edifice** [znw] *gebouw*
**edify** [ov ww] *geestelijk verheffen*
**edit** [ov ww] • *bewerken en doen uitgeven* • *redactie voeren* • *monteren* <v. film of geluidsband> • *verfraaien, aanpassen* • (~ **out**) *schrappen*
**edition** [znw] *editie*
**editor** [znw] • *bewerker* • *redacteur*
**editorial** I [znw] *hoofdartikel* II [bnw] *redactioneel*
**educate** [ov ww] • *onderwijzen* • *opvoeden*
**education** [znw] *opleiding*
**educational** [bnw] • *m.b.t. de opleiding* • *leerzaam*
**educator** [znw] *opvoeder*
**eel** [znw] *paling, aal(tje)*
**efface** [ov ww] • *uitwissen* • *in de schaduw stellen*
**effect** I [ov ww] • *teweeg brengen* • *tot stand brengen* II [znw] *effect*
**effective** I [znw] <AE> *soldaat in werkelijke dienst* II [bnw] *doeltreffend, werkzaam*
**effectual** [bnw] • *doeltreffend* • *bindend*
**effeminate** [bnw] *verwijfd*
**effervescent** [bnw] • *borrelend* • *bruisend*
**effete** [bnw] *uitgeput, versleten*
**efficacious** [bnw] • *werkzaam* • *probaat*
**efficacy** [znw] • *uitwerking* • *doeltreffendheid*
**efficiency** [znw] *efficiëntie*
**efficient** [bnw] • *bekwaam* • *voortvarend* • *doeltreffend, doelmatig* • *krachtig* • *economisch*
**effigy** [znw] *(af)beeld(ing), beeldenaar*
**effort** [znw] • *poging* • *(krachts)inspanning*
**effortless** [bnw] *moeiteloos, ongedwongen*
**effrontery** [znw] *onbeschaamdheid*
**effusion** [znw] *uitstorting, ontboezeming*
**egg** I [ov ww] • (~ **on**) *aanzetten, ophitsen* II [znw] *ei*
**egoism** [znw] *zelfzucht*
**egoist** [znw] *egoïst*
**egotism** [znw] • *egocentrisme* • *egoïsme*
**egotist** [znw] • *egoïst* • *egocentrisch persoon*
**Egyptian** I [znw] *Egyptenaar* II [bnw] *Egyptisch*
**eh** [tw] *hè*
**eight** [telw] *acht*
**eighteen** [telw] *achtien*
**eighth** [telw] *achtste*
**eightieth** [telw] *tachtigste*
**eighty** [telw] *tachtig*
**either** [bnw + bijw] • *elk (v. beide)* • *(één van) beide(n)*
**ejaculate** [ov ww] • *uitroepen*

• *uitstorten*
**eject** [ov ww] • *verdrijven* • *uitwerpen*
**elaborate** I [on ww] *uitweiden* II [bnw] • *nauwgezet* • *met zorg uitgewerkt, uitgebreid*
**elastic** I [znw] *elastiek* II [bnw] • *rekbaar* • *ruim* • *veerkrachtig*
**elasticity** [znw] *elasticiteit*
**elation** [znw] *opgetogenheid*
**elbow** I [on ww] *(met de elleboog) dringen* II [znw] *elleboog*
**elder** I [znw] • *oudere, oudste* • <plant.> *vlier* II [bnw] *ouder, oudste*
**elderly** [bnw] *op leeftijd*
**eldest** [bnw] *oudste*
**elect** [ov ww] *(ver)kiezen*
**election** [znw] *verkiezing*
**elective** [bnw] • *gekozen* • *kies-* • *met kiesrecht*
**elector** [znw] *kiezer, kiesman*
**electoral** [bnw] *mbt. verkiezing*
**electorate** [znw] *alle kiezers*
**electric** [bnw] *elektrisch*
**electrical** [bnw] → **electric**
**electrician** [znw] *elektricien*
**electricity** [znw] *elektriciteit*
**electrify** [ov ww] • *elektrificeren* • *onder stroom zetten* • *schokken* <fig.>
**electrocute** [ov ww] *elektrokuteren, terechtstellen op elektrische stoel*
**electrode** [znw] *elektrode*
**electrolysis** [znw] *elektrolyse*
**elegant** [bnw] • *sierlijk, smaakvol* • *elegant*
**elegy** [znw] *treurdicht/-zang*
**elemental** [bnw] • *m.b.t. de elementen* • *natuur-* • *enorm* • *essentieel*
**elementary** [bnw] *eenvoudig, elementair*
**elephant** [znw] *olifant*
**elephantine** [bnw] • *als een olifant* • *plomp*
**elevate** [ov ww] • *(op-/ver)heffen* • *veredelen*
**elevation** [znw] • *verhoging* • *hoogte*
**elevator** [znw] • *silo* • <AE> *lift*
**eleven** I [znw] *elftal* II [telw] *elf*
**elevenses** [znw] *elfuurtje*
**eleventh** [telw] *elfde*
**elicit** [ov ww] *ontlokken*
**eligible** [bnw] • *verkiesbaar, verkieslijk* • *wenselijk*
**eliminate** [ov ww] • *verwijderen* • *elimineren*
**elk** [znw] • *eland* • <AE> *wapiti(hert)*
**ellipse** [znw] *ovaal, ellips*
**ellipsis** [znw] <taalk.> *weglating*
**elm** [znw] *iep*
**elocution** [znw] *voordracht*
**elongate** [ov + on ww] • *(uit)rekken* • *(z.) verlengen*
**elope** [on ww] *(van huis) weglopen om te trouwen*
**eloquence** [znw] *welsprekendheid*
**eloquent** [bnw] *welsprekend, welbespraakt*
**else** [bnw] *anders*
**elucidate** [ov ww] *ophelderen, toelichten*
**elude** [ov ww] *ontwijken, ontgaan*
**elusive, elusory** [bnw] • *onvindbaar* • *ontwijkend*
**emancipate** [ov ww] *vrij maken, emanciperen*
**embalm** [ov ww] • *balsemen* • *geurig maken*
**embankment** [znw] • *opgehoogde weg* • *kade* • *spoordijk*
**embargo** I [ov ww] *beslag leggen op* II [znw] • *embargo* • *verbod v. in- of uitvoer*
**embark** I [ov ww] *aan boord nemen* II [on ww] *aan boord gaan* • (~ **in/upon**) *z. begeven/wagen in*
**embarrass** [ov ww] *in verlegenheid brengen*
**embarrassing** [bnw] *lastig, pijnlijk*
**embarrassment** [znw] *verlegenheid*
**embassy** [znw] *ambassade*
**embattled** [bnw] • *omringd door vijand(en)* • *belaagd, in moeilijkheden*
**embed** [ov ww] *(vast)leggen, insluiten*

**embezzle** [ov ww] *verduisteren* <v. geld>
**embitter** [ov ww] *verbitteren*
**emblem** [znw] • *symbool* • *embleem*
**emblematic** [bnw] *symbolisch*
**embodiment** [znw] *belichaming*
**embody** [ov ww] • *belichamen* • *vorm geven* • *uitdrukken* • *omvatten*
**embolden** [ov ww] *aanmoedigen*
**embrace** **I** [ov ww] • *omvatten* • *(elkaar) omhelzen* **II** [znw] *omhelzing*
**embroider** [ov ww] *borduren*
**embroidery** [znw] *borduurwerk*
**embroil** [ov ww] *verwikkelen*
**embryonic** [bnw] *nog niet ontwikkeld*
**emend** [ov ww] *verbeteren*
**emerald** **I** [znw] *smaragd* **II** [bnw] • *smaragden* • *smaragdgroen*
**emerge** [on ww] • *(naar) boven komen* • *naar buiten komen*
**emergence** [znw] • *uitwas* • *het verschijnen*
**emergency** [znw] *nood(toestand)*
**emery** [znw] *amaril*
**eminence** [znw] • *hoge positie* • *eminentie*
**eminent** [bnw] *eminent, verheven, uitstekend*
**emirate** [znw] *emiraat*
**emission** [znw] • *uitstraling, uitzending* • *uitlaatgas* <v. auto>
**emit** [ov ww] • *uiten* • *uitgeven/-zenden*
**emolument** [znw] *emolumenten, (bij)verdienste*
**emotion** [znw] *emotie, ontroering*
**emotional** [bnw] • *gevoels-* • *ontvankelijk, licht geroerd*
**emotive** [bnw] *roerend*
**emperor** [znw] *keizer*
**emphasis** [znw] • *nadruk* • *overwicht*
**emphasize** [ov ww] *nadruk leggen op*
**emphatic** [bnw] *nadrukkelijk*
**empire** [znw] • *(keizer-/wereld)rijk* • *heerschappij*
**employ** **I** [ov ww] • *gebruiken* • *in dienst hebben* **II** [znw] • *bezigheid* • *dienst(betrekking)*
**employee** [znw] *werknemer*
**empower** [ov ww] • *machtigen* • *in staat stellen*
**empress** [znw] *keizerin*
**emptiness** [znw] *leegheid, leegte*
**empty** **I** [ov ww] *leeg maken/raken* **II** [on ww] *leeg worden* **III** [bnw] • *leeg* • *nietszeggend*
**emu** [znw] *emoe*
**emulate** [ov ww] • *wedijveren met* • *navolgen*
**emulsify** [ov ww] *emulgeren*
**emulsion** [znw] *emulsie*
**enable** [ov ww] • *in staat stellen* • *machtigen*
**enact** [ov ww] *spelen* <v. rol op toneel>
**enactment** [znw] *verordening*
**enamel** **I** [ov ww] *emailleren* **II** [znw] • *vernis* • *email* • *lak*
**encamp** [on ww] • *(zich) legeren* • *kamperen*
**encampment** [znw] *kamp(ement)*
**encase** [ov ww] *omhullen, omsluiten*
**enchant** [ov ww] • *betoveren* • *verrukken*
**enchanting** [bnw] *aantrekkelijk, verrukkelijk, charmant, betoverend*
**enchantment** [znw] *betovering*
**enchantress** [znw] • *toverkol* • *verleidster*
**encircle** [ov ww] *omringen, insluiten, omsingelen*
**enclose** [ov ww] • *omgeven, omheinen* • *insluiten* <bij brief>
**enclosure** [znw] • *eigen terrein, omheind gebied* • *bijlage*
**encompass** [ov ww] • *omgeven* • *omvatten*
**encore** **I** [znw] *toegift* **II** [tw] *bis*
**encourage** [ov ww] • *aanmoedigen* • *bevorderen*
**encouragement** [znw] *aanmoediging*
**encouraging** [bnw] *bemoedigend*
**encroach** [on ww] • (~ **(up)on**) *inbreuk maken op*

**encroachment** [znw] • aantasting • overschrijding
**encumber** [ov ww] • belemmeren • belasten
**encumbrance** [znw] last <ook fig.>
**endanger** [ov ww] in gevaar brengen
**endear** [ov ww] zich bemind maken
**endearing** [bnw] sympathiek, vertederend
**endearment** [znw] liefkozing
**endeavour** [on ww] • (~ **after**) streven naar
**endemic** I [znw] inheemse ziekte II [bnw] inheems
**ending** [znw] • einde • <taalk.> uitgang <v. woord>
**endive** [znw] andijvie
**endless** [bnw] eindeloos
**endorse** [ov ww] • endosseren • onderschrijven
**endorsement** [znw] onderschrijving
**endow** [ov ww] • subsidiëren • begiftigen
**endowment** [znw] talent, gave
**endurance** [znw] • lijdzaamheid, geduld • uithoudingsvermogen • duur(zaamheid)
**endure** I [ov ww] verdragen, uithouden II [on ww] in stand blijven, (voort)duren
**enema** [znw] lavement, darmspoeling
**enemy** I [znw] vijand II [bnw] vijandelijk
**energetic** [bnw] • krachtig • energiek
**enfold** [ov ww] in-/omwikkelen, hullen in
**enforce** [ov ww] • kracht bijzetten • streng handhaven • (af)dwingen (tot)
**enforceable** [bnw] af te dwingen
**engage** I [ov ww] • bespreken <v. plaatsen> • in dienst nemen • op z. nemen • voor zich innemen II [on ww] • (zich) verbinden • zich verloven • slaags raken met • (~ **in**) z. begeven in • (~ **upon**) beginnen met • (~ **with**) in dienst gaan bij
**engagement** [znw] • afspraak • verloving
**engaging** [bnw] charmant, aantrekkelijk
**engender** [ov ww] teweeg brengen, verwekken
**engine** [znw] machine, motor, locomotief
**engineer** I [ov ww] • construeren • op touw zetten, bewerken II [znw] • aanstichter • ingenieur • technicus • <scheepv.> machinist • <AE> (trein)machinist
**engineering** [znw] (machine)bouwkunde
**English** I [znw] Engelsen II [bnw] Engels
**engrave** [ov ww] • graveren • inprenten
**engraver** [znw] graveur
**engraving** [znw] gravure
**engulf** [ov ww] verzwelgen
**enhance** [ov ww] • verhogen • versterken
**enjoy** [ov ww] genieten (van)
**enjoyable** [bnw] prettig
**enjoyment** [znw] plezier
**enlarge** [ov ww] vergroten, verruimen • (~ **(up)on**) uitweiden over
**enlargement** [znw] vergroting
**enlighten** [ov ww] toe-/verlichten • (~ **about/on**) inlichten over
**enlightened** [bnw] verlicht
**enlist** I [ov ww] • inlijven • te hulp roepen II [on ww] (z. laten) inschrijven
**enliven** [ov ww] verlevendigen
**enmity** [znw] vijandschap
**ennoble** [ov ww] • adelen • veredelen
**enormity** [znw] • enormiteit • gruweldaad
**enormous** [bnw] enorm, kolossaal
**enough** [bnw + bijw] genoeg
**enquire** [ov + on ww] → **inquire**
**enrich** [ov ww] rijk(er) maken, verrijken
**enroll, enrol** [ov ww] • inschrijven • registreren • (~ **in**) opnemen in
**enrol(l)ment** [znw] register, lijst

**enshrine** [ov ww] • *(als heiligdom) bewaren* • *in-/omsluiten* • *bevatten*
**ensign** [znw] • *vaandel* • *vaandrig*
**enslave** [ov ww] *tot slaaf maken*
**ensnare** [ov ww] *verstrikken*
**ensue** [on ww] • *volgen* • *intreden*
**ensure** [ov ww] • *verzekeren (van)* • *waarborgen*
**entail** [ov ww] *als gevolg/nasleep hebben*
**entangle** [ov ww] *verwikkelen*
**entanglement** [znw] *intrige*
**enter** I [ov + on ww] *binnengaan/-komen* • (~ **for**) *gaan deelnemen aan* II [ov ww] *boeken* • (~ **(up)on**) *aannemen, ter hand nemen* III [on ww] • *opkomen* ‹op toneel› • *(zich laten) inschrijven*
**enterprise** [znw] • *onderneming(sgeest), initiatief* • *waagstuk*
**enterprising** [bnw] *ondernemend*
**entertain** [ov ww] • *onderhouden* • *vermaken* • *gastvrij ontvangen*
**entertainer** [znw] *conferencier, kleinkunstenaar*
**entertaining** [bnw] *amusant*
**entertainment** [znw] *amusement*
**enthuse** I [ov ww] *enthousiast maken* II [on ww] *enthousiast zijn, dwepen*
**enthusiasm** [znw] *enthousiasme, geestdrift*
**enthusiast** [znw] *enthousiasteling, geestdriftig bewonderaar*
**enthusiastic** [bnw] *enthousiast*
**entice** [ov ww] *(aan-/ver)lokken*
**entire** [bnw] • *(ge)heel* • *compleet* • *ongecastreerd*
**entirely** [bijw] *helemaal, totaal*
**entirety** [znw] *geheel*
**entitle** [ov ww] *betitelen* • (~ **to**) *het recht geven te/op*
**entity** [znw] • *iets bestaands* • *wezen*
**entourage** [znw] *gevolg, begeleiding*
**entrails** [mv] *ingewanden, binnenste*
**entrance** I [ov ww] *in verrukking of trance brengen* II [znw] • *intocht* • *toegang, ingang* • *entree* • *aanvaarding* • *binnenkomst*
**entreat** [ov ww] *dringend verzoeken*
**entreaty** [znw] *smeekbede*
**entrée** [znw] *entree*
**entrench** [on ww] *verschansen*
**entrepreneur** [znw] *ondernemer*
**entrust** [ov ww] *toevertrouwen*
**entry** [znw] • *(binnen)komst* • *ingang* • *inschrijving, boeking* • *notitie* ‹in dagboek›
**enumerate** [ov ww] *opnoemen, opsommen*
**enunciate** [ov ww] • *uitspreken* • *verkondigen* • *stellen*
**envelop** [ov ww] *(in-/om-)hullen, omgeven*
**enviable** [bnw] *benijdenswaardig*
**envious** [bnw] *afgunstig*
**environment** [znw] *milieu*
**environmental** [bnw] *milieu-*
**environs** [mv] *omstreken*
**envisage** [ov ww] *beschouwen*
**envoy** [znw] *(af)gezant*
**envy** I [ov ww] *benijden* II [znw] *(voorwerp van) afgunst*
**enzyme** [znw] *enzym*
**ephemeral** [bnw] *van één dag, kortstondig*
**epic** I [znw] *episch gedicht* II [bnw] *episch*
**epicentre** [znw] *epicentrum*
**epidemic** I [znw] *epidemie* II [bnw] *epidemisch*
**epigram** [znw] *puntdicht*
**epileptic** I [znw] *epilepsiepatiënt* II [bnw] *epileptisch*
**epilogue** [znw] *slotwoord, naschrift*
**Epiphany** [znw] *Driekoningen*
**episcopal** [bnw] *m.b.t. bisschoppelijke hiërarchie*
**epitaph** [znw] *grafschrift*
**epithet** [znw] *scheldwoord*
**epitome** [znw] • *toonbeeld* • *korte samenvatting*

**epoch** [znw] • *tijdvak* • *tijdstip*
**equable** [bnw] • *gelijkvormig* • *evenwichtig*
**equal** I [ov ww] • *gelijk zijn aan* • *evenaren* II [znw] *gelijke* III [bnw] *gelijk*
**equalize** [ov ww] *gelijk maken/stellen*
**equally** [bijw] *even*
**equator** [znw] *evenaar*
**equatorial** [bnw] *equatoriaal*
**equine** [bnw] *paarde-*
**equip** [ov ww] *uit-/toerusten*
**equipment** [znw] *uitrusting*
**equitable** [bnw] *billijk*
**equity** [znw] *billijkheid*
**equivalent** I [znw] *equivalent* II [bnw] *gelijkwaardig*
**equivocal** [bnw] *twijfelachtig, dubbelzinnig*
**era** [znw] • *jaartelling* • *tijdperk*
**eradicate** [ov ww] *uitroeien*
**erase** [ov ww] *doorhalen*
**eraser** [znw] • *vlakgum* • *bordenwisser*
**erasure** [znw] *uitwissing*
**erect** I [ov ww] • *oprichten* • *stichten* II [bnw] *omhoog-/opgericht, overeind*
**erection** [znw] • *erectie* • *gebouw* • *het oprichten*
**ermine** [znw] *hermelijn*
**erode** [ov ww] • *uitbijten* <door zuur> • *uitschuren* • *wegvreten*
**erosion** [znw] *erosie*
**eroticism** [znw] *erotiek*
**errand** [znw] *boodschap*
**errant** I [znw] II [bnw] *dolend*
**erratic** [bnw] • *dwalend* • *onevenwichtig* • *grillig*
**erroneous** [bnw] *onjuist*
**error** [znw] • *fout, vergissing* • *dwaling*
**erudite** [bnw] *geleerd*
**erudition** [znw] *uitgebreide kennis*
**erupt** [on ww] • *uitbarsten* • *oplaaien*
**escalate** [on ww] • *toenemen* • *escaleren*
**escalator** [znw] *roltrap*
**escape** I [on ww] *ontsnappen, ontkomen* II [znw] • *brandladder* • *ontsnapping*
**escapee** [znw] *ontsnapte gevangene*
**escarpment** [znw] *glooiing, talud*
**escort** I [ov ww] *begeleiden* II [znw] *escorte, geleide*
**esoteric** [bnw] *geheim, voor ingewijden*
**especial** [bnw] *bijzonder*
**espionage** [znw] *spionnage*
**essay** [znw] • *essay, korte studie* • *poging*
**essayist** [znw] *essay-schrijver*
**essence** [znw] • *wezen, kern* • *extract* • *parfum*
**essential** I [znw] • *het wezenlijke* • *het onontbeerlijke* II [bnw] • *wezenlijk* • *onontbeerlijk*
**establish** [ov ww] • *oprichten* • *vestigen* • *instellen, vaststellen* • *bewijzen*
**establishment** [znw] • *instelling, organisatie* • *personeel* • *handelshuis, grote zaak*
**estate** [znw] • *onroerend goed* • *boedel, nalatenschap* • *landgoed* • *plantage*
**esteem** I [ov ww] • *achten* • *beschouwen* II [znw] *achting*
**estimation** [znw] • *oordeel* • *mening* • *achting*
**etch** [ov + on ww] *etsen*
**etching** [znw] *ets*
**eternal** [bnw] *eeuwig*
**ethereal** [bnw] • *etherisch* • *vluchtig* • *hemels*
**ethic(al)** [bnw] *ethisch*
**ethnic** [bnw] • *etnisch, heidens* • *volkenkundig*
**ethnology** [znw] *volkenkunde*
**Eucharist** [znw] • *de Eucharistie* • *Avondmaal*
**eugenics** [mv] *eugenetiek*
**eulogize** [ov ww] *prijzen*
**eulogy** [znw] *lof(rede)*
**euphemism** [znw] *eufemisme*
**euphemistic** [bnw] *eufemistisch*
**euphoria** [znw] *euforie, gelukzalig gevoel*
**Eurasian** I [znw] *Euraziër* II [bnw]

*Europees-Aziatisch*
**European** I [znw] *Europeaan* II [bnw] *Europees*
**euthanasia** [znw] *euthanasie*
**evacuate** [ov ww] • *evacueren* • *ontruimen*
**evacuee** [znw] *evacué*
**evade** [ov ww] *ontduiken/-wijken*
**evaluate** [ov ww] *de waarde bepalen van*
**evaluation** [znw] • *waardebepaling* • *nabeschouwing*
**evangelize** [ov ww] • *het evangelie prediken* • *kerstenen*
**evaporate** [ov + on ww] *(doen) verdampen*
**evasion** [znw] *ontwijking*
**evasive** [bnw] *ontwijkend*
**eve** [znw] • *vóóravond* • *dag vóór*
**even** I [ov + on ww] • (~ **out**) *gelijkmatig verdelen/-spreiden* II [bnw] • *effen* • *even* • *vlak* • *gelijk-/regelmatig* III [bijw] *zelfs*
**evening** [znw] *avond*
**event** [znw] • *gebeurtenis* • *geval* • *evenement*
**eventful** [bnw] *veelbewogen*
**eventual** [bnw] *uiteindelijk*
**eventuality** [znw] *mogelijke gebeurtenis*
**eventually** [bijw] *tenslotte*
**ever** [bijw] *ooit*
**evergreen** [znw] • *altijd groene plant* • *liedje dat populair blijft*
**everlasting** [bnw] *eeuwig(durend)*
**every** [telw] *ieder*
**everybody** [onb vnw] *iedereen*
**everyday** [bnw] • *alledaags* • *dagelijks*
**everything** [onb vnw] *alles*
**everywhere** [bnw + bijw] *overal*
**evict** [ov ww] *uitwijzen/-zetten*
**eviction** [znw] *uitzetting, ontruiming*
**evidence** I [ov ww] *getuigen (van)* II [znw] • *bewijs, bewijsstuk/-materiaal* • *getuige(nis)*
**evident** [bnw] *duidelijk*
**evince** [ov ww] *bewijzen, (aan)tonen*
**evocation** [znw] • *evocatie* • *oproeping*
**evocative** [bnw] *beeldend* <v. taalgebruik>
**evoke** [ov ww] • *aanhalen* • *oproepen*
**evolution** [znw] *evolutie*
**evolutionary** [bnw] *evolutie-*
**evolve** I [ov ww] *ontwikkelen* II [on ww] • *zich ontplooien* • *geleidelijk ontstaan*
**ewe** [znw] *ooi*
**ewer** [znw] • *kruik* • *lampetkan*
**exact** I [ov ww] *eisen* II [bnw] • *precies, nauwkeurig* • *juist*
**exacting** [bnw] *veeleisend*
**exactitude** [znw] *nauwkeurigheid*
**exaggerate** [ov ww] *overdrijven*
**exalt** [ov ww] *verheffen*
**exaltation** [znw] • *verheerlijking* • *verrukking*
**examine** [ov + on ww] *ondervragen, onderzoeken*
**examiner** [znw] *examinator*
**example** [znw] *voorbeeld*
**exasperate** [ov ww] • *ergeren* • *kwaad maken*
**excavate** [ov ww] *op-/uitgraven*
**excavator** [znw] *excavator, graafmachine*
**exceed** [ov ww] *overschrijden/-treffen*
**exceeding(ly)** [bnw] *buitengewoon*
**excel** I [ov ww] *overtreffen* II [on ww] *uitmunten*
**excellence** [znw] *uitmuntende eigenschap*
**excellent** [bnw] *uitstekend*
**except** [vz] *uitgezonderd, behalve*
**exception** [znw] *uitzondering*
**exceptional** [bnw] *uitzonderlijk*
**excerpt** [znw] *uittreksel*
**excess** [znw] • *overmaat* • *exces* • *uitspatting*
**excessive** [bnw] *buitensporig*
**exchange** I [ov ww] • *(ver-/uit-/om)wisselen* • *ruilen* II [znw] • *wisselkoers* • *beurs*

• telefooncentrale
**excise** **I** [ov ww] uitsnijden **II** [znw] accijns
**excitable** [bnw] prikkelbaar
**excite** [ov ww] • (op)wekken • prikkelen • opwinden
**excited** [bnw] opgewonden
**excitement** [znw] • opwinding • roes
**exciting** [bnw] opwindend, spannend
**exclaim** [ov ww] uitroepen
**exclamation** [znw] uitroep
**exclude** [ov ww] uitsluiten, onmogelijk maken
**exclusion** [znw] uitsluiting
**excommunicate** [ov ww] in de kerkelijke ban doen
**excrete** [ov ww] afscheiden
**excruciating** [bnw] folterend, ondraaglijk
**excursion** [znw] • excursie • uitstapje
**excuse** **I** [ov ww] • excuseren, verontschuldigen • vrijstellen **II** [znw] • verontschuldiging • uitvlucht
**execrable** [bnw] afschuwelijk
**execute** [ov ww] • uitvoeren, ten uitvoer brengen • vervullen • ter dood brengen
**executioner** [znw] beul
**executive** **I** [znw] • directeur • topambtenaar • uitvoerende macht • bewindsman **II** [bnw] uitvoerend, verantwoordelijk
**executor** [znw] executeur-testamentair
**exemplary** [bnw] • voorbeeldig • kenschetsend
**exemplify** [ov ww] • als voorbeeld dienen • met voorbeeld toelichten
**exempt** **I** [ov ww] vrijstellen **II** [bnw] vrijgesteld
**exercise** **I** [ov ww] • (be-/uit)oefenen • in acht nemen • beweging laten nemen • <mil.> (laten) exerceren **II** [on ww] • oefeningen doen/maken • sporten **III** [znw] • oefening • (lichaams)beweging
**exert** [ov ww] inspannen, uitoefenen
**exertion** [znw] • inspanning • krachtige poging
**exhale** [ov ww] • uitademen • uitwasemen
**exhaust** **I** [ov ww] • uitputten • verbruiken **II** [znw] • uitlaatgassen • uitlaat <v. motor>
**exhaustion** [znw] uitputting
**exhaustive** [bnw] volledig, grondig
**exhibit** **I** [ov ww] • (ver)tonen • tentoonstellen **II** [znw] • bewijsstuk • inzending <op tentoonstelling> • vertoon, vertoning
**exhibition** [znw] tentoonstelling
**exhibitionism** [znw] exhibitionisme
**exhort** [ov ww] aansporen, vermanen
**exhume** [ov ww] opgraven
**exile** **I** [ov ww] verbannen **II** [znw] • ballingschap • balling • verbanning
**exist** [on ww] bestaan • (~ **on**) bestaan van
**existence** [znw] het bestaan
**existent** [bnw] bestaand
**exit** **I** [on ww] (v.h. toneel) verdwijnen **II** [znw] • uitgang • dood • vertrek
**exodus** [znw] uittocht
**exorbitant** [bnw] buitensporig
**exorcism** [znw] duivelbezwering
**exotic** **I** [znw] uitheemse plant **II** [bnw] uitheems
**expand** **I** [ov ww] • uitbreiden/-spreiden • uitwerken <v. aantekeningen> **II** [on ww] • toenemen • uitzetten
**expanse, expansion** [znw] • uitgestrektheid • uitbreiding
**expansive** [bnw] • uitzettings- • wijd • open <v. karakter>
**expatriate** [ov ww] verbannen
**expect** [ov ww] verwachten
**expectancy** [znw] verwachting, afwachting, kans
**expectation** [znw] vooruitzicht
**expedient** **I** [znw] (red)middel **II** [bnw] • doelmatig, raadzaam • opportunistisch
**expedite** [ov ww] bespoedigen,

voorthelpen

**expedition** [znw] • expeditie • vlotheid

**expeditious** [bnw] vlot

**expel** [ov ww] verdrijven, verjagen, verwijderen

**expend** [ov ww] besteden, uitgeven

**expendable** [bnw] te verwaarlozen

**expenditure** [znw] uitgaven

**expense** [znw] uitgave(n), (on)kosten

**expensive** [bnw] duur

**experience** I [ov ww] ervaren II [znw] • mystieke ervaring • ondervinding • ervaring

**experiment** I [on ww] proeven nemen II [znw] proef

**expert** I [znw] deskundige II [bnw] deskundig, bedreven

**expiration** [znw] uitademing, expiratie

**expire** I [ov + on ww] uitademen II [on ww] • sterven • aflopen, vervallen

**explain** [ov ww] uitleggen, verklaren

**expletive** [znw] • verwensing • krachtterm

**explicable** [bnw] verklaarbaar

**explicit** [bnw] • expliciet • nauwkeurig omschreven • uitdrukkelijk • stellig • duidelijk

**explode** [ov + on ww] (doen) ontploffen

**exploit** I [ov ww] • exploiteren • uitbuiten II [znw] • heldendaad • prestatie

**exploratory** [bnw] verkennend, onderzoekend

**explore** [ov ww] • onderzoeken • verkennen

**explorer** [znw] ontdekkingsreiziger, verkenner

**explosion** [znw] explosie

**explosive** I [znw] springstof II [bnw] • ontplofbaar • ontploffend • opvliegend

**exponent** [znw] • exponent ‹bij algebra› • vertolker, vertegenwoordiger • vertolking

**export** I [ov ww] exporteren II [znw] export

**exporter** [znw] exporteur

**expose** [ov ww] • ontmaskeren • uiteenzetten • tentoonstellen • (~ to) blootstellen aan

**exposition** [znw] uiteenzetting

**expound** [ov ww] uiteenzetten, verklaren

**express** I [ov ww] uitdrukken II [znw] • expresse • sneltrein III [bnw + bijw] • expresse ‹post› • uitdrukkelijk, stellig • met opzet

**expression** [znw] uitdrukking

**expressionism** [znw] expressionisme

**expressive** [bnw] • expressief • veelzeggend

**expropriate** [ov ww] • onteigenen • afnemen

**exquisite** [bnw] voortreffelijk, (ver)fijn(d)

**extemporize** [ov ww] improviseren

**extend** I [ov ww] • uitsteken • rekken, verlengen II [on ww] zich uitstrekken

**extension** [znw] • uitgebreidheid • bijkantoor

**extensive** [bnw] • groots opgezet • veelomvattend

**extenuate** [ov ww] verzachten

**exterior** I [znw] buitenkant II [bnw] • uiterlijk • uitwendig • buiten-

**external** [bnw] • uitwendig • van buiten af • uiterlijk

**extinct** [bnw] uitgestorven

**extinction** [znw] het uitsterven

**extinguish** [ov ww] blussen, (uit)doven

**extinguisher** [znw] blusapparaat

**extort** [ov ww] afdwingen/-persen

**extra** I [znw] • extraatje • figurant ‹in film› II [bnw] extra III [voorv] buiten-

**extract** I [ov ww] • (uit)trekken • afdwingen • uitpersen II [znw] • passage ‹uit boek› • extract

**extraction** [znw] afkomst

**extramarital** [bnw] buitenechtelijk

**extraneous** [bnw] buiten de zaak staand

**extraordinary** [bnw] buitengewoon

**extravagance** [znw] *extravagantie*
**extravagant** [bnw] • *buitensporig, overdreven* • *verkwistend* • *ongerijmd*
**extreme** I [znw] • *(uit)einde* • *hoogste graad* II [bnw] • *uiterst, laatst, hoogst* • *buitengewoon*
**extremism** [znw] *extremisme*
**extremist** I [znw] *extremist* II [bnw] *extremistisch*
**extremity** [znw] • *uiterste nood* • *uiterste maatregel* • *uiterste* • *uitsteeksel*
**extricate** [ov ww] • *uit de knoop halen* • *bevrijden*
**exuberant** [bnw] • *overvloedig* • *uitbundig*
**exude** [ov ww] *uitzweten*
**exult** [on ww] *juichen* • (~ **over**) *triomferen over*
**exultant** [bnw] • *juichend* • *opgewonden* • *dol van blijdschap*
**eye** I [ov ww] *na-/aankijken* II [znw] *oog*

# F

**fable** [znw] • *fabel* • *leugen, praatje*
**fabled** [bnw] *legendarisch*
**fabric** [znw] *geweven stof, weefsel*
**fabricate** [ov ww] • *verzinnen* • *namaken*
**fabrication** [znw] • *verzinsel* • *namaak*
**fabulous** [bnw] *wonderbaarlijk, fabelachtig*
**face** I [ov ww] • *uitzicht geven op* • *onder ogen (durven) zien* • *liggen/staan tegenover* • (~ **up to**) *flink aanpakken, onder ogen zien* II [znw] • *gelaat, gezicht* • *voorkomen* • *beeldzijde, voorkant* • *oppervlakte* • *wijzerplaat*
**facet** [znw] *facet*
**facetious** [bnw] *schertsend*
**facial** I [znw] *gezichtsmassage* II [bnw] *gelaats-*
**facilitate** [ov ww] *vergemakkelijken*
**facility** [znw] • *gemak* • *voorziening, faciliteit*
**facing** I [znw] • *revers* • *(aanbrenging van) buitenlaag* <op muur> II [vz] *(staande) tegenover*
**fact** [znw] • *feit, gebeurtenis* • *werkelijkheid*
**faction** [znw] • *politieke partij* • *partijgeest*
**factitious** [bnw] *nagebootst, kunstmatig, onecht*
**factor** [znw] *factor*
**factory** [znw] *fabriek*
**factotum** [znw] *manusje-van-alles*
**factual** [bnw] *feitelijk, feiten-*
**faculty** [znw] • *vermogen* • *faculteit*
**fad** [znw] *rage, gril*
**fade** [on ww] • *wegzakken* <v. radio-ontvangst> • *verwelken* • *geleidelijk verdwijnen* • (~ **away/out**) *(doen) verbleken,*

*wegkwijnen* • (~ **in/up**) *volume regelen, inregelen* <v. beeld> • (~ **into**) *overgaan in* • (~ **out**) *uitregelen* <v. beeld/film>

**faeces** [znw] *uitwerpselen*

**fag** [znw] • *vermoeiend en onaangenaam werk* • <inf.> *sigaret* • <pej.> *homo*

**fail** I [ov ww] • *in gebreke blijven* • *laten zakken* <bij examen> II [on ww] • *mislukken* • *zakken* <bij examen> • *falen* • *opraken* • *wegsterven*

**failing** I [znw] *gebrek, zwak(te)* II [vz] *bij gebrek aan*

**faint** I [on ww] *flauwvallen* II [znw] *flauwte* III [bnw] • *zwak* • *vaag*

**fair** I [znw] • *beurs* • *kermis* • *jaarmarkt* II [bnw] • *mooi* • *blond* • *zuiver* • *eerlijk, geoorloofd* • *tamelijk* • *gunstig*

**fairly** [bijw] • *eerlijk* • *tamelijk*

**fairy** I [znw] *fee* II [bnw] *feeachtig, tover-*

**faith** [znw] • *geloof, vertrouwen* • *leer(stelling)*

**faithful** [bnw] • *gelovig* • *trouw* • *nauwgezet*

**fake** I [ov ww] *vervalsen, fingeren* II [znw] • *namaak* • *bedrog, voorwendsel* III [bnw] *vals, nep*

**falcon** [znw] *valk*

**falconer** [znw] *valkenier*

**falconry** [znw] *valkenjacht*

**fall** I [on ww] • *vallen* • *worden* • *afdalen* • *betrekken* <v. gezicht> • (~ **away**) *weg-/uit-/afvallen, verminderen, hellen, verdwijnen* • (~ **back**) *achterop raken, terugvallen* • (~ **behind**) *achterop raken* • (~ **for**) *verliefd worden op* • (~ **in**) *instorten, z. aansluiten* • (~ **in with**) *het eens zijn met* • (~ **into**) *vervallen tot* • (~ **on**) *zich storten op* • (~ **out**) *uitvallen, ruzie krijgen, gebeuren, blijken (te zijn)* • (~ **through**) *in duigen vallen, mislukken* • (~ **to**) *z. toeleggen op, beginnen met* • (~ **upon**) *vallen op, aanvallen* • (~ **within**) *binnen het kader vallen* II [znw] • *val* • *daling* • *helling* • *verval, ondergang* • *waterval* • <AE> *herfst*

**fallacious** [bnw] *bedrieglijk*

**fallacy** [znw] • *bedrog* • *drogrede(n)*

**fallen** [ww] volt. deelw. → **fall**

**fallible** [bnw] *feilbaar*

**fallow** [bnw] *braak(liggend)*

**false** [bnw] • *vals, onjuist* • *ontrouw* • *onecht*

**falsehood** [znw] *leugen(s)*

**falsify** [ov ww] *vervalsen, verkeerd voorstellen*

**falsity** [znw] • *valsheid* <in geschrifte> • *oneerlijkheid* • *bedrog* • *onjuistheid*

**famed** [bnw] *beroemd*

**familiar** [bnw] • *familiaar* • *vertrouwd, bekend*

**familiarity** [znw] • *vertrouwdheid* • *familiariteit*

**familiarize** [ov ww] *bekend/vertrouwd maken met*

**family** [znw] • *familie, gezin* • *geslacht*

**famine** [znw] *schaarste, hongersnood*

**famous** [bnw] *vermaard, beroemd*

**fan** I [ov ww] • *aanwakkeren* • *koelte toewaaien* II [znw] • *waaier* • *ventilator* • *enthousiast(eling), fan*

**fanatic** I [znw] *fanatiekeling* II [bnw] *fanatiek*

**fanaticism** [znw] *fanatisme, dweepzucht*

**fanciful** [bnw] • *ingebeeld, fantastisch* • *kieskeurig*

**fancy** I [ov ww] *z. inbeelden, verbeelden* II [znw] • *in-/verbeelding(skracht)* • *gril, zin, voorliefde* III [bnw] • *luxe* • *chic*

**fang** [znw] *slagtand, giftand*

**fanny** [znw] • <sl.> *kut* • <AE sl.> *kont*

**fantastic** [bnw] • *grillig, vreemd* • *fantastisch*

**fantasy** [znw] *fantasie*

**far** [bnw + bijw] *ver, afgelegen*

**farcical** [bnw] *bespottelijk*

**fare** [znw] • *vrachttarief* • *vrachtje* <taxi> • *kost* <eten>
**farewell** [znw] *vaarwel*
**farm** I [on ww] *boerenbedrijf uitoefenen* II [znw] • *landerij, boerderij* • *kwekerij, fokkerij*
**farmer** [znw] *boer, pachter*
**farming** I [znw] *landbouw* II [bnw] *landbouw-*
**fart** I [on ww] *een scheet laten* II [znw] *scheet*
**farther** [bnw + bijw] vergr. trap → **far**
**farthest** [bnw] overtr. trap → **far**
**fascinate** [ov ww] • *betoveren* • *fascineren*
**fashion** I [ov ww] *vormen, pasklaar maken* II [znw] • *fatsoen* • *mode* • *aard, wijze*
**fast** I [on ww] *vasten* II [znw] *vastentijd* III [bnw + bijw] • *snel* • *wasecht* • *onbeweeglijk, vast* • *los* <v. zeden> • *vóór* <v. klok>
**fasten** [ov ww] *bevestigen, sluiten, vastmaken* • (~ **on**) *vasthouden aan, uitkiezen* <voor kritiek e.d.> • (~ **up**) *vastmaken* <japon>
**fastener** [znw] *sluiting*
**fastness** [znw] • *bolwerk* • → **fast**
**fat** I [ww] → **fatten** II [znw] *het vet(te)* III [bnw] *vet, dik*
**fatal** [bnw] • *noodlottig, rampspoedig* • *fataal, dodelijk* • *onvermijdelijk*
**fatalism** [znw] *fatalisme*
**fatality** [znw] • *noodlot, voorbeschikking* • *ramp, ongeluk met dodelijke afloop*
**fate** [znw] *dood, (nood)lot*
**fateful** [bnw] *noodlottig*
**father** I [ov ww] • *voortbrengen* • *een vader zijn voor* II [znw] • *vader* • *voorvader* • *nestor* • *pater, biechtvader* • *kerkvader* • *God* • *leider*
**fatherly** [bnw] *vaderlijk*
**fathom** I [ov ww] *peilen, doorgronden* II [znw] *vadem, 3 voet (ca. 1.80 m)*
**fathomless** [bnw] *peilloos, ondoorgrondelijk*
**fatigue** I [ov ww] *vermoeien* II [znw] *vermoeidheid*
**fatten** I [ov ww] *mesten* II [on ww] *dik/vet worden*
**fatty** I [znw] <inf.> *dikke(rd)* II [bnw] *vet(tig)*
**fatuous** [bnw] *sullig, idioot*
**fault** I [ov ww] *aanmerking maken* II [znw] • *fout* • *schuld* • *overtreding* • *gebrek*
**faultless** [bnw] *onberispelijk*
**faulty** [bnw] • *gebrekkig* • *onjuist*
**favour** I [ov ww] • *(willen) begunstigen, bevoordelen* • *goedkeuren, steunen* • *verkiezen* • *lijken op* • <inf.> *ontzien* II [znw] • *begunstiging, gunst* • *achting* • *genade, vriendelijkheid*
**favourable** [bnw] *gunstig*
**favourite** I [znw] *gunsteling, lieveling* II [bnw] *lievelings-*
**favouritism** [znw] *(oneerlijke) bevoorrechting*
**fawn** I [on ww] • *kwispelstaarten* <v. hond> • *vleien, kruipen voor* II [znw] • *jong hert* • *geelbruin*
**fear** I [ov ww] *bang zijn voor, vrezen, duchten* • (~ **for**) *bang/bezorgd zijn voor* II [znw] *vrees, angst*
**fearful** [bnw] • *vreselijk* • *bang*
**fearless** [bnw] *onbevreesd*
**fearsome** [bnw] *vreselijk*
**feasible** [bnw] • *uitvoerbaar* • *waarschijnlijk*
**feast** I [on ww] *feest vieren* • (~ **on**) *z. te goed doen aan* II [znw] • *kerkelijk feest* • *feest(maal)*
**feat** [znw] *heldendaad, prestatie*
**feather** I [ov ww] *met veren bedekken* II [znw] *veer*
**February** [znw] *februari*
**fecund** [bnw] *overvloedig, vruchtbaar*
**fed** [ww] verl. tijd + volt. deelw. → **feed**
**federal** [bnw] *federaal, bonds-*

**federation** [znw] statenbond
**fee** [znw] • schoolgeld • loon, honorarium
**feeble** [bnw] futloos, zwak
**feed** I [ov ww] voeden, voederen, instoppen <computer> II [on ww] eten, z. voeden III [znw] veevoer
**feeder** [znw] • eter • zijlijn/-tak • aanvoerapparaat
**feel** I [ov ww] voelen, gewaarworden II [on ww] gevoelens hebben, voelen, gevoel/tastzin hebben • (~ **for**) zoeken naar, voelen voor • (~ **out**) aan de tand voelen • (~ **with**) meevoelen met III [znw] gevoel
**feeler** [znw] voelhoorn/-spriet
**feeling** [znw] gevoel(en)
**feet** [mv] → **foot**
**feint** I [on ww] doen alsof II [znw] • schijnbeweging • voorwendsel
**felicitous** [bnw] goed (gevonden) en toepasselijk
**felicity** [znw] • groot geluk, zegen(ing) • gelukkige vondst • toepasselijkheid
**feline** I [znw] katachtige II [bnw] katachtig
**fell** I [ov ww] vellen II [on ww] verl. tijd → **fall** III [znw] • vel, huid • berg • heidevlakte <N. Engeland>
**fellow** I [znw] • makker • kerel, vrijer, vent II [bnw] • -genoot, mede- • gelijke
**fellowship** [znw] • kameraadschappelijke omgang, collegialiteit • broederschap, genootschap • studiebeurs, betrekking van wetenschapper
**felt** I [on ww] verl.tijd + volt.deelw. → **feel** II [znw] vilt III [bnw] vilten
**female** I [znw] wijfje, vrouw(spersoon) II [bnw] vrouwelijk, wijfjes-
**feminism** [znw] feminisme
**feminist** [znw] feminist(e)
**fen** [znw] moeras, ondergelopen land
**fence** I [ov ww] beschutten, omheinen • (~ **off**) afschermen II [on ww] <sport> schermen III [znw] • hek, omheining • schutting • <inf.> heler(shuis)
**fencing** [znw] • omheining • schermkunst/-sport
**fend** [ww] • (~ **for**) zorgen voor • (~ **off**) afweren
**fender** [znw] • bescherming, haardhekje • bumper • <AE> spatbord <v. auto>
**fennel** [znw] venkel
**ferment** I [on ww] fermenteren, gisten II [znw] gist, gisting
**fern** [znw] varen(s)
**ferry** I [ov ww] overzetten II [znw] veer(boot)
**fertile** [bnw] vruchtbaar, rijk (in/aan)
**fertilize** [ov ww] • vruchtbaar maken • met kunstmest behandelen • bevruchten
**fertilizer** [znw] (kunst)mest
**fervent** [bnw] heet, vurig
**fervour** [znw] hitte, drift
**fester** [on ww] zweren
**festive** [bnw] feest-, feestelijk
**festivity** [znw] feestelijkheid, feestvreugde
**festoon** I [ov ww] versieren met slingers II [znw] guirlande
**fetch** [ov ww] • toebrengen <slag> • halen • opbrengen <prijs>
**fetching** [bnw] • innemend • aantrekkelijk • pakkend
**fetid** [bnw] stinkend
**fetish** [znw] fetisj
**fetter** I [ov ww] boeien, belemmeren II [znw] • voetboei • belemmering
**fettle** [znw] conditie
**fetus** [znw] foetus, vrucht, ongeboren kind
**feud** [znw] vete
**feudal** [bnw] leen-
**feudalism** [znw] leenstelsel
**fever** [znw] • koorts • (koortsachtige) opwinding
**feverish** [bnw] koorts(acht)ig
**few** [onb vnw] weinige(n)
**fib** I [on ww] jokken II [znw] leugentje

**fibber, fibster** [znw] jokkebrok
**fibre** [znw] • karakter • vezelachtige stof • <AE> vezel(s)
**fibroid, fibrous** [bnw] vezelachtig
**fiddle** I [ov ww] <sl.> bedriegen, knoeien <vooral met de boekhouding> II [on ww] vioolspelen III [znw] • vedel, viool • knoeierij, bedrog, geklungel
**fiddler** [znw] • vedelaar • bedrieger
**fiddling** [bnw] • onbetekenend • prullerig
**fidelity** [znw] (ge)trouw(heid)
**fidget** I [on ww] (z.) zenuwachtig bewegen • (~ **about**) niet stil kunnen zitten II [znw] druk en nerveus persoon
**fidgety** [bnw] druk, gejaagd
**field** I [ov ww] • bal vangen • in 't veld brengen <v. team> II [znw] • veld • slagveld • akker • gebied, terrein
**fielder** [znw] balvanger
**fiend** [znw] • duivel • maniak
**fiendish, fiendlike** [bnw] duivels
**fierce** [bnw] • woest, onstuimig, hevig • erg
**fiery** [bnw] • vurig, opvliegend • gloeiend
**fifteen** [telw] vijftien
**fifth** [telw] vijfde
**fiftieth** [telw] vijftigste
**fifty** [telw] vijftig
**fig** [znw] vijg(eboom)
**fight** I [ov ww] • vechten tegen • laten vechten II [on ww] vechten III [znw] • gevecht, strijd • vechtlust
**figment** [znw] verzinsel
**figurative** [bnw] • figuurlijk, zinnebeeldig • beeld-
**figure** I [ov ww] <AE> geloven • (~ **on**) rekenen op, vertrouwen op • (~ **out**) uitrekenen, bedenken II [on ww] verschijnen, voorkomen III [znw] • figuur, vorm, gestalte • patroon • bedrag • cijfer
**filament** [znw] • gloeidraad • vezel • <plant.> helmdraad
**filch** [ov ww] gappen
**file** I [ov ww] • vijlen • in archief opbergen • indienen <v. eis/klacht/verzoek> II [on ww] • (~ **in/out**) achter elkaar naar binnen/buiten lopen III [znw] • vijl • briefordener • dossier • gelid
**filial** [bnw] v. dochter/zoon
**fill** I [ov ww] • vullen • plomberen • stoppen <pijp> • verzadigen • bekleden <ambt> • (~ **in**) invullen, dempen, inlichten • (~ **out**) opvullen, inschenken, invullen <formulier> • (~ **up**) volproppen, tanken, dempen II [on ww] z. vullen III [znw] • vulling • bekomst
**filler** [znw] (op)vulsel
**filling** [znw] vulling
**fillip** [znw] aansporing, prikkel, knip <met duim en vinger>, tikje
**filmy** [bnw] • fijn • wazig
**filter** I [ov ww] filtreren, zuiveren II [on ww] • (~ **through**) door-/uitlekken III [znw] filter
**filth** [znw] • vuile taal • vuiligheid
**filthy** [bnw] vuil
**fin** [znw] • vin • <luchtv.> kielvlak
**final** I [znw] • eindwedstrijd • <inf.> laatste editie v. krant op de dag II [bnw] • definitief, afdoend • eind-, slot-, laatste
**finalist** [znw] • eindexamenkandidaat • speler in eindwedstrijd
**finalize** [ov ww] besluiten, afmaken
**finance** I [ov ww] financieren II [znw] financieel beheer, financiën, financiewezen
**financial** [bnw] financieel
**finch** [znw] vink
**find** I [ov + on ww] oordelen, uitspreken II [ov ww] • (be)vinden • zien, ontdekken • (gaan) halen • verschaffen, bekostigen III [znw] vondst
**finder** [znw] • zoeker <op fototoestel> • vinder
**fine** I [ov ww] beboeten II [znw] geldboete III [bnw] • fijn, mooi

• *verfijnd, subtiel, zuiver* • *hard* <potlood> • *scherp* <pen> • *uitstekend* <conditie> • *goed, gelukkig, schoon, waardig* • *helder of droog* <weer> **IV** [bijw] *prima*

**finery** [znw] • *opschik* • <techn.> *frishaard*

**finesse** [znw] *handigheid, spitsvondigheid*

**finger** [znw] *vinger*

**finicky** [bnw] *overdreven precies, pietepeuterig*

**finish** **I** [ov + on ww] • *voltooien, (be)eindigen* • *opeten/-drinken/-roken, enz.* • *garneren* • *uitlezen* • *afwerken, lakken* • *v. kant maken* **II** [znw] • *laatste laag, afwerkingslaag, glanslaag* • *vernis* • *finish, einde, afwerking*

**finite** [bnw] *begrensd, eindig*

**fink** [znw] *verrader, aanbrenger*

**Finn** [znw] *Fin*

**Finnish** [bnw] *Fins*

**fiord** [znw] *fjord*

**fir** [znw] *den(neboom), dennehout, spar*

**fire** **I** [ov ww] • *aanvuren* • *bakken* <stenen> • *afvuren* • *ontslaan* • (~ **away**) *er op los schieten, v. leer trekken, beginnen* • (~ **off**) *afvuren* **II** [znw] *vuur, brand, gloed, hitte*

**firm** **I** [znw] *firma* **II** [bnw] • *vast, hard* • *vastberaden, standvastig*

**first** **I** [znw] *eerste* **II** [bnw] *eerst, belangrijkst* **III** [bijw] • *voor 't eerst* • *ten eerste* • *liever*

**firstly** [bijw] *ten eerste*

**fiscal** [bnw] *fiscaal, belasting-*

**fish** **I** [ov + on ww] *vissen* **II** [znw] *vis*

**fisherman** [znw] *visser*

**fishery** [znw] *visgrond/-plaats*

**fishing** [znw] *het vissen*

**fishy** [bnw] • *naar vis smakend* • *visachtig* • <inf.> *niet helemaal pluis, verdacht*

**fission** [znw] *splijting, celdeling, splitsing v. atoom*

**fissure** [znw] *kloof, spleet*

**fist** [znw] *vuist*

**fit** **I** [ov + on ww] • *passen (bij), geschikt maken* • *monteren* • (~ **in**) *inlassen* • (~ **in with**) *kloppen met* • (~ **on**) *(aan)passen* • (~ **out**) *uitrusten* <bijv. schip> • (~ **up**) *monteren, uitrusten* • (~ **with**) *voorzien van* **II** [znw] • *bui* • *aanval, stuip* • *beroerte* • *'t passen/zitten* **III** [bnw] • *geschikt, gepast* • *gezond, in goede conditie*

**fitful** [bnw] *afwisselend, bij vlagen*

**fitment** [znw] *wandmeubel*

**fitter** [znw] • *monteur* • *bankwerker* • *fitter*

**fitting** **I** [znw] • *pasbeurt* • *armatuur* **II** [bnw] *passend*

**five** [telw] *vijf*

**fiver** <inf.> [znw] *bankbiljet v. vijf pond*

**fix** **I** [ov ww] • *vastleggen/-maken, bevestigen, vaststellen* <v. datum> • *monteren, installeren, fixeren* • *repareren* • *opmaken* <v. haar> • *aanleggen* <vuur> • *klaarspelen* • (~ **up**) *regelen, organiseren* **II** [znw] • *moeilijkheid, dilemma* • *doorgestoken kaart* • <sl.> *shot* <drugs>

**fixation** [znw] *obsessie*

**fixed** [bnw] *vast*

**fixture** [znw] • *wat vast is* • *datum v. wedstrijd*

**fizz** **I** [on ww] *sissen* **II** [znw] • *champagne* • *gesis*

**fizzle** [on ww] *sissen, sputteren* • (~ **out**) *met een sisser aflopen*

**flabby, flaccid** [bnw] • *slap, zwak* • *willoos*

**flag** **I** [ov ww] • (~ **down**) *teken geven om te stoppen* <aan auto> **II** [on ww] *kwijnen, verflauwen* **III** [znw] *vlag*

**flagellate** [ov ww] *kastijden, geselen*

**flagon** [znw] • *schenkkan* • *fles*

**flagrant** [bnw] • *flagrant* • *opvallend* • *schandelijk* <belediging>

**flair** [znw] • *flair* • *bijzondere handigheid*

**flake** I [ov ww] *doen afschilferen* II [on ww] • *als vlokken vallen* • *afschilferen* • (~ **out**) *'t bewustzijn verliezen* III [znw] • *vlok* • *schilfer* • *plakje*

**flaky** [bnw] • *vlokkig* • *schilferachtig*

**flame** I [on ww] • *ontvlammen* • *vuurrood worden* II [znw] *vlam, vuur*

**flaming** [bnw] • *zeer heet* • *felgekleurd*

**flammable** [bnw] *brandbaar*

**flan** [znw] *vlaai, jamgebak*

**flange** [znw] *flens*

**flank** I [ov ww] *flankeren* II [znw] *zijde, flank*

**flannel** I [znw] • *flanel* • *flanellen wrijflap, dweil, washandje* II [bnw] *flanellen*

**flap** I [ov + on ww] • *klapperen, fladderen* • *klapwieken* • (~ **away/off**) *wegvliegen* II [znw] • *klep* • *neerhangend deel* <v. tafelblad> • *slip* <jas> • *kieuwdeksel* • *omslag* <v. boek>

**flare** I [on ww] • *flikkeren, gloeien* • *z. buitenwaarts bollen, uitstaan* <v. rok> • (~ **up**) *oplaaien* II [znw] • *helle vlam* • *lichtkogel* <met parachute>, *signaalvlam*

**flash** I [ov ww] • *seinen* • *doen flitsen, laten schijnen, schieten* <vuur v. ogen> II [on ww] *schijnen, opvlammen, flitsen* III [znw] • *vlam* • *oogwenk* • *vertoon* • *vlaag* • *kiekje* • *nieuwsflits*

**flasher** [znw] • *exhibitionist, potloodventer* • *knipperlicht* <auto>

**flashy** [bnw] *opzichtig, fatterig, poenig*

**flatten** I [ov ww] • *plat maken* • *pletten* • *klein krijgen* • *met de grond gelijk maken* II [on ww] *plat/vlak worden* • (~ **out**) *plat worden*

**flatter** [ov ww] *vleien, strelen* <v. ego/ijdelheid>

**flatterer** [znw] *vleier*

**flattery** [bnw] *vleierij*

**flatulence** [znw] • *winderigheid* • *aanmatiging*

**flaunt** [ov ww] *pronken met*

**flautist** [znw] *fluitist*

**flavouring** [znw] *'t kruiden, kruiderij*

**flavourless** [bnw] *smakeloos*

**flaw** [znw] • *regen-/windvlaag* • *barst, scheur* • *onvolkomenheid, fout*

**flawless** [bnw] *perfect, onberispelijk, smetteloos*

**flay** [ov ww] • *bekritiseren* • *villen*

**flea** [znw] *vlo*

**fleck** [znw] *vlek, spat, spikkel*

**flee** I [ov ww] *vluchten* II [on ww] *ontvluchten*

**fleece** I [ov ww] • *scheren* <schapen> • *geld afhandig maken* II [znw] *schapevacht*

**fleecy** [bnw] *wollig, vlokkig*

**fleet** [znw] • *vloot* • *wagenpark* <auto's>

**fleeting** [bnw] *snel, vergankelijk, vluchtig*

**Flemish** [bnw] *Vlaams*

**flesh** I [ov ww] • (~ **out**) *nader preciseren, uitwerken* II [znw] *vlees*

**flew** [ww] verl. tijd → **fly**

**flex** I [ov ww] *buigen* II [znw] *(elektrisch) snoer*

**flexible** [bnw] *buigzaam, handelbaar*

**flick** [ov ww] *tikken, rukken, knippen*

**flicker** I [on ww] *flikkeren* II [znw] *opflikkering*

**flight** [znw] • *vlucht* • *zwerm* • *formatie* <vliegtuigen>

**flighty** [bnw] • *grillig* • *wispelturig*

**flimsy** [bnw] *ondeugdelijk, zwak, nietig*

**flinch** [on ww] • *wijken* • *ineenkrimpen* <v.d. pijn> • (~ **from**) *terugdeinzen voor*

**fling** I [ov ww] • *smijten* • *gooien* II [znw] • *worp* • *onstuimige Hooglandse dans* • *kortstondige, stormachtige liefdesaffaire, uitspatting*

**flint** [znw] *keisteen, vuursteen*

**flip** I [ov + on ww] • (~ **over**) *omdraaien* II [ov ww] • *(weg)knippen, tikken* • *(om) laten kantelen* • *(snel) omdraaien* • (~ **through**) *doorbladeren* III [on ww] • *flippen*

<door drugs>, ongunstig reageren op, door het dolle heen raken, wildenthousiast worden • een salto maken IV [znw] • knip, tik • salto

**flippancy** [znw] • spot • oneerbiedige opmerking

**flippant** [bnw] ongepast luchthartig, zonder de nodige ernst, spottend

**flirt** I [on ww] flirten • (~ **with**) spelen <met de gedachte> II [znw] flirt

**flirtatious** [bnw] koket(terend)

**float** I [ov ww] laten drijven, doen zweven II [on ww] • vlot komen • drijven, zweven • doelloos rondtrekken III [znw] • vlotter <v. stoomketel> • dobber • vlot • lage wagen <in optocht>

**floating** [bnw] drijvend, vlottend <kapitaal>

**flock** I [on ww] samenstromen II [znw] schare, kudde, troep

**floe** [znw] drijvende ijsschots(en)

**flog** [ov ww] • slaan • verpatsen

**flood** I [ov ww] • (doen) overstromen • overvoeren <v.d. markt> II [on ww] overstromen III [znw] • vloed • stroom, overstroming

**floor** I [ov ww] • vloeren, neerslaan • overdonderen, te machtig zijn II [znw] • vloer, bodem • verdieping • loon-minimum

**flop** I [on ww] • klossen • neerploffen/-smijten • mislukking worden II [znw] • plof, plons • <inf.> flop, fiasco III [bijw] ineens

**floppy** [bnw] flodderig, zwak

**floral** [bnw] mbt. bloemen

**florid** [bnw] • opzichtig • blozend

**florist** [znw] bloemist, bloemenkweker

**flotilla** [znw] flotille

**flotsam** [znw] • aanspoelende wrakgoederen, rommel • zwervers

**flounce** I [on ww] woedend (weg)lopen II [znw] • ruk • strook

**flounder** I [on ww] • ploeteren <door modder> • fouten maken • in de war raken II [znw] bot <vis>

**flour** I [ov ww] bestrooien met meel II [znw] bloem, meel

**flourish** I [ov ww] wuiven met, gebaren II [on ww] gedijen, in de bloeitijd leven/zijn III [znw] • krul <als versiering> • zwierig gebaar

**floury** [bnw] melig, bedekt met meel

**flout** [ov ww] in de wind slaan

**flow** I [on ww] • stromen, golven • opkomen <v. getij> • (~ **from**) (voort)vloeien uit II [znw] • vloed • stroming, golving

**flower** I [on ww] (op)bloeien II [znw] • bloem • bloei • keur

**flowered** [bnw] gebloemd, versierd met bloemen

**flowery** [bnw] bloemrijk, gebloemd, bloemen-

**flown** [ww] volt. deelw. → **fly**

**flu** <inf.> [znw] griep

**fluctuate** [on ww] golven, op en neer gaan

**flue** [znw] rookkanaal, vlampijp

**fluency** [znw] • spreekvaardigheid • welbespraaktheid

**fluent** [bnw] • vaardig <vnl. spreekvaardigheid>, welbespraakt • vloeiend, sierlijk

**fluff** I [ov ww] donzig maken, opschudden <v. bed> • (~ **out/up**) laten uitstaan <haar> II [znw] • pluis, donzig spul • onhandige slag • <sl.> blunder, verspreking

**fluffy** [bnw] donzig <v. kussen>, pluizig

**fluid** I [znw] vloeistof II [bnw] vloeibaar, beweeglijk

**fluke** [znw] (gelukkig) toeval

**flummox** [ov ww] versteld doen staan

**flung** [ww] verl. tijd + volt. deelw. → **fling**

**flunk** <inf.> [ov ww] laten zakken <bij examen> • (~ **out**) weggestuurd worden <v. school/universiteit>

**fluorescent** [bnw] fluorescerend

**flurry** I [ov ww] zenuwachtig maken

II [znw] *(wind)vlaag*

**flush** I [ov ww] • *doorspoelen* • *opjagen* <v. vogels> II [on ww] *blozen* III [znw] • *gesloten serie* <poker> • *doorspoeling* • *plotselinge stroom* • *opwinding* • *blos* IV [bnw] • *in één vlak liggend* • *goed bij kas zijnde*

**fluster** [ov ww] *gejaagd maken*

**flute** [znw] *fluit*

**flutist** [znw] *fluitist*

**flutter** I [on ww] *fladderen, trillen, vlug heen en weer bewegen* II [znw] *trilling, gefladder*

**fly** I [on ww] *vliegen, zweven* II [znw] • *vlieg* • *gulp*

**flying** [bnw] *vliegend*

**foal** [znw] *veulen*

**foam** I [on ww] *schuimen* II [znw] *schuim*

**foamy** [bnw] *schuimend*

**fob** I [ov ww] • (~ **off**) *(met smoesjes) afschepen* II [znw] *horlogeketting*

**focal** [bnw] *brandpunt(s)-*

**focus** I [ov + on ww] • *concentreren* <v. gedachten> • *instellen* <v. camera> II [znw] • *brandpunt* • *scherpstelling*

**fodder** [znw] *stalvoer*

**foe** [znw] *vijand* <dichterlijk>

**fog** I [ov ww] *vertroebelen, benevelen* II [znw] *mist*

**foggy** [bnw] • *mistig* • *vaag*

**foible** [znw] *zwakke zijde*

**foil** I [ov ww] *verijdelen, in de war brengen* II [znw] • *folie* • *zilverpapier*

**foist** [ov ww] • (~ **on/upon**) *opdringen*

**fold** I [ov ww] *vouwen* • (~ **up**) <inf.> *failliet gaan* II [znw] • *vouw, kronkel* • *schaapskooi*

**folder** [znw] *folder, vouwblad, map* <voor documenten>

**foliage** [znw] *gebladerte, loof*

**folk, folks** [znw] <inf.> *volk, luitjes, ouders, familieleden*

**folksy** [bnw] *gezellig, plattelands-, eenvoudig*

**follow** I [ov ww] • *uitoefenen* <v. ambacht> • *volgen* • *najagen* • *begrijpen* II [on ww] *volgen (op/uit)* • (~ **up**) *nagaan, werk maken van*

**follower** [znw] *volgeling*

**following** I [znw] • *aanhang* • *volgelingen* • *het volgende* II [bnw] *volgend*

**folly** [znw] *dwaasheid*

**foment** [ov ww] *aanstoken/-vuren*

**fond** [bnw] • *dwaas* • *innig, teder*

**fondle** [ov ww] *liefkozen*

**font** [znw] • *doopvont* • *wijwaterbakje* • *oliereservoir* <v. lamp> • <AE> *lettertype*

**food** [znw] *voedsel, eten, voedingsartikel*

**fool** I [ov ww] *bedriegen* • (~ **into**) *wijsmaken* • (~ **out of**) *(iets) aftroggelen* II [on ww] • (~ **about/around**) *rondhangen* III [znw] • *dwaas, gek, nar* • *(kruisbessen)vla* IV [bnw] <AE inf.> *dwaas*

**foolhardy** [bnw] *roekeloos*

**foolish** [bnw] • *belachelijk* • *dwaas*

**foolscap** [znw] • *narrenkap, papieren muts* • *schrijfpapier* <17 x 13,5 in.>

**foot** [znw] • *voet* • *pas, tred* • *versvoet* • *voet* < 30 1/2 cm>

**football** [znw] • *voetbal* • *rugby*

**footballer** [znw] • *(prof)voetballer* • *rugbyspeler*

**footing** [znw] • *voet* • *'t plaatsen van de voeten* • *vaste betrekking, vaste voet* • *verhouding*

**foppish** [bnw] *fatterig*

**for** I [vz] • *om, wegens* • *wat aangaat* • *naar* • *gedurende* II [vw] *want, aangezien*

**forage** I [ov ww] *plunderen* II [on ww] • *fourageren* • *snuffelen in* III [znw] • *voer* • *'t fourageren*

**foray** I [ov ww] *plunderen* II [znw] *strooptocht*

**forbear** [on ww] *z. onthouden van*

**forbearance** [znw] *verdraagzaamheid*

**forbid** [ov ww] *verbieden*

**forbidden** I [ww] volt. deelw.

→ **forbid** II [bnw] *verboden*
**forbidding** [bnw] *onaanlokkelijk*
**force** I [ov ww] • *tot 't uiterste inspannen* • *forceren, doorbreken* • *noodzaken, dwingen tot* • *geweld aandoen, overweldigen* • *(voort)drijven, iem. iets opdringen* • *met geweld nemen* • (~ **from**) *afdwingen, ontwringen* II [znw] • *kracht, macht* • *invloed* • *strijdkracht* • *overtuigingskracht* • *noodzaak* • *ploeg werklui*
**forceful** [bnw] *krachtig*
**forcemeat** [znw] *gehakt*
**forceps** [znw] *tang* <v. chirurg>
**forcible** [bnw] *krachtig, gedwongen*
**fore** I [bnw] *voor-* II [bijw] *voor(aan)*
**forearm** [znw] *voorarm*
**foreboding** [znw] *(slecht) voorgevoel*
**forecast** I [ov ww] *voorspellen* II [znw] • *(weers)voorspelling* • *prognose*
**forecourt** [znw] *voorhof/-terrein*
**forefinger** [znw] *wijsvinger*
**forefoot** [znw] *voorpoot*
**forefront** [znw] *voorste deel, voorste gelederen*
**forego** [ov ww] *voorafgaan (aan)*
**foregoing** [bnw] • *bovenvermeld* • *voorafgaand*
**foreground** [znw] *voorgrond*
**forehead** [znw] *voorhoofd*
**foreign** [bnw] • *vreemd* • *buitenlands*
**foreigner** [znw] *buitenlander*
**foreknowledge** [znw] *voorkennis*
**foreleg** [znw] *voorpoot/-been*
**forelock** [znw] *lok haar op voorhoofd*
**foreman** [znw] • *voorzitter v. jury* • *meesterknecht, ploegbaas*
**foremost** [bnw] *voorste, eerste, voornaamste*
**forename** [znw] *voornaam*
**foreshorten** [ov ww] *in perspectief afbeelden, verkort weergeven*
**foreskin** [znw] *voorhuid*
**forest** I [ov ww] *bebossen* II [znw] *woud, bos*
**forestry** [znw] • *boscultuur* • *bosgrond*
**foretaste** [znw] *voorproefje*
**foretell** [ov ww] *voorspellen*
**forethought** [znw] *overleg*
**forever** [bijw] • *voor eeuwig/altijd, voortaan* • *de hele tijd, steeds maar (door)*
**forewarn** [ov ww] *vantevoren waarschuwen*
**foreword** [znw] *voorwoord*
**forfeit** I [ov ww] *verspelen* II [znw] • *boete* • *'t verbeurde, pand* III [bnw] *verbeurd verklaard*
**forgave** [ww] verl. tijd → **forgive**
**forge** I [ov + on ww] • *smeden* • *verzinnen, vervalsen* II [znw] • *smidse, smidsvuur* • *smeltoven, smelterij* • *vervalsing*
**forgery** [znw] *valsheid in geschrifte*
**forget** [ov + on ww] *vergeten*
**forgetful** [bnw] *vergeetachtig*
**forgive** [ov ww] *vergeven, kwijtschelden*
**forgiveness** [znw] *vergeving, vergevingsgezindheid*
**forgiving** [bnw] *vergevingsgezind*
**forgo** [ov ww] • *z. onthouden van* • *opgeven, afstand doen van*
**fork** I [ov ww] • (~ **out**) *dokken, over de brug komen* II [on ww] *z. vertakken* III [znw] • *vork, gaffel* • *vertakking* • *splitsing* <in weg>
**forlorn** [bnw] • *wanhopig, hopeloos* • *verlaten, troosteloos* • *ellendig uitziend*
**form** I [ov ww] *vormen* II [on ww] *zich vormen* • (~ **after**) *(z.) vormen naar* • (~ **up**) *(z.) opstellen* III [znw] • *vorm, gedaante* • *schoolklas* • *formulier* • *gedrag* • <sport> *conditie*
**formal** [bnw] *formeel, nadrukkelijk*
**formalism** [znw] *formalisme, vormelijkheid*
**formality** [znw] *formaliteit*
**format** I [ov ww] *formatteren* II [znw] • *formaat* • *het formatteren*
**formation** [znw] *vorming, formatie*

**formative** [bnw] • *vormend* • *buigings-, afleidings-*
**former** [bnw] • *vroeger, voormalig* • *eerstgenoemde*
**formidable** [bnw] *ontzagwekkend, geducht*
**formula** [znw] • *recept* • *formule* • <AE> *babyvoeding*
**formulate** [ov ww] *formuleren*
**fornicate** [on ww] *ontucht plegen*
**forsake** [ov ww] *in de steek laten, verlaten*
**forswear** [ov ww] *afzweren*
**forte** [znw] • *sterke kant* • <muz.> *forto*
**forth** [bijw] *voort, uit, weg, buiten*
**forthcoming** [bnw] • *aanstaande, komend* • *tegemoetkomend* <v. personen>
**forthright** [bnw] • *open, eerlijk, oprecht* • *direct, onmiddellijk*
**forthwith** [bijw] *onmiddellijk*
**fortieth** [telw] *veertigste*
**fortify** [ov ww] *(ver)sterken*
**fortitude** [znw] *vastberadenheid*
**fortnight** [znw] *twee weken*
**fortnightly** [bijw] *iedere twee weken*
**fortress** [znw] *vesting*
**fortuitous** [bnw] • *toevallig* • *fortuinlijk*
**fortunate** [bnw] *gelukkig*
**fortune** [znw] *geluk, lot, fortuin* <geld>
**forty** [telw] *veertig*
**forward** I [ov ww] • *bevorderen, vooruithelpen* • *(door)sturen, (ver)zenden* II [znw] <sport> *voorspeler* III [bnw] • *vooruitstrevend* • *voorwaarts, naar voren* • *vroegrijp, vroegtijdig* • *vrijpostig* IV [bijw] *voorwaarts, vooruit*
**fossil** I [znw] *fossiel* II [bnw] • *versteend* • *opgedolven*
**foster** I [ov ww] *koesteren* II [bnw] *pleeg-*
**fought** [ww] verl. tijd + volt. deelw. → **fight**
**foul** I [ov ww] *bezoedelen* • (~ **up**) *verprutsen, verknoeien* II [on ww] *vuil worden* III [znw] <sport> *overtreding* IV [bnw] • *walgelijk, stinkend* • *oneerlijk* • *smerig* <weer> • *vuil, bedorven* <lucht>
**found** I [ww] verl.tijd + volt.deelw. → **find** II [ov ww] *stichten*
**foundation** [znw] • *basis, fundering* • *oprichting* • *stichting*
**founder** I [on ww] • *mislukken* • *vergaan* <schip> II [znw] • *oprichter* • *gieter* <v. metaal>
**foundling** [znw] *vondeling*
**foundry** [znw] *metaalgieterij*
**fount** [znw] *bron* <dichterlijk>
**fountain** [znw] • *waterstraal, fontein* • *bron*
**four** I [znw] *boot met 4 riemen* II [telw] *vier*
**fourteen** [telw] *veertien*
**fourth** [telw] *vierde*
**fourthly** [bijw] *ten vierde*
**fowl** [znw] • *gevogelte* <ook 't vlees> • *kip, haan*
**fox** I [ov ww] *onbegrijpelijk zijn voor* II [znw] • *sluwaard* • *vos*
**foxy** [bnw] • *sluw* • *aantrekkelijk*
**fracas** [znw] *herrie, vechtpartij*
**fraction** [znw] • *breuk* • *onderdeel*
**fractional** [bnw] • *gebroken, gedeeltelijk* • *onbeduidend*
**fracture** I [ov ww] *breken* II [znw] • *barst* • *botbreuk*
**fragile** [bnw] *broos, bros, zwak, teer, breekbaar*
**fragment** I [ov + on ww] • *verdelen in (brok)stukken* • *versplinteren* II [znw] • *fragment* • *scherf, (brok)stuk*
**fragmental, fragmentary** [bnw] *fragmentarisch*
**fragrant** [bnw] *geurig*
**frail** [bnw] *broos, zwak*
**franchise** [znw] • *burgerrecht* • *stemrecht* • *vrijstelling* • *vergunning*
**frank** [bnw] *openhartig*
**frankincense** [znw] *wierook*

**frantic** [bnw] razend, krankzinnig
**fraternal** [bnw] broederlijk
**fraternity** [znw] • broederschap • <AE> studentenclub/-corps
**fraternize** [on ww] z. verbroederen
**fraud** [znw] • fraude, bedrog • bedrieger
**fraudulent** [bnw] frauduleus
**fraught** [bnw] beladen, vol van
**fray** I [ov + on ww] rafelen II [znw] gekrakeel, strijd
**freak** I [on ww] • (~ **out**) hallucinaties krijgen <bij drugs> II [znw] • gril • gedrocht, rariteit • zonderling, hippie • fanaat
**freckle** [znw] sproet
**free** I [ov ww] • bevrijden, los/vrij maken • ontslaan <v. belofte> II [bnw] • vrij, onbelemmerd • onafhankelijk • gratis
**freedom** [znw] vrijheid
**freeze** I [ov ww] • (doen) bevriezen <ook fig.> • laten stilstaan <beeldband of film> • stabiliseren <prijzen of lonen> • (doen) stollen • (~ **out**) uitsluiten, boycotten II [on ww] • bevriezen <plotseling onbeweeglijk worden> • vriezen • (~ **over**) dichtvriezen III [znw] • vorst • bevriezing <v. loon>
**freezer** [znw] diepvries
**freight** I [ov ww] • verzenden • laden, bevrachten II [znw] vracht(prijs), lading
**freighter** [znw] • bevrachter • vrachtboot/-vliegtuig
**French** I [znw] de Fransen II [bnw] Frans
**frenetic** [bnw] dwaas, waanzinnig
**frequent** I [ov ww] regelmatig/vaak bezoeken II [bnw] veelvuldig
**fresh** [bnw] • nieuw, anders, fris, vers • onervaren • zoet <water> • brutaal
**freshen** [ov ww] • ontzouten • opfrissen, aanzetten • (~ **up**) (z.) opfrissen
**fret** I [ov ww] • versieren met snijwerk • knagen, in-/wegvreten • (z.) ergeren • verdrietig zijn, kniezen II [znw] • ergernis • vingerzetting <v. snaarinstrument>
**fretful** [bnw] • verdrietig, gemelijk • vingerzetting <v. snaarinstrument> • stormachtig <weer>
**friction** [znw] wrijving
**Friday** [znw] vrijdag
**fridge** [znw] koelkast
**friend** [znw] • vriend(in), kennis • relatie
**friendless** [bnw] zonder vrienden
**friendly** I [znw] vriendschappelijke wedstrijd II [bnw] • welwillend • vriendschappelijk, bevriend <naties>
**friendship** [znw] vriendschap
**frieze** [znw] fries <rand v. versiering>
**frigate** [znw] fregat
**fright** [znw] schrik, vrees
**frighten** [ov ww] doen schrikken • (~ **away**) verjagen
**frightful** [bnw] • afschuwelijk • <inf.> ontzaglijk
**frigid** [bnw] • frigide • koud, ijzig, kil
**frill** [znw] geplooide strook
**frilly** [bnw] met kantjes/strookjes/prullaria
**fringe** [znw] • franje, zoom, buitenkant, zelfkant • ponyhaar
**frippery** [znw] opschik, snuisterijen
**frisk** I [ov ww] • fouilleren • <AE> zakkenrollen II [on ww] • springen • dartelen
**fritter** I [ov ww] • (~ **away**) verklungelen II [znw] (appel)beignet
**frivolity** [znw] lichtzinnigheid
**frivolous** [bnw] • dwaas • lichtzinnig, wuft
**frizz** [ov + on ww] krullen <haar>
**frock** [znw] japon, jurkje
**frog** [znw] • kikker, kikvors • <pej.> Fransoos
**frolic** I [on ww] rondspringen, pret maken II [znw] grap, fuif
**from** [vz] • naar, volgens • als gevolg v., wegens, door • van, weg van, van ... af,

uit

**front** I [ov ww] *staan tegenover* II [znw] • *front* • *gezicht* • *voorgevel* • *voorhoofd* <dichterlijk> • *brutaliteit* • *strandboulevard* • *camouflage* III [bnw] *voorste, voor-*

**frontage** [znw] • *vóórgelegen terrein* • *front*

**frontal** [bnw] *front(en)-, voorhoofds-*

**frontier** [znw] *grens*

**frontispiece** [znw] • *voorgevel* • *plaat tegenover titelblad* <in boek>

**frost** I [ov ww] • *doen bevriezen* <planten> • *glaceren* <gebak> • *berijpen* • *mat maken* <glas> II [znw] *vorst*

**frosting** [znw] *glazuur* <voor gebak>

**frosty** [bnw] • *vriezend, ijzig* • *berijpt*

**froth** [znw] *schuim*

**frown** I [on ww] *'t voorhoofd fronsen, dreigend kijken* II [znw] *frons, afkeurende blik*

**froze** [ww] verl. tijd → **freeze**

**frozen** I [ww] volt. deelw. → **freeze** II [bnw] *bevroren, ijzig*

**frugal** [bnw] *matig, sober*

**fruit** [znw] *fruit, vrucht(en)*

**fruitful** [bnw] *vruchtbaar, resultaat gevend*

**fruition** [znw] • *verwezenlijking* • *vervulling*

**fruitless** [bnw] • *onvruchtbaar* • *vruchteloos*

**fruity** [bnw] • *vrucht-* • *geurig, pikant* • *klankrijk, vol* <v. stem>

**frump** [znw] *slons*

**fry** I [ov ww] *braden, bakken* II [znw] *jonge vissen*

**fuck** <vulg.> [ov + on ww] *neuken* • (~ **about/around**) *rotzooien, aanklooien*

**fudge** I [ov ww] *er omheen draaien* II [znw] • *onzin, bedotterij* • *zachte karamel*

**fuel** I [ov ww] *voorzien v. brandstof* II [znw] *brandstof*

**fug** [znw] *bedompte atmosfeer* <in kamer>

**fugitive** I [znw] • *voortvluchtige* • *vluchteling* II [bnw] • *kortstondig* • *voortvluchtig*

**fulcrum** [znw] • *steunpunt, draaipunt* <v. hefboom> • <plant.> *aanhangsel*

**fulfil** [ov ww] • *vervullen, beantwoorden aan* <doel> • *uitvoeren*

**fulfilment** [znw] *bevrediging*

**fully** [bijw] • *volledig* • *v. ganser harte*

**fulminate** [ov ww] *uitvaren tegen*

**fulsome** [bnw] *kruiperig vleiend*

**fumble** [on ww] *op onhandige manier doen*

**fumigate** [ov ww] • *ontsmetten* • *doorgeuren*

**fun** [znw] *pret*

**function** I [on ww] *functioneren* II [znw] • *functie, beroep* • *plechtigheid, feest*

**functional** [bnw] *doelmatig, functioneel*

**functionary** I [znw] • *ambtenaar, beambte* • *functionaris* II [bnw] → **functional**

**fund** I [ov ww] *bekostigen* II [znw] *fonds, voorraad*

**fundamental** I [znw] *basis, grondbeginsel, grondtoon* II [bnw] *grond-, fundamenteel*

**funeral** I [znw] • *begrafenis(stoet)* • <AE> *rouwdienst* II [bnw] *begrafenis-, lijk-*

**funereal** [bnw] • *begrafenis-* • *somber, treur-* • *diepzwart*

**fungus** [znw] • *paddestoel* • *zwam*

**funk** I [ov ww] *ontwijken* <uit angst> II [znw] • *bangerd* • <muz.> *funk*

**funnel** I [ov ww] *afvoeren door trechter* II [znw] • *trechter* • *lichtkoker, luchtkoker* • *schoorsteen*

**funny** [bnw] • *grappig, raar* • *bedrieglijk*

**fur** I [znw] • *bont(werk)* • *aanzetsel* <v. wijn>, *beslag* <op de tong>, *ketelsteen* II [bnw] *bont(en)-*

**furbish** [ov ww] • (~ **up**) *oppoetsen, opknappen, vernieuwen*
**furious** [bnw] • *woedend* • *wild*
**furl** [ov ww] *reven* <zeil>, *opvouwen*
**furlong** [znw] 1/8 Eng. mijl <201 m.>
**furnace** [znw] *oven, vuurhaard*
**furnish** [ov ww] • *leveren* • *meubileren* • (~ **with**) *voorzien v.*
**furore** [znw] *furore, opwinding*
**furrier** [znw] *bontwerker, bonthandelaar*
**furrow** I [ov ww] *rimpelen* II [znw] *voor, groef, rimpel*
**furry** [bnw] • *met bont bekleed* • *zacht*
**further** I [ov ww] *bevorderen* II [bnw + bijw] • *verder* • *meer*
**furthest** [bnw] *verst(e)*
**fury** [znw] • *woeste vrouw, feeks, furie* • *woede*
**fuse** I [ov ww] • *v. lont voorzien* • *(samen)smelten* II [on ww] *doorslaan* <v. zekeringen> III [znw] • *zekering* <v. elektr.> • *lont*
**fuselage** [znw] *romp v. vliegtuig*
**fusion** [znw] *smelting, fusie*
**fuss** I [on ww] • *druk maken* • *zenuwachtig maken* • (~ **over**) *z. druk maken over* II [znw] *drukte, ophef*
**fussy** [bnw] • *gejaagd, druk* • *pietluttig*
**fusty** [bnw] *muf*
**futile** [bnw] *doelloos, nutteloos, waardeloos*
**futility** [znw] • *futiliteit* • *nutteloosheid*
**future** I [znw] *toekomst, toekomende tijd* II [bnw] *toekomstig, aanstaand*
**futuristic** [bnw] *futuristisch*
**fuzz** [znw] • *dons* • <sl.> politie
**fuzzy** [bnw] • *beneveld, wazig* • *donzig*

# G

**gab** [on ww] *praten, kletsen*
**gabble** I [ov + on ww] *haastig praten* II [znw] *haastig gepraat*
**gable** [znw] *gevelspits*
**gadget** [znw] • *machine-onderdeel(tje), instrument(je)* • *truc, foefje*
**gadgetry** [znw] *allerlei spullen*
**Gaelic** I [znw] *de Keltische taal* II [bnw] *Keltisch*
**gaffe** [znw] *blunder, ongepaste daad/opmerking*
**gag** I [ov ww] *knevelen, de mond snoeren* II [on ww] *kokhalzen* III [znw] • *knevel* • *grap*
**gaga** [bnw] *kinds, dement*
**gaggle** I [on ww] *snateren* II [znw] • *vlucht ganzen* • *het snateren*
**gaiety** [znw] • *vrolijkheid* • *opschik*
**gaily** [bijw] • *vrolijk* • *fleurig*
**gain** I [ov ww] • *winnen, behalen, krijgen, verwerven* • *bereiken* • *toenemen* <v. lichaamsgewicht> • (~ **(up)on**) *inhalen* II [znw] *winst, voordeel*
**gainful** [bnw] *winstgevend*
**gainsay** [ov ww] *tegenspreken, ontkennen*
**gait** [znw] *manier v. lopen, pas*
**gaiter** [znw] • *slobkous* • <AE> *bottine*
**gal** <inf.> [znw] *meisje*
**galaxy** [znw] • *de Melkweg* • *schitterende groep/schare/stoet*
**gale** [znw] • *storm* • <plant.> *gagel*
**gall** I [ov ww] *verbitteren, kwetsen* II [znw] • *gal* • *bitterheid* • *(oorzaak v.) verdriet* • <AE> *arrogantie*
**gallant** I [znw] *galante ridder* <fig.> II [bnw] • *fier, statig* • *dapper* • *galant*
**gallantry** [znw] • *dapperheid* • *hoffelijkheid*
**gallery** [znw] • *galerij*

• (schilderijen-)museum • toonzaal • schellinkje • <AE> veranda
**galley** [znw] • galei • sloep • scheepskeuken
**Gallic** [bnw] • Gallisch • Frans
**gallivant** [on ww] • flaneren • flirten
**gallop** I [ov + on ww] (laten) galopperen II [znw] galop
**gallows** [mv] galg
**galvanize** [ov ww] • galvaniseren • opzwepen
**gambit** [znw] • gambiet • listige zet
**gamble** I [ov + on ww] dobbelen, gokken, speculeren II [znw] gok
**gambler** [znw] gokker
**gambol** [on ww] dartelen
**game** I [znw] • spel(letje) • wild II [bnw] moedig
**gammon** [znw] gerookte ham
**gamut** [znw] • het hele register • toonladder, toonschaal • (toon)omvang
**gander** [znw] • gent • <inf.> stomme idioot
**gang** I [on ww] • (~ **up**) samenklitten, een bende vormen • (~ **up against/on**) z. collectief keren tegen, samenspannen tegen II [znw] troep, bende
**gangling** [bnw] slungelig
**gangrene** [znw] gangreen, koudvuur
**gangrenous** [bnw] gangreneus
**gangster** [znw] gangster, bendelid
**gantry** [znw] stellage, seinbrug, rijbrug <onder kraan>
**gaol** [znw] → **jail**
**garb** [znw] • kledij • klederdracht
**garbage** [znw] afval, vuilnis
**garden** I [on ww] tuinieren II [znw] tuin
**gardener** [znw] tuinman, tuinier
**gargantuan** [bnw] reusachtig
**gargle** I [ov + on ww] gorgelen II [znw] gorgeldrank
**gargoyle** [znw] waterspuwer
**garish** [bnw] opzichtig, bont
**garland** I [ov ww] bekransen II [znw] bloemslinger, bloemkrans
**garlic** [znw] knoflook
**garment** [znw] kledingstuk, gewaad
**garnet** I [znw] granaat(steen) II [bnw] granaatrood
**garnish** I [ov ww] versieren, opmaken II [znw] versiering, garnering
**garret** [znw] zolderkamer(tje)
**garrison** I [ov ww] bezetten II [znw] garnizoen
**garrulous** [bnw] praatziek
**garter** [znw] kouseband
**gas** I [ov ww] vergassen II [on ww] zwammen III [znw] • gas • gezwam • <AE> benzine
**gash** I [ov ww] een jaap toebrengen II [znw] diepe snede, jaap
**gasolene, gasoline** [znw] • gasoline • benzine
**gasometer** [znw] gashouder
**gasp** I [on ww] • hijgen • II [znw] het stokken van de adem
**gastric** [bnw] v.d. maag, maag-
**gastronomic** [bnw] gastronomisch
**gastronomy** [znw] gastronomie
**gate** [znw] • poort • hek • deur <ook v. sluis>
**gather** [ov + on ww] • (z.) verzamelen • oogsten, plukken, oprapen • rimpelen, plooien • afleiden • (~ **from**) besluiten, v. iets afleiden
**gathering** [znw] • vergadering • bijeenkomst
**gauche** [bnw] onhandig, lomp
**gaudy** [bnw] opzichtig
**gauge** I [ov ww] • meten, peilen • normaliseren, ijken II [znw] • standaard (inhouds)maat • omvang, inhoud • spoorwijdte • regenmeter, oliedrukmeter
**gaunt** [bnw] mager, ingevallen
**gauntlet** [znw] dikke handschoen
**gave** [ww] verl. tijd → **give**
**gavel** [znw] (voorzitters)hamer
**gawky** [bnw] onhandig, klungelig

**gay** [bnw] • *vrolijk* • *fleurig* • *homo(seksueel), lesbisch*
**gaze** I [on ww] *staren* II [znw] *starende blik*
**gear** I [ov ww] *(op)tuigen* • (~ **to**) *aanpassen aan, afstemmen op* II [znw] • *gereedschappen, spullen* • *raderwerk, tandwieloverbrenging, versnelling(smechanisme)* • *vlotte kledij, snelle kleren* • *tuig*
**geese** [mv] → **goose**
**gel** I [on ww] *(meer) vaste vorm krijgen* II [znw] *gel*
**gelding** [znw] *ruin*
**gem** [znw] *edelsteen, kleinood, juweel*
**gen** I [ov ww] • (~ **up**) *grondig van informatie voorzien* II [on ww] • (~ **up**) *zich volledig laten inlichten*
**gender** [znw] *geslacht*
**gene** [znw] *gen*
**genealogic(al)** [bnw] *genealogisch*
**genealogy** [znw] • *stamboom* • *genealogie*
**genera** [mv] → **genus**
**general** I [znw] • *generaal* • *strateeg* II [bnw] *algemeen, gewoon(lijk)*
**generality** [znw] *algemeenheid*
**generalization** [znw] *generalisatie*
**generate** [ov ww] • *genereren* • *voortbrengen*
**generation** [znw] • *wording* • *generatie, geslacht*
**generator** [znw] • *dynamo, stoomketel* • *generator*
**generic** [bnw] • *algemeen* • *generisch, kenmerkend voor de soort*
**generosity** [znw] *vrijgevigheid*
**generous** [bnw] • *overvloedig* • *gul* • *mild*
**genesis** [znw] *ontstaan, oorsprong*
**genial** [bnw] • *mild* • *gezellig, joviaal*
**genie** [znw] *geest*
**genital** [bnw] *m.b.t. de geslachtsdelen, voortplantings-*
**gent** ‹inf.› [znw] *meneer*
**genteel** ‹iron.› [bnw] *chic, deftig*
**gentility** [znw] *deftigheid*
**gentle** [bnw] • *zacht, rustig, matig* • *vriendelijk*
**gentleman** [znw] *heer*
**gentry** [znw] • *lagere adel* • *ridders en baronets*
**genuflect** [on ww] *de knie buigen*
**genuine** [bnw] • *onvervalst, echt* • *oprecht*
**genus** [znw] *geslacht, soort, klasse*
**geography** [znw] *aardrijkskunde*
**geology** [znw] *geologie*
**geometry** [znw] *meetkunde*
**geophysics** [znw] *geofysica*
**Georgian** I [znw] • *Georgiër* • *inwoner van Georgia* II [bnw] • *Georgisch* • *18e-eeuws*
**geriatric** [bnw] *geriatrisch*
**germ** [ov ww] *doen ontkiemen*
**Germanic** [bnw] *Germaans*
**germinate** [ov + on ww] *(doen) ontkiemen*
**gestation** [znw] • *groeiperiode* • *dracht*
**gesticulate** [on ww] *gebaren maken*
**gesture** I [on ww] *gebaren maken* II [znw] • *gebaar* • *geste*
**get** I [ov ww] • *krijgen* • *(te) pakken (krijgen)* • *(be)halen* • *verdienen* • *ertoe brengen* • *snappen* • *laten* • (~ **across**) *begrijpelijk maken* • (~ **back**) *terugkrijgen* • (~ **down**) *deprimeren, doorslikken, noteren* • (~ **in**) *erin/ertussen komen, instappen* • (~ **on**) *aantrekken* • (~ **out of**) *krijgen/halen uit* • (~ **over**) *te boven komen* • (~ **through**) *erdoor krijgen* • (~ **to~her**) *bijeenbrengen* • (~ **up**) *op touw zetten* II [on ww] • *terechtkomen* • *(ge)raken* • *bereiken* • *worden* • (~ **about**) *z. verspreiden, rondlopen* • (~ **across** ) *begrepen worden* • (~ **ahead**) *vooruitkomen* • (~ **along**) *vorderen* • (~ **around**) *rondreizen* • (~ **around to**) *ertoe komen, tijd vinden om te* • (~ **at**) *bereiken, er komen* • (~ **away**)

*wegkomen* • (~ **back**) *terugkomen* • (~ **down**) *naar beneden komen* • (~ **in**) *binnenhalen* • (~ **into**) *komen/belanden in* • (~ **off**) *afstijgen, er afkomen, uitstappen* • (~ **on**) *opschieten, 't stellen* • (~ **out**) *eruit komen, uitlekken* • (~ **over**) *begrepen worden, overkomen* • (~ **through**) *erdoor komen* • (~ **to**) *komen/krijgen te, bereiken* • (~ **to~her**) *bijeenkomen* • (~ **up**) *opstaan*

**geyser** [znw] • *natuurlijke hete bron, geiser* • *geiser, heetwatertoestel*

**ghastly** [bnw] • *gruwelijk, afgrijselijk* • *doodsbleek*

**gherkin** [znw] *augurk*

**ghetto** [znw] *getto*

**ghost** [znw] *geest, spook*

**ghostly** [bnw] *spookachtig*

**ghoul** [znw] • *(lugubere) geest, monster* • *lijkeneter, grafschender*

**giant** I [znw] *reus* II [bnw] *reusachtig*

**gibber** [on ww] *brabbelen*

**gibberish** [znw] *brabbeltaal*

**gibe** I [ov + on ww] *(be)spotten, honen* II [znw] *schimpscheut, spottende opmerking*

**giddy** [bnw] • *duizelig* • *duizelingwekkend* • *wispelturig, onbezonnen, dwaas*

**gig** [znw] • *optreden* • *sjees*

**gigantic** [bnw] *reusachtig*

**giggle** I [on ww] *giechelen* II [znw] *gegiechel*

**gild** I [ov ww] *vergulden* II [znw] → **guild**

**gill** [znw] *kieuw*

**gilt** I [ww] verl.tijd + volt.deelw. → **gild** II [bnw] *verguld*

**gimlet** [znw] *handboor(tje)*

**gimmick** [znw] *truc, foefje, vondst*

**gin** [znw] *jenever*

**ginger** I [znw] *gember* II [bnw] *rood* <v. haar>

**gingerly** [bijw] *behoedzaam*

**giraffe** [znw] *giraf*

**gird** [ov ww] • *een gordel omdoen, (aan)gorden* • *insluiten*

**girder** [znw] *dwarsbalk*

**girdle** [znw] *gordel*

**girl** [znw] *meisje*

**girlie** [bnw] *met veel vrouwelijk naakt*

**girlish** [bnw] *meisjesachtig*

**girth** [znw] • *omvang* • *buikriem, gordel*

**gist** [znw] • *kern, hoofdzaak* • *strekking*

**give** I [ov ww] • *geven* • *opleveren* • (~ **away**) *verklappen, weggeven, verraden* • (~ **back**) *teruggeven* • (~ **forth**) *afgeven, verspreiden* • (~ **in**) *inleveren, erbij geven* • (~ **off**) *afgeven* • (~ **out**) *aankondigen, bekend maken, afgeven* • (~ **over**) *opgeven, laten varen* • (~ **up**) *ophouden met* II [on ww] • *geven* • *toegeven, meegeven, 't begeven* • (~ **in**) *toegeven, zwichten* • (~ **on(to)**) *uitkomen op* • (~ **out**) *opraken* • (~ **up**) *'t opgeven* III [znw] *'t meegeven, elasticiteit*

**given** I [ww] volt. deelw. → **give** II [znw] *gegeven* III [bnw] *bepaald*

**glacial** [bnw] • *m.b.t. ijs, m.b.t. gletsjers* • *gekristalliseerd*

**glacier** [znw] *gletsjer*

**glad** [bnw] *blij*

**gladiator** [znw] *zwaardvechter, gladiator*

**glamorize** [ov ww] *verheerlijken, vergulden* <fig.>

**glance** I [on ww] *(vluchtig) kijken* • (~ **aside/off**) *afschampen* • (~ **at**) *een blik werpen op, even aanroeren* • (~ **over/through**) *dóórkijken* II [znw] *(vluchtige) blik*

**glandular** [bnw] *m.b.t. klier, klierachtig*

**glare** I [on ww] • *wild/woest kijken* • *zinderen, fel schijnen of stralen* II [znw] • *schittering, fel licht* • *woeste blik*

**glass** I [znw] • *glas(werk)* • *spiegel* • *monocle* • *barometer* II [bnw] *glazen*

**glassy** [bnw] • *glazen* • *spiegelglad*

**glaucoma** [znw] *groene staar*

**glaze** I [ov ww] • *van glas voorzien* • *verglazen, glazuren, glaceren* <v. gebak>, *vernissen* • *glazig maken* II [on ww] *glazig worden* III [znw] • *glans, vernis, glacé, glazuur* • *waas*

**gleam** I [on ww] *glimmen, glanzen, schijnen* II [znw] *glans, schijnsel*

**glean** [ov ww] *lezen, bijeengaren*

**glee** [znw] • *vrolijkheid* • *meerstemmig lied*

**gleeful** [bnw] *vrolijk*

**glen** [znw] *nauw dal*

**glib** [bnw] *rad v. tong, welbespraakt*

**glide** I [on ww] *glijden, sluipen* II [znw] *glijvlucht*

**glider** [znw] *zweefvliegtuig*

**gliding** [znw] *het zweefvliegen, zweefvliegsport*

**glimmer** I [on ww] *flikkeren, (zwak) schijnen* II [znw] *zwak licht*

**glimpse** I [ov + on ww] *even vluchtig zien/kijken* II [znw] *glimp, vluchtige blik, kijkje*

**glint** I [on ww] *glinsteren, blinken* II [znw] *schijnsel*

**glisten** [on ww] *glinsteren*

**glitter** I [on ww] *schitteren, flonkeren, blinken* II [znw] *glans*

**gloat** [on ww] • (~ **on/over**) *met leedvermaak bekijken*

**global** [bnw] *globaal, wereldomvattend*

**globe** [znw] • *aarde* • *globe* • *(aard)bol* • *hemellichaam* • *rijksappel* • *viskom*

**globular** [bnw] *bolvormig*

**globule** [znw] • *bolletje* • *bloedlichaampje*

**gloom** [znw] • *duisternis* • *somberheid*

**glorify** [ov ww] *verheerlijken*

**gloss** I [ov ww] • *glanzend maken* • *commentariëren* • (~ **over**) *met de mantel der liefde bedekken, verbloemen* II [znw] • *glans* • *valse schijn* • *kanttekening, glosse, tekstuitleg*

**glossary** [znw] *verklarende woordenlijst*

**glossy** [bnw] *glanzend*

**glove** [znw] *handschoen*

**glow** I [on ww] *gloeien, stralen* II [znw] *gloed*

**glower** [on ww] • (~ **at**) *woedend kijken naar*

**glowing** [bnw] • *gloeiend, vlammend* • *geestdriftig, levendig*

**glue** I [ov ww] *lijmen* II [znw] *lijm*

**glum** [bnw] *somber, triest*

**glut** [ov ww] *verzadigen*

**glutinous** [bnw] *lijmachtig, kleverig*

**glutton** [znw] *gulzigaard, veelvraat*

**gluttonous** [bnw] *vraatzuchtig, gulzig*

**gnash** [ov + on ww] *knarsen* <v. tanden>

**gnat** [znw] *mug*

**gnaw** [ov + on ww] • *knabbelen (aan), knagen (aan)* • *(uit)bijten*

**gnome** [znw] *kabouter, aardmannetje*

**gnu** [znw] *gnoe, wildebeest*

**go** I [on ww] • *gaan* • *vertrekken* • *lopen* • *eropuit gaan, reizen* • *in elkaar zakken, eraan gaan* • *gelden* • (~ **about**) *rondgaan, aanpakken* • (~ **against**) *indruisen tegen* • (~ **along**) *gaan, heengaan* • (~ **at**) *aanvliegen, aanpakken* • (~ **back from**) *terugkomen op, niet houden* • (~ **beyond**) *overschrijden, verder gaan dan, te boven gaan* • (~ **by**) *voorbijgaan, afgaan op* • (~ **for**) *te lijf gaan, kiezen* • (~ **in for**) *gaan doen aan, z. ten doel stellen, doen in* • (~ **into**) *ingaan (op)* • (~ **off**) *bederven* • (~ **on**) *doorgaan (met), volhouden, z. aanstellen* • (~ **on at**) *tekeer gaan tegen* • (~ **over**) *dóórlopen* <v. thema/huis>, *nakijken* • (~ **round**) *voldoende zijn (voor allen)* • (~ **through**) *nagaan, doorzoeken, doorstaan, beleven* • (~ **through with**) *doorgaan (met), volhouden* • (~ **to**) *gaan naar/tot* • (~ **together**) *(bij elkaar) passen, samengaan, met elkaar gaan*

• (~ **under**) *ten onder gaan, te gronde gaan* • (~ **up**) *opgaan, stijgen* • (~ **upon**) *afgaan op* • (~ **with**) *passen bij, overeenkomen met, samengaan, het eens zijn met* • (~ **without**) *het stellen zonder* II [kww] *worden* III [znw] • *gang* • *energie* • *poging* • *beurt* • <sl.> *zaak*
**goad** I [ov ww] *prikkelen* II [znw] *prikkel*
**goal** [znw] • *doel* • *doelpunt* • *bestemming*
**goat** [znw] *geit, bok*
**gobble** I [ov ww] *naar binnen schrokken* II [on ww] • *schrokken* • *klokken* <v. kalkoen>
**goblet** [znw] • *glas met hoge voet* • *drinkbeker*
**goblin** [znw] *kabouter, plaaggeest*
**goggle** [on ww] *uitpuilen* <v. ogen>
**going** I [znw] • *het vooruitkomen* • *het gaan* II [bnw] *voorhanden*
**gold** I [znw] *goud* II [bnw] *gouden*
**golliwog** [znw] *pop met uiterlijk van neger*
**golly** [tw] *gossie!*
**gondola** [znw] *gondel*
**gone** I [ww] volt. deelw. → **go** II [bnw] • *weg, dood* • *bedorven* • *verloren, op*
**goo** [znw] • *slijmerig spul* • *slijm*
**good** I [znw] • *goed, welzijn* • *voordeel, nut* • *bestwil* II [bnw] • *goed* • *braaf, zoet* • *flink, best* • *vriendelijk, aardig*
**goodly** [bnw] • *knap, mooi* • *flink*
**goody** [znw] *bonbon*
**goody-goody** [znw] *sul*
**gooey** [bnw] • *klef, kleverig* • *mierzoet* • *sentimenteel*
**goof** [znw] *sufferd, halve gare*
**goofy** [bnw] *niet goed wijs*
**goon** [znw] • *sul, sukkel* • *boeman*
**goose** [znw] • *gans* • *uilskuiken*
**gooseberry** [znw] *kruisbes*
**gore** I [ov ww] *doorboren, priemen* II [znw] (*geronnen*) *bloed*
**gorge** I [ov + on ww] (z.) *volproppen, gulzig* (*op*)*eten* II [znw] *bergengte*
**gorgeous** [bnw] *prachtig, schitterend*
**gormless** [bnw] *onnozel, stom*
**gorse** [znw] *gaspeldoorn*
**gory** [bnw] *bloedig*
**gosh** [tw] *gossiemijne!, tjemig!*
**gosling** [znw] *jonge gans*
**gospel** [znw] • *evangelie* • <AE> *gospelmuziek*
**gossamer** I [znw] • *ragfijn weefsel* • *herfstdraad/-draden* II [bnw] *vluchtig, ragfijn, teder*
**gossip** I [on ww] *roddelen* II [znw] • *kletskous, roddelaarster* • *geklets, geroddel*
**gossipy** [bnw] *roddelachtig, praatziek*
**got** [ww] verl. tijd + volt. deelw. → **get**
**Gothic** I [znw] *gotiek* II [bnw] *gotisch*
**gouge** I [ov ww] *gutsen, uithollen* II [znw] • *groef* • *guts*
**gourd** [znw] *kalebas, pompoen*
**gout** [znw] • *jicht* • *kleine hoeveelheid, bloeddruppel/-spat*
**govern** [ov ww] • *leiden* • *bepalen* • *regeren* • *beheersen*
**governess** [znw] *gouvernante*
**government** [znw] • *overheid, regering* • *ministerie*
**governor** [znw] • *gouverneur* • *patroon* • <inf.> *ouwe heer*
**gown** [znw] • *japon* • *toga*
**grab** I [ov ww] • *grissen* • *inpikken* II [znw] *greep*
**grace** I [ov ww] (*ver*)*sieren, opluisteren* • (~ **with**) *vereren met* II [znw] • *genade* • *gratie, elegantie* • *gepastheid, fatsoen* • *gunst*
**graceful** [bnw] *elegant, sierlijk, gracieus*
**graceless** [bnw] • *onbeschaamd* • *lomp*
**gracious** [bnw] • *genadig* • *goedgunstig* • *minzaam, hoffelijk*
**gradation** [znw] • *onmerkbare overgang, gradatie* • *nuance, trap, stadium*
**grade** I [ov ww] *beoordelen met cijfer*

II [znw] • graad • klasse • klas • cijfer <op school> • centigraad • helling • loonschaal

**gradient** [znw] • helling • gradiënt

**gradual** [bnw] geleidelijk

**graduate** I [ov ww] graad verlenen, diplomeren II [on ww] • graad behalen • geleidelijk opklimmen III [znw] afgestudeerde

**graduation** [znw] • schaalverdeling • promotie • progressie • buluitreiking, het afstuderen

**graft** I [ov ww] enten II [znw] • entspleet • transplantatie • entloot • enting

**grain** [znw] • korrel • graan • greintje • korrelstructuur, ruwe kant v. leer • nerf, draad <v. hout> • aard, natuur

**grammar** [znw] grammatica

**grammatical** [bnw] grammaticaal

**gramophone** [znw] grammofoon

**grand** [bnw] • voornaam • groot(s), weids, imposant • prachtig, prima

**grandeur** [znw] pracht

**grandiloquent** [bnw] bombastisch, hoogdravend

**grandiose** [bnw] grandioos, groots

**granite** [znw] graniet

**granny** [znw] (groot)moedertje

**grant** I [ov ww] • vergunnen, toestaan, verlenen • toegeven • schenken II [znw] subsidie, concessie, uitkering, toelage, (studie)beurs

**granular** [bnw] korrelig

**granule** [znw] korreltje

**grape** [znw] druif

**graph** [znw] grafiek

**graphic** [bnw] grafisch

**graphite** [znw] grafiet

**grapnel** [znw] • klein anker • enterhaak • dreg

**grapple** I [ov ww] aanpakken, beetpakken II [znw] • klein anker • worsteling

**grasp** I [ov ww] • aangrijpen, vasthouden • begrijpen, inzien II [znw] • vat, houvast • bereik, volledig begrip • bevattingsvermogen

**grasping** [bnw] hebberig, inhalig

**grass** I [on ww] <sl.> verklikken II [znw] • gras • <sl.> marihuana, hasjiesj

**grassy** [bnw] grasachtig

**grate** I [ov ww] • raspen • knarsen II [on ww] knarsen III [znw] • rooster • open haard

**grateful** [bnw] • dankbaar • weldadig

**grater** [znw] rasp

**grating** [znw] tralies, traliewerk

**gratitude** [znw] dankbaarheid

**gratuitous** [bnw] • ongegrond • nodeloos

**gratuity** [znw] • fooi • gratificatie

**grave** I [znw] graf II [bnw] ernstig, somber

**gravel** [znw] grind, kiezel

**gravitate** [on ww] • (over)hellen, neigen • (be)zinken • aangetrokken worden

**gravitation** [znw] zwaartekracht

**gravitational** [bnw] gravitatie-

**gravity** [znw] • gewicht(igheid) • zwaartekracht

**gravy** [znw] jus

**gray** [znw] → **grey**

**graze** I [ov + on ww] • grazen • weiden • schaven, schampen II [znw] schaafwond, schram, schampschot

**grease** I [ov ww] insmeren, invetten II [znw] vet

**greasy** [bnw] vettig

**great** [bnw] • groot • gewichtig, voornaam • prachtig

**greatly** [bijw] zeer, grotelijks

**Grecian** [bnw] Grieks-

**greed** [znw] begerigheid, hebzucht

**greedy** [bnw] hebzuchtig

**Greek** I [znw] Griek II [bnw] Grieks

**green** I [znw] grasveld II [bnw] • groen • onrijp • onervaren

**greenery** [znw] planten

**greenish** [bnw] groen

**greet** [ov ww] (be)groeten

**greeting** [znw] *groet*

**gregarious** [bnw] • *in kudden levend* • *(op) gezellig(heid gesteld)*

**grenade** [znw] *handgranaat*

**grew** [ww] verl. tijd → **grow**

**grey** I [ov + on ww] *grijs maken/worden* II [znw] *grijze schimmel* III [bnw] • *grijs* • *somber* • *vergrijsd, met ervaring*

**grid** [znw] • *rooster* • *net(werk)* • *accuplaat*

**griddle** [znw] *bakplaat*

**grief** [znw] *verdriet*

**grievance** [znw] *grief*

**grieve** [on ww] *bedroeven* • (~ **at/for**) *treuren om/over*

**grievous** [bnw] • *pijnlijk, smartelijk* • *ernstig, afschuwelijk*

**grill** I [ov + on ww] *grillen, roosteren* II [ov ww] *stevig aan de tand voelen* III [znw] • *rooster* • *grill* • *geroosterd vlees* • *traliewerk*

**grim** [bnw] • *grimmig, akelig* • *streng, meedogenloos, onverbiddelijk*

**grime** [znw] *(vettig) vuil, goorheid*

**grimy** [bnw] *goor, vies*

**grin** I [on ww] *grijnzen* II [znw] *brede glimlach*

**grip** I [ov + on ww] *grijpen, pakken* II [ov ww] *vat hebben op, boeien* III [znw] • *greep* • *handvat* • *macht* • *beheersing*

**gripe** [on ww] *klagen, jammeren*

**grisly** [bnw] *griezelig*

**grist** [znw] • *koren* • *mout*

**gristle** [znw] *kraakbeen*

**grit** I [ov + on ww] *knarsen* II [ov ww] *met zand bestrooien* III [znw] • *zand(korreltje)* • *(steen)gruis* • *pit, durf*

**grizzle** [ov + on ww] • *grienen* • *(klagend) zeuren*

**grizzled** [bnw] • *grijs* • *'peper en zout', grijzend*

**grizzly** [znw] *grijze beer*

**groan** I [on ww] *kreunen* • (~ **under**) *zuchten onder* II [znw] *gekreun*

**grocer** [znw] *kruidenier*

**grocery** [znw] *het kruideniersvak*

**groggy** [bnw] • *beneveld, dronken* • *niet vast op de benen*

**groin** [znw] • *lies* • <archit.> *graatrib*

**groom** I [ov ww] *verzorgen* II [znw] • *stalknecht* • *kamerheer* • *bruidegom*

**groove** I [ov ww] *een sleuf maken in* II [znw] *sleuf, sponning*

**groovy** <sl.> [bnw] *gaaf, in (de mode), tof, blits*

**grope** [ov + on ww] • (~ **after/for**) *(rond)tasten naar*

**gross** I [ov ww] *verdienen* II [znw] *gros* III [bnw] • *grof, lomp, walgelijk, monsterlijk* • *vet* • *bruto*

**grotesque** I [znw] *groteske* II [bnw] *potsierlijk*

**grotto** [znw] *grot*

**grotty** [bnw] • *akelig, beroerd* • *rot, gammel*

**grouch** I [on ww] *mopperen* II [znw] *mopperaar*

**grouchy** [bnw] *humeurig, met de bokkepruik op*

**ground** I [ov ww] • *gronden, baseren* • *(grondig) onderleggen* • *aan/op de grond zetten* • *aarden* <v. elektriciteit> II [on ww] *aan de grond lopen* III [znw] • *terrein, park* • *grondkleur/-toon/-verf* • *ondergrond* • *reden* • *grond*

**grounding** [znw] *basis, vooropleiding, grondbeginselen*

**group** I [ov + on ww] *(z.) groeperen* II [znw] *groep*

**grouping** [znw] *groepering*

**grouse** I [on ww] *kankeren, mopperen* II [znw] • *korhoen(deren)* • *gemopper, gekanker*

**grove** [znw] *bosje*

**grovel** [on ww] *z. vernederen, kruipen* <fig.>

**grow** I [ov ww] *verbouwen, kweken* II [on ww] • *groeien* • *worden*

**grown** [ww] volt. deelw. → **grow**

**growth** [znw] • groei • gewas • gezwel
**grub** I [ov ww] uitgraven, opgraven II [on ww] graven, wroeten III [znw] • larve, made • eten
**grubby** [bnw] slonzig, smoezelig, smerig
**grudge** I [ov ww] misgunnen II [znw] wrok
**grudging** [bnw] onwillig, schoorvoetend, met tegenzin
**gruel** [znw] watergruwel
**gruelling** [bnw] hard, meedogenloos
**gruesome** [bnw] ijzingwekkend, akelig
**gruff** [bnw] bars, nurks, nors
**grumble** [on ww] mopperen, grommen • (~ **about/at/over**) zich beklagen over
**grumpy** [bnw] knorrig, gemelijk
**grunt** [on ww] • knorren • grommen
**guarantee** I [ov ww] garanderen II [znw] waarborg, garantie
**guard** I [ov ww] beschermen, bewaken, hoeden • (~ **against/from**) behoeden voor, beschermen tegen II [on ww] z. hoeden • (~ **against/from**) z. hoeden voor III [znw] • bescherming, wacht • hoede, waakzaamheid • garde, beschermer, bewaker
**guarded** [bnw] voorzichtig
**guardian** [znw] • beschermer • voogd • curator
**guess** I [ov + on ww] raden • (~ **at**) raden naar II [znw] gissing
**guest** [znw] • gast • introducé
**guffaw** I [on ww] schaterlachen II [znw] schaterlach
**guidance** [znw] • (bege)leiding • voorlichting
**guide** I [ov ww] • (bege)leiden • besturen II [znw] • gids • (reis)leider • leidraad
**guild** [znw] gilde
**guile** [znw] bedrog, list
**guileless** [bnw] argeloos
**guillotine** I [ov ww] onthoofden II [znw] guillotine
**guilt** [znw] schuld
**guise** [znw] uiterlijk, gedaante
**guitar** [znw] gitaar
**gulch** [znw] ravijn
**gulf** [znw] • golf • afgrond, kloof
**gull** [znw] zeemeeuw
**gullet** [znw] slokdarm
**gull(e)y** [znw] • ravijn • geul, goot, afwatering
**gullible** [bnw] goedgelovig, onnozel
**gulp** I [ov + on ww] (in)slikken, (op)slokken • (~ **down**) in één keer achteroverslaan/opslokken II [on ww] bijna stikken III [znw] slok
**gum** I [ov ww] met gom plakken II [znw] • gom(boom) • kauwgom • tandvlees
**gummy** [bnw] • gomachtig • kleverig
**gun** I [ov ww] schieten • (~ **down**) neerschieten II [znw] • geweer • revolver • kanon
**gunner** [znw] • artillerist • boordschutter
**gurgle** I [on ww] • kirren • klokken • rochelen • murmelen II [znw] • gekir • geklok • gemurmel
**guru** [znw] goeroe
**gush** I [on ww] • gutsen, stromen • dwepen, sentimenteel doen II [znw] • stroom • opwelling • sentimentaliteit
**gust** [znw] (wind)vlaag
**gusto** [znw] smaak, genot, animo
**gut** I [ov ww] • uithalen, kaken <v. vis> • leeghalen, uitbranden <v. huis> II [znw] • darm • <pej.> pens
**gutless** [bnw] laf, zonder ruggegraat <fig.>
**gutter** I [on ww] druipen <v. kaars> II [znw] goot
**guttural** [bnw] keel-
**guy** [znw] • stormlijn <v. tent> • <AE> vent, kerel
**gym** [znw] • gymzaal • gymnastiekles
**gymkhana** [znw] gymkana, ruiterwedstrijd/-show
**gymnasium** [znw] gymnastiekzaal

**gynaecology** [znw] *gynaecologie*
**gypsy** [znw] *zigeuner*
**gyrate** [on ww] *(rond)draaien, wentelen*
**gyroscope** [znw] *gyroscoop*

# H

**haberdasher** [znw] • *fourniturenhandelaar* • <AE> *verkoper van herenmode(artikelen)*
**haberdashery** [znw] • *fournituren(zaak/-afdeling)* • <AE> *herenmodezaak/-afdeling*
**habit** [znw] • *gewoonte* • *pij, habijt*
**habitable** [bnw] *bewoonbaar*
**habitat** [znw] *verspreidingsgebied* <v. dier/plant>, *woongebied*
**habitation** [znw] • *woning* • *bewoning*
**habitual** [bnw] *gewoon(lijk)*
**hack** I [ov + on ww] *(af-/fijn)hakken* II [on ww] • *computerkraken* • *(paard)rijden* III [znw] • *huurpaard, rijpaard* • *knol* • *broodschrijver* • <AE> *huurrijtuig, taxi*
**had** [ww] verl. tijd + volt. deelw. → **have**
**haddock** [znw] *schelvis*
**hadn't** [samentr] /had not/ → **have**
**haemoglobin** [znw] *hemoglobine*
**haemophilia** [znw] *hemofilie, bloederziekte*
**haemophiliac** [znw] *hemofiliepatiënt*
**haemorrhoids** [znw] *aambeien*
**hag** [znw] *heks*
**haggard** [bnw] *verwilderd uitziend, wild*
**haggle** [on ww] *(af)pingelen*
**hail** I [on ww] *hagelen* II [znw] • *hagel* • *welkom, groet* III [tw] *heil!, hoezee!*
**hair** [znw] *haar, haren*
**hairy** [bnw] • *harig* • *hachelijk*
**hale** I [ov ww] *trekken, sleuren, slepen* II [bnw] *gezond, kras*
**half** I [znw] • *de helft* • *een halve* II [bnw] *half* III [bijw] *half*
**halibut** [znw] *heilbot*
**hall** [znw] • *zaal, eetzaal* • *hal, vestibule, gang* • *groot huis, gildehuis,*

stadhuis, kasteel
**hallucinogenic** [bnw] hallucinogeen
**halo** [znw] stralenkrans, nimbus
**halt** I [ov ww] halt (laten/doen) houden II [znw] • halt(e) • rust
**halter** [znw] • halster • bovenstukje <v. bikini>, topje
**halve** [ov ww] halveren
**ham** [znw] • dij, bil • ham • prulacteur • zendamateur
**hamlet** [znw] gehucht
**hammer** I [ov ww] hameren • (~ **out**) (met moeite) bereiken/tot stand doen komen II [on ww] • hameren • klop geven • (~ (**away**) **at**) erop los kloppen, zwoegen op III [znw] hamer
**hammock** [znw] hangmat
**hamper** I [ov ww] belemmeren, verwarren II [znw] pakmand, sluitmand
**hand** I [ov ww] aanreiken II [znw] • hand • knecht
**handicap** I [ov ww] • nadelige invloed hebben op • belemmeren, hinderen II [znw] handicap
**handicraft** [znw] handarbeid, handwerk
**handiwork** [znw] schepping, werk, handwerk
**handkerchief** [znw] zakdoek
**handle** I [ov ww] • hanteren • onder handen nemen • bedienen • aanraken II [znw] • stuur • handgreep, handvat • kruk • knop • oor, heft
**handler** [znw] • africhter, trainer <v. honden> • afhandelaar <v. bagage>
**handsome** [bnw] • knap • royaal, overvloedig
**handy** [bnw] • handig • bij de hand
**hang** I [ov ww] hangen, ophangen, behangen II [on ww] • hangen • niet opschieten • (~ **about**) (doelloos) rondhangen • (~ **back**) dralen, niet mee willen komen • (~ **behind**) achterblijven • (~ **on**) met aandacht luisteren naar, volhouden • (~ **on/onto**) z. vastklampen aan • (~ **together**) samenhangen • (~ **up**) (telefoon) ophangen • (~ **upon**) afhangen van
**hank** [znw] streng <garen>
**hanker** [on ww] hunkeren
**hankering** [znw] hunkering, hang
**hanky-panky** <inf.> [znw] gescharrel
**haphazard** [bnw] willekeurig, op goed geluk
**happen** [on ww] gebeuren, voorvallen • (~ (**up**)**on**) toevallig aantreffen
**happening** [znw] • gebeurtenis • manifestatie
**happy** [bnw] • gelukkig • tevreden • blij
**harangue** I [on ww] een heftige toespraak houden II [znw] (heftige) rede, filippica
**harass** [ov ww] lastig vallen, teisteren, bestoken
**harbinger** [znw] voorbode
**harbour** I [ov ww] • herbergen • koesteren II [znw] • haven • (veilige) schuilplaats
**hard** [bnw + bijw] • hard • moeilijk • moeizaam • streng • onbuigzaam
**harden** [on ww] hard of vast worden, stollen
**hardly** [bijw] • met moeite • nauwelijks, zelden
**hardship** [znw] last, ongemak, ontbering
**hardy** [bnw] • stoutmoedig • sterk, gehard
**hare** [znw] haas
**hark** [on ww] luisteren • (~ **back**) (doen) herinneren
**harm** I [ov ww] kwaad doen, benadelen, letsel toebrengen II [znw] kwaad, letsel
**harmful** [bnw] schadelijk, nadelig
**harmless** [bnw] onschadelijk
**harmonic** I [znw] flageolettoon II [bnw] harmonisch
**harmonica** [znw] (mond)harmonika
**harmonize** I [ov ww] harmoniseren II [on ww] harmoniëren

**harmony** [znw] • harmonie • eensgezindheid
**harness** I [ov ww] • inspannen • benutten II [znw] • paardetuig • babytuigje
**harp** I [on ww] op harp spelen • (~ **on (about)**) over iets doorzeuren II [znw] harp
**harpoon** I [ov ww] harpoeneren II [znw] harpoen
**harpsichord** [znw] klavecimbel
**harrow** [znw] eg
**harrowing** [bnw] aangrijpend, schokkend
**harry** [ov ww] • lastig vallen • zeuren om
**harsh** [bnw] • hard(vochtig) • ruw
**harvest** I [ov ww] oogsten II [znw] oogst
**harvester** [znw] • oogster • oogstmachine
**has** [ww] → **have**
**hash** [znw] • hachee • hasj(iesj)
**hashish** [znw] hasj(iesj)
**hasp** [znw] knip, klamp, beugel <v. hangslot>
**haste** I [on ww] z. haasten II [znw] haast
**hasten** I [ov ww] verhaasten II [on ww] z. haasten
**hasty** [bnw] • haastig • overhaast
**hat** [znw] hoed
**hatch** I [ov ww] (uit)broeden II [on ww] uitkomen III [znw] • onderdeur • luikgat • broedsel
**hatchery** [znw] kwekerij <vnl. vis>
**hatchet** [znw] bijl(tje)
**hate** I [ov ww] • een hekel hebben aan • haten II [znw] haat
**hateful** [bnw] • erg vervelend, akelig • hatelijk • haatdragend
**hatred** [znw] haat
**hatter** [znw] hoedenmaker/maakster
**haughty** [bnw] uit de hoogte, hooghartig
**haul** I [ov ww] • (op)halen, slepen • vervoeren • (~ **up**) dagvaarden II [znw] • haal, trek • illegale vangst, buitenkansje
**haunch** [znw] lende(stuk), schoft, bil
**haunt** I [ov ww] • (veelvuldig) bezoeken • rondspoken in/om • z. ophouden in II [on ww] rondwaren III [znw] • veel bezochte plaats • verblijf(plaats) • hol
**have** I [ov ww] • hebben • houden • krijgen • beetnemen • (~ **on**) beetnemen II [hww] hebben
**haven** [znw] haven, toevluchtsoord
**haven't** [samentr] /have not/ → **have**
**havoc** [znw] plundering, verwoesting
**haw** I [znw] hagedoorn II [tw] ahum
**hawk** I [ov ww] leuren met, venten II [on ww] met valken jagen III [znw] havik, valk
**hawker** [znw] • valkenier • venter
**hawser** [znw] kabel
**hawthorn** [znw] hagedoorn
**hay** I [on ww] hooien II [znw] hooi
**hazard** I [ov ww] • riskeren, in de waagschaal stellen • wagen II [znw] • gevaar • risico
**hazardous** [bnw] • onzeker • gewaagd
**haze** I [ov ww] • benevelen, in nevel hullen • <AE> treiteren II [znw] • nevel, waas • zweem
**hazel** I [znw] • hazelaar • (stok v.) hazelnotehout II [bnw] lichtbruin
**hazy** [bnw] • vaag • aangeschoten • heiig
**he** [pers vnw] hij
**head** I [ov ww] • de leiding geven/nemen/hebben • vóór-/bovenaan staan • <sport> koppen • (~ **off**) de pas afsnijden, verhinderen II [on ww] gaan • (~ **for**) aangaan op, onderweg zijn naar III [znw] • hoofd, kop • top • chef, directeur • rector • bovenstuk, bovenkant • voorste stuk, voorkant • voorgebergte • schuimkraag • categorie, rubriek, post • stuk <vee>
**header** [znw] • duik met hoofd voorover • kopbal

**heading** [znw] opschrift, titel, kop, rubriek
**heady** [bnw] • onstuimig • koppig
**heal** [ov + on ww] genezen
**healer** [znw] genezer
**health** [znw] gezondheid
**healthy, healthful** [bnw] gezond
**heap** I [ov ww] • ophopen • laden, beladen, overladen II [znw] hoop
**hear** I [ov + on ww] horen II [ov ww] • horen, vernemen • luisteren naar • (~ **of**) horen over • (~ **out**) aanhoren tot het einde
**hearer** [znw] toehoorder
**hearing** [znw] • hoorzitting • publiek • gehoor
**hearsay** [znw] praatjes
**hearse** [znw] lijkkoets, lijkauto
**heart** [znw] • hart • gemoed • moed • kern
**hearten** [ov ww] bemoedigen
**hearth** [znw] haard
**heartily** [bijw] • hartgrondig • van harte • flink
**hearty** [bnw] • hartelijk • grondig • stevig • gezond
**heat** I [ov + on ww] heet/warm maken/worden, warmlopen II [ov ww] • (~ **up**) verwarmen III [znw] • bronst • onderdeel v. wedstrijdtoernooi, loop, manche • hitte, warmte • drift
**heated** [bnw] verhit, razend, woest
**heater** [znw] • verwarmer • kacheltje
**heath** [znw] heide
**heathen** I [znw] heiden II [bnw] heidens
**heather** [znw] heide(struik)
**heating** [znw] verwarming(sinstallatie)
**heave** I [ov ww] • (op)heffen, optillen • gooien • ophijsen • slaken II [on ww] op (en neer) gaan, deinen • (~ **to**) <scheepv.> stil gaan liggen, bijdraaien III [znw] hijs, ruk
**heaven** [znw] hemel
**heavenly** [bnw] hemels
**heavy** [bnw + bijw] • zwaar • moeilijk • somber, zwaarmoedig
**Hebrew** I [znw] • Hebreeër • Hebreeuws <taal> II [bnw] Hebreeuws
**heck** [tw] verdomme!
**heckle** [ov ww] • hekelen • (luidruchtig) interrumperen
**heckler** [znw] querulant
**hectic** [bnw] • tering- • hectisch, koortsachtig, opgewonden
**hector** I [ov ww] • overdonderen, intimideren • afblaffen II [znw] • bullebak • schreeuwer
**he'd** [samentr] /he had/ /he would/ → **have, will**
**hedge** I [ov ww] omheinen II [on ww] • z. gedekt houden • z. dekken III [znw] heg, haag
**heed** I [ov ww] aandacht schenken aan II [znw] aandacht
**heedless** [bnw] achteloos
**heel** [znw] • hiel, hak • <AE> schlemiel
**hefty** [bnw] • stoer • log • <AE> zwaar
**hegemony** [znw] hegemonie
**heifer** [znw] vaars
**height** [znw] hoogte(punt)
**heighten** [ov ww] verhogen
**heirloom** [znw] erfstuk
**held** [ww] verl. tijd + volt. deelw. → **hold**
**helicopter** [znw] helikopter
**heliport** [znw] helihaven
**he'll** [samentr] /he will/ → **will**
**hellish** [bnw] hels
**hello** [tw] hallo
**helm** [znw] roer
**helmet** [znw] helm
**help** I [ov + on ww] • helpen, bijstaan • (be)dienen II [znw] hulp
**helpful** [bnw] • behulpzaam • handig, nuttig
**helping** [znw] portie
**helpless** [bnw] hulpeloos
**helter-skelter** [bijw] holderdebolder
**hem** I [ov ww] omzomen • (~ **in**) insluiten, omsingelen II [znw] zoom
**hemisphere** [znw] halve bol

**hemlock** [znw] dolle kervel
**hen** [znw] kip
**hence** [bijw] • van hier, vandaar • weg
**henchman** [znw] volgeling, trawant
**henna** I [ov ww] met henna verven II [znw] henna
**hepatitis** [znw] hepatitis, geelzucht
**her** [pers vnw] haar
**heraldry** [znw] heraldiek
**herb** [znw] kruid
**herbaceous** [bnw] kruidachtig, met kruiden
**herbal** I [znw] kruidenboek II [bnw] kruiden-
**herbalist** [znw] • kruidenkenner • kruidendokter
**herbivorous** [bnw] plantenetend
**herd** I [ov ww] hoeden, bijeendrijven <v. kudde> II [znw] • kudde • hoeder, herder
**here** [bijw] hier(heen)
**hereditary, hereditable** [bnw] erfelijk
**heredity** [znw] erfelijkheid, overerving
**heresy** [znw] ketterij
**heretic** [znw] ketter
**heritage** [znw] erfenis, erfgoed, erfdeel
**hermaphrodite** [znw] hermafrodiet
**hermetic** [bnw] hermetisch
**hermit** [znw] kluizenaar
**hernia** [znw] (ingewands)breuk
**hero** [znw] • held • halfgod
**heroic** [bnw] heldhaftig
**heroin** [znw] heroïne
**heroine** [znw] • halfgodin • heldin
**heroism** [znw] heldenmoed
**heron** [znw] reiger
**herring** [znw] haring
**hers** [bez vnw] • van haar • het/de hare
**herself** [wkd vnw] haar(zelf), zich(zelf)
**he's** [samentr] /he is/ /he has/ → **be, have**
**hesitancy** [znw] aarzeling
**hesitant** [bnw] aarzelend
**hesitate** [on ww] • aarzelen • weifelen
**hesitation** [znw] aarzeling
**heterosexual** [bnw] heteroseksueel
**hew** [ov + on ww] • kappen, houwen • hakken
**hexagon** [znw] zeshoek
**heyday** [znw] bloei, fleur
**hi** [tw] • hé, hela • hallo
**hiatus** [znw] leemte, hiaat
**hibernate** [on ww] winterslaap doen
**hide** I [ov ww] • (~ **from**) verbergen voor II [on ww] (z.) verbergen III [znw] • huid • hachje • schuilplaats
**hideous** [bnw] afschuwelijk
**hiding** [znw] pak rammel
**hierarchy** [znw] hiërarchie
**hieroglyph** [znw] hiëroglief
**higgledy-piggledy** [bnw + bijw] schots en scheef, overhoop
**high** I [znw] record, hoogtepunt II [bnw + bijw] • hoog • verheven • opgewekt • dronken • bedwelmd
**highly** [bijw] • zeer, hoogst • met lof
**hijack** I [ov ww] kapen II [znw] kaping
**hike** I [on ww] rondtrekken II [znw] trektocht
**hiker** [znw] wandelaar, trekker
**hilarious** [bnw] vrolijk
**hilarity** [znw] hilariteit
**hill** [znw] heuvel
**hillock** [znw] heuveltje
**hilly** [bnw] heuvelachtig
**hilt** [znw] gevest
**him** [pers vnw] hem
**himself** [wkd vnw] • zich(zelf) • zelf
**hind** I [znw] hinde II [bnw] achter(ste)
**hinder** I [ov ww] (ver)hinderen, beletten II [bnw] achter(ste)
**hindrance** [znw] obstakel, belemmering
**hindsight** [znw] • vizier • beschouwing achteraf
**Hindu** I [znw] Hindoe II [bnw] • Hindoes • van het hindoeïsme
**Hinduism** [znw] hindoeïsme
**hinge** I [on ww] • rusten op • draaien II [znw] • scharnier • spil <fig.>
**hint** I [on ww] • (~ **at**) zinspelen op

II [znw] • wenk, aanwijzing • zinspeling
**hinterland** [znw] achterland
**hip** I [znw] • heup • rozebottel II [bnw] hip
**hippo** [znw] nijlpaard
**hippopotamus** [znw] nijlpaard
**hire** I [ov ww] huren • (~ **out**) verhuren II [znw] • huur • loon
**hireling** [znw] huurling
**his** [bez vnw] 't zijne, zijn, van hem
**hiss** I [ov + on ww] sissen II [ov ww] (uit)fluiten III [znw] sissend geluid
**historian** [znw] • geschiedschrijver • geschiedkundige
**hit** I [ov + on ww] • raken • slaan • (~ (**up**)**on**) toevallig aantreffen/stoten op II [ov ww] treffen • (~ **off**) precies treffen III [on ww] <AE> (aan)komen (bij/op) IV [znw] succes(nummer/-stuk)
**hitch** I [ov ww] vastmaken, vastraken • (~ **up**) optrekken <met een rukje> II [on ww] liften III [znw] hapering, kink in de kabel
**hither** [bijw] hierheen
**hoard** I [ov + on ww] hamsteren II [ov ww] vergaren III [znw] • voorraad • spaargeld • schat
**hoarding** [znw] aanplakbord
**hoarse** [bnw] schor, hees
**hoary** [bnw] • grijs • eerbiedwaardig
**hoax** I [ov ww] een poets bakken II [znw] grap
**hob** [znw] haardplaat
**hobble** I [ov ww] kluisteren II [on ww] III [znw] • strompelgang • kluister
**hobby** [znw] liefhebberij
**hock** [znw] • hielgewricht <v. paard> • Rijnwijn
**hod** [znw] kalkbak
**hoe** I [ov + on ww] schoffelen II [znw] schoffel
**hog** I [ov ww] voor zich opeisen II [znw] • (slacht)varken • zwijn <fig.>
**hoist** I [ov ww] (op)hijsen II [znw] hijstoestel
**hoity-toity** [bnw] nuffig
**hold** I [ov ww] • (be)houden • in-/tegen-/vasthouden • erop na houden • (kunnen) bevatten • v. mening zijn • <AE> gevangen houden • (~ **against**) kwalijk nemen, verwijten • (~ **back**) aarzelen, z. onthouden • (~ **in**) (z.) inhouden • (~ **off**) uitstellen, op een afstand houden • (~ **on**) niet loslaten • (~ **up**) ophouden, omhooghouden, aanhouden, overvallen II [on ww] • het (uit)houden • v. kracht zijn • aanhouden • (~ **aloof**) z. afzijdig houden • (~ **back**) tegenhouden, geheim houden • (~ **by**) blijven bij, z. houden aan • (~ **forth**) betogen, oreren • (~ **off**) wegblijven • (~ **on**) z. vasthouden, doorgaan, aanblijven • (~ **on to**) vasthouden aan • (~ **out**) het uithouden, toereikend zijn • (~ **with**) het houden bij/met, goedkeuren III [znw] • houvast, vat, greep • <scheepv.> ruim
**holder** [znw] • huurder, pachter • houder
**holiness** [znw] heiligheid
**holler** [ov + on ww] schreeuwen
**hollow** I [ov ww] (uit)hollen, hol maken II [znw] • holte • dal, laagte III [bnw + bijw] • hol • voos, geveinsd, leeg
**holly** [znw] hulst
**holy** [bnw] heilig
**homage** [znw] hulde
**home** I [znw] • t(e)huis • huis • geboortegrond, vaderland • verblijf • honk II [bnw] • huis(houd)elijk • eigen • binnenlands • raak III [bijw] • naar huis, thuis • naar/op z'n plaats, raak
**homeward(s)** [bijw] huiswaarts
**homicidal** [bnw] moord-, moorddadig
**homicide** [znw] • doodslag • pleger v. doodslag

**homing** [znw] *het naar huis gaan*
**homoeopath** [znw] *homeopaat*
**homogeneity** [znw] *homogeniteit*
**homosexual** [znw] *homoseksueel*
**hone** [ov ww] *aanzetten, slijpen*
**honest** [bnw] • *rechtschapen* • *eerlijk* • *deugdelijk*
**honesty** [znw] • *eerlijkheid, oprechtheid* • <plant.> *judaspenning*
**honey** [znw] • *honing* • *schat, liefje*
**honeyed** [bnw] *(honing)zoet*
**honeymoon** I [on ww] *de huwelijksreis/wittebroodsweken doorbrengen* II [znw] *huwelijksreis, wittebroodsweken*
**honorary** [bnw] *ere-*
**honour** I [ov ww] • *eren* • *honoreren* II [znw] *eer, eergevoel*
**honourable** [bnw] • *eervol* • *rechtschapen* • ≈ *edelachtbaar*
**hood** [znw] • *kap, capuchon* • *huif* • <AE> *motorkap*
**hoodlum** [znw] *vandaal, relschopper*
**hoodwink** [ov ww] *misleiden, zand in de ogen strooien*
**hoof** [znw] *hoef*
**hook** I [ov ww] • *(z.) vasthaken, aanhaken* • *aan de haak slaan* • (~ **up**) *aansluiten* II [on ww] *blijven haken* III [znw] • *haak, vishaak* • *sikkel, snoeimes, kram*
**hooked** [bnw] • *haakvormig* • *met haak* • *verslaafd*
**hoop** [znw] • *hoepel* • *basket* <bij basketbal>, *poortje* <bij croquet>
**hoot** I [ov ww] *uitjouwen* II [on ww] • *krassen* <v. uil> • *toeteren, claxonneren* • *jouwen* • *(hard) lachen* III [znw] • *gekras* • *getoeter*
**hooter** [znw] • *stoomfluit* • *sirene*
**hooves** [mv] → **hoof**
**hop** I [on ww] *springen (op), hinken, huppelen* • (~ **off**) *ophoepelen, afspringen (van), afstijgen* II [znw] • *sprong(etje)* • *etappe* • <plant.> *hop*
**hope** I [ov + on ww] *hopen* II [znw] *hoop*
**hopeful** [bnw] *hoopvol*
**hopefully** [bijw] *hopelijk*
**hopper** [znw] *(graan)schudder*
**hormone** [znw] *hormoon*
**horn** [znw] • *hoorn* • *horen, voelhoren* • *trompet, cornet* • *claxon*
**horned** [bnw] *met horens*
**hornet** [znw] *horzel*
**horny** [bnw] • *hoornachtig, vereelt* • <sl.> *heet, geil*
**horoscope** [znw] *horoscoop*
**horrible, horrid** [bnw] *afschuwelijk*
**horror** [znw] *afgrijzen, gruwel*
**horse** I [ov ww] *van paard(en) voorzien* II [on ww] • (~ **around**) *ravotten* III [znw] • *paard* • <inf.> *heroïne*
**hose** I [ov ww] *(schoon)spuiten* • (~ **down**) *schoonspuiten* • (~ **out**) *uitspuiten* II [znw] *slang, tuinslang, brandslang*
**hosiery** [znw] *kousen en gebreide artikelen*
**hospitable** [bnw] *gastvrij*
**hospital** [znw] • *ziekenhuis* • *hospitaal*
**hospitality** [znw] *gastvrijheid*
**hospitalize** [ov ww] *in ziekenhuis opnemen*
**host** I [ov ww] *gastheer/-vrouw zijn* II [znw] • *gastheer* <ook biologisch> • *waard* • *hostie* • *menigte*
**hostage** [znw] • *gijzelaar* • *onderpand*
**hostel** [znw] *tehuis, jeugdherberg*
**hostess** [znw] • *gastvrouw* • *waardin* • *stewardess*
**hostile** [bnw] *vijandig, vijandelijk*
**hot** [bnw] • *heet, warm* • *driftig, heftig* • *pikant* • *kersvers, gloednieuw*
**hotelier** [znw] *hotelhouder*
**hound** I [ov ww] *vervolgen* • (~ **out**) *verjagen* II [znw] *(jacht)hond*
**hour** [znw] *uur*
**hourly** [bnw + bijw] • *per uur* • *van uur tot uur, voortdurend*
**house** I [ov ww] • *huisvesten* • *herbergen* • *stallen* II [znw] • *huis*

• schouwburg(zaal) • firma

**household** I [znw] gezin, huishouden II [bnw] huis-

**householder** [znw] • hoofd v.h. gezin • hoofdbewoner • bewoner v. een eigen huis

**housing** [znw] • behuizing • bijgebouwen • huisvesting • <techn.> (metalen) kast/ombouw

**hove** [ww] verl. tijd + volt. deelw. → **heave**

**hovel** [znw] hut, krot

**hover** [on ww] • rondhangen, zwerven, zweven • bidden <v. roofvogel>

**how** [bijw] • hoe • wat

**however** [bijw] • echter • hoe ... ook

**howl** I [on ww] brullen, huilen, janken II [znw] gehuil

**howler** [znw] • brulaap • enorme blunder

**howling** I [znw] gebrul II [bnw] enorm

**hub** [znw] • naaf • middelpunt

**hubbub** [znw] kabaal, herrie

**huckster** [znw] venter

**huddle** I [on ww] in elkaar duiken • (~ **up**) zich zo klein mogelijk maken II [znw] dicht opeengepakte groep

**hue** [znw] tint, kleur

**huff** I [on ww] z. nijdig maken II [znw] nijdige bui, lichtgeraaktheid

**huffy** [bnw] lichtgeraakt

**hug** I [ov ww] omhelzen II [znw] omhelzing

**huge** [bnw] reusachtig

**hulk** [znw] • bonk (van een vent) • (romp v.) afgetuigd schip • log schip/gevaarte

**hulking** [bnw] log, lomp

**hull** I [ov ww] pellen II [znw] (scheeps)romp

**hum** I [ov + on ww] neuriën II [on ww] zoemen, brommen III [znw] gezoem, gebrom

**human** [bnw] menselijk

**humane** [bnw] humaan, menslievend

**humanitarian** I [znw] filantroop II [bnw] • filantropisch • humanitair

**humanity** [znw] • menselijkheid • mensdom • het mens zijn • menslievendheid

**humanize** [ov ww] • beschaven • vermenselijken

**humble** I [ov ww] vernederen II [bnw] • nederig, onderdanig • bescheiden

**humbug** [znw] • branieschopper • zwendel • kouwe drukte • nonsens

**humdinger** [znw] • kei <fig.>, geweldenaar • meesterstukje • knaller

**humdrum** [bnw] alledaags, saai

**humid** [bnw] vochtig

**humidity** [znw] vochtigheid

**humiliate** [ov ww] vernederen

**humility** [bnw] nederigheid

**humour** I [ov ww] • zijn zin geven • toegeven (aan) II [znw] • humor • stemming • humeur

**hump** I [on ww] • krommen • (met moeite) dragen II [znw] bult

**hunch** I [ov ww] optrekken II [on ww] buigen, krommen III [znw] • bult • voorgevoel

**hundred** [telw] honderd, honderdtal

**hundredth** [telw] honderdste

**hung** [ww] verl. tijd + volt. deelw. → **hang**

**Hungarian** I [znw] • Hongaar(se) • het Hongaars II [bnw] Hongaars

**hunger** I [on ww] hongeren II [znw] • honger • verlangen

**hungry** [bnw] hongerig

**hunk** [znw] brok, homp

**hunt** I [ov ww] • jagen op • afzoeken • (~ **down**) in 't nauw drijven, achterna zitten • (~ **out**) opsporen, achterhalen II [on ww] • jagen <met honden/paard> • zoeken III [znw] • jacht • zoektocht

**hunter** [znw] jager

**hunting** [znw] • jacht • zoektocht

**huntsman** [znw] jager

**hurdle** [znw] horde <om over te springen>

**hurl** [ov ww] *werpen, smijten*
**hurly-burly** [znw] *rumoer*
**hurricane** [znw] *orkaan*
**hurried** [bnw] *gehaast*
**hurry** I [ov ww] • *overhaasten* • *tot haast aanzetten* • (~ **along/on**) *voortjagen, opjagen* • (~ **away**) *in haast wegbrengen* II [on ww] • *z. haasten* • *haast maken met* • (~ **along/on**) *voortijlen* • (~ **away**) *wegsnellen* • (~ **up**) *haast maken, voortmaken* III [znw] *haast*
**hurt** I [ov + on ww] *pijn doen* II [znw] *pijn*
**hurtful** [bnw] *nadelig*
**hurtle** [on ww] *kletteren, snorren*
**husband** I [ov ww] *zuinig beheren* II [znw] *man, echtgenoot*
**husbandry** [znw] *landbouw en veeteelt*
**hush** I [ov ww] • *sussen* • *tot zwijgen brengen* • (~ **up**) *in de doofpot stoppen* II [on ww] *zwijgen* III [znw] *stilte* IV [tw] *sst!*
**husk** I [ov ww] *v. schil enz. ontdoen, pellen* II [znw] *peul, dop, schil, kaf*
**husky** [bnw] • *schor* • *potig*
**hussy** [znw] *brutale meid, feeks*
**hustings** [mv] *verkiezingsactiviteiten*
**hustle** I [ov ww] *door elkaar schudden* II [on ww] • *dringen* • *jachten* III [znw] *gedrang*
**hustler** [znw] *oplichter*
**hut** [znw] • *hut* • *barak*
**hutch** [znw] *(konijne)hok*
**hyacinth** [znw] *hyacint*
**hyaena** [znw] *hyena*
**hybrid** I [znw] *bastaard(vorm)* II [bnw] *bastaard-, hybridisch*
**hydrant** [znw] *brandslang, standpijp*
**hydraulic** [bnw] *hydraulisch*
**hydrogen** [znw] *waterstof*
**hygiene** [znw] *hygiëne*
**hygienic** [bnw] *hygiënisch*
**hymen** [znw] *maagdenvlies*
**hymn** [znw] *lofzang, hymne*
**hymnal** [znw] *hymnenboek, gezangenboek*
**hyphen** [znw] *verbindingsstreepje*
**hypnosis** [znw] *hypnose*
**hypnotic** [bnw] *hypnotiserend*
**hypnotism** [znw] *hypnotisme*
**hypochondria** [znw] *zwaarmoedigheid*
**hypocrisy** [znw] *huichelarij*
**hypocrite** [znw] *huichelaar*
**hypocritical** [bnw] *huichelachtig*
**hypodermic** [bnw] *onderhuids*
**hypotenuse** [znw] *hypotenusa, schuine zijde*
**hypothesis** [znw] *hypothese, veronderstelling*
**hysteria** [znw] *hysterie*
**hysterical** [bnw] *hysterisch*
**hysterics** [mv] *hysterische aanval*

# I

**I** [pers vnw] *ik*
**ice** **I** [ov ww] *glaceren* <v. gebak> **II** [on ww] • (~ **over/up**) *vastvriezen, met ijs bedekt worden* **III** [znw] (*portie*) *ijs*
**Icelander** [znw] *IJslander*
**Icelandic** **I** [znw] *IJslands* **II** [bnw] *IJslands*
**icing** [znw] *suikerglazuur*
**icon** [znw] *ikoon*
**iconoclast** [znw] *beeldenstormer*
**icy** [bnw] • *ijsachtig, ijs-* • *met ijs bedekt, vriezend, bevroren* • *kil, afstandelijk*
**I'd** [samentr] /I had, I should, I would/ → **have, will, shall**
**idea** [znw] • *idee, plan* • *bedoeling*
**ideal** **I** [znw] *ideaal* **II** [bnw] • *ideaal* • *ideëel*
**idealism** [znw] *idealisme*
**idealistic** [bnw] *idealistisch*
**idealize** [ov ww] *idealiseren*
**identic(al)** [bnw] *gelijkwaardig, identiek*
**identification** [znw] *identificatie*
**identify** **I** [ov ww] *identificeren, gelijkstellen* **II** [on ww] • (~ **with**) *zich identificeren met*
**identity** [znw] *identiteit, persoonlijkheid*
**ideological** [bnw] *ideologisch*
**ideology** [znw] *ideologie*
**idiocy** [znw] *zwakzinnigheid, idioterie*
**idiom** [znw] *idioom*
**idiomatic(al)** [bnw] *idiomatisch*
**idiot** [znw] *idioot*
**idiotic(al)** [bnw] *idioot*
**idle** **I** [on ww] *luieren* **II** [bnw] • *nutteloos* • *ongegrond* • *braak* <v. land> • *lui* • *niet aan 't werk zijnde*
**idler** [znw] *leegloper*
**idol** [znw] • *afgod(sbeeld)* • *idool*
**idolatrous** [bnw] *m.b.t. afgoderij*
**idolatry, idolization** [znw] *afgoderij*
**idolize** [ov ww] *verafgoden*
**idyl(l)ic** [bnw] *idyllisch*
**if** [vw] • *indien, als, ingeval* • *of*
**igloo** [znw] *iglo*
**ignite** **I** [ov ww] *in brand steken* **II** [on ww] *ontbranden*
**ignition** [znw] • *ontsteking* <v. motor> • *ontbranding*
**ignoble** [bnw] • *v. lage komaf* • *gemeen*
**ignominious** [bnw] • *schandelijk* • *oneervol*
**ignominy** [znw] *schande, smaad*
**ignoramus** [znw] *domkop*
**ignorance** [znw] • *onervarenheid* • *domheid*
**ignorant** [bnw] • *onkundig* • *onwetend*
**ignore** [ov ww] *negeren*
**ilk** [bnw] *soort, slag*
**ill** **I** [znw] • *kwaad* • *kwaal* **II** [bnw] • *ziek, misselijk* • *slecht* **III** [bijw] *slecht, kwalijk*
**I'll** [samentr] /I shall/ /I will/ → **shall, will**
**illegal** [bnw] *onwettig*
**illegible** [bnw] *onleesbaar*
**illegitimacy** [znw] *onwettigheid, illegitimiteit*
**illegitimate** [bnw] *onwettig, onecht*
**illiberal** [bnw] *weinig vrijheid toestaand*
**illicit** [bnw] *onwettig, ongeoorloofd*
**illiteracy** [znw] *ongeletterdheid*
**illiterate** **I** [znw] *analfabeet* **II** [bnw] *niet kunnende lezen*
**illness** [znw] *ziekte*
**illogical** [bnw] *onlogisch*
**illuminate, illumine** [ov ww] • *verlichten, licht werpen op* • *verluchten* <v. manuscript>
**illusion** [znw] • *illusie* • *visioen*
**illustrate** [ov ww] • *illustreren* • *verduidelijken*
**illustrator** [znw] *illustrator, tekenaar*

**illustrious** [bnw] • *doorluchtig* • *beroemd*
**I'm** [samentr] /I am/ → **be**
**image** [znw] • *gelijkenis, beeld, voorstelling, beeltenis* • *idee* • *reputatie*
**imagery** [znw] • *beelden* • *beeldspraak*
**imaginable** [bnw] *denkbaar*
**imaginary** [bnw] *denkbeeldig*
**imagination** [znw] *verbeelding*
**imaginative** [znw] • *fantasierijk* • *fantastisch*
**imagine** [ov ww] *z. voorstellen*
**imbalance** [znw] *onevenwichtigheid*
**imbecile** [bnw] *imbeciel*
**imitate** [ov ww] *nabootsen, navolgen*
**imitation** [znw] *imitatie, namaak*
**imitative** [bnw] *nabootsend*
**immaterial** [bnw] • *onstoffelijk* • *onbelangrijk*
**immature** [bnw] *onrijp, niet volwassen*
**immeasurable** [bnw] *oneindig, onmeetbaar*
**immediacy** [znw] • *nabijheid* • *dringendheid*
**immediate** [bnw] *onmiddellijk*
**immediately** I [bijw] • *onmiddellijk* • *rechtstreeks* II [vw] *meteen als/toen, zodra*
**immense** [bnw] *onmetelijk*
**immerse** [ov ww] *onderdompelen, indopen*
**immersion** [znw] *onderdompeling*
**immigrant** I [znw] *immigrant* II [bnw] *immigrerend*
**immigration** [znw] *immigratie*
**imminent** [bnw] *dreigend, op handen zijnde*
**immobile** [bnw] *onbeweeglijk*
**immobilize** [ov ww] *onbeweeglijk maken*
**immoderate** [bnw] *buitensporig, onmatig*
**immodest** [bnw] • *onbetamelijk* • *onbescheiden*
**immoral** [bnw] • *immoreel* • *onzedelijk*
**immortal** I [znw] *onsterfelijke* II [bnw] • *onsterfelijk* • <inf.> *onverslijtbaar*
**immortalize** [ov ww] *onsterfelijk maken, vereeuwigen*
**immovable** [bnw] *onbeweeglijk*
**immune** [bnw] *immuun*
**immunize** [ov ww] *immuun maken*
**immutable** [bnw] *onveranderlijk*
**imp** [znw] • *kabouter* • *stout kind* • *duiveltje*
**impact** I [ov ww] *indrijven* II [znw] • *botsing* • *invloed* • *uitwerking* • *effekt* • *slag* • *stoot*
**impair** [ov ww] • *verzwakken* • *beschadigen*
**impale** [ov ww] *spietsen*
**impart** [ov ww] *mededelen*
**impartial** [bnw] *onpartijdig*
**impassable** [bnw] • *onbegaanbaar* • *onoverkomelijk*
**impassioned** [bnw] *hartstochtelijk*
**impassive** [bnw] • *ongevoelig* • *onverstoorbaar*
**impatience** [znw] • *ongeduld* • *gretigheid* • *onverdraagzaamheid*
**impatient** [bnw] *verlangend, ongeduldig, vurig*
**impeach** [ov ww] *in staat v. beschuldiging stellen*
**impeachment** [znw] *aanklacht en vervolging*
**impeccable** [bnw] *smetteloos, zonder zonden*
**impecunious** [bnw] • *(altijd) arm* • *zonder geld*
**impede** [ov ww] *verhinderen*
**impediment** [znw] *beletsel*
**impel** [ov ww] • *aanzetten* • *dringen*
**impenetrable** [bnw] *ondoordringbaar, ondoorgrondelijk, onbegrijpelijk*
**imperative** I [znw] II [bnw] • *gebiedend* • *noodzakelijk*
**imperceptible** [bnw] *onmerkbaar*
**imperfect** I [znw] *onvoltooid verleden tijd* II [bnw] *onvolkomen, onvolmaakt*
**imperfection** [znw] • *onvolmaaktheid*

• *zonde*
**imperial** [bnw] • *keizerlijk, keizer(s)-* • *rijks-*
**imperialism** [znw] *imperialisme*
**imperil** [ov ww] *in gevaar brengen*
**imperishable** [bnw] *onvergankelijk*
**impermeable** [bnw] *ondoordringbaar*
**impersonate** [ov ww] • *verpersoonlijken* • *vertolken* • *nadoen, imiteren*
**impertinence** [znw] *onbeschaamdheid*
**imperturbable** [bnw] *onverstoorbaar*
**impervious** [bnw] *ondoordringbaar*
**impetuous** [bnw] *onstuimig, heftig*
**impetus** [znw] • *bewegingsstuwkracht* • *stoot*
**impiety** [znw] • *oneerbiedigheid* • *goddeloosheid*
**impious** [bnw] • *goddeloos* • *profaan*
**impish** [bnw] • *ondeugend* • *duivelachtig*
**implacable** [bnw] *onverzoenlijk*
**implant** [ov ww] • *planten* • *inprenten*
**implausible** [bnw] *onwaarschijnlijk*
**implement** I [ov ww] *nakomen* <contract> II [znw] *werktuig*
**implicate** [ov ww] *insluiten, omvatten* • (~ **in**) *betrekken bij*
**implication** [znw] *gevolgtrekking*
**implicit** [bnw] • *onvoorwaardelijk* • *erin begrepen*
**implore** [ov ww] *(af)smeken*
**imply** [ov ww] *suggereren*
**impolite** [bnw] *onbeleefd*
**impolitic** [bnw] *onoordeelkundig*
**imponderable** [bnw] • *onweegbaar* • *niet te schatten*
**import** I [ov ww] • *invoeren* • *betekenen* • *v. belang zijn* II [znw] • *betekenis* • *belang(rijkheid)* • *invoer*
**importance** [znw] • *belang* • *gewicht(igheid)*
**important** [bnw] • *belangrijk* • *gewichtig*
**importer** [znw] *importeur*
**importunate** [bnw] *lastig, (z. op)dringend*
**importune** [ov ww] *lastig vallen*
**importunity** [znw] *opdringerigheid*
**impose** [ov ww] • (~ **on**) *imponeren, z. opdringen, opleggen* <v. plicht, belasting>, *misbruik maken van*
**imposing** [bnw] • *indrukwekkend* • *veeleisend*
**impossible** [bnw] *onmogelijk*
**imposture** [znw] *bedrog*
**impotence** [znw] • *onmacht, onvermogen* • *impotentie*
**impotent** [bnw] • *machteloos* • *impotent*
**impound** [ov ww] • *insluiten* • *in beslag nemen*
**impoverish** [ov ww] *verarmen*
**impracticable** [bnw] • *onbegaanbaar* • *onuitvoerbaar*
**impractical** [bnw] *onpraktisch*
**impregnable** [bnw] *onneembaar*
**impress** [ov ww] *stempelen, inprenten, indruk maken op*
**impression** [znw] • *oplage* • *indruk*
**impressionable** [bnw] *ontvankelijk*
**impressionist** [znw] • *impressionist* • *imitator*
**impressionistic** [bnw] *impressionistisch*
**impressive** [bnw] *indrukwekkend*
**imprint** I [ov ww] • *stempelen* • *inprenten* II [znw] *stempel*
**imprison** [ov ww] *in de gevangenis zetten*
**imprisonment** [znw] *gevangenschap*
**improbable** [bnw] *onwaarschijnlijk*
**improper** [bnw] • *onjuist* • *ongepast*
**impropriety** [znw] *ongepastheid*
**improve** [ov + on ww] *verhogen, verbeteren*
**improvement** [znw] • *beterschap, vooruitgang* • *hoger bod* • *(bodem)verbetering*
**improvidence** [znw] *zorgeloosheid*
**improvise** [ov ww] *improviseren*
**imprudent** [bnw] *onvoorzichtig*

**impudent** [bnw] *onbeschaamd, schaamteloos*

**impugn** [ov ww] *betwisten*

**impulse** [znw] • *stoot* • *prikkel* • *opwelling*

**impulsive** [bnw] • *aandrijvend, stuw-* • *impulsief*

**impunity** [znw] *straffeloosheid*

**impure** [bnw] • *onrein* • *onkuis* • *vervalst*

**impurity** [znw] *onreinheid*

**impute** [ov ww] • *ten laste leggen* • *toeschrijven, wijten (aan)*

**inability** [znw] *onbekwaamheid*

**inaccessible** [bnw] *ongenaakbaar, ontoegankelijk*

**inaccuracy** [znw] *onnauwkeurigheid, fout(je)*

**inaccurate** [bnw] *onnauwkeurig*

**inaction** [znw] • *traagheid* • *werkeloosheid*

**inactive** [bnw] • *werkeloos* • *traag*

**inadequacy** [znw] *onvolledigheid*

**inadmissible** [bnw] *ontoelaatbaar*

**inadvertent** [bnw] • *onoplettend* • *onbewust*

**inalienable** [bnw] *onvervreemdbaar*

**inane** [bnw] • *leeg* • *idioot* • *zinloos*

**inapplicable** [bnw] *niet toepasselijk*

**inappropriate** [bnw] • *ongepast* • *ongeschikt*

**inapt** [bnw] • *ongeschikt* • *ongepast*

**inarticulate** [bnw] *niet uit te spreken*

**inattention** [znw] *onachtzaamheid*

**inattentive** [bnw] *onoplettend*

**inaudible** [bnw] *onhoorbaar*

**inaugural** [bnw] *inaugureel*

**inaugurate** [ov ww] • *openen* • *installeren* • *inwijden*

**inauspicious** [bnw] *onheilspellend, ongunstig*

**inborn, inbred** [bnw] *aangeboren*

**inbreeding** [znw] *inteelt*

**incalculable** [bnw] *onberekenbaar*

**incandescent** [bnw] *gloeiend*

**incantation** [znw] *toverformule*

**incapable** [bnw] *onbekwaam*

**incapacitate** [ov ww] *ongeschikt maken*

**incapacity** [znw] *onbekwaamheid*

**incarcerate** [ov ww] *gevangenzetten*

**incarnate** I [ov ww] *belichamen* II [bnw] *vleselijk*

**incarnation** [znw] *verpersoonlijking*

**incautious** [bnw] *onvoorzichtig*

**incendiary** I [znw] *brandbom* II [bnw] *brandstichtend*

**incense** I [ov ww] • *woedend maken* • *bewieroken* II [znw] *wierook*

**incentive** [znw] • *prikkeling* • *motief* • *aansporing*

**inception** [znw] *aanvang*

**incessant** [bnw] *onophoudelijk*

**inch** I [on ww] *z. zeer langzaam voortbewegen* II [znw] *Engelse duim* <2,54 cm>

**incidence** [znw] *aantal gevallen*

**incident** [znw] *incident, voorval, episode*

**incidental** [bnw] *bijkomstig*

**incinerate** [ov ww] *verassen, verbranden*

**incipient** [bnw] *aanvangs-*

**incise** [ov ww] • *insnijden* • *graveren*

**incisive** [bnw] • *scherp* • *snij-*

**incisor** [znw] *snijtand*

**incite** [ov ww] • *aansporen* • *opruien*

**inclement** [bnw] *streng* <v. weer>, *guur*

**inclination** [znw] • *neiging* • *aanleg*

**incline** I [ov ww] • *geneigd maken* • *doen (over)hellen* II [on ww] • *(over)hellen* • *geneigd zijn* III [znw] • *hellend vlak* • *helling*

**include** [ov ww] *insluiten, omvatten*

**inclusion** [znw] • *insluitsel* • *insluiting*

**inclusive** [bnw] *insluitend, omvattend*

**incoherent** [bnw] • *verward* • *onsamenhangend*

**income** [znw] *inkomsten, inkomen*

**incoming** [bnw] • *binnenkomend* • *opkomend* <v. getij>

**incommunicado** [bnw] *(v.d.*

*buitenwereld) afgeschermd, geïsoleerd*
**incompatible** [bnw] • *onverenigbaar* • *tegenstrijdig*
**incomplete** [bnw] • *onvolledig* • *gebrekkig*
**incomprehensible** [bnw] *onbegrijpelijk*
**inconceivable** [bnw] *onbegrijpelijk*
**inconclusive** [bnw] *niet beslissend, niet overtuigend*
**incongruity** [znw] • *ongelijksoortigheid* • *inconsequentie*
**incongruous** [bnw] • *ongelijksoortig* • *inconsequent*
**inconsiderable** [bnw] *onbelangrijk*
**inconsiderate** [bnw] *onbedachtzaam, onattent*
**inconsistent** [bnw] • *tegenstrijdig* • *inconsequent*
**inconsolable** [bnw] *ontroostbaar*
**inconspicuous** [bnw] *onopvallend*
**incontrovertible** [bnw] *onbetwistbaar*
**inconvenience** **I** [ov ww] *in ongelegenheid brengen* **II** [znw] *ongemak, ongerief*
**inconvenient** [bnw] • *ongeriefelijk* • *lastig*
**incorporate** [ov ww] *verenigen* • (~ **in(to)/with**) *inlijven bij*
**incorrect** [bnw] *onjuist*
**incorrigible** [bnw] *onverbeterlijk*
**incorruptible** [bnw] • *onkreukbaar* • *onvergankelijk*
**incredible** [bnw] *ongelofelijk*
**incredulity** [znw] *ongeloof*
**increment** [znw] • *loonsverhoging* • *toename*
**incriminate** [ov ww] • *beschuldigen* <v. misdaad> • *betrekken in aanklacht*
**incubate** [ov + on ww] *(uit)broeden*
**incubator** [znw] • *broedmachine* • *couveuse*
**inculcate** [ov ww] *inprenten*
**incumbent** [bnw] *verplicht*
**incur** [ov ww] • *oplopen* • *maken* <v. schulden>
**incurable** [bnw] *ongeneeslijk*
**incursion** [znw] *vijandelijke inval, onverwachte aanval*
**indebted** [bnw] • *(ver)schuldig(d)* • *verplicht*
**indecency** [znw] *onfatsoenlijkheid*
**indecent** [bnw] *onzedelijk, onfatsoenlijk*
**indecision** [znw] *besluiteloosheid*
**indecisive** [bnw] *besluiteloos*
**indeed** [bijw] *trouwens, dan ook, zelfs, werkelijk, weliswaar, inderdaad*
**indefatigable** [bnw] *onvermoeid, onvermoeibaar*
**indefensible** [bnw] *onverdedigbaar*
**indefinable** [bnw] *ondefinieerbaar, niet te bepalen*
**indefinite** [bnw] • *onbepaald* • *vaag*
**indelible** [bnw] *onuitwisbaar*
**indemnity** [znw] • *schadeloosstelling* • *vrijwaring* • *amnestie, kwijtschelding*
**indent** [ov + on ww] • *inspringen* <v. regel> • *vorderen* <v. goederen>
**indentation** [znw] *inkeping, het inspringen*
**independence** [znw] *onafhankelijkheid*
**independent** **I** [znw] *iem. die niet politiek gebonden is* **II** [bnw] *onafhankelijk*
**indestructible** [bnw] *onverwoestbaar*
**Indian** **I** [znw] • *Indiër* • *Indiaan* **II** [bnw] • *Indiaans* • *Indisch*
**indicate** [ov ww] • *aangeven* <v. richting> • *tonen* • *aanwijzen* • *wijzen op*
**indication** [znw] *aanwijzing*
**indicative** **I** [znw] *aantonende wijs* **II** [bnw] *aantonend*
**indicator** [znw] • *spanningmeter* • *richtingaanwijzer*
**indict** [ov ww] *beschuldigen, aanklagen*
**indictable** [bnw] *vervolgbaar*
**indifference** [znw] *onverschilligheid*
**indigenous** [bnw] • *inheems* • *aangeboren*

**indigent** [bnw] *arm, behoeftig*
**indigestible** [bnw] *onverteerbaar*
**indigestion** [znw] *indigestie*
**indignant** [bnw] *verontwaardigd*
**indignation** [znw] *verontwaardiging*
**indignity** [znw] *belediging*
**indirect** [bnw] • *bedrieglijk* • *indirect, zijdelings*
**indiscernible** [bnw] *niet te onderscheiden*
**indiscreet** [bnw] *onbezonnen*
**indiscretion** [znw] *onbezonnen daad/gedrag*
**indiscriminate** [bnw] • *geen verschil makend* • *in het wilde weg, zo maar*
**indispensable** [bnw] *onmisbaar*
**indisposition** [znw] *ongesteldheid*
**indisputable** [bnw] *onbetwistbaar*
**indistinct** [bnw] *onduidelijk*
**individual I** [znw] *individu, persoon* **II** [bnw] • *individueel, persoonlijk* • *eigenaardig*
**individualism** [znw] *individualisme*
**individualist I** [znw] *individualist* **II** [bnw] *individualistisch*
**individuality** [znw] *individualiteit*
**individualize** [ov ww] *individualiseren*
**indoctrinate** [ov ww] *indoctrineren*
**indolent** [bnw] *lui*
**indomitable** [bnw] *ontembaar, onoverwinnelijk*
**Indonesian I** [znw] *Indonesiër, Indonesische* **II** [bnw] *Indonesisch*
**indoor** [bnw] *binnenshuis, huis-*
**indubitable** [bnw] *zonder twijfel*
**induce** [ov ww] • *bewegen, ertoe krijgen* • *afleiden*
**inducement** [znw] • *beweegreden* • *lokmiddel*
**induct** [ov ww] *installeren, bevestigen* <v. predikant>
**induction** [znw] • *installatie* • *gevolgtrekking* • *inductie* • *kunstmatig ingeleide bevalling*
**inductive** [bnw] *aanleiding gevend, inductief*
**indulge I** [ov ww] • *verwennen* • *toegeven (aan)* **II** [on ww] • (~ **in**) *z. overgeven aan*
**indulgence** [znw] *overdreven toegeeflijkheid*
**indulgent** [bnw] *(al te) toegeeflijk*
**industrial** [bnw] *industrieel, bedrijfs-, nijverheids-*
**industrialist** [znw] • *industrieel* • *fabriekseigenaar*
**industrious** [bnw] *hardwerkend, arbeidzaam*
**industry** [znw] • *industrie, bedrijf* • *ijver*
**inebriate I** [znw] *dronkaard* **II** [bnw] *(altijd) dronken*
**inedible** [bnw] *oneetbaar*
**ineffable** [bnw] *onuitsprekelijk*
**ineffective** [bnw] *ondoeltreffend*
**ineffectual** [bnw] • *vruchteloos* • *ontoereikend*
**inefficient** [bnw] • *onbekwaam* • *ondoelmatig*
**inelegant** [bnw] *onelegant, niet fraai*
**ineligible** [bnw] *niet te verkiezen*
**inept** [bnw] *onbekwaam*
**ineptitude** [znw] *onbekwaamheid*
**inequality** [znw] • *verschil* • *ongelijkheid*
**inequitable** [bnw] *onrechtvaardig, onbillijk*
**inert** [bnw] *traag, log*
**inertia** [znw] *traagheid*
**inescapable** [bnw] *onontkoombaar*
**inessential** [bnw] *niet essentieel, bijkomstig*
**inestimable** [bnw] *onschatbaar*
**inevitable** [bnw] *onvermijdelijk*
**inexact** [bnw] *onjuist*
**inexcusable** [bnw] *onvergeeflijk*
**inexhaustible** [bnw] *onuitputtelijk*
**inexorable** [bnw] *onverbiddelijk*
**inexpensive** [bnw] *goedkoop*
**inexperience** [znw] *onervarenheid*
**inexperienced** [bnw] *onervaren*
**inexpert** [bnw] *onbedreven,*

*ondeskundig*
**inexplicable** [bnw] *onverklaarbaar*
**inextricable** [bnw] *onontwarbaar*
**infallible** [bnw] *onfeilbaar*
**infamous** [bnw] *berucht*
**infamy** [znw] • *beruchtheid* • *schande*
**infancy** [znw] • kindsheid • *minderjarigheid*
**infant I** [znw] • *zuigeling* • *kind beneden 7 jaar* • *minderjarige* **II** [bnw] kinderlijk, kinder-
**infanticide** [znw] kindermoord
**infantile** [bnw] kinder-, kinderlijk, kinderachtig
**infantry** [znw] *infanterie*
**infatuation** [znw] *dwaze verliefdheid*
**infection** [znw] *besmetting*
**infectious** [bnw] *besmettelijk, aanstekelijk*
**infer** [ov ww] *gevolg trekken*
**inference** [znw] *gevolgtrekking*
**inferior I** [znw] *ondergeschikte* **II** [bnw] • *minder(waardig)* • *onder-* • *lager*
**infernal** [bnw] *hels, duivels*
**inferno** [znw] *hel, onderwereld*
**infertile** [bnw] *onvruchtbaar*
**infest** [ov ww] *teisteren*
**infidel I** [znw] *ongelovige* **II** [bnw] *ongelovig*
**infidelity** [znw] • *ontrouw* • *ongeloof*
**infiltrate** [ov + on ww] • *dóórdringen* • *infiltreren*
**infinitesimal** [bnw] *zeer klein*
**infinitive** [znw] *onbepaalde wijs*
**infinity** [znw] *oneindigheid*
**infirm** [bnw] *onvast, zwak*
**infirmary** [znw] *ziekenhuis, ziekenzaal*
**inflame** [ov ww] *opgewonden maken*
**inflammable** [bnw] *ontvlambaar*
**inflammation** [znw] *ontsteking*
**inflammatory** [bnw] • *ontstekings-* • *opwindend*
**inflatable** [bnw] *opblaasbaar*
**inflate** [ov ww] *oppompen, opblazen*
**inflation** [znw] *inflatie*
**inflect** [ov ww] <taalk.> *verbuigen*
**inflection, inflexion** [znw] • *verbuiging* • *stembuiging*
**inflexible** [bnw] • *standvastig* • *onbuigzaam*
**inflict** [ov ww] *toedienen/opleggen* <v. straf>
**inflow** [znw] *binnenstromende hoeveelheid*
**influence I** [ov ww] *beïnvloeden* **II** [znw] *invloed*
**influential** [bnw] *invloedrijk*
**influenza** [znw] *griep*
**influx** [znw] • *instroming* • *toevloed*
**inform** [ov ww] *mededelen*
**informal** [bnw] *informeel, niet officieel*
**information** [znw] • *mededeling* • *inlichtingen*
**informative** [bnw] *informatief*
**informer** [znw] • *aanklager* • *verklikker*
**infrastructure** [znw] *infrastructuur*
**infrequent** [bnw] *niet vaak*
**infringe** [ov + on ww] *overtreden*
**infuriate** [ov ww] *woedend maken*
**infuse I** [ov ww] • *laten trekken* <v. thee> • *ingieten* **II** [on ww] *trekken* <v. thee>
**infusion** [znw] • *infusie* • *aftreksel*
**ingenious** [bnw] *vernuftig*
**ingenuity** [znw] *vernuft*
**ingenuous** [bnw] *onschuldig*
**ingrained** [bnw] *diepgeworteld*
**ingratiate** [ov ww] • (~ **with**) *in de gunst komen bij*
**ingratitude** [znw] *ondankbaarheid*
**ingredient** [znw] *bestanddeel*
**inhabit** [ov ww] *wonen in*
**inhabitant** [znw] *bewoner, inwoner*
**inhale** [ov ww] *inademen, inhaleren*
**inherit** [ov ww] *erven*
**inheritance** [znw] *erfenis, overerving*
**inhibit** [ov ww] *remmen, beletten*
**inhibited** [bnw] *verlegen, geremd*
**inhibition** [znw] *geremdheid*
**inhospitable** [bnw] • *ongastvrij* • *onherbergzaam*

**inhuman** [bnw] • *onmenselijk* • *monsterlijk*
**inhumane** [bnw] *wreed*
**inhumanity** [znw] *wreedheid*
**inimical** [bnw] • *vijandig* • *schadelijk*
**inimitable** [bnw] *onnavolgbaar, weergaloos*
**iniquitous** [bnw] • *zondig* • *onrechtvaardig*
**iniquity** [znw] • *onrechtvaardigheid* • *zonde*
**initial** I [ov ww] *paraferen* II [znw] *voorletter* III [bnw] *eerste, begin-, voor-*
**initiate** I [ov ww] • *beginnen* • *inwijden, inleiden* II [znw] *ingewijde* III [bnw] *ingewijd*
**initiative** I [znw] *initiatief* II [bnw] *aanvangs-*
**inject** [ov ww] *inspuiten*
**injection** [znw] *injectie*
**injudicious** [bnw] *onverstandig*
**injunction** [znw] • *dringend verzoek* • *verbod, bevel*
**injure** [ov ww] • *verwonden* • *krenken*
**injurious** [bnw] • *beledigend* • *schadelijk*
**injury** [znw] • *belediging* • *letsel, schade*
**injustice** [znw] *onrecht(vaardigheid)*
**ink** I [ov ww] *met inkt insmeren* II [znw] *inkt*
**inkling** [znw] *flauw vermoeden*
**inky** [bnw] *inktachtig*
**inlaid** [bnw] *ingelegd*
**inland** I [znw] *binnenland* II [bnw + bijw] • *binnenlands* • *in of naar 't binnenland*
**inlay** I [ov ww] *inleggen* II [znw] • *mozaïek* • *vulling* <v. kies>
**inlet** [znw] *inham*
**inn** [znw] • *herberg, taveerne* • *(dorps)hotel*
**innate** [bnw] *aangeboren, natuurlijk*
**inner** [bnw] *inwendig, innerlijk, binnen-*
**innocence** [znw] *onschuld*
**innocent** I [znw] *onschuldig iem.* <vooral klein kind> II [bnw] • *onschuldig* • *onschadelijk*
**innocuous** [bnw] *onschadelijk, ongevaarlijk*
**innovator** [znw] *vernieuwer*
**innuendo** [znw] • *beledigende insinuatie* • *verdachtmaking*
**innumerable** [bnw] *ontelbaar*
**inoculate** [ov ww] *inenten*
**inoculation** [znw] *inenting*
**inoffensive** [bnw] • *geen aanstoot gevend* • *onschadelijk*
**inoperable** [bnw] *niet te opereren*
**inoperative** [bnw] • *niet werkend* • *ongeldig* <v. wet>
**inopportune** [bnw] • *ontijdig* • *ongelegen*
**inordinate** [bnw] *buitensporig*
**inorganic** [bnw] *anorganisch*
**input** [znw] • *invoer van gegevens* • *toevoer*
**inquest** [znw] *gerechtelijk onderzoek*
**inquire** [ov + on ww] *navragen* • (~ **about/after**) *informeren naar* • (~ **into**) *onderzoeken*
**inquisition** [znw] • *onderzoek* • *inquisitie*
**insalubrious** [bnw] *ongezond* <v. omgeving>
**insane** [bnw] *krankzinnig*
**insanity** [znw] *krankzinnigheid, dwaasheid*
**insatiable** [bnw] *onverzadigbaar*
**inscribe** [ov ww] • *graveren* • *opdragen* <v. boek>
**inscription** [znw] *inscriptie*
**inscrutable** [bnw] *ondoorgrondelijk*
**insect** [znw] *insekt*
**insecure** [bnw] *onveilig, onbetrouwbaar*
**insensible** [bnw] • *bewusteloos* • *ongevoelig*
**insensitive** [bnw] • *ongevoelig* • *onattent*
**inseparable** [bnw] *onafscheidelijk, niet te scheiden*

**insert** I [ov ww] • *invoegen* • *insteken* II [znw] *inlas*
**inshore** [bnw] *naar of dichtbij de kust*
**inside** I [znw] *binnenkant* II [bnw] *binnen-, binnenste* III [bijw] *van/naar binnen* IV [vz] *binnen, in*
**insider** [znw] • *lid v. vereniging* • *ingewijde*
**insidious** [bnw] *verraderlijk*
**insight** [znw] *inzicht*
**insignificant** [bnw] *onbeduidend*
**insincere** [bnw] *bedrieglijk, oneerlijk*
**insinuate** [ov ww] *insinueren*
**insipid** [bnw] • *saai, oninteressant* • *smakeloos*
**insist** [ov + on ww] *volhouden, met klem beweren*
**insistence** [znw] *aandrang*
**insistent** [bnw] • *aanhoudend* • *urgent*
**insole** [znw] *binnenzool*
**insolent** [bnw] *onbeschaamd*
**insoluble** [bnw] *onoplosbaar*
**insolvency** [znw] *insolventie*
**insolvent** [bnw] • *insolvent* • <scherts> *blut*
**insomnia** [znw] *slapeloosheid*
**inspect** [ov ww] *onderzoeken, inspecteren, bezichtigen*
**inspector** [znw] • *onderzoeker* • *inspecteur* • *opzichter*
**inspiration** [znw] *inspiratie, ingeving*
**inspire** [ov ww] *inspireren, bezielen*
**instability** [znw] *onstandvastigheid*
**installation** [znw] • *installatie* • *plaatsing*
**instalment** [znw] • *termijn* <v. betaling> • *aflevering* • *installatie*
**instead** [bijw] *in plaats hiervan/daarvan*
**instigate** [ov ww] *aansporen, aanzetten tot*
**instil(l)** [ov ww] • *doordringen van gevoelens/ideeën* • *indruppelen*
**instinct** [znw] • *instinct* • *intuïtie*
**instinctive** [bnw] *instinctmatig*
**institute** I [ov ww] *stichten* II [znw] *instelling, instituut*
**institution** [znw] • *instituut, instelling* • *gesticht* • *wet* • <inf.> *bekend of vast voorwerp of persoon*
**instruct** [ov ww] • *onderrichten* • *bevelen*
**instruction** [znw] • *aanwijzing, instructie* • *bevel*
**instructive** [bnw] *leerzaam*
**instructor** [znw] • *instructeur* • *docent* <aan universiteit>
**instrument** [znw] *instrument, werktuig*
**instrumental** [bnw] *instrumentaal*
**instrumentalist** [znw] *bespeler v. instrument*
**instrumentation** [znw] *instrumentatie*
**insubordinate** [bnw] *ongehoorzaam*
**insubstantial** [bnw] *onbelangrijk*
**insufferable** [bnw] *on(ver)draaglijk*
**insufficient** [bnw] *onvoldoende*
**insular** [bnw] *bekrompen* <v. geest>
**insulate** [ov ww] • *isoleren* • *afscheiden*
**insulation** [znw] *isolatie(materiaal)*
**insulator** [znw] *isolatie(middel)*
**insulin** [znw] *insuline*
**insult** I [ov ww] *beledigen* II [znw] *belediging*
**insuperable** [bnw] *onoverkomelijk*
**insupportable** [bnw] *ondraaglijk*
**insurance** [znw] *verzekering*
**insure** [ov ww] *verzekeren*
**insurer** [znw] *verzekeraar, assuradeur*
**insurgent** I [znw] *rebel* II [bnw] *oproerig*
**insurmountable** [bnw] *onoverkomelijk*
**insurrection** [znw] *opstand*
**intact** [bnw] *intact, heel, ongeschonden*
**intake** [znw] • *nieuwe instroom* <v. personen> • *opname* • *opgenomen hoeveelheid* <v. energie, vermogen>
**intangible** [bnw] • *ongrijpbaar* • *onstoffelijk*
**integer** [znw] *geheel getal*

**integral** [bnw] *essentieel deel uitmakend*
**integrate** [ov + on ww] *integreren*
**integrity** [znw] • *eerlijkheid* • *onkreukbaarheid*
**intelligence** [znw] *verstand, begrip*
**intelligentsia** [znw] *intellectuelen*
**intelligible** [bnw] *begrijpelijk*
**intemperate** [bnw] *overdreven, hevig*
**intend** [ov ww] • *v. plan zijn* • *bestemmen*
**intended** I [znw] *verloofde* II [bnw] • *aanstaande* • *met opzet*
**intense** [bnw] *intens, krachtig, vurig, diep gevoeld*
**intent** I [znw] *bedoeling* II [bnw] • *(in)gespannen* • *doelbewust* • *(~* **(up)on)** *vastbesloten*
**intention** [znw] • *voornemen* • *doel, bedoeling*
**intentional** [bnw] *opzettelijk*
**inter** I [ov ww] *begraven* II [bnw] *tussen, onder*
**interact** [on ww] *op elkaar inwerken*
**intercession** [znw] *tussenkomst*
**interchange** I [ov ww] *ruilen, (uit)wisselen* II [znw] • *verandering* • *ruil, uitwisseling* • <AE> *oprit naar viaduct*
**interchangeable** [bnw] *verwisselbaar*
**intercontinental** [bnw] *intercontinentaal*
**intercourse** [znw] *(geslachts)verkeer, omgang*
**interdependent** [bnw] *onderling afhankelijk*
**interest** I [ov ww] • *(~* **in)** *belangstelling wekken voor* II [znw] • *belangstelling, (eigen)belang* • *rente*
**interested** [bnw] *geïnteresseerd*
**interesting** [bnw] *interessant, belangwekkend*
**interfere** [on ww] <techn.> *interfereren* • *(~* **with)** *z. bemoeien met, verstoren*
**interference** [znw] • *bemoeiing, tussenkomst* • *hinder* • *interferentie, storing* • <sport> *blokkeren*
**interior** I [znw] • *'t inwendige, interieur* • *binnenland* • *binnenste* II [bnw] • *binnenlands* • *inwendig* • *innerlijk*
**interject** [ov ww] *tussenwerpen*
**interjection** [znw] • *tussenwerpsel* • *uitroep*
**interlock** [on ww] *in elkaar sluiten of grijpen*
**interlocutor** [znw] *gesprekspartner*
**interloper** [znw] *indringer*
**interlude** [znw] • *pauze* • *tussenspel, intermezzo*
**intermarriage** [znw] *gemengd huwelijk*
**intermarry** [on ww] *huwen tussen verschillende stammen of volkeren*
**intermediary** [znw] *bemiddelaar*
**intermediate** [bnw] *tussenkomend*
**interment** [znw] *begrafenis*
**interminable** [bnw] *eindeloos*
**intermingle** [ov + on ww] *(ver)mengen*
**intermission** [znw] • *pauze* • *onderbreking*
**internal** I [znw] II [bnw] • *inwendig, innerlijk* • *binnenlands* • *inwonend*
**international** I [znw] <sport> *(deelnemer aan) internationale wedstrijd* II [bnw] *internationaal*
**internationalism** [znw] *internationalisme*
**internecine** [bnw] *bitter* <in gevecht>
**internee** [znw] *geïnterneerde*
**internment** [znw] *internering*
**interplay** [znw] *wisselwerking*
**interpolate** [ov ww] *tussenvoegen, inlassen*
**interpose** I [ov ww] *plaatsen tussen* II [on ww] • *tussen beide komen* • *in de rede vallen*
**interpret** I [ov ww] • *verklaren, uitleggen* • *vertolken* II [on ww] *als tolk fungeren*
**interpretation** [znw] • *vertolking* • *uitleg, verklaring*

**interpreter** [znw] tolk
**interrelate** [ov ww] onderling verbinden
**interrogate** [ov ww] ondervragen
**interrupt** [ov ww] onderbreken, afbreken
**interruption** [znw] interruptie, onderbreking
**intersect** I [ov ww] • doorsnijden • verdelen II [on ww] elkaar snijden
**intersection** [znw] snijpunt, kruispunt
**intersperse** [ov ww] hier en daar ertussen zetten
**intertwine** [ov ww] in elkaar vlechten
**interval** [znw] • tussenruimte • pauze
**intervention** [znw] interventie
**interview** I [ov ww] • interviewen • ondervragen II [znw] • onderhoud • sollicitatiegesprek • vraaggesprek
**interviewer** [znw] • interviewer • ondervrager
**interweave** I [ov ww] vervlechten II [on ww] zich dooreen weven
**intimacy** [znw] intimiteit
**intimate** I [ov ww] min of meer laten blijken II [bnw] intiem, vertrouwelijk
**intimation** [znw] • wenk • teken
**intimidate** [ov ww] intimideren
**into** [vz] in, tot
**intolerable** [bnw] on(ver)draaglijk
**intolerant** [bnw] onverdraagzaam
**intonation** [znw] intonatie
**intone** [ov ww] aanheffen
**intoxicant** I [znw] bedwelmend middel, sterke drank II [bnw] bedwelmend
**intractable** [znw] weerspanning
**intransigent** [bnw] onverzoenlijk
**intransitive** [bnw] onovergankelijk
**intravenous** [bnw] • intraveneus • in de ader(en)
**intricacy** [znw] ingewikkeldheid
**intricate** [bnw] • ingewikkeld • gedetailleerd
**intrigue** I [ov + on ww] • bevreemden • intrigeren II [znw] intrige
**intrinsic** [bnw] • innerlijk • inherent
**introduce** [ov ww] • voorstellen <v. persoon> • ter sprake brengen • invoeren, inleiden
**introduction** [znw] inleiding, voorwoord
**introductory** [bnw] inleidend
**introspection** [znw] zelfonderzoek
**introspective** [bnw] zelfbespiegelend
**intrude** [ov + on ww] • storen • binnen dringen
**intruder** [znw] indringer
**intrusion** [znw] inbreuk
**intrusive** [bnw] indringerig
**intuitive** [bnw] intuïtief
**inundate** [ov ww] onder water zetten, overstromen
**inure** [ov ww] • (~ **to**) gewennen aan
**invade** [ov ww] binnenvallen <v. vijand>
**invalid** I [znw] • zieke • invalide II [bnw] • ziek • invalide • ongeldig
**invalidate** [ov ww] ongeldig maken
**invaluable** [bnw] onschatbaar
**invasion** [znw] inval
**invective** [znw] scheldwoorden
**inveigh** [on ww] • (~ **against**) (heftig) uitvaren tegen, schelden op
**inveigle** [ov ww] (ver)lokken
**invent** [ov ww] • uitvinden • verzinnen
**invention** [znw] uitvinding
**inventive** [bnw] vindingrijk
**inventor** [znw] uitvinder
**inventory** [znw] inventaris
**inverse** I [znw] 't omgekeerde II [bnw] omgekeerd
**inversion** [znw] • omkering • <taalk.> inversie
**invert** [ov ww] omkeren
**invertebrate** I [znw] ongewerveld dier II [bnw] ongewerveld
**invest** I [ov ww] • beleggen <v. geld> • bekleden • installeren II [on ww] investeren
**investigate** [ov ww] onderzoeken
**investigator** [znw] onderzoeker

**investment** [znw] *geldbelegging, investering*
**investor** [znw] *investeerder, belegger*
**inveterate** [bnw] *verstokt, ingeworteld*
**invidious** [bnw] • *aanstootgevend* • *gehaat, hatelijk* • *jaloers*
**invincible** [bnw] *onoverwinnelijk*
**inviolable** [bnw] *onschendbaar*
**invisible** [bnw] *onzichtbaar*
**invite** I [ov ww] • *aanlokken* • *uitnodigen* II [znw] <inf.> *uitnodiging*
**invocation** [znw] • *inroeping* <v. hulp> • *aanroeping* <v. God> • *oproeping* <v. geest>
**invoice** I [ov ww] *factureren* II [znw] *factuur*
**invoke** [ov ww] *inroepen*
**involuntary** [bnw] *onwillekeurig*
**involvement** [znw] • *verwikkeling* • *(financiële) betrokkenheid* • *(sexuele) verhouding*
**inward** I [bnw] *inwendig, innerlijk* II [bijw] *naar binnen*
**iota** [znw] • *jota* • *schijntje*
**IOU** [afk] • (I owe you) *schuldbekentenis*
**Iranian** I [znw] *Iraniër* II [bnw] *Iraans*
**Iraqi** [bnw] *Irakees*
**irascible** [bnw] *opvliegend* <v. aard>
**irate** [bnw] *woedend*
**iridescent** [bnw] • *met de kleuren van de regenboog, regenboogkleurig* • *weerschijnend*
**iris** [znw] • *iris* • <foto.> *diafragma*
**Irish** I [znw] *het Iers* II [bnw] *Iers*
**irk** [ov ww] • *vervelen* • *vermoeien*
**irksome** [bnw] *vervelend*
**iron** I [ov ww] *strijken* • (~ **out**) *gladstrijken, oplossing vinden voor* II [znw] • *ijzer* • *beenbeugel* • *strijkijzer* III [bnw] • *ijzeren* • *niet wijkend* • *stevig* • *meedogenloos*
**ironing** [znw] • *het strijken* • *strijkgoed*
**irony** [znw] *ironie, spot*
**irrational** [bnw] *irrationeel*
**irredeemable** [bnw] • *onherstelbaar* • *onaflosbaar* • *niet inwisselbaar* <v. geld>
**irreducible** [bnw] • *onherleidbaar* • *wat niet meer vereenvoudigd kan worden*
**irrefutable** [bnw] *onweerlegbaar*
**irregular** [bnw] • *ongeregeld* • *onregelmatig*
**irrelevant** [bnw] *irrelevant, niet ter zake doend*
**irremediable** [bnw] *onherstelbaar*
**irreparable** [bnw] *onherstelbaar*
**irreplaceable** [bnw] *onvervangbaar*
**irrepressible** [bnw] *niet te onderdrukken*
**irreproachable** [bnw] *onberispelijk, keurig*
**irresistible** [bnw] *onweerstaanbaar*
**irrespective** [bnw]
**irresponsible** [bnw] • *ongeacht* • *onverantwoordelijk*
**irretrievable** [bnw] *reddeloos (verloren)*
**irreverent** [bnw] *oneerbiedig*
**irrevocable** [bnw] *onherroepelijk*
**irrigate** [ov ww] *bevloeien, irrigeren*
**irritable** [bnw] *prikkelbaar*
**irritant** I [znw] *prikkelend middel* II [bnw] *prikkelend*
**irritate** [ov ww] • *irriteren* • *prikkelen* • *ergeren*
**irritation** [znw] • *geprikkeldheid* • *branderigheid*
**is** [ww] → **be**
**Islamic** [bnw] *islamitisch*
**island** [znw] *eiland*
**isle** [znw] *eiland*
**islet** [znw] *eilandje*
**isolate** [ov ww] *isoleren, afzonderen*
**isolation** [znw] *afzondering, isolement*
**issue** I [ov ww] • *in circulatie brengen, uitgeven* • *verstrekken* • *uitvaardigen* • (~ **with**) *voorzien van* II [on ww] • *uitgaan, uitkomen* • *afstammen* • (~ **forth**) *verschijnen* • (~ **from**) *'t gevolg zijn van* III [znw] • *uitgang* • *nakomelingen* • *geschilpunt, probleem* • *kwestie* • *uitgave* • *oplage*

• *uitstroming*
**isthmus** [znw] *istmus, landengte*
**it** [pers vnw] • *het, hèt* • *het einde*
**Italian** I [znw] Italiaan II [bnw] *Italiaans*
**itch** I [on ww] • *jeuken* • *hunkeren* II [znw] *jeuk*
**item** [znw] • *agendapunt, programma-onderdeel* • *artikel* • *post* <op rekening> • *nieuwsbericht*
**itemize** [ov ww] • *artikelsgewijze noteren* • *specificeren*
**itinerant** [bnw] *rondreizend*
**itinerary** I [znw] • *route* • *reisbeschrijving* • *gids* II [bnw] *reis-*
**it'll** [samentr] /it will/ / it shall/ → **will, shall**
**it's** [samentr] /it is/ /it has/ → **be, have**
**itself** [wkd vnw] z.(*zelf*)
**I've** [samentr] /I have/ → **have**
**ivory** I [znw] *ivoor* II [bnw] *ivoren*
**ivy** [znw] klimop

# J

**jab** I [ov ww] *porren, steken* II [znw] *steek*
**jabber** I [on ww] *snateren, wauwelen* II [znw] *het snateren, het wauwelen*
**jack** I [ov + on ww] • (~ **in**) *eraan geven, opgeven* II [ov ww] • (~ **off**) <vulg.> z. *aftrekken* • (~ **up**) *opvijzelen, opkrikken* III [znw] • *stekker* • *boer* <in kaartspel> • *dommekracht, krik*
**jackal** [znw] *jakhals*
**jacket** I [ov ww] *voorzien v. een mantel/omslag* II [znw] • *buis* • *colbert, jasje* • *omslag* <v. boek> • *hoes* <v. plaat> • *schil* <v. aardappel>
**jagged** [bnw] • *hoekig, getand* • *gekarteld*
**jail** I [ov ww] *gevangen zetten* II [znw] *gevangenis, gevangenisstraf*
**jam** I [ov ww] • *samendrukken, vastzetten, versperren* • <telecom.> *storen* II [on ww] • *knellen* • *vastlopen* <v. machine> • <muz.> *improviseren* III [znw] • *jam* • *klemming, gedrang, (verkeers)opstopping*
**jamb** [znw] *deur-/raamstijl*
**jangle** I [ov ww] *doen rinkelen* II [on ww] *ratelen, rinkelen* III [znw] *gerinkel*
**janitor** [znw] • *portier* • <AE> *conciërge*
**January** [znw] *januari*
**jar** I [ww] • *onaangenaam aandoen* • *in strijd zijn met* • *knarsen, krassen* II [znw] • *geknars* • *schok* • *wanklank* • *onenigheid* • *pot, kruik, fles*
**jargon** [znw] • *bargoens* • *jargon*
**jaundice** [znw] *geelzucht*
**jaunt** I [on ww] *'n uitstapje maken* II [znw] *uitstapje*
**jaunty** [bnw] *luchtig, vrolijk*
**javelin** [znw] *speer*
**jaw** [znw] • *kaak* • <inf.> *geklets*

**jay** [znw] *Vlaamse gaai*
**jazz** I [on ww] • (~ **up**) <sl.> *levendiger maken, opvrolijken* II [znw] *jazz*
**jazzy** [bnw] *lawaaierig, bont, druk, grillig*
**jealous** [bnw] *jaloers, afgunstig*
**jealousy** [znw] *jaloezie, naijver, afgunst*
**jeans** [mv] *spijkerbroek*
**jeer** I [ww] *honen* II [znw] *hoon, spot*
**jell** [on ww] • *stollen* • <inf.> *vaste vorm aannemen*
**jelly** [znw] *gelei, pudding*
**jemmy** [znw] *breekijzer*
**jeopard(ize)** [ov ww] *in gevaar brengen*
**jeopardy** [znw] *gevaar*
**jerk** I [ov + on ww] *rukken, trekken, schokken* • (~ **off**) <sl.> *aftrekken* II [znw] • *ruk, trek, schok, spiertrekking* • <sl.> *stomme meid/vent*
**jerkin** [znw] *wambuis*
**jerky** [bnw] *met rukken, met horten en stoten*
**jersey** [znw] *gebreide wollen trui*
**jest** I [on ww] *schertsen* II [znw] *scherts*
**jester** [znw] *grappenmaker, nar*
**Jesuit** [znw] *Jezuïet*
**jet** I [on ww] *per straalvliegtuig reizen* II [znw] • *(water)straal* • *git* • *straalvliegtuig* III [bnw] *gitzwart*
**jettison** [ov ww] *overboord gooien v. lading, afwerpen v. lading*
**jewel** [znw] *(edel)steen, juweel*
**jeweller** [znw] *juwelier*
**jewellery, jewelry** [znw] *juwelen*
**Jewess** [znw] *jodin*
**Jewish** [bnw] *joods*
**jib** [on ww] • *koppig zijn* • *onverwachts stilstaan* <v. paard> • *bezwaar maken*
**jibe** [znw] → **gibe**
**jiff(y)** [znw] *ogenblikje*
**jig** I [ov + on ww] *bepaalde Schotse dans uitvoeren, huppelen, met korte rukjes bewegen, hossen* II [znw] *soort Schotse dans*
**jiggle** [ov ww] *schudden, wiegelen, even rukken aan*
**jilt** [ov ww] *de bons geven*
**jingle** I [ov + on ww] *(doen) klingelen, (laten) rinkelen* II [znw] • *geklingel* • *deuntje* • *jingle*
**jingoism** [znw] *chauvinisme*
**jinx** I [ov ww] *beheksen* II [znw] *doem, vloek*
**job** [znw] • *werk, karwei* • *klus* • *baan(tje), betrekking, arbeidsplaats, functie, vak*
**jodhpurs** [mv] *rijbroek*
**jog** I [ov ww] • *(iem.) aanstoten* • *opfrissen* <v. geheugen> II [on ww] • *joggen, trimmen* • *op een sukkeldrafje lopen* • (~ **along**) *voortsukkelen* III [znw] • *duwtje* • *sukkeldraf*
**jogger** [znw] • *afstandsloper* • *trimmer*
**joggle** [ww] *schudden*
**join** I [ov + on ww] *dienst nemen* <in het leger>, *bij elkaar brengen, ontmoeten, (z.) aansluiten bij, meedoen aan/met, lid worden v.* • (~ **in**) *meedoen* • (~ **up**) *verbinden, in mil. dienst gaan* • (~ **with**) *z. aansluiten bij* II [znw] • *verbindingslijn/-punt/-las, enz.* • *naad*
**joiner** [znw] *meubelmaker*
**joinery** [znw] *vak/werk v. meubelmaker*
**joint** I [ov ww] • *verbinden* • *voegen* <muur> II [znw] • *verbinding(sstuk), voeg, naad, gewricht, stengelknoop, geleding* • *stuk vlees* • *tent, speelhol, dansgelegenheid* • <sl.> *stickie* III [bnw] *gezamenlijk*
**joist** [znw] *bint*
**joke** I [ov + on ww] *grappen maken* II [znw] *grap*
**joker** [znw] • *grappenmaker* • *joker* <in kaartspel>
**jolliness, jollity** [znw] • *festiviteit* • *jool*
**jolly** I [bnw] *vrolijk* II [bijw] <inf.> *heel, zeer*
**jostle** I [ov + on ww] *duwen, (ver)dringen* II [znw] *drukte, gewoel*

**jot** I [ov ww] • (~ **down**) *vlug opschrijven* II [znw] • *jota* <fig.> • *kleine hoeveelheid*
**jotter** [znw] *aantekenboekje*
**journal** [znw] • *dagboek* • *tijdschrift, dagblad*
**journalism** [znw] *journalistiek*
**journey** I [on ww] *reizen* II [znw] *reis*
**joust** [on ww] *steekspel houden*
**jovial** [bnw] *gezelschaps-, opgewekt, joviaal*
**jowl** [znw] *kaak, wang*
**joy** [znw] • *succes* • *vreugde, genot*
**joyful, joyous** [bnw] *blij*
**joyless** [bnw] *treurig*
**jubilant** [bnw] *juichend*
**jubilation** [znw] *gejubel*
**jubilee** [znw] *jubileum*
**judder** [on ww] *hevig schudden*
**judge** I [ov ww] • *be-/veroordelen* • *beslissen* II [on ww] • *rechtspreken* • *als scheidsrechter optreden* III [znw] • *rechter* • *iem. die beoordeelt, kenner* • *jurylid*
**jug** [znw] *kan, kruik*
**juggernaut** [znw] • *moloch* • *grote vrachtwagen*
**juggle** [ov + on ww] *jongleren (met)*
**juggler** [znw] *jongleur*
**jugular** I [znw] II [bnw] *keel-, hals-*
**juice** [znw] • *benzine* <in motor> • *sap, vocht, afscheiding* • *fut* • <sl.> *elektriciteit*
**July** [znw] *juli*
**jumble** I [on ww] *door elkaar gooien/rollen, verwarren* II [znw] *rommel, warboel*
**jumbo** [znw] • *jumbojet* • *olifant*
**jump** I [ov ww] • *springen over* • *toespringen op* • *overslaan* II [on ww] • *omhoogschieten* • *springen* III [znw] • *sprong* • *plotselinge beweging* • *slag* <bij damspel> • <sport> *hindernis*
**jumper** [znw] • *gebreide (dames)trui* • *springer, springpaard* • <AE> *slipover*
**jumpy** [bnw] *zenuwachtig, opgewonden*
**junction** [znw] *knooppunt, kruispunt*
**juncture** [znw] *samenloop v. omstandigheden*
**June** [znw] *juni*
**jungle** [znw] • *rimboe* • *warwinkel*
**junior** [znw] • *junior* • *jongere, mindere* • *zoon*
**juniper** [znw] *jeneverbes(struik)*
**junk** [znw] • *jonk* • *afval, rommel, oud roest*
**junket** [znw] *snoepreisje*
**jurisdiction** [znw] • *jurisdictie* • *rechtspraak*
**jurisprudence** [znw] *jurisprudentie*
**juror** [znw] • *jurylid* • *gezworene*
**jury** [znw] *jury, gezworenen*
**just** I [bnw] • *gegrond* • *terecht* II [bijw] • *precies, net* • *gewoon(weg), alleen maar*
**justice** [znw] *rechtvaardigheid, recht*
**justifiable** [bnw] *gerechtvaardigd*
**justification** [znw] *rechtvaardiging, verantwoording*
**justify** [ov ww] • *rechtvaardigen* • *verdedigen* • *uitvullen* <v. tekst>
**jut** [ov ww] • (~ **out**) *uitsteken*
**juxtaposition** [znw] *het naast elkaar geplaatst zijn*

# K

**kale** [znw] (boeren)kool
**kaleidoscope** [znw] kaleidoscoop
**kangaroo** [znw] kangoeroe
**kayak** [znw] kajak
**keel** I [on ww] • (~ **over**) omslaan, kapseizen II [znw] kiel <v. schip>
**keen** [bnw] scherp(zinnig), doordringend, intens, levendig, vurig
**keep** I [ov ww] • in orde houden • bijhouden <v. boeken> • hebben <v. winkel/bedrijf> • erop na houden • iem. onderhouden • in voorraad hebben • vasthouden, gevangen houden • (z.) houden (aan) • bewaren • (~ **away**) uit de buurt houden • (~ **back**) terug-/achterhouden • (~ **down**) (onder)drukken • (~ **from**) verzwijgen voor, verhinderen te, weerhouden van • (~ **in**) inhouden, binnen houden, school laten blijven • (~ **off**) op afstand houden, afblijven van, afweren • (~ **on**) ophouden, blijven houden, aanhouden <bijv. v. huis> • (~ **out**) buiten houden • (~ **under**) onderhouden, onderdrukken, bedwingen • (~ **up**) de moed erin houden, in stand houden, aanhouden <vuur>, wakker houden, ophouden, onderhouden <contact> II [on ww] • goed houden, goed blijven <v. voedsel> • blijven doen, doorgaan met • (~ **at**) blijven werken aan • (~ **away**) wegblijven • (~ **from**) z. onthouden van • (~ **in with**) <inf.> contact houden met • (~ **on**) doorgaan, blijven praten • (~ **on at**) blijven praten tegen, vragen aan, vitten, treiteren • (~ **up**) bijhouden III [znw] • toren, versterking, fort • hoede, bewaring • onderhoud, kost
**keeper** [znw] • bewaker, bewaarder, houder • doelverdediger • hoeder, opzichter
**keeping** [znw] • overeenstemming • hoede
**keg** [znw] vaatje
**kennel** [znw] • kennel • hondehok • meute
**kept** I [ww] verl.tijd + volt.deelw. → **keep** II [bnw] (goed) onderhouden
**kerb** [znw] trottoirband
**kernel** [znw] kern, pit
**kerosene** [znw] kerosine
**key** I [ov + on ww] spannen, stemmen • (~ **down**) 'n toontje lager (doen) zingen, afzwakken • (~ **in**) intoetsen • (~ **up**) verhogen, opdrijven II [znw] • sleutel • toets • grondtoon, toonaard • rif III [bnw] voornaamste-, sleutel-
**khaki** [znw] kaki
**kick** I [ov + on ww] schoppen, achteruitslaan, trappen • (~ **about**) ruw behandelen • (~ **off**) uitgooien <v. schoenen> • (~ **out**) eruit trappen II [znw] • energie, fut • trap • kick
**kidnap** [ov ww] ontvoeren
**kidney** [znw] • nier • gesteldheid, aard
**kill** I [ov ww] • doden • slachten • overstelpen met • vernietigend oordeel uitspreken <over wetsontwerp> • stoppen <v. bal> • afzetten <v. motor> • (~ **off**) afmaken <doden> II [znw] (door jager) gedood dier
**killer** [znw] • slachter • moordenaar
**killing** I [znw] prooi II [bnw] dodelijk
**kiln** [znw] kalkoven, stookoven
**kilt** [znw] kilt, Schotse rok
**kin** [znw] familie, bloedverwantschap
**kind** I [znw] soort, aard II [bnw] vriendelijk, aardig
**kindergarten** [znw] kleuterschool
**kindle** [ov + on ww] ontsteken, aansteken, aanvuren, vlam vatten, gloeien
**kindling** [znw] aanmaakhout
**kindly** I [bnw] gemoedelijk, vriendelijk

II [bijw] wilt u zo vriendelijk zijn om, alstublieft

**kindness** [znw] • vriendelijkheid • iets aardigs

**kindred** I [znw] verwanten II [bnw] verwant

**kinetic** [bnw] bewegings-

**king** [znw] • koning, vorst • heer • magnaat

**kingdom** [znw] • (konink)rijk • terrein • gebied

**kink** [znw] slag, knik, hersenkronkel

**kinky** [bnw] • kroezend • vreemd, ongewoon • pervers • kronkelig

**kinship** [znw] verwantschap

**kiosk** [znw] • stalletje • kiosk • telefooncel

**kip** <inf.> I [on ww] maffen • (~ **down**) gaan maffen II [znw] bed, slaap

**kipper** [znw] gerookte haring

**kiss** I [ov ww] kussen II [znw] kus

**kitchen** [znw] keuken

**kitchenette** [znw] keukentje

**kite** [znw] • vlieger • wouw

**kittenish** [bnw] speels

**kitty** [znw] • poesje • pot <bij kaartspel> • (huishoud)potje • kas

**klaxon** [znw] claxon

**kleptomania** [znw] kleptomanie

**kleptomaniac** [znw] kleptomaan

**knack** [znw] handigheid, slag

**knapsack** [znw] ransel, rugzak

**knave** [znw] boer <in kaartspel>

**knead** [ov ww] • kneden • masseren

**knee** I [ov ww] een knietje geven II [znw] knie(stuk)

**kneel** [on ww] knielen • (~ **to**) knielen voor

**knell** [znw] • (geluid v.) doodsklok • aankondiging v. dood of onheil

**knew** [ww] verl. tijd → **know**

**knickers** [mv] onderbroek

**knife** I [ov ww] steken <met mes> II [znw] mes

**knight** I [ov ww] tot ridder slaan, ridderen II [znw] • ridder • paard <in schaakspel>

**knighthood** [znw] • ridderschap • titel v. ridder

**knightly** [bnw] ridderlijk

**knit** [ov + on ww] • knopen, breien • (z.) verenigen • fronsen <v. wenkbrauwen> • (~ **up**) stoppen <v. kousen>, verbinden, eindigen

**knitting** [znw] • 't breien • breiwerk

**knives** [mv] → **knife**

**knob** [znw] • knop, knobbel • kluitje, klont(je)

**knobbly** [bnw] • bultig • knobbelig

**knock** I [ov ww] • kloppen • slaan • (~ **about/around**) toetakelen, afranselen • (~ **back**) achteroverslaan <borrel> • (~ **down**) neerslaan, afbreken, verslaan • (~ **off**) afslaan, korting geven, naar de andere wereld helpen, stelen, aftrekken <v. kosten>, naaien <fig.> • (~ **out**) verslaan, uitkloppen <pijp>, K.O. slaan • (~ **over**) omslaan <een glas> • (~ **together**) haastig in elkaar zetten • (~ **up**) omhoog slaan, vlug in elkaar zetten <huis/plan>, afmatten, zwanger maken II [on ww] kloppen <ook v. motor> • (~ **about/around**) rondslenteren, ronddolen • (~ **off**) ophouden • (~ **under**) z. onderwerpen • (~ **up**) <sport> vooraf inslaan III [znw] klop, duw, slag

**knocker** [znw] • deurklopper • <sl.> borst

**knoll** [znw] heuveltje

**knot** I [ov ww] vast-/dichtknopen II [on ww] in de knoop raken III [znw] • knoest in hout • strik, knoop <in touw> • groep(je) • <scheepv.> knoop

**knotty** [bnw] vol knopen, ingewikkeld

**know** I [ov ww] (her)kennen, weten, merken, bekend zijn met II [on ww] weten

**knowing** [bnw] schrander, handig, geslepen

**knowledge** [znw] kennis, wetenschap

**knowledgeable** [bnw] goed ingelicht
**known** I [ww] volt. deelw. → **know** II [bnw] erkend, berucht, gereputeerd
**knuckle** I [on ww] • (~ **down**) hard aan 't werk gaan • (~ **down/under**) z. gewonnen geven II [znw] knokkel
**Korean** I [znw] • Koreaan • het Koreaans II [bnw] Koreaans

# L

**label** I [ov ww] • van etiket voorzien • bestempelen (als), beschrijven (als) II [znw] etiket
**laboratory** [znw] laboratorium
**laborious** [bnw] • hardwerkend • moeizaam • geforceerd <v. stijl>
**labour** [znw] • arbeid, taak, werk, inspanning • arbeidskrachten • barensweeën
**labourer** [znw] arbeider
**laburnum** [znw] goudenregen
**labyrinth** [znw] labyrint, doolhof
**lace** I [ov ww] • scheutje sterke drank toevoegen • rijgen • (~ **in**) inrijgen • (~ **up**) vastrijgen II [znw] • veter • kant, vitrage III [bnw] kanten
**lacerate** [ov ww] (ver)scheuren
**laceration** [znw] scheur, rijtwond
**lachrymose** [bnw] • huilend • huilerig
**lackadaisical** [bnw] lusteloos, dromerig
**lackey** [znw] lakei
**laconic** [bnw] kortaf, laconiek
**lacquer** I [ov ww] vernissen, lakken II [znw] • vernis • lakwerk
**lacy** [bnw] • kanten • kantachtig
**lad** [znw] knaap, jongeman, jongen
**laden** [bnw] • beladen • bezwaard • bezwangerd
**ladle** I [ov ww] • (~ **out**) opscheppen, uitscheppen II [znw] • soeplepel • gietlepel
**lady** [znw] • dame • vrouwe
**lag** I [ov ww] • van bekleding voorzien <v. stoomketel> • isoleren • achterblijven II [on ww] III [znw] • achterstand • vertraging • <sl.> recidivist
**lager** [znw] soort bier
**lagging** [znw] isolatiemateriaal
**lagoon** [znw] lagune
**laid** [ww] verl.tijd + volt.deelw. → **lay**

**lain** [ww] volt. deelw. → **lie**

**lair** [znw] • *leger* <v. dier>, *hol* • <inf.> *kamer*

**laity** [znw] • *de leken* • *lekenpubliek*

**lake** [znw] *meer*

**lamb** [znw] • *lam(svlees)* • *lammetje* <fig.>

**lame** I [ov ww] *kreupel maken* II [bnw] • *kreupel* • *stotend* <v. metrum> • *slapjes, niet overtuigend* <v. excuus>

**lament** I [ww] *(be)treuren, lamenteren* II [znw] *klaaglied*

**lamentable** [bnw] • *jammerlijk* • *betreurenswaardig*

**lamentation** [znw] *weeklacht, klaaglied*

**lamp** [znw] *lamp, lantaarn*

**lampoon** I [ov ww] *aanvallen in een satire* II [znw] *satire*

**lance** I [ov ww] • *met lancet doorprikken* • *slingeren* II [znw] *lans, speer*

**land** I [ov ww] • *doen landen* <v. vliegtuig> • *toedienen* <v. klap of slag> • *ophalen* <v. vis> • *in de wacht slepen* <v. prijs> • *doen belanden* • (~ **with**) *opschepen met* II [on ww] • *aankomen, bereiken, terechtkomen* • *landen* III [znw] *land(streek), grond, landerij(en)*

**landau** [znw] *landauer*

**landed** [bnw] • *grond bezittend* • *ontscheept* • *in moeilijkheden* • *grond-, land-*

**landing** [znw] • *landingsplaats, losplaats* • *overloop* <tussen twee trappen> • *vangst* • *aanvoer* • *landing*

**lane** [znw] • *landweg, weggetje* • *rijstrook* • *steeg* • *route* <v. schepen, vliegtuigen> • *(kegel)baan*

**language** [znw] *taal, spraak*

**languid** [bnw] *traag, lusteloos*

**languish** [on ww] • *(weg)kwijnen, verzwakken* • *smachtend kijken*

**languor** [znw] *loomheid*

**languorous** [bnw] • *loom* • *zwoel*

**lank** [bnw] • *mager en lang* • *sluik* <v. haar>

**lanky** [bnw] *slungelachtig*

**lantern** [znw] *lantaarn*

**lanyard** [znw] • *koord om fluit/mes, enz. aan te bevestigen* • *draagriem* <v. kijker>

**lap** I [ov + on ww] • *likken* • *kabbelen* • (~ **up**) *gretig luisteren of aannemen* II [znw] • *schoot* • *ronde* <bij wedstrijd>

**lapel** [znw] *revers* <v. jas>

**lapse** I [on ww] • *(ver)vallen* • *glijden* • *verlopen* II [znw] • *verloop* <v. tijd> • *vergissing, misstap* • *afvalligheid* • *het vervallen* <v. recht>

**lapwing** [znw] *kievit*

**larch** [znw] • *lariks* • *larikshout*

**lard** I [ov ww] • *larderen* • *doorspekken* II [znw] *varkensvet*

**larder** [znw] *provisiekast, provisiekamer*

**large** [bnw] *groot, veelomvattend, omvangrijk, fors*

**lark** I [on ww] • (~ **about**) *keet trappen, tekeer gaan* II [znw] • *leeuwerik* • *dolle grap, lolletje* • *vermakelijk voorval*

**larva** [znw] *larve*

**larynx** [znw] *strottehoofd*

**lascivious** [bnw] *wellustig, wulps*

**lash** I [ov + on ww] • *slaan* • *zwiepen* II [ov ww] • *geselen* • *vastsjorren* III [on ww] *om z. heen slaan* • (~ **out**) *uitvaren tegen* IV [znw] • *(zweep)slag* • *zweepkoord* • *wimper*

**lashing** [znw] • *pak slaag* • *bindtouw* • *grote hoeveelheid*

**lassitude** [znw] *moeheid, traagheid*

**lasso** I [ov ww] *met een lasso vangen* II [znw] *lasso*

**last** I [ov + on ww] • *duren* • *'t uithouden* • *goed blijven* <v. voedsel> • *voldoende zijn* II [znw] • *leest* • *(de) laatste* III [bnw] • *laatste* • *verleden* • *vorig* IV [bijw] *het laatst*

**lasting** [bnw] • *voortdurend, blijvend* • *duurzaam*

**lastly** [bijw] laatst, ten slotte, uiteindelijk
**latch** I [ov ww] op de klink doen II [on ww] • (~ **on**) 't begrijpen • (~ **on to**) begrijpen, zich realiseren, niet loslaten, zich vastklampen aan III [znw] • klink • slot <in deur>
**late** [bnw + bijw] • van de laatste tijd • laat • te laat • wijlen, overleden, vorig, vroeger
**lately** [bijw] • onlangs, kort tevoren • de laatste tijd
**lateral** [bnw] • zijdelings • zij-
**lath** [znw] lat
**lathe** [znw] draaibank
**lather** I [ov ww] • inzepen • afranselen II [on ww] • schuimen • schuimend zweet afscheiden <v. paard> III [znw] • zeepsop • schuimend zweet <bij paard>
**Latin** I [znw] • Latijn • Romaan II [bnw] Latijns
**latitude** [znw] • ruime opvatting • omvang • vrijheid • <geo.> breedte
**latter** [bnw] laatstgenoemde <v.d. twee>
**laud** [ov ww] loven
**laudable** [bnw] prijzenswaardig, lofwaardig
**laugh** I [ov + on ww] lachen • (~ **at**) lachen om/tegen, uitlachen • (~ **off**) z. lachend ergens v. afmaken, door een lach verdrijven II [znw] (ge)lach
**laughter** [znw] gelach
**launch** I [ov ww] • werpen, slingeren • afschieten, lanceren • uitbrengen, op de markt brengen • te water laten • uitzetten <v. boten> • loslaten, laten gaan • op touw zetten • ontketenen • (~ **against/at**) naar het hoofd slingeren II [on ww] • (~ **forth**) beginnen • (~ **into**) zich storten in, zich begeven in • (~ **out**) met enthousiasme beginnen aan III [znw] • tewaterlating, lancering • sloep • boot • begin
**launder** [ov ww] wassen (en strijken)
**launderette** [znw] wasserette
**laundry** [znw] • wasserij • was(goed)
**laurel** [znw] • laurier • lauwerkrans
**lavatory** [znw] • wasvertrek • W.C.
**lavender** I [znw] lavendel II [bnw] zacht lila
**lavish** I [ov ww] kwistig geven II [bnw] verkwistend
**law** [znw] • wet • recht • justitie, politie
**lawful** [bnw] wettig, rechtmatig
**lawless** [bnw] • wetteloos • losbandig
**lawn** [znw] • gazon • grasperk • grasveld <om op te sporten> • batist
**lawyer** [znw] • advocaat • jurist • rechtsgeleerde
**lax** [bnw] • laks • slordig • vaag, slap
**laxative** I [znw] laxerend middel II [bnw] laxerend
**lay** I [ww] verl. tijd → **lie** II [ov ww] • dekken <de tafel> • aanleggen <vuur> • leggen, zetten, plaatsen • beleggen, bekleden, bedekken • bezweren <geest> • <sl.> pak slaag geven • (~ **aside/by**) opzij leggen, sparen • (~ **down**) neerleggen, voorschrijven • (~ **in**) voorraad inslaan • (~ **low**) verslaan, neerslaan • (~ **off**) afleggen, z. niet inlaten met, ontslaan • (~ **on**) opleggen, toedienen <klappen>, aanleggen • (~ **out**) klaarleggen/-zetten, afleggen <v. lijk>, aanleggen, ontwerpen, buiten gevecht stellen • (~ **out on**) geld besteden aan • (~ **to**) wijten aan • (~ **up**) sparen, bewaren, uit de vaart nemen, 't bed doen houden III [on ww] leggen • (~ **about**) wild slaan • (~ **over**) een reis onderbreken • (~ **to**) <scheepv.> stilleggen IV [znw] • lied • leg <v. kip> • laag <v. metselwerk> • <geo.> ligging V [bnw] leken-, wereldlijk
**layer** I [ov ww] <plant.> afleggen II [znw] • laag • legger • legkip • <plant.> aflegger
**laze** [on ww] • luilakken • uitrusten
**lazy** [bnw] • lui • traag • loom
**lead** I [ov + on ww] • leiden, aanvoeren

• de eerste viool spelen, de toon aangeven • vóórspelen <kaartspel> • (~ **off**) beginnen, openen • (~ **off with**) uitkomen met • (~ **out**) ten dans leiden, beginnen • (~ **out of**) in directe verbinding staan met • (~ **up to**) aansturen op **II** [ov ww] • leiden, overreden • in lood vatten, verloden, verzwaren met lood • (~ **astray**) misleiden, verleiden • (~ **away**) wegleiden • (~ **on**) verder leiden, aanmoedigen, uithoren • (~ **on to**) brengen op, aansturen op **III** [znw] • leiding, voorbeeld • 't uitkomen <kaartspel> • honderiem • hoofdrol(vertolker) • hoofdartikel <v. krant> • toevoerleiding • lood, peillood **IV** [bnw] loden
**leaden** [bnw] • loden • drukkend • loodkleurig
**leader** [znw] • (ge)leider • gids • concertmeester • hoofdartikel • voorste paard in een span • <AE> dirigent • <plant.> hoofdscheut
**leadership** [znw] • leiding • leiderschap
**leaf** **I** [ov ww] doorbladeren **II** [znw] • blad, gebladerte • deurvleugel • vizierklep
**leaflet** [znw] blaadje, circulaire
**leafy** [bnw] • bladachtig • bladerrijk
**league** **I** [ov ww] verbinden **II** [znw] • (ver)bond • 4800 m <op land> • 5500 m <op zee> • (voetbal)competitie
**leak** **I** [ov ww] • lekken • laten uitlekken **II** [on ww] lek zijn, lekken, uitlekken • (~ **out**) uitlekken **III** [znw] lek(kage)
**leakage** [znw] lek(kage)
**leaky** [bnw] lek
**lean** **I** [ov ww] laten steunen **II** [on ww] • leunen • schuin staan • (~ **over**) overhellen • (~ **towards**) begunstigen, meegaan met • (~ **upon**) steunen op **III** [znw] schuine stand **IV** [bnw] • schraal • mager
**leaning** [znw] neiging
**leap** **I** [on ww] springen **II** [znw] sprong
**leapfrog** **I** [on ww] • haasje-over spelen • zich aan een ander ophalen **II** [znw] haasje-over
**learn** [ov + on ww] • leren • vernemen, horen, erachter komen
**learned** **I** [ww] verl.tijd + volt.deelw. → **learn** **II** [bnw] geleerd
**learner** [znw] leerling, volontair
**learning** [znw] geleerdheid, wetenschap
**lease** **I** [ov ww] (ver)huren, (ver)pachten **II** [znw] (ver)huur(contract), (ver)pacht(ing)
**leash** **I** [ov ww] koppelen **II** [znw] riem, band
**least** [bnw] kleinst, geringst, minst
**leather** **I** [znw] • leer • leder, leertje • zeemlap • riem v. stijgbeugel **II** [bnw] leren
**leathery** [bnw] leerachtig, taai <v. vlees>
**leave** **I** [ov ww] • vertrekken • verlaten, nalaten, laten, overlaten, achterlaten • in de steek laten • (~ **behind**) achterlaten, achter zich laten • (~ **off**) ophouden (met) • (~ **on**) laten liggen (op), aan laten (staan) • (~ **out**) overslaan **II** [znw] verlof, vakantie
**leaven** **I** [ov ww] zuren <v. deeg> **II** [znw] zuurdeeg, zuurdesem
**leavings** [mv] afval, kliekjes, wat overblijft
**Lebanese** **I** [znw] Libanees **II** [bnw] Libanees
**lecher** [znw] geilaard
**lecherous** [bnw] wellustig, geil
**lechery** [znw] ontucht, wellust
**lectern** [znw] lezenaar, lessenaar
**lecture** **I** [ov ww] de les lezen **II** [on ww] college geven • (~ **about/on**) een lezing houden over **III** [znw] • lezing • college • berisping
**lecturer** [znw] • lector • spreker, conferencier
**led** [ww] verl. tijd + volt. deelw. → **lead**
**ledge** [znw] overstekende rand, lijst,

richel
**ledger** [znw] • grootboek • <AE> register
**lee** [znw] lijzijde, luwte
**leech** [znw] bloedzuiger
**leek** [znw] look, prei
**leer** I [on ww] • (~ at) lonken naar II [znw] wellustige, sluwe blik
**leeway** [znw] koersafwijking
**left** I [ww] verl.tijd + volt.deelw. → **leave** II [znw] linkerhand, linkerkant III [bnw] links, linker IV [bijw] links
**leftist** <pol.> I [znw] links iem. II [bnw] links
**leg** [znw] • been, poot, schenkel • broekspijp • etappe
**legacy** [znw] • erfenis, nalatenschap • legaat
**legal** [bnw] • wets- • wettelijk, wettig • rechtsgeldig • rechterlijk • rechtskundig
**legality** [znw] wettigheid
**legalize** [ov ww] • legaliseren • wettigen
**legation** [znw] legatie, gezantschap
**legend** [znw] • legende • inscriptie • legenda
**legendary** [bnw] legendarisch
**leggy** [bnw] met lange of mooie benen
**legible** [bnw] leesbaar
**legion** [znw] • legioen • enorm aantal, legio
**legislate** [on ww] wetten maken
**legislation** [znw] wetgeving
**legislative** [bnw] wetgevend
**legislature** [znw] wetgevende macht
**legitimacy** [znw] • wettigheid • geldigheid
**legitimate** I [ov ww] • wettigen • als echt erkennen II [bnw] wettig, rechtmatig, gerechtvaardigd
**leisure** [znw] vrije tijd
**leisurely** [bnw + bijw] • op zijn gemak • bedaard, rustig
**lemonade** [znw] (citroen)limonade
**lend** I [ov ww] (uit)lenen, verlenen II [znw]
**lenient** [bnw] toegevend, mild
**lent** [ww] verl. tijd + volt. deelw. → **lend**
**lentil** [znw] linze
**leopard** [znw] luipaard
**leotard** [znw] nauwsluitend tricot, gympak
**leper** [znw] melaatse, lepralijder
**leprosy** [znw] melaatsheid, lepra
**lesbian** I [znw] lesbiënne II [bnw] lesbisch
**lesion** [znw] <med.> laesie
**less** I [bnw + bijw] kleiner, minder II [vz] min
**lessen** I [ov ww] doen afnemen II [on ww] kleiner worden, verminderen, afnemen
**lesser** [bnw] kleiner, minder
**lesson** [znw] • les • schriftlezing
**let** I [ov ww] • laten, toestaan • verhuren • (~ **down**) neerlaten, in de steek laten, teleurstellen, uitleggen <v. zoom>, verraden • (~ **in**) binnenlaten • (~ **off**) afvuren, laten ontsnappen, vrijlaten, ontslaan van • (~ **out**) uitlaten, verklappen, verhuren, uitleggen <kledingstuk> II [on ww] • (~ **on**) <inf.> iets verklappen • (~ **up**) minder streng worden, ophouden III [znw] verhindering
**lethal** [bnw] dodelijk
**lethargic** [bnw] loom, slaperig
**lethargy** [znw] • loomheid • apathische toestand
**letter** [znw] • letter • brief
**lettered** [bnw] • geleerd • voorzien v. letters
**lettuce** [znw] (krop) sla
**level** I [ov + on ww] • waterpassen • aanleggen <geweer> • (~ **at/against**) richten tegen <v. kanon/beschuldiging> • (~ **off/out**) vlak maken/worden, horizontaal (gaan) vliegen II [ov ww] • gelijkmaken, op gelijke hoogte plaatsen • nivelleren, met de grond

gelijkmaken III [on ww] • (~ **with**) ‹sl.› open/eerlijk spreken IV [znw] • peil, stand, niveau • waterpas • vlak(te) V [bnw + bijw] • horizontaal • gelijk(elijk) • naast elkaar • uniform • evenwichtig

**lever** I [ov ww] • met een hefboom opheffen • opvijzelen II [znw] • hefboom • versnellingspook

**leverage** [znw] • hefboomwerking, hefboomkracht • invloed, macht

**leveret** [znw] jonge haas

**leviathan** I [znw] krachtpatser, zeemonster, gevaarte II [bnw] reuzen-

**levitate** I [ov ww] doen opstijgen II [on ww] opstijgen

**levity** [znw] • onstandvastigheid, lichtzinnigheid • ongepaste vrolijkheid

**levy** I [ov ww] heffen II [znw] heffing ‹v. gelden›

**lewd** [bnw] • wulps • obsceen

**lexicography** [znw] lexicografie

**lexicon** [znw] • woordenboek • lexicon

**liability** [znw] • betalingsverplichting • blok aan het been • aansprakelijkheid

**liable** [bnw] aansprakelijk

**liar** [znw] leugenaar

**libel** I [ov ww] • valselijk beschuldigen • belasteren II [znw] smaadschrift

**libellous** [bnw] lasterlijk

**liberal** I [znw] liberaal II [bnw] • mild, overvloedig • van brede opvatting • ‹pol.› liberaal

**liberalism** [znw] liberalisme

**liberalize** [ov + on ww] verruimen

**liberate** [ov ww] bevrijden, vrijmaken

**liberator** [znw] bevrijder

**libertine** I [znw] • vrijdenker • losbol II [bnw] • vrijdenkend • losbandig

**liberty** [znw] vrijheid

**librarian** [znw] bibliothecaris

**library** [znw] bibliotheek

**lice** [mv] → **louse**

**licence** [znw] • verlof, vergunning ‹vnl. om drank te verkopen› • vrijheid, losbandigheid • licentie • diploma • bewijs v. voorwaardelijke invrijheidstelling

**licentious** [bnw] ongebreideld, losbandig

**lichen** [znw] korstmos

**lick** I [ov ww] • likken • lekken ‹v. vlammen› • zacht overspoelen ‹v. golven› • ‹sl.› overwinnen • ‹sl.› afranselen II [znw] • lik • veeg • snelheid, vaart • zoutlik

**licking** ‹sl.› [znw] pak slaag, nederlaag

**lid** [znw] • deksel • ooglid

**lido** [znw] • badstrand, lido • openluchtbad

**lie** I [on ww] • liegen • liggen • gaan/blijven liggen • rusten • (~ **about**) rondslingeren, lui zijn, niets uitvoeren • (~ **back**) achterover (gaan) liggen • (~ **by**) z. rustig houden, ongebruikt liggen • (~ **down**) z. iets laten welgevallen, liggen te rusten, gaan liggen • (~ **in**) lang uitslapen • (~ **up**) het bed houden • (~ **with**) liggen bij, slapen met, zijn aan, berusten bij II [znw] • leugen • ligging, richting

**lieu** [znw] plaats

**lieutenant** [znw] • luitenant ter zee • plaatsvervanger • ‹AE› inspecteur ‹v. politie›

**life** [znw] • leven • energie, levendigheid, bezieling • ‹AE sl.› levenslang ‹gevangenisstraf›

**lifeless** [bnw] • levenloos • saai, vervelend

**lift** I [ov ww] • verheffen • stelen • opheffen, hijsen • opslaan ‹v. ogen› II [on ww] • omhoog getild worden • zich verheffen • wegtrekken, optrekken ‹v. mist› • (~ **off**) opstijgen ‹v. vliegtuig› III [znw] • hulp, steun • lift • opwaartse druk, stijgkracht ‹v. vliegtuigvleugel›

**ligament** [znw] gewrichtsband

**light** I [ov ww] • lichten, verlichten, belichten • aansteken, opsteken

• (~ **up**) aansteken **II** [on ww] • vlam vatten • schitteren • (~ (**up**)**on**) toevallig aantreffen • (~ **up**) aangaan, vlam vatten, opvrolijken <v. gezicht> **III** [znw] • (dag)licht • vuurtje • verlichting, lamp **IV** [bnw + bijw] • licht, verlicht, helder • licht <v. gewicht> • v. lichte kleur • luchtig • lichtzinnig

**lighten I** [ov ww] • (ver)lichten • verhelderen **II** [on ww] • lichter worden • opklaren

**lighter** [znw] aansteker

**lighting** [znw] verlichting

**lightning** [znw] bliksem

**like I** [ov ww] • houden van • (graag) willen **II** [znw] • voorliefde • gelijke, weerga **III** [bnw] • gelijk(end) • dergelijk • geneigd **IV** [vz] (zo)als **V** [vw] zoals

**likelihood** [znw] waarschijnlijkheid

**likely** [bnw + bijw] • waarschijnlijk, vermoedelijk • veelbelovend • geschikt (lijkend) • aannemelijk

**liken** [ov ww] vergelijken

**likeness** [znw] • gelijkenis • portret • getrouwe kopie

**likewise** [bijw] eveneens, bovendien, ook

**liking** [znw] voorkeur, zin, smaak

**lilac I** [znw] sering **II** [bnw] lila

**lilt I** [ov + on ww] (melodieus en ritmisch) zingen **II** [znw] wijsje

**lily I** [znw] lelie **II** [bnw] wit, lelieblank, bleek

**limb** [znw] • lid(maat) • tak • arm <v. kruis>

**limber I** [ov + on ww] • (~ **up**) <sport> opwarmen **II** [bnw] lenig, buigzaam

**limbo** [znw] • limbo <dans> • gevangenis <fig.> • toestand v. vergetelheid

**lime** [znw] • kalk • limoen

**limit I** [ov ww] begrenzen **II** [znw] grens, limiet

**limitation** [znw] begrenzing, grens

**limited** [bnw] begrensd, beperkt

**limitless** [bnw] grenzeloos, onbeperkt

**limousine, limo** [znw] limousine, grote auto, slee

**limp I** [on ww] kreupel/mank lopen, hinken **II** [znw] kreupele gang **III** [bnw] • buigzaam • lusteloos

**limpet** [znw] soort zeeslak

**limpid** [bnw] helder, doorschijnend

**linden** [znw] linde(boom)

**line I** [ov ww] • strepen • opgesteld staan langs, opstellen • (v. binnen) bekleden, voeren, als voering dienen • vullen <maag>, spekken <v. beurs> • liniëren **II** [on ww] • (~ **up**) z. opstellen, aantreden **III** [znw] • (stuk) touw, lijn, koord, snoer • linie • grens(lijn) • rimpel <in gezicht> • streep • omtrek, contour • regel, versregel • briefje • lijndienst • afkomst, familie • gedragslijn • gedachtengang • vak, branche • rij

**lineage** [znw] • geslacht • voorouders

**lineal** [bnw] afstammend in rechte lijn

**lineament** [znw] (gelaats)trek

**linear** [bnw] • lineair • lang, smal en v. gelijke breedte • lengte-, lijn-

**linen** [znw] • linnen • linnengoed

**liner** [znw] lijnboot/-vliegtuig

**linger** [on ww] • talmen, dralen, blijven zitten • blijven hangen

**linguist** [znw] • talenkenner • taalkundige

**linguistic** [bnw] taal-, taalkundig

**liniment** [znw] smeersel

**lining** [znw] • voering • omlijning

**link I** [ov ww] • schakelen, verbinden • ineenslaan <v. handen> • steken door <v. armen> **II** [on ww] zich verbinden, zich aansluiten **III** [znw] • schakel, verbinding, verband • manchetknoop

**lint** [znw] pluis, pluksel

**lion** [znw] • leeuw • beroemdheid

**lioness** [znw] • leeuwin • vrouwelijke beroemdheid

**lip I** [znw] • lip • rand • <sl.> brutale praat, onbeschaamdheid **II** [bnw] lip(pen)-

**liquefy** [ov + on ww] *smelten, vloeibaar maken* <v. gas>

**liquid I** [znw] *vloeistof* **II** [bnw] • *waterig, vloeibaar* • *harmonieus of vloeiend* <v. klanken> • *onvast, vlottend* <v. kapitaal>

**liquidate** [ov ww] • *liquideren* • *vereffenen* <v. schuld> • *uit de weg ruimen*

**liquidity** [znw] • *onvastheid* • *vloeibaarheid* • <econ.> *liquiditeit*

**liquidizer** [znw] *mengbeker*

**liquor** [znw] *(sterke) drank*

**lisp I** [on ww] *lispelen* **II** [znw] *gelispel*

**list I** [ov ww] • *lijst opmaken van, catalogiseren* • *noteren* **II** [on ww] • *overhellen* • *slagzij maken* **III** [znw] • *lijst, catalogus* • *het overhellen* <bijv. v. muur> • *slagzij*

**listen** [on ww] *luisteren* • (~ **in (to)**) *afluisteren, luisteren naar radiostation*

**listener** [znw] *luisteraar*

**listless** [bnw] *lusteloos*

**lit I** [ww] verl.tijd + volt.deelw. → **light II** [bnw] *verlicht*

**litany** [znw] *litanie*

**literacy** [znw] *geletterdheid*

**literal** [bnw] • *prozaïsch, nuchter* • *letterlijk* • *letter-*

**literary** [bnw] • *letterkundig* • *geletterd*

**literate** [bnw] • *kunnende lezen en schrijven* • *geletterd*

**literature** [znw] • *literatuur, letterkunde* • *de publikaties over een bep. onderwerp* • <inf.> *propaganda-/voorlichtingsmateriaal*

**lithe(some)** [bnw] *lenig, buigzaam*

**lithography** [znw] *lithografie, steendrukkunst*

**Lithuanian I** [znw] *Litouwer* **II** [bnw] *Litouws*

**litigant** [znw] *partij voor de rechtbank*

**litigation** [znw] *proces(voering)*

**litigious** [bnw] • *pleitziek, twistziek* • *betwistbaar* • *proces-*

**litre** [znw] *liter*

**litter I** [ov ww] *jongen werpen* • (~ **about/around/over**) *bezaaien, door elkaar gooien* **II** [znw] • *draagstoel, draagbaar* • *strobedekking* • *rommelboeltje* • *afval* • *worp* <v. dieren>

**little** [bnw + bijw] • *klein* • *weinig* • *beetje* • *kleinzielig* • *onbelangrijk*

**liturgy** [znw] *liturgie*

**live I** [ov ww] • *leven* • *doorléven* • *in praktijk brengen* • (~ **down**) *te boven komen* • (~ **out**) *zijn leven slijten* **II** [on ww] • *leven, bestaan* • *leven van, aan de kost komen* • *blijven leven* • *wonen* • (~ **by**) *leven van* • (~ **in**) *inwonend zijn* • (~ **off**) *leven (op kosten) van* • (~ **on**) *blijven leven* • (~ **out**) *uitwonend zijn* • (~ **through**) *doormaken* • (~ **up to**) *naleven, nakomen, waarmaken* **III** [bnw] • *levend, in leven* • *gloeiend* <v. kolen>, *onder stroom* <v. elektriciteitsdraad> • <scherts> *echt* • <telecom.> *rechtstreeks uitgezonden*

**livelihood** [znw] *levensonderhoud*

**lively** [bnw] • *levendig, krachtig* • *vrolijk, opgewekt* • *bedrijvig* • *helder, fris* <v. kleur>

**liver** [znw] • *lever* • *leverkleur* • *iem. die leeft, levende* • *bewoner*

**liverish** [bnw] *misselijk*

**livery** [znw] *livrei*

**lives** [mv] → **life**

**livid** [bnw] • *loodkleurig, donkerpaars* • <inf.> *razend, boos*

**living I** [znw] • *levensonderhoud* • *leven* **II** [bnw] *levend*

**lizard** [znw] *hagedis*

**llama** [znw] *lama(wol)*

**load I** [ov ww] • *inladen, beladen, verzwaren, belasten, laden* • *vervalsen door zwaarder/sterker te maken* <vnl. v. dobbelstenen> • (~ **up**) *(be)laden* **II** [znw] • *last, vracht, lading* • *hoeveelheid* • *druk* • *belasting*

**loaded** [bnw] • ingeladen • beladen • rijk

**loaf** I [ov + on ww] rondslenteren, lummelen II [znw] brood

**loafer** [znw] • leegloper • (comfortabele) schoen

**loam** [znw] • leem • potgrond • bloemistenaarde

**loathe** [ov ww] verafschuwen, walgen van

**loathing** [znw] afschuw, walging

**loathsome** [bnw] walgelijk

**loaves** [mv] → **loaf**

**lobby** I [ov + on ww] • lobbyen • druk uitoefenen op (politieke) besluitvorming II [znw] • foyer • portaal, vestibule • pressiegroep • (wandel)gang • <AE> conversatiezaal <in hotel>

**lobe** [znw] • (oor)lel • lob • kwab

**lobster** [znw] zeekreeft

**local** I [znw] • plaatselijke bewoner • <inf.> (dorps)café II [bnw] plaatselijk, gewestelijk, plaats-

**locale** [znw] plaats van handeling, toneel

**locality** [znw] • ligging • plaats, streek

**localize** [ov ww] • lokaliseren • een plaatselijk karakter geven • decentraliseren • (~ **upon**) (aandacht) concentreren op

**locate** [ov ww] • in 'n plaats vestigen • de plaats bepalen van

**location** [znw] • plaats(bepaling) • ligging

**loch** <Schots> [znw] meer

**lock** I [ov + on ww] insluiten, omsluiten, sluiten II [ov ww] • op slot doen • vastzetten <v. kapitaal> • (~ **away**) wegsluiten • (~ **in**) insluiten, opsluiten, omsluiten • (~ **out**) buitensluiten, uitsluiten • (~ **up**) wegsluiten, opsluiten <v. patiënt>, op (nacht)slot doen, vastzetten <v. geld>, sluiten III [on ww] • vastlopen <v. wiel> • klemmen • op slot kunnen • (~ **on**) doel zoeken en automatisch volgen <v. raket, radar> IV [znw] • slot • (haar)lok • dol <v. roeiboot> • sluis

**locker** [znw] • bagagekluis • doosje of kastje met slot

**locket** [znw] medaillon

**locomotion** [znw] (voort)beweging, verkeer, vervoer

**locomotive** I [znw] locomotief II [bnw] z. (voort)bewegend, bewegings-, beweeg-

**locust** [znw] sprinkhaan

**locution** [znw] spreekwijze, manier v. (z.) uitdrukken

**lodger** [znw] kamerbewoner

**lodging** [znw] logies, verblijf

**loft** I [ov ww] hoog slaan <v. bal bij golf> II [znw] • vliering, zolder • tribune, galerij • duiventil

**lofty** [bnw] • hoog, verheven • hooghartig

**log** I [ov ww] optekenen in 't logboek II [znw] • logaritme • blok hout • logboek

**logarithm** [znw] logaritme

**logical** [bnw] logisch

**loin** [znw] lende(stuk)

**loiter** [ov + on ww] dralen, talmen, rondhangen • (~ **about/away**) rondslenteren

**lollipop(s)** [znw] (ijs)lollie

**lollop** <inf.> [on ww] • lui liggen/hangen • slenteren • zwalken

**lolly** [znw] lollie

**lone** [bnw] eenzaam, verlaten

**long** I [on ww] • (~ **for**) verlangen naar II [bnw] • lang(gerekt) • ver reikend

**longevity** [znw] lang leven

**longing** [znw] verlangen

**longitude** [znw] geografische lengte

**longitudinal** [bnw] lengte-

**loo** [znw] <inf.> W.C.

**look** I [ov ww] • (~ **over**) doorkijken, onderzoeken • (~ **up**) opzoeken <v. woord/persoon> II [on ww] kijken, zien • (~ **about**) rondkijken

• (~ **after**) zorgen voor, waarnemen <v. dokterspraktijk> • (~ **ahead**) vooruitzien • (~ **at**) kijken naar, bezien, beoordelen, bekijken, overwegen • (~ **back**) achterom kijken, z. herinneren • (~ **down**) de ogen neerslaan • (~ **for**) zoeken naar, verwachten, vragen om <moeilijkheden> • (~ **forward to**) (verlangend) uitzien naar • (~ **in**) aanlopen • (~ **on**) toekijken • (~ **out**) uitkijken • (~ **out (up)on**) uitzicht geven op/over • (~ **out for**) uitzien naar, verwachten • (~ **over**) uitzien op/over • (~ **round**) omkijken, om z. heen zien • (~ **round for**) uitkijken naar • (~ **through**) kijken door, doorkijken, doorzien • (~ **to**) zorgen voor, denken om, vertrouwen • (~ **towards**) uitzien op, overhellen naar • (~ **up**) opkijken • (~ **upon as**) beschouwen als **III** [kww] lijken, uitzien, eruitzien • (~ **like**) eruitzien als, lijken op **IV** [znw] • blik, gezicht • uiterlijk • uitzicht

**loom** **I** [on ww] opdoemen **II** [znw] weefgetouw

**loop** **I** [ov ww] een lus maken in **II** [znw] • lus, strop • bocht

**loose** **I** [ov ww] losmaken, loslaten **II** [bnw] • los • losbandig • slap

**loosen** **I** [ov ww] • los(ser) maken • doen verslappen **II** [on ww] • los(ser) worden • losraken • verslappen • (~ **up**) vrijuit praten, opdokken, opwarmen <voor het sporten>

**loot** **I** [ov ww] plunderen, (be)roven **II** [znw] • buit, plundering • <sl.> luitenant, luit

**lop** [ww] • (~ **away/off**) snoeien • (~ **off**) afhakken

**lope** **I** [on ww] • z. met grote sprongen voortbewegen <v. dier> • draven **II** [znw] sprong, dravende gang

**loquacious** [bnw] babbelziek

**lordly** [bnw] • hooghartig • groots • vorstelijk • als v. een heer

**lore** [znw] traditionele kennis <v. bep. onderwerp>

**lorry** [znw] • lorrie <op spoorweg> • vrachtwagen

**lose** [ov + on ww] • verknoeien <v. tijd> • missen <v. kans, trein> • (doen) verliezen, verspelen, verlies lijden • (~ **out (with)**) het afleggen (tegen)

**loser** [znw] verliezer

**loss** [znw] • verlies • schade

**lost** [ww] verl.tijd + volt.deelw. → **lose**

**lot** [znw] • heel wat, een boel • aandeel • partij • stuk grond, perceel • lot

**lottery** [znw] loterij

**lotus** [znw] • lotusplant • bep. waterlelie

**loud** [bnw] • lawaaierig, luid • opvallend, schreeuwend <v. kleuren>, opzichtig

**lounge** **I** [on ww] • slenteren • lui (gaan) liggen, luieren **II** [znw] • zitkamer • sofa • grote hal <in huis/hotel>

**louse** **I** [ov ww] ontluizen • (~ **up**) verknoeien, in de soep laten lopen **II** [znw] • luis • ploert

**lousy** [bnw] • beroerd, laag, gemeen • armzalig

**lout** [znw] lummel, boerenpummel

**lovable** [bnw] lief, beminnelijk

**love** **I** [ov ww] • houden van, beminnen • dol zijn op, dolgraag doen • liefkozen **II** [znw] • liefde • geliefde • lief(je), schat(je) • nul <bij tennis> • groet(en)

**lover** [znw] • minnaar • bewonderaar

**loving** [bnw] liefhebbend, teder

**low** **I** [ov + on ww] loeien <v. koe> **II** [znw] • geloei • lagedrukgebied • laag peil **III** [bnw + bijw] • laag • diep <v. buiging> • eenvoudig • (laag)uitgesneden <v. japon> • gemeen, ruw, plat • minnetjes • bijna leeg <v. batterij> • neerslachtig • zacht <v. stem>

**lower** I [ov ww] • strijken <v. vlag, zeil> • verlagen <v. prijs> • vernederen • neerlaten II [on ww] • afhellen, afdalen • dreigend eruit zien <v. hemel> III [bnw] onder-, onderste-, beneden-

**lowly** [bnw] • nederig, bescheiden • laag

**loyal** [bnw] (ge)trouw, loyaal

**loyalist** [znw] regeringsgetrouwe

**loyalty** [znw] loyaliteit, trouw

**lozenge** [znw] • ruitvormig facet <bijv. v. diamant> • (hoest)tablet

**lubricant** [znw] • smeermiddel • <med.> glijmiddel

**lucid** [bnw] helder, klaar, stralend

**luck** [znw] geluk, toeval, succes

**luckily** [bijw] • toevallig • gelukkig

**luckless** [bnw] onfortuinlijk

**lucky** [bnw] • gelukkig, fortuinlijk • geluk brengend

**lucrative** [bnw] winstgevend

**ludicrous** [bnw] koddig, belachelijk

**lug** I [ov ww] sleuren, slepen • (~ **along**) meeslepen • (~ **in**) met de haren erbij slepen II [on ww] • (~ **at**) rukken aan

**luggage** [znw] bagage

**lugubrious** [bnw] luguber, naargeestig, somber, treurig

**lukewarm** [bnw] • lauw • onverschillig

**lull** I [ov ww] in slaap wiegen/sussen II [on ww] • gaan liggen <v. wind> • kalm worden III [znw] • tijdelijke stilte • slapte in bedrijf

**lumbago** [znw] lendepijn, spit

**lumber** I [ov ww] • volstoppen met rommel • opzadelen met II [on ww] met logge tred gaan, botsen III [znw] • rommel • ruw timmerhout

**luminary** [znw] uitblinker

**luminous** [bnw] lichtgevend, stralend

**lump** I [ov ww] bij elkaar op een hoop gooien II [znw] brok, klontje

**lumpy** [bnw] • klonterig • met bulten

**lunar** [bnw] v.d. maan, maanvormig, sikkelvormig

**lunatic** I [znw] krankzinnige II [bnw] • krankzinnig • dwaas

**lunch** I [on ww] lunchen, koffiedrinken II [znw] • lunch • lichte maaltijd

**lung** [znw] long

**lunge** I [ov ww] longeren <v. paard> II [on ww] vooruitschieten • (~ **at**) slaan of stoten naar • (~ **for**) grijpen naar • (~ **into**) binnenvallen III [znw] • longe <paardesport> • plotselinge voorwaartse beweging • stoot • uitval

**lurch** I [on ww] slingeren, wankelen II [znw] plotselinge slingerbeweging, plotselinge zijwaartse beweging, ruk

**lure** I [ov ww] (ver)lokken II [znw] lokaas, lokstem

**lurid** [bnw] • fel gekleurd • shockerend

**lurk** [on ww] • z. schuil houden • verscholen zijn

**luscious** [bnw] • heerlijk • zinnelijk

**lush** [bnw] • weelderig • mals <v. gras>

**lust** I [on ww] • (~ **after/for**) haken naar, begeren, hevig verlangen naar II [znw] (wel)lust

**lustre** [znw] schittering, glans

**lustrous** [bnw] glanzend, schitterend

**lusty** [bnw] krachtig, flink, vitaal

**lute** [znw] luit

**luxuriance** [znw] • luxe • rijkdom

**luxuriant** [bnw] weelderig, welig

**luxuriate** [on ww] • zijn gemak er van nemen • welig tieren • (~ **in**) genieten van, zwelgen in

**luxurious** [bnw] • weelderig • v. alle gemakken voorzien

**luxury** I [znw] • luxe, weelde • luxe-artikel • genot(middel) II [bnw] luxe-

**lying** I [ww] tegenw. deelw. → **lie** II [bnw] leugenachtig, vals

**lyre** [znw] lier

**lyric** I [znw] lyrisch gedicht II [bnw] lyrisch

**lyrical** [bnw] lyrisch

# M

**macaroon** [znw] bitterkoekje
**mace** [znw] • foelie • scepter
**machine** I [ov ww] machinaal vervaardigen II [znw] • machine, toestel • automaat
**machinery** [znw] • machinerie • mechanisme
**machinist** [znw] • monteur • machineconstructeur • machinebediener
**mackerel** [znw] makreel
**mackintosh** [znw] regenjas
**macrocosm** [znw] macrokosmos, heelal
**mad** I [on ww] II [bnw] gek, dwaas, krankzinnig • (~ **about/at**) woest over • (~ **on**) dol op, verliefd op • (~ **with**) nijdig op
**madam** [znw] mevrouw, juffrouw
**madden** [ov ww] dol/gek maken
**maddening** [bnw] gek makend
**made** [ww] verl.tijd + volt.deelw. → **make**
**maelstrom** [znw] maalstroom
**mag** [znw] → **magazine**
**magazine** [znw] • actualiteitenrubriek op radio/t.v. • kruitmagazijn • tijdschrift
**maggot** [znw] made
**Magi** [mv] de drie Wijzen uit het Oosten
**magic** I [znw] toverkunst II [bnw] toverachtig, betoverend, tover-
**magician** [znw] • tovenaar • goochelaar
**magisterial** [bnw] • gezaghebbend, autoritair • magistraats-
**magnanimity** [znw] grootmoedigheid
**magnanimous** [bnw] grootmoedig
**magnate** [znw] magnaat
**magnetic** [bnw] magnetisch, onweerstaanbaar
**magnetism** [znw] magnetisme
**magnetize** [ov ww] • magnetiseren • biologeren
**magnification** [znw] vergroting
**magnificence** [znw] • grootsheid • pracht, praal
**magnify** [ov ww] • vergroten • overdrijven
**magnitude** [znw] • grootte • belangrijkheid
**magnum** [znw] wijnfles van tweemaal de normale grootte
**magpie** [znw] ekster
**mahogany** [znw] • mahoniehout • mahonieboom
**maid** [znw] • meid • ongetrouwd meisje
**maiden** I [znw] • meisje • maagd II [bnw] • nieuw • eerst(e) • ongetrouwd
**mail** I [ov ww] per post verzenden, op de post doen II [znw] (brieven)post
**maim** [ov ww] verminken
**main** I [znw] hoofdleiding II [bnw] hoofd-, voornaamste
**maintain** [ov ww] • volhouden, beweren, handhaven • steunen, onderhouden, voeren
**maintenance** [znw] onderhoud, alimentatie, handhaving
**maize** [znw] maïs
**major** I [on ww] • (~ **in**) <AE> als (hoofd)vak kiezen, als hoofdvak(ken) hebben II [znw] • majoor • sergeant-majoor • meerderjarige • hoofdvak • <muz.> majeur III [bnw] • groter, grootste, hoofd- • meerderjarig • de oudere <v. twee> • <muz.> majeur
**majority** [znw] • meerderheid • meerderjarigheid
**make** I [ov ww] • benoemen tot • dwingen, laten, zorgen dat • maken, fabriceren, bereiden, zetten <v. thee, koffie>, aanleggen <v. vuur>, houden <v. toespraak> • opmaken <v. bed> • aankomen te, bereiken, halen <v. trein, bus> • verdienen, vorderen • schatten op • (~ **out**) opmaken, uitschrijven, begrijpen, beweren • (~ **over**) overdragen, vermaken

• (~ **up**) *vergoeden, opmaken, bereiden, verzinnen, z. grimeren, bijleggen* **II** [on ww] • (~ **away/off**) *er vandoor gaan* • (~ **for**) *bijdragen tot, gaan naar, aansturen op* • (~ **out**) *'t redden, 't klaar spelen* **III** [znw] • *gesteldheid, aard, soort* • *(lichaams)bouw* • *maaksel, merk, fabricaat*

**maker** [znw] *maker, fabrikant, schepper*

**making** [znw] *fabricage, het maken*

**maladjusted** [bnw] • *onaangepast* • *onevenwichtig*

**maladroit** [bnw] *onhandig*

**Malay** **I** [znw] • Maleis • Maleier **II** [bnw] Maleis

**Malaysian** **I** [znw] Maleier, Maleisiër **II** [bnw] Maleis

**malcontent** **I** [znw] *ontevredene* **II** [bnw] *ontevreden*

**male** **I** [znw] • *mannelijk persoon* • *mannetje* **II** [bnw] *mannen-, mannelijk*

**malformation** [znw] *misvorming*

**malice** [znw] *kwaadwilligheid*

**malign** **I** [ov ww] *belasteren* **II** [bnw] *kwaadwillig*

**malignancy** [znw] *kwaadaardigheid* <ook v. ziekte>, *kwaadwilligheid*

**malignant** [bnw] *kwaadaardig* <ook v. ziekte>

**malinger** [on ww] *ziekte voorwenden, simuleren*

**malingerer** [znw] *simulant*

**malleable** [bnw] • *pletbaar, smeedbaar* • *gedwee*

**mallet** [znw] *houten hamer*

**malnutrition** [znw] *ondervoeding*

**malodorous** [bnw] *stinkend*

**malpractice** [znw] *kwade praktijk*

**malt** **I** [ov + on ww] *mouten* **II** [znw] *mout*

**Maltese** **I** [znw] Maltees, Maltezer **II** [bnw] Maltees

**maltreat** [ov ww] *slecht behandelen, mishandelen*

**mammal** [znw] *zoogdier*

**mammary** [bnw] *m.b.t./van de borst, borst-*

**mammoth** [znw] *mammoet*

**man** **I** [ov ww] *v. bemanning voorzien, bemannen* **II** [znw] • *man* • *mens, persoon* • *iem., men* • *bediende, knecht, werkman*

**manacle** **I** [ov ww] *boeien* **II** [znw] *(hand)boei*

**manage** [ov + on ww] • *het redden* • *leiden, beheren* • *onder controle houden*

**manageable** [bnw] *te hanteren, handelbaar*

**management** [znw] • *(bedrijfs)leiding, beheer* • *bestuur, directie*

**manager** [znw] • *directeur, bedrijfsleider, bestuurder* • *impresario*

**manageress** [znw] *bestuurster, cheffin*

**managerial** [bnw] *directeurs-, bestuur-*

**mandarin** [znw] • *mandarijntje* <vrucht> • *mandarijn* • Mandarijns • *bureaucraat*

**mandate** [znw] *mandaat, bevel, opdracht*

**mandatory** [bnw] • *verplicht* • *bevel-*

**mandible** [znw] *(onder)kaak*

**mane** [znw] *manen*

**manganese** [znw] *mangaan*

**manger** [znw] *kribbe, voerbak*

**mangy** [bnw] • *schurftig* • *sjofel*

**manhood** [znw] • *mannelijkheid* • *mannelijke leeftijd* • *mannelijke bevolking*

**mania** [znw] • *manie, rage* • <med.> *waanzin*

**maniac** **I** [znw] • *maniak* • *waanzinnige* **II** [bnw] *maniakaal*

**maniacal** [bnw] *dollemans-, waanzinnig*

**manicurist** [znw] *manicure, manicuurster*

**manifest** **I** [ov ww] • *openbaar maken* • *aan de dag leggen* **II** [bnw] *in 't oog vallend, klaarblijkelijk, zichtbaar,*

duidelijk
**manifestation** [znw] manifestatie
**manifesto** [znw] manifest
**manifold** [bnw] menigvuldig
**manipulate** [ov ww] • hanteren • behandelen, manipuleren • knoeien met <cijfers, tekst>
**manly** [bnw] • mannelijk, manhaftig • manachtig <v. vrouw>
**mannequin** [znw] • mannequin • etalagepop
**manner** [znw] manier, wijze
**mannered** I [bnw] geaffecteerd II [in samenst] met...manieren
**mannerism** [znw] hebbelijkheid, aanwensel
**mannish** [bnw] manachtig <v. vrouw>
**manoeuvre** I [ov ww] • manoeuvreren • klaarspelen II [on ww] manoeuvreren III [znw] • kunstgreep • manoeuvre
**manor** [znw] • ≈ riddergoed • <sl.> politiedistrict
**manpower** [znw] • mankracht • arbeidskracht(en), personeel
**mansion** [znw] groot herenhuis
**manual** I [znw] handboek, handleiding II [bnw] hand-, handmatig
**manufacture** I [ov ww] fabriceren II [znw] • fabricage • fabrikaat
**manufacturer** [znw] fabrikant
**manure** [znw] mest
**Manx** I [znw] • bewoners v.h. eiland Man • taal v.h. eiland Man II [bnw] Manx-
**many** I [onb vnw] vele(n) II [telw] veel, menige
**map** I [ov ww] in kaart brengen • (~ **out**) voorbereiden, arrangeren, indelen II [znw] (land)kaart
**maple** [znw] esdoorn
**mar** [ov ww] ontsieren, bederven
**marble** I [znw] • marmer • knikker II [bnw] marmeren, als marmer
**march** I [ov ww] • (~ **away**) wegvoeren • (~ **off**) laten afmarcheren • (~ **up**) laten aanrukken II [on ww] marcheren • (~ **off**) afmarcheren • (~ **on**) voortmarcheren • (~ **past**) defileren • (~ **up**) aanrukken III [znw] • mars • loop, vooruitgang
**March** [znw] Maart
**marchioness** [znw] markiezin
**mare** [znw] merrie
**margin** [znw] • rand, kant, marge, grens • overschot, saldo, winst • speling
**marginal** [bnw] • rand-, kant- • in grensgebied gelegen, aangrenzend • bijkomstig, ondergeschikt • weinig produktief
**marigold** [znw] goudsbloem
**marina** [znw] jachthaven
**mariner** [znw] matroos, zeeman
**marionette** [znw] marionet
**marital** [bnw] • v.d. echtgeno(o)t(e) • huwelijks-
**maritime** [bnw] zee(vaart)-, kust-, maritiem
**marjoram** [znw] marjolein
**mark** I [ov ww] • onderscheiden, (ken)merken • noteren, nakijken, cijfer/punt toekennen • bestemmen • opmerken, letten op • (~ **down**) opschrijven, afprijzen, bestemmen • (~ **off**) onderscheiden, afscheiden • (~ **out**) bestemmen, afbakenen, onderscheiden • (~ **up**) de prijs hoger maken II [on ww] markeren <bij jacht> III [znw] • onderscheiding • mark <munt> • aanwijzing, teken, blijk • zegel • stempel, merk, litteken, vlek • cijfer, punt • kruisje <i.p.v. handtekening>
**marked** [bnw] • opvallend • getekend <dier>, gemerkt
**marker** [znw] • iem. die optekent • merkstift • boekenlegger
**market** I [ov ww] verkopen, verhandelen II [znw] • markt • marktprijs, handel
**marketable** [bnw] • verkoopbaar • markt-
**marketing** [znw] marketing,

*commercieel beleid*
**marmalade** [znw] *marmelade*
**maroon** I [ov ww] • *aan zijn lot overlaten, op onbewoonde kust aan land zetten en achterlaten* • *isoleren* II [bnw] *paarsrood*
**marquee** [znw] *grote tent*
**marriage** [znw] *huwelijk*
**married** [bnw] • *huwelijks-* • *gehuwd*
**marrow** [znw] • *merg* • *kern* • *(eetbare) pompoen, (soort) courgette*
**marry** I [ov ww] • *huwen (met), trouwen* • *uithuwelijken* • *nauw verbinden* • (~ **up**) *samenbrengen* II [on ww] • *trouwen* • *z. nauw verbinden*
**marsh** [znw] *moeras*
**marshal** I [ov ww] • *rangschikken, opstellen* • *aanvoeren, leiden* II [znw] • *maarschalk* • *ceremoniemeester* • ≈ *griffier* • <AE> *hoofd v.d. politie*
**marshy** [bnw] *moerassig*
**marsupial** I [znw] *buideldier* II [bnw] *buidelvormig, buideldragend*
**mart** [znw] • *verkooplokaal* • *handelscentrum* • <form.> *markt*
**marten** [znw] *marter*
**martial** [bnw] *krijgs-, krijgshaftig, krijgslustig*
**Martian** I [znw] *Marsbewoner* II [bnw] *v. Mars, Mars-*
**martyr** I [ov ww] • *de marteldood doen sterven* • *martelen* II [znw] *martelaar*
**martyrdom** [znw] • *martelaarschap* • *marteldood* • *marteling*
**marvel** I [on ww] *z. afvragen* • (~ **at**) *z. verwonderen over* II [znw] *wonder*
**marvellous** [bnw] *fantastisch*
**Marxist** I [znw] *marxist* II [bnw] *marxistisch*
**marzipan** [znw] *marsepein*
**mascot** [znw] *mascotte, talisman*
**masculine** [bnw] • *mannelijk* <ook v. rijm> • *manachtig* <v. vrouw> • *krachtig*
**mash** I [ov ww] *fijnstampen* II [znw] • *warm voer* • *aardappelpuree*
**mask** I [ov ww] *maskeren, verbergen* II [znw] *masker*
**masochism** [znw] *masochisme*
**masonry** [znw] *metselwerk*
**masquerade** I [on ww] *z. vermommen* • (~ **as**) *vermomd zijn als* II [znw] • *maskerade* • *valse schijn*
**massacre** I [ov ww] *een slachting aanrichten onder* II [znw] *bloedbad, slachting*
**massage** I [ov ww] *masseren* II [znw] *massage*
**massive** [bnw] • *massief* • *zwaar, stevig* • *indrukwekkend, gigantisch*
**master** I [ov ww] *beheersen, overmeesteren, de baas worden, te boven komen, besturen* II [znw] • *patroon* • *leermeester* • *directeur, hoofd* <v. college> • *gezagvoerder* • *baas, werkgever* • *heer des huizes* • *jongeheer* • *mijnheer* • *moederblad, origineel* III [bnw] *voornaamste, hoofd-*
**masterful** [bnw] • *meesterlijk* • *bazig*
**masterly** [bnw + bijw] *meesterlijk*
**mastery** [znw] *meesterschap*
**masticate** [ov + on ww] *kauwen*
**masturbate** [on ww] *masturberen*
**mat** I [znw] *mat, kleedje* II [bnw] *dof, mat*
**match** I [ov ww] • *opgewassen zijn tegen, een partij zijn voor, de gelijke zijn van* • *in overeenstemming brengen met, iets bijpassends vinden* II [on ww] *bij elkaar passen* • (~ **up to**) *opgewassen zijn tegen* III [znw] • *gelijke, tegenhanger, evenknie* • *paar* • *wedstrijd* • *lucifer*
**matchless** [bnw] *weergaloos, niet te evenaren, onvergelijkelijk*
**mate** I [ov ww] • *doen paren* • *mat zetten* II [on ww] *paren* III [znw] • *levensgezel(lin)* • *mannetje, wijfje* • *stuurman* • *schaakmat* • *kameraad*
**material** I [znw] • *stof* • *materiaal, bestanddeel* II [bnw] • *stoffelijk, materieel, lichamelijk* • *wezenlijk,*

*essentieel, belangrijk*
**materialism** [znw] *materialisme*
**materialize** [on ww] *verstoffelijken, verschijnen, materialiseren*
**maternal** [bnw] *moederlijk, moeder-, v. moederszijde*
**maternity** [znw] *moederschap*
**mathematical** [bnw] *wiskundig, wiskunde-*
**mathematics, maths** [mv] *wiskunde*
**matrices** [mv] → **matrix**
**matriculate** [on ww] *als student toegelaten worden, z. als student inschrijven*
**matrix** [znw] • *voedingsbodem* • *gietvorm, matrijs* • *matrix*
**matron** [znw] • *matrone, getrouwde dame* • *directrice, hoofd, moeder* <v. instituut>
**matronly** [bnw] *aan de dikke kant* <v. vrouw>
**matt** [bnw] *dof, mat*
**matter** I [on ww] *v. belang zijn, betekenen* II [znw] • *materie, stof* • *zaak, aangelegenheid, kwestie* • *kopij*
**matting** [znw] *matwerk*
**mattock** [znw] *houweel*
**mattress** [znw] *matras*
**mature** I [ov ww] *rijpen* II [on ww] • *volwassen worden, tot ontwikkeling komen, rijpen* • *vervallen* <v. wissel> III [bnw] • *volwassen, volledig ontwikkeld, rijp* • *weloverwogen* • *vervallen* <v. wissel>
**maturity** [znw] • *rijpheid* • *vervaltijd* <v. wissel>
**maudlin** [bnw] *overdreven sentimenteel*
**maul** [ov ww] • *afkraken* <door recensent> • *bont en blauw slaan, toetakelen*
**mauve** [bnw] *mauve, zachtpaars*
**maverick** [znw] *politiek dissident, non-conformist*
**maw** [znw] *bek, muil*
**mawkish** [bnw] *overdreven sentimenteel*
**maxim** [znw] *stelregel, spreuk, principe*
**maximize** [ov ww] *maximaliseren, tot het uiterste vergroten*
**may** [hww] • *mogen* • *kunnen* <mogelijkheid>
**May** [znw] *mei*
**maybe** [bijw] *misschien*
**mayhem** [znw] *chaos, wanorde*
**mayonnaise** [znw] *mayonaise*
**mayor** [znw] *burgemeester*
**mayoress** [znw] *vrouw v.d. burgemeester*
**me** [pers vnw] • *mij* • <inf.> *ik*
**meadow** [znw] *weide, hooiland, grasland*
**meagre** [bnw] *mager, schraal*
**meal** [znw] • *meel* • *maal(tijd)*
**mealy** [bnw] *melig, meelachtig*
**mean** I [ov ww] • *betekenen* • *bedoelen, (serieus) menen* • *willen* • *v. plan zijn* • (~ **for**) *bestemmen voor* II [on ww] *bedoelen* III [znw] *middelste term* IV [bnw] • *gemiddeld, middelmatig* • *middelste, middel-, tussen-* • *gemeen, laag* • *gering* • *bekrompen, gierig* • *slechtgehumeurd* • <AE> *onbehaaglijk* • <inf.> *beschaamd*
**meander** I [on ww] • *z. slingeren* • *dolen* II [znw] *bocht* <in rivier>
**meaning** [znw] • *bedoeling* • *betekenis*
**meaningful** [bnw] *veelbetekenend, belangrijk*
**meaningless** [bnw] • *nietszeggend* • *zinloos*
**meant** [ww] verl. tijd + volt. deelw. → **mean**
**meantime** [znw] *tussentijd*
**measles** [mv] *mazelen*
**measly** [bnw] <inf.> *armzalig, min, waardeloos*
**measurable** [bnw] • *meetbaar* • *gematigd*
**measure** I [ov ww] • *meten, de maat nemen, bep. lengte hebben* • *beoordelen* • (~ **out**) *uitdelen* II [on ww] *meten* • (~ **up to**) *voldoen aan* III [znw]

*• grootte, afmeting • bedrag, hoeveelheid • maatstaf • maatregel •* <muz.> *maat*
**measured** [bnw] *• gelijkmatig • weloverwogen*
**measurement** [znw] *(af)meting*
**meat** [znw] *vlees*
**meaty** [bnw] *vlezig, vleesachtig, vlees-*
**mechanic** [znw] *• werktuigkundige, mecanicien • monteur*
**mechanical** [bnw] *• machinaal, werktuiglijk • werktuigkundig*
**mechanism** [znw] *• mechaniek • mechanisme*
**mechanize** [ov ww] *mechaniseren*
**medal** [znw] *medaille*
**medallist** [znw] *medaillewinnaar*
**meddler** [znw] *bemoeial*
**meddlesome, meddling** [bnw] *bemoeiziek*
**media** I [znw] → **medium** II [mv] *• media, kranten, radio en tv*
**mediaeval** [bnw] → **medieval**
**mediate** [ov + on ww] *als bemiddelaar optreden*
**medical** I [znw] *medisch onderzoek* II [bnw] *geneeskundig*
**medicament** [znw] *geneesmiddel*
**medication** [znw] *• geneeskundige behandeling • geneesmiddel*
**medicinal** [bnw] *genezend, geneeskrachtig*
**medicine** [znw] *• geneeskunde • geneesmiddelen*
**medieval** [bnw] m.b.t. de Middeleeuwen
**mediocre** [bnw] *middelmatig*
**mediocrity** [znw] *middelmatigheid*
**meditative** [bnw] *nadenkend, bespiegelend*
**Mediterranean** I [znw] Middellandse Zee, Middellandse-Zeegebied II [bnw] *mediterraan*
**medium** I [znw] *• tussenpersoon • medium • voertaal • oplosmiddel* II [bnw] *gemiddeld*
**medley** [znw] *mengelmoes, potpourri*
**meek** [bnw] *• zachtmoedig • gedwee • deemoedig*
**meet** I [ov ww] *• ontmoeten, (aan)treffen, kennis maken met • afhalen • voldoen aan, voorzien in • bestrijden* <v. onkosten> II [on ww] *• elkaar ontmoeten • samenkomen •* (~ **up with**) *ontmoeten •* (~ **with**) *ervaren, ondervinden, tegenkomen*
**meeting** [znw] *• wedstrijd, ontmoeting • bijeenkomst, vergadering*
**megalomania** [znw] *megalomanie*
**megalomaniac** [znw] *megalomaan*
**megaphone** [znw] *megafoon*
**melancholic** I [znw] *melancholicus* II [bnw] *melancholiek, melancholisch*
**melancholy** I [znw] *melancholie, zwaarmoedigheid, droefgeestigheid* II [bnw] *zwaarmoedig, droefgeestig*
**mellifluous** [bnw] *honingzoet, zoetvloeiend*
**mellow** I [ov + on ww] *• rijpen, zacht maken/worden • benevelen* II [bnw] *• zacht, sappig, rijp • vol, zuiver* <v. klank, kleur> *• vriendelijk, hartelijk, joviaal • lichtelijk aangeschoten*
**melodic** [bnw] *melodisch, melodieus*
**melodious** [bnw] *melodieus, welluidend*
**melodramatic** [bnw] *melodramatisch*
**melody** [znw] *melodie*
**melon** [znw] *meloen*
**melt** I [ov ww] *doen smelten •* (~ **down**) *versmelten* II [on ww] *smelten, z. oplossen •* (~ **away**) *wegsmelten, verdwijnen •* (~ **into**) *langzaam overgaan in*
**member** [znw] *• lid • lichaamsdeel, (mannelijk) lid • afgevaardigde*
**membership** [znw] *• lidmaatschap • ledental*
**memento** [znw] *herinnering, aandenken*
**memo** [znw] <inf.> *korte notitie, briefje*
**memoir** [znw] *gedenkschrift,*

(auto)biografie
**memorable** [bnw] gedenkwaardig
**memorandum** [znw] • memorandum • diplomatieke nota
**memorial** I [znw] gedenkteken, aandenken II [bnw] gedenk-, herinnerings-
**memorize** [ov ww] v. buiten leren
**memory** [znw] • geheugen • herinnering • gedachtenis
**men** [mv] → **man**
**menace** I [ov + on ww] (be)dreigen II [znw] • bedreiging • vervelend iem., lastig iets
**mend** I [ov ww] • verbeteren • herstellen, repareren, stoppen <v. kousen> II [on ww] • z. (ver)beteren • herstellen
**mendacious** [bnw] leugenachtig
**mendacity** [znw] leugen(achtigheid)
**mending** [znw] verstelwerk
**menial** I [znw] <pej.> bediende, knecht II [bnw] • dienstbaar, dienst- • slaafs, ondergeschikt, laag
**meningitis** [znw] hersenvliesontsteking
**menopause** [znw] menopauze
**menstrual** [bnw] menstruatie-
**mental** [bnw] • geestelijk, geest(es)-, verstandelijk • <inf.> zwakzinnig
**mentality** [znw] mentaliteit, denkwijze
**mention** I [ov ww] (ver)melden, zeggen, noemen II [znw] (ver)melding
**mercantile** [bnw] handels-, koopmans-
**mercenary** I [znw] huurling II [bnw] geldbelust
**merchant** I [znw] groothandelaar, koopman II [bnw] koopmans-, koopvaardij, handels-
**merciless** [bnw] genadeloos, meedogenloos
**mercurial** [bnw] • levendig • veranderlijk
**mercury** [znw] kwikzilver
**mercy** [znw] • zegen(ing) • genade, barmhartigheid
**mere** [bnw] louter, alleen maar, niets anders dan, (nog) maar
**meretricious** [bnw] bedrieglijk
**meridian** [znw] meridiaan
**merit** I [ov ww] verdienen II [znw] verdienste
**meritocracy** [znw] meritocratie, prestatiemaatschappij
**mermaid** [znw] (zee)meermin
**merriment** [znw] vreugde, vrolijkheid
**merry** [bnw] • vrolijk • aangeschoten
**mesh** I [on ww] in elkaar grijpen II [znw] • maas • net(werk)
**mesmerize** [ov ww] magnetiseren, hypnotiseren, biologeren
**mess** I [ov ww] • (~ **up**) in de war sturen, verknoeien, vuil maken II [on ww] • (~ **about**) (rond)scharrelen • (~ **with**) z. bemoeien met III [znw] • kantine, gemeenschappelijke tafel • knoeiboel • (vuile) rommel
**message** [znw] bericht, boodschap
**messenger** [znw] bode, boodschapper
**messy** [bnw] vuil, rommelig, verward
**met** [ww] verl. tijd + volt. deelw. → **meet**
**metabolic** [bnw] stofwisselings-
**metabolism** [znw] metabolisme, stofwisseling
**metal** [znw] metaal
**metallic** [bnw] metaal-, metalen, metaalachtig
**metallurgy** [znw] metallurgie, metaalkunde
**metamorphosis** [znw] metamorfose
**metaphor** [znw] beeldspraak
**metaphoric(al)** [bnw] figuurlijk
**metaphysical** [bnw] metafysisch, bovennatuurlijk
**metaphysics** [znw] metafysica
**meteor** [znw] meteoor
**meteoric** [bnw] • meteoor- • als een komeet, bliksemsnel
**meteorite** [znw] meteoorsteen, meteoriet

**meteorology** [znw] *meteorologie, weerkunde*
**meter** I [ov ww] *meten* II [znw] *meetinstrument*
**methane** [znw] *methaan(gas)*
**method** [znw] • *methode* • *regelmaat*
**meticulous** [bnw] • *angstvallig nauwkeurig, pietluttig* • *nauwgezet*
**metre** [znw] • *metrum* • *meter*
**metronome** [znw] *metronoom*
**metropolis** [znw] *wereldstad, hoofdstad*
**metropolitan** I [znw] *bewoner v. hoofd-/wereldstad* II [bnw] • *tot het moederland behorend* • *tot hoofd-/wereldstad behorend*
**mettle** [znw] • *aard* • *vuur, moed*
**mew** [on ww] *miauwen*
**Mexican** I [znw] *Mexicaan(se)* II [bnw] *Mexicaans*
**miaow** I [on ww] *miauwen* II [znw] *miauw*
**microwave** [znw] *magnetron*
**midday** [znw] *12 uur 's middags*
**middle** I [znw] • *midden* • *middel* II [bnw] *midden(-), middel-, middelst*
**middling** I [bnw] *middelmatig, vrij goed* II [bijw] *tamelijk*
**midge** [znw] *mug*
**midget** I [znw] • *klein voorwerp* • *dwerg* II [bnw] *miniatuur*
**midriff** [znw] *middenrif*
**midst** <form.> [znw] *midden*
**midwife** [znw] *vroedvrouw*
**might** I [hww] verl. tijd → **may** II [znw] *kracht, macht*
**mightily** [bijw] *erg, geweldig, zeer*
**mighty** I [bnw] *machtig, geweldig* II [bijw] <inf.> *zeer, verbazend*
**migrant** I [znw] • *trekvogel* • *migrant, zwerver* II [bnw] *migrerend, zwervend, trek-*
**migrate** [on ww] • *migreren, verhuizen* • *trekken* <v. vogels>
**migratory** [bnw] *migrerend, trekkend, zwervend, trek-*
**mike** [znw] *microfoon*
**mild** [bnw] • *mild, zacht* • *kalm en warm* <v. weer> • *licht* <v. bier, tabak> • *gematigd* • *onschuldig* <v. ziekte>
**mildew** [znw] *meeldauw, schimmel*
**mile** [znw] *mijl* <1609 m.>
**militant** I [znw] *militant persoon* II [bnw] *strijdend, strijdlustig, strijdbaar*
**militarism** [znw] *militarisme*
**military** I [znw] *soldaten, leger* II [bnw] *militair*
**militate** [on ww] *strijden* • (~ **against**) *bestrijden*
**militia** [znw] • *militie, burgerwacht* • *landweer*
**milk** I [ov ww] *(uit)melken* II [znw] *melk*
**milky** [bnw] • *melkachtig* • *vol melk*
**mill** I [ov ww] *malen* II [on ww] • (~ **about/around**) *krioelen, (ordeloos) rondlopen* III [znw] • *molen* • *fabriek* • *(maal)machine*
**miller** [znw] *molenaar*
**millet** [znw] *gierst*
**milliner** [znw] *modiste*
**millinery** [znw] *dameshoeden*
**million** [znw] *miljoen*
**millipede** [znw] *duizendpoot*
**mime** I [ov ww] • *door gebaren voorstellen* • *nabootsen* II [znw] • *gebarenspel* • *mimespeler*
**mimic** I [ov ww] *nabootsen, naäpen* II [znw] • *mimespeler* • *nabootser, naäper*
**mimicry** [znw] • *mimiek* • *nabootsing, naäperij*
**mince** I [ov ww] *fijnhakken* II [on ww] *gemaakt lopen/spreken* III [znw] *gehakt* <vlees>
**mincer** [znw] *vleesmolen*
**mind** I [ov ww] • *denken om, in acht nemen* • *zorgen voor, bedienen* <machine> II [on ww] *bezwaren hebben* • (~ **out (for)**) *oppassen (voor)*

**III** [znw] • *geest, verstand* • *zin*
**minded** **I** [bnw] *geneigd, van zins* **II** [in samenst] *aangelegd, -bewust, -gezind, georiënteerd*
**mindful** [bnw] • *indachtig* • *voorzichtig*
**mine** **I** [ov + on ww] • *graven* <v. onderaardse gang> • *mijnen leggen* • *in mijn werken* **II** [ov ww] *ondermijnen, winnen, ontginnen* **III** [znw] • *mijn* • *bron* <fig.> **IV** [bez vnw] • *de/het mijne, van mij* • *de mijnen*
**mineral** **I** [znw] *mineraal, delfstof* **II** [bnw] *mineraal*
**mineralogy** [znw] *mineralogie*
**mingle** [ov + on ww] (z.) *(ver)mengen* • (~ **with**) *z. begeven onder, meedoen met*
**mini** **I** [znw] • *minirok* • *mini* <auto> **II** [in samenst] *kort, miniatuur-, klein*
**miniature** **I** [znw] *miniatuurportret* **II** [bnw] *klein, op kleine schaal*
**minim** [znw] *halve noot*
**minimal** [bnw] *minimaal*
**minimize** [ov ww] • *onderwaarderen* • *verkleinen*
**mining** [znw] *mijnbouw*
**minion** [znw] *onbelangrijke medewerker*
**minister** **I** [on ww] • (~ **to**) *hulp verlenen, bedienen* **II** [znw] • *minister* • *gezant* <beneden rang v. ambassadeur> • *predikant*
**ministerial** [bnw] *ministerieel*
**ministry** [znw] • *geestelijkheid* • *ministerschap* • *ministerie, kabinet*
**mink** [znw] • *nerts* • *nerts-/bontmantel*
**minnow** [znw] *witvis, voorn*
**minstrel** [znw] *minstreel*
**mint** **I** [ov ww] • *munten* • *uitvinden, fabriceren* **II** [znw] • *munt* <gebouw/instelling> • <plant.> *munt*
**minus** **I** [znw] *minteken* **II** [bnw] • *min(us), negatief* • <scherts> *zonder*
**minuscule** [bnw] *piepklein*
**minute** **I** [ov ww] *notuleren* **II** [znw] • *minuut* • *ogenblik* **III** [bnw] • *zeer nauwkeurig, minutieus* • *zeer klein, nietig*
**miracle** [znw] *wonder*
**miraculous** [bnw] *miraculeus, wonderbaarlijk*
**mire** [znw] • *modder, slijk* • *moeilijkheden*
**mirror** **I** [ov ww] *afspiegelen, weerkaatsen* **II** [znw] • *spiegel* • *afspiegeling*
**mirth** [znw] *vrolijkheid*
**mirthless** [bnw] *vreugdeloos, triest, somber*
**misadventure** [znw] *tegenspoed, ongeluk*
**misanthrope** [znw] *misantroop, mensenhater*
**misanthropic** [bnw] *misantropisch*
**misapply** [ov ww] *verkeerd gebruiken*
**misapprehend** [ov ww] *verkeerd begrijpen*
**misapprehension** [znw] *misverstand*
**misappropriate** [ov ww] z. *wederrechtelijk toeëigenen, verduisteren*
**misbehaviour** [znw] *wangedrag*
**miscarriage** [znw] • *miskraam* • *mislukking*
**miscarry** [on ww] • *mislukken, niet slagen* • *een miskraam krijgen*
**miscast** [ov ww] *een niet-passende rol geven* <bij film/theater>
**miscellaneous** [bnw] • *gemengd* • *veelzijdig*
**miscellany** [znw] *mengeling*
**mischance** [znw] *ongeluk*
**mischief** [znw] • *streken* • *plaaggeest, rakker, onheilstoker* • *ondeugendheid* • *onheil, kwaad*
**misconception** [znw] *verkeerd begrip, dwaling*
**misconduct** [znw] *wangedrag*
**misconstruction** [znw] *verkeerde interpretatie*
**misdeed** [znw] *wandaad, misdaad*

**misdemeanour** [znw] • misdrijf • wangedrag
**misdirect** [ov ww] • verkeerd leiden/richten • verkeerde inlichtingen geven
**miser** [znw] gierigaard, vrek
**miserable** [bnw] ellendig, miserabel, armzalig
**miserly** [bnw + bijw] gierig, vrekkig
**misery** [znw] • ellende • zeurpiet
**misfire** [on ww] mislukken <v. plan>
**misfit** [znw] buitenbeentje, mislukkeling in de maatschappij
**misfortune** [znw] ongeluk, tegenslag
**misgiving** [znw] twijfel, angstig voorgevoel, wantrouwen
**misguided** [bnw] • misplaatst • misleid
**mishap** [znw] ongeluk(je)
**misinform** [ov ww] verkeerd inlichten
**misinterpret** [ov ww] verkeerd interpreteren, verkeerd uitleggen
**misjudge** [ov + on ww] • verkeerd (be)oordelen • z. vergissen (in)
**mislay** [ov ww] op verkeerde plaats leggen, zoek maken
**mislead** [ov ww] misleiden
**misleading** [bnw] • misleidend • bedrieglijk
**mismanage** [ov ww] verkeerd besturen, verkeerd beheren, verkeerd aanpakken
**mismanagement** [znw] wanbestuur, wanbeheer
**misnomer** [znw] verkeerde benaming
**misogynist** [znw] vrouwenhater
**misprint** [znw] drukfout
**mispronounce** [ov ww] verkeerd uitspreken
**misquote** [ov + on ww] onjuist aanhalen
**misread** [ov ww] • verkeerd lezen • verkeerd interpreteren
**misrepresent** [ov ww] een verkeerde voorstelling geven van
**miss** I [ov ww] missen • (~ **out**) overslaan II [on ww] • (~ **out (on)**) mislopen III [znw] • misstoot, misslag • (me)juffrouw
**misshapen** [bnw] mismaakt, misvormd
**missile** I [znw] • raket • projectiel II [bnw] werp-
**missing** [bnw] ontbrekend
**mission** [znw] • missie • gezantschap • roeping
**missionary** I [znw] missionaris, zendeling II [bnw] zend(el)ings-
**mist** I [ov ww] benevelen II [on ww] • beneveld worden • misten III [znw] • mist, nevel • waas
**mistake** I [ov ww] verkeerd begrijpen, z. vergissen II [znw] fout, vergissing, dwaling
**mistaken** [bnw] • verkeerd, onjuist • misplaatst
**mister** [znw] mijnheer
**mistime** [ov ww] op het verkeerde ogenblik doen/zeggen
**mistletoe** [znw] maretak, vogellijm
**mistress** [znw] • meesteres • mevrouw • vrouw des huizes • baas, hoofd • geliefde, maîtresse • lerares, onderwijzeres
**mistrust** I [ov ww] wantrouwen II [znw] wantrouwen
**mistrustful** [bnw] wantrouwend
**misty** [bnw] • vol tranen • vaag • beslagen, wazig • mistig
**misunderstand** [ov ww] verkeerd begrijpen
**misuse** I [ov ww] • misbruiken • verkeerd gebruiken II [znw] • misbruik • verkeerd gebruik
**mite** [znw] • beetje, zier • dreumes • mijt
**miter, mitre** [znw] mijter
**mitigate** [ov ww] • verlichten, verzachten • matigen <v. straf>
**mitt(en)** [znw] • want • vuisthandschoen <als bij honkbal>
**mix** I [ov ww] • (ver)mengen • kruisen <v. dieren> • (~ **in**) (goed) vermengen • (~ **up**) verwarren, door elkaar gooien II [on ww] z. (ver)mengen • (~ **with**) z.

aansluiten bij, omgaan met **III** [znw] mengeling, mengsel

**mixed** [bnw] gemengd, vermengd

**mixture** [znw] mengsel, mengeling

**mnemonic** [znw] geheugensteuntje, ezelsbruggetje

**moan** **I** [ov ww] betreuren **II** [on ww] kreunen, jammeren **III** [znw] gekreun

**moat** [znw] slotgracht

**mob** **I** [ov ww] in een grote groep omringen **II** [znw] • (wanordelijke) menigte • <inf.> kring, kliek

**mobile** **I** [znw] mobile **II** [bnw] • beweeglijk, mobiel • vlottend <v. kapitaal>

**mobilize** [ov ww] mobiel maken, mobiliseren

**mobster** <AE> [znw] bendelid, gangster

**mock** **I** [ov ww] de spot drijven met **II** [on ww] • (~ **at**) spotten met **III** [bnw] zogenaamd, schijn-, onecht, vals

**mockery** [znw] • bespotting • schijnvertoning

**modal** [bnw] modaal

**mode** [znw] • manier • gebruik

**model** **I** [ov ww] modelleren, vormen, boetseren • (~ **after/upon**) vormen naar **II** [on ww] als mannequin fungeren **III** [znw] • type • maquette, model • mannequin **IV** [bnw] • model- • voorbeeldig

**moderate** **I** [ov ww] matigen **II** [on ww] • bedaren, z. matigen • bemiddelen **III** [znw] gematigde **IV** [bnw] gematigd, matig

**modernism** [znw] • modernisme • neologisme

**modernist** [znw] nieuwlichter

**modernize** **I** [ov ww] moderniseren **II** [on ww] z. aan de moderne tijd aanpassen

**modest** [bnw] • bescheiden • ingetogen, zedig

**modicum** [znw] een beetje, een weinig

**modification** [znw] • wijziging • aanpassing

**modify** [ov ww] • matigen • wijzigen

**modish** [bnw] modieus

**modulate** [ov ww] regelen, moduleren • (~ **to**) in overeenstemming brengen met

**module** [znw] • maatstaf, standaardmaat • onderdeel v. ruimtevaartuig • modulus

**Mohammedan** **I** [znw] mohammedaan **II** [bnw] mohammedaans

**moist** [bnw] vochtig, klam

**moisten** [ov ww] bevochtigen

**molasses** [znw] melasse, stroop

**mole** [znw] • moedervlek • haven(dam), pier • mol • <inf.> spion

**molecular** [bnw] moleculair

**molest** [ov ww] • lastig vallen • aanranden

**mollify** [ov ww] vertederen, bedaren, matigen

**molten** **I** [ww] volt. deelw. → **melt** **II** [bnw] gesmolten

**moment** [znw] • ogenblik • belang

**momentary** [bnw] • gedurende een ogenblik • vluchtig

**momentous** [bnw] belangrijk, gedenkwaardig, gewichtig

**momentum** [znw] • stuwkracht • <techn.> moment

**monarchy** [znw] monarchie

**monastic** [bnw] klooster-

**Monday** [znw] maandag

**monetary** [bnw] monetair, financieel-, munt-

**money** [znw] geld

**moneyed** [bnw] vermogend

**mongrel** [znw] bastaard(hond)

**monitor** **I** [ov ww] controleren **II** [znw] • iem. die radiouitzendingen afluistert • monitor

**monk** [znw] monnik

**monkey** **I** [on ww] • (~ **about**) donderjagen, klooien • (~ **about/around**) streken uithalen

II [znw] • *aap* • *deugniet*
**monochrome** [bnw] *zwart-wit, monochroom*
**monogamous** [bnw] *monogaam*
**monogamy** [znw] *monogamie*
**monograph** [znw] *monografie*
**monolith** [znw] *monoliet*
**monolithic** [bnw] *monolitisch*
**monopolize** [ov ww] • *monopoliseren* • *totaal in beslag nemen*
**monopoly** [znw] *monopolie*
**monotone** I [znw] *eentonige stem of geluid* II [bnw] *monotoon, eentonig*
**monotonous** [bnw] *eentonig*
**monotony** [znw] *eentonigheid*
**monsoon** [znw] *moesson*
**monstrosity** [znw] *monster(achtigheid)*
**monstrous** [bnw] *kolossaal, monsterlijk*
**month** [znw] *maand*
**monthly** I [znw] *maandelijks tijdschrift* II [bnw + bijw] *maandelijks*
**monumental** [bnw] • *gedenk-, monumentaal* • *kolossaal, enorm*
**moo** I [on ww] *loeien* II [znw] *geloei*
**mooch** I [ov ww] *klaplopen, schooien* II [on ww] *slenteren* • (~ **about**) *rondhangen, lummelen*
**mood** [znw] • *stemming* • <taalk.> *wijs*
**moody** [bnw] *humeurig, somber gestemd, zwaarmoedig*
**moon** I [on ww] *rondhangen* • (~ **about**) *rondhangen, rondslenteren* • (~ **over**) *dagdromen over, nalopen* II [znw] *maan*
**moor** I [ov + on ww] *aan-/afmeren* II [znw] • *heide* • *veen, veengrond*
**moose** [znw] *Amerikaanse eland*
**mop** I [ov ww] *zwabberen, dweilen, betten* • (~ **up**) *opvegen* II [znw] • *zwabber* • *vaatkwast*
**mope** [on ww] *kniezen*
**moped** [znw] *bromfiets*
**moral** I [znw] *moraal* II [bnw] *zedelijkheids-, moreel, zedelijk*
**morale** [znw] *moreel*
**morality** [znw] • *zedenleer* • *zedelijk gedrag, moraliteit*
**moralize** [on ww] *moraliseren*
**morass** [znw] *moeras*
**moratorium** [znw] • *moratorium, algemeen uitstel van betaling* • *(tijdelijk) verbod/uitstel*
**mordant** [bnw] *scherp, bijtend*
**more** I [onb vnw] *meer* II [bijw] *meer, verder*
**moreover** [bijw] *bovendien*
**morgue** [znw] *lijkenhuis*
**moribund** [bnw] *stervend, zieltogend*
**morning** [znw] *morgen, voormiddag*
**moron** [znw] • *zwakzinnige* • <pej.> *imbeciel, rund*
**morose** [bnw] • *gemelijk, knorrig* • *somber*
**morsel** [znw] *hapje, stukje*
**mortal** I [znw] *sterveling* II [bnw] • *sterfelijk* • *dodelijk* • <inf.> *verschrikkelijk, vreselijk vervelend*
**mortality** [znw] • *sterfelijkheid* • *sterfte(cijfer)*
**mortar** [znw] • *vijzel* • *mortier* • *metselkalk*
**mortgage** I [ov ww] • *verhypothekeren* • *verpanden* <fig.> II [znw] *hypotheek*
**mortician** <AE> [znw] *begrafenisondernemer*
**mortify** [ov ww] *in hevige verlegenheid brengen*
**mortise, mortice** [znw] *tapgat*
**mortuary** [znw] *lijkenhuisje*
**mosaic** [znw] *mozaïek*
**Moslem** I [znw] *mohammedaan, moslim* II [bnw] *mohammedaans*
**mosque** [znw] *moskee*
**moss** [znw] *mos*
**mossy** [bnw] • *met mos bedekt* • *mosachtig*
**most** I [onb vnw] *meest, grootst, meeste(n)* II [bijw] *meest, hoogst, zeer*
**mostly** [bijw] *meestal, voornamelijk*
**moth** [znw] • *mot* • *nachtvlinder*

**mother** I [ov ww] *als een moeder zorgen voor* II [znw] *moeder*
**motherlike, motherly** [bnw] *moederlijk*
**motif** [znw] *motief, thema*
**motion** I [ov + on ww] • *wenken* • *door gebaar te kennen geven* II [znw] • *beweging* • *gebaar* • *voorstel, motie*
**motivate** [ov ww] *motiveren, ingeven, aanzetten*
**motive** I [znw] *motief, beweegreden* II [bnw] *beweging veroorzakend*
**motley** I [znw] *bonte mengeling* II [bnw] *bont*
**motor** I [ov + on ww] *in auto rijden/vervoeren* II [znw] *motor* III [bnw] *beweging-, motorisch*
**motoring** [znw] *(rond)toeren met de auto, het autorijden*
**motorist** [znw] *automobilist*
**mottled** [bnw] *gevlekt, gespikkeld*
**motto** [znw] *devies, spreuk*
**mould** I [ov ww] *gieten, kneden* • (~ **on**) *vormen naar* II [on ww] *beschimmelen* III [znw] • *losse teelaarde* • *(giet)vorm, mal, bekisting* • *gesteldheid, aard* • *schimmel*
**moulder** [on ww] • *rotten, vermolmen* • *vervallen*
**moulding** [znw] • *(kroon)lijst, fries* • *afdruk*
**mouldy** [bnw] *beschimmeld*
**moult** I [on ww] *verharen, vervellen, ruien* II [znw] *het ruien*
**mound** [znw] • *aardverhoging, (graf)heuveltje, terp* • *wal* • *werpheuvel* <honkbal>
**mount** I [ov ww] • *opstellen, plaatsen* • *zetten* <v. juwelen> • *bestijgen* • *monteren* <v. toneelstuk> • *opplakken* II [on ww] *stijgen, opstijgen* • (~ **up**) *oplopen* III [znw] • *berg* • *rijpaard*
**mountain** [znw] *berg*
**mountaineer** [znw] *bergbeklimmer*
**mountaineering** [znw] *bergsport*
**mountainous** [bnw] *bergachtig*
**mourn** I [ov ww] *betreuren* II [on ww] *rouw dragen, rouwen*
**mourner** [znw] *treurende, rouwdrager*
**mournful** [bnw] *treurig, droevig*
**mourning** [znw] • *het treuren* • *weeklacht* • *rouw(kleding)*
**mouse** [znw] *muis*
**mouth** I [ov ww] • *in de mond nemen* • *iets zeggen waarin men zelf niet gelooft* II [znw] • *monding* • *mond, bek, muil* • *opening*
**mouthful** [bnw] • *mond(je)vol* • <inf.> *hele mond vol, moeilijk uit te spreken woord*
**move** I [ov ww] • *bewegen* • *verhuizen, verzetten, vervoeren* • *opwekken* <v. gevoelens>, *ontroeren, aanzetten tot* • (~ **down**) *in rang terugzetten, naar een lagere klas terugzetten* II [on ww] • *in beweging komen, z. bewegen* • *optreden, stappen nemen* • *opschieten* • *verhuizen* • (~ **about**) *heen en weer trekken* • (~ **down**) *naar een lagere klas teruggezet worden, in rang teruggezet worden* • (~ **out**) *verhuizen, vertrekken* III [znw] • *zet, beurt* • *beweging* • *maatregel* • *verhuizing*
**movement** [znw] • *mechaniek* • *beweging*
**mover** [znw] • *iem. die iets voorstelt* • *drijfveer* • *verhuizer*
**movie** [znw] *film*
**moving** [bnw] • *bewegend, beweeg-* • *ontroerend, aandoenlijk*
**mow** [ov ww] *maaien* • (~ **down**) *neerschieten, neermaaien*
**mower** [znw] *maaier*
**Mr** [afk] • (Mister) Dhr., meneer
**Mrs** [afk] • (Mistress) Mevrouw
**Ms** [afk] • (Miss/Mrs) Mejuffrouw/Mevrouw
**much** I [onb vnw] *zeer, ten zeerste, veel* II [bijw] *veel, zeer*
**muck** I [ov ww] • (~ **out**) *uitmesten* • (~ **up**) *bederven, verknoeien*

II [on ww] • (~ **about/around**) *rondhangen* • (~ **in**) <inf.> *meehelpen* • (~ **in (with)**) *een handje helpen* III [znw] • *mest* • *vuile boel* • *iets v. slechte kwaliteit*
**mucky** [bnw] *vuil, smerig*
**mucus** [znw] *slijm*
**mud** [znw] • *leem* • *modder*
**muddle** I [ov ww] • *benevelen* • *door elkaar gooien* II [on ww] • (~ **along**) *aanmodderen* • (~ **through**) *z. er doorheen scharrelen* III [znw] *warboel, wanorde*
**muddy** I [ov ww] • *troebel maken* • *bemodderen* II [bnw] • *modderig* • *wazig, troebel*
**muff** I [ov ww] *verknoeien* II [znw] *mof*
**muffin** [znw] *soort gebakje, met boter gegeten*
**muffle** [ov ww] • *omfloersen, dempen* <v. geluid> • *inpakken* <in kleren>
**muffler** [znw] • *das* • *(geluid)demper*
**mug** I [ov ww] *gewelddadig beroven* • (~ **up**) *blokken* II [znw] • *kroes* • *smoel* • *sul*
**mugger** [znw] *straatrover*
**muggy** [bnw] *benauwd, drukkend* <v. weer>
**mulberry** [znw] *moerbei*
**mule** [znw] • *muildier* • *muiltje*
**mulish** [bnw] • *weerspannig* • *(als) v.e. muildier*
**mull** I [ov ww] • (~ **over**) *overdenken* II [on ww] *piekeren*
**multifarious** [bnw] *veelsoortig, verscheiden*
**multiple** I [znw] *veelvoud* II [bnw] • *veelvoudig* • *veelsoortig*
**multiplication** [znw] *vermenigvuldiging*
**multiplicity** [znw] • *veelheid, menigte* • *verscheidenheid*
**multiply** I [ov ww] *vergroten* • (~ **by**) *vermenigvuldigen met* II [on ww] *z. voortplanten, z. vermenigvuldigen*
**multitude** [znw] • *menigte* • *groot aantal*
**mum** I [znw] • *stilte, stilzwijgen* • <inf.> *mamma, mammie* II [bnw] *stil*
**mumble** I [ov + on ww] *mompelen, prevelen, mummelen* II [znw] *gemompel*
**mummify** [ov ww] *mummificeren*
**mummy** [znw] • *mummie* • *mammie, moedertje*
**mumps** [mv] *de bof* <ziekte>
**munch** [ov + on ww] *(hoorbaar) kauwen (op), knabbelen (aan)*
**mundane** [bnw] *alledaags*
**municipal** [bnw] *gemeentelijk, gemeente-, stads-*
**municipality** [znw] • *gemeentebestuur* • *gemeente*
**munificent** [bnw] *gul, mild(dadig)*
**mural** I [znw] *muurschildering* II [bnw] *muur-, wand-*
**murder** I [ov ww] *(ver)moorden* II [znw] • *moord* • *hels karwei, een hel, gruwel*
**murderer** [znw] *moordenaar*
**murderess** [znw] *moordenares*
**murderous** [bnw] *moorddadig*
**muscle** I [on ww] • (~ **in**) *z. indringen* II [znw] • *spier* • *(spier)kracht*
**muscular** [bnw] • *spier-* ◦ *gespierd*
**muse** I [on ww] *peinzen* • (~ **(up)on**) *peinzen over, peinzend kijken naar* II [znw] *muze*
**mush** [znw] • *pulp* • *sentimentaliteit* • <AE> *maïsmeelpap*
**mushroom** I [on ww] *z. snel verspreiden, als paddestoelen verrijzen* II [znw] • *champignon, (eetbare) paddestoel* • *atoomwolk*
**mushy** [bnw] • *papperig* • *slap, sentimenteel*
**music** [znw] • *muziek* • *bladmuziek*
**musical** I [znw] *musical* II [bnw] • *muzikaal* • *muziek-* • *melodieus*
**musician** [znw] *musicus, muzikant*
**musk** [znw] *muskus*
**musky** [bnw] *muskusachtig*

**Muslim** **I** [znw] *mohammedaan, moslim* **II** [bnw] *mohammedaans*

**muslin** [znw] • *mousseline* • <AE> *katoen*

**mussel** [znw] *mossel*

**must** **I** [hww] *moet(en)* **II** [znw] <inf.> *noodzaak, must*

**mustard** **I** [znw] • *mosterd* • *mosterdplant* **II** [bnw] *mosterdgeel*

**muster** **I** [ov ww] *bijeenbrengen* <voor inspectie> **II** [on ww] *aantreden* <voor inspectie>, *z. verzamelen* **III** [znw] *inspectie*

**musty** [bnw] • *schimmelig* • *muf*

**mutation** [znw] • *mutatie* • *verandering*

**mute** **I** [ov ww] • *tot zwijgen brengen* • <muz.> *dempen* **II** [znw] • *(doof)stomme* • <muz.> *demper* **III** [bnw] • *zwijgend, stom* • *sprakeloos*

**mutilate** [ov ww] *verminken*

**mutineer** [znw] *muiter*

**mutinous** [bnw] *muitend, oproerig, opstandig*

**mutiny** **I** [on ww] *muiten, in opstand komen* **II** [znw] *muiterij, opstand*

**mutt** [znw] • *dwaas, sukkel* • *mormel*

**mutter** **I** [ov + on ww] *mompelen* **II** [znw] • *gemompel* • *gemopper*

**mutual** [bnw] *wederzijds, wederkerig*

**muzzle** **I** [ov ww] *muilkorven* **II** [znw] • *bek, snuit* • *mond* <v. vuurwapen> • *muilkorf*

**muzzy** [bnw] • *beneveld* <door drank> • *wazig*

**my** [bez vnw] *mijn*

**myopic** [bnw] *bijziend*

**myriad** **I** [znw] • *tienduizend(tal)* • *groot aantal* **II** [bnw] *ontelbaar*

**myself** [wkg vnw] • *mijzelf* • *(ik)zelf*

**mysterious** [bnw] *mysterieus, geheimzinnig*

**mystery** [znw] • *geheim* • *geheimzinnigheid* • *detectiveroman*

**mystic** **I** [znw] *mysticus* **II** [bnw] → **mystical**

**mystical** [bnw] *verborgen, mystiek*

**mysticism** [znw] • *mystiek* • *mysticisme*

**mystify** [ov ww] • *voor een raadsel stellen* • *bedotten*

**mystique** [znw] *wereldbeschouwing, mystiek*

**myth** [znw] *mythe*

**mythology** [znw] *mythologie*

# N

**nab** [ov ww] <sl.> betrappen
**nadir** [znw] • laagste punt • voetpunt, dieptepunt
**nag** I [ov + on ww] klagen (tegen) • (~ **at**) vitten op II [znw] • gevit • <inf.> paard
**nail** I [ov ww] • (vast)spijkeren • grijpen, betrappen • (~ **down**) vastspijkeren, dichtspijkeren, vastleggen, houden aan <belofte> • (~ **up**) vastspijkeren, dichtspijkeren II [znw] • nagel • spijker
**naked** [bnw] • naakt, bloot • weerloos • kaal, onopgesmukt • niet geïsoleerd <v. stroomdraad>
**name** I [ov ww] (be)noemen II [znw] naam, benaming
**namely** [bijw] namelijk, dat wil zeggen
**nanny** [znw] kinderjuffrouw
**nap** I [on ww] dutten, soezen II [znw] dutje
**nape** [znw] (achterkant v.d.) nek
**napkin** [znw] servet
**nappy** [znw] luier
**narcissus** [znw] narcis
**narcotic** I [znw] verdovend middel II [bnw] verdovend
**narrate** [ov + on ww] vertellen
**narrative** [znw] verhaal
**narrator** [znw] verteller
**narrow** I [ov + on ww] • vernauwen • minderen <bij breien> II [ov ww] z. vernauwen III [bnw] • nauw, smal • bekrompen
**nasal** [bnw] nasaal, neus-
**nascent** [bnw] wordend, ontluikend
**nasturtium** [znw] oostindische kers
**nasty** [bnw] • beroerd <v. o.a. weer> • hatelijk • lastig • onsmakelijk • lelijk, gemeen • ernstig
**nation** [znw] natie, volk
**national** [bnw] nationaal, volks-, staats-
**nationalism** [znw] • streven naar nationale onafhankelijkheid • vaderlandsliefde
**nationalist** I [znw] nationalist II [bnw] nationalistisch
**nationality** [znw] • nationaliteit • ethnische groep
**nationalize** [ov ww] onteigenen <door de Staat>
**native** I [znw] • iem. uit het land of de plaats zelf • inboorling, inlander • inheems(e) dier of plant II [bnw] • inheems • geboorte- • natuurlijk, aangeboren
**natty** [bnw] • keurig • handig
**natural** I [znw] getalenteerd iem. II [bnw] • aangeboren, natuurlijk • gewoon, normaal • eenvoudig, ongekunsteld • onwettig <v. kind> • natuur-
**naturalism** [znw] naturalisme
**naturalist** [znw] • naturalist • bioloog
**naturalistic** [bnw] naturalistisch, realistisch
**naturalize** [ov ww] naturaliseren
**naturally** [bijw] • van nature • op natuurlijke wijze • vanzelfsprekend
**nature** [znw] • (de) natuur • aard, soort
**naturism** [znw] naturisme, nudisme
**naught** [znw] • nul • niets
**naughty** [bnw] ondeugend, stout
**nausea** [znw] • (gevoel v.) misselijkheid • walging
**nauseate** [ov ww] misselijk maken
**nauseous** [bnw] walgelijk
**naval** [bnw] • zee- • scheeps- • vloot- • marine-
**nave** [znw] • naaf <v. wiel> • schip <v. kerk>
**navel** [znw] navel
**navigable** [bnw] bevaarbaar <v. rivier>
**navigate** I [ov ww] • bevaren • besturen II [on ww] • navigeren • sturen <v. schip, vliegtuig>

**navigation** [znw] navigatie
**navigator** [znw] • zeevaarder • navigator <v. vliegtuig>
**navvy** [znw] polderjongen, grondwerker
**navy** I [znw] • vloot, zeemacht • marine II [bnw] marineblauw
**nay** I [znw] neen, weigering II [bijw] ja zelfs
**near** I [bnw] • nauw (verwant) • intiem • dichtbijzijnd • krenterig • <AE> grenzend aan II [bijw] • dichtbij • nabij • bijna
**nearly** [bijw] bijna, haast
**neat** [bnw] • handig, knap • keurig • onvermengd <v. drank>
**nebulous** [bnw] nevelachtig, vaag
**necessarily** [bijw] noodzakelijk(erwijs), onvermijdelijk
**necessary** [bnw] noodzakelijk
**necessitate** [ov ww] noodzaken
**necessity** [znw] noodzaak, noodzakelijkheid
**neck** [znw] nek, hals
**necklace** [znw] halssnoer
**née** [bnw] ⋆ Mrs Smith, née Jones Mevr. Smith, geboren Jones
**need** I [ov ww] • nodig hebben, vereisen • moeten II [hww] hoeven III [znw] • nood(zaak) • armoede, tekort
**needle** I [ov ww] ergeren, prikkelen, lastig maken II [znw] naald <ook v. naaldboom of magneet>
**needless** [bnw] nodeloos
**needy** [bnw] behoeftig, armoedig
**negate** [ov ww] • teniet doen • ontkennen
**negation** [znw] • ontkenning • weigering
**negative** I [znw] • ontkenning • negatieve grootheid <in algebra> • vetorecht • <techn.> negatieve pool • <foto.> negatief II [bnw] • ontkennend • verbods- • weigerend • negatief
**neglect** I [ov ww] • veronachtzamen, verwaarlozen • over 't hoofd zien II [znw] • verzuim • verwaarlozing
**neglectful** [bnw] • nalatig • verwaarloosd
**negligence** [znw] • nalatigheid • ongedwongenheid, achteloosheid
**negligent** [bnw] nalatig, achteloos
**negotiable** [bnw] • verhandelbaar <v. effecten> • oplosbaar • bespreekbaar • begaanbaar
**negotiate** I [ov ww] • nemen <v. hindernis> • onderhandelen over II [on ww] onderhandelen
**negotiation** [znw] onderhandeling
**negotiator** [znw] onderhandelaar
**neigh** I [on ww] hinniken II [znw] gehinnik
**neighbour, neighbor** I [ov ww] grenzen aan II [on ww] grenzen, benaderen • (~ on) grenzen aan III [znw] • buurman, buurvrouw • <rel.> naaste IV [bnw] naburig
**neighbourhood, neighborhood** [znw] • buurt • omtrek
**neighbouring, neighboring** [bnw] naburig
**neighbourly, neighborly** [bnw] • een goede buur betamend, als buren • gezellig • vriendelijk
**neither** [bnw + bijw] • noch, en ... ook niet • evenmin • geen v. beide • <rel.> zelfs niet
**neolithic** [bnw] neolithisch
**nephew** [znw] neef <zoon v. broer of zuster>, oom-/tantezegger
**nepotism** [znw] nepotisme
**nerve** I [ov ww] kracht of moed geven II [znw] • zenuw • moed, zelfbeheersing • <inf.> brutaliteit
**nerveless** [bnw] • krachteloos, lusteloos, zwak • zonder zenuwen
**nervous** [bnw] • zenuwachtig • zenuw- • bang
**nervy** [bnw] zenuwachtig
**nest** I [on ww] nesten II [znw] nest
**nestle** I [ov ww] vlijen II [on ww] • z. (neer)vlijen • half verborgen liggen

**nestling** [znw] *nestvogel*
**net** I [ov ww] • *(als) met een net bedekken/omgeven/vangen/afvissen, voorzien v. netwerk* • *in de wacht slepen* II [znw] • *net* • *valstrik* • *spinneweb* • *vitrage, netwerk* • *netto bedrag/prijs* III [bnw] *netto*
**nettle** I [ov ww] *ergeren, prikkelen* II [znw] *brandnetel*
**network** [znw] • *netwerk* • *radio-/TV-station*
**neural** [bnw] *zenuw-, ruggemergs-*
**neuralgia** [znw] *zenuwpijn*
**neurology** [znw] *neurologie*
**neurosis** [znw] *neurose*
**neurotic** I [znw] *zenuwlijder* II [bnw] *neurotisch, zenuwziek*
**neuter** [bnw] *onzijdig*
**neutral** [bnw] • *neutraal* • *onbepaald, vaag* • *v.e. grijze kleur*
**neutralize** [ov ww] *opheffen, neutraliseren*
**never** [bijw] • *nooit* • *helemaal niet, toch niet*
**nevertheless** [bijw] • *niettegenstaande dit/dat* • *toch*
**new** [bnw] • *nieuw, onbekend* • *vers* <v. brood>
**news** [znw] • *nieuws* • *opzienbarend iets/iem.*
**newspaper** [znw] • *krant* • *krantenpapier*
**newsy** [bnw] <inf.> *vol nieuws*
**newt** [znw] *watersalamander*
**next** I [bnw] • *naast* • *(eerst)volgende, aanstaande* II [bijw] • *naast* • *daarna, de volgende keer, vervolgens* III [vz] *naast*
**nexus** [znw] *band, schakel, verbinding*
**nib** [znw] • *punt* <v. ganzepen, gereedschap> • *pen*
**nibble** I [on ww] *knabbelen* II [znw] *geknabbel*
**nice** [bnw] • *genuanceerd, subtiel* • *nauwgezet, nauwkeurig, aandachtig* • *kies* • *aardig, prettig, leuk* • *lekker* • *fatsoenlijk*
**nicety** [znw] • *nauwgezetheid, nauwkeurigheid* • *finesse*
**niche** [znw] • *leuke baan* • *nis* • *passend plaatsje*
**nick** I [ov ww] • *inkepen, kerven* • <sl.> *arresteren, snappen* • <sl.> *gappen* II [znw] • *inkeping, kerf* • <sl.> *bajes, nor*
**nickel** I [znw] • *nikkel* • *Amerikaans 5 cent-stuk* II [bnw] *nikkelen*
**niece** [znw] *nicht* <oom-/tantezegger>
**Nigerian** I [znw] Nigeriaan II [bnw] Nigeriaans
**niggardly** [bnw + bijw] *gierig, karig*
**niggle** [on ww] *beuzelen, vitten*
**night** [znw] *avond, nacht*
**nightingale** [znw] *nachtegaal*
**nightly** I [bnw] *nachtelijk, avond-* II [bijw] • *iedere nacht/avond* • *'s avonds/nachts*
**nihilism** [znw] *nihilisme*
**nil** [znw] *niets, nul*
**nimble** [bnw] *vlug, handig*
**nimbus** [znw] *stralenkrans*
**nincompoop** [znw] *lomperd, domoor, stommeling*
**nine** [telw] *negen*
**nineteen** [telw] *negentien*
**ninetieth** [bnw] *negentigste*
**ninety** [telw] *negentig*
**ninny** [znw] *onozele hals, sukkel*
**ninth** [bnw] *negende*
**nip** I [ov ww] • *bijten* • *knijpen* II [on ww] <inf.> *snellen, rennen* • (~ **in**) *binnenwippen* • (~ **out**) *vlug ervandoor gaan* III [znw] • *kneep* • *beet* • *borreltje, hartversterking*
**nipper** [znw] • *(klein) ventje* • *straatjongen*
**nipple** [znw] • *tepel* • *speen* • <techn.> *nippel*
**nippy** [bnw] *frisjes* <v. weer>
**nit** [znw] • *neet, luizeëi* • *stommeling, leeghoofd*
**nitrate** [znw] • *nitraat,*

salpeterzuurzout • nitraatmeststof

**nitty-gritty** [znw] detail, bijzonderheid

**nitwit** [znw] leeghoofd

**no** [bijw] • geen • niet • neen

**nobility** [znw] adel, adelstand

**noble** I [znw] edelman II [bnw] • adellijk • edel, grootmoedig • statig, indrukwekkend

**nobody** [onb vnw] niemand

**nocturnal** [bnw] nacht-, nachtelijk

**nod** I [on ww] knikken, knikkebollen, slaperig zijn • (~ **off**) in slaap vallen II [znw] knik

**node** [znw] • knooppunt • knoest, knobbel

**nodule** [znw] • knoestje • knobbeltje, klein gezwel • knolletje

**noise** [znw] lawaai, ruis

**noiseless** [bnw] • zonder lawaai • geruisloos

**noisy** [bnw] • schreeuwend <v. kleuren> • luidruchtig, druk

**nomad** [znw] nomade

**nomadic** [bnw] nomadisch, nomaden-, zwervend

**nomenclature** [znw] terminologie

**nominal** [bnw] • naamwoordelijk • nominaal, in naam

**nomination** [znw] • benoeming • voordracht, kandidaatstelling

**nominee** [znw] • benoemde • kandidaat

**nondescript** [bnw] • onbepaald • saai, oninteressant

**none** [bnw + bijw] niemand, niet een, totaal niet, niets

**nonentity** [znw] • niet-bestaan(d iets) • onbeduidend iem. of iets

**nonsense** [znw] onzin

**nonsensical** [bnw] onzinnig

**noodle** [znw] soort mie, soort vermicelli

**nook, nookery** [znw] (gezellig) hoekje

**noon** [znw] 12 uur 's middags

**noose** [znw] lus, schuifknoop, strop

**nope** <AE inf.> [bijw] nee

**nor** [bijw] • noch, (en) ook niet • evenmin

**Nordic** I [znw] Noordeuropeaan II [bnw] Noordeuropees

**norm** [znw] standaard, norm, patroon

**normal** [bnw] normaal

**normalize** [ov ww] normaliseren

**Norman** I [znw] Normandiër II [bnw] Normandisch

**north** I [znw] noorden II [bnw + bijw] noordwaarts, noordelijk, noord(en)-, noorder-

**Norwegian** I [znw] Noor II [bnw] Noors

**nose** I [ov ww] • ruiken (aan), (be)snuffelen • met de neus wrijven tegen • (~ **out**) <inf.> ontdekken, erachter komen II [on ww] zijn weg zoeken <v. voertuig> • (~ **about**) rondneuzen, rondsnuffelen III [znw] • reuk, geur • neus, neusstuk <v. instrument>

**nosh** <sl.> I [ov + on ww] eten II [znw] eten, voedsel, hapje

**nostalgia** [znw] nostalgie, heimwee

**nostalgic** [bnw] • heimwee- • nostalgisch, vol verlangen

**not** [bijw] niet

**notable** I [znw] vooraanstaand persoon, notabele II [bnw] • merkwaardig, opvallend • merkbaar <v. o.a. hoeveelheid>

**notation** [znw] schrijfwijze

**note** I [ov ww] • notitie nemen van, opmerken • aantekenen • annoteren II [znw] • aantekening • (order)briefje • nota • bankbiljet • aandacht • reputatie, aanzien • toon • toets <v. piano> • noot • geluid, gezang <v. vogels> • teken, kenmerk

**noted** [bnw] beroemd

**nothing** [bnw + bijw] niets, nul, niet bestaan(d iets)

**nothingness** [znw] • 't niets (zijn) • nietigheid

**notice** I [ov ww] opmerken II [znw] • recensie <v. boek> • aankondiging, waarschuwing • aandacht • bekendmaking, mededeling • opzegging <v. contract> • convocatie

**noticeable** [bnw] • merkbaar • opmerkelijk

**notifiable** [bnw] die/dat aangegeven moet worden, met aangifteplicht <v. ziekten>

**notification** [znw] • bekendmaking • aankondiging

**notify** [ov ww] aankondigen, verwittigen, aangeven <v. ziekte>, bekendmaken

**notion** [znw] • notie • idee, begrip • neiging

**notional** [bnw] denkbeeldig, begrips-

**notoriety** [znw] • bekendheid • beruchtheid • bekende persoonlijkheid

**notorious** [bnw] • berucht • bekend

**notwithstanding** I [bijw] ondanks dat II [vz] niettegenstaande

**nougat** [znw] noga

**nought** [znw] niets, nul

**noun** [znw] zelfstandig naamwoord

**nourish** [ov ww] • koesteren <v. o.a. hoop> • voeden

**nourishment** [znw] onderhoud, voedsel, voeding

**novel** I [znw] roman II [bnw] nieuw, ongebruikelijk

**novelette** [znw] novelle

**novelist** [znw] romanschrijver

**novice** [znw] • novice • nieuweling

**now** I [znw] heden II [bijw] op 't ogenblik, nu

**nowaday(s)** I [znw] 't heden II [bnw + bijw] tegenwoordig

**nowhere** [bijw] nergens

**noxious** [bnw] • schadelijk • ongezond

**nozzle** [znw] • pijp, tuit • <techn.> mondstuk

**nuance** [znw] nuance, schakering

**nub** [znw] • knobbel • kernpunt

**nubile** [bnw] huwbaar

**nuclear** [bnw] nucleair, atoom-, kern-

**nucleus** [znw] kern

**nude** I [znw] naakt(model) II [bnw] naakt, bloot

**nudge** I [ov ww] even aanstoten met elleboog II [znw] duwtje

**nudism** [znw] nudisme

**nudity** [znw] naaktheid

**nugget** [znw] • juweel(tje) <fig.> • goudklomp

**nuisance** [znw] overlast, onaangenaam iets, lastpost

**null** [bnw] niet bindend, ongeldig, nietig

**nullify** [ov ww] opheffen, annuleren, nietig verklaren

**numb** I [ov ww] • verdoven, verzachten <v. pijn> • doen verstijven • verlammen <fig.> • verstommen II [bnw] verkleumd, verdoofd, verstijfd

**number** I [ov ww] • tellen, nummeren • bedragen • (~ **among**) rekenen onder II [znw] • nummer • aantal

**numeral** I [znw] • getalteken • nummer II [bnw] getal-

**numerate** [bnw] • bekend met wis- en natuurkundige grondbegrippen • kunnende tellen en rekenen

**numerous** [bnw] talrijk

**nun** [znw] non

**nunnery** [znw] nonnenklooster

**nuptial** I [znw] II [bnw] bruilofts-, huwelijks-

**nurse** I [ov ww] • de borst geven • koesteren • voorzichtig vasthouden • verplegen II [on ww] de borst krijgen III [znw] verpleegster

**nursery** [znw] • pootvijver • kinderkamer • (kinder)bewaarplaats, crèche • kwekerij • verpleging • periode v. borstvoeding

**nurture** I [ov ww] • verzorgen, koesteren • grootbrengen II [znw] 't grootbrengen, verzorging

**nut** [znw] • (hazel)noot • gek, ezel • moer <v. schroef> • <sl.> hoofd, kop

**nutrient** [znw] voedingsstof/-middel

**nutriment** [znw] *voedsel*
**nutrition** [znw] *voedsel, voeding(swaarde)*
**nutty** [bnw] • *nootachtig* • *vol noten* • <sl.> *niet goed bij 't hoofd*
**nuzzle** [on ww] *met de neus wrijven tegen, besnuffelen*
**nymph** [znw] • *nimf* • *onvolwassen vorm v. lager insekt*

# O

**oaf** [znw] *pummel*
**oak** I [znw] *eik(ehout)* II [bnw] *eikehouten*
**oar** [znw] *roeiriem*
**oasis** [znw] *oase*
**oath** [znw] • *eed* • *vloek*
**obduracy** [znw] • *onverbeterlijkheid* • *onverzettelijkheid*
**obdurate** [bnw] *verstokt, verhard*
**obedience** [znw] *gehoorzaamheid*
**obedient** [bnw] *gehoorzaam*
**obeisance** [znw] • *diepe buiging* • *eerbetoon*
**obese** [bnw] *corpulent*
**obey** [ov + on ww] *gehoorzamen (aan)*
**object** I [on ww] *bezwaar maken* II [znw] • *object* • *doel* • *voorwerp*
**objection** [znw] *bezwaar*
**objectionable** [bnw] • *laakbaar* • *onaangenaam*
**objective** I [znw] *doel* II [bnw] • *objectief* • *voorwerps-*
**obligation** [znw] • *contract* • *verbintenis* • *(zware) verplichting*
**obligatory** [bnw] • *bindend* • *verplicht*
**oblige** I [ov + on ww] *iem. een plezier doen* II [ov ww] *(ver)binden, (aan zich) verplichten*
**obliging** [bnw] *voorkomend, gedienstig*
**oblique** I [znw] *schuine streep* II [bnw] *schuin, scheef, indirect*
**obliterate** [ov ww] • *vernietigen* • *uitwissen*
**oblivion** [znw] *vergetelheid, veronachtzaming*
**oblong** I [znw] *rechthoek* II [bnw] *langwerpig*
**obnoxious** [bnw] • *gehaat, onaangenaam* • *aanstotelijk*
**oboe** [znw] *hobo*
**oboist** [znw] *hoboïst*

**obscene** [bnw] *vuil, onzedelijk*
**obscenity** [znw] *iets obsceens*
**obscure** I [ov ww] *verduisteren, verdoezelen, verbergen, in de schaduw stellen* II [bnw] • *donker, duister* • *obscuur, onbekend, onduidelijk*
**obscurity** [znw] • *onbekendheid* • *vaagheid* • *duisternis*
**observable** [bnw] *waarneembaar*
**observance** [znw] • *inachtneming* • *viering*
**observant** [bnw] *opmerkzaam*
**observation** [znw] • *aandacht, waarneming* • *opmerking*
**observer** [znw] *waarnemer*
**obsess** [ov ww] *vervolgen* <v. idee>, *kwellen, obsederen*
**obsession** [znw] • *obsessie* • *nachtmerrie* <fig.>
**obsessive** [bnw] • *obsederend* • *bezeten*
**obsolescent** [bnw] *in onbruik gerakend*
**obsolete** [bnw] *verouderd, overbodig, in onbruik geraakt*
**obstacle** [znw] *hindernis, beletsel*
**obstinacy** [znw] *koppigheid*
**obstinate** [bnw] *koppig, hardnekkig*
**obstreperous** [bnw] *lawaaierig, weerspannig*
**obstruct** [ov ww] *belemmeren, versperren*
**obstruction** [znw] • *beletsel* • *obstructie*
**obstructive** [bnw] • *hinderlijk* • *obstructievoerend*
**obtain** I [ov ww] *verkrijgen, verwerven* II [on ww] *heersen, algemeen in gebruik zijn*
**obtainable** [bnw] *verkrijgbaar*
**obtrusive** [bnw] • *opdringerig* • *opvallend*
**obtuse** [bnw] • *stomp, bot* • *traag v. begrip*
**obviate** [ov ww] *verhelpen, uit de weg ruimen*
**obvious** [bnw] *klaarblijkelijk, vanzelfsprekend, duidelijk, opvallend*
**occasion** I [ov ww] *aanleiding geven tot, veroorzaken* II [znw] • *plechtige gelegenheid* • *gelegenheid* • *grond, aanleiding, reden*
**occasional** [bnw] • *toevallig* • *af en toe plaatsvindend*
**occult** I [znw] *het occulte* II [bnw] • *occult* • *geheim, verborgen*
**occupancy** [znw] • *bezit* • *bewoning* • *bezitneming*
**occupant** [znw] *bewoner, inzittende*
**occupation** [znw] • *beroep, bezigheid* • *bezetting* <ook mil.> • *bewoning*
**occupational** [bnw] *beroeps-*
**occupier** [znw] *bewoner*
**occupy** [ov ww] • *bezetten* • *bewonen* • *innemen, in beslag nemen* <v. tijd>, *bezighouden*
**occur** [on ww] *gebeuren* • (~ **to**) *in gedachte komen bij, opkomen bij*
**ocean** [znw] *oceaan*
**oceanic** [bnw] • *oceaan-* • *onmetelijk*
**oceanography** [znw] *oceanografie*
**o'clock** [bijw] ★ five ~ *vijf uur*
**octagon** [znw] *achthoek*
**octane** [znw] *octaan*
**octave** [znw] *octaaf, achttal*
**October** [znw] *oktober*
**octogenarian** [znw] *tachtigjarige*
**oculist** [znw] *oogarts*
**odd** [bnw] • *oneven* <getal> • *ongeregeld* • *vreemd, eigenaardig*
**oddity** [znw] *eigenaardig iem./iets*
**odour** [znw] • *geur* • *stank*
**of** [vz] *van*
**off** I [bnw] *ver(der), verst* II [bijw] • *weg, (er)af* • *af, uit* III [vz] • *van(af)* • *naast, op de hoogte van*
**offal** [znw] *slachtafval*
**offence, offense** [znw] • *belediging* • <jur.> *overtreding, vergrijp*
**offend** [ov + on ww] • *beledigen* • *overtreden* <v. wet>
**offender** [znw] *dader, schuldige*
**offensive** I [znw] *offensief* II [bnw] • *aanvals-, aanvallend* • *beledigend*

• weerzinwekkend, kwalijk riekend

**offer** I [ov ww] (aan)bieden II [znw] • aanbod, offerte • bod

**offering** [znw] • offerande, aanbieding • gift

**office** [znw] • ambt, taak • dienst • kerkdienst, mis, officie • kantoor • ministerie • <AE> spreekkamer

**officer** [znw] • ambtenaar, beambte • politieagent • deurwaarder • officier

**official** I [znw] ambtenaar, beambte II [bnw] • ambtelijk, officieel • officieel erkend

**officialdom** [znw] • de ambtenarij • 't ambtenarenkorps

**officiate** [on ww] een ceremonie leiden

**officious** [bnw] • overgedienstig • opdringerig • officieus <in diplomatie>

**offing** [znw] * in the ~ in het verschiet

**offset** [ov ww] opwegen tegen, neutraliseren, compenseren

**often** [bijw] vaak, dikwijls

**oh** [tw] o!, och!, ach!

**oil** I [ov ww] smeren, oliën II [znw] • olieverf • olie • petroleum

**oily** [bnw] • olieachtig, olie- • vleiend, glad v. tong

**ointment** [znw] smeersel, zalf

**old** [bnw] • oud, versleten, ouderwets • vroeger

**oligarchy** [znw] oligarchie

**olive** I [znw] • olijf • olijfgroen, olijftak II [bnw] olijfkleurig

**Olympic** [bnw] Olympisch

**omen** [znw] voorteken

**ominous** [bnw] onheilspellend, dreigend

**omission** [znw] weglating, 't weglaten, verzuim

**omit** [ov ww] • weglaten • verzuimen

**omniscient** [bnw] alwetend

**omnivorous** [bnw] • verslindend <vnl. v. boeken> • <bio.> allesetend

**on** I [bijw] • (er)op • aan II [vz] • over, aangaande • op • aan

**once** I [bijw] eens, een keer II [vw] zodra

**one** I [znw] een II [onb vnw] • iem. • men III [telw] • één, enige • een, dezelfde

**oneself** [wkd vnw] (zich)zelf

**onion** [znw] ui

**onlooker** [znw] toeschouwer

**only** I [bnw] enig II [bijw] • (alleen) maar • pas, eerst III [vw] maar, alleen

**onrush** [znw] toeloop, toestroom, stormloop

**onset** [znw] • aanval • begin, eerste symptomen

**onshore** I [bnw] aanlandig II [bijw] • land(in)waarts • aan land

**onslaught** [znw] woeste aanval

**onus** [znw] • (bewijs)last, plicht • schuld

**onward** [bnw] voorwaarts

**oodles** [mv] massa's

**ooze** I [ov + on ww] • sijpelen • druipen van <ook fig.> II [znw] slib, slijk

**opacity** [znw] duisternis

**opal** [znw] opaal

**opaque** [bnw] • mat • ondoorschijnend, duister • onduidelijk

**open** I [ov + on ww] openen II [bnw] open

**opening** I [znw] • opening, begin • kans • vacante betrekking II [bnw] openend, inleidend

**openly** [bijw] • openlijk • openbaar • openhartig

**operate** I [ov ww] • bewerken, teweegbrengen • <AE> exploiteren, leiden II [on ww] • opereren • werken, uitwerking hebben

**operation** [znw] • operatie • financiële transactie • exploitatie • werking, handeling

**operative** I [znw] • werkman, fabrieksarbeider • <AE> spion II [bnw] • in werking • van kracht • praktisch, doeltreffend

**operator** [znw] • (be)werker • operateur • iem. die machine bedient • telegrafist(e), telefonist(e) • eigenaar

v. bedrijf
**operetta** [znw] operette
**ophthalmic** [bnw] oogheelkundig
**opiate** [znw] geneesmiddel dat opium bevat
**opinionated** [bnw] • dogmatisch • eigenzinnig
**opponent** I [znw] tegenpartij/-stander II [bnw] tegengesteld, strijdig
**opportune** [bnw] gelegen, geschikt
**opportunism** [znw] opportunisme
**opportunity** [znw] (gunstige) gelegenheid, kans
**oppose** [ov ww] z. verzetten (tegen) • (~ **to**) stellen tegenover
**opposed** [bnw] tegengesteld
**opposite** I [znw] tegen(over)gestelde, tegenpool II [bnw] tegenovergelegen, overstaand <v. blad of hoek>, ander(e), tegen-, over- III [vz] • tegenover • aan de overkant
**opposition** [znw] • verzet, oppositie <ook politiek> • tegenstelling, plaatsing tegenover
**oppress** [ov ww] • onderdrukken, verdrukken • bezwaren, drukken op
**oppression** [znw] verdrukking, onderdrukking
**oppressive** [bnw] verdrukkend, onderdrukkend
**oppressor** [znw] onderdrukker, tiran
**opt** [on ww] opteren, keuze doen • (~ **out**) niet meer (willen) meedoen, z. terugtrekken
**optic** [bnw] gezichts-
**optical** [bnw] gezichts-, optisch
**optician** [znw] opticien
**optimism** [znw] optimisme
**optimum** [znw] optimum, beste, meest begunstigde
**option** [znw] • keus • optie
**optional** [bnw] naar keuze, facultatief
**opulent** [bnw] rijk, weelderig, overvloedig
**oracle** [znw] orakel
**oracular** [bnw] • als een orakel • dubbelzinnig
**oral** I [znw] <inf.> mondeling examen II [bnw] mondeling, mond-
**orange** I [znw] sinaasappel II [bnw] oranje
**oration** [znw] redevoering
**orator** [znw] redenaar
**oratoric(al)** [bnw] oratorisch
**oratory** [znw] • (huis)kapel <r.k.-kerk> • welsprekendheid
**orb** [znw] • bol • hemellichaam • rijksappel • <form.> oog(bal)
**orbit** I [ov + on ww] draaien in een baan om II [znw] • (gebogen) baan v. hemellichaam • invloedssfeer
**orbital** [znw] verkeersweg om voorsteden heen
**orchard** [znw] • boomgaard • fruittuin
**orchestra** [znw] • orkest • <AE> stalles
**orchid, orchis** [znw] orchidee
**ordain** [on ww] • (tot priester) wijden • beschikken, voorschrijven
**ordeal** [znw] • godsgericht • beproeving
**order** I [ov ww] • bestellen • ordenen, regelen • verordenen, bevelen • (~ **out**) wegsturen, laten uitrukken II [znw] • rang • klasse, stand • volgorde • order, bevel • soort • bestelling
**orderly** I [znw] ziekenoppasser II [bnw] ordelijk, geregeld
**ordinance** [znw] verordening
**ordinary** [bnw] alledaags, normaal, gewoon
**ordination** [znw] wijding <tot geestelijke>
**ordnance** [znw] tak v. openbare dienst voor mil. voorraden en materieel
**ordure** [znw] • mest, gier • uitwerpselen, drek
**ore** [znw] erts
**organ** [znw] • orgaan • orgel
**organic** [bnw] • organisch • structureel
**organism** [znw] organisme
**organization** [znw] organisatie
**organize** [ov ww] organiseren
**organizer** [znw] organisator

**orgasm** [znw] *orgasme*
**orgy** [znw] *orgie, drinkgelag, uitspatting*
**oriental** I [znw] *oosterling* II [bnw] *oosters*
**orientate** [ov ww] • *z. oriënteren* • *z. naar een bepaald punt richten* • *z. naar de omstandigheden richten*
**orientation** [znw] • *richtingsgevoel* • *oriëntering*
**orifice** [znw] *opening, mond(ing)*
**origin** [znw] *afkomst, oorsprong, begin*
**original** I [znw] *origineel* II [bnw] *aanvankelijk, oorspronkelijk, origineel, eerste*
**originate** [ov + on ww] • *voortbrengen* • *ontstaan (in)* • (~ **from**) *voortkomen uit* • (~ **with**) *opkomen bij*
**ornament** I [ov ww] *versieren, tooien* II [znw] *ornament, sieraad, versiersel*
**ornamental** [bnw] *decoratief, ornamenteel, sier-*
**ornate** [bnw] • *sierlijk, bloemrijk* <v. taal> • *ornaat*
**orphan** [znw] *wees*
**orphanage** [znw] *weeshuis*
**orthodox** [bnw] • *orthodox* • *algemeen geaccepteerd, conventioneel* • *ouderwets, v.d. oude stempel*
**orthodoxy** [znw] *orthodoxie*
**orthography** [znw] *spellingsleer, orthografie*
**orthopaedic** [bnw] *orthopedisch*
**oscillate** [on ww] • *schommelen, slingeren* • *oscilleren* <v. radio> • *aarzelen*
**osier** [znw] • *soort wilg* • *rijs*
**ossify** I [ov ww] *(doen) verstenen* II [on ww] • *in been veranderen* • *verharden* <fig.>
**ostensible** [bnw] *ogenschijnlijk, zogenaamd*
**ostentation** [znw] *uiterlijk vertoon*
**ostentatious** [bnw] *opzichtig, in 't oog lopend*
**osteopath** [znw] *(onbevoegd) orthopedist, osteopaat*
**ostrich** [znw] *struisvogel*
**other** I [znw] *de/het andere* II [bnw] *anders, verschillend*
**otherwise** [bijw] • *anders* • *(of) anders* • *verder*
**ouch** [tw] *au!*
**ounce** [znw] • *283 gram* • *greintje*
**our** [bez vnw] *ons, onze*
**ours** [bez vnw] *het onze, de onze(n)*
**ourselves** [wkd vnw] *ons(zelf), wij(zelf), zelf*
**out** I [bnw] • *in staking* • *in bloei* • *uit (op)* • *over* • *fout* II [bijw] • *weg, (er)uit, (er)buiten* • *uit de mode* • *voorbij, afgelopen, om* • *verschenen, publiek* • *zonder betrekking, af* <in spel> III [vz] *langs, uit*
**out-** [voorv] *meer, groter, beter, harder*
**out-and-out** [bnw] *volledig, voortreffelijk*
**outback** [znw] *binnenland* <v. Australië>
**outbreak** [znw] • *het uitbreken* • *oproer*
**outbuilding** [znw] *bijgebouw*
**outburst** [znw] *uitbarsting*
**outcast** [znw] *verschoppeling*
**outclass** [on ww] *de meerdere zijn van*
**outcry** [znw] • *verontwaardiging* • *geschreeuw*
**outdo** [ov ww] *overtreffen*
**outdoor** [bnw] *openlucht-, buiten(shuis)*
**outer** [bnw] *buiten-, uitwendig*
**outfit** [znw] • *kleding* • *uitrusting* • <inf.> *gezelschap, troep, stel* <mensen>, *ploeg* <werklui>, *bataljon*
**outgoing** [bnw] • *extrovert* • *vertrekkend, aftredend*
**outing** [znw] *uitstapje*
**outlandish** [bnw] *vreemd, afgelegen*
**outlast** [ov ww] *langer duren dan*
**outlaw** I [ov ww] *vogelvrij verklaren* II [znw] *vogelvrij verklaarde*
**outlay** I [ov ww] *besteden, uitgeven* II [znw] *uitgave(n)*

**outlet** [znw] • uitgang/-weg • afvoerbuis • afzetgebied • afnemer • verkooppunt • <AE> stopcontact

**outline** I [ov ww] schetsen, in grote lijnen aangeven • (~ **against**) aftekenen tegen II [znw] (om)trek, schets

**outlook** [znw] uitkijk/-zicht, kijk

**outnumber** [ov ww] overtreffen in aantal

**output** [znw] • output <v. computer> • produktie, prestatie, vermogen <v. elektriciteit> • opbrengst, uitkomst • uitvoer

**outrage** I [ov ww] • geweld aandoen, verkrachten • grof beledigen II [znw] • grove belediging • verontwaardiging • gewelddaad

**outrageous** [bnw] • beledigend, ergerlijk • schandelijk, verschrikkelijk • extravagant, buitensporig

**outré** [bnw] onbehoorlijk, buitenissig

**outright** I [bnw] totaal II [bijw] • ineens • helemaal • ronduit

**outside** I [znw] • buiten(kant), uiterlijk • uiterste prijs ★ at the ~ op z'n hoogst II [bnw] buitenste III [bijw] naar/van buiten IV [vz] • buiten • <AE> behalve

**outsider** [znw] • buitenstaander • niet-lid • <sport> mededinger met weinig kans om te winnen <vnl. paard>

**outspoken** [bnw] openhartig, ronduit

**outstanding** [bnw] • uitstekend, voortreffelijk • onbeslist • overduidelijk

**outward(s)** [bnw] buitenwaarts, uiterlijk, uitwendig

**oval** [bnw] ovaal

**ovary** [znw] • eierstok • vruchtbeginsel

**ovation** [znw] ovatie

**oven** [znw] oven, fornuis

**over** I [bnw] • al te groot/veel, enz. • klaar, beëindigd • over, opper- II [bijw] • voorbij • om, over • <AE> z.o.z. III [vz] • over, boven • bij, aangaande • over... heen

**over-** [voorv] over-, te

**overall** I [znw] • overall • huishoudschort II [bnw] geheel, totaal, globaal

**overboard** [bijw] overboord

**overcharge** [ov ww] • te sterk laden <v. batterij> • overdrijven • overvragen, te veel in rekening brengen

**overcoat** [znw] overjas

**overcome** [ov ww] te boven komen

**overdo** [ov ww] • overdrijven • te gaar koken/worden • uitputten

**overflow** I [on ww] overstromen II [znw] • overloop(pijp) • overstroming • overvloed

**overhead** I [bnw] boven 't hoofd, bovengronds <geleiding> II [bijw] boven 't hoofd

**overheads** [mv] vaste bedrijfsuitgaven

**overhear** [ov ww] • toevallig horen • afluisteren

**overjoyed** [bnw] opgetogen, dolblij

**overlap** I [ov ww] gedeeltelijk bedekken, overlappen II [on ww] gedeeltelijk samenvallen (met) III [znw] overlap

**overlook** [ov ww] • uitzien op • over het hoofd zien • door de vingers zien

**overly** [bijw] al te, te zeer

**overnight** I [bnw] v. de avond/nacht II [bijw] • gedurende de nacht • in 'n wip • zo maar, ineens

**overpower** [ov ww] overmannen/-weldigen

**override** [ov ww] • belangrijker zijn dan • tenietdoen

**overrule** [ov ww] • verwerpen • overstemmen • overreden

**overrun** [ov ww] • overstromen • geheel begroeien

**overseas** [bnw + bijw] overzee(s)

**overshoot** [ov ww] voorbijschieten/-streven

**oversight** [znw] onoplettendheid, vergissing

**overt** [bnw] publiek, open(lijk)

**overtake** [ov ww] • inhalen <i.h.

verkeer> • overvallen
**overtime** [znw] overuren/-werk
**overtone** [znw] • bijbetekenis, ondertoon <fig.> • <muz.> boventoon
**overture** [znw] • (eerste) voorstel • inleiding • <muz.> ouverture
**overweight** [bnw] te zwaar <in lichaamsgewicht>
**overwhelm** [ov ww] overstelpen
**overwhelming** [bnw] overweldigend, verpletterend
**overwrought** [bnw] op v.d. zenuwen
**ovum** [znw] ei(cel)
**owe** [ov ww] • schuldig/verschuldigd zijn • te danken hebben
**owl** [znw] uil
**owlish** [bnw] uilachtig
**own** I [ov ww] • bezitten, (in eigendom) hebben • toegeven, erkennen • (~ **up**) <inf.> opbiechten II [bnw] eigen
**owner** [znw] eigenaar
**ownership** [znw] eigendom(srecht)
**ox** [znw] os
**oxide** [znw] oxyde
**oxidize** [ov + on ww] oxyderen
**oxygen** [znw] zuurstof
**oyster** [znw] oester
**ozone** [znw] • ozon • <inf.> frisse lucht

# P

**pace** I [ov + on ww] • stappen • ijsberen • in telgang lopen • (~ **out**) afpassen, afmeten II [znw] • stap, pas • gang, tempo • telgang
**pacifier** [znw] • vredestichter • <AE> fopspeen
**pacifism** [znw] pacifisme
**pacify** [ov ww] tot bedaren/rust/vrede brengen
**pack** I [ov ww] • inpakken, verpakken • omwikkelen • beladen • partijdig samenstellen <vnl. v. jury> • <AE> dragen • (~ **up**) (in)pakken II [on ww] zijn biezen pakken • (~ **up**) <sl.> tot stilstand komen <v. machine>, (moeten) stoppen, ophouden III [znw] • bende • veld drijfijs • bepakking • stel, partij • pak(je) • last • zekere hoeveelheid <v. goederen> • meute <v. jachthonden>
**package** I [ov ww] 'n pak maken van II [znw] • emballage • verpakking • pak
**packer** [znw] emballeur
**packet** [znw] • pakje <vnl. v. sigaretten> • pakketboot • <sl.> grote som geld
**packing** [znw] (ver)pakking
**pad** I [ov ww] • bekleden • opvullen II [on ww] lopen <vnl. v. dier> III [znw] • (stoot)kussen • vulsel • kladblok, blocnote • poot <v. vos of haas>
**paddock** [znw] omheind veld <bij paardenstoeterij of renbaan>
**paddy** [znw] rijstveld
**padlock** I [ov ww] v. hangslot voorzien II [znw] hangslot
**padre** <sl.> [znw] aalmoezenier
**pagan** I [znw] heiden II [bnw] heidens
**page** I [ov ww] • pagineren • oproepen II [znw] • page • piccolo,

bruidsjonkertje • bladzijde
**pageant** [znw] • (historische) optocht/vertoning • opzienbarend schouwspel
**pageantry** [znw] praal
**pagination** [znw] paginering
**pagoda** [znw] pagode
**paid** [ww] verl.tijd + volt.deelw. → **pay**
**pail** [znw] • emmer • <AE> eetketeltje
**pain** I [ov + on ww] pijnigen II [znw] • pijn, lijden • lastpost
**painful** [bnw] • pijnlijk • moeizaam
**painless** [bnw] pijnloos
**painstaking** [bnw] nauwkeurig, zorgvuldig
**paint** I [ov ww] (be)schilderen, (z.) verven • (~ **over**) overschilderen II [znw] verf
**painter** [znw] • vanglijn • schilder
**painting** [znw] • schildering, schilderij • schilderkunst
**pair** I [ov + on ww] • (~ **off**) in paren heengaan, koppelen • (~ **off (with)**) <inf.> trouwen (met) II [znw] • paar • tweede van paar
**Pakistani** I [znw] Pakistaan, Pakistani II [bnw] Pakistaans
**pal** <sl.> I [on ww] • (~ **up (to/with)**) vrienden zijn/worden (met) II [znw] (goeie) vriend
**palatable** [bnw] • smakelijk • aangenaam
**palate** [znw] • verhemelte • smaak
**palatial** [bnw] paleisachtig
**palaver** [znw] over-en-weergepraat
**pale** I [on ww] verbleken (naast) II [znw] omsloten ruimte III [bnw] bleek, mat, dof, licht
**palette** [znw] palet
**pall** I [on ww] vervelend worden II [znw] • pallium • sluier • lijkkleed
**pallet** [znw] • strozak, stromatras • pallet
**pallid** [bnw] bleek
**pally** <inf.> [bnw] bevriend
**palm** I [ov ww] verbergen <in de hand> II [znw] • palm(tak) • handpalm
**palmistry** [znw] handlijnkunde
**palpable** [bnw] tastbaar
**palpitation** [znw] hartklopping
**palsy** [znw] verlamming
**paltry** [bnw] verachtelijk, armetierig, armzalig, nietig
**pamper** [ov ww] te veel geven, verwennen
**pamphlet** [znw] vlugschrift, brochure
**pan** I [ov ww] <AE> afkammen, vitten op II [on ww] • panoramisch filmen • (goud)erts wassen III [znw] • duinpan, koekepan, kruitpan • ketel, schaal, toiletpot • <AE> gezicht
**panacea** [znw] panacee, wondermiddel
**pancake** [znw] pannekoek
**pancreas** [znw] alvleesklier
**pane** [znw] (glas)ruit
**panel** I [ov ww] lambrizering aanbrengen II [znw] • paneel • tussenzetsel <in jurk> • schakelbord • panel
**panelling** [znw] paneelwerk, lambrizering
**pang** [znw] pijnscheut
**panic** I [on ww] in paniek raken II [znw] paniek III [bnw] panisch
**pannier** [znw] (draag)mand
**panoply** [znw] • volle wapenrusting • praal
**pant** [on ww] hijgen • (~ **after/for**) snakken naar
**pantheism** [znw] pantheïsme
**panther** [znw] panter
**pantry** [znw] provisiekamer, provisiekast
**pants** [mv] (onder)broek
**papacy** [znw] • pausschap • pausdom
**papal** [bnw] pauselijk
**paper** I [ov ww] behangen II [znw] • papiergeld • wissels • examenopgave • krant, blad • document • opstel • scriptie • voordracht • papillot • papier III [bnw] • op papier • van

*papier*

**papery** [bnw] *papierachtig*

**papyrus** [znw] • *papyrus* • *papyrus(rol)* • *papyrus(plant)*

**par** [znw] • *gelijkheid* • *pari* • *gemiddelde*

**parabola** [znw] *parabool*

**parabolic** [bnw] *van/zoals een parabool*

**parachute** I [ov ww] *met parachute neerlaten* II [on ww] *met parachute afdalen* III [znw] *valscherm, parachute*

**parade** I [ov + on ww] • *paraderen* • *doortrekken, laten marcheren* • *optocht houden* • *pronken (met)* II [znw] • *parade* • *promenade, boulevard* • *vertoon* • *optocht*

**paradigm** [znw] *paradigma*

**paradise** [znw] *paradijs*

**paradoxical** [bnw] *paradoxaal, tegenstrijdig*

**paraffin** [znw] *kerosine*

**paragon** [znw] *toonbeeld* <v. volmaaktheid>

**paragraph** [znw] *alinea*

**parakeet** [znw] *parkiet*

**parallel** I [ov ww] • *evenaren* • *evenwijdig zijn met* II [znw] *gelijke* III [bnw] • *evenwijdig* • *analoog, gelijk*

**parallelogram** [znw] *paralellogram*

**paralysis** [znw] *verlamming*

**paramilitary** [bnw] *paramilitair*

**paramount** [bnw] *opper-, hoogst, overwegend, opperst*

**paranoia** [znw] *paranoia, vervolgingswaanzin*

**parapet** [znw] • *borstwering* • *muurtje, stenen leuning*

**paraphernalia** [mv] *spullen, uitrusting, rompslomp*

**paraphrase** I [ov ww] *in andere woorden weergeven* II [znw] *parafrase*

**parapsychology** [znw] *parapsychologie*

**parasite** [znw] • *parasiet* • *klaploper*

**paratrooper** [znw] *para(chutist), paratroeper*

**paratroops** [mv] *valschermtroepen*

**parboil** [ov ww] *blancheren, even aan de kook brengen*

**parcel** I [ov ww] • (~ **out**) *verdelen, uitdelen, kavelen* • (~ **up**) *inpakken* II [znw] • *partij* <v. goederen> • *pak(je)* • *perceel, kaveling*

**parch** [ov + on ww] *opdrogen, verdorren*

**parchment** [znw] *perkament*

**pardon** I [ov ww] *vergiffenis schenken, vergeven* II [znw] *vergiffenis, vergeving, gratie, pardon*

**pardonable** [bnw] *vergeeflijk*

**pare** [ov ww] • *besnoeien, beknibbelen* • *schillen* • *afknippen, afsnijden* • (~ **away/off**) *afsnijden*

**parent** [znw] • *ouder* • *vader, moeder* • *bron*

**parentage** [znw] *afkomst*

**parental** [bnw] *ouderlijk*

**parenthesis** [znw] • *inlassing* • *haakje*

**parenthood** [znw] *ouderschap*

**pariah** [znw] *paria, uitgestotene*

**parish** [znw] *parochie, kerspel, kerkelijke gemeente*

**parishioner** [znw] • *parochiaan* • *gemeentelid*

**parity** [znw] • *gelijkheid, overeenkomst* • *pariteit*

**park** I [ov + on ww] *parkeren* II [ov ww] *deponeren* III [znw] • *(artillerie)park* • *parkeerterrein*

**parking** [znw] *het parkeren, parkeergelegenheid*

**parky** [bnw] *kil*

**parlance** [znw] *wijze v. zeggen, taal*

**parley** I [on ww] *onderhandelen* II [znw] *onderhandeling*

**parliament** [znw] *parlement*

**parliamentarian** [znw] *parlementariër*

**parliamentary** [bnw] • *parlements-* • *parlementair*

**parlour** [znw] • *zitkamer* • <AE> *salon*

**parody** I [ov ww] *parodiëren* II [znw] *parodie*

**parole** I [ov ww] op erewoord vrijlaten II [znw] • parool, erewoord • <AE> voorwaardelijke invrijheidstelling

**paroxysm** [znw] hevige aanval

**parquet** [znw] parketvloer

**parricide** [znw] vadermoord(enaar)

**parrot** I [ov ww] nadoen, napraten II [znw] papegaai

**parry** I [ov ww] • pareren, afweren <v. slag> • ontwijken <v. vraag> II [znw] afweringsmanoeuvre

**parse** [ov ww] taal-/redekundig ontleden

**parsimonious** [bnw] • spaarzaam • gierig

**parsimony** [znw] spaarzaamheid, gierigheid

**parsley** [znw] peterselie

**parsnip** [znw] pastinaak

**parson** [znw] dominee

**parsonage** [znw] pastorie

**part** I [ov ww] van elkaar scheiden, scheiding maken <in haar> II [on ww] • z. verdelen • uit elkaar gaan • <sl.> betalen • (~ **from/with**) afscheid nemen van, scheiden van • (~ **with**) opgeven, v.d. hand doen, afgeven <vnl. v. hitte> III [znw] • gedeelte, deel • toneelrol • zijde • partij • (aan)deel • <muz.> stem

**partake** [on ww] deel hebben aan

**partial** [bnw] • partijdig • gedeeltelijk

**participant** I [znw] deelgenoot, deelnemer II [bnw] deelhebbend, deelnemend

**participate** [on ww] delen (in), deelnemen aan, deel hebben in

**participle** [znw] deelwoord

**particle** [znw] • partikel • deeltje

**particular** I [znw] bijzonderheid II [bnw] • veeleisend • afzonderlijk, speciaal • nauwkeurig, precies

**particularize** [ov ww] • specificeren • in details treden

**parting** [znw] • afscheid • scheiding <v. haar>

**partisan, partizan** [znw] • aanhanger, voorstander • guerrilla

**partition** I [ov ww] (ver)delen • (~ **off**) afscheiden II [znw] • (ver)deling • tussenschot

**partly** [bijw] gedeeltelijk

**partner** I [ov ww] partner zijn van II [znw] • deelgenoot, (levens)gezel(lin) • partner • vennoot, compagnon

**partnership** [znw] vennootschap, deelgenootschap

**party** [znw] • partij • fuif, feestje • gezelschap

**pass** I [ov ww] • gaan (door) • inhalen, voorbij gaan • aangeven, doorgeven II [on ww] • gaan • verstrijken • (~ **away**) sterven • (~ **out**) flauwvallen III [znw] pas

**passable** [bnw] • tamelijk, vrij behoorlijk • toelaatbaar • doorwaadbaar, begaanbaar

**passage** [znw] • gang, passage, overgang, doorgang • recht v. doorgang • overtocht • stoelgang • 't aannemen <v.e. wet> • passage <in boek>

**passenger** [znw] passagier

**passer-by** [znw] voorbijganger

**passing** I [znw] • 't voorbijgaan • overlijden II [bnw] voorbijgaand

**passion** [znw] hartstocht, passie

**passionate** [bnw] hartstochtelijk

**Passover** [znw] joods paasfeest

**passport** [znw] • paspoort • toegang <fig.>

**past** I [znw] verleden (tijd) II [bnw] • voorbij(gegaan) • verleden • vroeger • gewezen III [bijw] voorbij IV [vz] • langs, voorbij • over, na

**paste** I [ov ww] (be)plakken II [znw] • deeg <v. gebak> • (amandel)spijs • (stijfsel)pap, plaksel • simili, namaakdiamanten

**pastel** [znw] • pastel(tekening) • pastelkleur

**pasteurize** [ov ww] pasteurizeren

**pastime** [znw] tijdverdrijf
**pasting** <inf.> [znw] flink pak slaag
**pastor** [znw] • geestelijke leider • zielenherder • <AE> pastoor
**pastoral** I [znw] pastorale II [bnw] • herderlijk, herders- • landelijk
**pastry** [znw] gebak(jes), (korst)deeg
**pasture** I [on ww] (af)grazen II [znw] • gras • weide
**pasty** I [znw] vleespastei II [bnw] deegachtig
**pat** I [ov ww] • zachtjes slaan/kloppen op • aaien • strelen II [znw] • tikje • klompje, kluitje <vnl. v. boter> III [bnw + bijw] • klaar • precies v. pas, toepasselijk
**patch** I [ov ww] (op)lappen • (~ **up**) oplappen, bijleggen <v. geschil> II [znw] • plek • stukje grond • lap, pleister
**patchy** [bnw] • onregelmatig • met vlekken
**patent** I [ov ww] • patenteren • patent nemen op II [znw] • patent • octrooi III [bnw] • gepatenteerd • voortreffelijk, patent • open, zichtbaar
**paternal** [bnw] • vaderlijk, vader- • van vaderszijde
**paternalism** [znw] overdreven vaderlijke zorg
**paternity** [znw] • vaderschap • bron <fig.>
**path** [znw] pad, weg, baan
**pathetic** [bnw] • aandoenlijk • zielig • bedroevend
**pathological** [bnw] pathologisch, ziekelijk
**pathologist** [znw] patholoog
**pathology** [znw] pathologie
**pathos** [znw] • pathos • aandoenlijkheid
**patience** [znw] • patience <kaartspel> • geduld, lijdzaamheid, volharding
**patient** I [znw] patiënt, zieke II [bnw] geduldig, lijdzaam, volhardend
**patina** [znw] • schijn, waas • glans <op meubels> • kopergroen
**patio** [znw] patio, binnenhof
**patriarch** [znw] • nestor • patriarch, aartsvader
**patrician** I [znw] patriciër II [bnw] patricisch
**patricide** [znw] → **parricide**
**patrimony** [znw] vaderlijk erfdeel, erfgoed
**patriot** I [znw] patriot II [bnw] patriottisch
**patriotic** [bnw] vaderlandslievend
**patriotism** [znw] patriottisme, vaderlandsliefde
**patrol** I [ov + on ww] patrouilleren, de ronde doen II [znw] patrouille, ronde
**patron** [znw] • beschermheilige • beschermheer • klant, begunstiger
**patronage** [znw] • beschermheerschap • recht v. voordracht tot ambt • klandizie, steun • neerbuigendheid
**patronize** [ov ww] • beschermen, begunstigen • neerbuigend behandelen
**patronizing** [bnw] neerbuigend
**patter** I [on ww] • trippelen, ritselen • babbelen, praten • kletteren II [znw] • (verkoop)praatje • getrippel, geritsel • gekletter
**pattern** I [ov ww] schakeren • (~ **after/upon**) vormen naar II [znw] tekening, patroon III [bnw] model-
**patty** [znw] pasteitje
**paunch** [znw] • buik • pens
**pauper** [znw] armlastige, minder bedeelde
**pause** I [on ww] • even ophouden, pauzeren • nadenken II [znw] pauze, onderbreking, rust
**pavement** [znw] stoep, trottoir
**pavilion** [znw] • tent • paviljoen • clubhuis
**paving** [znw] bestrating, plaveisel, bevloering
**paw** I [ov + on ww] • aanraken <met poot> • krabben <met hoef> II [ov ww]

<inf.> betasten III [znw] • poot <met klauw> • <inf.> 'poot', hand

**pawn** I [ov ww] belenen, verpanden II [znw] • onderpand • pion <fig.>, gemanipuleerd persoon • pion <in schaakspel>

**pay** I [ov ww] • (uit)betalen • vergelden • vergoeden • schenken <v. aandacht> • (~ **away**) uitgeven <v. geld> • (~ **away/out**) <scheepv.> vieren <v. kabel> • (~ **back**) betaald zetten, terugbetalen • (~ **into**) storten <v. geld> • (~ **off**) (af)betalen, afrekenen • (~ **out**) (uit)betalen • (~ **towards**) bijdragen voor • (~ **up**) betalen, volstorten <v. aandelen> II [on ww] • betalen, boeten • renderen <v. zaak> III [znw] betaling, loon, soldij

**payable** [bnw] • te betalen • betaalbaar

**payer** [znw] betaler

**payment** [znw] • betaling • beloning

**pea** [znw] erwt

**peace** [znw] • vrede • rust

**peaceable** [bnw] • vreedzaam • vredig

**peaceful** [bnw] vredig

**peach** [znw] • perzik • <inf.> schat <v.e. meisje>, snoes

**peak** I [on ww] hoogtepunt bereiken II [znw] • piek, spits • hoogtepunt • klep <v. pet> III [bnw] hoogste

**peaked** [bnw] puntig, scherp

**peaky** <inf.> [bnw] mager <v. gezicht>, pips

**peal** I [on ww] klinken, weergalmen II [znw] • gelui <v. klokken> • (donder)slag • geschater

**peanut** [znw] pinda

**pear** [znw] peer

**pearl** [znw] • parel • juweel <fig.>

**pearly** [bnw] • parelachtig • vol parels

**peat** [znw] • veen • turf

**peaty** [bnw] turfachtig, veenachtig

**peccadillo** [znw] pekelzonde, kleine zonde

**peck** I [ov + on ww] • hakken • knabbelen • pikken • (~ **at**) pikken naar/in, in kleine hapjes verorberen, vitten op II [ov ww] oppervlakkig een kus geven • (~ **up**) oppikken III [znw] • pik <met snavel> • vluchtige kus

**pecker** [znw] • <inf.> moed • <sl.> penis

**peculiar** [bnw] eigenaardig

**peculiarity** [znw] eigenaardigheid

**pedagogy** [znw] pedagogie

**pedal** I [ov + on ww] fietsen II [znw] pedaal

**pedant** [znw] muggezifter

**pedantic** [bnw] pedant

**peddle** [ov + on ww] • venten, verkopen <vnl. drugs> • opdringen <v. denkbeelden>

**pedestrian** I [znw] voetganger II [bnw] • voet- • wandel- • prozaïsch, laag bij de grond

**pedigree** [znw] • stamboom • afkomst

**pedlar** [znw] marskramer

**pee** <sl.> I [on ww] plassen II [znw] plasje

**peek** [on ww] gluren, kijken

**peel** I [ov ww] • (af)schillen • villen, (af)stropen II [on ww] • vervellen • <sl.> bladderen <v. verf>, z. uitkleden III [znw] schil

**peeler** [znw] schilmesje

**peep** I [ov ww] • z. vertonen • heimelijk 'n blik werpen op • (~ **at**) gluren naar II [znw] • gepiep • kijkje

**peer** I [on ww] • (~ **at/in(to)**) turen naar II [znw] • weerga, gelijke • edelman

**peerage** [znw] • adel(stand) • boek v. edelen en hun stamboom

**peeress** [znw] • vrouw v. een edelman • vrouw met adellijke titel

**peevish** [bnw] knorrig, gemelijk

**peg** I [ov ww] met pennen/knijpers vastmaken/steunen • (~ **down (to)**) binden (aan) • (~ **out**) afpalen, afbakenen, wasgoed ophangen II [on ww] • (~ **away**) ploeteren op • (~ **out**) het hoekje omgaan, doodgaan III [znw] • kapstok • knijper

• *schroef* <v. snaarinstrument> • *houten nagel, pen* • *haring* <v. tent> • <inf.> *houten been*
**pejorative** [bnw] • *ongunstig* • *kleinerend*
**pelican** [znw] *pelikaan*
**pellet** [znw] • *hagelkorrel* • *balletje, propje* • *kogeltje*
**pellucid** [bnw] *helder, doorschijnend*
**pelt** I [ov ww] *beschieten* II [on ww] • *kletteren* • *rennen* III [znw] • *vacht, huid* • *slag(regen)*
**pelvis** [znw] *bekken*
**pen** I [ov ww] • *opsluiten* • *(op)schrijven, neerpennen* II [znw] • *schaapskooi, hok* • *pen*
**penal** [bnw] *straf(baar), straf-*
**penalize** [ov ww] • *strafbaar stellen* • *benadelen*
**penalty** [znw] *straf, boete*
**penance** [znw] *boetedoening*
**pence** [mv] → **penny**
**penchant** [znw] *neiging*
**pencil** I [ov ww] *met potlood merken/(op)schrijven* II [znw] • *potlood* • *stiftje*
**pendant** I [znw] *(oor)hanger, pendant* II [bnw] *(over)hangend, hangende, onbeslist*
**pending** I [bnw] *hangende, onbeslist* II [vz] • *hangende, gedurende* • *in afwachting v., tot*
**pendulous** [bnw] • *hangend* • *schommelend*
**pendulum** [znw] *slinger*
**penetrate** [ov + on ww] • *doordringen* • *doorgronden*
**penetrating** [bnw] • *doordringend* • *scherpzinnig*
**penguin** [znw] *pinguïn*
**penicillin** [znw] *penicilline*
**peninsula** [znw] *schiereiland*
**penitence** [znw] *berouw*
**penitent** I [znw] • *boetvaardige zondaar* • *biechteling* • *boeteling* II [bnw] *boetvaardig*
**penitential** [bnw] *boete-, boetvaardig*
**penitentiary** I [znw] • *verbeteringsgesticht* • *penitentiarie* II [bnw] *straf-, boete-*
**pennant** [znw] *wimpel*
**penniless** [bnw] *arm, zonder geld*
**penny** I [znw] *stuiver* II [bnw] *goedkoop, prul-*
**pension** I [ov ww] • (~ **off**) *met pensioen laten gaan* II [znw] • *pensioen* • *jaargeld* • *pension*
**pensionable** [bnw] • *pensioengerechtigd* • *recht gevend op pensioen*
**pensioner** [znw] *pensioentrekker*
**pensive** [bnw] • *peinzend* • *zwaarmoedig*
**pentathlon** [znw] *vijfkamp*
**Pentecost** [znw] • *joods Pinksteren* • *Pinksterzondag*
**penthouse** [znw] <AE> *hoogste verdieping van wolkenkrabber*
**penultimate** [bnw] *voorlaatste*
**penurious** [bnw] *behoeftig*
**penury** [znw] *armoede*
**peony** [znw] *pioen(roos)*
**people** I [ov ww] *bevolken* II [znw] • *mensen* • *men* • *volk*
**pepper** I [ov ww] *beschieten, bombarderen* II [znw] *peper*
**peppery** [bnw] • *peperachtig, gepeperd* • *driftig*
**perambulator** [znw] *kinderwagen*
**perceive** [ov ww] *(be)merken, waarnemen*
**perception** [znw] *gewaarwording*
**perceptive** [bnw] *opmerkzaam*
**perch** I [ov ww] *gaan zitten of plaatsen op iets hoogs* II [on ww] *neerstrijken* III [znw] • *roest* <v. vogel> • *hoge plaats* • *baars*
**percolate** [ov + on ww] • *filtreren* • *sijpelen, dóórdringen, doordringen*
**percolator** [znw] *koffiezetapparaat*
**percussion** [znw] <muz.> *slagwerk*
**perdition** [znw] *verderf, verdoemenis*

**peremptory** [bnw] gebiedend, dictatoriaal
**perennial** I [znw] overblijvende plant II [bnw] • eeuwigdurend • <plant.> overblijvend
**perfect** I [ov ww] verbeteren, perfectioneren II [znw] voltooid tegenwoordige tijd III [bnw] • volmaakt, volledig, perfect • volslagen • voortreffelijk
**perfection** [znw] perfectie, toppunt
**perfidious** [bnw] trouweloos, verraderlijk
**perforate** [ov ww] doorboren, perforeren
**perforation** [znw] • doorboring, perforatie • gaatje
**performance** [znw] • (toneel)voorstelling, optreden • prestatie
**performer** [znw] zanger, iem. die iets doet of presteert, toneelspeler
**perfume** I [ov ww] parfumeren II [znw] geur, parfum
**perfunctory** [bnw] oppervlakkig, nonchalant
**perhaps** [bijw] misschien
**peril** [znw] gevaar
**perilous** [bnw] hachelijk, gevaarlijk
**perimeter** [znw] omtrek
**period** I [znw] • punt <na zin> • menstruatie • periode • duur • lesuur II [bnw] behorend tot 'n bepaalde tijd/stijl
**periodic** [bnw] periodiek
**periodical** I [znw] periodiek, tijdschrift II [bnw] periodiek
**peripatetic** I [znw] iem. die rondtrekt II [bnw] rondtrekkend
**peripheral** [bnw] • perifeer • de buitenkant rakend
**periphery** [znw] • omtrek • oppervlak, buitenkant
**periscope** [znw] periscoop
**perish** [on ww] omkomen of vergaan
**perishable** [bnw] • vergankelijk • aan bederf onderhevig
**perishing** [bnw + bijw] <sl.> beestachtig <vnl. v. kou>
**perjury** [znw] meineed
**perk** [on ww] • (~ **up**) z. oprichten, opfleuren
**perky** [bnw] • verwaand, zelfbewust, brutaal • zwierig
**perm** [znw] permanent <in haar>
**permanent** [bnw] blijvend, duurzaam, permanent
**permeable** [bnw] doordringbaar
**permeate** [ov + on ww] doordringen
**permissible** [bnw] toelaatbaar, geoorloofd
**permission** [znw] verlof, vergunning
**permissive** [bnw] (al te) toegeeflijk
**permit** I [ov + on ww] toestaan II [znw] vergunning, verlof
**pernicious** [bnw] • verderfelijk • kwaadaardig
**peroration** [znw] • slotwoord • oratie
**peroxide** [znw] peroxyde
**perpendicular** I [znw] loodlijn II [bnw] loodrecht, steil, recht(op)
**perpetrate** [ov ww] • bedrijven, begaan • <inf.> z. bezondigen aan
**perpetrator** [znw] dader
**perpetual** [bnw] • eeuwig • <inf.> geregeld, herhaaldelijk
**perpetuate** [ov ww] • bestendigen • vereeuwigen
**perpetuity** [znw] eeuwigheid
**perplex** [ov ww] verwarren, verlegen maken
**perplexity** [znw] verwarring
**perquisite** [znw] fooi, neveninkomst(en)
**persecute** [ov ww] • vervolgen • lastigvallen
**persecution** [znw] vervolging
**persevere** [on ww] volharden, volhouden
**Persian** I [znw] • 't Perzisch • Pers II [bnw] Perzisch
**persist** [on ww] • blijven volhouden • voortduren • (~ **in**) doorgaan met

**persistent** [bnw] • *hardnekkig* • *blijvend*
**person** [znw] • *persoon* • *iemand*
**personable** [bnw] • *knap* <v. uiterlijk> • *innemend*
**personage** [znw] • *personage* • *persoon*
**personal** I [znw] II [bnw] *persoonlijk*
**personality** [znw] *persoonlijkheid*
**personalize** [ov ww] *verpersoonlijken*
**personally** [bijw] *wat mij betreft, persoonlijk*
**personify** [ov ww] *verpersoonlijken*
**personnel** [znw] • *personeel* • *manschappen*
**perspective** [znw] • *perspectief* • *vooruitzicht*
**perspiration** [znw] *zweet, transpiratie*
**persuade** [ov ww] *overreden, overtuigen*
**persuasion** [znw] • *overreding(skracht)* • *geloof* • *overtuiging* • <scherts> *ras, soort, geslacht*
**persuasive** [bnw] *overredend, overredings-*
**pert** [bnw] *vrijpostig, brutaal*
**pertinacious** [bnw] *hardnekkig, volhardend*
**pertinent** [bnw] *ter zake, ad rem, toepasselijk*
**perusal** [znw] *'t doorlezen*
**peruse** [ov ww] *onderzoeken, aandachtig bekijken, even doorlezen*
**Peruvian** I [znw] *Peruviaan* II [bnw] *Peruviaans*
**pervade** [ov ww] *doordringen*
**perverse** [bnw] • *pervers, verdorven, verkeerd* • *onhandelbaar*
**perversion** [znw] • *verdraaiing* <vnl. v. woorden> • *perversie*
**pervert** I [ov ww] • *verdraaien* <vnl. v. woorden> • *pervers maken* II [znw] *pervers iem.*
**pessary** [znw] *pessarium*
**pessimism** [znw] *pessimisme*
**pest** [znw] • *plaag* • *lastig mens* • *schadelijk dier* • *pest*
**pester** [ov ww] *plagen* • (~ **for**) *lastig vallen om*
**pesticide** [znw] *pesticide, verdelgingsmiddel*
**pestilence** [znw] *dodelijke epidemie*
**pet** I [ov ww] *liefkozen, vertroetelen* II [znw] • *lieveling(sdier)* • *boze bui* III [bnw] *lievelings-*
**petal** [znw] *bloemblad*
**petite** [bnw] *klein en tenger*
**petition** I [ov + on ww] *een verzoek richten tot* • (~ **for**) *smeken om* II [znw] *smeekschrift, adres, verzoek(schrift)*
**petitioner** [znw] *verzoeker, adressant, eiser*
**petrify** I [ov ww] • *doen verstenen* • *versteend doen staan* II [on ww] *verstenen*
**petrochemical** I [znw] *petrochemische stof* II [bnw] *petrochemisch*
**petrol** [znw] *benzine*
**petticoat** [znw] *(onder)rok*
**pettifogging** [bnw] *kleinzielig*
**pettish** [bnw] • *humeurig* • *lichtgeraakt*
**petty** [bnw] • *onbeduidend, nietig* • *kleinzielig* • *klein*
**pew** [znw] • *kerkbank* • <inf.> *zitplaats*
**pewter** [znw] *tinlegering*
**phalanx** [znw] • *slagorde* • *dicht aaneengesloten menigte* • *teen-/vingerkootje*
**phallic** [bnw] *fallisch*
**phallus** [znw] *fallus, penis*
**phantasmagoria** [znw] *schimmenspel*
**phantom** I [znw] *spook, geestverschijning* II [bnw] • *schijnbaar* • *onbekend* • *geheim* • *spook-*
**pharmaceutical** [bnw] *farmaceutisch*
**pharmacist** [znw] *farmaceut, apotheker*
**pharmacology** [znw] *farmacologie*
**pharmacy** [znw] *apotheek, farmacie*
**phase** I [ov ww] • (~ **in**) *gelijdelijk invoeren* II [znw] • *schijngestalte* <v.d. maan> • *stadium, fase*

**pheasant** [znw] *fazant*

**phenomenal** [bnw] *enorm, buitengewoon*

**phenomenon** [znw] • *verschijnsel* • *fenomeen* • *wonderbaarlijk iem./iets*

**phew** [tw] *foei!, hè!*

**philanderer** [znw] *flirter*

**philatelist** [znw] *filatelist*

**philately** [znw] *filatelie*

**philology** [znw] *filologie*

**philosopher** [znw] *wijsgeer*

**philosophize** [on ww] *filosoferen*

**philosophy** [znw] • *wijsbegeerte* • *levensbeschouwing*

**phobia** [znw] *fobie*

**phoenix** [znw] *phoenix, feniks*

**phone** [znw] <inf.> *telefoon*

**phonograph** [znw] • *fonograaf* • <AE> *grammofoon*

**phonology** [znw] *klankleer*

**phosphate** [znw] *fosfaat*

**phosphorescent** [bnw] *fosforescerend*

**phosphorus** [znw] *fosforus*

**photo** [znw] *foto*

**photogenic** [bnw] *fotogeniek*

**photograph** I [ov + on ww] *fotograferen* II [znw] *foto, portret*

**photographer** [znw] *fotograaf*

**photographic** [bnw] • *fotografisch* • *fotografie-*

**phrase** I [ov ww] *onder woorden brengen* II [znw] • *uitdrukking, gezegde* • *bewoording, woorden* • *frase*

**phrasing** [znw] • *bewoording, uitdrukking* • <muz.> *frasering*

**phut** [bijw] ★ go phut *kapot gaan; niet meer functioneren*

**physical** I [znw] <AE> *lichamelijk onderzoek* II [bnw] • *natuurkundig* • *materieel, natuur-* • *lichamelijk*

**physician** [znw] *geneesheer, dokter*

**physicist** [znw] *natuurkundige*

**physiognomy** [znw] • *gelaat, voorkomen* • *aanblik v. iets*

**physique** [znw] *lichaamsbouw, gestel*

**piano** I [znw] *piano* II [bnw + bijw] <muz.> *piano*

**picaresque** [bnw] *schurken-, schurkachtig*

**pick** I [ov + on ww] • *plukken* • *(op)pikken* • *(uit)kiezen* • *bekritiseren* • (~ **at/on**) <AE> *vitten/afgeven op* • (~ **on**) *uitkiezen* • (~ **out**) *uitkiezen* • (~ **up**) *ontvangen/krijgen* <v. inlichtingen>, *oprapen, opnemen, (aan)leren, opknappen, beter worden, terugvinden* <v. spoor>, *aanwakkeren* <v. wind>, *aanslaan* <v. motor> II [ov ww] • *uiteenrafelen, pluizen* • *peuteren* • (~ **off**) *afplukken, uitpikken, de een na de ander neerschieten* III [znw] • *houweel* • *keuze* • *'t beste* • *pluk*

**picker** [znw] *plukker*

**picket** I [ov ww] *posten* <v. stakers> II [znw] • *paal, staak* • *post* <v. stakers>

**pickle** I [ov ww] • *pekelen* • *inmaken* II [znw] • *pekel* • *azijn*

**picnic** I [on ww] *picknicken* II [znw] *picknick*

**picnicker** [znw] *picknicker*

**pictorial** [bnw] • *beeld-* • *geïllustreerd*

**picture** I [ov ww] *afbeelden, schilderen* II [znw] *portret, beeld, voorstelling, plaat, toonbeeld, schilderij*

**picturesque** [bnw] • *schilderachtig* • *beeldend, levendig*

**piddle** I [on ww] <inf.> *een plasje doen* II [znw] <inf.> *plasje*

**piddling** <inf.> [bnw] *onbenullig*

**pidgin** I [znw] *pidgin(taal)* II [bnw] *pidgin-*

**pie** [znw] • *pastei(tje)* • *taart, gebak*

**piebald** [bnw] *bont, zwartwit gevlekt* <v. paard>

**piece** I [ov ww] • (~ **together**) *uitvogelen, in elkaar zetten (van stukjes)* II [znw] • *stuk(je)* • *schaakstuk, damschijf* • *muziekstuk*

**pier** [znw] • *steiger* • *havenhoofd, pier*

**pierce** [ov + on ww] *doordringen, doorboren*

**piercing** [bnw] doordringend
**piety** [znw] piëteit, vroomheid
**piffle** <inf.> [znw] onzin
**pig** I [wkd ww] schrokken, veel eten II [znw] • varken(svlees) • (wild) zwijn • lammeling • schrokop • smeerlap
**pigeon** [znw] duif
**piglet** [znw] big
**pigment** [znw] kleurstof, verfstof
**pike** [znw] • piek, spies • snoek
**pilchard** [znw] soort kleine haring
**pile** I [ov ww] opstapelen • (~ **up**) opstapelen, doen toenemen II [on ww] • (~ **up**) zich opstapelen, toenemen III [znw] • hoop, stapel • pool, nop <op stof> • aambei • (hei)paal • <inf.> fortuin, geld
**pilfer** [ov ww] gappen
**pill** [znw] pil
**pillage** I [ov ww] plunderen, roven II [znw] plundering
**pillar** [znw] (steun)pilaar, zuil
**pillow** I [ov ww] op een kussen (laten) rusten II [znw] hoofdkussen
**pilot** I [ov ww] besturen, loodsen II [znw] • leidsman, gids • piloot • controle-lampje • loods III [bnw] test-
**pimp** [znw] souteneur
**pimple** [znw] puistje
**pimpled, pimply** [bnw] puistig
**pin** I [ov ww] • (op)prikken • vastspelden • (~ **up**) opprikken <v. insecten>, opspelden II [znw] • speld • pen
**pinch** I [ov ww] • knijpen • bekrimpen • <sl.> jatten II [on ww] • gierig zijn • (te) strak zitten III [znw] • kneep • kritieke toestand • heel klein beetje, snuifje
**pine** I [on ww] • (~ **after/for**) smachten naar • (~ **away**) wegkwijnen II [znw] grenehout, vurehout
**pineapple** [znw] ananas
**pinion** [ov ww] vastbinden <v.d. armen>
**pink** I [on ww] • roze worden • kloppen <v. motor> II [znw] • anjelier • perfectie, puikje III [bnw] • roze • <pol.> met 'rood' sympathiserend
**pinkish** [bnw] rozeachtig
**pinnacle** [znw] • torentje • top • hoogtepunt
**pint** [znw] • pint <6 dl> • glas bier
**pioneer** I [ov ww] • de weg bereiden • leiden II [znw] pionier, baanbreker
**pip** I [ov ww] verslaan II [znw] • pit • pip
**pipe** I [ov ww] door buizen laten lopen II [on ww] met lage stem spreken • (~ **down**) <sl.> rustig worden III [znw] • pijp • buis
**piper** [znw] doedelzakspeler, fluitspeler
**pipette** [znw] pipet
**piping** I [znw] • pijpen, buizen • biesversiering II [bnw + bijw] • sissend, kokend • fluitend
**piquant** [bnw] pikant, prikkelend
**pique** I [ov ww] kwetsen II [znw] wrok
**piracy** [znw] • zeeroverij • plagiaat
**pirate** I [ov ww] ongeoorloofd boeken e.d. nadrukken II [znw] • zeerover • plagiaris
**piss** <sl.> I [ov + on ww] pissen • (~ **off**) wegwezen II [znw] pis
**pissed** [bnw] dronken
**pistol** [znw] pistool
**piston** [znw] zuiger
**pit** I [ov ww] • (~ **against**) stellen tegenover, opzetten tegen II [znw] • kuil, groeve, schacht • putje, kuiltje • diepte • pit <tijdens autorace> • parterre <in schouwburg>
**pitch** I [ov ww] • gooien, werpen • opslaan <v. tent> II [on ww] • voorover vallen, z. storten • stampen <v. schip> • (~ **in**) <inf.> een handje helpen • (~ **into**) <inf.> te lijf gaan III [znw] • toonhoogte • pek • worp • standplaats • <sport> veld
**pitcher** [znw] • kan, kruik • werper <bij honkbal>
**pitfall** [znw] • valkuil • valstrik <fig.>

**pith** [znw] essentie, kern

**pithy** [bnw] pittig, krachtig

**pitiable** [bnw] meelijwekkend

**pitiful** [bnw] • medelijdend • armzalig • verachtelijk

**pitiless** [bnw] meedogenloos

**pity** I [ov ww] medelijden hebben met, beklagen II [znw] medelijden

**pitying** [bnw] vol medelijden, medelijdend

**pivot** I [on ww] draaien om spil II [znw] spil <ook fig.>

**pivotal** [bnw] hoofd-, centraal

**pixie** [znw] fee

**placard** [znw] ≈ spandoek

**placate** [ov ww] tevredenstellen, verzoenen

**place** I [ov ww] • plaatsen • herinneren, thuisbrengen <fig.> II [znw] • plaats, woonplaats • zitplaats • huis, gebouw, buitengoed • pleintje, hofje • plek • ruimte • betrekking, positie

**placid** [bnw] vredig, rustig, kalm

**plagiarism** [znw] plagiaat

**plagiarist** [znw] plagiaris

**plagiarize** [ov ww] plagiaat plegen

**plague** I [ov ww] • bezoeken <fig.> • <inf.> pesten, treiteren II [znw] • pest • plaag • vervelend/lastig iem./iets

**plaice** [znw] schol

**plaid** [znw] • (geruite) reisdeken • Schotse omslagdoek • (geruite) wollen stof • plaid

**plain** I [znw] vlakte II [bnw] • duidelijk • eenvoudig • onversierd • openhartig • alledaags, gewoon • lelijk <v. meisje> • vlak, glad <v. ring> III [bijw] gewoon

**plainly** [bijw] ronduit, zonder meer

**plaintive** [bnw] klagend

**plait** I [ov ww] vlechten II [znw] vlecht

**plan** I [ov ww] • een plan maken • regelen II [on ww] • (~ **on**) rekenen op III [znw] • plan • schema, ontwerp • schets, tekening • plattegrond

**plane** I [ov ww] schaven II [znw] • plataan • schaaf • vlak • niveau, peil, plan • <inf.> vliegtuig

**planet** [znw] planeet

**plank** [znw] • programmapunt • plank

**planking** [znw] • bevloering • planken

**planner** [znw] ontwerper

**planning** [znw] planning, regeling, opzet, 't ontwerpen

**plant** I [ov ww] • planten • plaatsen, posteren • toebrengen <v. slag> • <sl.> verbergen • (~ **out**) vanuit pot in de open grond zetten, uitpoten II [znw] • plant • installatie, materieel • <AE> fabriek

**plantain** [znw] weegbree

**plantation** [znw] plantage

**planter** [znw] • planter • plantage-eigenaar

**plaque** [znw] • (gedenk)plaat • tandplak

**plastic** I [znw] plastic II [bnw] • van plastic • kneedbaar

**plate** I [ov ww] pantseren II [znw] • naamplaat, pantserplaat, fotografische plaat • nummerbord • gravure • bord • tafelzilver, metalen vaatwerk • collecteschaal

**plateau** [znw] • plateau • stilstand <in groei>

**plateful** [znw] bordvol

**platform** [znw] • podium, spreekgestoelte • verhoging • perron • balkon <v. tram> • <AE> program v. politieke partij

**plating** [znw] • verguldsel • pantsering

**platinum** [znw] platina

**platitude** [znw] gemeenplaats

**platoon** [znw] peloton

**platter** [znw] • plat bord of schaal • plateau

**plausible** [bnw] aannemelijk, geloofwaardig

**play** I [ov ww] • spelen, bespelen • uithalen <v. grap> • spelen, uitspelen <v. kaart> • (~ **back**) terugspelen van geluidsband • (~ **down**) bagatelliseren, kleineren • (~ **out**) uitspelen **II** [on ww] *spelen* • (~ **(up)on**) *bespelen, beïnvloeden, misbruik maken van* • (~ **up**) *beginnen te haperen, last bezorgen* • (~ **up to**) *vleien, helpen, steunen* **III** [znw] • *spel* • *toneelstuk* • *speling, bewegingsvrijheid*

**player** [znw] *(beroeps)speler*

**playful** [bnw] *schertsend, speels*

**plaza** [znw] *plein*

**plea** [znw] • *pleidooi, betoog* • *verontschuldiging*

**plead** **I** [ov ww] • *bepleiten, verdedigen* • *als verontschuldiging aanvoeren* **II** [on ww] *pleiten, z. verdedigen*

**pleading** [bnw] *smekend*

**pleasant** [bnw] *aangenaam, prettig*

**please** **I** [ov + on ww] • *bevallen, behagen* • *believen* **II** [bijw] *alstublieft*

**pleat** **I** [ov ww] *plooien* **II** [znw] *plooi*

**plebeian** **I** [znw] *plebejer* **II** [bnw] *plebejisch*

**pledge** **I** [ov ww] *plechtig beloven* **II** [znw] *belofte, gelofte*

**plenary** [bnw] • *geheel* • *volledig, voltallig*

**plenty** **I** [znw] *overvloed* **II** [bnw] <AE> *overvloedig* **III** [bijw] <inf.> *ruimschoots*

**pleurisy** [znw] *pleuris*

**pliable** [bnw] *plooibaar, volgzaam*

**pliers** [mv] *buigtang*

**plight** [znw] • *conditie, (hopeloze) toestand* • *(onaangename) situatie*

**plinth** [znw] *plint*

**plod** **I** [on ww] *sjokken* • (~ **along/on**) *voortsukkelen* **II** [znw] *gezwoeg*

**plodder** [znw] *zwoeger, ploeteraar*

**plonk** **I** [ov ww] *met 'n smak neergooien* **II** [znw] • *plof, smak* • *goedkope wijn*

**plop** **I** [ov + on ww] *neerploffen* **II** [znw] *plons, plof*

**plot** **I** [ov ww] • *intrigeren, plannen smeden/beramen* • *in kaart brengen* **II** [znw] • *stukje grond* • *plot, intrige* • *samenzwering*

**plotter** [znw] *samenzweerder*

**plough** **I** [ov ww] *(door)ploegen* • (~ **in**) *onderploegen* • (~ **up**) *omwoelen* **II** [znw] *ploeg*

**plover** [znw] *pluvier*

**plow** → **plough**

**ploy** <inf.> [znw] *tactische zet*

**pluck** **I** [ov ww] *plukken* <ook v. gevogelte>, *trekken (aan)* **II** [znw] *moed, durf*

**plucky** [bnw] *moedig*

**plug** **I** [ov ww] • *dichtstoppen, vullen* <v. tand> • *ophemelen* • <sl.> *neerschieten* • (~ **in**) *contact maken, de stekker insteken* **II** [on ww] • (~ **away**) *doorploeteren, doorzwoegen* **III** [znw] • *stop, plug, stekker, vulling* • *propje* <v. tabak> • *bougie*

**plum** **I** [znw] *pruim* **II** [bnw] *paars, dieprood*

**plumage** [znw] *gevederte*

**plumb** **I** [ov ww] *peilen* **II** [bnw] • *volkomen, volslagen* • *precies*

**plumber** [znw] *loodgieter*

**plumbing** [znw] *loodgieterswerk, sanitair*

**plume** [znw] *pluim, vederbos*

**plummy** [bnw] • *bekakt* • *dieprood*

**plump** **I** [ov ww] *opschudden* • (~ **for**) *als één man stemmen op, z. verklaren voor* **II** [on ww] *neerploffen* • (~ **down**) *neerploffen* **III** [znw] *plof* **IV** [bnw] *mollig, vol, vlezig, dik*

**plunder** **I** [ov ww] *plunderen, (be)roven* **II** [znw] • *plundering* • *buit, roof*

**plunge** **I** [ov ww] • *onderdompelen* • *storten* **II** [on ww] • *kelderen* <v. prijzen> • *(z.) storten* **III** [znw] • *duik* • *kritiek ogenblik*

**plunger** [znw] *ontstopper*

**plunk** **I** [ov + on ww] *neerploffen* **II** [znw] *dof geluid*

**plural** [bnw] *meervoudig, meervoud(s)-*

**pluralism** [znw] *pluralisme*

**plurality** [znw] • *meervoudigheid* • *meerderheid v. stemmen*

**plus** I [znw] • plusteken • voordeel II [bnw] • extra • <wisk.> positief III [vz] plus

**plush** I [znw] pluche II [bnw] piekfijn

**plushy** [bnw] <inf.> chic, luxueus

**plutocracy** [znw] plutocratie

**ply** I [ov + on ww] • (krachtig) hanteren <v. wapen> • lastig vallen met, overstelpen met II [on ww] pendelen <v. boot> III [znw] • laag • multiplex

**pneumatic** [bnw] • pneumatisch, lucht(druk)- • geestelijk

**poach** [ov ww] • pocheren • stropen • op oneerlijke manier verkrijgen

**poacher** [znw] stroper

**pock** [znw] pok

**pocket** I [ov ww] • in de zak steken • potten <bij poolbiljart> II [znw] • zak • pocketboek • <mil.> geïsoleerd gebied III [bnw] in zakformaat, miniatuur

**pocketful** [znw] heel veel

**pod** [znw] dop, peul

**podgy** [bnw] dik, rond

**poem** [znw] gedicht

**poetry** [znw] dichtkunst, poëzie

**poignancy** [znw] • scherpheid • pijnlijkheid

**poignant** [bnw] scherp, pijnlijk, schrijnend

**point** I [ov ww] richten • (~ **at**) richten op • (~ **out**) wijzen op • (~ **up**) benadrukken II [on ww] gericht zijn • (~ **at**) wijzen op • (~ **to**) wijzen op, aangeven III [znw] • het voornaamste, kern • zin, nut • punt, decimaalteken, stip • (kompas)streek • spits, naald • (doel)punt

**pointed** [bnw] • puntig • nadrukkelijk

**pointer** [znw] • wijzer • aanwijsstok • staande hond • <inf.> aanwijzing, wenk

**pointless** [bnw] • doelloos • zinloos, nodeloos

**poise** [znw] • zelfbeheersing • houding • evenwicht

**poison** I [ov ww] • vergiftigen • verpesten, bederven II [znw] vergif

**poisonous** [bnw] • vergiftig • verderfelijk

**poke** I [ov ww] • oppoken • stoten, duwen II [znw] stoot, duw, por

**poker** [znw] • pook • poker

**poky** [bnw] klein en lelijk <v. onderkomen>

**polar** [bnw] polair, pool-

**polarity** [znw] polariteit

**polarize** [ov + on ww] polariseren

**pole** [znw] • paal, stok, staak, mast • pool

**polemic** [znw] polemiek

**police** I [ov ww] • onder politietoezicht stellen • toezicht houden op II [znw] politie

**policy** [znw] • (staats)beleid • polis

**polish** I [ov ww] polijsten, poetsen • (~ **off**) <inf.> afmaken, verorberen • (~ **up**) verfraaien, oppoetsen II [znw] • glans, politoer, poets • elegantie

**polite** [bnw] • beleefd • beschaafd

**politic** [bnw] politiek, handig

**political** [bnw] staatkundig, politiek

**politician** [znw] politicus

**polity** [znw] • staatsinrichting • staat

**poll** I [ov ww] • stemmen behalen • ondervragen II [znw] opiniepeiling

**pollen** [znw] stuifmeel

**pollinate** [ov ww] bestuiven

**polls** [mv] verkiezingen

**pollute** [ov ww] verontreinigen <vnl. v. milieu>

**pollution** [znw] verontreiniging, vervuiling

**polygamy** [znw] polygamie

**polyglot** [znw] polyglot, iem. die veel talen beheerst

**polytechnic** [znw] ≈ hoger beroepsonderwijs

**polythene** [znw] polytheen, polyethyleen

**pom, pommy** <pej.> [znw] Engelsman

**pomegranate** [znw] granaatappel-(boom)

**pomp** [znw] *pracht, luister*

**pomposity** [znw] *gewichtigheid*

**pompous** [bnw] • *hoogdravend* • *gewichtig*

**ponce** [znw] • *pooier* • <sl.> *verwijfd type*

**pond** [znw] *vijver*

**ponder** I [ov ww] *overpeinzen* II [on ww] • (~ **on**) *peinzen over*

**ponderous** [bnw] • *zwaar, log* • *saai, vervelend* <v. stijl> • *zwaarwichtig*

**pong** I [on ww] *stinken* II [znw] *stank*

**pontifical** [bnw] *pontificaal, pauselijk*

**pontificate** I [on ww] *gewichtig doen, orakelen* II [znw] *pontificaat*

**pontoon** I [ov ww] *in pontons oversteken* II [znw] • *ponton* • *caisson* • *eenentwintigen*

**poodle** [znw] *poedel*

**pooh** [tw] *bah!*

**pool** I [ov ww] • *samenbundelen* <fig.> • *verenigen* • *poolen* II [znw] • *poel, plas* • *zwembad* • *reservoir* • *pot* <bij spel> • *gemeenschappelijk fonds*

**poop** [znw] • *achtersteven* • *achterdek*

**poor** I [znw] *de armen* II [bnw] *belabberd, arm, schraal, armetierig*

**pop** I [ov ww] • *laten knallen* • *laten verschijnen* • *even neerzetten/-leggen* • <AE> *poffen* <v. mais> • (~ **on**) *haastig aantrekken, aanschieten* <v. kleren> II [on ww] • *knallen* • *snel of plotseling gaan of komen* • *glippen* • *wippen* • (~ **down**) *even naar beneden gaan* • (~ **in (on)**) *even binnenlopen (bij)* • (~ **off**) *wegglippen, de pijp uit gaan* • (~ **over/round**) *even aanwippen, even binnenlopen* • (~ **up**) *weer boven water komen, opduiken* III [znw] • *knal, plof, klap* • *gemberbier* • *popmuziek* • <AE inf.> *papa*

**popish** [bnw] *paaps*

**poplar** [znw] *populier*

**poppet** <inf.> [znw] *popje, lieverd*

**poppy** [znw] *papaver, klaproos*

**populace** [znw] *gewone volk*

**popular** [bnw] *populair, volks-*

**popularize** [ov ww] *populariseren*

**population** [znw] *bevolking*

**populous** [bnw] *dichtbevolkt, volkrijk*

**porcelain** I [znw] *porselein* II [bnw] *porseleinen*

**porch** [znw] • *portiek* • <AE> *veranda*

**porcupine** [znw] *stekelvarken*

**pore** I [on ww] • (~ **over**) *z. verdiepen in* <vnl. boek> II [znw] *porie*

**pork** [znw] *varkensvlees*

**porn(o)** [znw] *porno*

**pornography** [znw] *pornografie*

**porous** [bnw] *poreus*

**porridge** [znw] *pap*

**port** [znw] • *bakboord* • *port* • *haven(plaats)*

**portable** [bnw] *draagbaar*

**portal** [znw] *ingang, poort*

**portend** [ov ww] *voorspellen*

**portent** [znw] *voorteken*

**portentous** [bnw] • *onheilspellend* • *plechtig* • *veelbetekenend*

**porter** [znw] • *portier* • *kruier, drager, besteller*

**portico** [znw] *zuilengang, portiek*

**portion** I [ov ww] • (~ **out**) *uitdelen, verdelen* II [znw] • *lot* • *(aan)deel, portie*

**portly** [bnw] *gezet* <v. persoon>

**portrait** [znw] • *portret* • *beeld* • *levendige beschrijving*

**portray** [ov ww] *portretteren*

**pose** I [ov ww] • *plaatsen, opstellen* • *stellen* <v. vraag of stelling> II [on ww] • *z. aanstellen, 'n houding aannemen* • *z. uitgeven voor* • *poseren* III [znw] *pose, houding, aanstellerij*

**poser** [znw] • *moeilijke vraag, moeilijk probleem* • *poseur*

**posh** <sl.> [bnw] *chique*

**position** I [ov ww] *plaatsen* II [znw] • *stelling, bewering* • *houding, plaats(ing)* • *stand, rang* • *toestand* • *post, betrekking*

**positive** [bnw] • *positief* • <inf.> *echt, volslagen*

**posse** [znw] • groep gewapende mannen • troep
**possess** [ov ww] hebben, beheersen, bezitten
**possession** [znw] bezit, bezitting
**possessive** I [znw] • tweede naamval • bezittelijk voornaamwoord II [bnw] • bezit-, bezittelijk • aanmatigend
**possessor** [znw] bezitter
**possibility** [znw] mogelijkheid
**possible** I [znw] mogelijkheid II [bnw] mogelijk
**possibly** [bijw] mogelijkerwijs
**post** I [ov ww] • (aan)plakken, bekend maken • op de post doen • posten II [znw] • post(kantoor) • post, (stand)plaats • betrekking, post • post, staak, paal III [voorv] na, post-
**postage** [znw] porto
**postal** [bnw] post-
**poster** [znw] affiche, aanplakbiljet
**posterior** I [znw] zitvlak II [bnw] • later • volgend op
**posterity** [znw] nakomelingschap, nageslacht
**posthumous** [bnw] na de dood, postuum
**postpone** [ov ww] uitstellen
**posture** I [on ww] poseren II [znw] houding
**pot** I [ov ww] • potten <v. plant> • stoppen <bij biljart> • neerschieten II [on ww] • (~ **at**) schieten op III [znw] • kan, beker, pot • <sl.> cannabis, hasj, marihuana
**potassium** [znw] kalium
**potato** [znw] aardappel
**potence, potency** [znw] • macht, invloed • potentie • kracht
**potent** [bnw] • potent • machtig • sterk <v. medicijn>
**potentate** [znw] vorst
**potential** I [znw] • potentieel • mogelijkheid II [bnw] eventueel, latent, potentieel, mogelijk
**potentiality** [znw] mogelijkheid
**potion** [znw] drankje <v. medicijn of vergif>
**potted** [bnw] • ingemaakt • verkort
**potter** I [on ww] • (~ **about**) rondscharrelen II [znw] pottenbakker
**pottery** [znw] • aardewerk • pottenbakkerij
**potty** I [znw] po II [bnw] gek
**pouch** [znw] • zak • wangzak • krop, buikje • buidel <v. buideldier> • wal <onder ogen>
**poultry** [znw] pluimvee
**pounce** I [on ww] • (~ **on**) zich werpen op II [znw] plotselinge beweging/sprong
**pound** I [ov ww] fijnstampen, beuken II [on ww] bonzen <v. hart> • (~ (**away**) **at/on**) losbeuken op • (~ **along**) voortsjokken III [znw] • bons, slag, klap • pond < 454 gram of 373 gram> • pond sterling • omsloten ruimte <om vee, goederen te bewaren>
**pour** [ov + on ww] • gieten, schenken, storten • stortregenen • (~ **forth/out**) uitstromen, uitstorten <v. hart> • (~ **in**) binnenstromen
**pout** I [ov + on ww] pruilen II [znw] gepruil
**poverty** [znw] • schraalheid • armoede
**powder** I [ov ww] • poederen • besprenkelen • tot poeder maken II [znw] poeder
**power** I [ov ww] drijfkracht verschaffen <aan motor> II [znw] • macht • kracht • volmacht • gezag • invloed • mogendheid • vermogen • energie • stroom • net(spanning)
**powerful** [bnw] • krachtig, machtig, invloedrijk • indrukwekkend
**pox** [znw] • pokken • <vulg.> syfilis
**practicable** [bnw] • uitvoerbaar, doenlijk • begaanbaar • doorwaadbaar • geschikt (voor)
**practical** [bnw] praktisch, werkelijk
**practicality** [znw] praktische zaak
**practice** [znw] • praktijk • gewoonte

• toepassing • (uit)oefening
**practise** I [ov ww] • studeren <op muziekinstrument> • uitoefenen <v. beroep> • (~ **in**) zich oefenen op II [on ww] • (~ **(up)on**) misbruik maken
**pragmatic** [bnw] pragmatisch, feitelijk, zakelijk
**pragmatism** [znw] zakelijkheid, praktische zin
**praise** I [ov ww] prijzen, loven II [znw] lof(spraak)
**praiseworthy** [bnw] lofwaardig
**pram** [znw] kinderwagen
**prance** [on ww] • steigeren • trots stappen • z. arrogant gedragen
**prank** [znw] (dolle) streek, poets
**prattle** I [ov + on ww] babbelen II [znw] gebabbel
**prawn** [znw] steurgarnaal
**pray** [ov + on ww] • (~ **for**) bidden om, smeken om
**prayer** [znw] • gebed • verzoek
**preach** [ov + on ww] preken • (~ **at**) een preek houden tegen
**preacher** [znw] prediker, predikant
**preamble** [znw] inleiding
**precarious** [bnw] precair, wisselvallig, onzeker
**precaution** [znw] voorzorgsmaatregel
**precautionary** [bnw] voorzorgs-
**precede** [ov ww] (laten) voorafgaan, voorgaan
**precedence** [znw] prioriteit, (recht v.) voorrang
**precedent** I [znw] • precedent • traditie II [bnw] voorafgaand
**precept** [znw] • voorschrift, bevel • lering
**precinct** [znw] • ingesloten ruimte <vooral om kerk> • gebied • autovrij gebied • <AE> politiedistrict, kiesdistrict
**precious** I [bnw] • kostbaar • edel <v. steen of metaal> • dierbaar • gekunsteld • <inf.> geweldig • <iron.> mooi • <inf.> totaal II [bijw] • verduiveld • <inf.> buitengewoon
**precipice** [znw] • steile rotswand • afgrond <fig.>
**precipitate** I [ov ww] • aanzetten, (ver)haasten • <chem.> neerslaan II [znw] <chem.> neerslag III [bnw] • onbezonnen • overhaast
**precipitation** [znw] • onbezonnenheid • neerslag
**precipitous** [bnw] steil
**précis** [znw] beknopte samenvatting
**precise** [bijw] • juist <v. tijdstip>, nauwkeurig • (al te) precies
**precision** [znw] nauwkeurigheid
**preclude** [ov ww] • uitsluiten • beletten, voorkómen, verhinderen
**precocious** [bnw] vroegrijp, voorlijk
**preconceived** [bnw] vooraf gevormd
**preconception** [znw] vooroordeel, vooropgezette mening
**precursor** [znw] voorloper
**predator** [znw] • roofdier • plunderaar
**predecessor** [znw] • voorganger • voorvader
**predestination** [znw] • bestemming • voorbeschikking
**predicament** [znw] netelige of moeilijke positie of kwestie
**predicate** I [ov ww] beweren II [znw] <taalk.> gezegde
**predict** [ov ww] voorspellen
**predictable** [bnw] voorspelbaar
**prediction** [znw] voorspelling
**predilection** [znw] voorliefde, voorkeur
**predispose** [ov ww] • aanleg hebben <vnl. voor ziekte> • neigen tot
**predisposed** [bnw] vatbaar (voor)
**predisposition** [znw] aanleg, neiging
**predominance** [znw] heerschappij, overheersing, overhand
**predominant** [bnw] overheersend
**predominate** [ov ww] overheersen, de overhand hebben
**pre-eminent** [bnw] uitblinkend, uitstekend boven
**pre-empt** [ov ww] • zich toeëigenen

• *overbodig maken*

**pre-emptive** [bnw] *voorkomend, preventief*

**preen** [ov ww] *gladstrijken* <v. veren>

**prefab** [znw] *montagewoning*

**preface** I [ov ww] *v. een inleiding voorzien, inleiden* II [znw] *inleiding*

**prefer** [ov ww] *prefereren* • (~ **to**) *verkiezen boven*

**preferable** [bnw] *te verkiezen*

**preference** [znw] *voorkeur*

**prefix** [znw] *voorvoegsel*

**pregnancy** [znw] *zwangerschap*

**pregnant** [bnw] • *zwanger* • *geladen* <fig.>

**prehistoric** [bnw] *voorhistorisch*

**prejudice** I [ov ww] *schaden, nadeel berokkenen* • (~ **against**) *innemen tegen* II [znw] • *vooroordeel* • *nadeel, schade*

**prejudicial** [bnw] *schadelijk*

**prelate** [znw] *prelaat*

**preliminary** I [znw] *inleiding* II [bnw] • *inleidend* • *voorlopig*

**premature** [bnw] • *vroegtijdig* • *ontijdig* • *voorbarig*

**premeditation** [znw] *opzet*

**premier** I [znw] • *premier* • *Eerste Minister* II [bnw] <sl.> *voornaamste, eerste*

**premise** I [ov ww] *vooropstellen, vooraf laten gaan* II [znw] *premisse*

**premium** I [znw] *premie* II [bnw] *super-*

**premonition** [znw] • *waarschuwing* • *voorgevoel*

**preoccupation** [znw] *iets waar voortdurend aan gedacht wordt*

**preoccupy** [ov ww] *geheel in beslag nemen*

**preparation** [znw] • *huiswerk* • *preparaat* • *voorbereiding*

**preparatory** [bnw] *voorbereidend*

**prepare** [ov + on ww] • *bereiden* <v. voedsel> • *prepareren* • *voorbereidingen treffen* • *instuderen* • (~ **for**) (z.) *voorbereiden op/voor*

**preponderant** [bnw] *overwegend*

**preposterous** [bnw] *dwaas, belachelijk*

**prerequisite** I [znw] *eerste vereiste* II [bnw] *allereerst vereist*

**prerogative** [znw] *(voor)recht*

**presage** [ov ww] *voorspellen*

**presbytery** [znw] *pastorie* <v. R.K. pastoor>

**prescience** [znw] *vooruitziende blik*

**prescribe** [ov + on ww] *voorschrijven*

**prescription** [znw] *recept* <v. dokter>

**presence** [znw] *aanwezigheid*

**present** I [ov + on ww] *presenteren* II [znw] • *cadeau* • *het heden* III [bnw] • *aanwezig* • *huidig*

**presentable** [bnw] *geschikt om voorgedragen of voorgesteld te worden, geschikt als geschenk*

**presentation** [znw] • *'t voorstellen* • *aanbieding* • *presentatie* • *voorstelling*

**presentiment** [znw] *(angstig) voorgevoel*

**presently** [bijw] • *dadelijk, aanstonds* • *weldra, kort daarop* • *nu, tegenwoordig*

**preservative** I [znw] *conserverend middel* II [bnw] *conserverend*

**preserve** I [ov ww] • *beschermen, redden, bewaren* • *goed houden, conserveren, inmaken* • (~ **from**) *behoeden voor* II [znw] • *wildpark, eigen viswater* • *eigen gebied*

**preside** [on ww] *voorzitten, de leiding hebben*

**president** [znw] • *hoofd v. bep. colleges* • *president* • <AE> *directeur* <v. bank of bedrijf>

**presidential** [bnw] *presidents-, voorzitters-*

**press** I [ov + on ww] • *uitpersen, oppersen* • *pressen, aandringen (op)* • *bestoken* <v. vijand> • *dringen* • *z. verdringen* • *drukken, de hand drukken* II [znw] *pers*

**pressing** [bnw] *(aan)dringend*
**pressure** I [ov ww] *onder druk zetten* II [znw] • *druk* • *dwang, pressie*
**prestigious** [bnw] *gezaghebbend*
**presume** I [ov ww] • *aannemen, vermoeden, geloven* • *'t wagen* II [on ww] • (~ **(up)on**) *misbruik maken van, z. laten voorstaan op*
**presumption** [znw] • *aanmatiging* • *vermoeden* • *veronderstelling*
**presumptive** [bnw] *vermoedelijk*
**presumptuous** [bnw] *aanmatigend*
**presuppose** [ov ww] *vooronderstellen, insluiten*
**presupposition** [znw] *vooronderstelling*
**pretend** [ov + on ww] • *voorwenden, doen alsof* • *(valselijk) beweren*
**pretender** [znw] *pretendent*
**pretension** [znw] *aanmatiging*
**pretentious** [bnw] *aanmatigend*
**pretext** [znw] • *voorwendsel* • *excuus*
**pretty** I [bnw] *aardig, mooi* II [bijw] *nogal, tamelijk*
**pretzel** [znw] *zoute krakeling*
**prevail** [on ww] • *de overhand krijgen of hebben* • *(over)heersen* • *zegevieren* • *overreden, overhalen*
**prevailing** [bnw] *heersend, gangbaar*
**prevaricate** [on ww] *liegen, er omheen draaien*
**prevent** [ov ww] *(ver)hinderen*
**preventative, preventive** [bnw] *preventief*
**prevention** [znw] *'t voorkómen*
**preview** [znw] *beoordeling vooraf* <v. film of boek>
**previous** [bnw] *voorafgaand*
**prey** I [on ww] • (~ **upon**) *azen op, aantasten* II [znw] *prooi*
**price** I [ov ww] • *prijzen* <v. goederen> • *schatten* II [znw] • *prijs* • *koers*
**priceless** [bnw] • *onschatbaar* • <sl.> *vermakelijk, kostelijk*
**prick** I [ov ww] *(door)prikken* II [znw] • *prik* • *stekel* • <vulg.> *pik, lul*
**prickle** I [ov + on ww] *prikk(el)en* II [znw] • *dorentje* • *stekel*
**prickly** [bnw] • *stekelig* • *kriebelig*
**pride** I [wkd ww] • (~ **on**) *trots zijn op* II [znw] • *trots, hoogmoed* • *troep* <v. leeuwen>
**priest** [znw] • *geestelijke* • *priester*
**priestess** [znw] *priesteres*
**priestlike, priestly** [bnw] *als 'n priester*
**prig** [znw] *pedant iem.*
**priggish** [bnw] *pedant*
**prim** [bnw] *vormelijk, stijf*
**primacy** [znw] • *primaatschap* • *voorrang*
**primal** [bnw] • *oorspronkelijk* • *voornaamst*
**primarily** [bijw] *allereerst*
**primary** I [znw] <AE> *voorverkiezing voor presidentschap* II [bnw] • *eerst* • *voornaamste* • *oorspronkelijk*
**primate** [znw] • *primaat* • *aartsbisschop* • *mens(aap)*
**prime** I [ov ww] • *voorbereiden, inlichten* • *in de grondverf zetten* • *laden* <v. vuurwapen> II [znw] • *hoogste volmaaktheid* • *'t beste* • *bloeitijd* • *priemgetal* III [bnw] • *hoofd-* • *prima* • *grond-*
**primer** [znw] • *boek voor beginners, inleiding* • *grondverf*
**primitive** [bnw] • *primitief, grond-* • *oer-* • *vroeg, eerste, primair* • *eenvoudig, ruw*
**primordial** [bnw] *oer-, oorspronkelijk*
**primrose** [znw] *sleutelbloem*
**prince** [znw] *prins*
**princely** [bnw] *prinselijk*
**princess** [znw] *prinses*
**principal** I [znw] • *kapitaal* • *rector* II [bnw] *voornaamste, hoofd-*
**principle** [znw] *principe, grondbeginsel*
**print** I [ov ww] • *in druk uitgeven* • *bedrukken* • *(laten) drukken* • (~ **out**) *afdrukken* II [znw] • *afdruk, stempel, teken, merk* • *bedrukte stof*

• drukwerk, gedrukt werk, druk • reproduktie, gravure, plaat, prent

**printing** I [ww] tegenw. deelw. → **print** II [znw] (boek)drukkunst

**prior** I [znw] prior II [bnw + bijw] vroeger

**priority** [znw] voorrang

**priory** [znw] priorij

**prise** [ov ww] openbreken

**prism** [znw] • prisma • spectrum

**prison** [znw] gevangenis

**prisoner** [znw] gevangene

**pristine** [bnw] ongerept, zuiver

**privacy** [znw] afzondering

**private** I [znw] gewoon soldaat II [bnw] • geheim • privé, persoonlijk, vertrouwelijk • afgelegen, afgezonderd • particulier

**privation** [znw] ontbering, gebrek

**privet** [znw] liguster

**privy** I [znw] privaat, toilet II [bnw] op de hoogte van

**prize** I [ov ww] waarderen II [znw] • prijs, beloning • buit III [bnw] bekroond <op tentoonstelling>

**pro** I [znw] <inf.> → **professional** II [bnw] pro, vóór

**probability** [znw] waarschijnlijkheid

**probable** I [znw] vermoedelijke winnaar of kandidaat II [bnw] waarschijnlijk

**probation** [znw] • proef(tijd), onderzoek • voorwaardelijke veroordeling • reclassering

**probationary** [bnw] proef-

**probationer** [znw] • leerling-verpleegster • voorwaardelijk veroordeelde

**probe** I [ov ww] • sonderen • doordringen in, onderzoeken II [znw] • sonde • onderzoek

**probity** [znw] oprechtheid, eerlijkheid

**problem** [znw] probleem, vraagstuk

**proboscis** [znw] • slurf • zuigmond <v. insekt>

**procedural** [bnw] betreffende een procedure

**procedure** [znw] methode, procedure

**proceed** [on ww] verder (voort)gaan, vorderen, vervolgen <v. rede> • (~ **against**) gerechtelijk vervolgen • (~ **from**) uitgegeven worden door, komen uit • (~ **to**) behalen <v. graad> • (~ **upon**) tewerkgaan volgens • (~ **with**) verder gaan

**process** I [ov ww] • behandelen <vnl. v. stof> • conserveren <v. voedsel> • verwerken II [znw] • proces • (ver)loop • verrichting, methode, werkwijze

**procession** [znw] • processie, défilé, stoet • opeenvolging, reeks

**proclaim** [ov + on ww] verkondigen

**proclamation** [znw] • proclamatie • verkondiging

**proclivity** [znw] neiging

**procreate** [ov ww] voortplanten

**procure** [ov ww] verkrijgen, bezorgen

**procuress** [znw] bordeelhoudster, koppelaarster

**prod** I [ov + on ww] • prikken, porren • (aan)sporen II [znw] • por • (vlees)pen

**prodigal** I [znw] verkwister II [bnw] verkwistend

**prodigious** [bnw] wonderbaarlijk, enorm, abnormaal

**prodigy** [znw] wonder(kind)

**produce** I [ov ww] • opleveren • te voorschijn halen • opbrengen • aanvoeren <v. bewijs> • opvoeren <v. toneelstuk> • produceren • ontwerpen <v. kleding> • veroorzaken II [znw] • opbrengst • produkten <v.d. bodem> • resultaat

**producer** [znw] • producent • produktieleider <v. film, toneel> • ontwerper • regisseur

**product** [znw] • produkt • resultaat

**production** [znw] • produktie • produkt

**productive** [bnw] • producerend • produktief

**productivity** [znw] produktiviteit

**profess** [ov ww] • *betuigen* <v. gevoelens> • *openlijk verklaren* • *beweren* • *belijden* <v. rel.>
**professed** [bnw] *zogenaamd*
**profession** [znw] • *beroep* • *verklaring, betuiging*
**professional** I [znw] • *beroepsspeler* • *vakman* II [bnw] • *beroeps-, vak-* • *tot de gestudeerde stand behorend*
**professionalism** [znw] *professionalisme, vakbekwaamheid*
**professor** [znw] • *professor* • *belijder* • <AE> *docent*
**professorial** [bnw] *professoraal*
**professorship** [znw] *professoraat*
**proffer** [ov ww] *aanbieden*
**proficient** [bnw] *bekwaam*
**profile** [znw] • *profiel* • *korte levensbeschrijving, karakterschets* <in de journalistiek>
**profit** I [on ww] *profiteren* II [znw] • *voordeel, nut* • *winst*
**profitable** [bnw] • *winstgevend* • *nuttig*
**profiteer** [znw] <pej.> *iem. die woekerwinst maakt*
**profligacy** [znw] *losbandigheid*
**profligate** I [znw] *losbol* II [bnw] *losbandig*
**profound** [bnw] *diep(gaand), grondig*
**profundity** [znw] *diepte*
**profuse** [bnw] *overvloedig*
**profusion** [znw] *overvloed*
**progenitor** [znw] • *voorvader* • *geestelijke vader, voorganger*
**progeny** [znw] *nageslacht*
**prognosis** [znw] *prognose*
**program(me)** I [ov ww] *programmeren* II [znw] • *program(ma)* • <AE> *agenda*
**progress** I [on ww] *vooruitgaan, vorderen* II [znw] *voortgang, vordering(en)*
**progression** [znw] • *vooruitgang, vordering* • *progressie* • *reeks*
**progressive** I [znw] *voorstander v. progressieve politiek* II [bnw] • *vooruitgaand* • *vooruitstrevend* • *progressief*
**prohibitive** [bnw] • *belemmerend* • *enorm hoog* <vnl. v. prijs>
**project** I [ov ww] • *projecteren* • *slingeren* II [on ww] *vooruitsteken* III [znw] • *project, plan, schema* • *(school)taak*
**projectile** [znw] *projectiel*
**projection** [znw] • *uitsteeksel* • *projectie* <in meetkunde> • *'t projecteren*
**projectionist** [znw] *filmoperateur*
**projector** [znw] *projectietoestel*
**proletarian** I [znw] *proletariër* II [bnw] *proletarisch*
**proliferate** [on ww] *zich snel vermenigvuldigen, z. verspreiden*
**prolific** [bnw] *overvloedig*
**prolix** [bnw] • *uitvoerig* • *langdradig*
**prologue** [znw] *proloog, inleiding*
**prolong** [ov ww] *aanhouden* <v. noot>, *verlengen*
**promenade** I [on ww] *wandelen* II [znw] • *wandeling* • *wandelpad*
**prominence** [znw] • *uitsteeksel, verhevenheid* • *onderscheiding*
**prominent** [bnw] • *vooraanstaand* • *vooruitstekend* • *opvallend*
**promiscuity** [znw] *vrije liefde*
**promiscuous** [bnw] • *veel relaties hebbend* • *gemengd, zonder onderscheid*
**promise** I [ov + on ww] *beloven, toezeggen* II [znw] *belofte*
**promising** [bnw] *veelbelovend*
**promontory** [znw] • *voorgebergte* • *kaap*
**promote** [ov ww] • *bevorderen, vooruithelpen* • *aanmoedigen*
**promoter** [znw] • *bevorderaar, begunstiger* • *oprichter van maatschappij*
**promotion** [znw] • *bevordering* • *reclameactie*
**prompt** I [ov ww] • *aanzetten,*

*aanmoedigen* • *souffleren, voorzeggen* **II** [znw] <comp.> prompt **III** [bnw] *onmiddellijk, vlug, vlot, prompt* **IV** [bijw] *precies*

**prompter** [znw] • *iem. die aanmoedigt* • *souffleur*

**promulgate** [ov ww] *bekend maken*

**prone** [bnw] • *vatbaar (voor)* • *voorover(liggend), plat*

**prong** [znw] *tand* <v. vork>

**pronoun** [znw] *voornaamwoord*

**pronounce** [ww] • *uitspreken, uiten* • *uitspraak doen*

**pronouncement** [znw] *verklaring*

**pronunciation** [znw] *uitspraak*

**proof** **I** [znw] • *bewijs* • *drukproef* **II** [bnw] *bestand*

**prop** **I** [ov ww] • *steunen* • *schragen* • (~ **against**) *zetten tegen* • (~ **up**) *ondersteunen, overeind houden* **II** [znw] • *decorstuk* • *stut, steunpilaar*

**propagate** **I** [ov ww] • *propageren* • *voortplanten* • *verbreiden, verspreiden* **II** [on ww] • *z. verspreiden* • *z. voortplanten*

**propel** [ov ww] *(voort)drijven*

**propeller** [znw] *propeller, schroef*

**propensity** [znw] *geneigdheid, neiging*

**proper** [bnw] • *eigen(lijk)* • *juist, goed* • *gepast, netjes, fatsoenlijk* • *onvervalst, echt*

**propertied** [bnw] *(land) bezittend*

**property** [znw] • *bezit(ting), land(goed)* • *eigendom(srecht)* • *eigenschap*

**prophecy** [znw] *profetie, voorspelling*

**prophesy** [ov + on ww] *profeteren, voorspellen*

**prophet** [znw] • *profeet* • *voorstander*

**prophetess** [znw] *profetes*

**propitiate** [ov ww] *gunstig stemmen*

**propitious** [bnw] *genadig, gunstig*

**proportion** [znw] • *evenredigheid* • *deel* • *verhouding*

**proportional** [bnw] *evenredig*

**proportionate** [bnw] *evenredig*

**proposal** [znw] • *voorstel* • *huwelijksaanzoek*

**propose** **I** [ov ww] *voorstellen, van plan zijn* **II** [on ww] *huwelijksaanzoek doen*

**proposition** [znw] • *bewering* • *stelling* • *voorstel*

**propound** [ov ww] *voorstellen*

**proprietary** [bnw] • *eigendoms-, particulier* • *bezittend* <v. klasse> • *gepatenteerd*

**proprietor** [znw] *eigenaar*

**proprietress** [znw] *eigenares*

**propriety** [znw] • *juistheid* • *fatsoen, welvoeglijkheid*

**propulsion** [znw] • *voortstuwing* • *stuwkracht*

**prosaic** [bnw] *prozaïsch*

**proscribe** [ov ww] • *vogelvrij verklaren, verbannen* • *verwerpen* <v. bep. praktijk>

**proscription** [znw] • *verbod* • *verbanning*

**prose** [znw] *proza*

**prosecute** [ov ww] • *vervolgen* • *klacht indienen tegen*

**prosecution** [znw] • *vervolging* • *eiser*

**prosecutor** [znw] *aanklager*

**prosper** [on ww] *voorspoed genieten, gedijen*

**prosperity** [znw] *voorspoed, bloei*

**prostitute** **I** [ov ww] • *prostitueren* • *vergooien, verlagen, misbruiken* **II** [znw] *prostituée*

**prostitution** [znw] • *prostitutie* • *misbruik*

**prostrate** **I** [ov ww] • *ter aarde werpen* • *(lichamelijk) uitputten* **II** [bnw] • *vooroverliggend, uitgestrekt* • *verslagen, gebroken* <v. smart> • *(lichamelijk) uitgeput*

**prosy** [bnw] *vervelend, saai, langdradig*

**protagonist** [znw] • *hoofdpersoon* • *kampioen, voorvechter*

**protect** [ov ww] *beveiligen* • (~ **against**) *beschermen tegen* • (~ **from**) *beschutten tegen,*

*beschermen tegen*
**protection** [znw] *bescherming*
**protective** [bnw] *beschermend*
**protector** [znw] *beschermer*
**protectorate** [znw] *protectoraat*
**protein** [znw] *proteïne, eiwit*
**protest I** [on ww] • *protesteren* • *betuigen* **II** [znw] • *protest* • *betuiging*
**protestation** [znw] • *protest* • *betuiging*
**protester** [znw] *iem. die protesteert of betuigt*
**protrude** [on ww] • *(voor)uitsteken* • *uitpuilen*
**protrusion** [znw] *uitsteeksel*
**proud** [bnw] • *fier* • *trots*
**prove I** [ov ww] *bewijzen* **II** [on ww] *blijken (te zijn)*
**provenance** [znw] *(plaats v.) herkomst*
**proverb** [znw] • *spreekwoord* • *gezegde*
**proverbial** [bnw] *spreekwoordelijk*
**provide** [ov ww] • (~ **for**) *zorgen voor* • (~ **with**) *voorzien van*
**providence** [znw] *voorzienigheid*
**providential** [bnw] • *v.d. voorzienigheid* • *geschikt, te juister tijd, gelukkig*
**provider** [znw] • *kostwinner* • *leverancier*
**provincialism** [znw] *provincialisme*
**provision I** [ov ww] *provianderen* **II** [znw] • *voorziening* • *(mond)voorraad* • *wetsbepaling*
**provisional** [bnw] *voorlopig*
**proviso** [znw] • *bepaling* • *voorbehoud*
**Provo** [znw] *lid van extremistische vleugel v.d. I.R.A.*
**provocation** [znw] *provocatie*
**provocative** [bnw] • *provocerend* • *prikkelend*
**provoke** [ov ww] • *(op)wekken* • *uitlokken, tarten, verlokken* • *veroorzaken*
**provost** [znw] • *hoofd v. sommige colleges* • <Schots> *burgemeester*
**prow** [znw] *boeg, voorsteven*
**prowl** [ov + on ww] *rondzwerven, rondsluipen*
**prowler** [znw] *sluiper*
**proxy** [znw] *(ge)volmacht(igde), procuratie(houder)*
**prude** [znw] *preuts iem.*
**prudence** [znw] *voorzichtigheid, omzichtigheid*
**prudery, prudishness** [znw] *preutsheid*
**prudish** [bnw] *preuts*
**prune I** [ov ww] *snoeien* **II** [znw] *pruimedant*
**pry I** [ov ww] *openbreken* **II** [on ww] *gluren* • (~ **into**) *zijn neus steken in*
**psyche** [znw] • *ziel* • *geest*
**psychiatric** [bnw] *psychiatrisch*
**psychiatrist** [znw] *psychiater*
**psychiatry** [znw] *psychiatrie*
**psychological** [bnw] *psychologisch*
**psychopath** [znw] *psychopaat*
**psychotherapy** [znw] *psychotherapie*
**psychotic** [bnw] *psychotisch*
**pub** <inf.> [znw] *café, kroeg*
**puberty** [znw] *puberteit*
**pubic** [bnw] *schaam-*
**public I** [znw] *publiek* **II** [bnw] *publiek, openbaar, algemeen staats-*
**publican** [znw] *kroegbaas*
**publication** [znw] • *afkondiging* • *publikatie, uitgave*
**publicist** [znw] • *journalist* • *publicist*
**publicity** [znw] • *openbaarheid, bekendheid* • *reclame*
**publish** [ov ww] • *publiceren, uitgeven* • *bekend maken*
**publisher** [znw] *uitgever*
**pucker** [ov + on ww] • *rimpelen, (z.) plooien* • *samentrekken*
**puddle** [znw] *poel, plas*
**puerile** [bnw] *kinderachtig*
**puff I** [on ww] • *puffen, snuiven, blazen, hijgen* • *opbollen, opzwellen* **II** [znw] • *rookwolkje* • *poederdonsje* • *luchtig gebak* • *windstoot, ademstoot* • *trekje, pufje*

**puffy** [bnw] *dik, opgeblazen, pafferig*
**pug** [znw] *mopshond*
**pugnacious** [bnw] *strijdlustig, twistziek*
**puke** <inf.> I [ov + on ww] *(uit)braken* II [znw] *braaksel*
**pull** I [ov ww] • *trekken (aan), rukken* • *verrekken* • (~ **back**) *(doen) terugtrekken* • (~ **down**) *neerhalen, afbreken, klein krijgen* • (~ **in**) *inrekenen* • (~ **off**) *uittrekken, klaarspelen* • (~ **on**) *aantrekken* • (~ **out**) *uithalen, uittrekken* • (~ **up**) *optrekken, inhouden, tot nadenken/staan brengen, onder handen nemen* II [on ww] *trekken, rukken* • (~ **at**) *trekken aan, een flinke teug nemen* • (~ **back**) *terugkrabbelen, (zich) terugtrekken* • (~ **in**) *binnenlopen* <v. trein> • (~ **out**) *vertrekken* <v. trein>, *wegrijden, z. uit iets terugtrekken* • (~ **over**) *(naar de kant rijden en) stoppen, opzij gaan* • (~ **round/through**) *'t halen, er doorheen komen* • (~ **together**) *één lijn trekken, samenwerken* • (~ **up**) *stilhouden* III [znw] • *teug* • *aantrekkingskracht* • *trekkracht* • *trek, ruk*
**pullet** [znw] *jonge kip*
**pulley** [znw] *katrol*
**pulmonary** [bnw] *long-*
**pulp** I [ov ww] *tot pulp maken* II [znw] • *vruchtvlees* • *merg* • *houtpap, pulp*
**pulpit** [znw] *kansel, preekstoel*
**pulsate** [on ww] *kloppen, slaan, trillen*
**pulse** I [on ww] *kloppen, slaan, trillen, tikken* II [znw] • *pols(slag), slag* • *peulvrucht*
**pulverize** [ov ww] • *fijnwrijven, doen verstuiven, tot poeder/stof maken* • *volkomen vernietigen*
**puma** [znw] *poema*
**pummel** [ov ww] *afrossen, toetakelen*
**pump** I [ov + on ww] *pompen* II [ov ww] • *uithoren* • *krachtig schudden* <v. hand> • (~ **out**) *in grote hoeveelheden produceren* III [znw] • *pump* • *pomp*
**pumpkin** [znw] *pompoen*
**pun** I [on ww] *woordspelingen maken* II [znw] *woordspeling*
**punch** I [ov ww] • *stompen* • *ponsen* <v. kaartjes> • (~ **in/out**) *intoetsen* II [znw] • *punch* • *pons* • *slag, stomp* • <sl.> *fut, flink optreden*
**punctual** [bnw] *punctueel, precies op tijd*
**punctuate** [ov ww] • *interpungeren* • *onderbreken* <v. redevoering>
**punctuation** [znw] *punctuatie*
**puncture** I [ov ww] *(door)prikken* II [znw] *gaatje, lek* <in fietsband>
**pundit** [znw] <scherts> *geleerde*
**pungent** [bnw] • *scherp* • *bijtend* • *prikkelend*
**punish** [ov ww] *straffen*
**punishable** [bnw] *strafbaar*
**punishing** [bnw] *verpletterend*
**punishment** [znw] *straf, bestraffing*
**punitive** [bnw] • *straffend* • *straf-*
**punk** I [znw] *punker* II [bnw] *punk-*
**punnet** [znw] *spanen mandje*
**punt** I [ov + on ww] *bomen* II [znw] *boot met platte bodem*
**punter** [znw] • *bomer* • *beroepswedder*
**puny** [bnw] *klein, zwak, nietig*
**pup** [znw] *jonge hond*
**pupil** [znw] • *leerling, scholier* • *pupil*
**puppet** [znw] *marionet*
**puppy** [znw] *jonge hond*
**purchase** I [ov ww] *(aan)kopen* II [znw] *inkoop, aankoop*
**purchaser** [znw] *koper*
**pure** [bnw] • *zuiver* • *louter*
**purely** [bijw] *uitsluitend*
**purgative** [znw] *purgeermiddel*
**purgatory** [znw] • *vagevuur* • *hel* <fig.>
**purge** I [ov ww] • *zuiveren* • *purgeren* II [znw] *zuivering*
**purify** [ov ww] • *reinigen, zuiveren, louteren* • *klaren* <v. vloeistof>

**purist** [znw] taalzuiveraar

**purl** I [ov ww] averechts breien II [znw] averechtse steek

**purple** [bnw] paars

**purplish** [bnw] paarsachtig

**purport** I [ov ww] beweren, voorwenden II [znw] strekking, betekenis

**purpose** I [ov ww] van plan zijn II [znw] • doel, plan, opzet • vastberadenheid

**purposeful** [bnw] doelbewust

**purposeless** [bnw] doelloos

**purposely** [bijw] met opzet

**purr** I [on ww] spinnen <v. kat> II [znw] gespin

**purse** I [ov ww] samentrekken <v. lippen> II [znw] • geldprijs • fondsen, gelden • zak(je), portemonnaie, beurs • <AE> damestas

**purser** [znw] administrateur <vooral op schip>

**pursuance** [znw] uitvoering

**pursue** [ov ww] • najagen <v. genot> • vervolgen, achtervolgen • voortzetten <vnl. v. gedragslijn> • volgen <v. plan> • uitoefenen, beoefenen

**pursuit** [znw] vervolging

**purvey** [ov + on ww] • leveren <v. voedsel> • verschaffen

**purveyor** [znw] • verschaffer • leverancier <v. levensmiddelen>

**push** I [ov + on ww] • handelen in heroïne • duwen, stoten • schuiven • aanzetten • z. inspannen, doorzetten • pousseren <v. handelsartikel> • (~ **on**) <inf.> verdergaan, zijn weg vervolgen • (~ **through**) doorzetten, zich een weg banen II [on ww] • (~ **in**) voordringen III [znw] • duw • stoot, zetje • energie

**pushy** [bnw] opdringerig

**pussy** [znw] • poes • <vulg.> kut

**put** I [ov ww] • brengen, doen, plaatsen, leggen, zetten • stellen • zeggen, onder woorden brengen • (~ **about**) rondstrooien <praatjes> • (~ **across**) iets duidelijk maken • (~ **aside**) opzij leggen/zetten, uitschakelen • (~ **at**) de prijs stellen op, schatten op • (~ **away**) wegleggen, opzijleggen, sparen, verorberen, gevangen zetten • (~ **back**) vertragen, achteruitzetten • (~ **by**) opzijleggen • (~ **down**) neerzetten, neerleggen, onderdrukken <v. opstand>, op zijn plaats zetten <fig.> • (~ **forth**) verkondigen • (~ **forward**) naar voren brengen, komen met, verkondigen • (~ **in**) installeren • (~ **into**) erin zetten • (~ **off**) uitstellen, afzeggen, misselijk maken, v.d. wijs brengen • (~ **on**) voorwenden, aannemen <een houding>, opvoeren <v. toneelstuk>, aantrekken, opzetten, opleggen • (~ **out**) ontwrichten, irriteren, uitblazen, uitdoen, inspannen, uitvaardigen, uitzetten, uitsteken <v. hand>, blussen • (~ **over**) bedriegen • (~ **through**) doorverbinden • (~ **together**) samenstellen, samenvoegen, in elkaar zetten, punten maken <cricket> • (~ **up**) aanplakken, aanbieden, opzenden, opjagen <v. wild>, opvoeren <v. toneelstuk>, als jockey laten rijden, opstellen, opslaan, ophangen, verhogen <v. prijs>, beschikbaar stellen, voordragen <als lid>, te koop aanbieden, samenstellen, bouwen, opsteken, logies verlenen, stallen <v. paard>, in de schede doen, opbergen II [on ww] • (~ **about**) draaien, de steven wenden • (~ **forth**) uitbotten, uitschieten • (~ **in**) binnenlopen <v. schip> • (~ **off**) de zee kiezen • (~ **out**) vertrekken • (~ **up**) logeren • (~ **up with**) tolereren, verdragen III [znw] → **putt**

**putative** [bnw] vermeend

**putrefaction** [znw] (ver)rotting, bederf

**putrefy** [on ww] rotten

**putrid** [bnw] • vuil, (ver)rot • <sl.> waardeloos

**putsch** [znw] staatsgreep
**putt** I [on ww] (zachtjes) met golfstok tegen bal slaan II [znw] zachte slag met golfstok
**putter** I [on ww] liefhebberen II [znw] golfstick
**puzzle** I [ov ww] verbijsteren, in de war brengen II [on ww] piekeren III [znw] • moeilijkheid, probleem • raadsel, puzzle
**puzzlement** [znw] verwarring, verlegenheid
**pygmy** I [znw] pigmee, dwerg II [bnw] dwergachtig
**pyramid** [znw] piramide
**pyre** [znw] brandstapel

# Q

**quack** I [ww] kwaken II [znw] kwakzalver
**quad** [znw] → **quadrangle**
**quadrangle** [znw] • vierhoek • (vierkant) binnenplein
**quadrilateral** I [znw] vierhoek II [bnw] vierzijdig
**quadruped** [znw] viervoetig dier
**quadruple** I [ov + on ww] (z.) verviervoudigen II [znw] viervoud III [bnw] viervoudig
**quail** I [on ww] • de moed verliezen • wijken II [znw] kwartel
**quaint** [bnw] • vreemd, eigenaardig, typisch • ouderwets
**quake** I [on ww] beven II [znw] (aard)beving, trilling
**qualification** [znw] • matiging • geschiktheid • voorwaarde, vereiste • kwalificatie
**qualified** [bnw] • bevoegd, bekwaam • getemperd <v. optimisme>
**qualifier** [znw] • beperking • bepalend woord
**qualify** I [ov ww] • bevoegd maken • verzachten • kwalificeren, kenschetsen, bepalen II [on ww] zich kwalificeren
**qualitative** [bnw] kwalitatief
**quality** [znw] • eigenschap, kwaliteit • deugd • bekwaamheid
**qualm** [znw] • gevoel v. misselijkheid • angstig voorgevoel • wroeging
**quantum** [znw] • quantum, hoeveelheid • klein beetje
**quarantine** I [ov ww] afzonderen in quarantaine II [znw] quarantaine
**quarrel** I [on ww] • kritiek hebben • ruzie hebben, ruzie maken II [znw] • ruzie, twist • pijl voor kruisboog
**quarrelsome** [bnw] twistziek

**quarry** I [ov ww] (uit)graven II [znw] • prooi, slachtoffer • achtervolgd wild • (steen)groeve

**quart** [znw] 1/4 gallon (ruim 1 l)

**quarter** I [ov ww] • in vieren delen • inkwartieren II [znw] • kwart, vierde deel • kwartier <v. maan> • 1/4 cwt < 12 1/2 kg> • 1/4 dollar • kwartaal • (wind)streek • wijk <v. stad>

**quartz** [znw] kwarts

**quash** [ov ww] • een einde maken aan, verijdelen, onderdrukken • <jur.> vernietigen

**quatrain** [znw] vierregelig vers

**quaver** I [on ww] trillen, beven <v. stem> II [znw] • trilling <v. stem> • 1/8 noot

**quay** [znw] kade

**queasy** [bnw] misselijk

**queen** [znw] • koningin • vrouw <in kaartspel> • <sl.> homo, flikker

**queenlike, queenly** [bnw] als een koningin

**queer** I [znw] homoseksueel II [bnw] • vreemd, eigenaardig • homoseksueel

**quell** [ov ww] • onderdrukken • met kracht een einde maken aan

**quench** [ov ww] • lessen <v. dorst> • blussen

**querulous** [bnw] klagend

**query** I [ww] • een vraag stellen • betwijfelen II [znw] • vraag • vraagteken • twijfel • bezwaar

**quest** I [ov + on ww] • speuren (naar) • zoeken II [znw] het zoeken, speurtocht

**questionable** [bnw] twijfelachtig

**questioning** [bnw] vragend

**questionnaire** [znw] vragenlijst

**queue** I [on ww] een rij vormen II [znw] rij, queue

**quibble** I [on ww] chicaneren II [znw] onbetekenende ruzie

**quick** I [znw] levend vlees II [bnw] • vluchtig • levendig • vlug III [bijw] vlug, snel

**quicken** [ov + on ww] versnellen

**quickie** [znw] • iets dat zeer snel of in korte tijd gebeurt • vluggertje

**quid** [znw] <sl.> pond sterling

**quiet** I [ov + on ww] • tot rust brengen, kalmeren • rustig worden II [znw] • rust • vrede III [bnw] • rustig, kalm • stil • stemmig <v. kleding>

**quieten** I [ov ww] kalmeren, tot bedaren brengen II [on ww] rustig worden, bedaren

**quill** [znw] • slagpen • ganzepen • stekel <v. stekelvarken>

**quilt** I [ov ww] watteren, doorstikken II [znw] • gewatteerde deken • sprei

**quince** [znw] kwee(peer)

**quinine** [znw] kinine

**quintessence** [znw] • het zuiverste • het wezenlijke • het voornaamste

**quip** I [on ww] geestige of spitsvondige opmerking maken II [znw] geestigheid, spitsvondigheid

**quirk** [znw] • eigenaardigheid • toeval

**quit** [ov ww] • ontslag nemen • ophouden • opgeven • weggaan

**quite** [bijw] • geheel, volkomen • zeer • absoluut

**quitter** [znw] iem. die bij moeilijkheden ervandoor gaat

**quiver** I [on ww] trillen, beven II [znw] • trilling • pijlkoker

**quizzical** [bnw] • vragend • spottend

**quotation** [znw] • aanhaling <v. passage> • notering <v. prijs>, prijsopgave

**quote** I [ov ww] • citeren • noteren <v. prijs> II [znw] citaat

**quotient** [znw] quotiënt

# R

**rabbit** I [on ww] • (~ **on**) *wauwelen* II [znw] *konijn*
**rabble** [znw] • *gepeupel* • *tuig, gespuis*
**rabid** [bnw] • *verbeten* • *hondsdol*
**rabies** [znw] *hondsdolheid*
**raccoon** [znw] *wasbeer*
**race** I [ov ww] • *laten snellen* • *om 't hardst laten rijden/lopen enz.* II [on ww] • *snellen, jagen* • *om 't hardst rijden/lopen enz.* III [znw] • *wedloop* • *ras*
**racer** [znw] *snelle fiets/auto*
**racial** [bnw] *ras(sen)-*
**racing** [znw] • *het wedrennen* • *de rensport*
**racism** [znw] *racisme, rassehaat*
**rack** I [ov ww] *folteren, pijnigen, afbeulen* II [znw] • *rek* • *(bagage)net* • *pijnbank*
**racket** I [on ww] *lawaai maken* II [znw] • *(tennis)racket* • *herrie, lawaai, drukte* • *zwendel*
**racketeer** [znw] *zwarthandelaar, bandiet, geldafperser*
**racketeering** [znw] *gangsterpraktijken* <afpersing, chantage, omkoperij>
**racquet** [znw] *(tennis)racket*
**racy** [bnw] *pittig, pikant*
**radial** [bnw] • *straal-* • *stervormig* • *spaakbeen-* • *radium-*
**radiance** [znw] *straling, schittering*
**radiant** [bnw] *stralend*
**radiate** I [ov ww] • *uitstralen* • *draadloos uitzenden* II [on ww] • *stralen* • *straalsgewijs uitlopen*
**radiation** [znw] *straling*
**radiator** [znw] • *koeler* • *radiator*
**radical** I [znw] *radicaal* II [bnw] • *fundamenteel, grond-, grondig, wezenlijk* • *wortel-* • *radicaal*
**radicalism** [znw] *radicalisme*
**radii** [mv] → **radius**
**radio** I [ov + on ww] *uitzenden* II [znw] • *radio* • *radiotelegrafie*
**radioactive** [bnw] *radioactief*
**radish** [znw] *radijs*
**radius** [znw] • *straal* • *spaak(been)*
**raft** [znw] • *(hout)vlot* • *luchtbed*
**rafter** [znw] • *dakspar, balk* • *vlotter*
**rag** I [ov ww] *plagen, treiteren, ontgroenen* II [znw] • *vod, lomp(en)* • *doek, lap* • <pej.> *krant*
**rage** I [on ww] *woeden, razen* • (~ **at**) *tekeer gaan tegen* II [znw] • *woede* • *rage, manie*
**ragged** [bnw] • *haveloos, gerafeld, onverzorgd* • *ruig, ruw* • *ongelijk*
**raid** I [ov ww] *teisteren, afstropen* II [on ww] *een inval doen* III [znw] • *inval, overval* • *razzia* • *rooftocht* • *(lucht)aanval*
**raider** [znw] *stroper, kaper*
**rail** I [ov ww] *omheinen* II [on ww] *schelden* • (~ **at**) *tekeer gaan tegen* III [znw] • *dwarsbalk, stang, staaf, lat* • *hek(werk), leuning, reling* • *rail*
**railing** [znw] *hek, leuning, reling*
**railroad** [znw] <AE> *spoorweg*
**railway** [znw] *spoorweg*
**rain** I [ov + on ww] *regenen, (doen) neerstromen* • (~ **down**) *(doen) neerkomen/-dalen* II [onp ww] *regenen* III [znw] *regen*
**rainbow** [znw] *regenboog*
**rainy** [bnw] *regenachtig*
**raise** I [ov ww] • *rechtop zetten* • *doen opstaan/rijzen* • *verhogen, aan-/op-/verheffen* • *doen ontstaan* • *oprichten, stichten* • *lichten* • *grootbrengen* • *fokken, planten, kweken* • *wekken* II [znw] *verhoging, opslag*
**raisin** [znw] *rozijn*
**rake** I [ov ww] • *aanharken, bijeenharken* • *(door)snuffelen, doorzoeken* • (~ **in**) *(met hopen)*

binnenhalen • (~ **up**) *oprakelen, optrommelen, opscharrelen* **II** [znw] • hark • losbol, boemelaar • helling
**rakish** [bnw] • liederlijk, lichtzinnig • *chic*
**rally I** [ov + on ww] • *(zich) groeperen* • *(zich) verzamelen* • zich herstellen **II** [znw] • bijeenkomst • *(signaal tot) verzamelen* • slagenwisseling ‹bij tennis› • sterrit, rally
**ram I** [ov ww] • *rammen, heien* • *aan-/vaststampen* • *stoten* **II** [znw] • *ram* • *stormram*
**ramble I** [on ww] • *zwerven, rondtrekken, ronddolen* • *tieren, welig groeien* • (~ **on**) *raaskallen* **II** [znw] *zwerftochtje*
**rambler** [znw] *zwerver*
**rambling** [bnw] • *onregelmatig gebouwd* • *systeemloos, onsamenhangend*
**ramification** [znw] *vertakking*
**ramp** [znw] • *glooiing, talud* • *oneffenheid, drempel* • *oprit* • *loopplank* • *vliegtuigtrap*
**rampage** [on ww] *razen, rondrennen*
**rampant** [bnw] • *alom heersend* • *onbeheerst, wild, dolzinnig*
**ramrod** [znw] *laadstok*
**ramshackle** [bnw] *bouwvallig, gammel*
**ran** [ww] verl. tijd → **run**
**rancorous** [bnw] *haatdragend, rancuneus*
**rancour** [znw] *wrok, rancune*
**random I** [znw] **II** [bnw] *willekeurig*
**randy** [bnw] *geil*
**rang** [ww] verl. tijd → **ring**
**range I** [ov ww] • *opstellen, rangschikken, plaatsen* • *laten gaan langs/over* • (~ **among/with**) *indelen bij* **II** [on ww] • *zich opstellen* • *zich uitstrekken, reiken, bestrijken* • (~ **among/with**) *behoren tot* • (~ **between**) *z. bewegen tussen, gevonden worden* **III** [znw] • *bereik, gebied, draagwijdte, omvang* • *sfeer* • *(schoots)afstand, schootsveld* • *schietbaan* • *rij, serie* • *assortiment, reeks* • *(berg)keten* • *verspreiding(sgebied), sector* • *weide-/jachtgebied* • *(kook)fornuis*
**ranger** [znw] *boswachter*
**rank I** [ov ww] • *opstellen, in gelid plaatsen* • *een plaats geven* • (~ **among**) *rekenen tot* **II** [on ww] • *een plaats hebben* • *voorkeurspositie innemen* • (~ **among**) *behoren tot* **III** [znw] • *rang* • *stand* • *gelid* • *rij* • *taxistandplaats* **IV** [bnw] • *grof* • *overwoekerd* • *ranzig, sterk*
**rankle** [on ww] *knagen, (blijven) pijn doen*
**rant** [on ww] • *fulmineren* • *bombastische taal uitslaan* • (~ **against**) *uitvaren tegen*
**rap I** [ov + on ww] *kloppen* • (~ **out**) *blaffen* ‹fig.› **II** [znw] • *tik, klop(teken)* • *strenge terechtwijzing*
**rapacious** [bnw] *roofzuchtig*
**rapacity** [znw] *roofzucht*
**rape I** [ov ww] *onteren, verkrachten* **II** [znw] • *verkrachting* • *koolzaad*
**rapid I** [znw] *stroomversnelling* **II** [bnw] *snel*
**rapidity** [znw] *snelheid*
**rapist** [znw] *verkrachter*
**rapport** [znw] • *relatie* • *verstandhouding*
**rapt** [bnw] • *verzonken* • *in vervoering, in hoger sferen*
**rapture** [znw] *vervoering, extase*
**rare** [bnw] • *zeldzaam* • *dun, ijl* • *voortreffelijk* • *niet gaar*
**rascal** [znw] • *schelm* • *kwajongen*
**rascally** [bnw] *schelmachtig*
**rash I** [znw] *huiduitslag* **II** [bnw] • *overhaast* • *onbezonnen*
**rasher** [znw] *plakje spek of ham*
**rasp I** [ov ww] *raspen* **II** [on ww] *krassen, schrapen, raspen* **III** [znw] *rasp*
**raspberry** [znw] *framboos*

**rat** I [on ww] • (~ **on**) verraden, in de steek laten II [znw] • rat • onderkruiper, overloper
**rate** I [ov ww] • achten, schatten, aanslaan • rekenen tot, waarderen, een waarde toekennen • (~ **among/with**) rekenen tot II [on ww] gerekend worden • (~ **among/with**) behoren tot III [znw] • tarief, prijs • snelheid
**rather** [bijw] • liever • nogal
**ratify** [ov ww] bekrachtigen, ratificeren
**rating** [znw] • taxering • klasse, classificatie • aanslag • matroos
**ratio** [znw] • verhouding • rede
**ration** I [ov ww] rantsoeneren II [znw] rantsoen
**rational** [bnw] • redelijk, verstandelijk • rationeel • rationalistisch
**rationale** [znw] • basis, grond(reden) • redenering • argument
**rationalism** [znw] rationalisme
**rationalize** [ov + on ww] • verstandelijk verklaren • rationaliseren • rationalistisch beschouwen
**rattle** I [ov ww] • doen rammelen, rammelen (met) • nerveus maken, opjagen, op stang jagen • (~ **off**) afraffelen II [on ww] • rammelen • kletteren • (~ **away/on**) er op los kletsen, maar door ratelen III [znw] • gerammel • ratel
**rattling** [bnw + bijw] denderend
**ratty** [bnw] prikkelbaar, nijdig
**raucous** [bnw] rauw, schor
**raunchy** [bnw] geil
**ravage** I [ov ww] • verwoesten • teisteren • plunderen II [znw] ravage
**rave** I [on ww] • razen, ijlen, dazen • dwepen met II [znw] rage III [bnw] hip
**raven** I [znw] raaf II [bnw] ravenzwart
**ravenous** [bnw] uitgehongerd
**ravine** [znw] ravijn
**raving** [bnw] stapel(gek)
**ravish** [ov ww] • meeslepen <fig.> • verkrachten
**raw** [bnw] • rauw • ruw, onbewerkt, puur • onervaren, ongeoefend • pijnlijk, gevoelig
**ray** [znw] • straal • rog <vis>
**rayon** [znw] rayon, kunstzijde
**raze** [ov ww] met de grond gelijk maken
**razor** [znw] scheermes
**re** I [znw] <muz.> re II [vz] betreffende
**reach** I [ov ww] • aanreiken • pakken • bereiken, komen bij II [on ww] reiken • (~ **for**) grijpen naar • (~ **forward**) voorover reiken/leunen • (~ **out**) de hand uitstrekken III [znw] • bereik • rak <v.e. rivier>
**reaction** [znw] reactie
**read** I [ov ww] • lezen, oplezen, voorlezen, aflezen • (kunnen) verstaan, horen • ontvangen <v. radio> • (~ **into**) (een betekenis) willen leggen in • (~ **out**) voorlezen • (~ **to**) voorlezen • (~ **up**) (grondig) bestuderen II [on ww] • geschreven staan • lezen • studeren
**readable** [bnw] • lezenswaard • leesbaar
**reader** [znw] • (voor)lezer • lector • leesboek
**readership** [znw] • lectoraat • de lezers
**readily** [bijw] gaarne
**readiness** [znw] gevatheid
**reading** [znw] • (meter)stand • lezing • lectuur
**readjust** [ov + on ww] (z.) weer aanpassen
**ready** [bnw] • klaar • bereid(willig) • handig, vlug
**real** [bnw + bijw] • echt, werkelijk • reëel • onroerend
**reality** [znw] werkelijkheid, realiteit
**realizable** [bnw] realiseerbaar, te verwezenlijken
**realize** [ov ww] • verwezenlijken • beseffen, inzien, z. realiseren • (te gelde) maken • opbrengen

**really** I [bijw] werkelijk II [tw] inderdaad, heus
**ream** [znw] • riem <papier> • grote hoeveelheid <informeel>
**reap** [ov + on ww] oogsten, maaien
**reaper** [znw] • oogster • oogstmachine
**reappear** [on ww] weer verschijnen
**reappearance** [znw] herverschijning
**reappraisal** [znw] herwaardering
**rear** I [ov ww] • bouwen, oprichten • verheffen, opheffen • kweken, fokken, grootbrengen II [on ww] steigeren III [znw] • achterkant, achterste gedeelte • achterhoede IV [bnw] achter-, achterste
**rearmost** [bnw] achterste
**rearrange** [ov ww] herschikken
**reason** I [ov ww] beredeneren II [on ww] redeneren • (~ **from**) uitgaan van III [znw] • reden • verstand, rede • redelijkheid, billijkheid
**reasonable** [bnw] • redelijk • billijk
**reasonably** [bijw] • redelijkerwijs • vrij, tamelijk
**reassurance** [znw] geruststelling
**reassure** [ov ww] geruststellen
**rebel** I [on ww] in opstand komen II [znw] opstandeling, oproerling
**rebellion** [znw] opstand, oproer
**rebellious** [bnw] opstandig
**rebirth** [znw] wedergeboorte
**reborn** [bnw] herboren
**rebound** [on ww] terugspringen • (~ (**up**)**on**) (weer) neerkomen op
**rebuff** I [ov ww] afwijzen II [znw] afwijzing
**rebuild** [ov ww] herbouwen
**rebuke** I [ov ww] berispen II [znw] berisping
**rebut** [ov ww] weerleggen
**rebuttal** [znw] weerlegging
**recalcitrant** [bnw] recalcitrant, weerspannig
**recall** I [ov ww] • terugroepen • weer in 't geheugen/voor de geest roepen • herinneren aan • herroepen, intrekken, terugnemen II [znw] • herinnering • <AE> dwang om af te treden
**recant** [ov ww] (openlijk) herroepen
**recapture** I [ov + on ww] heroveren, terugnemen II [znw] terugname, herovering
**recast** I [ov ww] • omwerken • rol toewijzen aan andere acteur II [znw] • hervorming • veranderde rolverdeling
**recede** [on ww] achteruitgaan, (terug)wijken • (~ **from**) terugkomen van, z. terugtrekken uit
**receipt** [znw] • ontvangst • kwitantie, reçu
**receive** I [ov + on ww] verwelkomen II [ov ww] • ontvangen, krijgen • opnemen
**receiver** [znw] • curator • ontvangtoestel, telefoonhoorn
**recent** [bnw] • kortgeleden • van onlangs • nieuw
**reception** [znw] • ontvangst • receptie • erkenning
**receptive** [bnw] ontvankelijk, vatbaar
**recess** [znw] • nis, alkoof • schuilhoek • reces, vakantie
**recession** [znw] achteruitgang, recessie
**recipe** [znw] recept
**recipient** I [znw] ontvanger, belanghebbende II [bnw] ontvankelijk
**reciprocal** [bnw] wederzijds, wederkerig, als tegenprestatie
**reciprocate** [ov ww] • uitwisselen • wederdienst bewijzen, wederkerig van dienst zijn
**reciprocity** [znw] • gelijke behandeling v. weerskanten • wisselwerking
**recital** [znw] • concert, recital • verhaal • voordracht
**recitation** [znw] • voordracht • verhaal
**reckless** [bnw] roekeloos
**reckon** I [ov ww] houden voor, beschouwen • (~ **in**) meetellen

• (~ **with**) *rekening houden met*
**II** [on ww] *menen*
**reckoning** [znw] • *berekening*
• *vergelding, verrekening*
**reclaim** [ov ww] • *terugwinnen* • *weer op 't goede pad brengen, beschaven*
• *cultiveren* • *droogmaken* <v. land>
• *hergebruiken*
**recline** [on ww] • *leunen* • *liggen*
• *steunen*
**recluse** [znw] *kluizenaar*
**recognition** [znw] • *herkenning*
• *erkenning*
**recognizable** [bnw] *herkenbaar*
**recognize** [ov ww] • *herkennen*
• *erkennen*
**recoil** **I** [on ww] • *terugdeinzen*
• *terugstoten* <v. vuurwapen>
• (~ **from**) *terugdeinzen voor* • (~ **on**) *z. wreken op* **II** [znw] • *terugslag*
• *reactie*
**recollect** [ov + on ww] *zich (weten te) herinneren*
**recollection** [znw] *herinnering*
**recommend** [ov ww] *aanbevelen, adviseren*
**recommendation** [znw] *aanbeveling*
**recompense** **I** [ov ww] • *vergoeden, vergelden* • *belonen* **II** [znw] *vergoeding*
**reconcile** [ov ww] • *verzoenen, overeenbrengen* • *bijleggen*
• (~ **to/with**) *verzoenen met*
**recondite** [bnw] *obscuur, diep(zinnig)*
**recondition** [ov ww] *opkalefateren, opknappen*
**reconnaissance** [znw] • *verkenning*
• *verkenningspatrouille*
**reconsider** [ov + on ww] *heroverwegen*
**reconstruct** [ov ww] • *opnieuw opbouwen* • *reconstrueren*
**reconstruction** [znw] • *reconstructie*
• *wederopbouw*
**record** **I** [ov + on ww] • *aantekenen, registreren, te boek stellen, optekenen*
• *vastleggen* <op geluidsdrager>
• *vermelden* **II** [znw] • *record*
• *afschrift, document* • *verslag, verhaal*
• *reputatie, antecedenten* • *opname, grammofoonplaat*
**recorder** [znw] • *griffier* • *archivaris*
• *(band)recorder* • *blokfluit*
**recording** [znw] *opname*
**recount** **I** [ov ww] *uitvoerig vertellen*
**II** [znw] *nieuwe telling*
**recoup** [ov ww] *terugwinnen*
**recourse** [znw] *toevlucht*
**recover** **I** [ov ww] *terugwinnen, terugkrijgen, terugvinden* **II** [on ww] *genezen, herstellen, bijkomen, er weer bovenop komen*
**recoverable** [bnw] • *terug te krijgen*
• <jur.> *verhaalbaar*
**recovery** [znw] *herstel*
**recreate** [ov ww] • *opnieuw creëren*
• *terugroepen*
**recreation** [znw] • *speelkwartier*
• *ontspanning, recreatie* • *vermaak*
**recreational** [bnw] *recreatie-, recreatief*
**recrimination** [znw] *tegenverwijt*
**recruit** **I** [ov ww] *aanwerven, rekruteren*
**II** [on ww] • *rekruten (aan)werven*
• <vero.> *herstellen, herstel zoeken*
**III** [znw] *rekruut*
**rectangle** [znw] *rechthoek*
**rectangular** [bnw] *rechthoekig*
**rectitude** [znw] • *rechtschapenheid*
• *correctheid*
**rector** [znw] • *rector* • *predikant* <v. Angl. kerk>
**rectory** [znw] • *predikantsplaats*
• *pastorie*
**recumbent** [bnw] *(achterover)liggend*
**recuperate** **I** [ov ww] *doen herstellen, er weer bovenop brengen* **II** [on ww] *herstellen, er weer bovenop komen*
**recur** [on ww] *terugkeren, terugkomen, z. herhalen*
**recurrence** [znw] • *herhaling*
• *toevlucht*
**recurrent** [bnw] *telkens terugkerend*
**recycle** [ov ww] *opnieuw in omloop brengen, verwerken tot nieuw produkt*

**red** [bnw] rood

**redden** [ov + on ww] rood maken/worden

**reddish** [bnw] roodachtig, rossig

**redeem** [ov ww] • terugkopen, afkopen, vrijkopen, aflossen, inlossen • loskopen, verlossen • goedmaken

**redeemable** [bnw] • aflosbaar • inwisselbaar

**redemption** [znw] • aflossing • verlossing

**redouble** [ov + on ww] (z.) verdubbelen

**redoubtable** [bnw] geducht

**redress** I [ov ww] weer goedmaken, herstellen, vergoeden II [znw] herstel, vergoeding

**reduce** [ov ww] • verlagen, verminderen, verzwakken • (terug)brengen, herleiden

**reduction** [znw] vermindering

**redundancy** [znw] overtolligheid

**redundant** [bnw] overtollig

**reedy** [bnw] schel

**reef** [znw] rif

**reefer** [znw] • korte jas • <sl.> stickie

**reek** I [on ww] • stinken, rieken <ook fig.> • dampen, roken II [znw] • stank • damp, rook

**reel** I [ov ww] • (**~ off**) afrollen, afraffelen II [on ww] • duizelen • wankelen, waggelen III [znw] • film(strook) • Schotse dans • klos(je), haspel, spoel

**re-entry** [znw] herintreding

**refectory** [znw] refter

**refer** I [ov ww] verwijzen II [on ww] • (**~ to**) raadplegen, betrekking hebben op, zich wenden tot, zinspelen op

**referee** [znw] scheidsrechter

**referendum** [znw] volksstemming

**refill** I [ov ww] opnieuw vullen II [znw] vulling

**refine** [ov ww] verfijnen, raffineren, veredelen, zuiveren

**refined** [bnw] verfijnd, elegant, geraffineerd

**refinement** [znw] raffinement

**refinery** [znw] raffinaderij

**refit** [ov ww] herstellen

**reflect** [ov ww] • weerspiegelen, weergeven, terugkaatsen • bedenken, (over)peinzen

**reflection** [znw] • weerschijn, (spiegel)beeld • overdenking, 't nadenken, gedachte

**reflective** [bnw] nadenkend, peinzend

**reflex** [znw] reflex(beweging)

**reflexive** [bnw] wederkerend

**reform** I [ov ww] hervormen, verbeteren, bekeren, tot inkeer brengen II [on ww] zich bekeren III [znw] beterschap, herziening

**reformer** [znw] hervormer

**refract** [ov ww] breken <v. licht>

**refractory** [bnw] onhandelbaar

**refrain** I [on ww] z. onthouden • (**~ from**) afzien van II [znw] refrein

**refresh** [ov + on ww] (z.) opfrissen, (z.) verfrissen

**refreshing** [bnw] • verfrissend • aangenaam, verrassend

**refreshment** [znw] • verversing • verfrissing

**refrigerate** [ov + on ww] (af)koelen

**refuel** [ov + on ww] tanken

**refuge** [znw] • toevlucht(soord) • redmiddel

**refugee** [znw] vluchteling

**refusal** [znw] weigering

**refute** [ov ww] weerleggen

**regain** [ov ww] herkrijgen, terugwinnen

**regal** [bnw] koninklijk

**regale** [ov ww] onthalen • (**~ with**) vergasten op

**regard** I [ov ww] beschouwen II [znw] achting

**regardless** I [bnw] onattent, onachtzaam II [bijw] niettemin, desondanks

**regatta** [znw] roeiwedstrijd, zeilwedstrijd

**regency** [znw] regentschap

**regicide** [znw] *koningsmoord(enaar)*
**regimental** [bnw] *regiments-*
**region** [znw] *streek, gebied*
**regional** [bnw] *gewestelijk*
**register** I [ov + on ww] *registreren* II [ov ww] • *(laten) inschrijven, aangeven* • *uitdrukken, tonen* • *(laten) aantekenen* <v. brief> III [on ww] • *z. (laten) inschrijven* • *in zich opnemen* IV [znw] *register, lijst*
**registrar** [znw] • *griffier* • *ambtenaar v.d. burgerlijke stand* • *bewaarder der registers*
**registry** [znw] • *registratie* • *archief*
**regress** [on ww] *achteruitgaan*
**regret** I [ov ww] *betreuren* II [znw] *spijt, berouw*
**regretful** [bnw] *spijtig, treurig*
**regrettable** [bnw] *betreurenswaardig*
**regroup** [ov + on ww] *(z.) hergroeperen*
**regular** I [znw] *vaste afnemer, vaste klant, stamgast* II [bnw] • *regelmatig, geregeld, vast* <klant> • *correct, zoals het hoort* • <inf.> *echt, doortrapt* • <AE> *gewoon, normaal*
**regularity** [znw] *regelmatigheid*
**regularize** [ov ww] *regulariseren*
**regulate** [ov ww] *reguleren, reglementeren, regelen*
**regulation** [znw] • *voorschrift* • *voorgeschreven*
**regulator** [znw] *regulateur*
**regurgitate** [ov ww] • *uitbraken* • *naäpen*
**rehabilitate** [ov ww] • *rehabiliteren* • *revalideren* • *renoveren*
**rehash** I [ov ww] *weer uit de kast halen, opnieuw brengen* II [znw] *herbewerking, oude kost* <fig.>
**rehearse** [ov ww] • *herhalen, weer opzeggen* • *repeteren* <toneel>
**rehouse** [ov ww] *een nieuw onderdak geven*
**reign** I [on ww] *regeren, heersen* II [znw] *regering*
**reimburse** [ov ww] *terugbetalen, vergoeden*
**reindeer** [znw] *rendier*
**reinforce** [ov ww] *versterken*
**reinforcement** [znw] *versterking*
**reinstate** [ov ww] *herstellen*
**reissue** [ov ww] *opnieuw uitgeven*
**reiterate** [ov ww] *herhalen*
**reject** [ov ww] *verwerpen, afwijzen*
**rejoice** [on ww] *zich verheugen*
**rejoinder** [znw] *(bits) antwoord*
**rejuvenate** [ov + on ww] *weer jong maken/worden*
**relapse** I [on ww] *(weer) instorten, (weer) terugvallen* II [znw] *instorting, terugval*
**relate** I [ov ww] • *vertellen* • *(onderling) verband leggen* • (~ **to/with**) *in verband brengen met* II [on ww] *in verband staan*
**relation** [znw] • *betrekking, verhouding* • *(bloed)verwantschap* • *familielid*
**relationship** [znw] • *verhouding* • *verwantschap*
**relative** I [znw] *familielid* II [bnw] • *betrekkelijk* • *in betrekking staand*
**relativity** [znw] • *betrekkelijkheid* • *relativiteit*
**relax** [ov + on ww] *(z.) ontspannen*
**relaxation** [znw] *ontspanning*
**relay** I [ov ww] • *aflossen* • *relayeren* II [znw] • *aflossing* <v. wacht, paarden> • *relais*
**release** I [ov ww] • *loslaten, bevrijden, vrijlaten* • *vrijgeven* • *voor 't eerst vertonen* <film>, *op de markt brengen* • (~ **from**) *ontheffen van* II [znw] • *bevrijding, vrijgeving* • *nieuwe film/l.p.* • *perscommuniqué*
**relegate** [ov ww] *degraderen, overplaatsen*
**relent** [on ww] *medelijden tonen, z. laten vermurwen*
**relentless** [bnw] *meedogenloos*
**relevance** [znw] *relevantie*
**relevant** [bnw] *relevant, toepasselijk*

**reliable** [bnw] *betrouwbaar*
**reliance** [znw] *afhankelijkheid*
**reliant** [bnw] *afhankelijk*
**relic** [znw] • *reliek, relikwie* • *overblijfsel*
**relief** [znw] • *verlichting, opluchting, welkome afwisseling* • *steun, hulp* • *ontheffing* • *aflossing* • *reliëf, plastiek*
**religion** [znw] *godsdienst*
**religious** [bnw] *religieus*
**relinquish** [ov ww] *opgeven, afstand doen v.*
**relish** I [ov ww] *genoegen scheppen in* II [znw] *kruiderij*
**relive** [ov ww] *opnieuw beleven*
**reluctance** [znw] *tegenzin*
**reluctant** [bnw] *onwillig*
**remain** [on ww] *(over)blijven, nog over zijn*
**remand** [znw] • *voorarrest* • *preventief gedetineerde*
**remark** I [ov ww] *opmerken* II [on ww] *opmerkingen maken* III [znw] *opmerking*
**remarkable** [bnw] *merkwaardig*
**remarry** [on ww] *hertrouwen*
**remedial** [bnw] *verbeterend*
**remedy** I [ov ww] *verhelpen, genezen* II [znw] • *(genees)middel* • *herstel*
**remember** I [ov + on ww] *(z.) herinneren, nog weten, niet vergeten, onthouden* II [ov ww] • *denken aan* • *bedenken* <met fooi, legaat>
**remembrance** [znw] • *geheugen* • *aandenken*
**reminder** [znw] • *waarschuwing* • *aanmaning*
**reminisce** [on ww] *herinneringen ophalen, mijmeren*
**reminiscence** [znw] *herinnering*
**reminiscent** [bnw] *met plezier terugdenkend*
**remiss** [bnw] *nonchalant, lui*
**remission** [znw] • *vermindering* • *vergeving*
**remit** I [ov ww] • *overmaken* • *toezenden* II [znw] *gebied* <fig.>
**remittance** [znw] *geldzending, remise*
**remnant** [znw] • *rest, restant* • *coupon*
**remodel** [ov ww] *opnieuw modelleren*
**remonstrate** I [ov ww] *tegenwerpen* II [on ww] *protesteren*
**remorse** [znw] *berouw*
**remorseful** [bnw] *berouwvol*
**remorseless** [bnw] *meedogenloos*
**remote** [bnw] • *ver weg* • *afgelegen*
**removal** [znw] *verplaatsing, verwijdering*
**remove** [ov ww] • *verwijderen, afnemen, wegnemen, er af doen* • *opruimen, uit de weg ruimen*
**remover** [znw] *vlekkenwater, afbijtmiddel, remover* <v. nagellak>
**remunerative** [bnw] *lonend*
**rename** [ov ww] *hernoemen*
**rend** [ov ww] • *stukscheuren, verscheuren* • *klieven*
**render** [ov ww] • *teruggeven* • *weergeven* • *betuigen, betonen* • *verlenen*
**rendering** [znw] *weergave*
**rendition** [znw] *uitvoering, weergave, vertaling*
**renegade** [znw] *afvallige, overloper*
**renew** [ov ww] • *vernieuwen, hernieuwen* • *doen herleven* • *hervatten* • *vervangen, verversen* • *prolongeren, verlengen*
**renewable** [bnw] • *vernieuwbaar* • *verlengbaar*
**renewal** [znw] • *vernieuwing* • *verlenging*
**rennet** [znw] *stremsel*
**renounce** [ov ww] • *afstand doen v., afzien v.* • *verwerpen, verloochenen*
**renovate** [ov ww] *renoveren*
**renowned** [bnw] *vermaard*
**rent** I [ww] verl.tijd + volt.deelw. → **rend** II [ov ww] *(ver)huren, (ver)pachten, in huur of pacht hebben* III [znw] • *kloof, scheur* • *huur, pacht*
**rental** [znw] *huursom, pachtsom*
**renunciation** [znw] *het afstand doen*

**reopen** [ov ww] *heropenen*
**reorganize** [ov + on ww] *reorganiseren*
**rep** [afk] • (representative) *vertegenwoordiger* • (repertory) *reprise-theater*
**repair** I [ov ww] • *repareren* • *vergoeden, weer goedmaken* II [on ww] • (~ **to**) *z. begeven naar* III [znw] *onderhoud*
**reparation** [znw] • *schadeloosstelling, herstelbetaling* • *reparatie*
**repartee** [znw] *gevat antwoord*
**repatriate** [ov + on ww] *naar 't vaderland terugkeren/-zenden*
**repay** [ov ww] • *terugbetalen* • *vergelden, vergoeden*
**repayable** [bnw] *aflosbaar*
**repayment** [znw] → **repay**
**repeal** I [ov ww] *herroepen* II [znw] *herroeping*
**repeat** I [ov ww] • *herhalen* • *opzeggen, navertellen* II [on ww] *repeteren* III [znw] • *herhaling* • *bis* • <muz.> *herhalingsteken, reprise*
**repeater** [znw] *repeteergeweer*
**repel** [ov ww] • *terugdrijven* • *afstoten*
**repellent** I [znw] *afweermiddel* II [bnw] *weerzinwekkend, onprettig*
**repent** [ov + on ww] *berouw hebben*
**repentance** [znw] *berouw*
**repentant** [bnw] *berouwvol*
**repercussion** [znw] • *reactie* • *weerklank*
**repetition** [znw] *herhaling*
**repetitious, repetitive** [bnw] *(zich) herhalend*
**replace** [ov ww] • *terugzetten* • *vervangen*
**replaceable** [bnw] *vervangbaar*
**replacement** [znw] *vervanging*
**replay** I [ov + on ww] *opnieuw laten zien/horen, herhalen* II [znw] • *overgespeelde wedstrijd* • *herhaling* <v. beeldscène/geluidsfragment>
**replenish** [ov ww] *bijvullen, aanvullen*
**replete** [bnw] *vol, verzadigd*
**replica** [znw] *duplicaat*
**reply** I [ov + on ww] *antwoorden* • (~ **to**) *beantwoorden* II [znw] *antwoord*
**report** I [ov ww] • *verslag doen v., rapport uitbrengen v.* • *melden* II [on ww] *verslag doen/uitbrengen, rapporteren* • (~ **to**) *zich melden bij* III [znw] • *verslag* • *gerucht* • *knal, schot*
**reportedly** [bijw] *naar verluidt*
**reporter** [znw] • *verslaggever* • *rapporteur*
**repose** I [on ww] *rusten* II [znw] *rust*
**reprehensible** [bnw] *laakbaar*
**represent** [ov ww] • *voorstellen* • *vertegenwoordigen*
**representation** [znw] • *voorstelling* • *vertegenwoordiging, inspraak*
**representative** I [znw] *(volks)vertegenwoordiger* II [bnw] • *vertegenwoordigend* • *representatief* • *kenmerkend, typisch*
**repress** [ov ww] *onderdrukken, bedwingen*
**repression** [znw] • *verdringing* • *onderdrukking*
**repressive** [bnw] *onderdrukkend*
**reprieve** I [ov ww] *gratie verlenen* II [znw] *gratie*
**reprimand** I [ov ww] *berispen* II [znw] *officiële berisping*
**reprint** I [ov ww] *herdrukken* II [znw] *herdruk*
**reprisal** [znw] *vergelding, represaille*
**reproach** I [ov ww] • *verwijten* • *berispen* II [znw] *verwijt*
**reproachful** [bnw] *verwijtend*
**reprobate** [znw] *verworpene*
**reproduce** I [ov ww] • *weergeven, reproduceren, kopiëren* • *(opnieuw) voortbrengen* II [on ww] *zich voortplanten*
**reproduction** [znw] *reproduktie*
**reproductive** [bnw] • *reproducerend* • *voortplantings-*

**reproof** [znw] • *verwijt* • *berisping* • *afkeuring*
**reptile** [znw] *reptiel*
**republic** [znw] *republiek*
**repugnance** [znw] *afkeer, weerzin*
**repugnant** [bnw] *weerzinwekkend*
**repulse** [ov ww] • *afslaan, terugslaan* • *afwijzen*
**repulsion** [znw] • *tegenzin* • *afstoting*
**repulsive** [bnw] *weerzinwekkend*
**reputable** [bnw] *fatsoenlijk, goed bekend staand*
**reputation** [znw] *reputatie, (goede) naam*
**repute** [znw] *vermaardheid, (goede) naam, roep*
**reputed** [bnw] • *befaamd* • *vermeend*
**request** I [ov ww] *verzoeken* II [znw] *verzoek*
**requiem** [znw] *requiem, uitvaartdienst*
**require** [ov ww] • *eisen* • *nodig hebben, vereisen*
**requirement** [znw] *eis, vereiste*
**requisite** I [znw] *vereiste* II [bnw] *vereist*
**requisition** I [ov ww] *vorderen* II [znw] *(op)vordering*
**requite** [ov ww] *beantwoorden*
**rescind** [ov ww] *opheffen, nietig verklaren*
**rescue** I [ov ww] *redden, bevrijden* II [znw] *redding*
**rescuer** [znw] *redder*
**research** [znw] *(wetenschappelijk) onderzoek*
**researcher** [znw] *onderzoeker, wetenschapper*
**resemblance** [znw] *gelijkenis*
**resemble** [ov ww] *lijken op*
**resent** [ov ww] *kwaad zijn over, kwalijk nemen*
**resentful** [bnw] • *kwaad, boos* • *lichtgeraakt*
**resentment** [znw] *rancune, wrevel*
**reservation** [znw] • *voorbehoud* • *(Indianen-)reservaat* • *reservering* • *reservatie*
**reserve** I [ov ww] *reserveren* II [znw] • *voorbehoud* • *gereserveerdheid*
**reserved** [bnw] *gesloten, gereserveerd, zwijgzaam*
**reservoir** [znw] • *reservoir* • *reservevoorraad*
**reset** [ov ww] <comp.> • *zetten* <v. bot> • <comp.> *opnieuw opstarten*
**resettle** [ov ww] *opnieuw vestigen*
**reshuffle** I [ov ww] *herschikken, opnieuw schudden* <kaartspel> II [znw] *herverdeling*
**reside** [on ww] *wonen, zijn standplaats hebben* • (~ **in**) *berusten bij*
**residence** [znw] • *woning* • *woonplaats, standplaats* • *residentie*
**resident** I [znw] *inwoner, vaste bewoner* II [bnw] *(in)wonend*
**residential** [bnw] *woon-*
**residual** [bnw] *resterend*
**residue** [znw] *rest, overschot*
**resign** I [ov ww] • *afstand doen v., overgeven* • *opgeven* II [on ww] *ontslag nemen, aftreden*
**resignation** [znw] • *ontslag* • *berusting*
**resigned** [bnw] *gelaten*
**resilience** [znw] *veerkracht*
**resilient** [bnw] *veerkrachtig*
**resin** [znw] *hars*
**resinous** [bnw] *harsig*
**resist** I [ov ww] • *bestand zijn tegen, weren* • *z. verzetten tegen* II [on ww] *weerstand bieden, z. verzetten*
**resistance** [znw] • *verzet* • <techn.> *weerstand*
**resistant** [bnw] *weerstand biedend, immuun, bestand*
**resolute** [bnw] *vastberaden*
**resolution** [znw] • *besluit* • *resolutie* • *ontknoping* • *vastberadenheid*
**resolve** I [ov ww] • *oplossen* • *ontbinden, herleiden* II [on ww] *besluiten, beslissen* III [znw] *besluit*
**resound** [ov + on ww] *(doen) weerklinken, galmen*

**resounding** [bnw] • *luid klinkend, galmend* • *eclatant, daverend*
**resource** [znw] • *hulpbron* • *middel, toevlucht, uitweg* • *vindingrijkheid*
**respect** I [ov ww] *eerbiedigen* II [znw] • *eerbied, achting, respect* • *opzicht*
**respectable** [bnw] • *fatsoenlijk* • *behoorlijk*
**respectful** [bnw] *eerbiedig*
**respective** [bnw] *onderscheidenlijk, respectief*
**respiration** [znw] *ademhaling*
**respirator** [znw] • *ademhalings-/zuurstofmasker* • *gasmasker*
**respiratory** [bnw] *ademhalings-*
**resplendent** [bnw] *schitterend*
**respond** [on ww] *antwoorden* • (~ **to**) *reageren op*
**response** [znw] • *antwoord* • *reactie, weerklank* • *tegenzang, responsorium*
**responsibility** [znw] *verantwoordelijkheid*
**responsible** [bnw] • *verantwoordelijk* • *aansprakelijk*
**responsive** [bnw] • *antwoordend* • *reagerend* • *sympathiek*
**rest** I [ov ww] • *laten rusten, rust geven* • *steunen, liggen* II [on ww] • *uitrusten, berusten* • *blijven* III [znw] • *steun, houder, statief* • *rust*
**restate** [ov ww] *herformuleren*
**restful** [bnw] • *rustig* • *kalmerend*
**restitution** [znw] *schadeloosstelling*
**restive** [bnw] *koppig, prikkelbaar, onhandelbaar*
**restless** [bnw] • *ongedurig* • *rusteloos*
**restoration** [znw] *restauratie*
**restorative** I [znw] *herstellend middel* II [bnw] *herstellend*
**restore** [ov ww] • *herstellen, restaureren* • *teruggeven* • *weer op zijn plaats zetten*
**restorer** [znw] *restaurateur* <v. kunstwerken>
**restrain** [ov ww] • *weerhouden, bedwingen* • *beperken*
**restrained** [bnw] *beheerst, rustig, kalm*
**restraint** [znw] • *beperking* • *terughoudendheid*
**restrict** [ov ww] *beperken*
**restriction** [znw] *beperking*
**restrictive** [bnw] *beperkend*
**result** I [on ww] • (~ **from**) *volgen uit* • (~ **in**) *uitlopen op* II [znw] • *gevolg, resultaat* • *afloop, uitkomst*
**resume** [ov + on ww] *hervatten*
**résumé** [znw] *resumé, samenvatting*
**resumption** [znw] *hervatting*
**resurgent** [bnw] *terugkerend, herlevend*
**resurrect** [ov ww] *doen herleven*
**resuscitate** I [ov ww] *weer opwekken, bijbrengen, reanimeren* II [on ww] *weer opleven, bijkomen*
**retail** I [ov ww] • *verkopen* • *uitvoerig vertellen* II [znw] *kleinhandel*
**retailer** [znw] *kleinhandelaar*
**retain** [ov ww] • *nemen* <v. advocaat> • *behouden, onthouden* • *tegenhouden, vasthouden*
**retainer** [znw] • *vooruitbetaald honorarium* • *vazal*
**retake** [ov ww] *opnieuw nemen*
**retaliate** [on ww] *wraak nemen*
**retaliative, retaliatory** [bnw] *vergeldings-*
**retard** [ov ww] *vertragen*
**retch** [on ww] *kokhalzen*
**retentive** [bnw] *vasthoudend*
**rethink** [ov + on ww] *heroverwegen, nog eens bekijken*
**reticence** [znw] • *zwijgzaamheid* • *terughoudendheid*
**reticent** [bnw] *zwijgzaam, gesloten*
**retinue** [znw] *gevolg*
**retire** I [ov ww] • *terugtrekken, intrekken* • *ontslaan* II [on ww] • *met pensioen gaan, ontslag nemen* • *zich terugtrekken, naar bed gaan*
**retired** [bnw] • *eenzaam* • *gepensioneerd*
**retirement** [znw] • *pensionering* • *eenzaamheid*

**retiring** [bnw] • *pensioen-* • *bescheiden*
**retouch** [ov ww] *bijwerken, retoucheren*
**retrace** [ov ww] *volgen, (weer) nagaan*
**retract** I [ov ww] *intrekken, terugtrekken* II [on ww] *ingetrokken (kunnen) worden*
**retractable** [bnw] *intrekbaar*
**retraction** [znw] *intrekking, herroeping*
**retread** [znw] *gecoverde autoband*
**retreat** I [on ww] *terugwijken, (zich) terugtrekken* II [znw] • *wijkplaats* • *terugtocht* • *afzondering* • *retraite(huis)*
**retribution** [znw] *vergelding, genoegdoening*
**retributive** [bnw] *vergeldend*
**retrieval** [znw] *het terughalen*
**retrieve** [ov ww] • *terugkrijgen, terugvinden* • *apporteren*
**retroactive** [bnw] *met terugwerkende kracht*
**retrograde** [bnw] • *achteruitgaand* • *omgekeerd*
**retrogressive** [bnw] *achteruitgaand*
**retrospect, retrospection** [znw] *terugblik*
**return** I [ov ww] • *teruggeven, terugzetten* • *beantwoorden* II [on ww] *terugkomen, teruggaan, terugkeren* III [znw] • *omzet, opbrengst* • *terugkomst* • *retour(biljet)* • *opgave*
**returnable** [bnw] *retour-*
**reunion** [znw] • *hereniging* • *reünie*
**reunite** [ov ww] *herenigen*
**rev** [ov + on ww] • (~ **up**) *plankgas geven, sneller draaien* <v. motor>
**revalue** [ov ww] *revalueren, herwaarderen*
**reveal** [ov ww] *openbaren, bekendmaken*
**revealing** [bnw] *onthullend, veelzeggend*
**revel** I [on ww] *fuiven, boemelen, feesten* • (~ **in**) *genieten van* II [znw] *pret, feest*
**revelation** [znw] *onthulling, openbaring*
**reveller** [znw] *pretmaker*
**revelry** [znw] *pretmakerij*
**revenue** [znw] *(staats)inkomen, inkomsten, baten*
**reverberate** [ov + on ww] *terugkaatsen, weerkaatsen*
**revere** [ov ww] *(ver)eren, met eerbied opzien tegen*
**reverence** [znw] *eerbied, verering*
**reverend** I [znw] *geestelijke* II [bnw] *eerwaard(ig)*
**reverent, reverential** [bnw] *eerbiedig*
**reverie** [znw] *mijmering*
**reversal** [znw] *het wisselen, ommekeer*
**reverse** I [ov ww] • *omkeren, omschakelen* • *achteruitrijden* • *herroepen, intrekken* II [on ww] *achteruitrijden* III [znw] • *tegenovergestelde, omgekeerde* • *tegenslag* • *achteruit* <v. auto> IV [bnw] *tegenovergesteld, omgekeerd*
**reversion** [znw] *terugkeer*
**revert** [on ww] • *terugkeren, terugkomen* • *terugvallen* <v.e. erfgoed aan oorspr. schenker of diens erfgenamen>
**review** I [ov ww] • *nog eens onder de loep nemen, opnieuw bekijken* • *inspecteren* • *recenseren* • *herzien* II [znw] • *recensie* • *inspectie, parade* • *tijdschrift* • *overzicht* • *herziening*
**reviewer** [znw] *recensent*
**revile** [ov ww] *uitschelden, tekeergaan tegen*
**revise** I [ov + on ww] *blokken* II [ov ww] *nazien, herzien, reviseren*
**revision** [znw] • *herziening* • *herziene uitgave*
**revival** [znw] • *opleving* • *reprise* <toneel>
**revive** [ov + on ww] *(doen) herleven, (doen) bijkomen*
**revocation** [znw] *herroeping*
**revoke** [ov ww] *herroepen*
**revolt** I [ov ww] *doen walgen*

II [on ww] • *in opstand komen* • *walgen* III [znw] *opstand*
**revolting** [bnw] • *opstandig* • *weerzinwekkend*
**revolutionary** I [znw] *revolutionair* II [bnw] *revolutionair*
**revolutionize** [ov ww] *'n ommekeer teweegbrengen in*
**revolve** [ov ww] *omwentelen, (om)draaien*
**revulsion** [znw] *walging*
**reward** I [ov ww] *belonen* II [znw] *beloning*
**rewarding** [bnw] *lonend, de moeite waard*
**rewind** [ov ww] *opnieuw opwinden, terugspoelen*
**rewrite** [ov ww] *omwerken*
**rhapsody** [znw] *rapsodie*
**rhetoric** [znw] • *retorica* • *retoriek*
**rhetorical** [bnw] *retorisch*
**rheumatic** I [znw] *reumalijder* II [bnw] *reumatisch*
**rhino** [znw] *neushoorn*
**rhubarb** [znw] *rabarber*
**rhyme** I [on ww] *rijmen* II [znw] *rijm(pje), poëzie*
**rhythm** [znw] *ritme*
**rib** I [ov ww] <inf.> *plagen* II [znw] • *rib* • *nerf* • *richel* • *balein*
**ribald** [bnw] *onbehoorlijk, schunnig*
**ribbon** [znw] *lint, strook*
**rice** [znw] *rijst*
**rich** [bnw] • *kostbaar* • *machtig* <v. spijzen> • *vol, warm* <v. kleur, klank> • *rijk* • *vruchtbaar*
**richly** [bijw] *rijkelijk*
**rick** I [ov ww] *verrekken* II [znw] *hoop hooi, hooimijt*
**rickets** [znw] *Engelse ziekte*
**rickety** [bnw] *wankel, gammel*
**ricochet** I [on ww] *afketsen* <v. kogel> II [znw] *verdwaalde kogel*
**rid** [ov ww] *bevrijden* • (~ **of**) *ontdoen van*
**ridden** [ww] volt. deelw. → **ride**
**riddle** I [ov ww] *doorzeven* II [znw] *raadsel*
**ride** I [ov + on ww] • *rijden* • *drijven, varen* II [znw] *rit, reis, tocht*
**rider** [znw] • *ruiter, (be)rijder* • *toegevoegde clausule, toevoeging*
**ridge** [znw] • *heuvelrug, bergkam* • *richel* • *nok*
**ridicule** I [ov ww] *belachelijk maken* II [znw] *spot*
**ridiculous** [bnw] *belachelijk*
**rife** [bnw] *algemeen heersend*
**rifle** I [ov ww] • *plunderen* • (~ **through**) *doorzoeken* II [znw] *geweer*
**rift** [znw] *spleet, scheur*
**rig** I [ov ww] • *slinks bewerken, manipuleren* • *uitrusten* • (~ **out**) *uitdossen* • (~ **up**) *in elkaar flansen* II [znw] • *boortoren, booreiland* • *aankleding, kledij*
**rigging** [znw] *tuigage*
**right** I [ov ww] *(iets) rechtzetten* II [znw] • *recht* • *rechts* III [bnw] • *recht* • *juist* • *goed* • *passend* IV [bijw] • *rechts* • *meteen*
**rightful** [bnw] • *rechtmatig* • *rechtvaardig*
**rightist** I [znw] *rechts(georiënteerd)e* II [bnw] *rechts(georiënteerd)*
**rigid** [bnw] • *stijf* • *onbuigzaam, streng*
**rigmarole** [znw] *rompslomp*
**rigorous** [bnw] *streng, hard*
**rigour** [znw] *strengheid, hardheid*
**rile** [ov ww] *kwaad maken*
**rim** [znw] • *rand* • *(bril)montuur*
**rimless** [bnw] *zonder rand*
**rind** [znw] • *(kaas)korst, schil* • *(spek)zwoerd*
**ring** I [ov ww] • *bellen, laten klinken, luiden* • *opbellen* • *ringen, ring aandoen* • *omringen* • (~ **in**) *inluiden* • (~ **out**) *uitluiden* • (~ **up**) *opbellen* II [on ww] • *klinken* • *bellen* • *gaan* <v. bel>, *overgaan* <v. telefoon> • (~ **for**) *bellen (om)* • (~ **off**) *neerleggen* <v.

telefoon> • (~ **with**) weerklinken van **III** [znw] • ring • kring • kliek, combinatie • circus, (ren)baan • klank • gelui, gebel

**ringer** [znw] klokkenluider

**ringlet** [znw] haarkrulletje

**rink** [znw] • ijs(hockey)baan • rolschaatsbaan

**rinse** **I** [ov ww] (om)spoelen **II** [znw] spoeling

**riot** **I** [on ww] oproer maken **II** [znw] • oproer, rel • vrolijke bende

**riotous** [bnw] oproerig

**rip** **I** [ov + on ww] scheuren • (~ **off**) bedriegen, stelen • (~ **up**) verscheuren **II** [znw] scheur, torn

**ripe** [bnw] rijp, belegen

**ripple** **I** [ov + on ww] rimpelen, golven **II** [znw] rimpeling, golfje(s)

**rise** **I** [on ww] • groter/hoger worden, opkomen, (ver)rijzen, stijgen • (zich) verheffen • uiteengaan <v. vergadering> • opstaan • opgaan, omhooggaan • (~ **from**) ontspringen uit, voortkomen uit • (~ **up**) in opstand komen **II** [znw] • helling, verhoging • opslag

**riser** [znw] ⋆ early ~ vroege vogel

**rising** **I** [znw] opstand **II** [bnw] opkomend

**risk** **I** [ov ww] wagen, riskeren **II** [znw] risico, gevaar

**risky** [bnw] gewaagd

**ritual** **I** [znw] ritueel **II** [bnw] ritueel

**rival** **I** [ov ww] wedijveren met, trachten te evenaren **II** [znw] mededinger, medeminnaar **III** [bnw] mededingend, concurrerend

**rivalry** [znw] rivaliteit, wedijver

**river** [znw] rivier

**rivet** **I** [ov ww] • (vast)klinken • boeien <ook fig.>, vestigen <de ogen>, concentreren <de aandacht> **II** [znw] klinknagel

**rivulet** [znw] riviertje, beekje

**roach** [znw] voorn

**road** [znw] (straat)weg

**roam** **I** [ov + on ww] zwerven (door) **II** [znw] zwerftocht <te voet>

**roar** **I** [ov + on ww] brullen, bulderen **II** [znw] gebulder

**roaring** [bnw] • denderend • bulderend

**roast** **I** [ov + on ww] • braden, roosteren • branden **II** [ov ww] in de maling nemen **III** [znw] gebraad **IV** [bnw] geroosterd

**rob** [ov + on ww] (be)stelen, (be)roven

**robber** [znw] dief, rover

**robbery** [znw] roof, diefstal

**robe** **I** [ov ww] zich kleden **II** [znw] • kamerjas • toga, ambtsgewaad • robe, gewaad

**robin** [znw] roodborstje

**robust** [bnw] • robuust • inspannend

**rock** **I** [ov + on ww] • schommelen, wieg(el)en • (doen) wankelen **II** [znw] • rots(blok), steen • kandij, suikerstok • rock(muziek)

**rocker** [znw] • schommelstoel • nozem • gebogen hout onder wieg

**rocket** **I** [on ww] omhoog schieten **II** [znw] • raket • uitbrander • vuurpijl

**rocky** [bnw] • rotsachtig • gammel, wankel

**rod** [znw] • staf, staaf, stang • hengel

**rode** [ww] verl. tijd → **ride**

**rodent** [znw] knaagdier

**roe** [znw] ree

**roguish** [bnw] schurkachtig

**role** [znw] rol

**roll** **I** [ov ww] (op)rollen • (~ **up**) oprollen **II** [on ww] • rollen, rijden • woelen **III** [znw] • rol • broodje

**roller** [znw] • roller • wals

**rolling** [bnw] golvend, deinend

**roly-poly** [bnw] mollig

**Roman** **I** [znw] • rooms-katholiek • Romein **II** [bnw] • Romeins • rooms(-katholiek)

**romantic** **I** [znw] romanticus **II** [bnw] romantisch

**romanticism** [znw] romantiek

**romanticize** [ov ww] romantisch maken
**romp** I [on ww] stoeien, ravotten II [znw] stoeipartij
**roof** I [ov ww] onder dak brengen, overdekken II [znw] dak
**roofing** [znw] • dakbedekking • dekmateriaal
**rook** I [ov ww] afzetten II [znw] • roek • toren <schaakspel>
**rookie** [znw] rekruut
**room** I [on ww] <AE> op (een) kamer(s) wonen II [znw] • kamer, zaal • ruimte, plaats • gelegenheid, aanleiding
**roomy** [bnw] ruim, breed
**roost** I [on ww] op stok gaan II [znw] roest, (kippen)stok, nachthok
**rooster** [znw] haan
**root** I [ov ww] omwroeten • (~ **out**) tevoorschijn brengen, opscharrelen, opsnorren • (~ **up**) uittrekken <v. plant> II [on ww] inwortelen, wortelschieten • (~ **for**) zich inzetten voor III [znw] • wortel • kern, bron, grondslag
**rope** I [ov ww] • vastbinden • vangen <m. lasso> II [znw] touw
**rosary** [znw] rozenkrans
**rose** I [znw] roos II [bnw] rozerood, bruinroze
**rosemary** [znw] rozemarijn
**rosette** [znw] rozet
**roster** [znw] dienstrooster
**rostrum** [znw] spreekgestoelte, podium, publieke tribune
**rosy** [bnw] • roze • rooskleurig
**rot** I [ov ww] doen rotten, bederven II [on ww] rotten, verrotten, bederven III [znw] • rotheid, rotte plek • onzin
**rota** [znw] (dienst)rooster
**rotary** [bnw] roterend
**rotate** [ov + on ww] • draaien, wentelen • rouleren
**rotation** [znw] • rotatie, roulering • vruchtwisseling
**rote** [znw] domme routine
**rotor** [znw] (draai)wiek v.e. helikopter
**rotten** [bnw] • (ver)rot • corrupt • waardeloos, beroerd, slecht
**rotter** [znw] mispunt, vent/vrouw van niks
**rotund** [bnw] mollig, gezet
**rough** I [znw] ruwe klant II [bnw] • ruw, ruig • guur, stormachtig • onbeschaafd • hard, drastisch • globaal
**roughage** [znw] • ruwvoer • vezelrijk voedsel
**roughen** [ov + on ww] ruw maken/worden
**round** I [ov ww] • (~ **off**) afronden II [znw] • ronde, reeks • sport <v. ladder> • canon • toer <breien> III [bnw] • rond • afgerond IV [bijw] • rond, om • in 't rond, rondom V [vz] rondom
**roundabout** I [znw] • draaimolen • verkeersrotonde II [bnw] omslachtig, wijdlopig
**roundly** [bijw] botweg, rondweg, ronduit
**rouse** I [ov ww] • prikkelen • wakker maken, (op)wekken, opschrikken II [on ww] wakker worden
**rove** [ov + on ww] rondzwerven (door), ronddolen (door), dwalen (door)
**row** I [ov + on ww] roeien (tegen) II [znw] • rij • huizenrij, straat • herrie, drukte • ruzie
**rowdy** I [znw] herrieschopper II [bnw] lawaaierig
**rower** [znw] roeier
**royal** I [znw] lid v. Koninklijk huis II [bnw] • konings-, koninklijk • schitterend, heerlijk
**royalty** [znw] • koningschap, koninklijke waardigheid • vorstelijke personen • royalty
**rub** I [ov ww] • poetsen, boenen • inwrijven, afwrijven • (~ **down**) afwrijven, stevig afdrogen • (~ **in**) inwrijven, er in stampen <v. les>

• (~ **off**) *eraf wrijven* • (~ **out**) *uitgummen* • (~ **together**) *tegen elkaar wrijven* **II** [znw] • *moeilijkheid, hindernis* • *poetsbeurt* • *robber*
**rubber** **I** [znw] • *wrijfkussen* • *rubber, gummi, elastiek* • *robber* **II** [bnw] *rubberen*
**rubbish** [znw] • *rommel* • *onzin*
**rubble** [znw] *puin*
**rubicund** [bnw] *blozend*
**rubric** [znw] *rubriek*
**ruby** **I** [znw] *robijn* **II** [bnw] *robijnrood*
**ruck** **I** [on ww] *verkreukelen* **II** [znw] • *kreukel* • *(de) massa*
**rucksack** [znw] *rugzak, ransel*
**rudder** [znw] *roer*
**ruddy** [bnw] • *verdomd(e)* • *rood, blozend* • *rossig*
**rude** [bnw] • *ruw* • *lomp* • *primitief, onbeschaafd*
**rudimentary** [bnw] • *rudimentair* • *in een beginstadium*
**rue** [ov ww] *berouw hebben over/van, treuren om*
**rueful** [bnw] *verdrietig, treurig*
**ruff** [znw] • *Spaanse plooikraag* • *verenkraag*
**ruffian** [znw] *bullebak, schurk, woesteling*
**ruffle** [ov ww] • *verfrommelen* • *rimpelen* • *uit zijn humeur brengen*
**rug** [znw] • *(haard)kleedje* • *(reis)deken*
**rugged** [bnw] • *ruw, hobbelig* • *hoekig* • *hard, nors* • *krachtig*
**ruin** **I** [ov ww] *te gronde richten, vernielen, ruïneren* **II** [znw] • *ondergang* • *wrak* <fig.>
**rule** **I** [ov ww] *heersen* • (~ **out**) *uitsluiten* **II** [on ww] *heersen, regeren* **III** [znw] • *regel* • *liniaal* • *heerschappij, bestuur*
**ruler** [znw] • *regeerder, heerser* • *liniaal*
**rum** **I** [znw] *rum* **II** [bnw] *vreemd, raar*
**rumble** **I** [ov ww] *doorhebben* **II** [on ww] *rommelen* **III** [znw] • *storend signaal, brom* <elektronica> • *geroezemoes*
**ruminate** **I** [ov ww] *(nog eens) overdenken* **II** [on ww] *herkauwen*
**ruminative** [bnw] *peinzend*
**rummage** **I** [ov ww] • *doorsnuffelen* • *overhoop halen, rommel maken* • (~ **out**) *opscharrelen* **II** [on ww] *rommelen, snuffelen*
**rumour** [znw] *gerucht*
**rump** [znw] *staart(stuk), achterste*
**rumple** [ov ww] *in de war maken*
**rumpus** [znw] *tumult, herrie, hooglopende ruzie*
**run** **I** [ov ww] • *lopen over* • *laten lopen, laten gaan, rijden, laten stromen* • *aan 't hoofd staan van, leiden, sturen* • *brengen* <v. artikel, toneelstuk> • *rijgen* • *(binnen)smokkelen* • (~ **down**) *overrijden, afgeven op* • (~ **in**) *inrekenen* • (~ **into**) *laten vervallen tot, steken in* • (~ **off**) *laten weglopen* • (~ **out**) *afrollen* • (~ **over**) *overrijden, laten gaan over* • (~ **through**) *doorsteken, doorhalen, er door brengen* **II** [on ww] • *hardlopen* • *z. haasten* • *doorlopen, uitlopen, z. snel verspreiden* • *een run maken* <bij cricket> • (~ **about**) *heen en weer lopen, rondsjouwen* • (~ **across**) *(toevallig) tegenkomen* • (~ **after**) *achternalopen* • (~ **away**) *weglopen, er vandoor gaan* • (~ **down**) *opraken, uitgeput raken, vervallen* • (~ **for**) *kandidaat zijn voor* • (~ **in**) *binnenlopen* • (~ **into**) *in botsing komen met* • (~ **off**) *de benen nemen, weglopen* • (~ **on**) *doordraven, doorlopen, doorgaan* • (~ **out**) *opraken, verlopen, ongeldig worden* • (~ **over**) *overlopen* • (~ **through**) *doorlopen, lopen door, doornemen* • (~ **to**) *(op)lopen tot, gaan tot* • (~ **together**) *in elkaar lopen* • (~ **up**) *oplopen* **III** [znw] • *(kippen)ren* • *vrij gebruik, vrije toegang* • *run* <bij cricket> • *(ver)loop*

• *toeloop, gang* • *ritje* • *uitstapje*
**rung** **I** [ww] volt. deelw. → **ring**
**II** [znw] • *sport* <v. ladder> • *spijl*
**runner** [znw] • *hardloper* • *wisselloper, ordonnans* • *uitloper, scheut* <v. plant>
**running** [bnw] • *doorlopend, achter elkaar* • *strekkend*
**runt** [znw] • *dwerg, kriel* • *uilskuiken*
**rupture** **I** [ov ww] • *een breuk veroorzaken* • *doorbreken, verbreken* **II** [on ww] *een breuk hebben* **III** [znw] *breuk, scheuring*
**rural** [bnw] *landelijk, plattelands-*
**rusk** [znw] *(scheeps)beschuit*
**russet** [bnw] *roodbruin*
**Russian** **I** [znw] • *Rus(sin)* • *het Russisch* **II** [bnw] *Russisch*
**rust** **I** [on ww] *roesten, verroesten* **II** [znw] *roest*
**rustic** [bnw] • *landelijk* • *boers*
**rustle** **I** [ov ww] *doen ritselen* **II** [on ww] *ruisen, ritselen* **III** [znw] *geritsel, geruis*
**rusty** [bnw] • *roestig* • *roestrood*
**rut** [znw] • *karrespoor* • *groef* • *(oude) sleur* • *bronst*
**ruthless** [bnw] *meedogenloos*
**rye** [znw] *rogge*

# S

**sabbatical** [znw] *sabbatsjaar*
**sable** [znw] *sabelbont*
**sabotage** **I** [ov + on ww] *saboteren* **II** [znw] *sabotage*
**sabre** [znw] *cavaleriesabel*
**sachet** [znw] *parfumkussentje*
**sack** **I** [ov ww] • *de bons geven* • *plunderen* **II** [znw] *zak*
**sacking** [znw] • *paklinnen* • *ontslag*
**sacred** [bnw] • *heilig* • *gewijd* • *onschendbaar*
**sacrifice** **I** [ov ww] *(op)offeren* **II** [on ww] *offeren* **III** [znw] • *(op)offering* • *offerande*
**sacrificial** [bnw] *offer-*
**sacrilege** [znw] *heiligschennis*
**sacrilegious** [bnw] *heiligschennend*
**sacristy** [znw] *sacristie*
**sacrosanct** [bnw] • *onschendbaar* • *heilig*
**sad** [bnw] *droevig, treurig*
**saddle** **I** [ov ww] • *opzadelen* • *belasten, in de schoenen schuiven* **II** [znw] • *zadel* • *lendestuk*
**saddler** [znw] *zadelmaker*
**sadistic** [bnw] *sadistisch*
**safe** **I** [znw] *brandkast* **II** [bnw] • *veilig* • *betrouwbaar*
**safety** [znw] *veiligheid*
**saffron** **I** [znw] *saffraan* **II** [bnw] *saffraangeel*
**sag** **I** [on ww] • *doorbuigen/-zakken* • *(scheef)hangen* **II** [znw] • *verzakking* • *doorhanging*
**saga** [znw] • *(lang) verhaal* • *sage* • *familiekroniek*
**sagacious** [bnw] • *schrander* • *wijs*
**sage** **I** [znw] • *wijze* • *salie* **II** [bnw] *wijs*
**sago** [znw] *sago(palm)*
**said** **I** [ww] volt. deelw. → **say** **II** [bnw] *voornoemd(e)*

**sail** I [ov ww] *(be)zeilen* II [on ww] • *(uit)varen* • *stevenen* • *zeilen* III [znw] • *zeil* • *zeiltochtje* • *molenwiek*
**sailing** [znw] • *het zeilen* • *bootreis* • *afvaart*
**sailor** [znw] *zeeman, matroos*
**saint** [znw] *heilige, sint*
**sainthood** [znw] *heiligheid*
**saintlike, saintly** [bnw] • *vroom* • *volmaakt*
**sake** [znw] ★ for God's sake *in godsnaam* ★ for the sake of *terwille van*
**salable** [bnw] → **saleable**
**salacious** [bnw] *wellustig, wulps*
**salad** [znw] *salade, sla*
**salaried** [bnw] *bezoldigd*
**salary** [znw] *salaris*
**sale** [znw] • *verkoop* • *uitverkoop* • *verkoping, veiling*
**saleable** [bnw] *verkoopbaar*
**salient** I [znw] *saillant* II [bnw] • *(voor)uitspringend* • *in 't oog vallend*
**saline** [bnw] *zout(houdend)*
**saliva** [znw] *speeksel*
**salivary** [znw] *speeksel-*
**salivate** [on ww] *kwijlen*
**salmon** [znw] *zalm*
**saloon** <AE> [znw] • *bar* • *sedan*
**salt** I [ov ww] *zouten, pekelen* • (~ away) *wegzetten als appeltje voor de dorst* • (~ **down**) *inpekelen, wegzetten als appeltje voor de dorst* II [znw] *zout* III [bnw] *zout-*
**salty** [bnw] *zout(ig)*
**salubrious** [bnw] *gezond*
**salutation** [znw] • *(be)groet(ing)* • *aanhef* <in brief>
**salute** I [ov ww] *begroeten, huldigen* II [on ww] *salueren, groeten* III [znw] • *groet* • *saluut(schot)*
**salvage** I [ov ww] *bergen, redden* II [znw] *geborgen of geredde goederen*
**salvation** [znw] *behoudenis, redding*
**salve** I [ov ww] *sussen* II [znw] • *zalf* • *pleister* <fig.>
**salver** [znw] *presenteerblad*
**same** [vnw] • *zelfde* • *dezelfde, hetzelfde*
**sameness** [znw] • *gelijkheid* • *eentonigheid*
**sample** I [ov ww] • *proeven* <v. voedsel> • *een monster geven/nemen v. iets* • *keuren* • *ondervinding opdoen v.* II [znw] *monster, staal(tje)*
**sanctimonious** [bnw] *schijnheilig*
**sanction** I [ov ww] • *bekrachtigen* • *sanctie geven aan* II [znw] *sanctie*
**sanctity** [znw] • *heiligheid* • *onschendbaarheid*
**sanctuary** [znw] • *kerk, heiligdom* • *(vogel)reservaat*
**sand** I [ov ww] • (~ **down**) *polijsten, schuren* II [znw] *zand*
**sandal** [znw] *sandaal*
**sandwich** I [ov ww] *inklemmen (tussen)* II [znw] *dubbele boterham*
**sandy** [bnw] • *zanderig* • *rossig*
**sane** [bnw] • *gezond* • *verstandig*
**sang** [ww] verl. tijd → **sing**
**sanguinary** [bnw] *bloedig*
**sanitary** [bnw] *gezondheids-, hygiënisch*
**sanitation** [znw] • *sanering* • *volksgezondheid*
**sanity** [znw] *geestelijke gezondheid*
**sank** [ww] verl. tijd → **sink**
**sap** I [ov ww] *uitputten* II [znw] *(levens)sap*
**sapling** [znw] *jonge boom*
**sapphire** I [znw] *saffier* II [bnw] *saffierblauw*
**sarcasm** [znw] *sarcasme*
**sarcophagus** [znw] *sarcofaag*
**sardine** [znw] *sardientje*
**sardonic** [bnw] *cynisch, bitter, sardonisch*
**sartorial** [bnw] *kleermakers-, (maat)kledings-*
**sash** [znw] • *sjerp* • *schuifraam*
**sat** [ww] verl. tijd + volt. deelw. → **sit**
**satchel** [znw] • *pukkel* <schooltas> • *geldtas*
**satellite** [znw] *satelliet*

**satiate** I [ov ww] *(over)verzadigen* II [bnw] *verzadigd, zat*
**satin** I [znw] *satijn* II [bnw] *satijnen*
**satirist** [znw] • *satiricus* • *hekeldichter*
**satirize** [ov ww] *hekelen*
**satisfaction** [znw] • *tevredenheid* • *voldoening* • *voldaanheid* • *genoegen* • *genoegdoening*
**satisfactory** [bnw] • *bevredigend* • *voldoende*
**satisfy** I [ov ww] • *overtuigen* • *tevreden stellen* • *bevredigen* • *stillen* ‹v. honger› II [on ww] • *voldoen(de zijn)* • *genoegdoening geven*
**saturate** [ov ww] • *verzadigen* • *doordrenken*
**saturated** [bnw] • *verzadigd* • *doornat*
**saturation** [znw] *(over)verzadiging*
**Saturday** [znw] *zaterdag*
**satyr** [znw] *sater*
**sauce** [znw] *saus*
**saucy** [bnw] *brutaal*
**saunter** I [on ww] *slenteren, kuieren* II [znw] *wandelingetje*
**sausage** [znw] *worst(je)*
**sauté** [ov ww] *licht (en snel) bakken, sauteren*
**savage** I [ov ww] • *aanvallen, mishandelen* • *fel bekritiseren* II [znw] • *wilde* • *woesteling, barbaar* III [bnw] • *wild, primitief* • *wreed, fel* • *woest*
**save** I [ov ww] • *redden* • *(be-/uit)sparen* II [on ww] *sparen* III [vz] *behalve*
**saving** [znw] *besparing*
**savour** I [ov ww] • *proeven* • *genieten (van)* II [on ww] • (~ **of**) *smaken naar, rieken naar* III [znw] • *smaak* • *aroma*
**savoury** I [znw] *(pikant) tussengerecht* II [bnw] • *smakelijk* • *hartig, pikant*
**saw** I [ww] verl. tijd → **see** II [ov ww] *(door)zagen* III [on ww] *zagen* IV [znw] • *zaag* • *gezegde, spreuk*
**sax, saxophone** [znw] *saxofoon*
**Saxon** I [znw] *Angelsakser* II [bnw] *Angelsaksisch*
**say** I [ov ww] *opzeggen* II [on ww] *zeggen* III [znw] • *zegje* • *zeggenschap*
**saying** [znw] *gezegde*
**scab** [znw] • *korstje* • *iem. die werkt tijdens staking*
**scabbard** [znw] *schede*
**scabby** [bnw] *met korsten bedekt*
**scabies** [znw] *schurft*
**scaffold** [znw] • *stellage, steiger* • *schavot*
**scaffolding** [znw] *stellage, steigers*
**scald** I [ov ww] • *branden* ‹aan hete vloeistof of stoom› • *met heet water uitwassen* • *tegen de kook aan brengen* II [znw] *brandwond*
**scalding** [bnw] *kokend (heet)*
**scale** I [ov ww] *beklimmen* • (~ **down/up**) *evenredig verlagen/-hogen* II [znw] • *schaal* • *schub, schilfer* • *ketelsteen* • *tandsteen* • *toonladder*
**scallop** [znw] • *sint-jakobsschelp, kamschelp* • *ribbel*
**scallywag** [znw] *apekop*
**scalp** I [ov ww] • *scalperen* • *afmaken* ‹met kritiek› II [znw] • *scalp* • *hoofdhuid*
**scalpel** [znw] *scalpel, ontleedmes*
**scaly** [bnw] *geschubd*
**scamp** [znw] *deugniet, rakker*
**scamper** I [on ww] *hollen* II [znw] *drafje*
**scampi** [znw] • *garnalengerecht* • *grote garnalen*
**scandal** [znw] *schandaal*
**scandalize** [ov ww] *ergernis wekken bij, shockeren*
**scandalous** [bnw] • *ergerlijk, schandelijk* • *schandalig*
**Scandinavian** I [znw] • *Scandinaviër* • *Scandinavisch* II [bnw] *Scandinavisch*
**scanner** [znw] • *aftaster* • *radarantenne*
**scant** [bnw] *gering, karig*
**scanty** [bnw] • *krap* • *schaars*
**scapegoat** [znw] *zondebok*
**scar** I [ov ww] • *een litteken bezorgen* ‹ook emotioneel› • *met littekens*

bedekken **II** [znw] *litteken*
**scarce I** [bnw] • *schaars* • *zeldzaam* **II** [bijw] *nauwelijks*
**scare I** [ov ww] *bang maken, verschrikken* • (~ **away/off**) *wegjagen* **II** [on ww] *bang worden* **III** [znw] • *schrik, vrees, angst* • *bangmakerij*
**scarf** [znw] • *sjaal* • *das*
**scarlet** [bnw] *scharlaken, (vuur)rood*
**scary** [bnw] *schrikaanjagend, eng*
**scatter** [on ww] (z.) *verspreiden*
**scattered** [bnw] • *sporadisch* • *her en der verspreid*
**scavenge** [ov + on ww] • *doorzoeken* <v. afval> • *aas eten*
**scavenger** [znw] • *afvaleter* • *aaseter*
**scene** [znw] • *decor* • *landschap* • *toneel, tafereel* • *scène*
**scenery** [znw] • *natuurschoon, landschap* • *decor(s)*
**scenic** [bnw] • *schilderachtig* • *verhalend, dramatisch*
**scent I** [ov ww] • *vermoeden* • *ruiken* • *parfumeren* **II** [znw] • *geur, lucht* • *parfum* • *reuk* • *spoor*
**sceptic I** [znw] *scepticus* **II** [bnw] *sceptisch*
**scepticism** [znw] *skepticisme*
**sceptre** [znw] *scepter*
**schedule I** [ov ww] *plannen* **II** [znw] • *bijlage* • *dienstregeling, rooster*
**schematic** [bnw] *schematisch*
**scheme I** [ov ww] • *beramen* • *intrigeren (tegen)* **II** [on ww] *konkelen* **III** [znw] • *plan* • *schema* • *stelsel* • *(gemeen) spelletje, intrige*
**schemer** [znw] *intrigant*
**schizophrenia** [znw] *schizofrenie*
**schizophrenic I** [znw] *schizofreen persoon* **II** [bnw] • *schizofreen* • *gespleten*
**scholar** [znw] • *leerling* • *geleerde* • *beursstudent*
**scholarship** [znw] • *geleerdheid* • *studiebeurs*
**scholastic** [bnw] • *schools* • *school-, academisch* • *schoolmeesterachtig* • *scholastisch*
**school I** [ov ww] • *scholen* • *trainen* • *africhten* **II** [znw] • *faculteit* • *school, universiteit*
**schooling** [znw] • *onderwijs* • *scholing* • *dressuur*
**schooner** [znw] *schoener*
**sciatica** [znw] *ischias*
**science** [znw] • *wetenschap* • *natuurwetenschap(pen)*
**scientific** [bnw] *wetenschappelijk*
**scientist** [znw] *wetenschapper*
**scion** [znw] • *ent* • *spruit, telg*
**sclerosis** [znw] *sclerose*
**scoff** [ov ww] • *bespotten* • *gulzig opeten*
**scold I** [ov ww] *'n uitbrander geven* **II** [on ww] *schelden*
**scone** [znw] *klein afgeplat broodbolletje*
**scoop I** [ov ww] *(uit)scheppen* • (~ **out**) *uithollen* • (~ **up**) *opscheppen* **II** [znw] • *scheplepel* • *schoep* • *'t scheppen* <in één beweging> • *primeur*
**scoot** [on ww] • *rennen* • *'m smeren*
**scooter** [znw] • *step* • *scooter*
**scope** [znw] • *(draag)wijdte, bereik, strekking, omvang* • *gelegenheid* <tot ontplooiing>
**scorch I** [ov ww] *(ver)schroeien* **II** [on ww] • *(ver)schroeien* • *woest rijden, scheuren* **III** [znw] *schroeiplek*
**scorcher** [znw] *snikhete dag*
**scorching** [bnw] • *snikheet, bloedheet* • *gloeiend (heet)*
**score I** [ov + on ww] • *scoren* • *schrammen, krassen* **II** [znw] • *score* • *partituur*
**scorer** [znw] *(doel)puntenmaker, scorer*
**scornful** [bnw] *minachtend*
**scorpion** [znw] *schorpioen*
**scoundrel** [znw] *schurk*
**scour** [ov ww] • *(op)wrijven, (uit)schuren* • *reinigen* • *doorzoeken*
**scourer** [znw] • *pannespons* • *vagebond*
**scourge I** [ov ww] *teisteren* **II** [znw] *gesel*

**scout** I [ov ww] *verkennen* II [on ww] *op verkenning zijn* • (~ **(around) for**) *speuren naar* III [znw] • *verkenner* • *padvinder*

**scowl** I [on ww] *dreigend kijken* II [znw] *dreigende blik*

**scrabble** I [on ww] • *krabbelen* • *graaien* II [znw] *het scrabble-spel*

**scraggy** [bnw] *mager, schriel*

**scram** [on ww] *opkrassen*

**scramble** I [ov ww] • *door elkaar gooien* • *te grabbel gooien* II [on ww] • *klauteren* • *scharrelen, grabbelen* III [znw] • *gedrang, wedloop* • *motorcross* • *klimpartij*

**scrap** I [ov ww] *afdanken* II [znw] • *ruzie, herrie* • *stukje* • *zweem, zier*

**scrape** I [ov ww] • *schuren (langs)* • *(af)krabben, schrap(p)en* • *krassen* • (~ **away/off**) *(er) afkrabben, wegkrabben* • (~ **down**) *afschrap(p)en* • (~ **out**) *uithollen/-krabben* • (~ **together/up**) *bijeenschrapen* II [on ww] *krassen* • (~ **through**) *het nèt halen* III [znw] • *schaafwond* • *moeilijke situatie*

**scrappy** [bnw] *onsamenhangend*

**scratch** I [ov ww] • *(z.) krabben* • *krassen* • *schrammen* • *schrappen* • *afgelasten* • (~ **out**) *doorhalen, wegschrappen* II [on ww] *krassen* III [znw] • *schram* • *kras*

**scrawl** I [ov + on ww] *(be)krabbelen* II [znw] *krabbel(tje)*

**scream** I [on ww] • *gillen* • *krijsen* • *gieren* II [znw] • *dol-komisch iets of iem.* • *(ge)krijs, (ge)gil*

**scree** [znw] *(berghelling met) steenslag*

**screech** I [on ww] • *krijsen* • *knarsend piepen* II [znw] • *krijs* • *gil*

**screen** I [ov ww] • *af-/beschermen* • *doorlichten* • *vertonen* <v. film> II [znw] • *beeldscherm* • *'t witte doek* • *bescherming, scherm* • *schot*

**screening** [znw] *doorlichting*

**screw** I [ov + on ww] • *vastdraaien/-schroeven, aandraaien, opschroeven* • *onder pressie zetten* • <vulg.> *neuken* • (~ **up**) *verfrommelen, verkreukelen, het verknallen* II [znw] *schroef, bout*

**screwy** [bnw] *getikt*

**scribble** I [ov ww] • *pennen* • *(be)krabbelen* II [on ww] • *een beetje aan schrijven doen* • *krabbelen* III [znw] • *gekrabbel* • *kattebelletje*

**scribe** [znw] • *(af)schrijver* • *klerk, secretaris* • *schriftgeleerde*

**scrimmage** [znw] • *scrimmage* <bij rugby> • *vechtpartij*

**scrimp** [on ww] *bezuinigen, karig zijn*

**scriptural** [bnw] *m.b.t. de bijbel*

**scroll** [znw] • *(boek)rol* • *krul*

**scrotum** [znw] *scrotum, balzak*

**scrounge** [ov ww] *bietsen*

**scrounger** [znw] *bedelaar*

**scrub** I [ov ww] • *wassen* • *schrobben* II [znw] *(terrein met) struikgewas*

**scrubby** [bnw] *bedekt met struikgewas*

**scruff** [znw] ★ ~ *of the neck nekvel*

**scrumptious** [znw] *verrukkelijk* <vnl. eten>

**scruple** [znw] *gewetensbezwaar*

**scrupulous** [bnw] *gewetensvol, nauwgezet*

**scrutinize** [ov ww] *nauwkeurig onderzoeken*

**scud** [on ww] *(voort)jagen, snellen*

**scuff** [ov + on ww] *sloffen, schuifelen*

**scuffle** I [on ww] *vechten, elkaar afrossen* II [znw] *handgemeen*

**scull** I [ov + on ww] • *roeien* • *wrikken* II [znw] • *roeiriem* • *wrikriem*

**scullery** [znw] *bijkeuken*

**sculpt** [ov + on ww] → **sculpture**

**sculptor** [znw] *beeldhouwer*

**sculptural** [bnw] • *(als) gebeeldhouwd* • *beeldhouwers-*

**sculpture** I [ov + on ww] *beeldhouwen* II [znw] • *beeldhouwwerk* • *beeldhouwkunst*

**scum** [znw] • *schuim* • *uitschot*

**scupper** I [ov ww] *overrompelen en afmaken* II [znw] *spuigat*
**scurrility** [znw] *schunnigheid, gemeenheid*
**scurrilous** [bnw] • *gemeen, schunnig* • *grof*
**scurry** I [on ww] • *vlug trippelen* • *snellen* II [znw] • *het getrippel* • *draf* • *holletje*
**scurvy** [znw] *scheurbuik*
**scuttle** I [on ww] • *gejaagd (weg)lopen* • *z. ijlings uit de voeten maken* II [znw] *kolenbak*
**scythe** I [ov + on ww] *maaien* II [znw] *zeis*
**sea** [znw] *zee*
**seal** I [ov ww] • *be-/verzegelen* • *(dicht)plakken* • *stempelen* • (~ **up**) *sluiten, dichten, dichtsolderen* II [znw] • *(lak)zegel* • *bezegeling* • *stempel* • *afsluiter, sluiting* • *zeehond, rob*
**seam** [znw] • *naad* • <geo.> *dunne tussenlaag*
**seaman** [znw] • *zeeman* • *matroos*
**seamless** [bnw] *naadloos*
**seamstress** [znw] *naaister*
**seamy** [bnw] * the ~ side of life *de zelfkant*
**sear** [on ww] • *schroeien* • *verzengen*
**search** I [ov ww] • *doorzoeken* • *nasporen* • *doordringen in* • *doorgronden* • (~ **out**) *grondig nasporen* II [znw] • *zoekactie* • *huiszoeking* • *visitatie*
**searching** [bnw] *onderzoekend*
**season** I [ov ww] *kruiden* II [znw] • *jaargetijde* • *seizoen* • *moesson* • *(geschikte) tijd*
**seasonable** [bnw] • *gelegen* • *op de juiste tijd (komend)* • *overeenkomstig de tijd v.h. jaar*
**seasonal** [bnw] *seizoen-*
**seasoning** [znw] • *het kruiden* • *kruiderij*
**seat** I [ov ww] *doen zitten, plaatsen, een plaats geven* II [znw] • *zetel* • *zitting* • *zitvlak* • *houding* <te paard> • *(zit)plaats, stoel, bank*
**seating** [znw] *zitplaats(en)*
**secateurs** [znw] *snoeischaar*
**secede** [on ww] *z. terugtrekken, z. afscheiden*
**secluded** [bnw] *afgezonderd*
**seclusion** [znw] *afzondering*
**second** I [ov ww] *(onder)steunen, helpen* II [znw] • *de tweede* • *seconde* • *begeleiding* • *secondant* III [bnw] • *ander* • *op tweede plaats komend* • *op één na* IV [bijw] *ten tweede* V [telw] *tweede*
**secondary** [bnw] • *bij-* • *bijkomend* • *secundair* • *voortgezet* <v. onderwijs>
**secrecy** [znw] *geheimhouding*
**secret** I [znw] *geheim* II [bnw] *geheim*
**secretarial** [bnw] *van 'n secretaris/secretaresse*
**secretariat** [znw] *secretariaat*
**secretary** [znw] • *secretaresse* • *secretaris* • *minister*
**secretive** [bnw] *terughoudend, gesloten*
**sect** I [znw] *sekte* II [afk] • (section) *sectie*
**sectarianism** [znw] • *hokjesgeest* • *sektegeest*
**section** [znw] • *partje* <v. citrusvrucht> • *snede* • *sectie* • *paragraaf* • *afdeling* • *(ge)deel(te)*
**sectional** [bnw] *begrensd*
**secular** [bnw] • *seculier* • *wereldlijk* • *seculair*
**secure** I [ov ww] • *beveiligen* • *vastleggen/-zetten* • *bemachtigen* II [bnw] • *veilig* • *zeker* • *vast*
**security** [znw] • *zekerheid* • *waarborg* • *veiligheid* • *onderpand*
**sedan** [znw] • *draagstoel* • *sedan*
**sedate** I [ov ww] *kalmeren* <d.m.v. kalmeringsmiddel> II [bnw] *bedaard, rustig, stil*
**sedation** [znw] *verdoving*
**sedative** I [znw] *kalmeringsmiddel* II [bnw] *kalmerend* <medicijn>

**sedentary** [bnw] *zittend*

**sedge** [znw] *moerasgras, zegge*

**sedimentary** [bnw] *sedimentair*

**sedition** [znw] *opruiing*

**seditious** [bnw] *oproerig*

**seduce** [ov ww] *verleiden*

**seduction** [znw] *verleiding*

**seductive** [bnw] *verlokkend, verleidelijk*

**see** I [ov + on ww] • *zien* • *inzien, snappen* II [ov ww] • *brengen* • *bezoeken, spreken, naar... gaan* • *toelaten, ontvangen* • (~ **off**) *wegbrengen* • (~ **out**) *uitlaten* • (~ **through**) *doorzien* III [on ww] *('ns) kijken* • (~ **about**) *zorgen voor* • (~ **to**) *zorgen voor*

**seed** I [ov ww] *inzaaien* II [on ww] *zaad vormen* III [znw] *zaad*

**seedy** [bnw] • *vol zaad* • *sjofel, verlopen*

**seek** I [ov ww] *trachten te bereiken/verkrijgen* • (~ **out**) *(op)zoeken* II [on ww] • (~ **after/for**) *(af)zoeken naar*

**seem** [on ww] *schijnen*

**seeming** [bnw] *schijnbaar*

**seemly** [bnw + bijw] *betamelijk*

**seen** [ww] volt. deelw. → **see**

**seep** [on ww] *sijpelen*

**seer** [znw] • *ziener* • *profeet*

**segment** I [ov ww] *verdelen* II [znw] *segment, deel, stukje*

**segmentation** [znw] *segmentatie*

**segragated** [bnw] *gescheiden*

**segregate** [ov ww] • *scheiden* • *afzonderen*

**segregation** [znw] • *(af)scheiding* • *segregatie*

**seismic** [bnw] *aardbevings-*

**seize** [ov ww] *(aan)grijpen*

**seizure** [znw] • *inbeslagname* • *(machts)greep* • *attaque, vlaag*

**seldom** [bijw] *zelden*

**select** I [ov ww] *uitkiezen* II [bnw] • *gedistingeerd* • *chic* • *select, uitgelezen*

**selection** [znw] • *keur, keuze* • *bloemlezing*

**selective** [bnw] • *(uit)kiezend* • *op keuze gebaseerd* • *selectief*

**selector** [znw] • *selecteur, lid van keuzecommissie* • *keuzeschakelaar* • *versnellingshendel/-pook*

**self** I [znw] • *(eigen) ik* • *persoon* II [voorv] • *zelf-* • *eigen-* • *van/voor zichzelf*

**selfish** [bnw] *egoïstisch*

**selfless** [bnw] *onbaatzuchtig*

**sell** I [ov ww] *verkopen* • (~ **off**) *uitverkopen* II [on ww] *verkocht worden* • (~ **out**) *iem. verraden*

**seller** [znw] *verkoper, handelaar*

**selves** [mv] → **self**

**semaphore** I [ov + on ww] *met vlaggen seinen* II [znw] • *seinsysteem met vlaggen* • *seinpaal*

**semblance** [znw] • *gedaante* • *schijn*

**semen** [znw] *sperma*

**seminal** [bnw] • *primitief* • *kiem-, zaad-*

**seminar** [znw] *cursus, studiegroep*

**seminary** [znw] *seminarie*

**Semitic** [bnw] *Semitisch*

**semolina** [znw] *griesmeel*

**senator** [znw] • *senator* • *lid v.d. Am. Senaat*

**senatorial** [bnw] *senaats-*

**send** I [ov + on ww] *uitzenden* II [ov ww] *verzenden, op-/versturen* • (~ **down**) *wegzenden* <wegens wangedrag> • (~ **for**) *laten komen* • (~ **forth**) *uitgeven/-zenden, afgeven* • (~ **in**) *inzenden* • (~ **off**) *af-/wegzenden* • (~ **on**) *doorsturen* • (~ **out**) *uitzenden, verspreiden*

**sender** [znw] *afzender*

**senile** [bnw] *seniel, ouderdoms-*

**seniority** [znw] • *hogere leeftijd* • *anciënniteit*

**sensation** [znw] • *gewaarwording* • *sensatie*

**sensational** [bnw] *sensationeel*

**sensationalism** [znw] *sensatiezucht*

**sense** I [ov ww] *(aan)voelen, bespeuren*

II [znw] • verstand • zintuig • betekenis • zin • besef • gevoel(en)
**senseless** [bnw] • bewusteloos • zinloos
**sensibility** [znw] • gevoeligheid <v. kunstenaar>, ontvankelijkheid • lichtgeraaktheid
**sensible** [bnw] verstandig
**sensorial, sensory** [bnw] zintuiglijk
**sensual** [bnw] zinnelijk
**sensuous** [bnw] de zinnen strelend
**sent** [ww] verl. tijd + volt. deelw. → **send**
**sentence** I [ov ww] <jur.> veroordelen, vonnissen II [znw] • zin • <jur.> vonnis, oordeel
**sententious** [bnw] moraliserend, prekerig
**sentient** [bnw] met waarnemingsvermogen/gevoel
**sentiment** [znw] • gevoel(en) • sentimentaliteit
**sentimental** [bnw] • gevoelvol, wat tot 't hart spreekt • weekhartig • sentimenteel
**separate** I [ov ww] • (af)scheiden • afzonderen II [on ww] • uiteengaan • zich afscheiden III [bnw] gescheiden, afzonderlijk, apart
**separation** [znw] • het uit elkaar gaan/zijn van twee partners zonder officiële scheiding • het uiteengaan
**separatism** [znw] separatisme
**septic** [bnw] geïnfecteerd
**sepulchral** [bnw] • graf- • begrafenis-
**sepulchre** [znw] graf
**sequel** [znw] • vervolg • gevolg, resultaat
**sequence** [znw] • volgorde • opeenvolging • reeks
**sequential** [bnw] • (erop)volgend • als gevolg, als complicatie
**sequester** [ov ww] • afzonderen • <jur.> beslag leggen op
**sequin** [znw] lovertje, paillet
**serenade** I [ov + on ww] een serenade brengen II [znw] • serenade • pastorale cantate
**serene** [bnw] rustig, bedaard, helder
**serenity** [znw] • sereniteit • doorluchtigheid
**serf** [znw] lijfeigene
**serfdom** [znw] lijfeigenschap
**sergeant** [znw] • sergeant, wachtmeester • brigadier <v. politie>
**serial** I [znw] t.v. serie, feuilleton II [bnw] • serie- • opeenvolgend
**serialize** [ov ww] in afleveringen publiceren/uitzenden
**series** [znw] • serie(s) • reeks(en)
**serious** [bnw] ernstig
**sermon** [znw] preek
**sermonize** [ov + on ww] preken
**serpent** [znw] slang
**serpentine** [bnw] • slangachtig • kronkelend
**servant** [znw] • bediende, knecht, dienstbode • diena(a)r(es)
**serve** I [ov + on ww] • bedienen • opdienen • <sport> serveren II [ov ww] • voldoende zijn (voor) • in dienst zijn (bij) • baten • (~ **out**) uitdelen, verstrekken • (~ **up**) opdienen III [znw] <sport> serve, service
**service** I [ov ww] onderhoudsbeurt geven II [znw] • dienst • service • servies
**serviceable** [bnw] bruikbaar
**serviette** [znw] servet
**servile** [bnw] • slaafs • kruiperig • slaven-
**servitude** [znw] • slavernij • dienstbaarheid
**sesame** [znw] sesamzaad
**session** [znw] zitting
**set** I [ov ww] • aanzetten, scherpen • bezetten, versieren • zetten, stellen, plaatsen • instellen • opeenklemmen <v. tanden> • vaststellen, opstellen • (~ **against**) stellen tegenover, opzetten tegen • (~ **apart**) reserveren, scheiden, opzij leggen/zetten • (~ **aside**) aan de kant zetten, afschaffen • (~ **at**) ophitsen tegen

• (~ **back**) achteruit zetten, hinderen, terugzetten • (~ **before**) voorleggen • (~ **by**) terzijde leggen, reserveren • (~ **down**) neerzetten, opschrijven • (~ **forth**) uiteenzetten • (~ **forward**) vooruit helpen, vooruit zetten, verkondigen • (~ **off**) doen uitkomen, contrasteren, doen afgaan, aan 't ... brengen, afpassen, compenseren • (~ **on**) ophitsen tegen • (~ **out**) uitstallen, klaarzetten, uiteenzetten • (~ **over**) (aan)stellen over • (~ **up**) rechtop zetten, instellen, aanheffen, (er op na) gaan houden, installeren • (~ **upon**) aanvallen **II** [on ww] • (blijven) staan <v. hond> • ondergaan <v. zon, maan> • vrucht zetten, vast worden, stollen • (~ **about**) aanpakken, beginnen • (~ **forth**) op weg gaan • (~ **in**) inzetten • (~ **off**) vertrekken • (~ **on**) oprukken • (~ **out**) vertrekken, beginnen, z. ten doel stellen • (~ **to**) beginnen, aanvallen • (~ **up**) er bovenop komen **III** [znw] • stand • toestel, installatie, apparatuur • servies • ligging • rij, stel, serie • filmlocatie **IV** [bnw] • bestendig • gestold • vast(gesteld), formeel • opgesteld • strak, opeengeklemd

**setter** [znw] • setter <(jacht)hond> • → **set**

**setting** [znw] • achtergrond • arrangement • montuur • omlijsting, omgeving • tegenwoordig deelwoord → **set**

**settle I** [ov + on ww] • vaststellen • afspreken • (doen) bedaren • (~ **down**) tot bedaren/rust komen • (~ **up**) vereffenen, afrekenen **II** [ov ww] • regelen • vestigen • koloniseren • vereffenen **III** [on ww] • vaste voet krijgen • gaan zitten • rustig worden • geregeld gaan leven • z. installeren/vestigen, vaste woonplaats kiezen • bezinken • (~ **down**) geregeld gaan leven, wennen, vast worden • (~ **in**) zich installeren/vestigen • (~ **out**) neerslaan <in vloeistof>

**settlement** [znw] • verrekening • officiële overeenkomst • nederzetting, kolonie

**settler** [znw] kolonist

**seven** [telw] zeven

**seventeen** [telw] zeventien

**seventh** [telw] zevende

**seventieth** [telw] zeventigste

**seventy** [telw] zeventig

**sever** [ov ww] • verbreken • (af)scheiden • afhouwen

**several** [bnw] • verscheiden(e) • afzonderlijk

**severance** [znw] • verbreking • scheiding

**severe** [bnw] • streng • sober • hevig • meedogenloos, hard

**sew** [ov + on ww] naaien

**sewage** [znw] rioolvuil/-water

**sewer** [znw] riool

**sex** [znw] • sex • geslacht • het seksuele

**sexist** [znw] seksist

**sexton** [znw] • koster • doodgraver

**sexual** [bnw] geslachtelijk, seksueel

**sexuality** [znw] seksualiteit

**shabby** [bnw] • haveloos • onverzorgd • gemeen

**shackle I** [ov ww] • boeien • kluisteren • belemmeren **II** [znw] • belemmering • boei • kluister

**shade I** [ov ww] • beschaduwen, (over)schaduwen • afschermen • arceren **II** [on ww] • (~ **into**) overgaan in **III** [znw] • schakering, tint • nuance • lampekap • scherm • zweem(pje), schijntje • schaduw

**shading** [znw] • schaduw(partij) • het schaduwen <in tekeningen> • nuance, nuancering

**shadow I** [ov ww] schaduwen **II** [znw] • schim • schijn(tje), zweem • schaduw • detective

**shadowy** [bnw] onduidelijk, schaduwrijk

**shady** [bnw] • schaduwrijk • duister • onbetrouwbaar • twijfelachtig

**shaft** [znw] • schacht • stang • steel • pijl, schicht • zuil • disselboom

**shag** [znw] • (bosje) ruig haar • shag <tabak> • aalscholver

**shaggy** [bnw] ruig(harig)

**shake** **I** [ov + on ww] • (doen) schudden • schokken • trillen, beven • wankelen • vibreren • (~ **down**) een uiltje knappen • (~ **off**) (van z.) afschudden • (~ **up**) door elkaar schudden, van streek maken **II** [znw] • milkshake • schok, ruk • (t)rilling

**shaky** [bnw] • gammel • onbetrouwbaar • zwak

**shale** [znw] zachte leisteen

**shall** [hww] zal, zullen, zult

**shallot** [znw] sjalot

**shallow** **I** [on ww] ondiep/oppervlakkig worden **II** [znw] ondiepte **III** [bnw] • oppervlakkig • ondiep

**sham** **I** [on ww] simuleren, voorwenden **II** [znw] • namaak, schijn • verlakkerij • komediant **III** [bnw] • vals • voorgewend

**shamble** **I** [on ww] sloffen, schuifelen **II** [znw] schuifelende gang

**shame** **I** [ov ww] • beschamen • schande aandoen **II** [znw] • schaamte • schande

**shamefaced** [bnw] bedeesd, schuchter

**shampoo** **I** [ov ww] 't haar wassen **II** [znw] • shampoo • haarwassing, wasbeurt

**shank** [znw] • schacht • steel • <anat.> (scheen)been

**shan't** [samentr] /shall not/ → **shall**

**shanty** [znw] • hut, keet • matrozenlied

**shape** **I** [ov ww] • modelleren • vormen • (~ **to**) aanpassen **II** [znw] • vorm, gedaante • (lichamelijke) conditie

**shapely** [bnw] goedgevormd, mooi, knap

**shard** [znw] scherf

**share** **I** [ov + on ww] (ver)delen **II** [znw] (aan)deel, portie

**shark** [znw] • haai • afzetter

**sharp** **I** [znw] <muz.> kruis **II** [bnw + bijw] • scherp • puntig • goed bij, pienter • bits, vinnig • hevig • gehaaid • <muz.> te hoog

**sharpen** [ov ww] scherp maken, slijpen

**sharpener** [znw] (punten-/messen)slijper

**shatter** [ov ww] • verbrijzelen • vernietigen <ook fig.> • (in stukken) breken • schokken <v. zenuwen> • de bodem inslaan

**shave** **I** [ov + on ww] • (z.) scheren • schaven • (~ **off**) afscheren **II** [znw] scheerbeurt

**shaver** [znw] scheerapparaat

**shawl** [znw] • sjaal • omslagdoek

**she** **I** [pers vnw] zij **II** [in samenst] • vrouwelijk • wijfjes-

**sheaf** [znw] schoof, bundel

**shear** [ov ww] scheren <v. wol>

**sheath** [znw] • schede • condoom

**sheaves** [mv] → **sheaf**

**shed** **I** [ov ww] • vergieten • afwerpen • verliezen <v. haar> • wisselen <v. tanden> • ruien • z. ontdoen v. **II** [znw] • schuur, keet • afdak

**she'd** [samentr] /she would/ /she had/ → **will, have**

**sheen** [znw] glans, pracht

**sheep** [znw] schaap, schapen

**sheer** **I** [on ww] plotseling uitwijken **II** [bnw + bijw] • louter, puur • steil, loodrecht • ijl, doorschijnend

**sheet** **I** [ov ww] met een laken, enz. bedekken **II** [znw] • blad • vlak(te) • vel (papier) • laken

**shelf** [znw] • plank, schap • vak • (rots)rand • klip, zandbank

**shell** **I** [ov ww] • schillen, pellen, uit dop/schaal halen • <mil.> beschieten, onder artillerievuur nemen **II** [on ww] • (~ **out**) opdokken **III** [znw] • schelp, schaal • dop, peul • (om)huls(el)

• *granaat* • *geraamte, romp* • <AE> *patroon*
**she'll** [samentr] /she will/ → **will**
**shelter** I [ov ww] *beschutten* II [on ww] *(z. ver)schuilen* III [znw] • *beschutting, bescherming, onderdak* • *schuilplaats* • *tram-/wachthuisje*
**shelve** I [ov ww] *op de lange baan schuiven* II [on ww] *glooien*
**shelving** [znw] • *(kast)planken, schappen* • *materiaal voor planken*
**shepherd** I [ov ww] *hoeden, (ge)leiden* II [znw] *herder*
**sherbet** [znw] • *sherbet, bruispoeder* <voor maken v. frisdrank> • <AE> *sorbet*
**she's** [samentr] /she has/ /she is/ → **have, be**
**shield** I [ov ww] • *beschermen* • *de hand boven 't hoofd houden* II [znw] • *wapenschild* • *bescherming, beschermer* • *schild*
**shift** I [ov + on ww] • *z. (zien te) redden* • *draaien* • *veranderen (van), wisselen (van)* • *verschuiven, verleggen, (z.) verplaatsen* • (~ **away**) *wegwerken, er tussenuit knijpen* II [znw] • *hulp-/redmiddel* • *truc, list* • *ploeg* <v. arbeiders> • *verband* <v. metselwerk>
**shiftless** [bnw] • *zonder initiatief* • *onbeholpen*
**shifty** [bnw] *louche, onbetrouwbaar*
**shilly-shally** [on ww] *aarzelen, weifelen*
**shimmer** I [on ww] *glinsteren* II [znw] *glinstering*
**shin** I [on ww] *klauteren* II [znw] *scheen*
**shine** I [ov ww] • (~ **up**) *(op)poetsen* II [on ww] • *schijnen* • *(uit)blinken* • *schitteren* III [znw] *zonneschijn*
**shiner** [znw] *blauw oog*
**shingle** [znw] • *dekspaan, plank* <v. dak> • *kiezelste(e)n(en)* • <AE> *naambord*
**shining** [bnw] *blinkend, schitterend*
**shiny** [bnw] *glimmend*
**ship** I [ov ww] *per schip vervoeren* II [znw] *schip*
**shipment** [znw] • *(ver)zending* • *lading*
**shipping** I [znw] • *scheepvaart* • *de schepen* II [bnw] • *scheeps-* • *expeditie-*
**shire** [znw] *graafschap*
**shirk** [ov ww] • *z. onttrekken aan* • *lijntrekken*
**shirt** [znw] • *(over)hemd* • *overhemd-blouse*
**shit** <vulg.> I [on ww] *schijten* II [znw] • *stront* • *rotzooi* • *onzin* III [tw] *verrek!*
**shitty** [bnw] <vulg.> *klotig, klote-*
**shiver** I [on ww] *rillen, trillen* II [znw] *rilling*
**shivery** [bnw] *rillerig*
**shoal** [znw] *school* <v. vissen>
**shock** I [ov ww] • *aanstoot geven* • *hevig ontstellen* II [znw] • *bos* <haar> • *schok* • *ontzetting* • *shock(toestand)*
**shocker** [znw] *gruwelroman/-film*
**shocking** [bnw] • *schokkend* • *gruwelijk* • *zeer onbehoorlijk*
**shod** [ww] volt. deelw. → **shoe**
**shoddy** [bnw] *prullerig*
**shoe** I [ov ww] • *schoeien* • *beslaan* II [znw] • *schoen* • *hoefijzer*
**shone** [ww] verl. tijd → **shine**
**shoo** I [ov ww] • (~ **away**) *verjagen, wegjagen* II [tw] *kssj!*
**shook** [ww] verl. tijd → **shake**
**shoot** I [ov ww] • *(af-/uit-/ver)schieten* • *doodschieten* • *jagen, afjagen* • *spuiten* <v. heroïne> • <foto.> *filmen, kieken* II [on ww] *vuren, schieten* • (~ **ahead of**) *voorbijschieten* III [znw] • *jacht* • *scheut, loot*
**shooting** I [znw] *jachtrecht, jacht(gebied)* II [in samenst] • *schiet-* • *jacht-*
**shop** I [ov ww] *verlinken* II [on ww] *winkelen, boodschappen doen* III [znw] • *werkplaats* • *winkel*
**shopper** [znw] *koper, klant*
**shopping** [znw] *boodschappen, inkopen*
**shore** I [ww] verl. tijd → **shear**

II [ov ww] stutten III [znw] • schoor, stut • oever • strand • kust

**shorn** [ww] volt. deelw. → **shear**

**short** I [znw] • korte voorfilm • borrel • kortsluiting II [bnw] • te kort, bekrompen, karig • kort, klein • kortaf III [bijw] • niet genoeg • plotseling, opeens

**shortage** [znw] tekort

**shorten** [ov ww] (ver)minderen

**shortening** [znw] • verkorting, verkorte vorm • bakvet

**shortly** [bijw] • binnenkort • kort daarna • in 't kort • kortaf

**shot** I [ww] verl.tijd + volt.deelw. → **shoot** II [znw] • stoot • slag • hagel • kogel(s) • schutter • borrel • injectie • spuitje <v. heroïne> • schot • <foto.> (korte) opname, beeldje III [bnw] changeant (geweven)

**should** [ww] verl.tijd → **shall**

**shoulder** I [ov + on ww] duwen <met de schouder>, dringen II [ov ww] op de schouder(s) nemen III [znw] schouder

**shout** I [ov + on ww] schreeuwen • (~ **at**) schreeuwen tegen • (~ **down**) overschreeuwen II [znw] schreeuw

**shove** I [ov + on ww] • duwen • schuiven • (z.) dringen • (~ **off**) opduvelen II [znw] zet, duw

**shovel** I [ov ww] scheppen II [znw] schop

**show** I [ov ww] • blijk geven van • tentoonstellen, laten zien, vertonen, (aan)tonen, uitstallen • wijzen, bewijzen • (~ **down**) de kaarten op tafel leggen • (~ **in**) binnenlaten • (~ **off**) pronken met • (~ **out**) uitlaten • (~ **round**) rondleiden • (~ **up**) in verlegenheid brengen II [on ww] te zien zijn, vertoond worden, z. laten zien • (~ **off**) z. aanstellen, branie maken • (~ **up**) z. vertonen, verschijnen III [znw] • (uiterlijk) vertoon, schijn • tentoonstelling • schouwspel • revue, variété • <inf.> organisatie, zaak(je), spul

**shower** I [ov ww] • doen neerstorten, doen dalen • z. uitstorten II [on ww] douchen III [znw] • bui • (stort)regen • douche

**showery** [bnw] buiig

**showing** [znw] • voorstelling • opgave

**shown** [ww] volt. deelw. → **show**

**showy** [bnw] opzichtig

**shrank** [ww] verl. tijd → **shrink**

**shrapnel** [znw] granaatsplinters

**shred** I [ov ww] • aan flarden/repen scheuren/snijden • rafelen II [znw] reep, flard

**shrewd** [bnw] • schrander • gewiekst

**shriek** I [ov + on ww] • gieren • krijsen, gillen II [znw] • krijs • gil

**shrill** I [on ww] schel/schril klinken II [bnw] schril, schel

**shrimp** [znw] • klein kereltje • garnaal

**shrine** [znw] • heiligdom • graf v.e. heilige • reliekschrijn

**shrink** I [ov ww] doen krimpen II [on ww] • (in elkaar) krimpen • verschrompelen • verminderen III [znw] <AE> zieleknijper

**shrinkage** [znw] be-/inkrimping

**shrivel** I [ov ww] doen ineenschrompelen II [on ww] ineenkrimpen

**shroud** I [ov ww] • in doodskleed wikkelen • hullen • (~ **from**) verbergen voor II [znw] • doodskleed • waas, sluier

**shrub** [znw] heester

**shrubbery** [znw] heesters

**shrug** [ov + on ww] de schouders ophalen • (~ **off**) naast zich neerleggen, negeren

**shrunk(en)** [ww] volt. deelw. → **shrink**

**shudder** I [on ww] huiveren, rillen II [znw] huivering

**shuffle** I [ov ww] • schuiven • schudden <v. kaarten> II [on ww] schuifelen, sloffen III [znw] schuifelende loop, geschuifel

**shun** [ov ww] • (ver)mijden, ontlopen • links laten liggen

**shunt** I [ov ww] verplaatsen II [on ww] (op zijspoor) rangeren of gerangeerd worden

**shush** [ov ww] sussen

**shut** I [ov ww] • (z.) sluiten • dicht doen • (~ **down**) stopzetten • (~ **in**) in-/opsluiten • (~ **off**) af-/uitsluiten • (~ **up**) op-/in-/afsluiten, de mond snoeren II [on ww] dicht gaan • (~ **down**) stilliggen • (~ **up**) ophouden met praten III [bnw] dicht

**shutter** [znw] • blind <voor raam> • <foto.> sluiter

**shuttle** [znw] • schietspoel • schuitje <v. naaimachine>

**shy** I [ov ww] gooien II [on ww] opzij springen • (~ **away from**) (terug)schrikken voor III [bnw] • verlegen • schuw

**Siamese** I [znw] Siamees II [bnw] Siamees

**sibling** [znw] • broer • zuster

**sick** I [on ww] braken • (~ **up**) uitbraken II [znw] braaksel III [bnw] • misselijk • naar • zeeziek • ziek

**sicken** I [ov ww] • ziek maken • doen walgen II [on ww] • ziek worden • walgen

**sickening** [bnw] misselijkmakend

**sickle** [znw] sikkel

**sickly** [bnw] • ziekelijk • ongezond • wee, weeïg • bleek

**sickness** [znw] • ziekte • misselijkheid

**side** I [on ww] • (~ **with**) partij kiezen voor II [znw] • kant, zijde • zijkant • aspect • partij • elftal, team

**sideways** [bnw + bijw] naar opzij

**siding** [znw] rangeerspoor

**sidle** [on ww] • zijdelings lopen • met eerbied/schuchter naderen

**siege** [znw] • belegering • beleg

**sieve** I [ov ww] zeven II [znw] zeef

**sift** [ov ww] • zeven, ziften • strooien <v. o.a. suiker> • nauwkeurig uitpluizen, uithoren

**sigh** I [on ww] zuchten • (~ **for**) smachten naar II [znw] zucht

**sight** I [ov ww] in 't oog krijgen II [znw] • (ge)zicht • schouwspel • bezienswaardigheid • vizier • <inf.> heleboel

**sighting** [znw] waarneming

**sign** I [ov + on ww] ondertekenen II [on ww] in gebarentaal spreken • (~ **away**) schriftelijk afstand doen van • (~ **on**) stempelen bij de sociale dienst • (~ **on/up (for/to)**) aanmonsteren (bij), tekenen <als o.a. lid> III [znw] • teken • uithangbord • bordje • reclameplaat

**signal** I [ov ww] • seinen • door signalen/tekens te kennen geven II [znw] • verkeerslicht • sein, signaal III [bnw] opmerkelijk

**signatory** [znw] ondertekenaar

**signature** [znw] • handtekening • signatuur

**significance** [znw] • betekenis • gewichtigheid

**significant** [bnw] veelbetekenend

**silence** I [ov ww] tot zwijgen brengen II [znw] • stilte • het zwijgen

**silencer** [znw] • geluiddemper • knalpot

**silent** [bnw] • stil • zwijgend • zwijgzaam

**silhouette** [znw] silhouet

**silica** [znw] kiezelzuur

**silicon** [znw] silicium

**silk** I [znw] • zijde • II [bnw] zijden

**silken, silky** [bnw] zijdeachtig, zijdezacht

**sill** [znw] vensterbank

**silly** [bnw] • dwaas, idioot • flauw, kinderachtig

**silo** [znw] • (graan)silo • kuil voor groenvoer

**silt** I [ov + on ww] • (~ **up**) dichtslibben II [znw] slib

**silver** I [znw] • zilver • tafelzilver

II [bnw] • zilveren • zilverachtig
**silvery** [bnw] • met zilveren klank • zilverachtig
**similar** [bnw] gelijksoortig
**similarity** [znw] • gelijkvormigheid • overeenkomst
**simile** [znw] vergelijking <stijlfiguur>
**simmer** I [ov ww] laten sudderen II [on ww] sudderen III [znw] gesudder
**simper** I [on ww] gemaakt/onnozel lachen II [znw] onnozele glimlach
**simple** [bnw] • eenvoudig, enkelvoudig • ongekunsteld • gewoon • onnozel
**simpleton** [znw] • imbeciel • sul
**simplicity** [znw] • eenvoud • ongekunsteldheid
**simplify** [ov ww] vereenvoudigen
**simply** [bijw] simpel(weg), eenvoudig(weg), domweg
**simulate** [ov ww] • veinzen • nabootsen
**simulator** [znw] • simulant • simulator
**simultaneous** [bnw] gelijktijdig
**sin** I [on ww] zondigen II [znw] zonde
**sincere** [bnw] oprecht
**sinew** [znw] pees
**sinewy** [bnw] • pezig • gespierd, sterk
**sinful** [bnw] zondig
**sing** I [ov + on ww] zingen II [ov ww] bezingen III [on ww] zoemen, suizen • (~ **of**) bezingen • (~ **out**) uitzingen, brullen
**singe** [ov ww] afschroeien, (ver)schroeien
**singer** [znw] zanger(es)
**singing** [znw] • het zingen • gezang • zang(kunst)
**single** I [ov ww] • (~ **out**) uitkiezen, eruit pikken II [znw] • single <grammofoonplaat of cd> • enkelspel • enkele reis • enkele bloem • <taalk.> enkelvoud III [bnw] • enkel, afzonderlijk • ongetrouwd
**singlet** [znw] • interlockje • borstrok
**singular** I [znw] <taalk.> enkelvoud(ig woord) II [bnw] • vreemd, zonderling • uniek • enkelvoudig
**sinister** [bnw] • sinister • onheilspellend • onguur
**sink** I [ov ww] • doen zinken • laten zakken • in de grond boren • torpederen II [on ww] • zinken, dalen, zakken • boren, graven • achteruitgaan, bezwijken • gaan liggen <wind> • (~ **in**) tot iem. doordringen, bezinken, inzinken III [znw] gootsteen
**sinuous** [bnw] bochtig, kronkelend
**sinus** [znw] • holte • schedelholte
**sip** I [ov + on ww] nippen, met kleine teugjes drinken II [znw] teugje, slokje
**siphon** [znw] sifon
**sir** [znw] mijnheer
**sire** I [ov ww] de vader zijn van <bij dieren> II [znw] • stamvader, (voor)vader • Sire
**siren** [znw] • sirene • zeekoe
**sirloin** [znw] lendestuk v. rund
**sissy** [znw] mietje, fatje
**sister** [znw] zuster
**sisterhood** [znw] • zusterschap • congregatie
**sit** [on ww] • zitten • zich bevinden • poseren • (~ **around**) nietsdoen • (~ **down**) gaan zitten
**site** I [ov ww] plaatsen II [znw] • terrein, perceel, kavel • plaats, ligging
**sit-in** [znw] bezetting
**sitter** [znw] • model • oppas
**sitting** [znw] zittingsperiode
**situate** [ov ww] plaatsen
**situation** [znw] • ligging, stand • toestand, situatie • betrekking
**six** [telw] zes
**sixteen** [telw] zestien
**sixth** [telw] zesde
**sixtieth** [bnw] zestigste
**sixty** [telw] zestig
**size** I [ov ww] • (~ **up**) taxeren, schatten II [znw] • grootte • maat
**sizzle** [on ww] sissen
**skate** I [on ww] schaatsen II [znw] • schaats • vleet <vis>
**skater** [znw] schaatser
**skein** [znw] • knot, streng • vlucht wilde

ganzen

**skeleton** [znw] • skelet, geraamte • schema, kern

**sketch** I [ov + on ww] schetsen II [znw] schets

**sketchy** [bnw] oppervlakkig, niet afgewerkt

**skew** I [on ww] v. koers afwijken II [bnw] schuin

**skewer** I [ov ww] doorsteken II [znw] • vleespen • spit

**ski** I [on ww] skiën II [znw] ski

**skid** I [on ww] • slippen • remmen II [znw] 't slippen, slip

**skier** [znw] skiër

**skilled** [bnw] geschoold, vakkundig

**skillet** [znw] koekepan

**skim** I [ov + on ww] vluchtig doornemen II [ov ww] • afromen • afschuimen III [on ww] scheren <over (water)oppervlak>

**skimp** [on ww] zuinig zijn, bekrimpen

**skimpy** [bnw] krap, karig, krenterig

**skin** I [ov ww] • villen • ontvellen II [znw] • huid • vlies • schil • leren wijnzak

**skinny** [bnw] • vel over been • broodmager

**skint** <sl.> [bnw] blut, platzak

**skip** I [ov ww] overslaan II [on ww] • huppelen • (touwtje)springen • (~ **over**) overslaan III [znw] • sprong(etje) • afvalcontainer

**skipper** [znw] • schipper, (scheeps)kapitein • <sport> aanvoerder

**skirmish** I [on ww] schermutselen II [znw] schermutseling

**skirt** I [ov ww] • bewegen langs de rand v. • grenzen aan • vermijden II [znw] • rok • slip, pand • <sl.> meid, griet

**skit** [znw] kort satirisch toneelstuk

**skittish** [bnw] • dartel, frivool • schichtig

**skittle** [znw] kegel

**skive** [on ww] zich drukken, niet komen werken

**skulk** [on ww] • sluipen • z. verschuilen

**skull** [znw] • schedel • doodskop

**skunk** [znw] • stinkdier • <sl.> vuns, schoft

**sky** [znw] lucht, hemel

**slab** [znw] • platte steen • plak

**slack** I [ov + on ww] • treuzelen, lijntrekken • lessen • (~ **away/off**) vieren • (~ **off**) verslappen, kalmpjes aan (gaan) doen • (~ **up**) vaart minderen, het rustiger aandoen II [znw] • slap hangend deel v. touw of zeil • dood tij • slapte III [bnw] • slap • los • lui, traag, laks, loom

**slacken** I [ov ww] • laten vieren • slap doen worden II [on ww] • vieren • vaart minderen • afnemen • slap worden

**slag** [znw] • slons • slak(ken) • sintel(s)

**slain** [ww] volt. deelw. → **slay**

**slake** [ov ww] • lessen • koelen • blussen <v. kalk>

**slam** I [ov + on ww] hard dichtslaan II [znw] harde klap III [bijw] • met een harde klap • pardoes

**slander** I [on ww] (be)lasteren II [znw] laster

**slanderous** [bnw] lasterlijk

**slang** [znw] • spreektaal • jargon • schuttingtaal

**slant** I [ov ww] schuin houden/zetten II [on ww] schuin lopen/staan III [znw] • helling • schuine streep • <AE> kijk <op de zaak>

**slap** I [ov ww] • slaan • klappen, kletsen II [znw] • klap <met de vlakke hand> • slag III [bijw] • pardoes • met een klap

**slash** I [ov ww] • houwen • een jaap geven • snijden • striemen II [znw] • houw, jaap • striem

**slat** [znw] dun latje

**slate** I [ov ww] • met leien dekken • scherp kritiseren, met kritiek afmaken • bestemmen (als) II [znw] lei(steen) III [bnw] leien

**slattern** [znw] • slons • slet

**slatternly** [bnw] slordig

**slaughter** I [ov ww] *(af)slachten* II [znw] • *slachting* • *'t slachten* • *bloedbad*
**slave** I [on ww] z. *afbeulen* II [znw] • *slavin* • *slaaf*
**slaver** I [ov ww] kwijlen II [znw] kwijl
**slavery** [znw] *slavernij*
**slavish** [bnw] *slaafs*
**slay** <vero.> [ov ww] *doden*
**sleazy** [bnw] *louche en verlopen*
**sled** I [on ww] *sleeën* II [znw] *slee*
**sledge** I [on ww] *sleeën* II [znw] • *slee* • *moker*
**sleek** [bnw] • *glad* • *glanzend*
**sleep** I [ov ww] *(kunnen) bergen* II [on ww] *slapen* • (~ **in**) *lang door blijven slapen, z. verslapen* • (~ **out**) *buitenshuis overnachten* III [znw] *slaap*
**sleeper** [znw] • *dwarsligger* • *slaper* • *slaapwagen*
**sleepless** [bnw] *slapeloos*
**sleepy** [bnw] • *slaperig* • *dromerig*
**sleet** I [onp ww] *sneeuwen, hagelen* II [znw] *hagel met regen, natte sneeuw*
**sleeve** [znw] • *mouw* • *hoes*
**sleeveless** [bnw] *zonder mouwen, mouwloos*
**sleigh** [znw] *slee*
**slender** [bnw] • *slank* • *dun* • *karig*
**slept** [ww] verl. tijd + volt. deelw. → **sleep**
**slew** I [ww] verl. tijd → **slay** II [ov + on ww] *slippen*
**slice** [znw] *plakje*
**slick** I [ov ww] • (~ **down**) *gladkammen* <v. haar>, *plakken* II [znw] *olievlek* III [bnw] • *vlot* • *handig* • *glad*
**slide** I [on ww] • *schuiven* • *(uit)glijden* II [znw] • *glijbaan/-plank* • *glijbank* • *dia(positief)* • *objectglaasje* <v. microscoop> • *schuifje* • *schuifraampje* • *aardverschuiving* • <foto.> *chassis*
**slight** I [ov ww] *met geringschatting behandelen, kleineren* II [znw] • *geringschatting* • *kleinering* III [bnw] • *gering* • *tenger* • *klein* • *vluchtig* • *zwak* • *licht*
**slim** I [ov ww] *aan de lijn doen* II [bnw] *slank*
**slime** [znw] • *slijk* • *slijm*
**slimy** [bnw] • *kruiperig* • *glibberig*
**sling** I [ov ww] • *slingeren* • *gooien* II [znw] • *(werp)slinger* • *mitella, draagverband*
**slink** [on ww] *sluipen*
**slip** I [ov ww] • *in de hand stoppen* • *vieren* • *laten glijden* II [on ww] • *los-/wegschieten, van zijn plaats schieten* • *(uit)glijden* • *'n fout maken* • *zich vergissen* • (~ **away/out**) *er tussenuit knijpen* • (~ **by**) *ongemerkt voorbijgaan* • (~ **up**) *zich vergissen* III [znw] • *vergissing* • *stukje* <v. papier>, *strook, reep(je)* • *onderjurk* • *broekje*
**slipper** [znw] *pantoffel*
**slippery** [bnw] • *glad* • *glibberig* • *onbetrouwbaar* • *gewetenloos*
**slippy** [bnw] *glad*
**slit** I [ov ww] *af-/opensnijden* II [znw] *spleet*
**slither** [on ww] *glibberen, glijden*
**sliver** [znw] • *splinter* • *stuk(je)*
**slob** [znw] *luiwammes, vetzak*
**slobber** I [ov ww] *bekwijlen* II [on ww] *kwijlen*
**sloe** [znw] • *sleedoorn* • *sleepruim*
**slog** I [ov ww] *hard slaan* • (~ **away at**) *hard werken aan* II [on ww] *moeizaam vooruitkomen* III [znw] • *moeizame voetreis* • *taaie klus*
**slogan** [znw] • *strijdkreet* • *leuze* • *slagzin*
**sloop** [znw] *sloep*
**slop** I [ov ww] *bemorsen* II [on ww] *morsen*
**slope** I [ov ww] • *doen hellen* • *schuin zetten* II [on ww] • *hellen* • *schuin liggen/staan* • (~ **off**) *er vandoor gaan* III [znw] • *helling* • *talud*
**sloppy** [bnw] • *sentimenteel* • *slordig*

**slosh** [ov + on ww] • (~ **on**) er dik opkwakken/-smeren

**slot** I [ov ww] gleuf maken in II [znw] gleuf

**sloth** [znw] • luiheid • luiaard <dier>

**slouch** I [on ww] (slap) naar beneden hangen • (~ **about**) rondlummelen II [znw] slungelige gang/houding

**slough** I [ov ww] • (~ **off**) de huid afwerpen <v. slang, reptiel>, laten vallen, opgeven II [on ww] vervellen III [znw] moeras

**slovenly** [bnw] slordig

**slow** I [on ww] • (~ **down/ up**) vertragen, langzamer gaan, rijden of laten werken, kalm(er) aan (gaan) doen II [bnw + bijw] • saai • langzaam • traag <v. begrip>

**sludge** [znw] • slik • drab

**slug** I [ov ww] een klap geven II [znw] • (naakt)slak • kogel • slok

**sluggish** [bnw] • lui • traag(werkend)

**sluice** I [ov ww] afspoelen II [znw] sluis

**slum** [znw] slop, achterbuurt

**slumber** I [on ww] • slapen • sluimeren II [znw] • slaap • sluimering

**slump** I [on ww] • plotseling sterk dalen • kelderen II [znw] • plotselinge (sterke) prijsdaling • malaise • achteruitgang in populariteit

**slung** [ww] verl. tijd + volt. deelw. → **sling**

**slunk** [ww] verl. tijd + volt. deelw. → **slink**

**slur** I [ov + on ww] onduidelijk schrijven/uitspreken II [on ww] <muz.> legato spelen/zingen, slepen III [znw] <muz.> verbindingsboogje, legatoteken

**slush** [znw] • sneeuwdrab/-modder • vals sentiment

**slushy** [bnw] • vals sentimenteel • modderig

**slut** <pej.> [znw] • slons • slet

**sly** [bnw] geslepen, sluw

**smack** I [on ww] • klappen • smakken • kletsen • (~ **of**) rieken/smaken naar, doen denken aan II [znw] • smaak(je) • geur(tje) • tikje, tikkeltje • smak • klap • 't smakken <v. o.a. tong> • klapzoen • smak <schip> III [bijw] met een klap

**small** [bnw] • klein • kleingeestig, flauw • onbenullig • zwak <v. stem>

**smarmy** [bnw] flemerig

**smart** I [on ww] • pijn doen • z. gekwetst voelen • lijden II [znw] • pijn • smart III [bnw] • behoorlijk • pijnlijk • vinnig • handig • vlug • bijdehand • gevat • keurig • chic <kleding>

**smarten** [ov + on ww] opknappen

**smash** I [ov ww] • vernielen • slaan • verpletteren • keihard slaan <bij tennis> • (~ **up**) kapot slaan II [on ww] • kapot vallen • te pletter slaan • botsen III [znw] • smak • hevige klap of slag • verpletterende nederlaag • botsing • smash <bij tennis> IV [bijw] met een klap

**smasher** [znw] • prachtexemplaar • kanjer

**smashing** [bnw] denderend, mieters

**smattering** [znw] heel klein beetje

**smear** I [ov ww] • besmeren, (in)smeren (met) • vuil maken II [znw] • veeg • uitstrijkje

**smell** I [ov + on ww] ruiken • (~ **about**) rondsnuffelen • (~ **at**) ruiken aan • (~ **of**) ruiken naar • (~ **out**) opsporen, uitvissen II [znw] • reuk • lucht • geur, stank

**smelly** [bnw] vies ruikend

**smelt** I [ww] verl.tijd + volt.deelw. → **smell** II [ov ww] smelten III [znw] spiering

**smile** I [on ww] glimlachen • (~ **at**) lachen om, toelachen II [znw] glimlach

**smithereens** [mv] gruzelementen

**smithy** [znw] smederij

**smock** I [ov ww] smokken II [znw] • kiel • mouwschort

**smoke** I [ov + on ww] • roken • walmen • be-/uitroken • (~ **out**) uitroken

II [znw] • rook • walm • sigaar, sigaret
**smoker** [znw] • roker • rookcoupé
**smoky** [bnw] rokerig
**smooth** I [ov ww] glad maken • (~ **away/out**) glad-/wegstrijken, uit de weg ruimen • (~ **over**) vergoelijken, goed praten II [bnw + bijw] • vloeiend • kalm <v. zee of water> • glad, effen • vlak
**smother** [ov ww] • smoren, doven • verstikken, doen stikken • onderdrukken • (~ **with**) overladen met
**smoulder** [on ww] smeulen
**smudge** I [ov ww] • bevlekken • vuil maken II [znw] • veeg, vlek • vuile vlek
**smug** [bnw] zelfingenomen
**smuggle** [ov ww] smokkelen
**smut** [znw] • roetdeeltje • (zwarte) vlek • vuil(igheid) • pornografie
**smutty** [bnw] vuil
**snack** [znw] • snelle hap • hapje
**snag** I [ov ww] met kleding ergens aan blijven haken II [znw] moeilijkheid
**snail** [znw] slak
**snake** I [on ww] kronkelen II [znw] slang
**snap** I [ov + on ww] • happen, bijten • snauwen • (doen) afknappen, breken • klikken • knippen (met) • kieken • (~ **at**) happen naar, snauwen tegen • (~ **off**) afbijten/-knappen • (~ **up**) mee-/wegpikken, gretig aannemen II [znw] • klik, tik • kiekje • kaartspelletje III [bnw] haastig IV [bijw] • knap • krak • klik • pang
**snappy** [bnw] • pittig • snauwend
**snare** I [ov ww] • strikken • vangen II [znw] strik
**snarl** I [ov ww] • (~ **up**) vastlopen, in de knoop raken II [on ww] • grommen • grauwen, snauwen III [znw] grauw
**snatch** I [ov ww] • pakken • grissen • pikken • (~ **away**) wegrukken • (~ **up**) bemachtigen, oppikken II [znw] • greep • (brok)stuk • <vulg.> kut
**sneak** I [on ww] • sluipen • klikken II [znw] • gluiperd • klikspaan
**sneaker** [znw] schoen met zachte zool
**sneaking** [bnw] • stiekem • gluiperig
**sneeze** I [on ww] niezen II [znw] nies(geluid)
**snicker** [on ww] zacht grinniken
**snide** [bnw] • gemeen • spottend, sarcastisch
**sniff** I [ov ww] opsnuiven II [on ww] • snuiven • de neus ophalen • (~ **at**) ruiken aan, de neus optrekken voor III [znw] snuif(je)
**sniffle** I [on ww] snotteren II [znw] gesnotter
**sniffy** [bnw] • hautain • smalend
**snigger** I [on ww] (gemeen) grinniken II [znw] gegrinnik
**snip** I [ov ww] (af-/door)knippen II [znw] • knip • snippertje • koopje
**snipe** I [ov + on ww] uit hinderlaag (dood)schieten II [znw] snip(pen)
**sniper** [znw] sluipschutter
**snippet** [znw] • snipper(tje), stuk(je) • fragment
**snitch** [on ww] klikken
**snivel** [on ww] grienen, jengelen, snotteren
**snobbery** [znw] snobisme
**snobbish** [bnw] snobachtig, snobistisch
**snoop** <AE> [on ww] rondneuzen
**snooper** [znw] bemoeial
**snooty** <inf.> [bnw] verwaand
**snooze** I [on ww] dutten II [znw] dutje
**snore** I [on ww] snurken II [znw] (ge)snurk
**snorkel** I [on ww] met de snorkel zwemmen/duiken II [znw] snorkel
**snort** I [ov + on ww] snuiven II [on ww] • briesen • ronken III [znw] (ge)snuif
**snot** <vulg.> [znw] snot
**snotty** [bnw] • snotterig • verwaand
**snout** [znw] • snuit • kokkerd
**snow** I [ov ww] <inf.> vleien II [onp ww] sneeuwen III [znw] • sneeuw • <sl.>

cocaïne
**snub** I [ov ww] bits/hooghartig afwijzen II [znw] hatelijke opmerking III [bnw] stomp
**snuff** I [ov ww] snuiten <v. kaars> • (~ **out**) een eind maken aan, uitdoven II [znw] • snufje • snuif
**snuffle** [on ww] snuffelen
**snug** I [on ww] z. behaaglijk nestelen, lekker (knus) gaan liggen II [znw] gezellig plekje III [bnw] • knus, gezellig, behaaglijk • goed gedekt
**so** [bijw] • zo, aldus • dus • het, dat
**soak** I [ov ww] • (door)weken • doordringen • (~ **up**) opzuigen, absorberen II [on ww] • (~ **in**) doordringen in • (~ **through**) doorsijpelen III [znw] • plensbui • regen • zatlap
**soap** I [ov ww] inzepen II [znw] zeep
**soapy** [bnw] • zeep-, vol zeep • zeepachtig
**soar** [on ww] • zich verheffen • zweven
**sob** I [on ww] snikken II [znw] snik
**sober** I [on ww] • (~ **up**) nuchter worden II [bnw] • nuchter • sober • stemmig
**soccer** [znw] voetbal
**sociable** [bnw] • gezellig • vriendelijk • prettig in de omgang
**social** I [znw] gezellig avondje II [bnw] • sociaal, maatschappelijk • gezellig
**socialism** [znw] socialisme
**socialize** I [ov + on ww] socialiseren II [ov ww] socialistisch inrichten III [on ww] veel mensen ontmoeten, gezelligheid zoeken
**society** I [znw] • (de) maatschappij • vereniging • genootschap • de grote wereld II [bnw] • van de grote wereld • mondain
**sociologist** [znw] socioloog
**sociology** [znw] sociologie
**sock** I [ov ww] slaan II [znw] sok
**socket** [znw] • stopcontact • (oog)kas • holte
**sod** I [on ww] • (~ **off**) oprotten II [znw] • rotzak • stakker • zode
**soda** [znw] • soda • spuitwater • <AE> frisdrank
**sodden** [bnw] • klef • doordrenkt
**sodium** [znw] natrium
**sofa** [znw] sofa, canapé
**soft** [bnw + bijw] • zacht, week • zachtaardig, verwijfd, sentimenteel
**soften** I [ov ww] • zacht(er) maken • vermurwen • (~ **up**) murw maken II [on ww] zacht(er) worden
**softener** [znw] wasverzachter
**softy** [znw] • sukkel • doetje
**soggy** [bnw] • drassig, nat • klef <brood of cake>
**soil** I [ov ww] vuil maken II [znw] • grond • bodem
**solace** I [ov ww] troosten II [znw] (ver)troost(ing)
**solar** [bnw] zons-, m.b.t. de zon, zonne-
**sold** [ww] verl. tijd + volt. deelw. → **sell**
**solder** I [ov ww] solderen II [znw] soldeer
**soldier** I [on ww] • (~ **on**) moedig volhouden, volharden II [znw] soldaat
**sole** I [ov ww] (ver)zolen II [znw] • zool • tong <vis> III [bnw] enig, enkel
**solemn** [bnw] • plechtig • plechtstatig • ernstig
**solicitor** [znw] • ≈ notaris • ≈ advocaat-procureur • juridisch adviseur
**solicitous** [bnw] • bezorgd • gretig
**solicitude** [znw] • zorg • aandacht
**solid** I [znw] • vast lichaam • stereometrische figuur II [bnw] • stevig • degelijk • vast • massief
**solidarity** [znw] solidariteit
**solidify** I [ov ww] in vaste toestand brengen II [on ww] in vaste toestand komen
**soliloquy** [znw] • alleenspraak • 't in zichzelf praten
**solitary** [bnw] • eenzaam • enkel

• *alleenlevend*
**solitude** [znw] *eenzaamheid*
**solo** I [znw] *solo* II [bnw] *alleen-*
**soloist** [znw] *solist(e)*
**soluble** [bnw] *oplosbaar*
**solution** [znw] • *oplossing* • *solutie*
**solvable** [bnw] *oplosbaar*
**solve** [ov ww] *oplossen*
**solvent** I [znw] *oplossingsmiddel* II [bnw] <hand.> *solvabel*
**sombre** [bnw] *somber*
**some** I [bnw] • *sommige* • *ongeveer, een* • *nogal wat, heel wat* • *een of ander(e), een zeker(e)* • *wat, een paar, enige* II [vnw] • *enige(n), sommige(n), een stuk of wat* • *een beetje, wat* III [bijw] *een beetje, een tikje*
**somehow** [bijw] • *op één of andere manier* • *om de één of andere reden*
**someone** [vnw] *één of andere persoon, iemand*
**someplace** [bijw] *ergens*
**somersault** I [on ww] *duikelen* II [znw] • *duikeling* • *salto mortale*
**something** [vnw] *iets, wat*
**sometime** [bijw] • *te zijner tijd, wel 'ns een keer* <in de toekomst> • *te eniger tijd* • *vroeger, voorheen*
**sometimes** [bijw] *soms*
**somnambulist** [znw] *slaapwandelaar*
**somnolent** [bnw] • *slaperig* • *slaapwekkend*
**son** [znw] *zoon*
**sonata** [znw] *sonate*
**song** [znw] • *lied(je)* • *gezang*
**sonic** [bnw] *m.b.t. geluid*
**sonority** [znw] *sonoriteit*
**sonorous** [bnw] • *klankvol, sonoor* • *melodieus* • *mooi klinkend*
**soon** [bijw] *spoedig, weldra, gauw*
**soot** [znw] *roet*
**soothe** [ov ww] *sussen, kalmeren*
**sooty** [bnw] • *roetig* • *roetkleurig*
**sop** I [ov ww] • (~ **up**) *opnemen/-zuigen* II [znw] • *aanbod* <om iem. mee om te kopen> • *concessie*
**sophisticated** [bnw] • *intellectualistisch* • *ontwikkeld* • *geavanceerd, geraffineerd, subtiel*
**soporific** [bnw] *slaapverwekkend* <middel>
**sopping** I [ww] *tegenw. deelw.* → **sop** II [bnw] *doorweekt*
**soppy** [bnw] *sentimenteel*
**soprano** [znw] *sopraan*
**sorcerer** [znw] *tovenaar*
**sorceress** [znw] *tovenares, heks*
**sorcery** [znw] *toverij, hekserij*
**sordid** [bnw] • *onverkwikkelijk* <kwestie> • *vuil* • *laag* • *gemeen*
**sore** I [znw] • *zeer* • *pijnlijke plek* • *zweer* II [bnw] • *pijnlijk* • *gevoelig* • *gekrenkt* • *ernstig, dringend*
**sorrel** I [znw] • *vos* <paard> • *zuring* II [bnw] *roodbruin, rossig*
**sorrow** I [on ww] *bedroefd zijn, treuren* II [znw] • *verdriet, droefheid* • *lijden*
**sorrowful** [bnw] • *treurig* • *bedroefd*
**sorry** I [bnw] • *zielig* • *pathetisch* • *spijtig* II [tw] • *sorry* • *pardon*
**sort** I [ov ww] • *sorteren* • *indelen* • (~ **out**) *uitzoeken, sorteren* II [znw] *soort*
**sortie** [znw] • *uitje* • <mil.> *uitval*
**sought** [ww] *verl. tijd + volt. deelw.* → **seek**
**soul** [znw] • *ziel* • *geest*
**soulful** [bnw] • *zielvol* • *met vuur* • *gevoelvol*
**soulless** [bnw] *zielloos, dood(s)*
**sound** I [ov + on ww] • *laten horen* • *polsen* • *onderzoeken* • *luiden* • *(doen) klinken* • *blazen op* • *peilen* • (~ **off**) <AE> *zijn mening zeggen, z. laten horen* II [znw] • *geluid, klank* • *peiling* • *zeeëngte* III [bnw] • *gezond* • *degelijk, flink* • *solide* • *betrouwbaar*
**soundless** [bnw] *geluidloos*
**soup** I [ov ww] • (~ **up**) *opvoeren* II [znw] *soep*
**sour** I [ov + on ww] *verzuren* II [bnw] *zuur*

**source** [znw] bron
**south** I [znw] zuiden II [bnw] • zuid- • zuiden- • op 't zuiden
**southerly** [bnw + bijw] zuidelijk, zuiden-
**southern** [bnw] • zuidelijk • zuider-
**southerner** [znw] zuiderling
**sovereignty** [znw] • soevereiniteit • oppergezag
**sow** I [ov ww] zaaien II [znw] zeug
**sozzled** [bnw] dronken
**spa** [znw] • badplaats, kuuroord • geneeskrachtige bron
**space** [znw] • ruimte • tijdsruimte, poos • <typ.> spatie
**spacing** [znw] spatiëring, tussenruimte, spatie
**spacious** [bnw] ruim, uitgestrekt
**spade** [znw] • spade, schop • schoppenkaart • <pej.> nikker
**span** I [ov ww] (om-/over)spannen, overbruggen II [znw] • reik-/spanwijdte • vleugelbreedte
**spangle** I [ov ww] bespikkelen II [znw] • pailletje, lovertje • glinsterend spikkeltje
**Spaniard** [znw] Spanjaard, Spaanse
**Spanish** [bnw] m.b.t. Spanje, Spaans
**spank** I [ov ww] slaan <met platte hand>, op achterwerk slaan II [znw] klap
**spanking** I [znw] billekoek, pak voor de broek II [bnw] • prima • flink
**spanner** [znw] moersleutel
**spar** I [on ww] boksen II [znw] paal, mast
**spare** I [ov ww] (be)sparen II [znw] reserve-onderdeel/-wiel III [bnw] • mager, schraal • reserve- • extra-
**sparing** [bnw] • matig • karig, zuinig
**spark** I [on ww] vonken (uitslaan) II [znw] • vonk • sprankje
**sparkle** I [on ww] • sprankelen • schitteren II [znw] schittering
**sparkler** [znw] sterretje <vuurwerk>
**sparrow** [znw] mus
**sparse** [bnw] • dun gezaaid <fig.> • schaars
**spasm** [znw] • kramp • scheut
**spasmodic** [bnw] • met vlagen, onregelmatig • krampachtig
**spastic** [bnw] • kramp- • spastisch
**spat** I [ww] verl.tijd + volt.deelw. → **spit** II [znw] slobkous
**spate** [znw] stroom, (toe)vloed <fig.>
**spatial** [bnw] • ruimtelijk • m.b.t. ruimte
**spatter** I [ov ww] besprenkelen, bespatten II [znw] spat(je)
**spatula** [znw] spatel
**spawn** I [ov ww] voortbrengen II [on ww] kuit schieten III [znw] • kuit • kikkerdril
**speak** [ov + on ww] • spreken • zeggen • tegen elkaar spreken • (~ **for**) spreken namens/voor • (~ **of**) spreken over • (~ **out**) vrijuit spreken • (~ **up**) harder spreken
**speaker** [znw] • luidspreker • spreker
**speaking** [bnw] spreek-
**spear** I [ov ww] • doorboren • spietsen • aan de speer rijgen II [znw] • speer • piek
**speciality** [znw] • specialiteit • bijzondere eigenschap • speciaal onderwerp/vak
**specialize** [on ww] specialiseren • (~ **in**) z. speciaal gaan toeleggen op
**specially** [bijw] speciaal, (in het) bijzonder
**species** [znw] soort(en) <levensvormen>
**specific** [bnw] • specifiek • soortelijk, soort- • bepaald
**specifically** [bijw] • specifiek • wat je noemt
**specification** [znw] • bestek • specificatie
**specify** [ov + on ww] • specificeren • nader bepalen
**specimen** [znw] • staaltje, (voor)proef • voorbeeld, exemplaar
**specious** [bnw] vals, misleidend

**speck** [znw] • *vlekje, stip* • *greintje*
**speckle** I [ov ww] *(be)spikkelen* II [znw] *spikkeltje*
**spectacle** [znw] *tafereel, schouwspel*
**spectacular** I [znw] • *schouwspel* • *show* II [bnw] • *opzienbarend, spectaculair* • *opvallend* • *sensationeel*
**spectator** [znw] *toeschouwer*
**spectral** [bnw] • *spookachtig* • *spook-* • *spectraal*
**speculate** [on ww] • *peinzen, mediteren* • *speculeren*
**speculative** [bnw] *speculatief*
**speculator** [znw] *speculant*
**sped** [ww] verl. tijd + volt. deelw. → **speed**
**speech** [znw] • *toespraak, rede* • *spraak* • *taal*
**speechless** [bnw] *sprakeloos*
**speed** I [on ww] • *z. haasten, spoeden* • *(te) snel rijden* • (~ **up**) *het tempo opvoeren* II [znw] • *snelheid* • *spoed* • *versnelling* • *amfetamine*
**speedometer** [znw] *snelheidsmeter*
**speedy** [bnw] • *snel* • *met spoed* • *spoedig*
**spell** I [ov + on ww] • *spellen* • *betekenen* • (~ **out**) *(voluit) spellen* II [znw] • *toverspreuk* • *betovering* • *(korte) periode*
**spend** [ov ww] • *verspelen* • *uitgeven* • *besteden* • *doorbrengen* • *verbruiken*
**spender** [znw] • *uitgever* <v. geld> • *opmaker*
**spent** I [ww] verl.tijd + volt.deelw. → **spend** II [bnw] *uitgeput, op, versleten, leeg* <huls>
**sperm** [znw] *sperma*
**spew** [ov + on ww] *spuwen, (uit)braken*
**sphere** [znw] • *bol* • *sfeer* • *terrein*
**spheric(al)** [bnw] • *bolvormig* • *bol-*
**sphinx** [znw] *sfinx*
**spicy** [bnw] • *kruidig, geurig* • *pikant, pittig*
**spider** [znw] *spin*
**spidery** [bnw] • *spinachtig* • *spichtig*
**spiel** [znw] *(verkoop)praatje*
**spike** I [ov ww] • *spietsen* • *alcohol toevoegen aan* II [znw] • *(ijzeren) punt* • *schoennagel* • *lange bout/spijker* • *piek*
**spiky** [bnw] • *met scherpe punten* • *stekelig* <ook v. personen>
**spill** I [ov ww] • *morsen* • *gemorst worden* • *overlopen* II [znw] • *gemorste hoeveelheid vloeistof* • *val* <v. paard of (motor)fiets>
**spilt** [ww] volt. deelw. → **spill**
**spin** I [ov + on ww] • *spinnen* • *snel ronddraaien, rondtollen* • (~ **out**) *uitrekken/-spinnen* II [znw] • *spinsel* • *draaiing* • *tochtje, ritje, dans*
**spinach** [znw] *spinazie*
**spinal** [bnw] *m.b.t. de ruggegraat*
**spindle** [znw] • *spoel, klos* • *spil, as, stang*
**spindly** [bnw] *spichtig*
**spine** [znw] • *stekel, doorn* • *ruggegraat* • *rug* <v.e. boek>
**spineless** [bnw] *zonder ruggegraat* <vooral fig.>, *futloos*
**spinner, spinster** [znw] *spinner* <bij cricket>
**spinney** [znw] *bosje*
**spinster** [znw] *oude vrijster*
**spiny** [bnw] *stekelig*
**spiral** I [on ww] *spiraalvormig lopen* II [znw] *spiraal* III [bnw] *spiraalvormig, spiraal-*
**spire** [znw] *(toren)spits*
**spirit** I [ov ww] • (~ **away/off**) *heimelijk doen verdwijnen, wegtoveren* II [znw] • *geest* • *spook* • *fut, (levens)moed, energie, pit* • *alcohol, spiritus*
**spirited** [bnw] *levendig, vurig*
**spiritualism** [znw] • *spiritualisme* • *spiritisme*
**spit** I [ov + on ww] *blazen* <v. kat>, *sputteren, spuwen* II [ov ww] *doorboren, aan spit steken* III [on ww] • (~ **upon**) *verachten, spugen op*

**IV** [znw] • *(braad)spit* • *landtong* • *speeksel* • *spuug*
**spite I** [ov ww] • *dwars zitten* • *kwellen, pesten, plagen* **II** [znw] • *wrevel, rancune, wrok* • *boosaardigheid*
**spiteful** [bnw] • *rancuneus* • *hatelijk* • *uit haat*
**spittoon** [znw] *kwispedoor*
**splash I** [ov + on ww] • *(be)spatten* • *rondspatten* • *plenzen* **II** [znw] • *kwak* • *plons*
**splay** [ov + on ww] • (~ **out**) *uitspreiden*
**spleen** [znw] • *milt* • *woede, gal*
**splendid** [bnw] • *prachtig* • *groots* • *prima* • *schitterend*
**splendour** [znw] • *pracht* • *luister*
**splice** [ov ww] • *splitsen* <touw> • *in elkaar vlechten* • <inf.> *trouwen*
**splint** [znw] *spalk*
**splinter I** [ov ww] *versplinteren* **II** [znw] *splinter*
**split I** [ov + on ww] • *splijten* • *(z.) splitsen* • *uiteengaan* • *(z. ver)delen* • *klikken* **II** [znw] • *scheur* • *split* • *scheuring, breuk*
**splitting** [bnw] *barstend* <v. hoofdpijn>
**splodge, splotch** [znw] • *veeg, vlek* • *spat*
**splurge** [on ww] • *met geld smijten* • *z. te buiten gaan (aan)*
**splutter** [on ww] • *vochtig praten* • *sputteren*
**spoil I** [ov ww] • *schaden* • *in de war sturen* • *verwennen* • *bederven* **II** [znw] • *roof* • *buit*
**spoke I** [ww] verl. tijd → **speak** **II** [znw] *spaak*
**spoken I** [ww] volt. deelw. → **speak** **II** [bnw] *spreek-*
**spokesman** [znw] *woordvoerder*
**sponge I** [ov ww] *afsponsen* • (~ **down**) *afsponsen* **II** [on ww] *parasiteren* • (~ **off/on**) *op (iem.s) zak teren* **III** [znw] • *spons* • *sponsdeeg*
**sponger** [znw] *klaploper*
**spongy** [bnw] *sponsachtig*
**sponsor I** [ov ww] *financieel steunen* **II** [znw] *sponsor*
**sponsorship** [znw] *financiële steun v. sponsor(s)*
**spontaneous** [bnw] • *spontaan* • *vanzelf, uit zichzelf*
**spoof** [znw] *parodie, satire*
**spook I** [ov ww] *bang maken* **II** [znw] *spook*
**spooky** [bnw] *spookachtig*
**spool** [znw] *spoel*
**spoon I** [ov ww] *lepelen, scheppen* **II** [znw] *lepel*
**spoonful** [znw] *lepel* <hoeveelheid>
**sporadic** [bnw] *sporadisch*
**spore** [znw] • *spore* <v. plant of zwam> • *kiem*
**sport I** [ov ww] *dragen, pronken met* **II** [znw] • *sport* • *spel* • *vermaak* • *fideel/sportief persoon* • *speelbal* <fig.>
**sporting** [bnw] • *sport-, jacht-* • *sportief*
**spot I** [ov ww] • *in de gaten krijgen* • *ontdekken* **II** [znw] • *plek, plaats* • *spikkeltje* • *puistje* • *beetje, tikje* • *reclamespotje* • *vlek*
**spotless** [bnw] *smetteloos*
**spotted** [bnw] *gevlekt, bont*
**spotty** [bnw] *met puistjes*
**spouse** [znw] • *echtgenoot, echtgenote* • *bruid(egom)* • *gade*
**spout I** [ov ww] *spuiten, gutsen, stromen* **II** [znw] • *tuit* • *spuit(gat)* • *straal*
**sprat** [znw] *sprot*
**sprawl I** [on ww] *languit (gaan) liggen* **II** [znw] • *luie houding* • *spreiding*
**spray I** [ov ww] • *besproeien* • *verstuiven* **II** [znw] • *stuifwolk* • *wolk* <parfum> • *spray* • *sproeier* • *verstuiver* • *vaporisator* • *twijgje* <met bloemen> • *aigrette*
**sprayer** [znw] *sproeier*
**spread I** [ov ww] • *verspreiden* • *verbreiden* • *(uit)spreiden* • *uitstrekken* • *smeren* • (~ **out**)

uitspreiden **II** [on ww] • z. verspreiden, z. verbreiden • z. uitspreiden **III** [znw] • breedte • smeerbeleg • omvang, wijdte

**spree** [znw] vrolijk uitje

**sprig** [znw] twijgje, takje

**sprightly** [bnw] • vrolijk • dartel

**spring** **I** [ov ww] • helpen ontsnappen • plotseling aankomen met **II** [on ww] • springen • ontspringen • ontstaan, voortkomen • barsten • (~ **up**) plotseling ontstaan **III** [znw] • lente • bron, oorsprong • veer, veerkracht

**springy** [bnw] veerkrachtig

**sprinkle** [ov ww] (be)sprenkelen, (be)strooien

**sprinkler** [znw] strooier, sproeiwagen

**sprinkling** [znw] → **sprinkle**

**sprint** **I** [ov + on ww] sprinten **II** [znw] sprint

**sprung** **I** [ww] volt. deelw. → **spring** **II** [bnw] • gebarsten • met veren <v. matras>

**spry** [bnw] vlug, kwiek, kittig

**spud** [znw] pieper <aardappel>

**spun** [ww] verl.tijd + volt.deelw. → **spin**

**spunk** [znw] pit, moed, lef

**spunky** [bnw] vurig, moedig

**spur** **I** [ov ww] de sporen geven • (~ **on**) aansporen, aanvuren **II** [znw] • spoor • prikkel • uitloper <v. berg>

**spurious** [bnw] vals, niet echt

**spurn** [ov ww] versmaden

**spurt** **I** [ov + on ww] • spuiten • spatten <v. pen> **II** [on ww] spurten **III** [znw] • straal • spurt

**sputter** **I** [on ww] sputteren, spetteren, knetteren **II** [znw] gesputter

**spy** **I** [ov + on ww] • (be)spioneren • (be)loeren • in 't oog krijgen • (~ **(up)on**) bespioneren • (~ **out**) proberen achter... te komen **II** [znw] spion

**squabble** **I** [on ww] kibbelen, ruzie maken **II** [znw] kibbelpartij

**squad** [znw] • groep, ploeg • (politie)patrouille

**squalid** [bnw] vunzig, smerig

**squall** **I** [ov + on ww] • gillen • brallen **II** [znw] • windstoot • vlaag

**squalor** [znw] • vunzigheid, smerigheid • ellende

**squander** [ov ww] verkwisten, vergooien

**square** **I** [ov ww] • in kwadraat brengen • vierkant maken, recht/haaks maken • in orde maken, afrekenen • (~ **to/with**) in overeenstemming brengen met, aanpassen aan • (~ **up**) vereffenen, afrekenen, betalen **II** [on ww] • (~ **with**) kloppen met **III** [znw] • ouderwets iem. • vierkant • kwadraat • plein, exercitieterrein • huizenblok • carré **IV** [bnw] • ouderwets • vierkant • stoer, stevig • eerlijk, oprecht, betrouwbaar • ondubbelzinnig • gelijk, quitte **V** [bijw] • vierkant • oprecht • vlak, ronduit

**squash** **I** [ov ww] • plat drukken • tot moes maken/slaan **II** [znw] • gedrang • pulp, moes • limonade, kwast • vruchtvlees v.e. kalebas <als groente>

**squashy** [bnw] zacht

**squat** **I** [ov ww] kraken <v. huis, stuk land> **II** [on ww] hurken **III** [znw] gekraakt pand **IV** [bnw] kort, gedrongen

**squatter** [znw] kraker

**squaw** [znw] (Indiaanse) vrouw

**squawk** **I** [on ww] krijsen **II** [znw] schreeuw

**squeak** **I** [on ww] piepen **II** [znw] gepiep

**squeal** **I** [on ww] • gillen • gieren • <sl.> verraden **II** [znw] gil

**squeamish** [bnw] • overgevoelig • (gauw) misselijk

**squeeze** **I** [ov ww] • knijpen, uitknijpen • uitpersen, afpersen • (tegen z. aan)drukken • eruit dwingen <bridge> **II** [on ww] (z.) dringen • (~ **through**) 't met moeite halen **III** [znw]

• moeilijke situatie • kneep(je) • gedrang • (hand)druk • hartelijke omhelzing
**squelch** I [on ww] zuigend geluid maken <als bij lopen door modder> II [znw] zuigend geluid
**squid** [znw] pijlinktvis
**squiggle** [znw] golvend lijntje, slangetje
**squire** [znw] • landjonker • <gesch.> schildknaap
**squirm** [on ww] • wriemelen, kronkelen • krimpen <v. schaamte>
**squirrel** [znw] eekhoorn
**squirt** I [ov + on ww] • spuiten • sprietsen II [znw] • straal • spuitje • branieschopper
**stab** I [ov + on ww] steken <vnl. met dolk, of v. wond> II [znw] • dolkstoot, doodsteek • (pijn)scheut
**stability, stableness** [znw] bestendigheid, evenwichtigheid
**stabilize** [ov + on ww] stabiliseren
**stack** I [ov ww] stapelen • (~ **up**) opstapelen, optassen II [znw] • stapel, hoop • groep schoorstenen <op dak> • (schoorsteen)pijp • (hooi)mijt
**stadium** [znw] • stadion • stadium
**staff** I [ov ww] van personeel e.d. voorzien II [znw] • (leidinggevend) personeel • staf
**stag** [znw] (mannetjes)hert
**stage** I [ov ww] • opvoeren • ensceneren • op touw zetten II [znw] • stage, leertijd • fase, stadium • toneel • podium • etappe, traject
**stagger** I [ov ww] • ontstellen • (doen) duizelen • zig-zagsgewijs of om en om plaatsen II [on ww] • wankelen • waggelen
**stagnant** [bnw] • stilstaand • traag, dood <fig.>
**stagnate** [on ww] • stilstaan • op 'n dood punt staan of komen
**stagy** [bnw] theatraal
**staid** [bnw] • bedaard, bezadigd • degelijk
**stain** I [ov ww] • vlek(ken) maken op • kleuren, verven • beitsen • onteren, bezoedelen II [on ww] • vlekken geven • afgeven <v. stoffen> III [znw] • smet, vlek • blaam • kleurstof, verfstof, beits
**stair** [znw] • trede • trap
**stake** I [ov ww] aan paal/staak (op)binden • (~ **out**) afbakenen II [znw] • inzet • aandeel, belang(en) • paal, staak
**stale** [bnw] • niet fris meer, muf • verschaald • oud(bakken)
**stalemate** [znw] • pat(stelling) • schaakmat
**stalk** I [ov ww] (be)sluipen <v. prooi> II [znw] stengel
**stall** I [ov + on ww] • vertragen • treuzelen • afslaan <v. motor> II [znw] • afdeling in stal • box • koorbank • koorstoel • stalletje, kiosk, kraam
**stallion** [znw] hengst
**stalwart** I [znw] getrouwe, trawant II [bnw] • robuust, stoer, struis • trouw
**stamina** [znw] uithoudingsvermogen
**stammer** I [ov + on ww] • stotteren • stamelen II [znw] het stotteren
**stamp** I [ov + on ww] stampen II [ov ww] • (be)stempelen • frankeren, zegelen • karakteriseren, kenmerken • (~ **out**) uittrappen, vernietigen, uitroeien III [znw] • stempel, merk • postzegel • (ge)stamp • soort, karakter
**stampede** I [ov ww] paniek/vlucht veroorzaken II [on ww] massaal op hol slaan III [znw] • massale plotselinge vlucht v. paarden/vee • toeloop, stormloop
**stand** I [ov ww] • plaatsen, zetten • uithouden, verdragen, uitstaan • bestand zijn tegen • trakteren (op) II [on ww] • blijven staan, er (nog) staan • standhouden, geldig zijn, steekhouden, gehandhaafd blijven • (gaan) staan • (~ **back**) z. afzijdig

houden • (~ **by**) lijdelijk toezien, klaar (gaan) staan om te helpen, een handje helpen • (~ **down**) z. terugtrekken • (~ **for**) steunen, voorstaan, betekenen, symboliseren, kandidaat zijn voor • (~ **in**) iem. vervangen • (~ **out**) in 't oog vallen, niet toegeven, standvastig zijn, volhouden • (~ **up**) opstaan, rechtop blijven/gaan staan, het opnemen (voor) **III** [znw] • tribune • standaard, rek, tafeltje, statief • standplaats • standpunt • kraam, kiosk

**standard** **I** [znw] • standaard • vaandel • standaardmaat • maatstaf, norm • stander **II** [bnw] • standaard, normaal • algemeen erkend/gewaardeerd

**standardize** [ov ww] normaliseren

**standing** **I** [znw] • duur, ouderdom • reputatie, aanzien **II** [bnw] • staand • blijvend, voortdurend, permanent

**stank** [ww] verl. tijd → **stink**

**staple** **I** [ov ww] (vast)nieten, krammen **II** [znw] • hoofdmiddel van bestaan • hoofd-exportartikel, hoofdprodukt • kern, hoofdschotel <fig.> • kram • hechtnietje **III** [bnw] • hoofd- • kern-

**stapler** [znw] nietmachine

**star** **I** [ov ww] • met sterren tooien/versieren • sterretjes zetten bij • als ster laten optreden **II** [on ww] • de hoofdrol spelen • als ster optreden **III** [znw] • ster(retje) • gesternte **IV** [bnw] • ster- • hoofd- • eerste

**starch** **I** [ov ww] stijven **II** [znw] • zetmeel • stijfsel

**starchy** [bnw] • zetmeelrijk • gesteven • vormelijk

**stardom** [znw] de status van ster

**stare** **I** [ov + on ww] • grote ogen opzetten • staren • (~ **at**) aangapen **II** [znw] • (hol) starende blik • blik

**stark** **I** [bnw] • absoluut, volkomen • spiernaakt • grimmig **II** [bijw] volkomen

**starkers** [bnw] spiernaakt

**starlet** [znw] sterretje

**starling** [znw] spreeuw

**starry** [bnw] met sterren bezaaid

**start** **I** [ov + on ww] • beginnen (met) • starten **II** [ov ww] • startsein geven • aan de gang krijgen • op gang/weg helpen • aanzetten • (~ **up**) starten, aanzetten **III** [on ww] • vertrekken • (op)springen • (op)schrikken • aanslaan <v. motor> • (~ **at**) schrikken van • (~ **for**) vertrekken naar • (~ **from/with**) uitgaan van • (~ **off/out**) op weg gaan • (~ **up**) opspringen, opschrikken **IV** [znw] • vertrekpunt, beginpunt, start • voorsprong

**starter** [znw] • starter • deelnemer <aan wedstrijd> • begin • voorgerecht

**startle** [ov ww] opschrikken

**starvation** [znw] hongerdood

**starve** **I** [ov ww] uithongeren **II** [on ww] • honger lijden, honger/trek hebben • verhongeren

**state** **I** [ov ww] • verklaren, beweren • uiteenzetten • formuleren **II** [znw] • staat • toestand • stand • staatsie, praal **III** [bnw] • staats- • staatsie-

**stately** [bnw] • statig • imposant

**statement** [znw] verklaring

**statesman** [znw] staatsman

**statesmanship** [znw] (goed) staatsmanschap, staatkunde

**static** [bnw] statisch

**station** **I** [ov ww] • opstellen • stationeren • postvatten **II** [znw] • station • (stand)plaats • positie • post • politiebureau • schapenranch <in Australië>

**stationary** **I** [znw] **II** [bnw] • stationair • stilstaand • vast • onveranderd

**stationery** [znw] • kantoorboekhandel • postpapier

**statistic(al)** [bnw] statistisch

**statue** [znw] standbeeld

**statuesque** [bnw] statig

**statuette** [znw] *beeldje*
**stature** [znw] *gestalte, postuur*
**statute** [znw] • *wet* • *statuut* • *verordening* • *reglement*
**statutory** [bnw] • *statutair* • *volgens de wet*
**staunch** I [ov ww] *stelpen* II [bnw] *trouw (aan)*
**stave** I [ov ww] • (~ **off**) *opschorten* II [znw] • *notenbalk* • *staf*
**stay** I [on ww] • *blijven* • *logeren* II [znw] *verblijf*
**stead** [znw] *plaats*
**steadfast** [bnw] • *standvastig, onwrikbaar* • *strak* <v. blik>
**steady** I [ov ww] • *in evenwicht brengen* • *tot bedaren brengen* II [on ww] *rustig/kalm worden* III [znw] <sl.> *vaste vrijer* IV [bnw] • *stevig, vast* • *gestadig* • *bedaard, rustig*
**steak** [znw] • *runderlap* • *moot vis*
**steal** I [ov + on ww] *stelen* II [on ww] • *sluipen, glijden* • *onmerkbaar gaan of komen* • (~ **away**) *ongemerkt voorbij gaan* • (~ **out**) *er stilletjes vandoor gaan*
**stealth** [znw] *heimelijkheid*
**stealthy** [bnw] • *heimelijk* • *steels*
**steam** I [ov + on ww] • *stomen* • (~ **up**) *beslaan* II [znw] • *stoom* • *damp*
**steamer** [znw] • *stoomboot* • *stoomkoker*
**steamy** [bnw] • *warm en vochtig* • <inf.> *erotisch*
**steed** [znw] • *paard* • *strijdros*
**steel** I [wkd ww] *zich vermannen* II [znw] • *staal* • *wetstaal* III [bnw] *stalen*
**steely** [bnw] • *van staal* • *staalachtig*
**steep** I [ov + on ww] *weken* II [ov ww] *(in)dompelen* III [bnw] • *steil* • *abnormaal (hoog)* • *overdreven*
**steeple** [znw] *torenspits*
**steer** I [ov ww] *(be)sturen* II [znw] *gecastreerde stier*
**stellar** [bnw] *sterren-*
**stem** I [ov ww] • *stremmen* • *tegenhouden, stuiten* II [on ww] • (~ **from**) *teruggaan op* III [znw] • *stengel* • *stam* <ook v. woord> • *steel* <v. pijp>
**stench** [znw] *stank, (onaangename) lucht*
**stencil** I [ov ww] *stencillen* II [znw] • *stencil* • *sjabloon*
**stenographer** [znw] *stenograaf*
**step** I [ov ww] *stappen* • (~ **up**) *opvoeren* II [on ww] *stappen, treden, opstappen* • (~ **aside**) *opzij gaan staan, afdwalen, een misstap doen* • (~ **aside/down**) *af-/terugtreden* • (~ **back**) *teruggaan* <fig.>, *z. terugtrekken* • (~ **between**) *tusenbeide komen* • (~ **in**) *er in stappen, er even tussen komen* III [znw] • *(voet)stap, pas* • *tred* • *tree, sport*
**stereophonic** [bnw] *stereofonisch*
**stereotype** I [ov ww] *stereotyperen* II [znw] *stereotype*
**sterile** [bnw] • *onvruchtbaar* • *onproduktief* • *steriel*
**sterilize** [ov ww] • *onvruchtbaar maken* • *steriliseren*
**sterling** [bnw] • *van standaardgehalte* • *onvervalst, echt* • *degelijk*
**stern** I [znw] • *achtersteven* • *achterste* <v. dier> II [bnw] • *streng* • *hard*
**sternum** [znw] *borstbeen*
**stevedore** [ov ww] *stuwadoor*
**stew** I [ov + on ww] *stoven* II [znw] *stamppot* <met vlees of vis>
**steward** [znw] • *kelner* <aan boord> • *administrateur* • *rentmeester* • *beheerder*
**stewardess** [znw] *stewardess*
**stick** I [ov ww] • *steken, zetten* • *vastplakken* • *uithouden, uitstaan* • (~ **on**) *plakken op, opplakken* • (~ **out**) *naar buiten/voren steken* • (~ **up**) *overeind zetten* II [on ww] • *blijven hangen/steken/zitten, vast blijven zitten* • *klitten, kleven, plakken*

• (~ **around**) in de buurt blijven • (~ **at**) volhouden, doorgaan met • (~ **by**) trouw blijven, z. houden aan • (~ **out**) naar buiten/voren steken • (~ **to**) trouw blijven aan, blijven bij, volhouden • (~ **up**) overeind staan **III** [znw] • tak • stok, staaf, steel • rare snijboon

**stickleback** [znw] stekelbaarsje

**stickler** [znw] ★ a ~ for discipline iem. die discipline eist

**sticky** [bnw] • lastig, penibel • kleverig • kleef-

**stiff** [bnw] • stijf • onbuigzaam • vormelijk • moeilijk • stroef • stevig

**stiffen I** [ov ww] stijf maken **II** [on ww] verstijven

**stifle I** [ov ww] • doen stikken • smoren • de kop indrukken • onderdrukken • inhouden **II** [on ww] (ver)stikken

**stigma** [znw] • schandvlek • stigma, wondteken v. Christus • stempel <v. bloem>

**stigmatize** [ov ww] • brandmerken • stigmatiseren

**stile** [znw] • overstap • deurstijl

**stiletto** [znw] • stiletto • schoen met naaldhak

**still I** [ov ww] • stillen • kalmeren **II** [bnw] • stil, rustig • niet mousserend <v. wijn> **III** [bijw] • nog • nog altijd • toch, toch nog

**stilt** [znw] stelt

**stilted** [bnw] onhandig, harkerig

**stimulant** [znw] • prikkel • opwekkend middel

**stimulate** [ov ww] • prikkelen • (op)wekken • stimuleren • aansporen

**stimulus** [znw] stimulans

**sting I** [ov + on ww] • steken • prikken **II** [ov ww] afzetten, 't vel over de neus halen **III** [on ww] pijn doen **IV** [znw] • steek, beet • angel • <plant.> brandhaar

**stingy** [bnw] gierig, vrekkig

**stink I** [on ww] stinken • (~ **of**) stinken naar **II** [znw] stank

**stinking** [bnw] rot, gemeen

**stipend** [znw] • salaris • bezoldiging

**stir I** [ov ww] • verroeren • poken • roeren • in beweging brengen • (op)wekken • op de verbeelding werken • (~ **up**) doen opwarrelen, opruien (tot), doen oplaaien **II** [on ww] z. verroeren **III** [znw] sensatie, herrie

**stirring** [bnw] ontroerend, prikkelend

**stirrup** [znw] stijgbeugel

**stoat** [znw] • hermelijn • wezel

**stock I** [ov ww] • inslaan • bevoorraden, voorzien van, uitrusten (met) • in voorraad hebben **II** [on ww] z. bevoorraden, voorraad inslaan **III** [znw] • bouillon • stam, (wortel)stronk • afkomst, geslacht • 't geheel • voorraad, inventaris, materieel • grondstof, materiaal • obligatie, fonds, aandelenkapitaal **IV** [bnw] gewoon, stereotiep, afgezaagd

**stocking** [znw] kous

**stockist** [znw] leverancier

**stocky** [bnw] kort en breed

**stodge** [znw] machtige of zware kost

**stodgy** [bnw] • zwaar, machtig <v. eten> • saai, plechtig

**stoic I** [znw] stoïcijn **II** [bnw] stoïcijns

**stoke** [ov ww] • stoken • brandstof/kolen bijgooien

**stole I** [ww] verl. tijd → **steal II** [znw] stola

**stolen** [ww] volt. deelw. → **steal**

**stolid** [bnw] • bot • flegmatisch • onaandoenlijk

**stomach I** [ov ww] • verteren • verdragen • (voor lief) nemen **II** [znw] • buik • maag

**stomp I** [ov ww] <AE> stampen **II** [on ww] klossen

**stone I** [ov ww] • stenigen • ontpitten **II** [znw] • steen • kei • natuursteen • pit • Eng. gewichtseenheid **III** [bnw] stenen

**stony** [bnw] (steen)hard, hardvochtig

**stood** [ww] verl. tijd + volt. deelw.

→ **stand**
**stooge** [znw] • knechtje, slaafje • mikpunt, aangever <v. conferencier>
**stool** [znw] kruk
**stoop** I [on ww] • z. vernederen/ verwaardigen • voorover lopen/staan/zitten • (z.) bukken II [znw] • kromme rug • <AE> stoep
**stop** I [ov ww] • ophouden met, neerleggen <werk> • afzetten, stilleggen, beletten, weerhouden, doen ophouden, stil doen staan • afsluiten, verstoppen, dichtstoppen • versperren, stelpen, tegenhouden, dempen • (~ **up**) doen verstoppen, dichtstoppen II [on ww] • stoppen, ophouden, niet meer werken/gaan • stil (blijven) staan • logeren, blijven • (~ **at**) logeren bij/te • (~ **in**) binnenblijven • (~ **out**) uitblijven • (~ **up**) opblijven III [znw] • punt <leesteken> • stilstand • stopplaats, halte • register <v. orgel>, klep, demper • <taalk.> ploffer
**stoppage** [znw] inhouding, blokkering
**stopper** [znw] stop <op fles>
**storage** [znw] opslag, 't opslaan
**store** I [ov ww] opslaan • (~ **up**) opslaan, bewaren II [znw] • voorraad • hoeveelheid • opslagplaats • <AE> winkel
**storey** [znw] verdieping, etage
**stork** [znw] ooievaar
**storm** I [ov ww] bestormen II [on ww] • woeden, razen • <AE> stormen • (~ **at**) tekeer gaan tegen III [znw] • (hevige) bui • noodweer • storm
**stormy** [bnw] • stormachtig • storm- • heftig
**story** [znw] • verhaal • geschiedenis • gerucht • leugentje • <AE> verdieping, etage
**stout** I [znw] donker bier II [bnw] • krachtig • stevig • dik, gezet
**stove** [znw] • kachel • fornuis
**stow** I [ov ww] • (vakkundig) laden • opbergen, wegbergen • (~ **away**) opbergen, wegstoppen II [on ww] • (~ **away**) als verstekeling meereizen
**straddle** I [ov ww] • over iets heen staan • over een heel gebied verspreid zijn II [on ww] wijdbeens (gaan) lopen/staan/zitten III [znw] spreidstand
**straggle** [on ww] • achterblijven • verspreid of verward groeien/hangen/liggen • zwerven, afdwalen • (~ **behind**) achterblijven, niet meekomen
**straight** I [znw] hetero II [bnw] • eerlijk, oprecht • betrouwbaar • in orde, op orde • puur, onvermengd • recht • rechtstreeks • recht op de man af III [bijw] • recht(streeks) • rechtop • direct • ronduit
**straighten** I [ov ww] • rechtmaken/-zetten/-leggen • strekken • in orde brengen • (~ **up**) in orde brengen II [on ww] • recht worden • rechttrekken • (~ **up**) rechtop gaan staan
**strain** I [ov + on ww] • zeven • filteren • (~ **off/out**) uitzeven, filtreren II [ov ww] • verrekken • inspannen • zwoegen • overspannen • (te) veel vergen van • forceren III [on ww] z. inspannen IV [znw] • spanning • belasting • soort, variëteit • melodie
**strainer** [znw] zeef
**strait** [znw] zeeëngte
**strand** I [ov ww] aan de grond doen lopen II [on ww] vastlopen, stranden III [znw] • strand • streng • lok, wrong
**strange** [bnw] • vreemd • raar • eigenaardig
**stranger** [znw] vreemde(ling)
**strangle** [ov ww] • worgen • onderdrukken
**strangler** [znw] wurger
**strangulation** [znw] • wurging • economische druk
**strap** I [ov ww] gespen II [znw] • riem(pje) • band(je) • lus <in tram>

**strategist** [znw] strateeg

**strategy** [znw] strategie

**stratification** [znw] gelaagdheid

**stratum** [znw] (geologische) laag

**straw** I [znw] • strootje • strohoed • stro(halm) • rietje II [bnw] strooien

**strawberry** [znw] aardbei

**streak** I [ov ww] strepen II [on ww] • snellen, ijlen • <inf.> naakt over plein e.d. rennen III [znw] • streep • flits

**streaker** [znw] iem. die naakt over plein e.d. rent

**streaky** [bnw] • gestreept • doorregen

**stream** I [ov ww] doen stromen II [on ww] • stromen • wapperen III [znw] • beek(je) • groep met zelfde leerprogram • stroom

**streamline** [znw] stroomlijn

**streamlined** [bnw] gestroomlijnd

**street** [znw] straat

**strength** [znw] • kracht(en) • sterkte

**strengthen** I [ov ww] versterken II [on ww] sterker worden

**strenuous** [bnw] inspannend

**stress** I [ov ww] de nadruk leggen op II [znw] • nadruk • gewicht • accent • spanning • druk

**stretch** I [ov ww] • (uit)strekken • uitrekken, (op)rekken • spannen • (~ **forth**) uitsteken II [on ww] • zich (uit)strekken • (zich) uitrekken • reiken (tot) • lopen tot • (~ **down to**) z. uitstrekken tot, lopen tot III [znw] • uitgestrektheid • stuk • periode, duur • traject • afstand

**stretcher** [znw] brancard

**strew** [ov ww] • bezaaien • verspreid liggen op • (be)strooien

**stricken** [bnw] • getroffen • geteisterd

**strict** [bnw] • strikt • stipt • nauwgezet • streng

**stricture** [znw] kritiek

**stride** I [on ww] • grote stappen nemen • schrijden II [znw] (grote) stap

**strident** [bnw] hard en schel

**strife** [znw] • strijd • conflict

**strike** I [ov ww] • slaan (met), raken • aanslaan • aanstrijken, aangaan • opvallen • opkomen bij • (~ **down**) neerslaan, vellen • (~ **off**) royeren • (~ **out**) doorhalen • (~ **up**) aanheffen II [on ww] • toeslaan, treffen • staken • luiden • (~ **at**) slaan naar • (~ **out**) een andere richting inslaan • (~ **up**) inzetten, beginnen te spelen/zingen III [znw] • staking • slag <honkbal> • <AE> succes, bof

**striker** [znw] • staker • <sport> spitsspeler

**string** I [ov ww] • met touw vastbinden • besnaren II [on ww] • (~ **along**) meeboemelen III [znw] • touw(tje) • serie • snaar

**stringent** [bnw] • bindend • streng • strikt

**stringy** [bnw] • draderig • pezig

**strip** I [ov + on ww] • strippen • ontdoen van II [znw] • strip • (smalle) rand • landingsbaan • sportkleding

**stripe** [znw] • streep • chevron • striem

**striped** [bnw] gestreept

**stripper** [znw] striptease-danser(es)

**strive** [on ww] z. inspannen • (~ **after/for**) streven naar

**strode** [ww] verl. tijd → **stride**

**stroke** I [ov ww] strijken, aaien, strelen II [znw] • aai • klap • slag • beroerte

**stroll** I [on ww] • slenteren • wandelen II [znw] wandeling(etje)

**stroller** [znw] wandelwagentje

**strong** [bnw] • sterk • krachtig • zwaar <v. tabak, bier> • vast <v. geldkoers, prijzen> • overdreven

**stroppy** [bnw] • tegendraads • dwars, koppig

**strove** [ww] verl. tijd → **strive**

**struck** [ww] verl. tijd + volt. deelw. → **strike**

**structural** [bnw] structureel

**structure** [znw] • (op)bouw • bouwwerk • structuur

**struggle** I [on ww] • worstelen

• *vechten* • *tegenspartelen* • (~ **to**) *moeite hebben om* **II** [znw] *strijd, gevecht*
**strum I** [ov + on ww] *trommelen, tjingelen* **II** [znw] *getrommel, getjingel*
**strung** [ww] verl. tijd + volt. deelw. → **string**
**strut I** [ov + on ww] *trots stappen* **II** [znw] *stut*
**stub I** [ov ww] *stoten* **II** [znw] • *stompje* • *peukje*
**stubble** [znw] *stoppels*
**stubborn** [bnw] • *koppig* • *hardnekkig*
**stuck** [ww] verl. tijd + volt. deelw. → **stick**
**stud** [znw] • *fokstal* • *dekhengst* • *metalen sierknopje* • *boordeknoopje, manchetknoopje*
**student** [znw] • *student* • *leerling*
**studio** [znw] • *atelier* • *studio*
**studious** [bnw] • *vlijtig, ijverig* • *studerend*
**study I** [ov ww] • *(be)studeren* • *observeren* **II** [on ww] *studeren* **III** [znw] • *studie* • *etude* • *studeerkamer*
**stuff I** [ov ww] • *(vol)stoppen* • *opvullen* • *farceren* • *volproppen* • *opzetten* <v. dier> **II** [znw] • *stof, materiaal* • *spul, goedje* • *waardeloze rommel* • *onzin*
**stuffing** [znw] *vulling*
**stuffy** [bnw] • *benauwd, bedompt* • *ouderwets*
**stultify** [ov ww] • *belachelijk maken* • *teniet doen*
**stumble I** [on ww] • *struikelen* • *stuntelen* • *hakkelen* • (~ **across/(up)on**) *toevallig aantreffen, tegen 't lijf lopen* • (~ **along**) *voortstrompelen* **II** [znw] *misstap, struikeling*
**stump I** [ov + on ww] • (~ **up**) <sl.> *betalen, dokken* **II** [ov ww] • *af-/uitgooien* <bij cricket> • *sprakeloos doen staan* **III** [on ww] • *klossen* • *onbehouwen lopen* **IV** [znw] • *stomp(je)* • *(boom)stronk* • *wicket-paaltje* <bij cricket>
**stumpy** [bnw] *dik en kort, gezet*
**stun** [ov ww] • *verdoven* • *verbijsteren*
**stung** [ww] verl. tijd + volt. deelw. → **sting**
**stunk** [ww] verl. tijd + volt. deelw. → **stink**
**stunning** [bnw] • *verbijsterend* • *fantastisch*
**stunt I** [ov ww] *de groei belemmeren* **II** [znw] *stunt*
**stupefaction** [znw] • *versuffing* • *verbijstering*
**stupefy** [ov ww] • *afstompen* • *versuffen* • *stomverbaasd doen staan*
**stupendous** [bnw] • *verbluffend* • *enorm* • *kolossaal*
**stupid** [bnw] • *dom* • *stom*
**stupidity** [znw] *domheid*
**stupor** [znw] • *verdoving* • *coma* • *apathie*
**sturdy** [bnw] • *struis* • *fors* • *flink* • *stoer*
**stutter I** [ov + on ww] *stotteren* **II** [znw] *gestotter*
**sty** [znw] • *strontje* <op oog> • *stal, kot*
**style I** [ov ww] • *noemen* • *betitelen* **II** [znw] • *stijl* • *distinctie* • *trant*
**stylish** [bnw] • *gedistingeerd* • *chic*
**stylist** [znw] *stilist*
**stylistic** [bnw] *stilistisch*
**stylus** [znw] *naald* <v. platenspeler>
**stymie** [ov ww] *dwarsbomen*
**suave** [bnw] • *hoffelijk* • *minzaam*
**subdue** [ov ww] • *temperen* • *onderwerpen* • *bedwingen*
**subject I** [ov ww] *onderwerpen* • (~ **to**) *blootstellen aan* **II** [znw] • *onderdaan* • *onderwerp* • *vak* **III** [bnw] *onderworpen*
**subjective** [bnw] • *subjectief* • *onderwerps-*
**subjugate** [ov ww] *onderwerpen*
**subjunctive** [znw] *aanvoegende wijs*
**sublimate** [ov ww] *sublimeren*
**sublime** [bnw] • *verheven* • *subliem*

**submarine** I [ov ww] torpederen vanuit onderzeeër II [znw] onderzeeër III [bnw] onderzees
**submerge** I [ov ww] • onder water zetten • (onder)dompelen II [on ww] • onder water gaan • onderduiken
**submission** [znw] • onderdanigheid • nederigheid
**submissive** [bnw] onderdanig
**submit** I [ov + on ww] (z.) onderwerpen II [ov ww] • voorleggen • in het midden brengen
**subnormal** [bnw] beneden de norm, achterlijk
**subordinate** I [ov ww] • (~ **to**) ondergeschikt maken aan II [znw] ondergeschikte III [bnw] ondergeschikt
**subscribe** [ov ww] bijeenbrengen <v. geld> • (~ **to**) z. abonneren op, onderschrijven
**subscriber** [znw] • abonnee • donateur
**subscription** [znw] • donatie • abonnement
**subsection** [znw] onderafdeling
**subsequent** [bnw] • (daarop)volgend • later
**subservient** [bnw] • onderdanig • kruiperig
**subside** [on ww] • (ver)zakken, inzakken • bedaren
**subsidize** [ov ww] subsidiëren, geldelijk steunen
**subsidy** [znw] subsidie
**subsist** [on ww] • bestaan • (voort)leven
**subsistence** [znw] bestaansminimum
**substance** [znw] • essentie • stof • substantie • hoofdzaak, kern
**substandard** [bnw] beneden de norm
**substantial** [bnw] • stevig • aanzienlijk
**substantiate** [ov ww] bewijzen
**substantive** [bnw] iets om het lijf hebbend, wezenlijk
**substitute** I [ov ww] vervangen II [znw] • vervanger • surrogaat
**substructure** [znw] onderbouw, grondslag, fundament
**subsume** [ov ww] onder één noemer brengen, opnemen
**subterfuge** [znw] uitvlucht
**subterranean** [bnw] • ondergronds • heimelijk
**subtle** [bnw] • subtiel • spitsvondig • geraffineerd
**subtlety** [znw] subtiliteit
**subtract** [ov + on ww] aftrekken
**subtraction** [znw] aftrekking
**suburb** [znw] voorstad
**suburbia** [znw] de (mensen in/v.d.) buitenwijken
**subversion** [znw] omverwerping
**subversive** [bnw] subversief
**subway** [znw] • tunnel • <AE> metro, ondergrondse
**succeed** I [ov + on ww] opvolgen • (~ **to**) volgen op II [on ww] • slagen • succes hebben
**success** [znw] succes
**successful** [bnw] • geslaagd • succesrijk
**succession** [znw] • op(een)volging • successie
**successive** [bnw] • achtereenvolgend • successievelijk
**successor** [znw] opvolger
**succinct** [bnw] beknopt, bondig
**succour** I [ov ww] helpen, te hulp komen II [znw] helper
**succulent** [bnw] sappig
**succumb** [on ww] bezwijken • (~ **to**) sterven aan
**such** [bnw] • zulk (een) • zo'n • zo • zodanig, zo groot • degenen • zulks
**suck** I [ov + on ww] zuigen (op) • (~ **from**) halen uit • (~ **in**) inzuigen, in zich opnemen • (~ **out of**) halen uit • (~ **up**) hielen likken II [znw] slokje
**sucker** [znw] • sukkel • zuignap • spruit
**suckle** [ov ww] zogen
**sudden** [bnw] • plotseling • overijld
**suds** [mv] zeepsop
**sue** [ov ww] een proces aandoen
**suet** [znw] niervet

**suffer I** [ov ww] • *ondergaan* • *(toe)laten* • *verdragen* • *uitstaan* **II** [on ww] • *beschadigd worden* • *lijden* • (~ **from**) *lijden aan*
**sufferance** [znw] • *stilzwijgende toestemming, instemming* • *toelating*
**sufferer** [znw] • *lijder* • *slachtoffer*
**suffering** [znw] *beproeving, ellende*
**suffice** [ov + on ww] • *voldoende zijn (voor)* • *tevreden stellen*
**sufficiency** [znw] *voldoende hoeveelheid*
**sufficient** [bnw] *genoeg, voldoende*
**suffocate I** [ov ww] • *doen stikken* • *verstikken* **II** [on ww] *stikken*
**suffrage** [znw] *stemrecht*
**suffuse** [ov ww] *overgieten* <vnl. met licht>
**sugar I** [ov ww] *(be)suikeren* **II** [znw] • *suiker* • *lieveling*
**sugary** [bnw] • *suikerachtig* • *suikerzoet*
**suggest** [ov ww] • *suggereren* • *opperen* • *doen denken aan* • *voorstellen*
**suggestible** [bnw] *gemakkelijk te beïnvloeden*
**suggestion** [znw] • *suggestie* • *zweem, spoor*
**suggestive** [bnw] *suggestief*
**suicidal** [bnw] *zelfmoord-*
**suicide** [znw] *zelfmoord(enaar)*
**suit I** [ov + on ww] • *schikken* • *gelegen komen* • *passen (bij/voor)* • *staan* **II** [znw] • *proces* • *pak* • *mantelpak* • *kleur* <in kaartspel>
**suitable** [bnw] • *geschikt, gepast* • *passend*
**suitcase** [znw] *(platte) koffer*
**suite** [znw] • *suite* <kamer> • *ameublement* • <muz.> *suite*
**suitor** [znw] *aanbidder*
**sulk I** [on ww] *mokken* **II** [znw] *boze bui*
**sulky I** [znw] *sulky* **II** [bnw] *mokkend*
**sullen** [bnw] • *nors, knorrig* • *somber*
**sully** [ov ww] • *bevlekken* • *vuil maken*
**sulphur** [znw] *zwavel*
**sultry** [bnw] *drukkend, zwoel*
**sum I** [ov ww] • (~ **up**) *opsommen, optellen, samenvatten* **II** [znw] • *som* • *totaal*
**summarize** [ov + on ww] *samenvatten*
**summary I** [znw] *samenvatting* **II** [bnw] • *beknopt* • *summier* • *kort*
**summation** [znw] *optelling, totaal*
**summer** [znw] *zomer*
**summery** [bnw] *zomerachtig*
**summit** [znw] *top(punt)*
**summon** [ov ww] • *(op)roepen* • *bijeenroepen* • *verzamelen* • *dagvaarden* • (~ **up**) *vergaren, bijeenrapen, optrommelen*
**summons** [znw] meervoud • *oproep(ing)* • *dagvaarding*
**sump** [znw] *oliereservoir*
**sumptuous** [bnw] • *kostbaar* • *weelderig*
**sun I** [ov + on ww] *zonnen* **II** [znw] *zon*
**Sunday** [znw] *zondag*
**sundry** [bnw] • *allerlei* • *diverse, verscheiden(e)*
**sung** [ww] volt. deelw. → **sing**
**sunk** [ww] volt. deelw. → **sink**
**sunken** [bnw] • *ingevallen* • *diepliggend* • *hol*
**sunny** [bnw] *zonnig*
**super** [bnw] • *super-* • <sl.> *grandioos, prima*
**superabundant** [bnw] • *meer dan overvloedig* • *in rijke mate*
**superannuation** [znw] *pensionering*
**superb** [bnw] • *voortreffelijk* • *zeer indrukwekkend* • *groots* • *meesterlijk*
**supercilious** [bnw] *verwaand*
**superficial** [bnw] *oppervlakkig*
**superficiality** [znw] *oppervlakkigheid*
**superfluity** [znw] *overtolligheid*
**superfluous** [bnw] *overbodig, overtollig*
**superimpose** [ov ww] *(er) bovenop plaatsen* • (~ **(up)on**) *plaatsen op, bouwen op*
**superintend** [ov + on ww] • *toezicht houden op* • *met controle belast zijn op*

**superintendent** [znw] • *inspecteur* • *opzichter* • *directeur* • *hoofdinspecteur* <v. politie>

**superior** I [znw] • *meerdere* • *overste* II [bnw] • *uitmuntend* • *bijzonder goed* • *superieur* • *hooghartig, neerbuigend*

**superlative** I [znw] *overtreffende trap* II [bnw] *uitstekend*

**supermarket** [znw] *supermarkt*

**supernatural** I [znw] *het bovennatuurlijke* II [bnw] *bovennatuurlijk*

**supersede** [ov ww] *vervangen*

**supersonic** [bnw] *supersonisch*

**superstition** [znw] *bijgeloof*

**superstructure** [znw] *bovenbouw*

**supervise** [ov + on ww] *toezicht houden op*

**supervision** [znw] *supervisie*

**supervisor** [znw] • *inspecteur* • *(afdelings)chef* • *controleur* • *surveillant*

**supervisory** [bnw] • *toezichthoudend* • *toeziend*

**supine** [bnw] *achteroverliggend*

**supper** [znw] *souper, avondmaal(tijd)*

**supplant** [ov ww] • *(listig) verdringen* • *vervangen*

**supplement** I [ov ww] • *aanvullen* • *toevoegen* II [znw] *supplement*

**supplementary** [bnw] *aanvullend*

**supplication** [znw] *smeekbede*

**supplier** [znw] *leverancier*

**supply** I [ov ww] *bevoorraden* II [znw] *voorraad*

**support** I [ov ww] *(onder)steunen* II [znw] *steun*

**supporter** [znw] • *aanhanger* • *supporter*

**suppose** [ov ww] • *veronderstellen* • *menen* • *denken*

**supposition** [znw] *veronderstelling*

**suppress** [ov ww] • *de kop indrukken* • *verbieden* <v. krant, boek> • *achterhouden*

**suppression** [znw] *onderdrukking*

**suppurate** [on ww] *etteren*

**supremacy** [znw] • *suprematie* • *hoogste gezag of macht*

**supreme** [bnw] • *hoogste, opperste* • *laatst, uiterst*

**surcharge** [znw] *toeslag*

**sure** I [bnw] *zeker* II [bijw] <AE> *(ja)zeker*

**surely** [bijw] • *gerust* • *zeker*

**surety** [znw] *borg*

**surf** I [on ww] *surfen* II [znw] *branding*

**surface** [znw] • *oppervlakte* • *buitenkant*

**surfeit** I [ov ww] *oververzadigen* II [znw] *overlading, oververzadiging*

**surge** I [on ww] • *(hoog) golven* • *deinen* • *opwellen, opbruisen* II [znw] • *stijging* • *opwelling* • *golfslag*

**surgeon** [znw] *chirurg*

**surgery** [znw] • *spreekuur* • *chirurgie* • *operatieve ingreep* • *spreekkamer*

**surgical** [bnw] *chirurgisch*

**surly** [bnw] *nors*

**surmise** I [ov + on ww] • *gissen* • *vermoeden* II [znw] • *gissing* • *vermoeden*

**surmount** [ov ww] • *overtrekken* <v. berg> • *te boven komen* • *staan op*

**surmountable** [bnw] *overwinbaar*

**surname** [znw] *achternaam*

**surpass** [ov ww] *overtreffen*

**surplus** I [znw] *teveel, overschot* II [bnw] *overtollig*

**surprise** I [ov ww] • *verwonderen* • *verrassen* • *overrompelen* II [znw] *verrassing* III [bnw] *verrassings-*

**surprising** [bnw] • *verwonderlijk* • *wonderbaarlijk*

**surrender** I [ov ww] • *overgeven* • *opgeven* • *afstand doen v.* II [on ww] • *capituleren* • *z. overgeven* III [znw] *overgave*

**surreptitious** [bnw] *heimelijk (verkregen), clandestien*

**surrogate** [znw] *surrogaat*

**surround** I [ov ww] • *omringen* • *omsingelen* • *omgeven* II [znw]

vloerbedekking tussen los kleed en wanden
**surrounding** [bnw] naburig
**surtax** [znw] extra belasting
**surveillance** [znw] toezicht
**survey** I [ov ww] • inspecteren • opmeten • taxeren • in ogenschouw nemen, bekijken II [znw] • overzicht • rapport • onderzoek
**survive** [ov + on ww] • overleven • nog (voort) leven of bestaan
**survivor** [znw] • langst levende • overlevende
**susceptibility** [znw] ontvankelijkheid
**susceptible** [bnw] • ontvankelijk • gemakkelijk te beïnvloeden • lichtgeraakt
**suspect** I [ov ww] • verdenken • wantrouwen II [on ww] • vermoeden • geloven III [znw] verdachte IV [bnw] verdacht
**suspend** [ov ww] • opschorten • verdagen • uitstellen • schorsen • tijdelijk intrekken • (~ **from**) ophangen aan, ontheffen van
**suspender** [znw] • sokophouder • jarretelle
**suspense** [znw] • spanning • onzekerheid
**suspension** [znw] • schorsing • uitstelling • suspensie • vering
**suspicion** [znw] • argwaan • wantrouwen • verdenking • (flauw) vermoeden • tikkeltje
**suspicious** [bnw] • verdacht • achterdochtig
**sustain** [ov ww] • steunen • verdragen • doorstaan • in stand houden • aanhouden <v. noot>
**sustenance** [znw] voeding, voedsel
**svelte** [bnw] • soepel, slank • welgevormd
**swab** I [ov ww] zwabberen II [znw] <med.> dotje watten
**swaddle** [ov ww] • inbakeren • inpakken <v. baby>
**swagger** I [on ww] branieachtig lopen II [znw] branie
**swallow** I [ov ww] • (in)slikken • verslinden • (~ **down**) inslikken • (~ **up**) verzwelgen II [on ww] slikken III [znw] • slok • slikbeweging • zwaluw
**swam** [ww] verl. tijd → **swim**
**swamp** I [ov ww] vol of onder water doen lopen II [znw] moeras
**swampy** [bnw] moerassig, drassig
**swan** [znw] zwaan
**swank** I [on ww] opscheppen II [znw] opschepperij
**swap** → **swop**
**swarm** I [on ww] zwermen • (~ **with**) wemelen van II [znw] • zwerm • troep
**swarthy** [bnw] • donker(bruin) • gebruind
**swashbuckling** [bnw] branieachtig, blufferig
**swastika** [znw] swastika, hakenkruis
**swat** [ov ww] (dood)slaan <v. vlieg>
**swathe** [ov ww] • zwachtelen • omhullen
**sway** I [ov + on ww] • zwiepen • slingeren • zwaaien II [ov ww] beïnvloeden III [znw] • zwaai • invloed • overwicht • heerschappij
**swear** I [ov + on ww] • onder ede verklaren • zweren • (~ **by**) zweren bij • (~ **in**) beëdigen II [on ww] vloeken
**sweat** I [ov + on ww] zweten II [znw] • zweet • lastig werk
**sweater** [znw] wollen trui
**Swedish** [bnw] Zweeds
**sweep** I [ov ww] • vegen • snellen door, slaan over, woeden over, teisteren • bestrijken • afzoeken, afdreggen • (~ **away**) wegvagen • (~ **up**) opvegen, aanvegen II [on ww] • vegen • statig schrijden • z. uitstrekken, met een wijde bocht lopen • gaan, snellen, woeden • strijken over • (~ **over**) razen over, slaan over • (~ **through**) gaan/snellen door III [znw] • veeg

• schoorsteenveger • bocht • draai, zwaai, slag • streek • omvang, bereik, sector

**sweeper** [znw] • veger • straatveger, schoorsteenveger • veegmachine

**sweeping** [bnw] • overweldigend • radicaal • (te) veelomvattend • (te) algemeen • z. uitstrekkend over een (grote) oppervlakte

**sweet** **I** [znw] • bonbon, snoepje • dessert • het aangename **II** [bnw + bijw] • lief • leuk • zoet

**sweeten** [ov ww] • zoet maken • lijmen <fig.>

**swell** **I** [ov ww] • doen zwellen • opblazen **II** [on ww] • uitdijen • bol gaan staan • zwellen • aanzwellen, opzetten, uitzetten **III** [znw] • crescendo • deining **IV** [bnw] prima, eersteklas

**swelling** [znw] zwelling

**swelter** [on ww] stikken v. de hitte

**swept** [ww] verl. tijd + volt. deelw. → **sweep**

**swerve** **I** [ov + on ww] zwenken **II** [znw] zwenking

**swig** **I** [ov + on ww] <sl.> drinken, zuipen **II** [znw] teug

**swill** **I** [ov ww] • (~ **out**) uitspoelen **II** [on ww] zuipen

**swim** **I** [ov + on ww] • zwemmen • overzwemmen **II** [znw] zwempartij

**swimmer** [znw] zwemmer

**swimming** [bnw] zwem-

**swimmingly** [bnw] <inf.> van een leien dakje

**swindle** **I** [ov ww] • bezwendelen • oplichten **II** [znw] • zwendel • oplichterij

**swindler** [znw] oplichter

**swine** [znw] zwijn(en)

**swing** **I** [ov + on ww] • zwaaien • slingeren • schommelen • swingen • (~ **from**) hangen aan, bengelen aan • (~ **round**) (zich) omdraaien **II** [znw] • ommekeer • schommel • vaart, gang • slag • <muz.> swing

**swingeing** [bnw] vernietigend

**swinging** [bnw] • actief, kwiek • bruisend <fig.>

**swipe** **I** [ov + on ww] • hard slaan • <sl.> gappen, wegpikken **II** [znw] harde slag, mep

**swirl** **I** [ov + on ww] warrelen, wervelen **II** [znw] werveling

**swish** **I** [ov + on ww] zwiepen **II** [on ww] ruisen **III** [znw] gesuis

**Swiss** **I** [znw] Zwitser(s) **II** [bnw] Zwitsers

**switch** **I** [ov + on ww] • aan de knop draaien, (over)schakelen • slaan, zwiepen (met) • (~ **off**) uit-/afdraaien, uitschakelen • (~ **on**) aandraaien, inschakelen **II** [znw] • schakelaar • knop • twijg

**swivel** [ov + on ww] (om zijn as) draaien

**swollen** [ww] volt. deelw. → **swell**

**swoop** **I** [on ww] • (~ **down (upon)**) neerschieten op <als 'n roofvogel>, aanvallen • (~ **up**) (weg)grissen, (plotseling) klimmen **II** [znw] plotseling duikvlucht

**swop** **I** [ov + on ww] • verwisselen, (uit)wisselen • verruilen, (om)ruilen **II** [znw] ruil

**sword** [znw] zwaard

**swore** [ww] verl. tijd → **swear**

**sworn** **I** [ww] volt. deelw. → **swear** **II** [bnw] • gezworen • beëdigd

**swot** **I** [on ww] • blokken • zwoegen **II** [znw] serieuze student, blokker

**sycamore** [znw] • esdoorn • <AE> plataan

**sycophant** [znw] vleier

**symbol** [znw] • symbool • letter, cijfer

**symbolism** [znw] symboliek

**symbolize** [ov ww] symboliseren

**symmetry** [znw] symmetrie

**sympathetic** [bnw] • hartelijk • sympathisch

**sympathize** [on ww] • meevoelen • sympathiseren

**sympathizer** [znw] • aanhanger

• sympathisant
**sympathy** [znw] • medegevoel • medeleven • eensgezindheid • solidariteit(sgevoel) • sympathie
**symposium** [znw] • reeks artikelen van verschillende schrijvers over zelfde onderwerp • kring, bijeenkomst v. wetenschappers
**symptom** [znw] • symptoom • teken
**symptomatic** [bnw] symptomatisch
**synagogue** [znw] synagoge
**synchronize** [ov + on ww] • samenvallen • synchroniseren • gelijk zetten
**syncopate** [ov ww] syncoperen
**syndicate** I [ov ww] • tot syndicaat e.d. verenigen • gelijktijdig in verschillende kranten publiceren II [znw] • consortium • perssyndicaat • syndicaat
**synod** [znw] • synode • kerkvergadering
**synonym** [znw] synoniem
**synonymous** [bnw] synoniem
**synopsis** [znw] overzicht, korte samenvatting
**syntax** [znw] syntaxis
**synthesis** [znw] synthese
**synthesize** [ov ww] synthetisch bereiden
**synthetic** [bnw] • kunst- • synthetisch • onoprecht
**syphilis** [znw] syfilis
**Syrian** I [znw] • Syriër • Syrisch II [bnw] Syrisch
**syringe** [znw] • injectiespuit • spuit(je)
**syrup** [znw] • stroop • siroop
**system** [znw] • systeem • stelsel • gestel • maatschappij • formatie <in geologie>
**systematic** [bnw] systematisch
**systematize** [ov ww] systematiseren

# T

**ta** [tw] dank u, dank je
**tab** [znw] • labeltje • metalen lipje
**tabby** I [znw] cyperse kat II [bnw] gestreept
**tabernacle** [znw] • tabernakel • bedehuis <o.a. bij methodisten>
**table** I [ov ww] • indienen <v. voorstel, motie, enz.> • <AE> voorlopig opzij zetten II [znw] • tafel <ook v. vermenigvuldiging> • plateau • tabel
**tableau** [znw] • tableau • tableau vivant
**tablet** [znw] • tablet • gedenkplaat
**tabloid** [znw] blad met sensationeel nieuws en society-roddels
**taboo** I [znw] taboe II [bnw] verboden, taboe
**tabular** [bnw] in tabelvorm
**tabulate** [ov ww] rangschikken in tabellen
**taciturn** [bnw] zwijgend, stil
**tack** I [ov ww] • vastspijkeren • rijgen • (~ **on**) (iets overbodigs) toevoegen II [on ww] laveren, overstag gaan III [znw] • gedragslijn • kopspijker
**tackle** I [ov + on ww] • aanvallen • aanpakken <v. probleem> • <sport> tackelen II [znw] • tuig, uitrusting • takel
**tacky** [bnw] • kleverig • slecht gemaakt, lelijk • <AE> haveloos
**tact** [znw] tact
**tactful** [bnw] tactvol
**tactical** [bnw] tactisch
**tactician** [znw] tacticus
**tactile** [bnw] • tactiel • tastbaar
**tactless** [bnw] tactloos, ontactisch
**tag** I [ov ww] • van labels voorzien • etiketteren • <AE> bestempelen als II [on ww] • (~ **along** (**with**)) op de voet volgen III [znw] • tikkertje <spel>

• label

**tail** I [ov ww] schaduwen II [on ww] • (~ **off**) geleidelijk afnemen III [znw] • staart • (uit)einde • pand <v. jas>

**tailor** I [ov ww] aanpassen II [znw] kleermaker

**taint** I [ov ww] • bevlekken, bezoedelen • aantasten II [znw] • smet • bederf

**take** I [ov ww] • nemen, gebruiken <v. eten, drinken> • aannemen • afnemen • innemen • opnemen • meenemen • oplopen, vatten <kou> • begrijpen, beschouwen, opvatten, opnemen • aanvaarden • (~ **apart**) uit elkaar halen, demonteren, kritisch analyseren • (~ **away**) wegnemen, meenemen, afnemen • (~ **back**) terugnemen, terugbrengen • (~ **down**) 'n toontje lager doen zingen, afnemen, neerhalen, opschrijven • (~ **for**) houden voor • (~ **from**) aftrekken, afnemen van, slikken van • (~ **in**) onderdak verlenen, inademen, in z. opnemen, beetnemen, innemen, binnenkrijgen • (~ **off**) uittrekken, van 't repertoire nemen, afnemen, afzetten, opheffen, wegbrengen, karikaturiseren • (~ **on**) aannemen, op z. nemen, overnemen • (~ **out**) uitnemen, verwijderen, aanvragen • (~ **over**) overnemen • (~ **up**) ingaan op, innemen, in beslag nemen, beginnen, opnemen II [on ww] • werkzaam zijn • aanslaan <v. plant> • (~ **after**) aarden naar • (~ **off**) afnemen, opstijgen • (~ **on**) opgang maken, tekeer gaan • (~ **over**) overnemen • (~ **to**) graag mogen, gewoonte maken van III [znw] opname

**taken** [ww] volt. deelw. → **take**

**tale** [znw] • verhaal • sprookje • smoesje

**talent** [znw] • talent • iem. met talent

**talented** [bnw] begaafd

**talk** I [ov ww] spreken over • (~ **down**) tot zwijgen brengen • (~ **into**) overreden • (~ **round**) iem. bepraten II [on ww] praten, spreken • (~ **about/of**) praten over • (~ **back**) brutaal antwoord geven • (~ **down**) neerbuigend praten III [znw] • gepraat • gesprek • bespreking • praatjes, gerucht

**talkative** [bnw] praatziek

**talker** [znw] prater

**tall** [bnw] • hoog • lang

**tallow** [znw] • talk • kaarsvet

**tally** I [on ww] kloppen, stroken met II [znw] • aantal • score

**talon** [znw] klauw <v. roofvogel>

**tambourine** [znw] tamboerijn

**tame** I [ov ww] temmen II [bnw] tam

**tan** I [ov ww] • looien • <sl.> afranselen II [on ww] bruin worden <v. huid> III [znw] bruinere huidskleur als gevolg v. zonlicht IV [bnw] geelbruin

**tang** [znw] sterke smaak of geur

**tangent** [znw] • raaklijn • <wisk.> tangens

**tangential** [bnw] • tangentiaal • oppervlakkig

**tangle** I [ov ww] verwikkelen II [on ww] in de war maken/raken/zijn • (~ **with**) in conflict raken met III [znw] • verwarring • verwarde toestand • wirwar

**tank** [znw] • reservoir • tank

**tankard** [znw] (bier)pul

**tanker** [znw] tankschip

**tanner** [znw] looier

**tannery** [znw] looierij

**tantalize** [ov ww] doen watertanden

**tantamount** [bnw] gelijkwaardig

**tantrum** [znw] woedeaanval

**tap** I [ov ww] • aftappen • afluisteren <v. telefoon> • aanbreken <v. fles> • uithoren II [on ww] zacht tikken, zacht kloppen III [znw] • tikje, klopje • kraan

**tape** I [ov ww] • opnemen <op geluids- of beeldband> • met lint verbinden II [znw] • geluidsband • plakband • lint

**taper** I [ov ww] taps/spits doen toelopen

• (~ **off**) *uitlopen in punt, scherp toelopen* **II** [on ww] *taps/spits toelopen* **III** [znw] *kaars*
**tapestry** [znw] *wandtapijt*
**tar I** [ov + on ww] *teren* **II** [znw] *teer*
**tarantula** [znw] *tarantel, vogelspin, wolfsspin*
**tardy** [bnw] • *te laat* • *langzaam, traag*
**target** [znw] • *schietschijf* • *mikpunt* • *doel* • *produktiecijfer*
**tariff** [znw] *(tol)tarief*
**tarmac** [znw] *asfalt(weg)*
**tarn** [znw] *bergmeertje*
**tarnish I** [ov ww] • *mat/dof maken* • *bezoedelen* **II** [on ww] *mat/dof worden*
**tarpaulin** [znw] • *zeildoek* • *dekkleed*
**tarragon** [znw] *dragon*
**tarry I** [on ww] *dralen* **II** [bnw] • *teer-* • *teerachtig* • *geteerd*
**tart I** [ov ww] • (~ **up**) *opdirken* **II** [znw] • *taart(je)* • <sl.> *slet* **III** [bnw] *wrang, zuur, scherp*
**tartan** [znw] *Schotse ruit*
**task I** [ov ww] *veel vergen v.* **II** [znw] *taak*
**tassel** [znw] *kwastje*
**taste I** [ov ww] *proeven* **II** [on ww] *smaken* <ook fig.> **III** [znw] • *smaak(je)* • *slokje* • <inf.> *'n weinig*
**tasteful** [bnw] *smaakvol, v. goede smaak getuigend*
**tasteless** [bnw] • *v. slechte smaak getuigend, smakeloos* • *smaakloos*
**tasty** [bnw] • *smakelijk* • *aantrekkelijk*
**tat** [znw] *goedkope rommel*
**tattered** [bnw] *haveloos*
**tattoo I** [ov ww] *tatoeëren* **II** [on ww] *trommelen* **III** [znw] • *taptoe* • *militair schouwspel* • *tatoeëring*
**tatty** [bnw] *smerig, sjofel, slordig*
**taught** [ww] verl. tijd + volt. deelw. → **teach**
**taunt I** [ov ww] *beschimpen* **II** [znw] *beschimping*
**taut** [bnw] *strak, gespannen*
**tautology** [znw] *tautologie*
**tavern** [znw] *taveerne, café, herberg*
**tawdry** [bnw] • *opzichtig* • *opgedirkt* • *smakeloos*
**tawny** [bnw] *taankleurig*
**tax I** [ov ww] • *belasten* • *veel vergen v.* • *op de proef stellen* • (~ **with**) *beschuldigen v.* **II** [znw] *belasting*
**taxable** [bnw] *belastbaar*
**taxation** [znw] *belasting*
**taxi I** [on ww] *taxiën* <v. vliegtuig> **II** [znw] *taxi*
**taxidermist** [znw] *iem. die dieren opzet*
**tea** [znw] • *thee* • *theemaaltijd* • *hoofdmaaltijd*
**teach** [ov + on ww] *onderwijzen, leren*
**teacher** [znw] *leraar, onderwijzer*
**teaching I** [znw] • *het onderwijs* • *leer* **II** [bnw] *onderwijzend*
**teak** [znw] • *teakboom* • *teakhout*
**team I** [on ww] • (~ **up**) <inf.> *samen een team vormen* • (~ **up with**) <inf.> *samenwerken met* **II** [znw] • *ploeg, span* <paarden> • *elftal*
**tear I** [ov ww] • *(ver)scheuren* • *trekken (aan)* • *uitrukken* <v. haren> • *openrijten* • (~ **apart**) *verscheuren, kapotscheuren* • (~ **at**) *rukken aan* • (~ **down**) *afbreken* <v. gebouw> • (~ **up**) *verscheuren, uitroeien* **II** [on ww] *scheuren* • (~ **about**) *wild rondvliegen* **III** [znw] • *traan* • *druppel* • *scheur*
**tearful** [bnw] • *vol tranen* • *betraand*
**tease I** [ov ww] • *plagen* • *kwellen* • <vulg.> *opgeilen* • (~ **out**) *ontwarren* **II** [znw] • *plaaggeest* • *vrouw die beurtelings met een man flirt en hem afwijst*
**teasel** [znw] *kaarde*
**teaser** [znw] • *plager* • <inf.> *moeilijke vraag*
**teat** [znw] *tepel* <v. dier>, *uier, speen*
**tech** <inf.> [znw] *technische school,* ≈ *Hogere Technische School*
**technical** [bnw] • *technisch*

• vaktechnisch
**technicality** [znw] technisch detail
**technician** [znw] technicus
**technique** [znw] • techniek, werkwijze • manier v. optreden, handelen
**technocracy** [znw] technocratie
**technocrat** [znw] technocraat
**technologist** [znw] technoloog
**technology** [znw] technologie
**tedious** [bnw] saai, vervelend
**teem** [on ww] • (~ **with**) wemelen v.
**teeter** [on ww] wankelen
**teeth** [mv] → **tooth**
**teethe** [on ww] tanden krijgen
**teetotal** [bnw] geheelonthouders-, alcoholvrij
**teetotaller** [znw] geheelonthouder
**telegraphese** [znw] telegramstijl
**telegraphic** [bnw] • telegrafisch • telegram-
**telepathy** [znw] telepathie
**telephone** I [ov + on ww] telefoneren II [znw] telefoon
**telephonist** [znw] telefonist(e)
**teleprinter** [znw] telex
**telescope** I [ov + on ww] • in elkaar schuiven • inschuifbaar zijn II [znw] verrekijker
**telescopic** [bnw] telescopisch
**television** [znw] televisie
**telex** I [ov + on ww] telexen II [znw] telex
**tell** I [ov ww] • (op)tellen <v. stemmen in Parlement> • uit elkaar houden • zeggen • vertellen • (~ **off**) berispen II [on ww] • vertellen • zeggen • klikken • effect hebben, indruk maken • (~ **against**) pleiten tegen • (~ **of**) getuigen v.
**teller** [znw] • kassier • stemopnemer <lid v.h. Parlement>
**telling** [bnw] • indrukwekkend • tekenend
**telly** [znw] t.v.
**temerity** [znw] • onbezonnenheid • roekeloosheid
**temp** I [on ww] werken als uitzendkracht II [znw] uitzendkracht
**temper** I [ov ww] • harden <v. staal> • matigen, verzachten II [znw] • aard, aanleg, natuur • stemming, humeur • boze bui
**temperamental** [bnw] • aangeboren • onbeheerst
**temperance** [znw] • matigheid • (geheel)onthouding
**temperate** [bnw] matig, gematigd
**tempest** [znw] storm
**tempestuous** [bnw] stormachtig, onstuimig
**temple** [znw] • slaap <v.h. hoofd> • tempel, kerk
**temporary** [bnw] tijdelijk
**temporize** [on ww] trachten tijd te winnen
**tempt** [ov ww] verleiden, bekoren
**temptation** [znw] verleiding, bekoring
**tempting** [bnw] verleidelijk
**ten** [telw] tien
**tenable** [bnw] te verdedigen, houdbaar
**tenacious** [bnw] vasthoudend
**tenacity** [znw] vasthoudendheid
**tenancy** [znw] huur, pacht
**tenant** [znw] huurder, pachter
**tend** I [ov ww] • hoeden <dieren> • oppassen <op zieke> • zorgen voor II [on ww] • in de richting gaan v. • geneigd zijn • (~ **to**) leiden tot, neigen tot
**tendency** [znw] • neiging, aanleg • tendens
**tendentious** [bnw] tendentieus
**tender** I [ov ww] aanbieden II [znw] • oppasser • tender <v. locomotief> • aanbod, offerte III [bnw] • liefhebbend • mals • teder, zacht • gevoelig • pijnlijk
**tenderize** [ov ww] mals maken <v. vlees>
**tendon** [znw] pees
**tendril** [znw] scheut, rank, dunne twijg
**tenement** [znw] huurflat

**tenet** [znw] *dogma, leerstelling*
**tenner** <inf.> [znw] *bankbiljet van tien pond*
**tenon** [znw] *(houten) pen*
**tenor** [znw] • *gang* <v. zaken> • *geest, strekking, bedoeling* • *tenor* • *altviool*
**tense** I [ov ww] *spannen* II [znw] <taalk.> *grammaticale tijd* III [bnw] *(in)gespannen, strak*
**tensile** [bnw] *rekbaar, elastisch*
**tension** [znw] • *(in)spanning* • *spankracht*
**tentacle** [znw] • *voelhoorn* • *vangarm*
**tentative** [bnw] • *voorzichtig* • *weifelend*
**tenth** [telw] *tiende*
**tenuous** [bnw] • *(te) subtiel, vaag* • *onbeduidend*
**tenure** [znw] • *(periode v.) bezit* • *(ambts)periode* • *eigendomsrecht*
**tepee, tipi** [znw] *wigwam*
**term** I [ov ww] *(be)noemen* II [znw] • *beperkte periode* • *trimester* • *term*
**terminal** I [znw] • *(pool)klem* <elektriciteit> • *einde* • <comp.> *eindstation, terminal* II [bnw] • *slot-, eind-* • *dodelijk* <v. ziekte>
**terminate** [ov + on ww] • *beëindigen* • *opzeggen of aflopen* <v. contract>
**terminus** [znw] • *eindstation* • *eind(punt)*
**termite** [znw] *termiet*
**tern** [znw] *stern*
**terrace** [znw] • *bordes* • *terras* • *rij v. rijtjeshuizen*
**terrestrial** [bnw] • *aards, ondermaans* • *land-*
**terrible** [bnw] *verschrikkelijk, ontzettend*
**terribly** [bijw] • *vreselijk, verschrikkelijk, erg* • *geweldig*
**terrier** [znw] *terriër*
**terrific** [bnw] *ontzettend (goed), schrikbarend*
**terrify** [ov ww] • *(doods)bang maken* • *doen schrikken*
**territorial** I [znw] *soldaat van de vrijwillige landweer* II [bnw] • *territoriaal* • *land-*
**terror** [znw] • *angst* • *verschrikking* • *terreur*
**terrorism** [znw] *terrorisme*
**terrorize** [ov ww] *terroriseren*
**terse** [bnw] *kort, beknopt*
**tertiary** [bnw] *tertiair*
**test** I [ov ww] • *beproeven, op de proef stellen* • *overhoren* II [znw] • *proef* • *beproeving* • *proefwerk*
**testicle** [znw] *testikel, zaadbal*
**testify** I [ov ww] • *verklaren* • *getuigen v.* • (~ **to**) *getuigen v., getuigenis afleggen v.* II [on ww] *getuigen*
**testimonial** [znw] *getuigschrift*
**testimony** [znw] *bewijs, verklaring onder ede*
**testy** [bnw] *prikkelbaar*
**tetchy** [bnw] *gemelijk, prikkelbaar*
**text** [znw] *tekst*
**textile** [znw] *textiel*
**textual** [bnw] • *letterlijk* • *m.b.t. de tekst*
**texture** [znw] *structuur*
**Thai** I [znw] • *Thai* • *Thailander* II [bnw] *Thais, Thailands*
**than** [vw] *dan*
**thank** [ov ww] *(be)danken*
**thankful** [bnw] *dankbaar*
**thankless** [bnw] *ondankbaar*
**that** I [aanw vnw] *dat, die* II [betr vnw] *die, dat, welke, wat* III [vw] • *opdat* • *dat*
**thatch** I [ov ww] *met riet dekken* II [znw] • *(dak)stro* • *rieten dak* • <inf.> *dik hoofdhaar*
**thaw** I [ov + on ww] *(doen) (ont)dooien* II [znw] *dooi*
**the** [lw] *de, het*
**theatre, theater** [znw] • *theater* • *operatiezaal* • *toneel*
**theatrical** [bnw] *theatraal, toneel-*
**theft** [znw] *diefstal*
**their** [bez vnw] *hun, haar*

**theirs** [bez vnw] de/het hunne, hare

**them** [pers vnw] hen, hun, haar, ze, zich

**theme** [znw] • onderwerp • thema

**themselves** [wkd vnw] zich(zelf) <mv>

**thence** [bijw] vandaar, om die reden

**theocracy** [znw] theocratie

**theologian** [znw] godgeleerde

**theologic(al)** [bnw] theologisch

**theology** [znw] godgeleerdheid

**theoretician** [znw] theoreticus

**theorize** [on ww] theoretiseren

**theory** [znw] theorie

**therapy** [znw] therapie, behandeling

**there** [bijw] • daar, er • daarheen

**therefore** [bijw] • daarom • bijgevolg, dus

**therm** [znw] bepaalde warmte-eenheid

**thermal** I [znw] thermiek II [bnw] warmte-

**thermostat** [znw] thermostaat

**these** [aanw vnw] deze

**thesis** [znw] • dissertatie • te verdedigen stelling

**they** [pers vnw] zij <mv>, men

**thick** [bnw + bijw] • dik, breed • intiem • dicht begroeid • onduidelijk klinkend door slechte articulatie • dom • sterk <fig.>, kras

**thicken** I [ov ww] • verdikken • binden <v. saus, jus, soep> II [on ww] talrijker worden, dikker

**thicket** [znw] struikgewas

**thickness** [znw] • dikte • laag

**thief** [znw] dief

**thieving** [znw] diefstal

**thigh** [znw] dij

**thimble** [znw] vingerhoed

**thimbleful** [znw] vingerhoedje, heel klein beetje

**thin** I [ov + on ww] dunner worden, verdunnen II [bnw] • dun • ijl <lucht> • mager • doorzichtig

**think** I [ov ww] vinden, achten • (~ **out**) uitdenken, ontwerpen <plan>, overwegen • (~ **over**) overdenken • (~ **up**) <AE> bedenken, verzinnen II [on ww] • denken • bedenken • (erover) nadenken • z. voorstellen • (~ **about**) denken over • (~ **of**) denken aan/over/van

**thinker** [znw] denker

**third** [telw] derde

**thirst** I [on ww] • (~ **after/for**) dorsten naar II [znw] dorst

**thirsty** [bnw] dorstig

**thirteen** [telw] dertien

**thirtieth** [telw] dertigste

**thirty** [telw] dertig

**this** [aanw vnw] dit, deze <enkelvoud>

**thistle** [znw] distel

**thither** [bijw] derwaarts

**thorax** [znw] • borstkas • borststuk <v. insekt>

**thorn** [znw] stekel, doorn

**thorny** [bnw] • doornachtig, stekelachtig • netelig

**thorough** [bnw] • volkomen • grondig • degelijk

**those** [aanw vnw] • degenen • die <mv>, zij <mv>

**thou** <vero.> [pers vnw] gij <enkelvoud>

**though** I [bijw] maar toch, evenwel II [vw] ofschoon, niettegenstaande

**thoughtless** [bnw] gedachteloos, onnadenkend

**thousand** [telw] duizend

**thread** I [ov ww] aanrijgen <kralen>, een draad doen door II [znw] draad, garen

**threat** [znw] bedreiging

**threaten** [ov ww] • (be)dreigen • dreigen met

**three** I [znw] drietal II [telw] drie

**thresh** [ov ww] dorsen

**threshold** [znw] • drempel • grens(gebied)

**threw** [ww] verl. tijd → **throw**

**thrift** [znw] zuinigheid, spaarzaamheid

**thrifty** [bnw] zuinig

**thrill** I [ov ww] aangrijpen II [on ww] • (~ **to**) aangegrepen/ontroerd worden, verrukt/zeer enthousiast zijn III [znw]

• spanning • sensatie

**thrilling** [bnw] • sensationeel • spannend

**thrive** [on ww] gedijen, voorspoed hebben

**throat** [znw] keel

**throaty** [bnw] schor

**throb** I [on ww] • pulseren, kloppen, bonzen • ronken <v. machine> II [znw] • (ge)bons • (ge)klop

**thrombosis** [znw] trombose

**throne** [znw] • troon • soevereine macht

**throng** I [on ww] • z. verdringen • opdringen, toestromen II [znw] • menigte • gedrang

**throttle** I [ov ww] wurgen II [on ww] • (**~ back/down**) gas minderen III [znw] • smoorklep • gaspedaal

**through** [vz] door

**throughout** [vz] door, langs

**throve** [ww] verl. tijd → **thrive**

**throw** I [ov ww] • (uit)werpen, (weg)gooien • verslaan • maken <scène> • (**~ about**) heen en weer gooien, smijten <met geld> • (**~ away**) voorbij laten gaan, weggooien • (**~ in**) ingooien, er tussen gooien <opmerking> • (**~ off**) uitgooien <kleren>, z. bevrijden v. • (**~ on**) aanschieten <kleren> • (**~ out**) er uitgooien, afgeven <hitte>, verwerpen • (**~ over**) in de steek laten • (**~ up**) opgooien, voortbrengen, kappen <met baan> II [on ww] gooien • (**~ back**) oude koeien uit de sloot halen • (**~ up**) braken III [znw] worp, gooi

**thru** <AE> → **through**

**thrum** I [ov + on ww] ronken II [znw] geronk

**thrush** [znw] • lijster • spruw

**thrust** I [ov + on ww] • duwen • werpen • steken • stuwen II [znw] • stoot • steek • aanval • stuwkracht

**thud** I [on ww] ploffen, dreunen II [znw] doffe slag, plof

**thug** [znw] gangster

**thumb** I [ov ww] • liften • snel doorbladeren <v. boek> II [znw] duim

**thump** I [ov + on ww] beuken, stompen, erop slaan II [znw] • zware slag • stomp

**thumping** [bnw] geweldig

**thunder** I [on ww] donderen II [znw] donder

**thundering** [bnw] kolossaal

**thunderous** [bnw] donderend

**thundery** [bnw] met kans op onweer

**Thursday** [znw] donderdag

**thus** [bijw] • op deze/die manier, zo, aldus • als gevolg van

**thwack** I [ov ww] een dreun geven II [znw] (harde) klap, dreun

**thwart** [ov ww] • dwarsbomen • verijdelen

**thy** <vero.> [bez vnw] uw

**thyme** [znw] tijm

**thyroid** [znw] schildklier

**tiara** [znw] tiara, diadeem

**tick** I [ov ww] tekentje zetten • (**~ off**) aanstrepen <op lijst>, een standje geven II [on ww] tikken • (**~ over**) stationair lopen <v. motor> III [znw] • (ge)tik • tekentje <om aan te strepen> • krediet • teek • ogenblik

**ticking** [znw] beddetijk

**tickle** I [ov ww] • kietelen • amuseren II [znw] • gekietel • kriebel

**ticklish** [bnw] • kittelig • netelig, teer, lastig

**tidbit** [znw] → **titbit**

**tiddler** [znw] (klein) visje

**tiddly** [bnw] • aangeschoten • nietig, klein

**tide** I [ov ww] • (**~ over**) te boven komen <v. tegenslag> II [znw] • getij • stroom

**tidings** [mv] nieuws, bericht(en)

**tidy** I [ov ww] • opruimen • in orde brengen • (**~ up**) (z.) opknappen II [znw] • sponsbakje en zeepbakje • iets om allerlei spullen in op te bergen, werkmandje III [bnw] • netjes, proper • flink <v. bedrag>

**tie** I [ov ww] • (vast)binden • verbinden • (~ **up**) vastmaken, vastmeren, verbinden, afbinden II [znw] • onbesliste wedstrijd, gelijke stand • knoop • das • verbinding, iets dat bindt

**tight** [bnw] • strak • precair • dronken • gierig

**tights** [mv] [ov ww] panty

**tilt** I [ov + on ww] schuinhouden, schuin zijn II [znw] schuine hoek

**timber** I [znw] • hout • bomen • balk • spant <v. schip> II [bnw] houten

**time** I [ov ww] klokken II [znw] • tijd • periode • keer • gelegenheid • maat

**timeless** [bnw] • oneindig • tijdloos

**timely** [bnw] te juister tijd

**timid, timorous** [bnw] bedeesd, verlegen

**timing** [znw] de keuze v.h. juiste tijdstip

**tin** I [znw] • tin • blik(je) • trommel • bakvorm II [bnw] tinnen

**tincture** [znw] tinctuur

**tinder** [znw] tondel

**ting** I [ov + on ww] tingelen II [znw] getingel

**tinge** I [ov ww] een tintje geven II [znw] • tint, kleur • zweem

**tingle** [on ww] tintelen

**tinkle** [ov + on ww] tingelen, rinkelen

**tinny** [bnw] • blikkerig, schel • derderangs

**tinsel** I [znw] kerstslingers II [bnw] schijn-, vals

**tint** I [ov ww] een tint geven II [znw] tint

**tiny** [bnw] (zeer) klein

**tip** I [ov ww] • fooi geven • doen hellen, kantelen • doen doorslaan <v. weegschaal> • wippen <met stoel> • wenk geven • (~ **off**) voor iets waarschuwen • (~ **up**) schuin zetten II [on ww] hellen III [znw] • eind(je) • punt • topje <v. vingers> • mondstuk <v. sigaret> • fooi • tip • vuilnisbelt

**tipple** I [ov + on ww] pimpelen II [znw] sterke drank

**tipster** [znw] iem. die tips geeft

**tipsy** [bnw] aangeschoten, dronken

**tire** I [ov ww] • vermoeien • vervelen • tooien • (~ **out**) afmatten II [on ww] • (~ **with**) iets/iem. beu worden, vermoeid worden v. III [znw] • band <om wiel> • <vero.> (hoofd)tooi • <AE> schort

**tired** [bnw] • vermoeid • versleten • vervelend

**tireless** [bnw] onvermoeibaar

**tiresome** [bnw] vervelend

**tiro** [znw] beginneling

**tissue** [znw] weefsel <v. stof of organisme>

**tit** [znw] • mees • <vulg.> tiet, tepel

**titbit** [znw] • lekker hapje • interessants, juweeltje <fig.>, iets moois

**tithe** [znw] tiende deel, tiend

**title** [znw] • (eigendoms)recht • titel

**titled** [bnw] met titel

**titular** [bnw] • in naam • zogenaamd

**tizzy** [znw] opwinding

**to** I [bijw] II [vz] • naar, tot, aan, tot aan • bij • tegen • in • op • van • om te

**toad** [znw] • pad <dier> • walgelijk persoon, vuilak

**toady** [znw] vleier, kruiper

**toast** I [ov ww] • roosteren • verwarmen • dronk instellen op II [znw] • populair iem. • heildronk • geroosterd brood

**toaster** [znw] broodrooster

**tobacco** [znw] tabak

**tobacconist** [znw] • sigarenwinkelier • sigarenfabrikant

**toboggan** I [on ww] met slede helling afgaan, rodelen II [znw] platte slee

**today** [bijw] • vandaag • tegenwoordig

**toddle** [on ww] waggelen

**toddler** [znw] peuter, dreumes

**toe** [znw] • teen • neus <v. schoen>

**together** [bijw] • samen, tegelijk

• aaneen
**togetherness** [znw] saamhorigheid, solidariteit
**toggle** [znw] dwarshoutje, knevel(tje)
**toil** I [on ww] hard werken II [znw] zware arbeid, inspanning
**toilet** [znw] • toilet • w.c.
**token** I [znw] • bewijs • aandenken • (boeken-/cadeau-/platen)bon II [bnw] symbolisch
**told** [ww] verl.tijd + volt.deelw. → **tell**
**tolerable** [bnw] • draaglijk • tamelijk
**tolerance** [znw] • verdraagzaamheid • 't dulden
**tolerant** [bnw] verdraagzaam
**toll** I [ov + on ww] luiden <v. klok> II [znw] • tol(geld) • slag <v. klok>
**tomato** [znw] tomaat
**tomboy** [znw] robbedoes, wildebras
**tome** [znw] boekdeel
**tomorrow** [bijw] morgen
**ton** [znw] • 2240 Eng. pond <1016 kg> • <AE> 2000 Eng. pond <907 kg>
**tonal** [bnw] de toon betreffend
**tonality** [znw] • toonaard • toonzetting
**tone** I [ov ww] • (~ **down**) temperen • (~ **up**) sterker maken <v. spieren> II [on ww] • (~ **down**) verflauwen • (~ **in**) (qua kleur) passen bij III [znw] • tonus • toon • klank • stemming, geest • tint • cachet
**toneless** [bnw] toonloos
**tongs** [mv] tang
**tongue** [znw] • tong • spraak • taal
**tonic** [znw] • tonic <frisdrank> • tonicum, versterkend middel • <muz.> grondtoon
**tonight** [bijw] • vanavond • vannacht, komende nacht
**tonnage** [znw] • laadruimte in schip • gewicht in tonnen
**tonsil** [znw] amandel <klier>
**tonsure** [znw] tonsuur
**too** [bijw] • (al) te • ook, nog wel
**took** [ww] verl. tijd → **take**
**tool** [znw] gereedschap, instrument, hulpmiddel, werktuig
**toot** [on ww] toeteren
**tooth** [znw] tand, kies
**tootle** [on ww] • kuieren • toeteren <op instrument>
**top** I [ov ww] overtreffen • (~ **up**) bijvullen II [znw] • top, hoogtepunt • bovenkant • deksel, dop • topje
**topaz** [znw] topaas
**topic** [znw] onderwerp v. gesprek
**topical** [bnw] actueel
**topography** [znw] topografie
**topping** I [znw] toplaag II [bnw] tiptop
**topple** I [ov ww] • (~ **down/over**) omvergooien II [on ww] • (~ **down/over**) omvallen
**torch** [znw] fakkel, toorts
**tore** [ww] verl. tijd → **tear**
**torment** I [ov ww] martelen, kwellen II [znw] marteling <emotioneel, psychologisch>, kwelling, plaag
**tormentor** [znw] beul, kwelgeest
**torn** [ww] volt. deelw. → **tear**
**torpedo** I [ov ww] torpederen II [znw] torpedo
**torpid** [bnw] traag
**torque** [znw] • halssnoer van gevlochten metaal • <techn.> torsie
**torrent** [znw] stroom, stortvloed
**torrential** [bnw] als een stortvloed
**torso** [znw] torso, tors
**tortoise** [znw] landschildpad
**tortuous** [bnw] • verwrongen, gedraaid • slinks
**torture** I [ov ww] martelen, folteren, kwellen II [znw] foltering, marteling, kwelling
**torturer** [znw] folteraar
**Tory** [znw] • conservatief • lid v.d. Engelse Conservatieve Partij • <AE> Britsgezinde
**toss** I [ov ww] • gooien • mengen <v. salade> II [znw] worp
**tot** I [ov ww] • (~ **up**) optellen II [znw] • klein kind, hummeltje • borreltje, glaasje

**total** I [on ww] *bedragen* II [znw] *totaal* III [bnw] *totaal, volslagen*

**totalitarianism** [znw] *totalitarisme, één-partijstelsel*

**totality** [znw] *totaliteit*

**totter** [on ww] *waggelen, wankelen*

**touch** I [ov ww] • *(aan)raken, (aan)roeren* • *betreffen* • (~ **off**) *veroorzaken* • (~ **up**) *retoucheren, afmaken, bijwerken* II [on ww] *raken* • (~ **down**) *neerkomen, landen* • (~ **on**) *even aanroeren* <v. onderwerp> III [znw] • *aanraking, betasting* • *tastzin* • *vaardigheid*

**touched** [bnw] • *ontroerd* • *getikt*

**touchy** [bnw] • *(over)gevoelig* • *lichtgeraakt* • *teer*

**tough** I [znw] <AE> *misdadiger* II [bnw] • *taai* • *hardnekkig* • *moeilijk* <v. werk, opdracht> • <AE> *gemeen, misdadig*

**toughen** [ov + on ww] *hard (doen) worden*

**tour** I [ov + on ww] *een (rond)reis maken (door)* II [znw] • *(rond)reis* • *uitstapje* • *tournee*

**tourism** [znw] *toerisme*

**tourist** [znw] *toerist*

**tournament** [znw] *toernooi*

**tout** I [on ww] *klandizie trachten te krijgen* II [znw] *klantenlokker*

**tow** I [ov ww] *slepen, trekken* II [znw] *sleepboot*

**towards** [vz] *naar ... toe*

**towel** I [ov + on ww] *(z.) afdrogen* II [znw] *handdoek*

**tower** I [on ww] *hoog uitsteken boven, z. hoog verheffen* II [znw] • *verdediger* • *toren*

**towering** [bnw] • *verheven* • *torenhoog*

**town** [znw] *stad*

**township** [znw] *gemeente*

**toxic** [bnw] *giftig, vergiftigings-*

**toxicology** [znw] *toxicologie*

**toxin** [znw] *toxine*

**toy** I [on ww] • (~ **with**) *spelen met* II [znw] • *(stuk) speelgoed* • *speelbal*

**trace** I [ov ww] • *nasporen* • *overtrekken* • (~ **back**) *terugvoeren* • (~ **out**) *duidelijk en netjes schrijven* II [znw] • *(voet)spoor* • *kleine hoeveelheid*

**tracing** [znw] *overgetrokken tekening*

**track** I [ov ww] • (~ **down**) *volgen, opsporen* II [znw] • *spoor* • *weg, pad, baan* • *spoorbaan*

**tract** [znw] • *gebied, uitgestrektheid* • *verhandeling* • <anat.> *ademhalings-/spijsverteringsstelsel*

**tractable** [bnw] *gemakkelijk te behandelen, volgzaam, gedwee*

**traction** [znw] *tractie, 't (voort)getrokken worden*

**tractor** [znw] *tractor, trekker*

**trade** I [ov ww] *ruilen, verhandelen* • (~ **in**) <AE> *inruilen* • (~ **off**) <AE> *verhandelen* II [on ww] *handel drijven* • (~ **on**) *misbruik maken van* <iem.'s goedheid> III [znw] • *(ruil)handel* • *ambacht* • *vak, beroep*

**trader** [znw] *koopman*

**tradition** [znw] *traditie, overlevering*

**traditional** [bnw] *traditioneel, volgens overlevering, aloud*

**traffic** I [ov + on ww] • *helen* • *drugs verkopen* II [znw] *(koop)handel*

**trafficker** [znw] *dealer*

**tragedy** [znw] *treurspel, tragedie*

**trail** I [ov + on ww] *slepen* II [ov ww] *de sporen volgen van* III [znw] • *spoor* • *pad* • *spoorweg*

**train** I [ov ww] • *leiden* <v. plant in bep. richting> • *vormen, trainen* II [on ww] *trainen* III [znw] • *sleep* • *nasleep* • *reeks* • *trein*

**trainee** [znw] *iem. die getraind wordt, leerling*

**trainer** [znw] *trainer, oefenmeester, africhter*

**training** [znw] *opleiding*

**traipse** [on ww] *doelloos rondslenteren, zwerven, (rond)zwalken*

**trait** [znw] *(karakter)trek*

**traitor** [znw] *verrader*

**trajectory** [znw] baan <v. projectiel>
**trammel** I [ov ww] belemmeren II [znw] belemmering
**tramp** I [on ww] sjokken II [znw] • zware stap • voetreis • landloper • slet
**trample** [ov ww] vertrappen, met voeten treden
**tranquil** [bnw] kalm, rustig
**tranquillize** [ov ww] kalmeren, verzachten
**tranquillizer** [znw] kalmerend middel
**transact** [ov ww] • verrichten • zaken doen
**transaction** [znw] transactie
**transatlantic** [bnw] transatlantisch
**transcend** [ov ww] te boven gaan, overtreffen
**transcendence** [znw] transcendentie
**transcendent** [bnw] overtreffend
**transcendental** [bnw] bovenzinnelijk
**transcript** [znw] afschrift
**transfer** I [ov ww] • overdrukken • vervoeren • overdragen, overbrengen • overmaken, overschrijven <op rekening> • overplaatsen II [on ww] overgeplaatst worden III [znw] • plakplaatje • overdracht, overbrenging
**transferable** [bnw] over te dragen
**transference** [znw] overdracht
**transfix** [ov ww] doorboren
**transgress** [ov ww] • overtreden, schenden • zondigen
**transience** [znw] vergankelijkheid
**transient** I [znw] passant II [bnw] vergankelijk, v. korte duur
**transistor** [znw] • transistor • transistor(radio)
**transit** [znw] • doortocht, doorvoer • vervoer
**transition** [znw] overgang(speriode)
**transitive** [bnw] overgankelijk
**transitory** [bnw] vergankelijk, tijdelijk
**translate** [ov ww] • vertalen • omzetten • uitleggen, verklaren
**translation** [znw] vertaling
**translator** [znw] vertaler
**translucent** [bnw] • doorschijnend • doorzichtig
**transmission** [znw] • uitzending, overbrenging • transmissie
**transmit** [ov ww] • overbrengen, overzenden • overleveren • <techn.> geleiden
**transmitter** [znw] radiozender
**transmute** [ov ww] • veranderen • verwisselen
**transparency** [znw] • doorzichtigheid, doorschijnendheid • dia
**transparent** [bnw] doorzichtig
**transpire** [on ww] <inf.> gebeuren
**transplant** I [ov ww] • verplanten, overplanten • overbrengen, transplanteren II [znw] transplantatie
**transport** I [ov ww] • vervoeren, transporteren • verrukken II [znw] • transport • vervoer
**transportation** [znw] • transport • openbaar vervoer • <AE> middelen v. vervoer
**transporter** [znw] vervoerder
**transpose** [ov ww] • verplaatsen • omzetten
**transverse** [bnw] dwars
**transvestite** [znw] travestiet
**trap** I [ov ww] • in de val laten lopen • met vallen vangen II [znw] • val(strik) • licht rijtuig • <sl.> mond
**trapper** [znw] pelsjager
**trash** [znw] rommel
**trashy** [bnw] prullerig
**traumatic** [bnw] traumatisch
**travel** I [ov + on ww] • reizen • afleggen <v. afstand> • z. voortplanten <v. (geluids)golven> II [znw] 't reizen
**traveller** [znw] reiziger
**traverse** [ov ww] • doortrekken • oversteken
**travesty** I [ov ww] parodiëren II [znw] parodie, karikatuur
**trawl** I [on ww] treilen II [znw] sleepnet
**trawler** [znw] treiler

**tray** [znw] presenteerblad
**treacherous** [bnw] verraderlijk
**treachery** [znw] verraad
**treacle** [znw] stroop
**tread** I [ov + on ww] • stappen • (be)treden • vertrappen II [znw] • stap, tred • trede • profiel <v. band>
**treason** [znw] verraad
**treasonable** [bnw] verraderlijk
**treasure** I [ov ww] • waarderen • bewaren als een schat II [znw] • schat(ten) • schat <fig.>
**treasurer** [znw] penningmeester
**treasury** [znw] schatkist, schatkamer
**treat** I [ov ww] behandelen • (~ **to**) trakteren op II [znw] traktatie
**treatise** [znw] verhandeling
**treatment** [znw] behandeling
**treaty** [znw] verdrag, overeenkomst
**treble** I [ov ww] verdrievoudigen II [on ww] z. verdrievoudigen III [znw] • het drievoudige • sopraan IV [bnw] • drievoudig • sopraan- • hoge tonen <v. audio-apparatuur>
**tree** [znw] boom
**trek** I [on ww] trekken II [znw] lange tocht
**trellis** [znw] traliewerk
**tremble** I [on ww] trillen, rillen, beven II [znw] trilling
**tremendous** [bnw] • verschrikkelijk • reusachtig
**tremor** [znw] • beving • (t)rilling • huivering
**tremulous** [bnw] • bevend • bedeesd
**trench** [znw] • greppel • loopgraaf
**trenchant** [bnw] • scherp, snijdend • krachtig
**trend** [znw] • neiging • trend
**trendy** [bnw] • modern, van deze tijd • modieus
**trepidation** [znw] opwinding, bezorgheid
**trespass** I [on ww] overtreding begaan, overtreden • (~ **upon**) misbruik maken v. II [znw] zonde
**trespasser** [znw] overtreder
**trestle** [znw] schraag, bok
**trial** [znw] • proef • beproeving • <jur.> proces
**triangle** [znw] • driepotige takel • triangel • driehoek
**triangular** [bnw] • driehoekig • drievoudig
**tribal** [bnw] stam-
**tribe** [znw] • stam • <pej.> troep
**tribulation** [znw] tegenspoed, beproeving
**tribunal** [znw] rechterstoel, rechtbank
**tributary** I [znw] zijrivier II [bnw] bij-, zij-
**tribute** [znw] • bijdrage, schatting • huldeblijk
**trice** [znw] ogenblik
**trick** I [ov ww] bedotten, bedriegen • (~ **out**) versieren II [znw] • aanwensel, hebbelijkheid • poets, grap • slag <bij kaartspel> • truc, list • handigheid
**trickery** [znw] bedotterij
**trickle** I [on ww] • druppelen • druipen • sijpelen II [znw] straaltje
**trickster** [znw] bedrieger
**tricky** [bnw] • bedrieglijk • <inf.> lastig, moeilijk
**tricycle** [znw] driewieler
**trifle** I [on ww] • (~ **with**) lichtvaardig behandelen II [znw] • kleinigheid, beetje • cake in vla
**trifling** [bnw] onbeduidend
**trigger** I [ov ww] • (~**off**) teweegbrengen II [znw] trekker <v. geweer>
**trigonometry** [znw] driehoeksmeting
**trike** <inf.> [znw] driewieler
**trill** I [ov + on ww] • zingen <v. vogel> • met hoge stem praten II [znw] <muz.> triller
**trilogy** [znw] trilogie
**trim** I [ov ww] • opknappen, versieren • garneren • bijknippen <v. haar> • snoeien II [znw] orde III [bnw]

• netjes, goed onderhouden • goed passend
**trimmings** [mv] garnering
**trinket** [znw] • goedkoop sieraad • kleinood
**trio** [znw] trio, drietal
**trip** I [ov ww] • (~ **up**) doen struikelen II [on ww] • trippelen • struikelen III [znw] • reis(je) • trip <v. drugsverslaafde>
**tripe** [znw] • (rol)pens <als voedsel> • onzin
**triple** I [ov ww] verdrievoudigen II [on ww] z. verdrievoudigen III [bnw] drievoudig, driedelig
**triplets** [mv] drieling
**triptych** [znw] triptiek, drieluik
**trite** [bnw] afgezaagd
**triumph** I [on ww] triomferen II [znw] triomf
**triumphal** [bnw] triomferend, triomf-
**triumphant** [bnw] triomfantelijk, triomferend
**trivia** [mv] onbelangrijke dingen/zaken
**trivial** [bnw] onbeduidend
**triviality** [znw] trivialiteit
**trod** [ww] verl. tijd + volt. deelw. → **tread**
**trodden** [ww] volt. deelw. → **tread**
**Trojan** I [znw] Trojaan II [bnw] Trojaans
**trolley** [znw] wagentje, karretje, serveerwagen, winkelwagentje
**trollop** [znw] • slons • slet
**troop** I [on ww] in grote groep lopen II [znw] • troep, menigte • afdeling v. cavalerie
**trooper** [znw] • cavalerist • <AE> staatspolitieagent
**trophy** [znw] trofee
**trot** I [on ww] draven II [znw] draf
**trotter** [znw] schapepoot
**trouble** I [ov ww] • kwellen • lastig vallen • storen II [on ww] z. bekommeren, z. moeite geven III [znw] • pech • probleem • onrust • kwaal, ongemak • onlusten
**trough** [znw] • trog • laagte tussen twee golven • dieptepunt
**trounce** [ov ww] volledig verslaan
**troupe** [znw] troep <v. toneelspelers, acrobaten>
**trout** [znw] forel(len)
**trowel** [znw] • troffel • plantenschepje
**truancy** [znw] 't spijbelen
**truant** [znw] spijbelaar
**truce** [znw] wapenstilstand
**truck** I [ov ww] vervoeren per vrachtwagen II [znw] omgang
**trucker** [znw] vrachtwagenchauffeur
**trudge** I [on ww] sjokken II [znw] gesjok
**true** [bnw + bijw] • waar • juist • zuiver • recht • echt
**truffle** [znw] truffel
**truism** [znw] cliché
**truly** [bijw] • waarlijk • goed • juist
**trumpet** I [ov ww] uitbazuinen II [on ww] trompetteren III [znw] trompet, bazuin
**trumpeter** [znw] trompetter
**truncate** [ov ww] besnoeien, afknotten
**truncheon** [znw] gummiknuppel
**trundle** I [ov ww] doen rollen of rijden II [on ww] • rollen, rijden • kuieren
**trunk** [znw] • boomstam • romp • slurf <v. olifant> • koffer • <AE> kofferruimte <v. auto>
**truss** I [ov ww] • (vast)binden, armen langs lichaam binden • opmaken <v. gevogelte, voor het bereiden> II [znw] <med.> breukband
**trust** I [ov ww] • toevertrouwen • vertrouwen (op) • (v. harte) hopen II [on ww] • (~ **in**) vertrouwen op III [znw] • stichting • trust • vertrouwen • voor ander beheerde goederen
**trustee** [znw] beheerder, curator, executeur, regent <v. instelling>
**trustful** [bnw] vertrouwend
**trustworthy** [bnw] te vertrouwen,

betrouwbaar
**truth** [znw] waarheid
**truthful** [bnw] waarheidlievend
**try** I [ov + on ww] proberen II [ov ww] • beproeven, op de proef stellen • gerechtelijk onderzoeken • verhoren • (~ **on**) passen <v. kleren> • (~ **out**) (uit)proberen III [znw] poging
**trying** [bnw] • lastig <v. gedrag> • vermoeiend
**tub** [znw] • tobbe • badkuip • schuit
**tubby** [bnw] rond, corpulent
**tube** [znw] • tube • buis • <inf.> t.v., metro
**tuber** [znw] knol <v. plant>
**tuberculosis** [znw] t.b.c.
**tubular** [bnw] buisvormig
**tuck** I [ov + on ww] • (~ **in**) verorberen II [ov ww] • instoppen • stoppen, wegzetten, opbergen • (~ **away**) verstoppen • (~ **in/up**) instoppen, verorberen III [znw] • plooi • lekkers, snoep
**Tuesday** [znw] dinsdag
**tuft** [znw] bosje
**tug** I [ov + on ww] rukken (aan), trekken II [znw] • ruk • sleepboot
**tuition** [znw] • lesgeld • onderricht
**tumble** I [ov ww] ondersteboven gooien II [on ww] • tuimelen • duikelen • (~ **down**) instorten • (~ **over**) omvallen • (~ **to**) <sl.> iets snappen III [znw] val
**tumbler** [znw] • bekerglas • acrobaat
**tummy** <kind.> [znw] buikje
**tumour** [znw] gezwel
**tumultuous** [bnw] • lawaaierig • woelig
**tun** [znw] ton, kuip
**tundra** [znw] toendra
**tune** I [ov ww] • afstemmen, stemmen • afstellen • (~ **to**) afstemmen op, aanpassen aan II [on ww] • (~ **in**) afstemmen <bij radio> III [znw] melodie
**tuneful** [bnw] • welluidend • muzikaal
**tuneless** [bnw] onwelluidend
**tuner** [znw] • stemmer • radio-ontvanger
**tunic** [znw] tuniek
**tunnel** I [ov ww] tunnel maken II [znw] tunnel
**tuppence** [znw] twee pence
**tuppenny** [bnw] van twee pence
**turban** [znw] tulband
**turbid** [bnw] troebel, dik
**turbulent** [bnw] onstuimig
**turd** [znw] • drol • rotkerel, rotmeid
**tureen** [znw] soepterrine
**turf** I [ov ww] graszoden leggen • (~ **out**) <sl.> (iem.) eruit gooien II [znw] • gras(tapijt) • graszode
**turgid** [bnw] gezwollen, hoogdravend <v. taal>
**Turkish** [bnw] Turks
**turmoil** [znw] verwarring, herrie, opwinding
**turn** I [ov ww] • richten • afwenden • vormen, doen draaien, doen keren, omslaan, omdraaien • doen worden, veranderen • (~ **back**) omslaan • (~ **down**) weigeren, lager zetten • (~ **in**) inleveren, arresteren • (~ **into**) veranderen in • (~ **off**) uitdraaien, uitzetten • (~ **on**) aanzetten, (seksueel) opwinden/prikkelen, opendraaien • (~ **out**) beurt geven <v. kamer>, produceren, uitdraaien, eruit gooien, binnenstebuiten keren • (~ **over**) kantelen • (~ **up**) omslaan II [on ww] • z. keren • z. richten • zuur worden • (~ **about**) ronddraaien • (~ **aside/away/from**) z. afwenden van • (~ **back**) terugkeren • (~ **down**) inslaan • (~ **in**) naar bed gaan • (~ **into**) veranderen in, inslaan • (~ **off**) z. afkeren, afslaan • (~ **on**) z. keren tegen, afhangen v. • (~ **out**) tevoorschijn komen, blijken te zijn • (~ **over**) z. omkeren • (~ **round**) z. omdraaien • (~ **to**) z. wenden tot, raadplegen, z. toeleggen op • (~ **up**)

tevoorschijn komen **III** [znw] • draai, wending, richting, bocht • keerpunt, verandering • wandelingetje • schok • beurt • afslag
**turning** [znw] • (zij)straat • afslag
**turnip** [znw] raap, knol
**turnover** [znw] • verloop <v. personeel> • omzet • appelflap
**turpentine** [znw] terpentijn
**turret** [znw] • torentje • geschuttoren
**turtle** [znw] zeeschildpad
**tusk** [znw] (slag)tand
**tussle** **I** [on ww] vechten **II** [znw] worsteling, strijd
**tutelage** [znw] voogdij(schap)
**tutorial** [znw] werkcollege
**twaddle** [znw] kletspraat
**twang** **I** [ov + on ww] tjingelen, tokkelen <op instrument> **II** [on ww] snorren <v. pijl> **III** [znw] getokkel
**tweak** **I** [ov ww] • (draaien en) trekken aan • knijpen **II** [znw] ruk
**tweet** **I** [on ww] tjilpen **II** [znw] getjilp
**twelfth** **I** [znw] twaalfde deel **II** [telw] twaalfde
**twelve** [telw] twaalf
**twentieth** [telw] twintigste
**twenty** [telw] twintig
**twerp** [znw] sul
**twice** [bijw] twee keer
**twiddle** **I** [ov + on ww] spelen met <klein voorwerp> **II** [znw] draai
**twig** **I** [ov ww] <inf.> begrijpen, snappen **II** [znw] • twijg • wichelroede
**twilight** [znw] schemering
**twin** **I** [ov ww] verbinden met <v. stad> **II** [znw] tweelingbroer/zus **III** [bnw] • tweeling- • gepaard • dubbel
**twine** **I** [ov + on ww] (z.) draaien om **II** [znw] dun touw
**twinge** [znw] steek, pijnscheut
**twinkle** **I** [on ww] • flikkeren • schitteren <v. pret> **II** [znw] schittering <v. pret>
**twirl** **I** [ov + on ww] (rond)draaien **II** [znw] (snelle) draai
**twist** **I** [ov ww] • (in elkaar) draaien • verdraaien • verrekken **II** [on ww] • draaien • kronkelen • vertrekken <v. gezicht> **III** [znw] • draaiing • gedraaid iets • (onverwachte) verandering • twist <dans>
**twister** [znw] • bedrieger • lastig probleem • <AE> cycloon
**twit** [znw] dom iem.
**twitch** **I** [ov ww] rukken of trekken <aan mouw, om aandacht te trekken> **II** [on ww] trekken <v. spier> **III** [znw] • ruk • zenuwtrekking
**twitter** [on ww] • sjilpen • met piepstem spreken
**two** [telw] twee
**tycoon** <AE> [znw] groot zakenman, magnaat
**type** **I** [ov + on ww] typen **II** [znw] • voorbeeld, type, model • (zinne)beeld • lettervorm
**typhoid** [znw] tyfus
**typhoon** [znw] wervelstorm
**typical** [bnw] typisch, kenmerkend
**typify** [ov ww] typeren
**typist** [znw] typiste
**typography** [znw] typografie
**tyrannize** [ov + on ww] tiranniseren
**tyranny** [znw] tirannie
**tyrant** [znw] tiran
**tyre** [znw] band <v. wiel>
**tyro** [znw] → **tiro**
**tzar** [znw] tsaar

# U

**ubiquitous** [bnw] *alomtegenwoordig*
**ubiquity** [znw] *alomtegenwoordigheid*
**udder** [znw] *uier*
**ugly** [bnw] *lelijk*
**ulcer** [znw] *(maag)zweer*
**ulterior** [bnw] *heimelijk*
**ultimate** I [znw] *het beste* II [bnw] • *ultieme* • *uiteindelijke*
**ultimately** [bijw] *ten slotte*
**umber** I [znw] *omber* <kleur v. aarde> II [bnw] *omberkleurig*
**umbrage** [znw] *aanstoot*
**umbrella** [znw] • *tuinparasol* • *overkoepeling(sorgaan)* • *paraplu*
**umpire** I [ov + on ww] *optreden als scheidsrechter* II [znw] *scheidsrechter*
**umpteen** <inf.> [telw] • *heel wat* • *zoveel*
**umpteenth** [bnw] *zoveelste*
**unabashed** [bnw] • *niet verlegen* • *onbeschaamd*
**unabated** [bnw] *onverminderd, onverzwakt*
**unacceptable** [bnw] *onaanvaardbaar*
**unaccompanied** [bnw] *zonder begeleiding*
**unaccountable** [bnw] • *onverklaarbaar* • *niet verantwoordelijk* • *ontoerekenbaar*
**unaccustomed** [bnw] • *ongewoon* • *niet gewend*
**unacquainted** [bnw] *onbekend (met)*
**unaffected** [bnw] • *niet beïnvloed* • *eerlijk, open, natuurlijk, ongedwongen*
**unafraid** [bnw] *niet bang, onversaagd*
**unaided** [bnw] *zonder hulp*
**unalloyed** [bnw] *onvermengd, zuiver*
**unalterable** [bnw] *onveranderlijk*
**unaltered** [bnw] *ongewijzigd*
**unambiguous** [bnw] *ondubbelzinnig, helder*
**unanimity** [znw] *eenstemmigheid*
**unanimous** [bnw] *eenstemmig*
**unanswered** [bnw] *onbeantwoord*
**unapproachable** [bnw] *ontoegankelijk*
**unarmed** [bnw] *ongewapend*
**unashamed** [bnw] • *schaamteloos* • *onbeschroomd*
**unasked** [bnw] *ongevraagd*
**unassuming** [bnw] *niet aanmatigend, bescheiden*
**unattached** [bnw] • *alleenstaand, ongebonden* • *extern*
**unattended** [bnw] • *niet vergezeld, zonder gevolg* • *onbeheerd* • *verwaarloosd*
**unattractive** [bnw] *onaantrekkelijk*
**unauthorized** [bnw] *niet gemachtigd*
**unavailable** [bnw] *niet beschikbaar*
**unavailing** [bnw] *vergeefs*
**unavoidable** [bnw] *onvermijdelijk*
**unaware** [bnw] *z. niet bewust v.*
**unawares** [bijw] • *onbewust* • *onverhoeds*
**unbalance** [ov ww] *uit 't evenwicht brengen*
**unbalanced** [bnw] *onevenwichtig*
**unbearable** [bnw] *ondraaglijk, onduldbaar*
**unbecoming** [bnw] • *ongepast* <gedrag> • *niet goed staand*
**unbelievable** [bnw] *ongelooflijk*
**unbeliever** [znw] *ongelovige*
**unbelieving** [bnw] *ongelovig*
**unbend** [ov + on ww] *z. losser gedragen*
**unbending** [bnw] *onbuigzaam*
**unbidden** [bnw] *ongenood*
**unborn** [bnw] *ongeboren*
**unbounded** [bnw] *onbegrensd*
**unburden** [ov ww] • *ontlasten* • *z. bevrijden van*
**uncanny** [bnw] • *geheimzinnig* • *griezelig*
**unceasing** [bnw] *onophoudelijk*
**unceremonious** [bnw] *zonder*

*plichtplegingen*
**uncertain** [bnw] *onzeker, twijfelachtig, onbetrouwbaar*
**unchallenged** [bnw] *onbetwist*
**unchanged** [bnw] *onveranderd*
**uncharitable** [bnw] *liefdeloos, onbarmhartig*
**uncharted** [bnw] *niet in kaart gebracht*
**unchecked** [bnw] • *niet gecontroleerd* • *onbelemmerd*
**uncivil** [bnw] *onbeleefd*
**uncivilized** [bnw] *onbeschaafd*
**unclaimed** [bnw] • *onopgevraagd* • *niet opgehaald*
**unclassified** [bnw] • *niet geclassificeerd, niet geregistreerd* • *niet (meer) geheim*
**uncle** [znw] *oom*
**unclean** [bnw] *onrein, smerig*
**unclear** [bnw] *onduidelijk*
**uncoloured** [bnw] *ongekleurd*
**uncomfortable** [bnw] • *ongemakkelijk* • *niet op zijn gemak*
**uncommitted** [bnw] *niet gebonden, neutraal*
**uncommon** [bnw] *ongewoon*
**uncompromising** [bnw] *onverzoenlijk*
**unconcealed** [bnw] *openlijk, onverholen*
**unconcern** [znw] *onverschilligheid*
**unconcerned** [bnw] *onverschillig, onbezorgd*
**unconditional** [bnw] *onvoorwaardelijk*
**unconscionable** [bnw] *onredelijk, schandalig*
**unconscious** **I** [znw] *het onderbewustzijn* **II** [bnw] • *onbewust* • *bewusteloos*
**unconsidered** [bnw] • *onbezonnen* • *ondoordacht*
**uncontrollable** [bnw] • *niet te beïnvloeden* • *niet te beheersen*
**uncontrolled** [bnw] • *onbeheerst* • *onbeperkt*
**unconvincing** [bnw] *niet overtuigend*
**uncork** [ov ww] *ontkurken, opentrekken* <v. fles>
**uncouth** [bnw] *lomp*
**uncover** [ov ww] *ontbloten, bloot leggen*
**uncritical** [bnw] • *onkritisch* • *klakkeloos*
**unctuous** [bnw] • *vettig* • *zalvend* <fig.>
**uncultivated** [bnw] *onbebouwd*
**uncut** [bnw] • *ongesnoeid* • *ongeslepen* <diamant> • *onverkort*
**undaunted** [bnw] *onverschrokken, onversaagd*
**undecided** [bnw] *onbeslist*
**undemonstrative** [bnw] *terughoudend, gesloten*
**undeniable** [bnw] *ontegenzeglijk*
**under** **I** [bnw] *onder, beneden* **II** [bijw] *hieronder, (daar)onder* **III** [vz] • *onder, lager/minder dan, beneden* • *krachtens* • *onder beschutting van*
**underground** **I** [znw] • *ondergrondse spoorweg* • *ondergrondse verzetsbeweging* **II** [bnw + bijw] • *ondergronds* • *geheim*
**underneath** **I** [znw] *onderkant* **II** [bnw] *onder-* **III** [bijw] *hieronder, daaronder, beneden* **IV** [vz] *onder, beneden*
**understand** [ov ww] • *begrijpen* • *verstaan* • *(ergens uit) opmaken*
**understandable** [bnw] *begrijpelijk*
**understanding** **I** [znw] • *begrip* • *verstandhouding* • <inf.> *schikking* **II** [bnw] *begripvol tegemoetkomend*
**understate** [ov ww] *te zwak uitdrukken*
**understatement** [znw] *te zwakke uitdrukking*
**understudy** **I** [ov ww] *doublure zijn voor, instuderen v.e. rol ter eventuele vervanging v.e. toneelspeler* **II** [znw] *doublure*
**undertake** [ov ww] • *op z. nemen* • *ondernemen* • <AE> *wagen*

**undeserved** [bnw] *onverdiend*
**undesirable** I [znw] *ongewenste persoon* II [bnw] *ongewenst*
**undeveloped** [bnw] *onontwikkeld*
**undignified** [bnw] *onwaardig, onbetamelijk, ongepast*
**undisputed** [bnw] *onbetwist*
**undistinguished** [bnw] *onbetekenend, middelmatig*
**undisturbed** [bnw] *ongestoord, onverstoord*
**undivided** [bnw] *ongedeeld, onverdeeld*
**undo** [ov ww] • *teniet doen, ongedaan maken* • *losmaken, openmaken* • *ruïneren*
**undone** [bnw + bijw] • *on(af)gedaan* • *losgemaakt* • *geruïneerd*
**undoubted** [bnw] *ongetwijfeld*
**undress** [ov + on ww] *(z.) uitkleden*
**undue** [bnw] *overdreven*
**undulate** [ov + on ww] • *(doen) golven* • *(doen) trillen*
**unearth** [ov ww] • *opgraven, rooien* • *aan 't licht brengen, opdiepen*
**unearthly** [bnw] • *bovenaards* • *griezelig, spookachtig, akelig*
**uneasy** [bnw] • *ongerust* • *onrustig* • *ongemakkelijk, onbehaaglijk*
**uneducated** [bnw] *ongeschoold, onontwikkeld*
**unemployable** [bnw] *ongeschikt voor werk*
**unemployed** [bnw] *werkloos*
**unemployment** [znw] *werkloosheid*
**unenviable** [bnw] *niet benijdenswaardig, onaangenaam*
**unequal** [bnw] • *niet opgewassen tegen* • *ongelijk*
**unequalled** [bnw] *ongeëvenaard*
**unequivocal** [bnw] *ondubbelzinnig, duidelijk*
**unerring** [bnw] *onfeilbaar*
**uneven** [bnw] *ongelijk(matig)*
**unexpected** [bnw] *onverwacht*
**unexplained** [bnw] *onverklaard*
**unfailing** [bnw] *zeker, onfeilbaar*
**unfair** [bnw] • *oneerlijk* • *onsportief*
**unfaithful** [bnw] *trouweloos*
**unfamiliar** [bnw] • *onbekend* • *ongewoon*
**unfashionable** [bnw] *niet modieus*
**unfasten** [ov ww] *losmaken, openmaken*
**unfathomable** [bnw] *ondoorgrondelijk*
**unfavourable** [bnw] *ongunstig*
**unfinished** [bnw] *onafgedaan, onafgewerkt, onaf*
**unfit** [bnw] • *ongeschikt* • *niet in goede conditie*
**unflagging** [bnw] *onvermoeibaar, onverflauwd*
**unflappable** [bnw] *onverstoorbaar*
**unfold** [ov + on ww] • *(z.) ontvouwen, (z.) uitspreiden* • *opengaan*
**unforeseen** [bnw] *onvoorzien*
**unforgettable** [bnw] *onvergetelijk*
**unforgivable** [bnw] *onvergeeflijk*
**unfortunate** I [znw] *ongelukkige* II [bnw] *onfortuinlijk, ongelukkig*
**unfounded** [bnw] *ongegrond*
**unfriendly** [bnw] *onsympathiek, nors*
**unfulfilled** [bnw] *onvervuld, niet in vervulling gegaan*
**unfurl** [ov + on ww] • *(z.) ontrollen, (z.) ontplooien* • *uitspreiden*
**unfurnished** [bnw] *ongemeubileerd*
**ungainly** [bnw] • *onbeholpen* • *lelijk*
**ungenerous** [bnw] • *kleinzielig, hard* • *krenterig, gierig*
**ungodly** [bnw] • *goddeloos, zondig* • *ergerlijk, onmenselijk*
**ungovernable** [bnw] *niet bestuurbaar, onhandelbaar*
**ungracious** [bnw] *onvriendelijk*
**ungrateful** [bnw] • *ondankbaar* • *onaangenaam*
**unguarded** [bnw] • *niet beschermd* • *onvoorzichtig* • *onbewaakt*
**unhappy** [bnw] *ongelukkig, ongepast*
**unhealthy** [bnw] *ongezond*
**unheard** [bnw] *niet gehoord*

**unhelpful** [bnw] niet hulpvaardig
**unhesitating** [bnw] prompt, zonder aarzelen
**unhinge** [ov ww] ontwrichten, iem. uit z'n evenwicht slaan
**unholy** [bnw] • goddeloos, zondig • <inf.> verschrikkelijk
**unhook** [ov ww] losmaken, loshaken
**unicorn** [znw] eenhoorn
**unidentified** [bnw] niet geïdentificeerd
**unification** [znw] eenmaking
**uniform** I [znw] uniform II [bnw] • uniform, gelijk • onveranderlijk, eenparig
**uniformed** [bnw] in uniform
**uniformity** [znw] uniformiteit
**unify** [ov ww] • verenigen • gelijkschakelen
**unilateral** [bnw] eenzijdig
**unimaginable** [bnw] ondenkbaar
**unimaginative** [bnw] zonder enige fantasie
**unimpaired** [bnw] ongeschonden
**unimpeachable** [bnw] onberispelijk
**unimportant** [bnw] onbelangrijk
**uninformed** [bnw] niet op de hoogte (gebracht), niet ingelicht
**uninspiring** [bnw] oninteressant, niet inspirerend, saai
**uninterested** [bnw] ongeïnteresseerd
**uninteresting** [bnw] niet interessant
**uninterrupted** [bnw] onafgebroken, ongestoord
**uninvited** [bnw] ongenood, niet uitgenodigd
**union** [znw] • eendracht • vakbond • vereniging • verbinding, verbond • <form.> huwelijk
**unionism** [znw] • vakbeweging • beginselen v. unionistische partij
**unionist** I [znw] • lid v.d. vakbond • voorstander v. politieke unie II [bnw] • verenigings- • unionistisch
**unique** [bnw] • buitengewoon, ongeëvenaard • uniek, enig <in soort> • <inf.> opmerkelijk
**unison** [znw] harmonie, overeenstemming
**unit** [znw] • eenheid • <techn.> onderdeel • <mil.> afdeling
**unite** I [ov ww] verenigen • (~ **in**) (doen) verenigen in II [on ww] z. verenigen • (~ **with**) iem./iets met z. verenigen
**united** [bnw] • verenigd • eendrachtig
**unity** [znw] • eenheid • overeenstemming
**universal** I [znw] algemeen begrip/eigenschap/principe II [bnw] algemeen
**unjust** [bnw] onrechtvaardig
**unjustifiable** [bnw] niet te rechtvaardigen
**unjustified** [bnw] ongerechtvaardigd
**unkempt** [bnw] slordig, onverzorgd
**unkind** [bnw] onvriendelijk, onaardig
**unknown** I [znw] onbekende II [bnw] • ongekend • onbekend
**unlawful** [bnw] onwettig, ongeoorloofd
**unleash** [ov ww] loslaten
**unless** I [vz] behalve II [vw] tenzij
**unlike** [vz] • ongelijk • anders dan • in tegenstelling met
**unlimited** [bnw] • vrij • onbeperkt, niet begrensd
**unload** [ov ww] • ontladen • lossen
**unlock** [ov ww] ontsluiten
**unlooked-for** [bnw] onverwacht
**unlucky** [bnw] • onzalig • ongelukkig
**unmade** [bnw] • niet opgemaakt <v. bed> • niet gemaakt
**unmanageable** [bnw] • onhandelbaar, lastig • niet te besturen
**unmanned** [bnw] onbemand, onbeheerd
**unmarked** [bnw] niet v.e. merk voorzien
**unmarried** [bnw] ongetrouwd
**unmatched** [bnw] • ongeëvenaard, weergaloos • niet bij elkaar passend
**unmoved** [bnw] onbewogen
**unnamed** [bnw] niet met name

*genoemd, naamloos, onbekend*
**unnatural** [bnw] *onnatuurlijk, geforceerd, tegennatuurlijk*
**unnecessary** [bnw] • *onnodig* • *overbodig*
**unnerve** [ov ww] *v. kracht beroven, verslappen, ontzenuwen*
**unnoticed** [bnw] *onopgemerkt*
**unobtainable** [bnw] *onverkrijgbaar*
**unobtrusive** [bnw] *niet in-/opdringerig*
**unoccupied** [bnw] *onbewoond*
**unofficial** [bnw] *officieus, niet geautoriseerd*
**unorthodox** [bnw] • *ketters* • *onconventioneel, ongewoon, ongebruikelijk*
**unpack** [ov + on ww] *uitpakken*
**unpaid** [bnw] *niet betaald, onbezoldigd*
**unparalleled** [bnw] *zonder weerga*
**unparliamentary** [bnw] *onparlementair*
**unpleasant** [bnw] *onplezierig, onaangenaam*
**unpleasantness** [znw] *onprettige toestand, wrijving*
**unpopular** [bnw] *impopulair*
**unprecedented** [bnw] • *zonder precedent* • *weergaloos*
**unpredictable** [bnw] *onvoorspelbaar*
**unpretentious** [bnw] *niet aanmatigend, bescheiden*
**unprincipled** [bnw] *gewetenloos*
**unproductive** [bnw] *onproduktief, weinig opleverend*
**unprofitable** [bnw] *geen voordeel opleverend*
**unprotected** [bnw] *onbeschermd*
**unprovoked** [bnw] *onuitgelokt*
**unqualified** [bnw] • *onbevoegd* • *onvoorwaardelijk* • *totaal, absoluut*
**unquestionable** [bnw] *onbetwistbaar*
**unquestioned** [bnw] *onbetwist*
**unquestioning** [bnw] *onvoorwaardelijk*
**unquote** [tw] *einde citaat*
**unreadable** [bnw] • *onleesbaar* • *niet te lezen*
**unreal** [bnw] *onwerkelijk, irreëel*
**unreasonable** [bnw] • *onredelijk* • *ongegrond*
**unreasoning** [bnw] *onnadenkend*
**unrecognized** [bnw] • *niet erkend* • *niet herkend*
**unrelated** [bnw] • *niet verwant* • *geen verband met elkaar houdend*
**unrelenting** [bnw] *meedogenloos, onverbiddelijk*
**unreliable** [bnw] *onbetrouwbaar*
**unrelieved** [bnw] *niet verzacht*
**unremitting** [bnw] *aanhoudend, onverdroten*
**unrequited** [bnw] • *onvergolden* • *onbeantwoord* <liefde>
**unreserved** [bnw] *openhartig, vrijmoedig*
**unrest** [znw] *onrust*
**unrestrained** [bnw] *onbeperkt, onbeteugeld*
**unrestricted** [bnw] *onbeperkt, onbegrensd*
**unrewarding** [bnw] *niet lonend, teleurstellend*
**unripe** [bnw] *onrijp*
**unrivalled, unrivaled** [bnw] *ongeëvenaard*
**unroll** [ov + on ww] *ontplooien, (z.) ontrollen*
**unruffled** [bnw] • *ongerimpeld, glad* • *bedaard*
**unsafe** [bnw] *onveilig, gevaarlijk, onbetrouwbaar*
**unsaid** [bnw] *onuitgesproken, verzwegen*
**unsatisfactory** [bnw] *onbevredigend*
**unscathed** [bnw] *ongedeerd, onbeschadigd*
**unscientific** [bnw] *onwetenschappelijk*
**unscrew** [ov ww] *losschroeven*
**unscrupulous** [bnw] *gewetenloos*
**unseat** [ov ww] • *uit het zadel gooien* • *v. functie beroven* • *wegwerken*

**unseeing** [bnw] zonder (iets) te zien, blind
**unseemly** [bnw] • ongelegen • ongepast
**unseen** I [znw] het onzichtbare II [bnw] ongezien
**unselfish** [bnw] onbaatzuchtig
**unsettle** [ov ww] • (beginnen te/doen) wankelen • van streek brengen
**unsettled** [bnw] • onzeker • zonder vaste woonplaats • niet opgelost • niet gekoloniseerd
**unsightly** [bnw] afzichtelijk, lelijk
**unskilled** [bnw] ongeschoold
**unsociable** [bnw] ongezellig
**unsophisticated** [bnw] • eenvoudig • geestelijk ongezond
**unsound** [bnw] • onbetrouwbaar, ondeugdelijk • vals
**unspeakable** [bnw] • onbeschrijfelijk • afschuwelijk
**unspecified** [bnw] niet gespecificeerd
**unspoken** [bnw] niet geuit
**unstable** [bnw] • onvast • wankelbaar
**unsteady** [bnw] onvast
**unstoppable** [bnw] onstuitbaar, niet te stoppen
**unstuck** [bnw] los
**unsuitable** [bnw] • ongeschikt • ongepast
**unsuited** [bnw] ongeschikt
**unsung** [bnw] • niet gezongen • niet bezongen
**unsure** [bnw] onzeker
**unsuspected** [bnw] • onverdacht • niet vermoed
**unsuspecting** [bnw] geen kwaad vermoedend, argeloos
**unswerving** [bnw] niet afwijkend, onwankelbaar
**unsympathetic** [bnw] • geen belangstelling tonend • antipathiek
**untangle** [ov ww] ontwarren
**untapped** [bnw] onaangesproken <fig.>, (nog) niet aangeboord
**unthinkable** [bnw] ondenkbaar
**unthinking** [bnw] onbezonnen
**untidy** [bnw] slordig
**untie** [ov ww] • bevrijden • losmaken
**until** I [vz] tot (aan) II [vw] tot(dat)
**untimely** [bnw] • ongelegen, niet op de juiste tijd • voortijdig
**untiring** [bnw] onvermoeid, onverdroten
**unto** <vero.> [vz] tot, tot aan
**untold** <form.> [bnw] onnoemelijk
**untouchable** I [znw] paria II [bnw] • onaanraakbaar <hindoeïsme> • onaantastbaar
**untouched** [bnw] onaangeraakt
**untoward** [bnw] onfortuinlijk
**untrained** [bnw] ongeoefend
**untried** [bnw] • niet geprobeerd • onervaren • <jur.> (nog) niet berecht/verhoord
**untrue** [bnw] • onwaar • ontrouw
**untruth** [znw] onwaarheid
**untruthful** [bnw] leugenachtig
**untutored** [bnw] niet onderwezen
**unused** [bnw] • niet gewend • ongebruikt
**unusual** [bnw] niet gebruikelijk, ongewoon
**unutterable** [bnw] vreselijk, onuitsprekelijk
**unveil** [ov ww] ontsluieren, onthullen
**unwanted** [bnw] • niet verlangd • niet nodig
**unwarranted** [bnw] onverantwoord
**unwelcome** [bnw] niet welkom
**unwell** [bnw] onwel
**unwieldy** [bnw] • log • lastig te hanteren
**unwilling** [bnw] • met tegenzin • onwillig
**unwind** I [ov ww] afwinden II [on ww] • zich ontrollen • <inf.> kalmeren
**unwise** [bnw] onverstandig
**unwitting** [bnw] onwetend
**unworkable** [bnw] onuitvoerbaar
**unworthy** [bnw] onwaardig, niet passend
**unwrap** [ov ww] loswikkelen

**unwritten** [bnw] ongeschreven
**unzip** [ov ww] openritsen, losmaken <v. ritssluiting>
**up** I [bnw] • op, omhoog • verstreken, afgelopen • aan de gang II [bijw] op, omhoog, naar boven III [vz] op
**upbraid** [ov ww] berispen, verwijten
**upbringing** [znw] opvoeding
**update** [ov ww] moderniseren
**upgrade** [ov ww] verbeteren <positie>
**upheaval** [znw] • omwenteling • ontreddering
**uphill** I [bnw] moeilijk II [bijw] • moeizaam • bergopwaarts
**uphold** [ov ww] steunen, verdedigen
**upholstery** [znw] stoffering, bekleding
**upkeep** [znw] onderhoud(skosten)
**upland** [bnw] in/uit/van het hoogland
**uplift** I [ov ww] • helpen, steunen • verheffen <i.h.b. geestelijk> II [znw] • verheffing • steun
**upon** [vz] • op • meteen na(dat)
**upper** I [znw] bovengedeelte v. schoen II [bnw] hoger, boven(ste)
**uppish** [bnw] verwaand
**upright** I [znw] verticale post/stut II [bnw] • recht, verticaal • eerlijk, eerbaar, oprecht III [bijw] rechtop
**uprising** [znw] opstand
**uproarious** [bnw] • bijzonder grappig • luid lachend
**upset** I [ov ww] • omverwerpen, omgooien • in de war sturen • v. streek brengen II [bnw] v. streek
**upshot** [znw] resultaat, eind van 't liedje
**upstage** [ov ww] in de schaduw stellen, naar de achtergrond dringen
**upstairs** I [bnw] boven- II [bijw] de trap op, naar boven
**upstanding** [bnw] oprecht, hoogstaand
**upstart** I [znw] parvenu II [bnw] opschepperig
**upstream** [bnw] tegen de stroom op, stroomopwaarts
**upsurge** [znw] opwelling, plotselinge toename
**uptake** [znw] • verbruikte hoeveelheid • begrip
**uptight** [bnw] erg gespannen, zeer nerveus
**up-to-date** [bnw] bij de tijd, modern
**upturn** [znw] <hand.> opleving
**urban** [bnw] stedelijk, stads-
**urbane** [bnw] hoffelijk, wellevend
**urbanize** [ov ww] verstedelijken
**urchin** [znw] schelm, kwajongen
**urge** I [ov ww] • aansporen, aanzetten, aandrijven • aandringen op • (~ **on**) aanzetten, voortdrijven II [znw] aandrang, verlangen
**urgency** [znw] • dringende noodzaak • urgentie
**urinal** [znw] urinoir
**urn** [znw] • urn • koffie-/theeketel
**us** [pers vnw] ons
**usage** [znw] gebruik, gewoonte
**use** I [ov ww] gebruiken, benutten • (~ **up**) opmaken, verbruiken, uitputten II [hww] ★ I used to smoke vroeger was ik een roker III [znw] • gebruik • nut • gewoonte
**used** [bnw] • tweedehands, gebruikt • gewoon, gewend
**useless** [bnw] nutteloos
**user** [znw] gebruiker, verbruiker
**usher** I [ov ww] • binnenleiden • aankondigen • als ceremoniemeester/ zaalwachter optreden voor • (~ **in**) inleiden II [znw] • zaalwachter • ceremoniemeester
**usual** I [znw] 't gewoonlijke II [bnw] gewoon, gebruikelijk
**usurer** [znw] woekeraar
**usurp** [ov ww] z. aanmatigen, z. wederrechtelijk toeëigenen
**utensil** [znw] gebruiksvoorwerp
**utility** [znw] • (openbare) voorziening • nut • bruikbaarheid
**utilize, utilise** [ov ww] gebruik maken van, benutten
**utmost** I [znw] 't uiterste II [bnw]

*hoogste, uiterste, verste*
**utter** I [ov ww] *uiten, uiting geven aan* II [bnw] *volkomen, totaal, volslagen*
**utterance** [znw] • *uitspraak* • *uiting*
**utterly** [bijw] *totaal, volkomen*

# V

**vacancy** [znw] • *lege (hotel)kamer* • *vacature*
**vacant** [bnw] • *onbezet, leeg(staand)* • *wezenloos* • *leeghoofdig, dom* • *vacant*
**vacate** [ov ww] • *neerleggen* <v. ambt> • *ontruimen* <v. huis>
**vacation** [znw] *vakantie*
**vaccinate** [ov ww] *inenten*
**vacuity** [znw] • *ledigheid* • *wezenloosheid*
**vacuous** [bnw] *leeghoofdig, wezenloos, dom*
**vacuum** I [ov + on ww] <inf.> *stofzuigen* II [znw] • *leegte* • *het luchtledige*
**vagabond** [znw] *landloper, vagebond, zwerver*
**vagary** [znw] *gril, kuur*
**vagrancy** [znw] *landloperij*
**vagrant** I [znw] *zwerver, vagebond* II [bnw] *zwervend*
**vague** [bnw] *vaag, onbestemd, onbepaald*
**vain** [bnw] • *ijdel, prat (op)* • *nutteloos, vergeefs*
**vale** [znw] <form.> *dal*
**valediction** [znw] *afscheid*
**valedictory** [bnw] *afscheids-*
**valet** [znw] *bediende*
**valiant** [bnw] *dapper, moedig*
**valid** [bnw] • *geldig* • *gefundeerd, deugdelijk*
**validate** [ov ww] • *geldig verklaren* • *bekrachtigen, bevestigen*
**valise** [znw] *valies*
**valley** [znw] *dal*
**valour** [znw] *moed, dapperheid*
**valuable** [bnw] *erg waardevol, kostbaar*
**valuation** [znw] *schatting, taxatie*
**value** I [ov ww] • *waarderen, achten* • *schatten, taxeren* II [znw] *waarde*

**valve** [znw] klep, ventiel
**vamp** I [ov ww] • (~ **up**) spannender maken, oplappen, inpalmen II [on ww] <inf.> verstrikken, flirten III [znw] <inf.> verleidster
**vampire** [znw] • vampier • uitzuiger
**van** [znw] (bestel-/meubel-/post)wagen
**vanguard** [znw] voorhoede
**vanilla** [znw] vanille
**vanish** [on ww] verdwijnen
**vanity** [znw] ijdelheid, verwaandheid
**vanquish** [ov ww] overwinnen, bedwingen
**vapid** [bnw] saai, lusteloos
**vaporize** I [ov ww] • doen verdampen • besproeien II [on ww] verdampen
**vaporous** [bnw] dampig, damp-
**vapour** [znw] damp
**variable** I [znw] veranderlijke grootheid II [bnw] veranderlijk, ongedurig
**variance** [znw] • onenigheid • tegenspraak
**variant** I [znw] variant II [bnw] afwijkend
**variation** [znw] • variëteit • <muz.> variatie
**varied** [bnw] • gevarieerd • bont <v. kleur>
**variegated** [bnw] • bont <v. kleur> • afwisselend
**variety** [znw] • variatie • verscheidenheid • soort • variété
**various** [bnw] verschillend, verscheiden
**varnish** I [ov ww] vernissen • (~ **over**) verbloemen II [znw] • vernis • glazuur
**vary** [ov + on ww] • variëren, veranderen • verschillen
**vascular** [bnw] vaat-
**vase** [znw] vaas
**vassal** [znw] • vazal • slaaf
**vast** [bnw] • veelomvattend • onmetelijk, reusachtig
**vault** I [ov ww] springen <steunend op handen of stok> II [znw] • wijnkelder, grafkelder • kluis <bank>
**veal** [znw] kalfsvlees
**veer** [on ww] • van koers veranderen • omlopen <v. wind> • draaien
**vegetable** I [znw] • groente • plant II [bnw] plantaardig, planten-
**vegetate** [on ww] vegeteren
**vegetation** [znw] • plantengroei • plantenwereld
**vehemence** [znw] heftigheid
**vehement** [bnw] heftig
**vehicle** [znw] • voertuig • drager <fig.>
**veil** I [ov ww] • sluieren • bedekken <fig.>, vermommen II [znw] • sluier, voile • dekmantel
**vein** [znw] • ader • nerf, geest <fig.>
**velocity** [znw] snelheid
**velvet** [znw] fluweel
**venal** [bnw] omkoopbaar
**vend** [ov ww] verkopen, venten
**vendetta** [znw] bloedwraak
**vendor** [znw] verkoper
**veneer** [znw] • fineer(bladen), fineerhout • vernisje <fig.>
**venerable** [bnw] • eerbiedwaardig • hoogeerwaarde <in Angl. kerk, als titel v. aartsdiaken>
**venerate** [ov ww] vereren
**vengeance** [znw] wraak
**vengeful** [bnw] wraakgierig
**venial** [bnw] vergeeflijk
**venison** [znw] reebout, wildbraad
**venom** [znw] • vergif • venijn
**venomous** [bnw] • (ver)giftig • venijnig
**vent** I [ov ww] lucht geven aan, uiten II [znw] • schoorsteenkanaal • uitweg, opening • luchtgat
**ventilate** [ov ww] • luchten <v. grieven> • ventileren, luchten • in 't openbaar bespreken
**ventricle** [znw] • holte <in hersenen> • hartkamer
**ventriloquism** [znw] het buikspreken
**ventriloquist** [znw] buikspreker
**venture** I [ov + on ww] riskeren, wagen, op 't spel zetten • (~ **out**) z. buiten wagen II [znw] • (riskante)

*onderneming* • *avontuurlijke reis*
**venturesome** [bnw] *stoutmoedig, gewaagd*
**venue** [znw] *plaats v. samenkomst*
**veracious** [bnw] *waarheidlievend*
**veracity** [znw] *waarheid(sliefde)*
**verb** [znw] *werkwoord*
**verbiage** [znw] *woordenstroom*
**verbose** [bnw] *woordenrijk, breedsprakig*
**verdant** [bnw] *met weelderige plantengroei overdekt*
**verdict** [znw] • *uitspraak* <v. rechter> • *oordeel, beslissing*
**verge** I [on ww] *neigen* • (~ **on**) *grenzen aan* II [znw] *berm, rand*
**verger** [znw] *koster*
**verifiable** [bnw] *verifieerbaar*
**verify** [ov ww] • *verifiëren* • *bewijzen, bevestigen*
**verisimilitude** [znw] *waarschijnlijkheid*
**veritable** [bnw] *echt, waar*
**vermin** [znw] • *ongedierte* • *schoelje*
**verminous** [bnw] *vol ongedierte*
**vernacular** I [znw] *landstaal* II [bnw] *inheems, vaderlands*
**versatile** [bnw] *veelzijdig*
**verse** [znw] • *vers(regel)* • *couplet* • *poëzie*
**versed** [bnw] *ervaren, bedreven*
**version** [znw] • *lezing, versie* • *bewerking*
**vertebra** [znw] *wervel*
**vertebrate** I [znw] <bio.> *gewerveld dier* II [bnw] *gewerveld*
**vertical** I [znw] *loodlijn* II [bnw] *verticaal*
**vertiginous** [bnw] *duizelingwekkend*
**vertigo** [znw] *duizeling* <vooral door hoogtevrees veroorzaakt>
**verve** [znw] *geestdrift, vuur*
**very** I [bnw] • *juist, precies* • *zelfde* II [bijw] • *aller-* • *zeer, heel*
**vessel** [znw] • *vat* • *vaartuig, schip*
**vest** [znw] • *(onder)hemd* • <AE> *vest*
**vestige** [znw] *spoortje*
**vestry** [znw] • *sacristie* • *consistoriekamer*
**vet** I [ov ww] *grondig onderzoeken, behandelen* II [znw] • → **veterinarian** • → **veteran**
**veteran** [znw] • *veteraan* • *oud-militair*
**veterinarian** [znw] *dierenarts*
**veterinary** [bnw] *dierenarts-*
**veto** I [ov ww] *verbieden* II [znw] *veto, verbod*
**vex** [ov ww] *plagen, ergeren, hinderen*
**vexation** [znw] • *plagerij, kwelling* • *ergernis*
**viable** [bnw] • *levensvatbaar* • *uitvoerbaar*
**vial** [znw] *medicijnflesje*
**vibrate** I [ov ww] *doen vibreren, doen trillen* II [on ww] *vibreren, trillen*
**vicar** [znw] *dominee* <Angl. kerk>, *predikant*
**vicarage** [znw] • *predikantsplaats* • *pastorie*
**vicarious** [bnw] *indirect belevend of beleefd*
**vice** [znw] • *verdorvenheid, fout, gebrek, ondeugd* • *kuur* <v. paard> • *bankschroef*
**vicinity** [znw] *buurt, nabijheid*
**vicious** [bnw] *venijnig*
**victim** [znw] *(slacht)offer*
**victimize** [ov ww] *tot slachtoffer maken*
**victor** [znw] *overwinnaar*
**Victorian** [bnw] • *victoriaans, uit de tijd v. koningin Victoria* • *v.d. kolonie Victoria*
**victorious** [bnw] *zegevierend*
**victory** [znw] *overwinning*
**video** [znw] *videorecorder, videotape*
**vie** [on ww] *wedijveren*
**view** I [ov ww] *bekijken, beschouwen* II [znw] • *(ver)gezicht, uitzicht* • *standpunt* • *idee, denkbeeld* • *bedoeling*
**viewer** [znw] • *kijker* • *bezichtiger* • *viewer*

**vigil** [znw] (nacht)wake
**vignette** [znw] • vignet • karakterschets
**vigorous** [bnw] krachtig, vitaal, energiek
**vigour** [znw] kracht, vitaliteit, activiteit
**vile** [bnw] • walglijk, verdorven, gemeen • afschuwelijk, vies
**vilify** [ov ww] belasteren, beschimpen
**village** [znw] dorp
**villager** [znw] dorpsbewoner
**villain** [znw] schurk
**villainous** [bnw] schurkachtig, gemeen
**villainy** [znw] schurkerij
**vindicate** [ov ww] • staven • het gelijk bewijzen van
**vindictive** [bnw] rancuneus, wraakzuchtig
**vine** [znw] • wijnstok • klimplant
**vinegar** [znw] azijn
**vintage** I [znw] wijn uit een goed jaar II [bnw] v. goede kwaliteit
**vintner** [znw] wijnhandelaar
**viola** [znw] • <muz.> altviool • <plant.> viooltje
**violate** [ov ww] • overtreden • breken <v. gelofte> • onteren, ontwijden, schenden
**violence** [znw] geweld(dadigheid), gewelddaad
**violent** [bnw] • hevig, heftig • gewelddadig
**violet** I [znw] viooltje II [bnw] violet
**violin** [znw] viool
**violinist** [znw] violist
**viper** [znw] adder
**virgin** I [znw] maagd II [bnw] • maagdelijk • onbevlekt, ongerept • onbetreden <gebied>
**virginal** [bnw] maagdelijk
**virtual** [bnw] feitelijk, eigenlijk
**virtue** [znw] • deugd(zaamheid) • (goede) eigenschap
**virtuoso** [znw] virtuoos
**virtuous** [bnw] deugdzaam
**virulent** [bnw] vergiftig, kwaadaardig
**visa** [znw] visum
**vis-à-vis** [vz] vis-à-vis, (recht) tegenover
**viscosity** [znw] kleverigheid
**viscount** [znw] burggraaf
**viscountess** [znw] burggravin
**viscous** [bnw] kleverig
**visible** [bnw] • zichtbaar • duidelijk, merkbaar
**vision** [znw] • gezicht(svermogen) • visioen, verschijning
**visionary** I [znw] • ziener • fantast II [bnw] • fantastisch • ingebeeld
**visit** I [ov ww] bezoeken • (~ (up)on) teisteren • (~ with) <AE> bezoeken II [znw] bezoek
**visitation** [znw] • visitatie • huisbezoek <v. geestelijke>
**visitor** [znw] gast, bezoeker
**visor** [znw] • vizier <v. helm> • klep <v. pet> • zonneklep <in auto>
**vista** [znw] • vergezicht • perspectief
**visual** [bnw] • gezichts-, oog- • zichtbaar
**visualize** [ov ww] zich een beeld vormen van
**vital** [bnw] • levens- • vitaal
**vitality** [znw] vitaliteit, levenskracht
**vitamin** [znw] vitamine
**vitiate** [ov ww] • verzwakken • aantasten • ongeldig maken
**vitreous** [bnw] glazen, glasachtig, glas-
**vitriol** [znw] • vitriool • venijn
**vitriolic** [bnw] • vitriool- • venijnig, bijtend
**vituperative** [bnw] schimpend
**vivacious** [bnw] opgewekt, levendig
**vivacity** [znw] opgewektheid
**vivisection** [znw] vivisectie
**vivisectionist** [znw] vivisector
**vixen** [znw] • wijfjesvos • feeks, helleveeg
**vocabulary** [znw] • woordenlijst • woordenschat
**vocal** [bnw] • mondeling • mondig • stem-
**vocalist** [znw] zanger(es)
**vocation** [znw] • roeping • beroep
**vogue** [znw] mode, populariteit

**voice** **I** [ov ww] *uitdrukking geven aan* <gevoelens> **II** [znw] • *stem* • *geluid* • *inspraak*
**void** **I** [znw] • *leegte* • *(ledige) ruimte* **II** [bnw] • *nietig* <v. contract> • *onbezet, ledig*
**volatile** [bnw] • *vluchtig* <vloeistoffen> • *wispelturig*
**volcanic** [bnw] *vulkanisch*
**volcano** [znw] *vulkaan*
**volition** [znw] *het willen, wilskracht*
**voltage** [znw] *elektrische spanning*
**voluble** [bnw] *veel en enthousiast pratend*
**volume** [znw] • *boekdeel* • *omvang, volume* <v. zaken> • *geluidssterkte*
**voluminous** [bnw] • *(te) groot* <v. kleren> • *omvangrijk, lijvig*
**voluntary** **I** [znw] <muz.> *solo op orgel* **II** [bnw] • *opzettelijk* • *door de wil geregeld* <v. spierbeweging> • *vrijwillig*
**volunteer** **I** [ov ww] *ongevraagd iets geven of doen* **II** [on ww] • *aanbieden iets te doen* • *in dienst gaan* **III** [znw] *vrijwilliger*
**voluptuous** [bnw] • *weelderig* <v. vormen> • *wellustig* • *heerlijk*
**vomit** **I** [ov + on ww] *braken* **II** [znw] • *braaksel* • *braakmiddel*
**voracious** [bnw] *gulzig, vraatzuchtig*
**vortex** [znw] *draaikolk, maalstroom*
**vote** **I** [ov + on ww] *stemmen (op)* **II** [znw] *stem*
**voter** [znw] • *kiezer* • *stemgerechtigde*
**vouch** [on ww] • (~ **for**) *instaan voor, borg staan voor*
**voucher** [znw] • *(waarde)coupon* • *bon* • *reçu*
**vouchsafe** [ov ww] • *in bewaring geven* • *verzekeren*
**vow** [znw] *eed, gelofte*
**vowel** [znw] *klinker(teken)*
**voyage** [znw] *(zee)reis*
**voyager** [znw] *zeevaarder, (zee)reiziger*
**voyeur** [znw] *gluurder, voyeur*
**vulgar** [bnw] *vulgair, ordinair, grof, laag*
**vulnerable** [bnw] *kwetsbaar*
**vulture** [znw] *gier*

# W

**wacky** [bnw] idioot, vreselijk excentriek
**wad** [znw] • prop • pakje bankbiljetten
**waddle** [on ww] waggelen
**wader** [znw] • waadvogel • waterlaars
**wafer** [znw] • wafel • hostie
**waffle** I [on ww] kletsen II [znw] • wafel • geklets
**waft** I [ov ww] voeren II [on ww] zweven III [znw] vleugje
**wag** I [ov ww] • heen en weer bewegen, schudden • kwispelen II [on ww] kwispelen III [znw] grappenmaker
**wage** I [ov ww] voeren <vnl. v. oorlog> II [znw] loon
**wager** I [ov + on ww] (ver)wedden II [znw] weddenschap
**waggle** [ww] → **wag**
**waif** [znw] • zwerver, dakloze • verwaarloosd kind
**wail** I [on ww] • jammeren, weeklagen • huilen, loeien <v. wind> II [znw] jammerende uitroep
**waist** [znw] taille, middel
**wait** I [on ww] • wachten • bedienen <aan tafel> • (~ **(up)on**) bedienen, van dienst zijn • (~ **for**) wachten op II [znw] • wachttijd • pauze
**waiter** [znw] kelner
**waitress** [znw] serveerster
**waive** [ov ww] afstand doen van, afzien van
**wake** I [ov ww] wekken • (~ **up**) wakker maken/schudden II [on ww] wakker zijn, waken • (~ **up**) wakker worden III [znw] (kiel)zog
**wakeful** [bnw] • slapeloos • waakzaam, wakker
**waken** I [ov ww] wakker maken II [on ww] wakker worden
**walk** I [ov ww] • lopen/wandelen in/op • stapvoets doen gaan, laten stappen, uitlaten II [on ww] lopen, wandelen, stapvoets gaan • (~ **into**) onverwachts betrokken raken bij, makkelijk krijgen <v. baan> III [znw] • wandeling • manier v. lopen • wandelpad
**walker** [znw] voetganger, wandelaar
**wall** I [ov ww] • (~ **in**) ommuren • (~ **up**) afsluiten met een muur, dichtmetselen II [znw] • wand, muur • stadswal
**wallaby** [znw] kleine kangoeroe
**wallet** [znw] portefeuille
**wallop** I [ov ww] afranselen II [znw] mep, opdonder
**walloping** [znw] aframmeling
**wallow** I [on ww] rollen • (~ **in**) (z.) wentelen in II [znw] poel <voor dieren>
**walnut** [znw] • walnoot • notehout
**waltz** I [on ww] • walsen • ontspannen en zelfverzekerd lopen II [znw] wals
**wan** [bnw] bleek, flets
**wand** [znw] (tover)staf
**wander** [on ww] • rondwandelen, zwerven, dwalen, ronddolen • afdwalen
**wanderer** [znw] zwerver
**wane** I [on ww] afnemen, tanen II [znw] het afnemen
**wangle** I [ov ww] voor elkaar krijgen, gedaan krijgen II [znw] knoeierij
**want** I [ov ww] • missen, ontberen • nodig hebben • wensen, willen II [znw] • behoefte • gemis, gebrek
**wanting** [bnw] ontbrekend
**wanton** [bnw] • speels • lichtzinnig • baldadig
**war** I [on ww] strijden (tegen), oorlog voeren (tegen) II [znw] oorlog
**ward** I [ov ww] • (~ **off**) afweren, behoeden voor, pareren II [znw] • zaal, afdeling • curatele, voogdij • pupil <v. voogd> • stadsdistrict
**warden** [znw] • huismeester • bewaker • (parkeer)wacht
**warder** [znw] cipier
**wardrobe** [znw] • kleerkast • garderobe
**warehouse** [znw] pakhuis,

opslagplaats, magazijn
**warm** I [ov + on ww] (ver)warmen, warm maken/worden • (~ **up**) warmer maken/worden, opwarmen II [bnw] • warm, heet • hartelijk
**warmth** [znw] • warmte • hartelijkheid
**warn** [ov + on ww] waarschuwen
**warning** [znw] waarschuwing
**warp** I [ov ww] • doen kromtrekken • vervormen, verkeerd richten, (verkeerd) beïnvloeden II [on ww] • kromtrekken • afwijken III [znw] • schering • kromming • (psychische) afwijking
**warrant** I [ov ww] rechtvaardigen, wettigen II [znw] • machtiging • bevel(schrift)
**warrior** [znw] krijger
**wart** [znw] wrat
**wary** [bnw] behoedzaam
**was** [ww] verl. tijd → **be**
**wash** I [ov ww] wassen, spoelen • (~ **down**) wegspoelen • (~ **out**) uitwassen • (~ **up**) afwassen II [on ww] • wassen • spoelen/stromen langs • (~ **out**) door wassen eruit gaan • (~ **up**) de afwas doen III [znw] • wasbeurt • was • deining, het spoelen • dun laagje
**washable** [bnw] (af)wasbaar
**washer** [znw] • sluitring, kraanleertje, pakking • wasmachine
**wasp** [znw] wesp
**waspish** [bnw] venijnig, nijdig, prikkelbaar
**wastage** [znw] verkwisting
**waste** I [ov ww] verkwisten, verknoeien, verloren laten gaan II [on ww] • (~ **away**) wegkwijnen, wegteren III [znw] • verkwisting • afval • braakliggend land IV [bnw] • woest, braak • afval-
**wasteful** [bnw] verkwistend
**watch** I [ov ww] • bekijken, nakijken • in de gaten houden • bewaken, zorgen voor II [on ww] kijken • (~ **for**) uitkijken naar III [znw] • wacht • nachtwake • horloge
**watchful** [bnw] waakzaam
**water** I [ov ww] besproeien, water geven • (~ **down**) verwateren, verzachten II [on ww] • wateren <v. mand> • tranen <v. ogen> III [znw] water
**watery** [bnw] • waterig • verwaterd
**wave** I [ov ww] • zwaaien met • met een gebaar te kennen geven • (~ **aside**) afwijzen • (~ **away**) beduiden weg te gaan II [on ww] • golven, wapperen • zwaaien, wuiven III [znw] • golf • golving • wuivend gebaar
**wavy** [bnw] golvend
**wax** I [ov ww] boenen, met was inwrijven, poetsen II [on ww] • toenemen • <vero.> worden III [znw] • lak • oorsmeer • woedeaanval • was IV [bnw] was-, wassen
**waxen** [bnw] wasbleek
**waxy** [bnw] wasachtig
**way** [znw] • weg • richting, kant • eind(je), afstand • wijze, manier (van doen), methode
**we** [pers vnw] wij
**weaken** [ov + on ww] verzwakken, verslappen
**weakness** [znw] • zwak punt • zwakheid
**weal** [znw] striem
**weapon** [znw] wapen
**wear** I [ov ww] • dragen, aanhebben • afslijten, uitslijten, verslijten • uitputten, afmatten • (~ **away**) uitslijten • (~ **down**) afmatten • (~ **out**) verslijten, afdragen, uitputten II [on ww] afslijten, verslijten • (~ **away/off**) slijten, steeds minder worden • (~ **down**) afslijten • (~ **on**) langzaam voorbijgaan • (~ **out**) slijten, uitgeput raken III [znw] • dracht • slijtage
**wearing** [bnw] • moeizaam • vermoeiend
**wearisome** [bnw] • vervelend

• *vermoeiend*
**weary** I [on ww] *moe worden* II [bnw] • *moe* • *beu* • *vermoeiend* • *vervelend*
**weasel** [znw] *wezel*
**weather** I [ov ww] *doorstaan* II [on ww] *verweren* III [znw] *weer*
**weave** I [ov ww] • *weven* • *in elkaar zetten* II [znw] *weeftrant, patroon, dessin*
**weaver** [znw] *wever*
**web** [znw] • *web* • *zwemvlies*
**wed** [ov + on ww] *trouwen*
**we'd** [samentr] /we should/ /we had/ /we would/ → **shall, have, will**
**wedding** [znw] • *huwelijksplechtigheid* • *bruiloft*
**wedge** I [ov ww] • *proppen* • *een wig slaan/steken in, vastzetten* II [znw] • *wig* • *stuk kaas, taartpunt* • *sector*
**wedlock** [znw] • *huwelijk* • *echtelijke staat*
**Wednesday** [znw] *woensdag*
**weed** I [ov ww] *wieden* II [znw] • *onkruid* • <inf.> *marijuana* • <inf.> *zaadje*
**weekly** I [znw] *weekblad* II [bnw + bijw] *wekelijks*
**weep** [on ww] • *wenen* • *vocht afscheiden*
**weigh** I [ov ww] • *wegen, z. laten wegen* • *overwegen* • (~ **down**) *(terneer)drukken, doen (door)buigen* • (~ **out**) *afwegen* II [on ww] • *gewicht in de schaal leggen, (mee)tellen* • *wegen*
**weight** I [ov ww] *verzwaren* II [znw] • *gewicht* • *belang* • *zwaar voorwerp*
**weighting** [znw] *toelage, toeslag, standplaatstoelage*
**weighty** [bnw] • *gewichtig, belangrijk* • *zwaar*
**weir** [znw] • *(stuw)dam* • *weer*
**weird** [bnw] • *akelig, griezelig* • *vreemd*
**welcome** I [ov ww] *verwelkomen in* II [znw] *ontvangst, verwelkoming* III [bnw] *welkom*
**weld** I [ov ww] • *lassen* • *samenvoegen* II [znw] *las*
**welfare** [znw] • *uitkering* • *bestwil* • *sociale voorzieningen*
**well** I [on ww] *(omhoog) wellen, ontspringen* II [znw] • *put* • *bron* III [bnw] • *goed, beter, gezond* • *in orde* IV [bijw] • *goed, goed en wel* • *behoorlijk* • *een heel eind* V [tw] • *nou* • *nou ja* • *och ja* • *welnu*
**we'll** [samentr] /we shall/ /we will/ → **shall, will**
**welt** [znw] *striem*
**welter** [znw] *chaos, verwarring*
**went** [ww] verl. tijd → **go**
**wept** [ww] verl. tijd + volt. deelw. → **weep**
**were** [ww] verl. tijd → **be**
**we're** [samentr] /we are/ → **be**
**weren't** [samentr] /were not/ → **be**
**west** I [znw] *westen* II [bnw + bijw] *west(en), westelijk*
**westerner** [znw] *westerling*
**westernize** [ov ww] *westers maken*
**wet** I [ov ww] *nat maken, bevochtigen* II [znw] *nat(tigheid)* III [bnw] *nat, vochtig*
**we've** [samentr] /we have/ → **have**
**whack** I [ov ww] *(er op) slaan, meppen* II [znw] • *smak, klap, mep* • *(aan)deel, portie*
**whale** [znw] *walvis*
**whaler** [znw] *walvisvaarder*
**whaling** [znw] *walvisvangst*
**wharf** [znw] *kade, laad-/lossteiger*
**what** I [vr vnw] *wat voor, welk(e), wat* II [betr vnw] *wat* III [tw] *hè*
**whatever, whatsoever** [vnw] • *wat/welke...ook* • *wat/welke...toch*
**wheat** [znw] *tarwe*
**wheedle** [on ww] *flemen, vleien, bedelen*
**wheel** I [ov ww] *duwen, laten rijden, kruien* II [on ww] • *rijden, rollen* • *zwenken* • (~ **round**) *(om)zwenken,*

z. *omdraaien* **III** [znw] • *wiel, rad* • *stuur* • *spinnewiel* • *pottenbakkersschijf*
**wheeze I** [on ww] • *piepen* <bij 't ademhalen> • *hijgen* **II** [znw] *foefje*
**whelp I** [on ww] *jongen, werpen* **II** [znw] *welp*
**when I** [bijw] *wanneer* **II** [vw] • *terwijl* • *toen* • *als*
**whenever I** [bijw] *wanneer ook maar* **II** [vw] *telkens wanneer*
**where I** [bijw] *waarheen, waar* **II** [vw] *terwijl*
**whereas** [vw] *terwijl*
**wherever I** [bijw] *waar toch (heen)* **II** [vw] *waar(heen) ook, overal waar(heen)*
**whet** [ov ww] *prikkelen, opwekken, slijpen*
**whether** [vw] *of*
**which I** [vr vnw] *wie, wat, welk(e)* **II** [betr vnw] *die, dat, welke, wat, hetwelk*
**whichever I** [bnw] *welk(e)..ook* **II** [onb vnw] *welk(e)*
**whiff** [znw] *zuchtje, vleugje*
**while I** [ov ww] • (~ **away**) *verdrijven v. tijd* **II** [znw] *tijd(je), poosje* **III** [vw] *terwijl, hoewel*
**whim** [znw] *gril, nuk*
**whimper I** [ov + on ww] *zachtjes janken* **II** [znw] *zacht gejank*
**whimsical** [bnw] • *wispelturig* • *eigenaardig*
**whine I** [ov + on ww] • *jengelen, dreinen, janken* • *gieren* **II** [znw] • *gezeur* • *gejammer* • *het gieren*
**whinny I** [on ww] *hinniken* **II** [znw] *gehinnik*
**whip I** [ov ww] • *kloppen* • *de zweep leggen over, geselen, (af)ranselen, slaan* • *opzwepen* • (~ **off**) *snel tevoorschijn halen, eruit flappen* • (~ **up**) *haastig in elkaar zetten, opzwepen* **II** [on ww] • *fladderen* • *wippen, schieten* • (~ **round**) *z. snel omdraaien* **III** [znw] *zweep*
**whirl I** [ov + on ww] • *draaien* • *snel rond draaien, rondtollen* **II** [znw] • *werveling, draaikolk* • *roes*
**whirr I** [on ww] *gonzen, snorren* **II** [znw] *snorrend geluid*
**whisk I** [ov ww] • *tikken, zwaaien, zwiepen, slaan* • *(op)kloppen* • (~ **away**) *in een flits wegvoeren/-werken* **II** [on ww] *z. snel bewegen, wegglippen* • (~ **round**) *z. plotseling omdraaien* **III** [znw] • *garde, eierklopper* • *tik, veeg, snelle beweging*
**whisker** [znw] *snorhaar* <v. kat/hond>
**whisper I** [on ww] *fluisteren* **II** [znw] • *gefluister* • *geruis*
**whistle I** [ov + on ww] *fluiten* **II** [znw] • *fluit(je)* • *gefluit*
**whit** [znw] *greintje*
**white I** [znw] *blanke* **II** [bnw] • *wit* • *bleek* • *blank*
**whiten I** [ov ww] *bleken* **II** [on ww] *wit worden*
**whitening** [znw] • *krijtpoeder* • *witkalk*
**whiting** [znw] • *witkalk* • *wijting*
**whittle** [ov ww] *(af)snijden* • (~ **away**) *verminderen* • (~ **down**) *besnoeien, kleiner maken*
**who I** [vr vnw] *wie* **II** [betr vnw] *die, wie*
**whoever** [vnw] *wie (dan) ook*
**whole I** [znw] *geheel* **II** [bnw] • *heel* • *ongeschonden, gezond*
**wholesale** [bnw] • *massaal, op grote schaal* • *m.b.t. de groothandel*
**wholesaler** [znw] *grossier*
**wholly** [bijw] *geheel*
**whom** [vnw] → **who**
**whoop I** [ov + on ww] *schreeuwen* **II** [znw] *uitroep*
**whopper** [znw] • *enorme leugen* • *kanjer, knaap*
**whopping** [bnw] *enorm, kolossaal*
**whore** [znw] *hoer*
**whorl** [znw] *spiraalvorm*
**whose** [vr vnw] *wier, van wie, v. welke,*

*wiens, ervan, waarvan*
**wicked** [bnw] • *slecht, gemeen, vals* • *ondeugend*
**wicker** [znw] *vlechtwerk, mandwerk*
**wicket** [znw] *wicket* <cricket>
**wide** I [bnw] • *wijd, breed* • *uitgestrekt, uitgebreid, groot, ruim* II [bijw] • *wijdbeens* • *wijd open*
**widen** [ov + on ww] *verbreden, wijder maken/worden*
**widow** [znw] *weduwe*
**widower** [znw] *weduwnaar*
**width** [znw] • *wijdte, breedte* • *ruimheid*
**wield** [ov ww] *gebruiken, zwaaien*
**wife** [znw] *vrouw, echtgenote*
**wig** [znw] *pruik*
**wiggle** I [ov ww] *doen wiebelen, (snel op en neer) bewegen* II [znw] *gewiebel*
**wild** [bnw] • *wild* • *woedend* • *enthousiast*
**wildcat** I [znw] *wilde kat* II [bnw] *financieel onbetrouwbaar*
**wilful** [bnw] • *opzettelijk* • *koppig, dwars*
**will** I [ov + on ww] *willen* II [ov ww] *nalaten, vermaken* III [hww] • *zullen* • *willen* IV [znw] • *wil, wilskracht* • *testament*
**willing** [bnw] *bereid(willig), gewillig*
**willow** [znw] *wilg*
**willowy** [bnw] *soepel*
**willy-nilly** [bijw] *goedschiks of kwaadschiks*
**wilt** I [ww] → **will** II [ov + on ww] *(doen) verwelken, slap doen/gaan hangen*
**wily** [bnw] *sluw*
**wimple** [znw] *kap* <v. non>
**win** I [ov ww] • *winnen* • *behalen, verwerven, bereiken* • (~ **back**) *terugwinnen* II [on ww] *winnen* • (~ **out**) *'t winnen* • (~ **through**) *te boven komen, z. er doorheen slaan* III [znw] • *overwinning* • *succes*
**winch** [znw] *lier, windas*
**wind** I [ov ww] *(op)winden, (omhoog) draaien* • (~ **down**) *naar beneden draaien* <v. autoruit>, *af laten lopen* <v. veer> • (~ **up**) *opdraaien* <v. mechaniek>, *omhoogdraaien, op stang jagen, beëindigen, opwinden* II [on ww] *zich slingeren* • (~ **down**) *aflopen* <v. veer>, *zich ontspannen* • (~ **round**) *kronkelen* • (~ **up**) *terechtkomen* III [znw] • *adem* • *lucht* • *wind*
**windlass** [znw] *windas, lier*
**window** [znw] • *raam* • *loket* • *etalage*
**windscreen** [znw] *voorruit*
**windward** [bnw] *naar de wind gericht*
**windy** [bnw] • *winderig* • *breedsprakig* • *bang*
**wine** [znw] *wijn*
**wing** I [on ww] *vliegen* II [znw] • *vleugel* • *wiek* • *spatbord*
**winged** [bnw] *met vleugels*
**wink** I [ov + on ww] • *knipperen* • *knipogen* • *flikkeren* • (~ **at**) *knipogen naar, oogluikend toelaten* II [znw] • *knipoog* • *wenk*
**winner** [znw] • *winnaar* • *succes*
**winning** [bnw] *innemend*
**winsome** [bnw] *innemend, sympathiek*
**winter** I [ov + on ww] *de winter doorbrengen* II [znw] *winter*
**wipe** I [ov ww] *(af)vegen, afdrogen* • (~ **away**) *wegvegen* • (~ **out**) *uitvegen, wegvagen, totaal vernietigen* • (~ **up**) *opvegen* II [znw] • *veeg*
**wiper** [znw] *ruitewisser*
**wire** I [ov ww] • *met draad vastzetten/versterken* • *telegraferen* • <techn.> *aansluiten* II [znw] • *telegram* • *(metaal)draad*
**wireless** I [znw] *radio* II [bnw] *draadloos*
**wiry** [bnw] • *taai* • *weerbarstig*
**wisdom** [znw] *wijsheid*
**wise** I [ov + on ww] • (~ **up**) *iets doorkrijgen* II [znw] <vero.> *wijze, manier* III [bnw] *wijs, verstandig*

**wish** I [ov + on ww] • *wensen, toewensen* • *verlangen* II [znw] *wens*
**wisp** [znw] • *(rook)sliert* • *bos(je)* • *piek* <v. haar>
**wispy** [bnw] *piekerig, spichtig*
**wistful** [bnw] *treurig, droefgeestig*
**wit** [znw] • *geestigheid* • *geestig persoon*
**witch** [znw] *heks*
**with** [vz] • *met* • *van* • *bij*
**withdraw** I [ov ww] • *terugnemen* • *terugtrekken* II [on ww] *z. terugtrekken*
**withdrawal** [znw] • *het terugtrekken* • *het terugnemen*
**withdrawn** [bnw] • *teruggetrokken* • *verlegen*
**wither** [ov + on ww] *(doen) verwelken, verschrompelen, verdorren, (uit)drogen*
**withhold** I [ov ww] *terughouden, niet geven* II [on ww] *z. weerhouden, z. onthouden*
**within** I [bijw] *(van) binnen, in huis* II [vz] *binnen (in)*
**without** [vz] *zonder*
**withstand** [ov ww] *weerstaan, weerstand bieden (aan)*
**witless** [bnw] *onnozel, stupide, dom*
**witness** I [ov ww] *getuige zijn v.* II [znw] *getuige*
**witticism** [znw] *geestigheid*
**witty** [bnw] *geestig*
**wives** [mv] → **wife**
**wizard** [znw] *tovenaar*
**wizardry** [znw] *toverkunst(en)*
**wobble** [on ww] *wiebelen, schommelen*
**woe** [znw] *wee*
**woke** [ww] verl. tijd + volt. deelw. → **wake**
**woken** [ww] volt. deelw. → **wake**
**wolf** I [ov ww] • (~ **down**) *opschrokken* II [znw] *wolf*
**wolves** [mv] → **wolf**
**woman** [znw] • *vrouw* • *werkster*
**womanish** [bnw] *verwijfd, sentimenteel*
**womankind** [znw] *de vrouwen*
**womanly** [bnw] *vrouwelijk*
**womb** [znw] *baarmoeder, schoot*
**women** [mv] → **woman**
**won** [ww] verl. tijd + volt. deelw. → **win**
**wonder** I [on ww] • *verbaasd staan* • *zich afvragen* • *benieuwd zijn* • (~ **at**) *zich verwonderen over* II [znw] • *wonder* • *verwondering*
**wonderful** [bnw] *prachtig, schitterend*
**wonderment** [znw] *verwondering*
**wondrous** [bnw + bijw] *verwonderlijk, buitengewoon*
**wont** <form.> [bnw] *gewoon, gewend*
**won't** [samentr] /will not/ → **will**
**woo** [ov ww] • *de gunst proberen te winnen van* • *het hof maken*
**wood** [znw] • *hout* • *bos*
**wooded** [bnw] *bebost*
**wooden** [bnw] *houten, houterig, stijf*
**woodwind** [znw] *blaasinstrumenten*
**woodwork** [znw] • *houtwerk* <in gebouw> • *houtbewerking*
**woody** [bnw] • *bosrijk* • *hout-*
**woof** I [on ww] *blaffen* II [znw] • *inslag* • *weefsel* • *blaf*
**wool** [znw] *wol*
**woollen** [bnw] *wollen*
**woolly** I [znw] *wollen trui* II [bnw] *wollig*
**word** I [ov ww] *uitdrukken, verwoorden* II [znw] • *woord* • *bericht, nieuws* • *bevel* • *parool, wachtwoord*
**wording** [znw] *bewoordingen, stijl, redactie*
**wordy** [bnw] *woordenrijk, langdradig*
**wore** [ww] verl. tijd → **wear**
**work** I [ov ww] • *laten werken* • *bedienen, exploiteren* • *bewerken, kneden, smeden* • (~ **in**) *er in werken, er tussen werken* • (~ **into**) *tot ... brengen* • (~ **off**) *te boven komen, afreageren* • (~ **out**) *berekenen* • (~ **over**) *aftuigen* • (~ **up**) *opwerken, aanzetten* II [on ww] • *werken* • *effect hebben, gaan, functioneren* • *(nerveus) trekken*

• (~ **on**) *dóórwerken, werken op* • (~ **out**) *uitkomen, trainen, lukken* **III** [znw] • *werk, arbeid* • *naaiwerk, breiwerk, borduurwerk* • *werkstuk*
**workable** [bnw] *bruikbaar*
**workaday** [bnw] *alledaags, saai*
**worker** [znw] *werker, arbeider*
**working I** [znw] • *werking* • *mijn* **II** [bnw] • *werk-, bedrijfs-* • *werkend, praktisch, bruikbaar*
**world** [znw] *wereld*
**worldly** [bnw] • *aards* • *werelds*
**worm I** [ov ww] *ontwormen* **II** [znw] *worm*
**wormy** [bnw] • *wormstekig* • *vol wormen*
**worn I** [ww] volt. deelw. → **wear** **II** [bnw] • *versleten* • *gedragen*
**worried** [bnw] *bezorgd*
**worrisome** [bnw] *lastig, vervelend, zorgelijk*
**worry I** [ov ww] *lastig vallen, vervelen, (aan 't hoofd) zaniken* **II** [on ww] *piekeren, z. zorgen maken* **III** [znw] • *zorg* • *tobberij*
**worrying** [bnw] *zorgwekkend, zorgelijk*
**worse** [bnw + bijw] *slechter, erger*
**worsen** [ov + on ww] *verergeren*
**worship I** [ov ww] *aanbidden* **II** [znw] • *verering, aanbidding* • *eredienst*
**worshipful** [bnw] *eerbiedig*
**worshipper** [znw] • *vereerder* • *gelovige, kerkganger*
**worsted** [znw] *wol, kamgaren*
**worth I** [znw] *waarde* **II** [bnw] *waard*
**worthless** [bnw] *waardeloos*
**worthy I** [znw] *beroemdheid, held* **II** [bnw] • *waardig* • *waard* • *(achtens)waardig, braaf*
**would** [ww] verl. tijd → **will**
**wound I** [ww] verl.tijd + volt.deelw. → **wind** **II** [ov ww] *(ver)wonden, krenken* **III** [znw] *wond*
**wove** [ww] verl. tijd → **weave**
**woven** [ww] volt. deelw. → **weave**
**wrangle I** [on ww] *ruzie hebben/maken, kiften, vitten* **II** [znw] *ruzie*
**wrap I** [ov ww] *inpakken, wikkelen* • (~ **up**) *afronden, inwikkelen* **II** [on ww] • (~ **up**) *z. inpakken* **III** [znw] • *omslagdoek* • *reisdeken*
**wrapper** [znw] *wikkel*
**wrapping** [znw] *(in)pakmateriaal*
**wrath** [znw] *toorn*
**wreak** [ov ww] *aanrichten*
**wreath** [znw] *krans, guirlande*
**wreathe** [ov ww] • (~ **in**) *omkransen, hullen in*
**wreck I** [ov ww] • *doen schipbreuk lijden, doen verongelukken* • *vernietigen* **II** [znw] *ruïne, wrak(stukken), overblijfsel*
**wreckage** [znw] *wrakstukken*
**wrecker** [znw] *verwoester*
**wren** [znw] *winterkoninkje*
**wrench I** [ov ww] • *ontwrichten, verstuiken* • *wringen, rukken, draaien* **II** [znw] • *ruk, draai* • *moersleutel* • *pijnlijke scheiding*
**wrest** [ov ww] *wegrukken*
**wrestle** [ov + on ww] *worstelen (met)*
**wrestler** [znw] *worstelaar*
**wrestling** [znw] *het worstelen*
**wretched** [bnw] • *slecht, miserabel* • *ellendig, diep ongelukkig*
**wriggle I** [ov + on ww] *wriemelen, (zich) kronkelen* • (~ **out of**) *ontkomen aan* **II** [znw] *gekronkel, gewriemel*
**wring I** [ov ww] *wringen* • (~ **out**) *uitwringen* **II** [znw] *draai*
**wringer** [znw] *mangel*
**wrinkle I** [ov + on ww] *rimpelen, plooien* **II** [znw] *rimpel, plooi*
**wrist** [znw] *pols*
**write I** [ov ww] *schrijven* • (~ **down**) *opschrijven* • (~ **off**) *als afgeschreven beschouwen* • (~ **out**) *uitschrijven, voluit schrijven* • (~ **up**) *in het net schrijven* **II** [on ww] *schrijven*
**writer** [znw] *schrijver*

**write-up** [znw] *rapport, recensie*
**writhe** [ov + on ww] (z.) *kronkelen*
**writing** I [znw] • *schrift* • *geschrift, handschrift* II [bnw] *schrijf-*
**written** I [ww] volt. deelw. → **write** II [bnw] *schriftelijk*
**wrong** I [ov ww] • *verkeerd beoordelen* • *onrecht aandoen, onheus behandelen* II [znw] • kwaad, onrecht • *iets verkeerds* • *ongelijk* III [bnw + bijw] • *verkeerd, niet in orde* • *slecht*
**wrongful** [bnw] • *onrechtmatig* • *fout*
**wrote** [ww] verl. tijd → **write**
**wrung** [ww] verl. tijd + volt. deelw. → **wring**

# X

**xenophobia** [znw] *vreemdelingenhaat/-angst*
**Xmas** [znw] *kerstmis*
**X-ray** I [ov ww] • *röntgenfoto maken* (v.) • *nauwkeurig onderzoeken* II [znw] *röntgenfoto*
**xylophone** [znw] *xylofoon*

# Y

**yacht** [znw] *jacht*
**yachting** [znw] *zeilsport*
**yank** I [ov ww] *plotseling (weg)trekken, rukken, trekken aan* II [znw] *ruk, stoot, klap*
**Yank, Yankee** I [znw] *inwoner v.d. V.S., Amerikaan* II [bnw] *Amerikaans*
**yap** I [on ww] • *keffen* • *kletsen* II [znw] *gekef*
**yard** [znw] • *yard (=91 cm)* • *binnenplaats, erf, plaats(je)* <bij huis> • *emplacement, werf*
**yarn** [znw] • *garen, draad* • *sterk verhaal*
**yaw** [on ww] • *uit de koers raken* • *slingeren* <v. vliegtuig/schip>
**yawn** I [on ww] *gapen, geeuwen* II [znw] • *geeuw* • *vervelend iets*
**ye** <vero.> I [pers vnw] *gij, u* II [lw] *de, het*
**yea** [znw] *ja*
**year** [znw] *jaar*
**yearly** [bnw + bijw] *jaar-, jaarlijks*
**yearn** [on ww] *smachten (naar)*
**yearning** I [znw] *vurig verlangen* II [bnw] *smachtend*
**yeast** [znw] *gist*
**yell** I [on ww] *schreeuwen* • (~ **out**) *uitbrullen* II [znw] *geschreeuw, gil*
**yellow** I [ov ww] *geel maken* II [on ww] *vergelen, geel worden* III [bnw] • *geel* • *laf*
**yelp** I [on ww] *janken* II [znw] *gejank*
**yes** [tw] *ja*
**yesterday** [bijw] *gisteren*
**yet** I [bijw] • *nog, tot nog toe* • *toch, nochtans* • *al* II [vw] *en toch, maar*
**Yiddish** I [znw] *de jiddische taal* II [bnw] *jiddisch*
**yield** I [ov ww] • *op-/voortbrengen, opleveren* • *afstaan* • (~ **up**) *opleveren, afstaan* II [on ww] • *toegeven* • *z. overgeven* • *bezwijken* III [znw] • *produktie* • *opbrengst* • *oogst*
**yielding** [bnw] *meegaand/-gevend*
**yippee** [tw] *jippie!*
**yodel** I [ov + on ww] *jodelen* II [znw] *gejodel*
**yoke** I [ov ww] • *'t juk opleggen* • *aanspannen* <v. ossen> • *verbinden* II [znw] • *juk* • *heup-/schouderstuk* <v. kledingstuk>
**yokel** [znw] *boerenpummel*
**yolk** [znw] *eidooier*
**yonder** [bijw] *daar(ginds)*
**you** [pers vnw] • *jullie, je* • *gij, u* • *men*
**you'd** [samentr] /you would/ /you had/ → **will, have**
**you'll** [samentr] /you will/ /you shall/ → **shall, will**
**young** [bnw] *jong*
**youngster** [znw] *jong mens, kind*
**your** [bez vnw] *uw, je*
**you're** [samentr] /you are/ → **be**
**yours** [bez vnw] *jouwe, de/het uwe*
**youth** [znw] • *jeugd* • *jongeling*
**youthful** [bnw] *jeugdig, jong*
**you've** [samentr] /you have/ → **have**
**yowl** I [on ww] *janken, huilen, miauwen* II [znw] • *gejank* • *gemiauw*

# Z

**zany** [bnw] *grappig, excentriek*
**zap** **I** [ov ww] <inf.> *doden, doodschieten*
**II** [on ww] *snel ergens heengaan*
• (~ **through**) *snel iets afmaken*
**zeal** [znw] *ijver, vuur*
**zealot** [znw] *fanatiekeling*
**zealous** [bnw] *ijverig*
**zero** **I** [on ww] • (~ **in/on**) *richten op*
**II** [znw] *nul(punt)* **III** [bnw] *nul-, geen*
**zest** [znw] • *vuur* • *animo*
**zinc** [znw] *zink*
**zip** **I** [ov ww] • (~ **up**) *dichtritsen*
**II** [znw] *ritssluiting*
**zipper** [znw] *ritssluiting*
**zodiac** [znw] *dierenriem*
**zoo** [znw] *dierentuin*
**zoology** [znw] *dierkunde*
**zoom** [on ww] • *zoemen* • *snel in prijs stijgen* • (~ **in (on)**) *inzoomen (op)*

Een selectie PRISMA-opzoekboeken op het gebied van Taal

***Prisma woordenboeken:***

| | |
|---|---|
| Nederlands | ISBN 90 274 3179 5 |
| Nederlands-Engels | ISBN 90 274 3180 9 |
| Engels-Nederlands | ISBN 90 274 3181 7 |
| Nederlands-Duits | ISBN 90 274 3182 5 |
| Duits-Nederlands | ISBN 90 274 3183 3 |
| Nederlands-Frans | ISBN 90 274 3184 1 |
| Frans-Nederlands | ISBN 90 274 3185 X |
| Nederlands-Spaans | ISBN 90 274 3186 8 |
| Spaans-Nederlands | ISBN 90 274 3187 6 |
| Nederlands-Italiaans | ISBN 90 274 3188 4 |
| Italiaans-Nederlands | ISBN 90 274 3189 2 |

***Prisma Taalgidsen:***

| | |
|---|---|
| Taalgids Engels | ISBN 90 274 2877 8 |
| Taalgids Duits | ISBN 90 274 2878 6 |
| Taalgids Frans | ISBN 90 274 2879 4 |
| Taalgids Italiaans | ISBN 90 274 2880 8 |
| Taalgids Spaans | ISBN 90 274 2881 6 |
| Taalgids Turks | ISBN 90 274 3226 0 |
| Taalgids Indonesisch | ISBN 90 274 3231 7 |
| Taalgids Grieks | ISBN 90 274 3227 9 |

Prisma opzoekboeken vanaf *f* 9,90
verkrijgbaar bij de boekhandel

**SAMEN MET PRISMA WEET U ALLES**